HEYNE
BÜCHER

W0025370

Das Buch

Zwei Journalisten – Schreiber und Fotograf – sollen für ein US-Magazin eine Story über Neuschwanstein und den letzten Romantiker unter den Königen liefern. Für die Profis, die sich ihre Nasen schon an vielen Krisenherden der Welt verbrannt haben, ein gemütlicher Routine-Job. Dachten sie zumindest. Doch gleich am ersten Abend werden sie von einer vermummten Bande Jugendlicher verprügelt und aufgefordert, schleunigst abzuhauen. Und anderntags wird ein Junge, der sie warnen will – er spricht von einem Anschlag mit Tausenden von Toten – von der örtlichen Privatpolizei erschossen. Warum interessiert die öffentliche Polizei das alles nicht? Und warum bieten Bewohner in und um Schwangau massenhaft ihre Häuser zum Verkauf an? Was hat der pensionierte Schweizer Banker mit seinem Luxus-Caravan auf dem Campingplatz damit zu tun? Und was die schöne Malerin Ricarda, auf die beide gleichzeitig anspringen? Die beiden sind einem ungeheuren Geheimnis auf der Spur: einer Auferstehung aus Ruinen …

»Dieser Roman kommt wohltuend leichtfüßig daher, und aus seinen Sätzen blitzt der Schalk.« *Süddeutsche Zeitung*

»Klugmann ist ein Fabuliergenie. Die Fülle von Infos ist atemberaubend.« *Prinz*

Der Autor

Norbert Klugmann, 1951 in Uelzen geboren, studierte in Hamburg Medizin, Sozialwissenschaften und Germanistik; Journalist (Zeitmagazin, Konkret), Drehbuch- und Krimiautor; lebt in Hamburg. Er veröffentlichte allein und mit Co-Autor Peter Mathews schon über zwanzig Krimis und außerdem eine Biographie über Heinz Erhard.

NORBERT KLUGMANN

NEUSCHWANSTEIN

Roman

WILHELM HEYNE VERLAG
MÜNCHEN

HEYNE ALLGEMEINE REIHE
Nr. 01/10475

Umwelthinweis:
Das Buch wurde auf
chlor- und säurefreiem Papier gedruckt.

Einzig berechtigte Taschenbuchausgabe
Wilhelm Heyne Verlag GmbH & Co. KG, München
Printed in Germany 1997
Umschlagillustration: Michael Sowa, Berlin
Umschlaggestaltung: Atelier Ingrid Schütz, München
Gesamtherstellung: Ebner Ulm

ISBN 3-453-13056-1

Für Franziska,
meine Liebe

1

Wir näherten uns Neuschwanstein von Norden. Es war kurz nach sechs, die Zeit, die Tom so liebte. Wenn man von Norden kam – und es gab aus dieser Richtung nur diese Straße –, näherte man sich dem Schloß von der Seite, die am wenigsten fotografiert worden ist. Überraschend blaß, nur grau und weiß, stand das Schloß auf dem Felsrücken, eingebettet in die zahlreichen Grüntöne der Bäume. Dahinter erhob sich der Kamm des Ammergebirges.

»Bißchen poplig, die Hütte«, sagte ich. Tom war schon raus aus dem BMW und stand am Kofferraum. Er fuhr die Beine des Stativs aus und schraubte eine Kamera fest. Dann schulterte er das Stativ und begann seine Wanderung. Man mußte Tom in solchen Minuten gewähren lassen, besonders während der ersten Begegnung mit einem Thema. »Etwas spricht dich ja gleich am Anfang an. Dem mußt du nachspüren, es lohnt sich immer.«

Ich funktionierte anders. Ich hätte mir den ersten Eindruck sparen können, wenn das möglich gewesen wäre. Ich neigte dazu, schnell überwältigt zu sein, wurde dann nervös, wollte überall zugleich sein und hatte abends einen vollgeschriebenen Block und einen leeren Kopf. Ich drückte auf den Tasten des Diktiergeräts herum, ein Geburtstagsgeschenk von Diana. »Es wird dir helfen«, hatte auf der Glückwunschkarte gestanden. Es war gut, daß Diana alles Notwendige aufschrieb, um Unklarheiten auszuschließen. Andernfalls hätte ich womöglich gar nicht gewußt, was ich mit dem Scheißding anstellen sollte, und es an der nächsten Tankstelle gegen zwei Sechserpacks Cola getauscht.

Unterhalb des Schlosses hing Nebel in den Bäumen. Ich wunderte mich, daß es im September bereits Frühnebel gab, beugte mich aus dem Wagen und rief:

»Tom, was ist heute?«

»Der 28.«

Es handelte sich demnach beinahe um Oktobernebel. Ich stieg aus und unternahm einige Schritte in alle Himmelsrichtungen. Tom war auf den Wiesen unterwegs und stellte sozialen Kontakt zu einem Rudel Kühe her. Tom konnte gut mit Tieren und Menschen. Er konnte auch gut mit mir, und ich mit ihm. Die Zeitschriften rissen sich um uns. So was Feines wie von uns kriegten sie selten geliefert. Tom war der mit der immer wieder überraschenden Optik, ich war das Sensibelchen, das an keinem Papierkorb vorbeikam, ohne ihn in zwei Zeilen dermaßen beiläufig zu kommentieren, daß die eigentliche Story daraus Ecken, Kanten und Charakter gewann.

Die bayerischen Rindviecher sabberten an Toms Allwetter-Jacke mit den zwölf Taschen für Filme und Objektive herum. Ich trottete hin, das Gras war naß, und ich konnte gleich überprüfen, ob die Schuhe, zu denen mich Tom gestern in Nürnberg überredet hatte, wirklich wasserdicht waren. Wir gingen, wenn wir zusammen unterwegs waren, oft Klamotten einkaufen. Tom war aus Island via Frankfurt nach Nürnberg gekommen; ich hatte mir auf Rügen die neue Plexiglasüberdachung der Inselnordspitze angeschaut.

»Hubuhubuhubu«, sagte ich zu einer der Kühe und lachte sie vorurteilslos an.

»Du machst den Madames angst«, sagte Tom. Natürlich hatte er recht. Ich war der Typ fürs zweite Mal, aber ich nahm mir vor, daß es mit dieser Kuh kein zweites Mal geben würde. Nicht in diesen vor Nässe quietschenden Schuhen.

»Danke für den Tip.« Ich hob anklagend ein Bein.

»Du hast die Schuhe innerlich nicht akzeptiert«, sagte er. Versonnen zutzelte ich an einem Kuheuter. In diesem Moment verlangsamte ein Pkw auf der Bundesstraße die Geschwindigkeit. Tom winkte dem Fahrer zu, der Wagen beschleunigte. Tom könnte Autos auch pulverisieren, wenn er es trainieren würde.

Unser Mietwagen besaß Telefon, ich wählte eine Nummer und wartete. Tom hängte gerade einer Kuh seine Kameratasche übers Horn. Das Tier hielt still.

»Rheinisches Landesmuseum, was ist denn?«

Ich legte auf. Natürlich hieß Diana in Wirklichkeit nicht »Rheinisches Landesmuseum«, aber wenn man sie morgens aus dem Schlaf holte, hörte sie sich so an als ob. Diana haßte es, vor dem ersten Liter Salbeitee sprechen zu müssen.

Tom knipste den Film ab und kehrte frohgemut mit geschulterter Ausrüstung zurück. »Gut das Licht.«

Er stellte das Stativ vor die Kühlerschnauze, ließ sich hinters Lenkrad fallen, zauberte die Kühltasche herbei und entnahm ihr eines der krossesten Brötchen meines 38jährigen Lebens. Er schraubte den Verschluß der Thermosflasche auf und hielt mir dampfenden Kaffee unter die Nase. Ich biß ins Brötchen, schlürfte aus dem Becher.

»Es ist einfach noch nicht meine Zeit«, murmelte ich. Aber das wußte Tom seit Jahren.

»Was hast du für ein Gefühl?« fragte ich, während die Pendler-Pkws im Kriechtempo an uns vorbeizockelten. Ein Umzugswagen war auch dabei. Toms Kamera auf dem Stativ wirkte jedesmal extrem mäßigend auf die Geschwindigkeit.

»Das knips ich locker auf einem Ei ab«, antwortete Tom. 6,5 Millionen Druckauflage warteten jenseits des Atlantik auf unsere Story über *Myth & Masses in a Dream-Castle*. Wir wollten den Lesern mehr als Kitsch und Postkartenansichten bieten – zumal es sich um unsere Jungfernstory für diese US-Illustrierte handelte. Das Honorar war tadellos. Um ehrlich zu sein: Es war exorbitant. Diana würde mehr als 24 Stunden benötigen, um es durchzubringen.

Ich schlürfte den starken Kaffee mit viel Milch und sah zu, wie sich der Nebel um das Schloß verdünnte und immer fadenscheiniger wurde. Die Kühe grasten, die Autos schlichen, und dann ging die Sonne auf. Von einer Sekunde auf die andere war es kein gräuliches Schloß auf grauem Felssockel mehr, sondern ein glänzendes Modell aus einer anderen Zeit und Wirklichkeit. Ich vergaß meine Müdigkeit, vergaß das weiche Bett in dem Dorfgasthof westlich von München, von dem wir vor einer knappen Stunde aufgebrochen waren. Das Licht war strahlend, der Nebel verschwunden, die Luft schmeckte sauber und würzig. Die Welt wirkte wie frisch gewaschen. Traktoren mit und ohne Anhänger tuckerten auf Feldwegen an uns vorbei, Schulkinder radelten ihrem Schicksal entgegen, und die Pkws wollten einfach nicht aufhören zu schleichen. Tom packte ein.

Wir fuhren ans Schloß heran, so weit es mit dem Auto möglich war. Man befand sich dann 200 Meter unterhalb des Felsens im Örtchen Hohenschwangau. Gastronomie, Hotels, Pensionen, ein Internat und als Krönung das zweite Schloß: Hohenschwangau, Kindheits- und Jugendort von König Ludwig. Tom bog Richtung Füssen ab und sagte: »Also mir hätte das hier als Quartier gereicht.«

»Mir aber nicht. Und weil ich beim Münzenwerfen seit Jahren gewinne, machen wir's so, wie ich es mag.«

Füssen lag nur vier Kilometer entfernt. Ich war wild auf einen original bayerischen Gasthof: riesig, rustikal, mit drallen Kellnerinnen und ohne Minibar im Zimmer. Tom besaß eine andere Unterkunftsphilosophie. »Ein Bett und ein Waschbecken zum Abhusten.« Mehr brauchte er nicht. Wir wußten beide, wozu er das Waschbecken noch brauchte, aber wir sprachen nicht darüber.

Der Gasthof war original und bayerisch, riesig und blitzsauber. Die zentrale Lage hatte uns der Varta-Führer verschwiegen. Aber Verkehrslärm hielt ich aus, solange mein Bett nicht über der Ampel stand. Eine Einheimische dirndelte heran, sie trug einen Weidenkorb mit taufrischer Bettwäsche.

»Guck mal, Tom«, sagte ich. »Da hinein hat dein Vorgänger heute Nacht abgehustet.«

Das Dirndl gab uns die Zimmer trotzdem, wirkte jedoch leicht geschockt. Ich mochte es, wenn mich das Personal für etwas eklig hielt. Es nahm den unaufrichtigen Dienern den Enthusiasmus.

In bayerischen Gasthöfen mußte man sich nicht in den polizeilichen Meldezettel eintragen. Entweder war das Liberalitas Bavariae oder Steuerhinterziehung, wahrscheinlich beides. Tom erfragte die Essentials: Fernseher auf dem Zimmer, Telefon mit Direktwahl und die Chance, eine besonders harte Matratze zu bekommen. Das Dirndl hielt uns anscheinend immer noch nicht für schwul. In der Provinz erlebte man bisweilen wunderbare Reaktionen. Tom hatte mir einst vor den Augen eines stramm katholischen Hoteliers im Münsterland solange am Ohrläppchen genagt, bis der Mann die Rezeption verlassen hatte. Highlights, die man nicht jeden Tag erwarten durfte.

Die Zimmer waren zufriedenstellend. Ich hatte das Gefühl, als wenn der Boden eine leichte Neigung zum Fenster aufweisen würde; und die Wasserleitung schlug an. Aber das erste Blatt Klopapier hatte keinen Kniff, und die Anordnung der Lichtschalter begriff ich in weniger als zehn Minuten. Die Wände waren weiß gestrichen, der Herrgott an der Wand war verhältnismäßig dezent. Ich klopfte viermal gegen die Wand und brüllte:

»Vergiß das Frischmachen nicht.«

Fünfmal wurde zurückgeklopft, und eine fremde Männerstimme rief:

»Was erlauben Sie sich, Sie Flegel?«

Ich trat auf den Flur hinaus, orientierte mich und fand Tom in einem Zimmer, in dem ich ihn nicht vermutet hätte. Ich half ihm gleich beim Verrücken der Betten. Tom mußte auf der Erde schlafen, das war er von zu Hause so gewohnt. In der Toskana hatte sich einst eine Viper um seinen Reisewecker geringelt, seitdem machte er seine Schlafhöhe vom Reptilienvorkommen abhängig.

Tom probierte noch die Fernsehkanäle durch und telefonierte danach. Im Altenheim machten sie die üblichen Zicken.

»Was heißt: ›Er versteht doch nichts?‹ Mich versteht er.

Also bitte.« Die Verbindung brauchte provozierend lange, dann rief Tom:

»Samuel? Samuel Miller, altes Schlachtroß. Hier ist Tom, dein miserabler Schüler. Ich bin gerade in Füssen angekommen. Wir fotografieren Neuschwanstein. Kennst du Neuschwanstein, Samuel? – Ja, natürlich, mit Jot We. Alte Ehepaare trennen sich nicht mehr. Samuel, wehe, es geht dir schlecht. Sei ein Kavalier zu den Damen und denk dran: Das Pflegepersonal ist unterbezahlt. Das entschuldigt nicht jede Frechheit, aber einige. Mach's gut, Samuel. Wir arbeiten in deinem Geist, aber natürlich haben wir unseren eigenen Willen. Adieu und einen Gruß von Jot We. Ihr müßt euch unbedingt endlich einmal kennenlernen.«

Tom legte auf, behielt die Hand auf dem Hörer, blickte durch mich hindurch und sagte:

»Wenn er meine Stimme hört, ist alles bei ihm wieder da. Bei jeder anderen Stimme ist er ein Sabbergreis, mein guter Samuel, der mir alles beigebracht hat, was man übers Fotografieren wissen muß. Packen wir's. In fünf Tagen ist alles vorbei.«

2

Nach dem zweiten Frühstück im Hotelrestaurant fuhren wir los. Ein anderes Dirndl bewirtete uns mit hervorragendem Kaffee und Semmeln.

Wir stellten den Wagen auf dem großen Parkplatz am Ortseingang von Hohenschwangau ab. Die ersten Busse waren schon da, die Sonne erwärmte die frische Morgenluft.

Hohenschwangau liegt zwischen den Schlössern Hohenschwangau und Neuschwanstein. Der Ort grenzt an den Alpsee. Ich schlenderte mit Tom vom Parkplatz in den Ort hinein. Alle Kioske boten Ludwig an, immer wieder König Ludwig. Ludwig auf Postern, Ansichtskarten, Wandteppichen; Ludwig auf Puzzles mit 500 Teilen, 1000

Teilen, 1500 Teilen; Ludwig auf Bierseideln, Weingläsern und in Schneekugeln; Ludwig auf deutsch, englisch, französisch, japanisch; und wo Ludwig fehlte, standen Schwäne, Schaufenster voller Schwäne, Schwäne aus Glas und Kristall, weiß, gefärbt und aus diversen Kunststoffen.

»Glaubst du immer noch, daß wir hier eine gemütliche Woche verleben werden?« fragte ich Tom, als wir die Marschordnung eines japanischen Kollektivs durcheinanderbrachten, weil uns sonst ein rücksichtslos rangierender Bus plattgemacht hätte.

»Kriegen wir alles auf die Reihe.« Tom bunkerte bereits Motive, ich nutzte die Gelegenheit und fragte die Japaner nach Ludwig aus. *Fairy tale ... Bavaria ... Neuschwanstein ... romantic.* Sie waren um die Welt geflogen, um Neuschwanstein romantisch zu finden. Es war genauso romantisch wie jeder Ort, der jährlich von mehr als einer Million Menschen heimgesucht wird.

»Vor 15 Jahren war das hier noch gemütlich«, sagte Tom und brachte seine Kameratasche vor einem schnüffelnden Riesenpudel in Sicherheit.

Ich war noch nie hier gewesen und hatte es mit der Vorabinformation auch nicht übertrieben. Ich war nicht besonders scharf darauf, eine Reportage mit leerem Kopf zu beginnen; aber lieber das, als diese emsige Studiererei, die einige Kollegen praktizierten. Sie fuhren erst los, wenn sie die Geschichte im Kopf schon fertig hatten. Ich war zu Beginn gern ein Dummkopf und saugte mich dann während der Arbeit mit Eindrücken voll. Wenn die Betriebstemperatur erreicht war, unterhielt ich mich mit Tom über nichts anderes mehr als über unser Thema. So kam ich zu meiner Geschichte. Tom war für meinen Teil der Arbeit viel wichtiger als ich für seinen.

Vor den Hotels standen Busse mit aufgerissenen Türen und Gepäckklappen, in die Reisegruppen und Koffer geladen wurden. Hohenschwangau summte an diesem Dienstag vor Geschäftigkeit. Nirgendwo in Deutschland waren Schulferien. Trotzdem wimmelte der Ort von Menschen, immer neue Busse krochen durch die einzige

Straße. Sie kamen aus Italien, Ungarn, Polen, Holland, Frankreich und natürlich aus Österreich. Ich notierte Kennzeichen aus England, Irland, Belgien, Luxemburg, Schweden, und ein Bus war dermaßen verrottet, daß ich nicht herausbekam, wo seine Garage stand. Wir kamen an einem Biergarten vorbei und merkten ihn uns für die Pause. Dann pilgerten wir ins Zentrum des Örtchens zurück. Hier starteten die Pferdekutschen in Richtung Schloß. Wir saßen schon fast drin, entschieden uns anders und liefen in Richtung Wald, um den Anstieg zu Fuß zu bewältigen.

»Nur was der Mensch erlaufen hat, weiß er«, sprach Tom. Im Wald waren rot-weiß karierte Ehepaare unterwegs, wie man sie im Herbst auf jedem Wanderweg zwischen Harz und Alpen trifft. Während des gesamten Marsches hörten wir die Hufeisen der Pferde durch den Wald hallen. Die Kolosse mußten sich mächtig ins Zeug legen, um die Gespanne den Berg hochzuziehen. Die Wagen besaßen zwar Gummibereifung, aber der Weg führte pausenlos bergauf, und die meisten Wagen waren gut besetzt. Immerhin waren die Kutscher so nett, auf den steilsten Passagen auszusteigen und mit dem Zügel in der Hand neben dem Wagen herzugehen.

»Durchhalten«, forderte ich einen Gaul auf, als wir vom Weg auf die Straße wechseln mußten. Ich schlug dem Tier auf die dicken Hinterbacken.

»Lassen Sie das«, fauchte mich eine Frau von Mitte dreißig aus dem Wagen an. »Wenn das jemand bei Ihnen machen würde ...«

Ich blieb mit Tom stehen, bis der Wagen genügend Vorsprung hatte.

»Und so was heiratest du«, sagte Tom.

»So was nicht.« Aber ich wußte so gut wie Tom, daß Diana zu diesem Satz durchaus imstande gewesen wäre. Nur daß sie zusätzlich vom Wagen gestiegen wäre und dem Pferdebetatscher zwischen die Beine getreten hätte.

Die Kutschfahrten endeten nach halber Wegstrecke auf einem Wendeplatz. Von hier ging es für alle zu Fuß weiter. Ein Kiosk bot Ludwig und Neuschwanstein vom Poster bis zum Puzzle an. Vor dem Kiosk hatten sie Obstkisten ins Freie gestellt: Äpfel, Pflaumen und Bananen. Ich wechselte von Toms rechter auf seine linke Seite und machte mich breit, um ihm die Sicht zu nehmen. Aber das war ein unsinniges Unterfangen. Tom würde Pflaumen auch in tiefer Nacht ohne Mondschein finden. Aus dem Kiosk trat eine vielleicht 14jährige Türkin.

»Pflaumen«, keuchte Tom. Das Mädchen hielt eine Tüte in der Hand und fragte: »Wieviel?«

»Gib dem Mann keine Pflaumen«, sagte ich zu der Verkäuferin. Leider war Tom körperlich viel stärker als ich. Das merkte ich immer dann, wenn Tom Pflaumen kaufen wollte und ich versuchte, mich vor ihn zu drängen.

»Zwei Pfund werden fürs erste reichen«, sagte Tom. »Wir kommen auf dem Rückweg ja wieder vorbei.« Ich lachte höhnisch. »Pack schon ein«, forderte Tom das Kind auf. »Wenn du mir drei Pfund gibst, knipse ich dich.«

Das zog natürlich. Jedesmal. Die Menschheit ist eitel. Die Aussicht, fotografiert zu werden, noch dazu von einem Profi, entzückte 98 Prozent aller Menschen. Sofort stellte sich das Kind neckisch ins Halbprofil. Im Hintergrund lauerte jetzt seine Mutter.

»Was kostet die ganze Kiste Pflaumen?«

Kind und Mutter starrten mich an, Tom blinzelte alarmiert.

»Was kostet die Kiste Pflaumen? Die ganze Kiste?« wiederholte ich. Die Mutter stand nun neben der Tochter, und einen Vater gab es plötzlich auch.

»Ich kaufe Ihnen die Kiste ab. Aber nur, wenn Sie diesem dicken Mann nichts verkaufen.«

»Hören Sie gar nicht auf ihn«, sagte Tom, und ehe ich es verhindern konnte, langte er zu und hatte die erste Pflaume im Mund. Das war der Anfang vom Ende. Ich stemmte die Kiste hoch und drückte sie dem verdutzten Vater vor die Brust.

»Bewahren Sie sie für mich auf«, bat ich ihn. »Ich hole sie nachher ab. Und händigen Sie die Kiste nur mir aus, comprende? Niemand anderem. Und auf keinen Fall diesem Herrn hier.«

Tom hob die vor seiner Brust baumelnde Kamera in die Höhe, in der nächsten Sekunde standen Mutter, Vater und Tochter vor dem Kiosk, der Vater mit der Pflaumenkiste vor der Brust. Tom dirigierte ein bißchen mit Hokus und Pokus. Die drei waren Wachs in seinen Händen, ich wurde von kapitaler Mutlosigkeit ergriffen. Die Kamera klackte, dann hielt Tom einen Filzschreiber in die Luft, und Mutter sagte:

»Schreiben Sie einfach: Kiosk am Platz, wo die Pferde enden.«

»Du auch eine?« Ein pralles Pfläumchen, von zwei Fingern am Stiel gehalten, baumelte lockend vor meinem Gesicht. Lustlos nahm ich die Frucht entgegen.

»Mir schmecken die Dinger einfach«, sagte Tom kauend.

Ich lachte müde. Als wenn ich ihm seine Gelüste nicht gegönnt hätte. Bei den meisten menschlichen Schwächen war ich an seiner Seite, bei Pflaumen nicht. Tom bekam von Pflaumen Durchfall. Zuverlässig. Es hatte nie eine Ausnahme gegeben und würde nie eine geben, das gab Tom selbst zu. Eine Pflaume vertrug er; die zweite brachte das Schiff zum Schaukeln. Die dritte schlug durch. Toms Schwäche hatte uns einige Male in peinliche Situationen gebracht. Am peinlichsten war die Katastrophe mit den Trockenpflaumen bei dieser Kinoberühmtheit aus den fünfziger Jahren gewesen, die seit vielen Jahren viel Geld mit dem Produzieren von immer den gleichen Kochbüchern verdiente. Sie lebte auf einem Bergbauernhof in den Tiroler Alpen und besaß ein Wasserklosett von labiler Funktionstüchtigkeit. Ich hörte noch den Klang ihrer Stimme, als sie uns mitteilte: »Ich bitte um Rücksichtnahme beim Benutzen der Toilette, meine Herren. Drei Blatt reichen vollkommen. Ich weiß das aus Erfahrung.« Danach bot sie uns Trockenpflaumen an. Ich fraß soviel weg wie menschenmöglich, aber Tom erwischte auch nige Exemplare. Dann bat er mich mit seinen treuen Augen um Verzeihung, verließ die stimmungsvolle Wohnküche, betrat den Abtritt und schiß das Klo der Exschauspielerin in Grund und Boden.

Das Klo hatte sich von Toms Attacke nie mehr erholt. Wie uns der Lebensgefährte der Exschauspielerin später über eine gemeinsame Bekannte mitteilen ließ, hatte sie per Hubschrauber einen Bagger auf den Berg hieven lassen, der für die Kanalisation ein extremes Gefälle schaufelte. Praktisch stürzten nach Abschluß der Arbeiten die Scheißhaufen lotrecht zweihundert Meter nach unten. Unsere Reportage war nie erschienen, nachdem die Exschauspielerin beim Chefredakteur der Illustrierten interveniert hatte.

Menschenmassen schoben sich zum Schloß empor. Überall war freudige Erwartung spürbar, mir gefiel das. Ich hatte in den letzten Monaten vier Sozialreportagen nacheinander hingelegt und die Nase gestrichen voll von Ungerechtigkeit und Unterdrückung, Mißhandlung und Bosheit.

Auf dem Weg lag ein Gasthof, da kehrten die ersten ein, um sich den Mittagstisch in Form von Forelle oder Wildschweinbraten zu Gemüte zu führen. Der Weg wurde dann wieder waldiger, und man konnte hinter den Bäumen die Ebene des Alpenvorlandes ahnen.

Noch etwas höher lag der Aussichtspunkt hinüber nach Hohenschwangau. Hier ballten sich die Menschen, und drei Viertel von ihnen fotografierten. Als ein Japaner auf die Bank stieg, um bessere Sicht zu haben, standen Sekunden später sechs Japaner nebeneinander auf der Bank. Tom wollte die Fotografierenden vors Objektiv kriegen. Das verblüffte sie erst, amüsierte sie dann, interessierte sie bald nicht mehr. Die Touristenumschlaggeschwindigkeit an diesem Aussichtspunkt war immens. Kaum jemand, der länger als zwei Minuten verweilte.

Danach kamen wir an die Stelle, an der sich der Besucherstrom verdoppelte. Von Hohenschwangau fuhren auch Busse über eine Forststraße in die Höhe. Die Busfahrt endete 600 Meter Fußmarsch oberhalb des Schlosses. Von der Endstation waren es nur ein paar Sekunden bis zur Marienbrücke. Viele marschierten zielstrebig in Richtung Brücke und zogen die noch Zögernden mit sich.

Die Eisenkonstruktion überspannte in 92 Metern Höhe den Pöllatwasserfall. Die Brücke war schmal, ihr Boden aus Holz. Ich fühlte mich im ersten Moment keineswegs sicher aufgehoben zwischen Himmel und Erde. Einige Touristen vermieden es, die Brücke zu betreten. Doch die meisten stürmten los. Von der Brücke war der Blick auf Neuschwanstein wunderbar. Die bewaldeten Hügelkuppen und das weite, von Seen durchzogene Alpenvorland waren ein Anblick von solch überwältigender Schönheit, daß manche Touristen auf der Brücke regelrecht erstarrten.

Man sah das Schloß von Süden: Palas, Kemenate, Treppentürme, rechts der Viereckturm. Alles wirkte überraschend neu und unversehrt. Neuschwanstein ist ja auch kaum älter als 100 Jahre. Um uns herum summte es vor vielsprachiger Zufriedenheit. Tom arbeitete schon und machte eine italienische Sippe unsterblich. Die Mama als Zentralgestirn; sie umkreisend Sohn, Schwiegertochter, drei hektische Bambini. Daneben japanische Kinder, geduldig für den Vater mit dem Rücken zum Schloß posierend. Der Vater dirigierte, bis Neuschwanstein zwischen den Köpfen seiner Liebsten stand. Unter uns spielzeugklein der Bach, schäumend zu Tal stürzend.

Plötzlich war Tom verschwunden. Ich wechselte auf die andere Seite der Brücke, kehrte zurück. Da sah ich ihn neben Ricarda. Damals wußte ich natürlich noch nicht, wie die Malerin hieß. Ich sah ihre großen Augen, ihre Strickhandschuhe mit abgeschnittenen Fingern, die zusammengebundenen, schulterblattlangen Haare, den wadenlangen Rock mit Wollstrümpfen und Holzpantinen. Sie trug einen ausgeleierten Pullover, den sie an den Armen vielfach umgekrempelt hatte. Sie war jung, einundzwanzig, höchstens dreiundzwanzig, und auf der Mauerbrüstung lagen ihre Bilder von Neuschwanstein zum Verkauf aus.

Aquarelle in Rot, Schwarz, Grün, kein Blau, das fiel mir gleich auf. Alle Bilder im Format A4 und etwas größer. Ricarda sprach mit Tom über ein Bild. Ich stellte mich zügig daneben, gab Tom Zeit, mich vorzustellen, und als dies unterblieb, tat ich es selbst. Ich wußte, wie wichtig die ersten Minuten waren, zumal bei Toms Grundschnelligkeit. Etwas zu lange gezögert, und der Zug war abgefahren. Aber dieser Zug war viel zu aufregend, um ihn ohne Kampf auf Toms Prellbock rauschen zu lassen.

»Hallo, schöne Frau«, sagte ich also, und Tom schaute mich an, als wenn er mich zum ersten Mal sehen würde. »Ich bin der Partner von dem hier.«

»Ach, Sie sind der sensible Chronist«, sagte Ricarda, und ich badete in ihrem Blick.

»Ich muß mich ranhalten, um mit diesen sensiblen Bildern mitzukommen«, konterte ich, aber es war zu spät. Tom hatte bereits den Satz von dem Galeristen in Düsseldorf fallen lassen, der Verbindungen zu dem Galeristen in New York und über den zu der Galeristin in San Francisco besaß, und alle drei seien ja so was von scharf auf Bilder von Neuschwanstein. Ricarda war hingerissen, ich löste die Szene schleunigst auf, indem ich Tom am Arm Richtung Schloß zog.

»Wir sehen uns«, rief er Ricarda zu, und eine Busladung Japaner drehte sich interessiert um. Beim letzten Blick auf das Schloß entdeckte ich die Gleitflieger in der Luft. Tom behauptete später, er habe sie gleich zu Anfang gesehen.

Auf den letzten Metern gerieten wir in den Abmarsch von 80, 90 Besuchern hinein. Sie kamen aus einer Öffnung im Sockel des Schlosses, und ich weiß noch, daß ich mich wunderte, warum sie nicht aus dem Haupteingang herauskamen.

Aber den Musikanten mit den zahlreichen Instrumenten entdeckte ich sofort. Wenn er seine Flöte oder die Fidel anstimmte, spielte er gutgelaunte Weisen. Sein Stoffhut war riesig, und er hatte einen Korb aus Weide bei sich, in den die Touristen Geldstücke legten. Der Musiker bedankte sich würdig. Tom nahm ihn frontal und noch einmal von hinten, als dieser den Korb aufhob und mit dem Arm voller Instrumente seinen Standort um einige Meter zum Schloßeingang verlegte. Nichts deutete darauf hin, daß er Tom bemerkte. Einen Fotoapparat hatten acht von zehn Touristen dabei.

3

Wir betraten Neuschwanstein durch den Torbau. Die Sicht auf das Schloß mit dem Eingang im Vordergrund ist die klassische Perspektive auf den weltberühmten Fotos und Postern. Mit dem Verwalter waren wir um 14 Uhr verabredet. Bis dahin wollten wir eine Führung für Normalsterbliche mitlaufen. Die Besuchermassen wurden ins dritte Obergeschoß geleitet, ein langer Gang mit Trenngitter in der Mitte. Rechts deutsch-, links englischsprachig, eine Atmosphäre wie in der Mensa. Wir hielten gehorsam unser Ticket für zehn Mark in den Händen und standen Schlange für Ludwig. Hinter der eisernen Tür verplauderten die Führer ihre Pause. Tür auf, ein Schwung englischsprachiger Menschen durfte passieren, Tür zu, und der Bauch Neuschwansteins verschluckte 30 Portionen.

Zehn Minuten später waren wir dran. Thronsaal, Ludwigs Wohnräume, das Bett, Oratorium, Wintergarten, die Grotte, Sängersaal, Küche und Abmarsch durch einen Stollen. Wir kamen an der Stelle ans Tageslicht, an der wir den Musikanten getroffen hatten.

An einem Imbiß verproviantierten wir uns mit Kaffee und Süßem. Dann suchten wir eine Sitzgelegenheit in der Sonne.

»Was sagt uns dies nun?« fragte ich und sah Tom beim Verzehr der schokoladenummantelten Erdnüsse zu.

»Grausam.«

»Du weißt, wie sehr der erste Eindruck täuschen kann.«

»Täuschen mag er können. Aber er kann nicht aus Schwarz Weiß machen.« Wir schlürften den Kaffee, ich holte neuen. Als ich zurückkam, war Tom verschwunden. Ich trat an das Mäuerchen, hinter dem es steil hinunter zum Bach abfiel. Unter mir rumorte es, eine Hand griff von unten auf das Mäuerchen, und Tom stand vor mir.

»Bißchen abgestürzt?« fragte ich ohne Mitleid.

»Bißchen durchgefallen.« Die Pflaumen hatten gesiegt. Tom trug für diese Anlässe stets einige Lagen Papier bei sich. Aber was er mir zeigte, war kein Papier und kein Edelweiß. Es war ein Kabel, blau und aufgewickelt, ungefähr einen Meter in der Länge und fabrikneu. Kupferadern ragten frisch aus beiden Enden heraus.

»Kabel«, sagte Tom stolz.

»Toll. Leg es zu dem Frosch, dem Taschenmesser und der breitgetretenen Aluminiumdose, die du immer in deiner Hosentasche herumträgst.« Das war nur wenig übertrieben. Tom war ein Sammler, er konnte nichts liegenlassen. Im Gegensatz zu mir fand er auch ständig Geldmünzen, Gürtelschnallen, Abschiedsbriefe.

»Wer weiß, vielleicht kann ich's noch mal für irgendwas gebrauchen«, sagte er und stopfte das Kabel in eine Jackentasche.

»Aber klar. Genauso wie du die Kronkorken und das Bonbonpapier gebrauchen kannst.«

»Sei froh, daß ich nicht abgestürzt bin.«

»Erst Stuhlgang, dann Abgang.« Über unsere geliebten Gemeinheiten kamen wir wieder auf das Schloß. Die überwältigende Anmutung von Pappmaché und Theaterkulisse hatte uns beide ernüchtert.

»Als ich vor über zehn Jahren hier war, ist mir das nicht so bewußt geworden«, sagte Tom. »Damals ist mir nur das viele Gold und Blau aufgefallen. Und daß im Thronsaal kein Thron steht.«

Wir litten beide unter den Wandgemälden in den Wohnräumen Ludwigs. Lohengrin, Tristan, Isolde, Walther von der Vogelweide, Hans Sachs, Sigurd, Gudrun. Massige Gestalten, dicke Schenkel. Überall wurde gekämpft, selbst auf Ludwigs Speisetisch, wo Siegfried in Bronze den Drachen besiegt.

Eine Zeitlang sahen wir dem Musikanten zu. Er sprach mit einem Mann, der aus dem Schloß gekommen war und wieder in Richtung Schloß verschwand. Ich versuchte, mir einzelne Zimmer zu vergegenwärtigen, die ich vor 30 Minuten gesehen hatte, und wunderte mich nicht, daß mir dies nicht gelang. Aber ich würde fünf Tage Zeit haben, Einzelheiten zu erkennen. Deshalb blieb ich gelassen. Ich hatte lediglich etwas Angst, daß mir die wuchtigen Frauen und Männer an den Schloßwänden auf die Nerven gehen könnten. Ich betrachtete den Musikanten, und mir fiel ein, daß der Mann, mit dem er gesprochen hatte, unser Schloßführer gewesen war.

Es zog uns dann zurück zur Marienbrücke. Eine Besuchergruppe umstand Ricardas Aquarelle und tat sachverständig. Einer kaufte ihr für 150 Mark ein Bild ab. Ricarda hatte keine Zeit für uns. Deshalb schlenderten wir zur Abfahrtstelle der Busse, erwischten auch gleich einen, gondelten hinunter, passierten den Laden mit der LARGE SELECTION OF CHRISTMAS DECORATIONS. MADE IN GERMANY und aßen unter freiem Himmel hausgemachte Pizza und Schweinshaxe, dazu tranken wir Bier. Wir rückten einen Tisch weiter der Sonne hinterher und verbrachten 15 Minuten in wohliger Wärme. Es war doch noch ein richtiger Spätsommertag geworden. Mit dem Besuch des Klosetts schloß Tom seine Pflaumenepisode ab.

Wir trafen den Schloßverwalter in seinem Büro in der Kemenate, dem dreigeschossigen Bau zwischen Innenhof und Schlucht. Die Begegnung mit diesem Mann gab dem Tag seinen Sinn. Er war intelligent, witzig, lästerte für sein Leben gern. Aber hinter allem Spott schien immer wieder seine Liebe zum Metier und zu Ludwig durch. Er machte den Job seit 25 Jahren, hatte mit 300 000 Besuchern im Jahr begonnen und mußte jetzt die fünffache Menge bewältigen. Sein Team bestand aus 20 Mitarbeitern, davon waren zehn Führer, in der Hochsaison waren es doppelt so viele.

»Eigentlich endet die schlimmste Zeit Ende August«, erzählte er uns unter einem Porträt Richard Wagners, das an der Decke hing. »Aber am Wochenende rappelt es hier immer. Bei gutem Wetter sowieso. Und wenn in München Oktoberfest ist, haben wir Hochsaison. 10000 Besucher am Tag.«

Wir überreichten unser Legitimationsschreiben.

»Ja mei, die Amerikaner«, sagte der Verwalter. »Waren denn immer noch nicht alle von denen bei uns?«

Wir wollten uns in den nächsten Tagen frei im Schloß bewegen können und durften es – mit einem Führer an unserer Seite. Mir wäre es lieber gewesen, für mich allein laufen zu können. Aber damit wollte ich dem Verwalter nicht gleich am ersten Tag kommen. Tom erhielt die dringende Aufforderung, nicht in Anwesenheit von Touristen zu fotografieren.

»Darauf warten die nur, daß einer damit anfängt«, erzählte der Verwalter. »Aber die Blitzlichter schädigen die Videokameras, die wir in den Räumen haben. Und Fotografierende halten den Führungsbetrieb ungemein auf. Sie lassen erst alle Leute vorbei, dann fangen sie an zu knipsen und kollidieren todsicher mit der folgenden Gruppe.« Tom schmunzelte. Er hatte für jede Eselei Verständnis, die ihre Wurzeln in der Freude am Fotografieren hatte. »Außerdem sind die Lichtverhältnisse im Schloß sehr schwierig«, fuhr der Verwalter fort und sah zu, wie uns eine Schreibkraft Kaffee servierte. Zucker mußte sie extra holen, Milch mußte sie auch extra holen. »Eine Wand ist immer Fensterfront, alle anderen Wände sind ohne Fenster. Das Geld möchte ich haben, das hier drinnen von Amateurknipsern an Material verpfuscht worden ist. Ich wäre Millionär.«

Plötzlich wurde es unruhig im Büro. Das Telefon klingelte, ein Mann in Monteurskluft stand mit einem Schraubenschlüssel im Büro, der Anführer einer französischen Besuchergruppe verlangte 30 Ludwig-Plakate und warf ein begehrliches Auge auf Richard Wagner unter der Decke. Der Verwalter stürzte sich ins Getümmel, wir trollten uns.

»Und das will ein Beamter sein«, sagte Tom kopfschüttelnd. Als deutscher Bürokrat war der Verwalter in der Tat eine Fehlbesetzung. Er besaß Schwung, schaute über den Tellerrand. Ihm machte sein Job Spaß, und er sehnte sich nach Kontakt mit Bürgern. Am meisten gefiel ihm die große Entfernung zu seiner vorgesetzten Dienststelle.

Die Besucher haßten uns sichtlich dafür, daß wir auf dem durch ein Gitter abgetrennten oberen Innenhof herumstehen durften. Ein Mann mit gemütlicher Gestik und Mimik schlenderte heran und stellte sich als Schloßführer Mordelli vor. »Aloysius Mordelli, weil Sie das bestimmt zitieren wollen.« Damit er nicht enttäuscht war, kritzelte ich in meinen Block und fragte ihn nach Alter, Familienstand und Schuhgröße. Die Frage nach der Schuhgröße fanden fast alle Normalsterblichen beeindruckend. Danach bezweifelte kaum noch jemand meine Seriosität.

Der Verwalter hatte Mordelli geschickt, damit wir uns sofort ansehen konnten, was wir wollten. Das paßte mir nicht ins Konzept, weil ich noch keine Gelegenheit gehabt hatte, mich mit Tom über das Programm der kommenden Tage abzusprechen.

»Was sieht denn der Normalbesucher alles nicht?« fragte ich Mordelli, während wir über das Eingangsportal in den Palas, den eigentlichen Schloßbau, mit seinen vier Geschossen stiegen.

»Der sieht vieles nicht. Das Klo vom Kini kriegt er nicht zu sehen. Das gesamte zweite Geschoß sieht er nicht. Und die Räume, wo wir Führer uns von den Besuchern erholen, sieht er natürlich auch nicht.«

Diese Räume schauten wir uns zuerst an. Aufenthaltsräume ähneln sich auf der ganzen Welt quer durch alle Kulturen. Lieblos möbliert, kalter Rauch in der Luft, Licht aus häßlicher Quelle, meistens Neon, an den Wänden häßliche Kalender oder häßliche Gemälde. Am erstaunlichsten in diesem Raum war nicht das Pult mit 16 Monitoren, sondern die bunte Zusammensetzung der Anwesenden. Ich zählte sieben Führer, fünf Männer, zwei Frauen. Die Frauen sehr jung, Anfang zwanzig, aber auch zwei Männer waren mehr Jugendliche als Mannsbilder.

»Zur Zeit haben wir wieder Aushilfen. Im Oktober wird es an schönen Tagen doch noch sehr voll. Und in München ist zur Zeit Oktoberfest, da machen sie gern einen Abstecher zu uns. Viele Ausländer. Da brauchen wir Studenten wie Vera und Karin. Sie studieren Sprachen.«

Vera und Karin waren damit beschäftigt, uns zu beobachten. Die eine ließ mich kalt, die andere hatte einen Blick, der einen spontan überlegen ließ, ob man den Abendtermin nicht verschieben könnte. Natürlich ließ ich mich nicht hinreißen, denn wir waren hier, um zu arbeiten. Tom und ich hatten noch nie einen Auftrag geschmissen. Wir brauchten nur manchmal etwas, bis wir in die Gänge kamen. Auf den Monitoren zogen Besucherscharen durchs Schloß.

»Wie halten Sie's denn mit Chinesen?« fragte ich, um Karins Stimme zu hören.

»Genauso wie mit den Arabern.« Karin besaß einen federleichten Silberblick. Er vermittelte mir das prickelnde Gefühl, daß sie mir gleichzeitig ins Gesicht und auf den Hinterkopf schaute. Vera, die mich kaltließ, sagte:

»Die großen Sprachen erledigen wir. Also die Sprachen, von denen wir nennenswerte Mengen Gäste haben. Von neun oder zehn anderen Sprachen besitzen wir Tonbänder. Der Führer drückt dann im jeweiligen Raum auf den jeweiligen Knopf.«

Karin tat so, als ob sie nicht merkte, daß Tom sie fotografierte. Mordelli setzte sich dann vor die Monitore, das war ohne Zweifel das schönere Motiv: dieser vierschrötige Kerl und die moderne Technik. Es gab auch eine winzige Küche, Tom ging sich das angucken. Ich paßte auf, daß in der Zwischenzeit niemand Karin belästigte und fragte sie bei der Gelegenheit ein bißchen aus. Studentin in München, Golf Cabrio, gern auch im Winter offen, Surfen und Ski, kleine Eigentumswohnung, vom Herrn Vater. Während wir redeten, stand ich vor den Monitoren. Ich konnte die Räume nicht alle identifizieren. Jedenfalls war es nicht Ludwigs Schlafzimmer mit dem geschnitzten Bett, in dem ich auf einem der Leuchter das runde Etwas erblickte.

»Hol das doch mal ein bißchen näher.«

Weil Karin begriffsstutzig war, drehte ich selbst. Erst schaltete ich aus Versehen einen Monitor aus, dann hatte ich das runde Etwas deutlich auf dem Schirm: ein Stück Kabel auf einem Leuchter. Jetzt fiel es mir wieder ein: Die massigen, mehr als mannshohen Leuchter standen im Sängersaal, neben dem Thronsaal der prächtigste Raum im Schloß. Ich konnte auf dem Schwarzweißmonitor nicht erkennen, ob das Kabel blau war wie das in Toms Jackentasche. Aber es paßte so überhaupt nicht zu diesem Kandelaber. Es war der Gegensatz, der mich neugierig machte: ein Stück goldene Verzierung aus einer untergegangenen Welt und ein banales Kabel aus der untergehenden Gegenwart.

»Der Saal hier«, sagte ich zu Mordelli und wies auf den Monitor. »Sind Sie so nett und führen uns da mal eben hin?« Der Sängersaal lag im vierten Geschoß, wir befanden uns im zweiten. Zwei Minuten später waren wir da, und ich steuerte energisch einen Leuchter an. Es war der falsche, hier standen zehn. Ich orientierte mich an der Videokamera und ging zum richtigen Leuchter.

»Das Kabel ist weg.« Ich war nicht mißtrauisch, eher verdutzt. Es gelang mir zu diesem Zeitpunkt noch problemlos, ein Erlebnis wie dieses abzuhaken. Das Kabel war weg. Na und? Jemand hatte es wohl weggenommen. Na und?

»Finden hier im Schloß gerade Reparaturarbeiten statt?« fragte ich Mordelli, während Tom die Gelegenheit nutzte und die Parzivaldarstellungen zu fotografieren begann.

»Reparaturen?« wiederholte Mordelli auf seine gemütliche Art und kratzte sich lange am Kopf. »Eigentlich nicht, nein«, lautete die Antwort. »Oder doch, ja. Im Dach sind die Kammerjäger.«

»Die bitte was?«

»Also natürlich nicht die Kammerjäger, wir nennen sie nur so. Die schauen nach, wie weit die Holzwürmer sind, und schützen das Holz. Imprägnieren, so was in der Richtung.«

Neben uns ein Geräusch, ich schaute zur Seite.

»Das ist der Tribünengang«, sagte Mordelli. Er lief entlang der nördlichen Längswand des Sängersaals.

»Ist da jemand?« rief ich und fragte mit leiser Stimme Mordelli:

»Ist da jemand?«

»He!« blökte Mordelli. »Ist da einer?« Er hielt demonstrativ ein Ohr Richtung Tribünengang und sagte: »Da ist niemand.«

Als wir den Saal verließen, kam uns eine deutsche Besuchergruppe entgegen, geleitet von einem Führer, den ich noch nicht gesehen hatte. Er grüßte Mordelli nicht. Ich buchte die kleine Begebenheit unter »Betriebsklima« ab. Sowohl der Eingang zum Sängersaal als auch der zur Galerie des Thronsaals gingen vom Flur ab.

Ich betrat die Galerie und war dem Himmel in der Kuppel des Thronsaals überraschend nahe. Strahlendes Nachtblau, goldene Sterne. Das Treppenhaus, durch das wir heraufgekommen waren, besaß auch so einen Himmel.

»Weniger wäre mehr«, murmelte Tom. Vor einer Stunde hätte ich ihm recht gegeben. Jetzt war ich nicht mehr so sicher. Der Himmel hatte was. Ich wußte noch nicht, was. Aber er hatte was.

»Achtzehn Zentner«, sagte Mordelli und wies mit dem Kopf auf den imponierenden Lüster.

»Vergoldetes Messing«, tippte Tom. Treffer.

»Sechsundneunzig Kerzen«, hörte ich Mordelli von weitem sagen. Das Elfenbein war Imitation. Aber was war die Uhr, die der Engel trug? An einem Leuchter aus dem Jahr ...

»Von wann ist der Kronleuchter?«

»1884 oder 85. Da lag der Entwurf vor. Ludwig hat den fertigen Leuchter gar nicht mehr gesehen.«

»Und an dem Leuchter ist im Lauf der Jahre nichts ersetzt worden? Keine Modernisierungen?«

Mit dieser Frage hatte ich Mordelli beleidigt, ich entschuldigte mich mit einem begütigenden Gesichtsausdruck. Unter uns pilgerte eine Besuchergruppe in den

Thronsaal. Die Leute hatten einen nicht halb so schönen Blick auf das Fußbodenmosaik wie wir von oben. Mordelli und der andere Führer riefen sich Scherzworte zu. Ich verfolgte, wie die Touristen Kontakt mit dem Thronsaal herstellten. Manche waren laut und oberflächlich, manche wirkten versonnen, in sich gekehrt. Manche mußten mit ausgestrecktem Arm auf alles zeigen, manchen schien die Vielzahl der Menschen zu stören.

Tom begann die Besucher von oben zu fotografieren; augenblicklich mußte ihr Führer neidische Fragen beantworten, warum der Mann da oben auf der Galerie etwas durfte, was sie unten nicht durften. Ich hörte die Wortfetzen »Presse« und »Arbeit für einen Prospekt«. Offenbar waren die Führer über unsere Anwesenheit in Kenntnis gesetzt worden. Jetzt brauchte ich nur noch jemanden, der mich davon in Kenntnis setzte, warum an einem Kronleuchter aus dem Jahre 1885 eine Uhr war, die nachweislich vor dem Jahre 1912 nicht auf der Erde anzutreffen war. Eine Armbanduhr.

Wir kehrten mit Mordelli in den Aufenthaltsraum zurück. Tom und ich plauderten über unsere Arbeit und unseren Zeitplan. Wir verabredeten uns für morgen früh acht Uhr. Tom wollte fotografieren, wie die Führer auf Reinigungstour gingen, was sie jeden Morgen vor Öffnung des Schlosses taten. Danach lungerten wir noch einige Minuten herum, ließen uns Zigaretten anbieten und sagten adieu.

4

Wir standen jetzt vor der Frage, ob wir zu Fuß zum Parkplatz hinunter wollten, per Kutsche oder per Bus. Tom wollte reiten, vorher warfen wir noch einen Blick auf den Arbeitsplatz von Ricarda, fanden ihn aber verlassen vor. Den Kiosk wollten wir huldvoll winkend passieren, doch der Vater eilte ins Innere des Lädchens und kam mit einer

Kiste Pflaumen zurück, die er mir freudestrahlend in die Hände drückte. Ich rückte einen Fünfzigmarkschein raus. Danach schenkte ich dem Vater die Kiste.

Die Kutschen wollten Feierabend machen und zogen mit den letzten Besuchern nach unten.

»Nehmt uns bloß nicht mit«, rief Tom, »wir bringen Unglück.« Der Kutscher griff in die Zügel, und wir durften noch einsteigen.

Gegen 17 Uhr standen wir vor unserem Wagen. »Gleich essen oder erst frisch machen?« fragte ich. Ich liebte den Ausdruck »frisch machen«. Es kam mir so deutsch vor.

»Erst frisch machen«, sagte Tom. »Ich muß unbedingt mein Käsefräulein anrufen.«

Tom war seit kurzem in ein 18jähriges Mädchen verliebt. Sie stand in einer Stadt südlich von Hamburg hinter der Käsetheke eines Supermarkts. Tom hatte sie anläßlich einer Diskussion über Vor- und Nachteile von Romadur kennengelernt. Seitdem brachte sie ihm zu jedem Treffen einen stinkenden Käse mit. Tom war jedesmal gerührt.

Es waren nur vier Kilometer bis Füssen, aber sie reichten, um unser Spiel zu spielen. Wenn Tom und ich gemeinsam unterwegs waren, bezahlten wir in Restaurants und Kneipen abwechselnd. Wir haßten beide die Beschäftigung mit Geld, auch die Erfindung der Kreditkarte war keine Lösung. Sie hob das unwürdige Spiel nur auf eine eingebildetere Ebene. Deshalb würfelten wir vor jedem Essen aus, wer mit Bezahlen dran war. Unser Spiel funktionierte so, daß einer von uns das Kfz-Zeichen des Pkw oder Lkw voraussagte, der an der nächsten Ampel vor oder hinter uns stehen würde. Es ging darum, ob die letzte Ziffer gerade oder ungerade war, ob der Wagen aus dem In- oder Ausland kam. Manchmal ging es auch darum, wie viele Personen im Wagen saßen. Heute ging es um die Zahl der Personen im Pkw hinter uns. Wir hatten Glück, daß wir bis zum Gasthof überhaupt an einer roten Ampel halten mußten. Der hinter uns war mit zwei Personen besetzt. Tom mußte bezahlen.

Im Hof des Gasthofs stand ein Reisebus aus Holland. Zwei Senioren wechselten hinten links einen Reifen und wehrten einen jüngeren Mann ab, der ihnen helfen wollte. Offenbar handelte es sich bei ihm um den Fahrer. »Ich dachte immer, Schulbus fahren ist das schlimmste«, murmelte er auf Deutsch, »aber einen Seniorenclub fahren, das ist die Hölle.« Tom telefonierte mit seinem Käsefräulein, ich putzte mir die Zähne und legte mich danach angezogen auf die Tagesdecke meines Betts. Mir wurde schnell kalt, ich kroch unter die Decke. Der Tag wanderte durch meinen Kopf, in windgeschützten Winkeln saßen noch Bilder der letzten Woche. Ich brauchte den ersten Tag, um den Kopf von Vergangenem freizufegen, und genoß es, wenn meine Konzentration aufs aktuelle Thema wuchs. Ich dachte an Diana, die an diesem Tag wieder wehrlosen Schülern erzählt hatte, wie herum sich die Welt dreht. Diana war die geborene Erzieherin, leider war ich nicht der geborene Schüler. Mein Pech, daß Diana trotzdem glücklich mit mir war. Andernfalls hätte ich sicherlich schon einmal das Thema Trennung angeschnitten. Aber Diana würde gar nicht begreifen, wie ich das meinte.

Ich erwachte und schloß daraus, daß ich eingeschlafen sein mußte. Im Zimmer standen Schatten, die mir noch unbekannt waren. Im Bauch des Hauses grummelte Betriebsamkeit, und ich hatte das Gefühl, in Ruhe sterben zu können, weil das Leben weitergehen würde. Mein Herz schlug, wie es dies nachmittags manchmal tat: laut und als ob es millimeterdicht unter der Haut sitzen würde. Ich traute meinem Herzen nicht. Ich war 38, zwei Kollegen unter 40 hatten ihren Infarkt schon gehabt.

Ich ging ins Badezimmer, um mich »frisch zu machen«. Ich fand den Ausdruck unwiderstehlich. Meine Haare schaute ich nur kurz an, sie waren auf dem absterbenden Ast; wenn Diana sie nicht immer so geschickt schneiden würde, hätte alles noch viel finsterer ausgesehen. Dann duschte ich, rasierte mich nicht, freute mich auf den Abend. Ich freute mich auf jeden Abend, den ich mit Tom verbringen durfte. Die letzten Fahrten mit anderen Fotografen waren deprimierend verlaufen. Kein gemeinsamer Draht, jede Minute war geprägt gewesen vom Willen, höflich und korrekt zueinander zu sein.

Tom war frisch gebadet und gesalbt. Die Haare naß an den Schädel geklatscht, die Bartenden lächelnd, die Augen blitzend. Offenbar war das Telefonat mit seinem Käsefräulein ein voller Erfolg gewesen.

»Wahnsinn«, hauchte Tom. »Man schöpft die Möglichkeiten des Telefons ja kaum jemals richtig aus.« Mit dieser reizvollen Viertelinformation ließ er mich und meine Fantasie allein. Wir inspizierten ausführlich das Restaurant in unserem Quartier. Alles sehr groß, die Portionen lecker, die Serviermädchen so proper, als wenn sie zusammen mit Tom geduscht hätten. Trotzdem verließen wir das Lokal gleich wieder und riefen einem Fräulein, das uns verdutzt nachschaute, »Ortsbesichtigung« über die Tische zu.

Wir waren beide scharf auf einen Bummel durchs Zentrum von Füssen. Gediegener Wohlstand, keine Zerstörungen im Zweiten Weltkrieg und eine Fußgängerpassage von universeller Schrecklichkeit. Obwohl es zum Draußensitzen zwei Grad zu kalt war, eilten wir auf den Tisch vor der Gaststätte zu und schlugen das konkurrierende Ehepaar um wenige Meter. Wir streckten Arme und Beine von uns, und Tom seufzte:

»Guten Abend, Füssen.«

Wir aßen hervorragenden Tafelspitz, und ich befriedigte natürlich meine Leidenschaft für Maultaschen, die nördlich des Main nicht eßbar sind. Zum Nachtisch bestellten wir Kuchen und Kaffee, und als alles auf dem Tisch stand, wechselten wir nach drinnen, weil es zu kühl wurde. Wir besprachen den morgigen Tag. Tom wollte auf der Marienbrücke beginnen und sich ans Schloß heranfotografieren. »Solange das Wetter hält, will ich soviel wie möglich draußen sein.« Neue Gäste erschienen, Einheimische offenbar, und wir rückten zusammen.

»Vielleicht treffen wir Ricarda wieder«, sagte ich versonnen.

»Ich kann mir Schlimmeres vorstellen«, entgegnete Tom entzückt. »Sie sieht aus, wie in Fernsehfilmen die Künstler aussehen, die nicht von dieser Welt sind.«

»Und geheimnisvoll.«

»Und liebevoll.«

»Und aus komplizierten Verhältnissen stammend.«

»Und Männer glücklich machend.«

Ich hoffte, daß Tom über Ricarda seine Arbeit nicht vernachlässigen würde.

»Das mit dem Kabel hast du wirklich nicht gesehen?« fragte ich plötzlich. »Klar«, mümmelte Tom kauend, »Kabel auf dem Kronleuchter. Ganz klar.«

»Ich meine ja nur, weil wir kurz vorher das Erlebnis mit dem Kabel hatten.«

Tom stellte das Kauen ein, blickte mich an, blickte zu seiner Jacke an der Garderobe, beugte sich lang über die Sitzbank und fummelte das Stück Kabel aus der Tasche. Er legte es zwischen uns auf den Tisch und aß weiter.

»Du hast ja recht«, sagte ich. »Es ist nur ein Stück Kabel . . .« Und Tom steckte das Kabel wieder in die Jacke zurück.

Wir aßen unseren Kuchen, und ich überlegte, ob ich ihm die Geschichte mit dem Engel und der Armbanduhr erzählen sollte. Etwas hielt mich davon ab, möglicherweise die Angst vor Spott. Nach dem Kaffee ließen wir einen Obstler kommen, danach noch einen. Der Tag wurde rund, ich liebte solche Abende. Ich war mit Tom unterwegs, wir würden maximal eine Woche brauchen, das Wetter war anständig, die ersten Gespräche angenehm verlaufen. Das Essen war erstklassig, die Wege kurz, und ich freute mich auf eine gemütliche Nacht, in der ich mich in Ludwig einlesen wollte. Natürlich mußte ich vorher Diana gute Nacht sagen, darauf legte sie Wert.

Tom war blendender Laune. Er liebte sein Käsefräulein und das Leben an sich. Er sammelte Schallplatten zwischen 1964 und 1973 und schwärmte von einer Original

USA-Pressung der Quicksilver Messenger Service. Wir tranken einen letzten Schnaps, und Tom bezahlte.

Zwischen uns war es Brauch, nach dem Abendessen noch eine Runde zu drehen, bevor wir ins Hotel zurückkehrten. Tom pflegte unterwegs massiv zu furzen. Wir schauten zum Füssener Schloß über den Dächern der Altstadt empor. An Schlössern herrschte hier kein Mangel. Wir verließen die Altstadt, kamen in einen Park oder Wald, an den sich stille Wohnstraßen anschlossen. Es war still hier draußen, dunkel und still, nach 23 Uhr.

»Füssen geht früh schlafen«, sagte Tom. Ich war froh, daß wir hier Quartier genommen hatten und nicht unterhalb von Neuschwanstein, wo alles dem Fremdenverkehr untergeordnet war. Ich gönnte mir vor dem Insbettgehen gern eine Ration Schaufenster. Aber in dieser Straße gab es kein Schaufenster. Es war ruhig, es war sehr ruhig; und als wir aufhörten zu sprechen, merkte ich erst, wie extrem ruhig es geworden war. Vor uns stand die nächste Straßenlaterne, und plötzlich waren sie da. Ich sah die eisernen Spitzen auf mein Gesicht zustoßen: vier oder fünf Pfeile nebeneinander in Reihe, ich hatte sofort den Eindruck, daß es sich um eine eiserne Gartentür handelte. Ein Kopf hinter der spitzen Tür und die Spitzen zentimeterdicht vor meinem Gesicht. Vor und hinter uns Wispern von Stimmen und Scharren von Schuhen. Ein Ruf der Überraschung – es war Tom –, zwei Figuren im Handgemenge. »Laß mich sofort los!« Toms empörter Befehl, und ich duckte mich, um zu verhindern, daß mir die Pfeile das Gesicht zerstießen. Von allen Begleiterscheinungen des Ermordetwerdens hatte mich immer am meisten interessiert, welches Geräusch entsteht, wenn die Haut platzt. Vielleicht öffnete sie sich geräuschlos, aber ich stellte mir stets ein kleines Knallen vor, bevor das Sprudeln des Bluts den Ton angab.

Ich geriet nicht in Panik. Auch wenn jetzt der milchige Schleier zerriß, der mich in den ersten Sekunden davor geschützt hatte, die Gefahr der Attacke zu begreifen, blieb ich beherrscht und wich vor dem zustoßenden Eisentor nach hinten aus. Neben mir rang Tom mit einem Angreifer. Ich begriff nicht, wie jemand auf die Idee kommen konnte, Tom anzugreifen. Tom würde ihn zerschlagen wie Porzellan. Er konnte ja schon bei geringfügigen Anlässen fürchterlich werden. Das Gitter stieß vor, ich trat zur Seite, das Gitter rauschte an meiner Schulter vorbei und riß den Angreifer durch sein Gewicht an mir vorbei. Ich fixierte das Gitter, sah so gut wie nichts, spürte aber, wie sich der Angreifer neu orientierte. Dann packten mich rechts und links je zwei Arme. Es waren Griffe, die mich erstarren ließen. Solche Hände hatten mich noch nie angefaßt, und dies war nicht meine erste Schlägerei. Aber es konnte meine letzte sein, denn plötzlich standen die Körper dicht neben mir. Meine Hände gefesselt, für Tritte waren die Gegner zu nahe. Und dann näherte sich wieder das Gitter. Ein Gartentor aus dieser vornehmen Füssener Wohnstraße. Ich wollte nicht sterben, nicht mit achtunddreißig und nicht ausgerechnet in Füssen. Ich spürte die Eisenspitzen an Hals, Wange, Ohr. Neben mir immer weiter Gewürge und Schläge, denen man anhörte, daß sie voller Wut ausgeteilt wurden. Ich hoffte, daß es Tom war, der austeilte. Gewimmer, Fluchen, sich wälzende Körper und die Eisenspitzen an meinem Hals. Sie drückten tief in die Haut, Sehnen, Muskeln des Halses. Neben mir Gewimmer, ein Körper richtete sich auf, ein viel schwererer Körper richtete sich auf. Auf leisen Sohlen flitzte etwas davon, auf leisen Sohlen flitzte etwas Schweres hinterher.

»Laß das«, flüsterte ich. Ich wollte nicht wegen zehn Mark umgebracht werden. Mir paßte die Brutalität des Überfalls nicht zu Füssen, nicht zu Bayern. So ein Überfall war Großstadt, L. A., Rio de Janeiro. Oder Kino.

Das Gitter drückte immer stärker gegen meinen Hals, ich fühlte meine Schlagader gegen kaltes Eisen pulsieren.

»Ihr haut ab.« Die Täter hatten eine Stimme. »Ihr haut sofort ab.«

»Warum?« stieß ich hervor und erwartete sofortige Strafe. Aber ich hatte kein schlechtes Gewissen, ich hatte doch nichts angestellt.

»Nehmt das Geld.« Ich flüsterte, weil ich sie nicht reizen wollte.

»Ihr stört hier.« Ich begriff diese Stimme nicht. Es war die Stimme eines Kindes. Aber hier war kein Kind. Die Hände waren stark wie erwachsene Hände; und ein Kind konnte nicht diese Eisentür –

»Wenn wir euch noch einmal sehen, seid ihr dran.« Die Stimme des Menschen, der die Eisenspitzen in meinen Hals drückte. Die Stimme eines Kindes. Die Stimme eines Mädchens.

»Warum?« flüsterte ich. Wann wachte endlich einer von diesen wohlhabenden Säcken um uns herum auf?

»Morgen seid ihr weg. Ihr habt die Wahl. Bis morgen. Danach habt ihr keine Wahl mehr.« Irgendwo in meinem Rücken ertönte Gepolter. »Sag das deinem dicken Freund. Wir holen euch.«

Vier Hände preßten meine Arme, das Gitter drückte in meinen Hals, drückte und drückte. Ich mußte schlucken. Noch etwas mehr Druck, und sie würden mir Hals und Wange aufreißen. Das Gepolter hinter mir kam näher, das Eisengitter fiel mit metallischem Krachen zu Boden, vier Hände ließen von mir ab, drei Körper tauchten in die Nacht. Als Tom mich erreichte, wollte ich mich an ihm abstützen. Aber er stieß mich rüde von sich. Der Mann dampfte vor Wut und Schweiß. Er ertrug jetzt keinen Körper, der ihn betatschte. Er lief ein paar Schritte, blieb stehen und blaffte:

»Haben sie dir was getan?«

Mit steifen Schritten ging ich zur Seite, ließ mich auf ein Mäuerchen sinken, das mir in seiner Zierlichkeit albern vorkam. Mein Puls summte. Einzelne Herzschläge waren gar nicht mehr festzustellen.

»Er ist mir entkommen«, fauchte Tom. »Aber nur knapp.«

»Tom.« Ich räusperte mich und preßte Festigkeit in meine Stimme. »Heb das Eisentor auf.«

Er tat es: »Massiv. Das wiegt ein paar Kilo. Echt Eisen. Sehr solide. Scheißfüssen.«

Er sah mich besorgt an. Dabei hätte ich ihn besorgt ansehen sollen. Tom war im Gesicht und an den Armen zerkratzt, nicht gefährlich, aber auch nicht zu übersehen. »Ich hab' ihm ein Ding zwischen die Beine verpaßt«, sagte er zufrieden. »Ein Wunder, daß er danach noch aufrecht laufen konnte.« Dann fragte er mich ständig, ob mir etwas weh tun würde. Ich sagte nein und nochmals nein. Am Ende schrie ich ihn an: »Nein, verdammt noch mal. Mir tut nichts weh!« Exakt in dieser Sekunde wurde ein Fenster aufgestoßen, und der stolze Besitzer des albernen Ziermäuerchens brüllte:

»Ruhe, ihr Saufköppe, oder ich lasse meinen Dobermann los.«

Tom wollte sofort über die Mauer auf den Schreier los, aber da begann tatsächlich ein Hund zu bellen, und es war kein Chihuahua. Noch befand sich das Bellen im Innern des Hauses, aber sein Herrchen brüllte unternehmungslustig: »Ihr seid ja immer noch da.«

Ich zog Tom mit mir Richtung Altstadt.

Unter der nächsten Laterne hielten wir an.

»Du siehst vielleicht aus«, sagte Tom.

»Du mußt das unbedingt abbeizen«, sagte ich.

»Du meinst desinfizieren.«

Wortfindungsschwierigkeiten und Frösteln waren meine Variante des Schocks.

»Beruhige dich«, sagte Tom. »Es ist ja nichts passiert.«

»Soll das ein Trost sein, oder was? Mensch, die haben mir nicht mal mein Portemonnaie weggenommen«, rief ich. Zwei Füssener setzten, als sie uns passierten, unbeteiligte Gesichter auf.

»Eine tolle Stadt seid ihr hier«, rief Tom ihnen hinterher. Die beiden beschleunigten den Schritt. Tom blickte mich aufgebracht an.

»Du hast doch überhaupt kein Portemonnaie. Jetzt siehst du mal, wie nützlich ein Portemonnaie ist. Man hat immer was zur Hand, wenn man überfallen wird.«

Seit meiner Konfirmation trug ich Geld lose in der Hosentasche. Auch Kreditkarten, auch Ausweise.

Wir schleppten uns Richtung Gasthof, Tom wollte sich einfach nicht beruhigen.

»Vier Leute gegen zwei«, knurrte er. »Das ist erstmal unfair. Und dann war das Biest schnell. Wie ein Wiesel.«

5

Unser Gasthof lag in tiefer Ruhe, wir gelangten mit dem Nachtschlüssel ins Haus.

»Ohne Beruhigungsschluck komme ich nicht in den Schlaf«, sagte Tom und marschierte Richtung Küche. Ich folgte ihm, denn auch ich glaubte nicht, daß sich mein Zittern mit Leitungswasser besänftigen ließ. Weil die Tür verschlossen war, öffnete Tom sie. Er besaß ein Schweizer Taschenmesser mit märchenhaften Möglichkeiten. Unsere Gastgeber horteten beeindruckende Vorräte. Eine politische Krise hätten wir hier bequem aussitzen können. Lebensmittel in Dosen, in Gläsern, auf Eis und frisch. Getränke in Kisten, Fässern und Ballons.

»Ich will keine Gurken, ich will was Ordentliches«, knurrte Tom und faßte eine schmale Tür ins Auge.

»Das muß nicht sein«, gab ich noch zu bedenken, dann hatte Tom die Tür geknackt, und wir standen im Weinkeller. Jeder wählte mit Kennermiene eine Flasche, dann zogen wir zwei Treppen höher in Toms Zimmer.

Ich ließ mich aufs Bett fallen, während Tom die Flaschen öffnete. Mir war kalt und ich schlüpfte unter die Decke. Tom hielt plötzlich eine kleine Flasche Weinbrand in der Hand, mit der er im Badezimmer sein Gesicht reinigte. Ich inspizierte inzwischen den Lesestoff. Tom pfefferte noch vor dem Auspacken der Textilien sechs bis zehn Bücher vor sein Bett. Diese Aktion war für ihn der eigentliche Akt der Inbesitznahme eines neuen Zimmers. Das Niveau hielt sich in Grenzen: Thriller, Bestseller, keine Theorie.

Tom kam mit zwei Zahnputzbechern zurück. Er trank

Frankenwein, ich bevorzugte Moselweine. Die Gläser klirrten, versonnen süffelten wir den Traubensaft.

»Das war also mein erster Überfall in Deutschland«, murmelte ich und gab Tom Gelegenheit, Anekdoten aus einem reichen Fotografenleben beizutragen. Sie hatten ihm in Kolumbien eineinhalb Liter Blut abgezapft und in Harlem bis auf die Boxershorts ausgeraubt. In Moskau war er seine Fotoausrüstung losgeworden und als Opfer einer rabiaten Frauenbande in Italien um ein Haar seine Hoden. Es war nicht zum Äußersten gekommen, und so hatten die Räuberinnen ein biologisches Spektakel verpaßt. Tom besaß drei Hoden. Der dritte war deutlich kleiner und weicher, ein »Wasserball«, aber ein Hoden. Er hatte Tom schon viele schöne Erlebnisse beschert, darunter zirka 200 gewonnene Wetten, von denen ihm die lukrativste 5000 Mark eingebracht hatte. Etwas pikant war stets nur der Akt der Verifizierung, der im Kreis lustiger Kneipenrunden in der Regel auf der Toilette stattfand. Manchmal aber auch an der Theke.

Ich ließ Tom ausreden, obwohl ich alle Stories bereits kannte. Dann fragte ich:

»Und dir wollten sie auch nicht ans Geld?«

»Kein Geld. Keine Kreditkarten. Keine Schecks. Keine Ringe, Ketten, Klamotten.«

»Wie Faschisten haben sie sich auch nicht benommen«, behauptete ich.

»Abgesehen davon, daß sie versucht haben, dich mit Eisenstäben zu durchbohren, waren sie kultiviert wie du und ich. Trink aus, der Wein ist gut.«

»Wir gehen nicht zur Polizei?«

Tom schüttelte den Kopf und sagte abfällig: »Polizei.« Damit war das Thema erledigt.

»Wir fahren nicht nach Hause?«

Tom sah mich erstaunt an. »Wie kommst du darauf?«

»Nun, immerhin sind Drohungen ausgestoßen worden. Gegen mich. Du hast ja derweil ein Wiesel gejagt. Sie lassen ausrichten, daß du auch gemeint bist. Wir sollen verschwinden, oder es werde etwas passieren.«

»Fein«, sagte Tom. »Ich bin gern dort, wo etwas passiert.« Er schien sich wirklich zu freuen, und ich trank in kurzer Zeit viel Wein. Jetzt fror ich nicht mehr, jetzt schwitzte ich. Mir fiel ein, daß ich Diana nicht gute Nacht gesagt hatte.

»Du willst wirklich behaupten, ein Mädchen hat dieses Eisentor hochgehoben?«

»Hochgehoben, gegen meinen Hals gedrückt und zwei Minuten so gehalten.«

»Sauber«, sagte Tom. »Das würde ein normaler Messerstecher nicht so ohne weiteres schaffen. Wenn König Ludwig wüßte, was aus seinen Nachkommen geworden ist.«

»Wir gehen einfach nicht mehr in die dunkle Gegend«, sagte ich.

»Und wir kaufen uns Pfeffer. Reizgas, Schreckschußrevolver, Trillerpfeife. Alles, womit deine Diana durch die Weltgeschichte läuft.« Diana hatte vor einem Jahr im Park von weitem einen Mann gesehen, der womöglich zum Zwecke des Urinierens seine Hose geöffnet hatte. Seitdem rechnete sie mit dem Schlimmsten und hatte sich eigens eine größere Handtasche gekauft, um ihre Waffen zu verstauen. Aber ihr passierte nichts, sooft Diana auch durch den Park ging.

»Es waren Kinder«, sagte Tom in die Stille hinein.

»Kinder mit spitzen Eisenstäben.« Ich wurde das Gefühl nicht los: fingerdickes, spitzes Eisen, das gegen meine Halsschlagader drückte. Ich spürte die Bedrohung immer noch auf der Haut und wechselte bald in mein Zimmer. Wir hatten uns für morgens früh, 7 Uhr, verabredet.

Die Weinflasche war leer, aber sie hatte mich nicht schläfrig gemacht. Statt dessen bekam ich Kopfschmerzen und spürte den starken Drang, mich zu bewegen. Vielleicht wäre es das beste gewesen, noch einmal zehn Minuten ums Haus zu gehen. Aber mir war kalt, so kroch ich ins Bett und sah zu, wie sich drei Aspirin sprudelnd im Wasser auflösten. Diana war strikt gegen die leichtfertige Einnahme von Schmerzmitteln und genehmigte maximal eine Tablette pro Tag. Allein deswegen tat es mir gut, drei zu nehmen. Ich trank das Zeug in einem langen Zug aus, ließ mich zurücksinken und wartete auf das Gefühl von Schläfrigkeit. Aber in mir lief der scheußliche Film des Überfalls ab. Der Schlaf wollte nicht kommen, ich hatte in der ersten Nacht in fremden Betten traditionell Probleme mit dem Einschlafen. Deshalb griff ich zu den Unterlagen, die ich mir aus der Dokumentation meiner Exillustrierten hatte kommen lassen. Es gab dort eine männliche Hilfskraft, die mich bewunderte. Er war erstaunt gewesen, daß ich dermaßen unaktuelle Themen wie Neuschwanstein bearbeitete.

»Sie wissen, daß mich der junge König von Bayern aufsuchen ließ. Heute wurde ich zu ihm geführt. Er ist leider so schön und geistvoll, seelenvoll und herrlich, daß ich fürchte, sein Leben müsse wie ein flüchtiger Göttertraum in dieser gemeinen Welt zerrinnen . . . Mein Glück ist so groß, daß ich ganz zerschmettert davon bin; wenn er nur leben bleibt; er ist ein so unerhörtes Wunder.«

Richard Wagner, der alte Prasser und Schuldenmacher, war high, als ihm der frischgebackene König Ludwig 1864 seine heiße Verehrung gestand. Wahrscheinlich hatten nur unverschämte Menschen wie Wagner solch unverschämtes Glück. Exakt in der Woche, in der ihm sein bisheriges Leben unter dem Hintern weggebrochen war, stand er vor 191 Zentimetern blauem Blut mit prallgefülltem Geldbeutel. Auf dieses Glück warteten wir schöpferisch tätigen Menschen doch alle. Wäre ich vor zehn Jahren dem Mäzen meines Lebens begegnet, ich wäre keinen Tag länger Reporter geblieben. Acht angefangene Romane, 39 fertige Gedichte, zwei Short stories, mehrere Fernsehdrehbücher in der ersten Fassung – ich hatte mich vier total erfolglose Jahre lang nicht entmutigen lassen. Das Image eines Künstlers mit Zukunft hatte mir Neid, willige Frauen und alarmierte Elternmienen eingetragen. Ein Mäzen hätte meine neue Existenz aus der Taufe heben können, aber es war nie ein Mäzen gekommen. Vielleicht war er gekommen, und ich war nur gerade nicht zu Hause gewesen, weil ich wie üblich die U-Bahn um wenige Sekunden verpaßt hatte. Ich wurde einfach nicht müde, obwohl milde Melancholie mich sonst zuverlässig einduseln ließ. Mein Herz schlug hoch im Brustkorb. Das hatte ich seit einem Jahr, es war noch keine Rhythmusstörung, aber zwanghaftes Lauschen Richtung Herzschläge.

Es ging schon gut los mit dem Mann. Ludwigs offizielles Geburtsdatum, der 25. August, war mit Vorsicht zu genießen. Weil der Großvater am 25. Geburtstag und Namenstag feierte, hatte man den Säugling möglicherweise zwei Tage unter der Decke gehalten, bis die Daten paßten. Die Wiege stand in München, das Schaukelpferd im Schloß Hohenschwangau, vier Kilometer von mir entfernt. Hinterm Schloß der liebliche Alpsee, an dem ich mit Tom gestanden hatte. Wenige hundert Meter Luftlinie vom Schloß entfernt standen zwei frühmittelalterliche Ruinen, Vorder- und Hinterhohenschwangau auf einem Felsplateau, das sie Schwanstein nannten. Seit Jahrzehnten geisterte der Wunsch durch die Königsfamilie, an dieser Stelle ein neues Schloß zu errichten. Der noch nicht 20jährige König Ludwig wirft sich nach 1864 mit Verve auf die tagespolitische Arbeit. 1867 besucht er die Wartburg in Thüringen und besichtigt die mittelalterlichen Räume. Möglicherweise gibt dieses Erlebnis den entscheidenden Anstoß, an den Bau eines Schlosses gegenüber dem alten Schloß Hohenschwangau zu denken. Möglicherweise ist Ludwig vier Jahre nach Amtsantritt bereits dermaßen von der Politik angewidert, daß er sich nach einer Flucht-Burg sehnt. Ludwig ist 18, als er König wird, Produkt einer lieblosen, einsamen Erziehung. Vater und Mutter zeigen sich distanziert, die Hauslehrer sind fachlich beschlagene, pädagogische Nullen. Strenge statt kindlicher Ausgelassenheit. Persönlich könnte Ludwig nach dem Schulabschluß Maturum vom geplanten Studium in Göttingen nur profitieren. Doch kommt es nicht dazu, weil König Max II. stirbt und der Sohn die Nachfolge antritt. Königreich ist Bayern erst seit 1806, davor war es Herzogtum. König wird jeweils der älteste Sohn des alten Königs nach dessen Tod.

Ein Schwarmgeist als König, das gefiel mir. Ludwig beschäftigt sich früh und intensiv mit Literatur. Der Jugendliche läßt die Decke seines Zimmers mit einem Sternenhimmel ausmalen und später einen elektrischen Mond als Nachtbeleuchtung installieren. Er stellt drei Orangenbäumchen vors Bett, damit die Nüchternheit des Raums aufgebrochen wird.

Ich hielt es liegend nicht mehr aus, stand auf, stieß gegen den wuchtigen Bauernschrank mit seinen tückisch in den Raum hineinragenden Beinen und trat ans Fenster. Mein Zimmer lag nach hinten raus zum Hof. Ein geparkter Pkw, ein Lieferwagen, gestapelte Holzkisten für Gemüse oder Obst. Gegenüber stand halbhoch ein Gebäudeteil, das früher vielleicht Vieh beherbergt hatte. Jetzt wirkte im Mondlicht alles saniert, renoviert, restauriert: blitzblank und picobello. Eine Katze sprang zwischen zwei schattigen Inseln wenige Meter durchs Mondlicht. Hinter dem Dach der ehemaligen Ställe erhob sich wuchtig das nächste Anwesen: Häuser von kapitalen Ausmaßen, wie ich sie bei mir in Norddeutschland nur in den mächtigen niedersächsischen Bauernhäusern angetroffen hatte. Die Katze sprang zurück, tauchte ins Schwarz ein, ich sah noch das Bein und erkannte, daß es keine Katze war. Warum zeigte ein Mensch um diese Tageszeit eine dermaßen mysteriöse Motorik? Mein Bedarf an offenen Fragen war für heute gedeckt, ich verzog mich ins Bett, nahm die Unterlagen in die Hand, doch schaute ich nicht mehr hinein. Die Papiere lagen auf meiner Brust, ich lauschte auf die Geräusche des unbekannten Hauses. Dann erwischte ich eine Fahrspur, die aus dieser Welt herausführte.

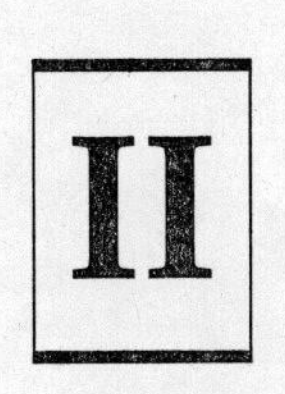

1

Das Frühstück versöhnte mich mit der unruhigen Nacht. Ich war nur knapp außerhalb des Bewußtseins herumgeschlingert und wachte durchgeschwitzt auf. Immerhin hatte ich nicht von Körpern geträumt, die von spitzen Eisenstäben durchbohrt werden. Tom, der keine Gelegenheit zum Duschen ausließ, troff am Tisch vor Nässe und guter Laune. Tom hatte nie Probleme mit der ersten Nacht in fremden Betten. Er wußte überhaupt nicht, was Schlafprobleme sind. Die Bedienung war noch nicht ganz wach, dafür so jung, daß ich für sie trotz ihres attraktiven Aussehens weniger erotische, als väterliche Gefühle aufbrachte. Wir tranken wunderbaren Kaffee, aßen Brötchen, die direkt aus der Himmelsbäckerei stammten und vertilgten sie unter Pflaumenmus (ich) und Tartar (Tom). Mit zunehmendem Alter hatte ich morgens immer weniger Appetit. Ich schlug erst beim zweiten Frühstück zu.

Wir fuhren um 7 Uhr 04 vom Parkplatz des Gasthofs. Keiner hatte ein Wort über den gestrigen Überfall verloren. Bei uns beiden lief die Konzentrationsphase.

An der Kreuzung standen wir in der langen Schlange der Berufspendler. Vor uns saß im Heck eines Autos eins von diesen armen Würmern, die schon mit vier aussehen, als wenn sie seit 25 Jahren niemand versteht. Tom fing den Blick des Wurms ein, und dann machte er seine Grimassen. Zunge rausstrecken, Daumen in die Ohren stecken, Herunterziehen der unteren Augenlider gehörten dabei nur zum Warmwerden. Erst danach ging Tom in die Offensive. Im Wagen vor oder neben uns spielte sich dann seit Jahren jedesmal das gleiche ab. Die Würmer gerieten in Raserei, strahlten still vergnügt von innen heraus oder warfen Arme und Beine vor Begeisterung. Wohl kaum ein anderer vaterloser Geselle wie ich hatte in den letzten Jahren in dermaßen vielen Kindergesichtern die Sonne aufgehen sehen. Und nie machten die Würmer ihre Eltern auf das Geschehen aufmerksam. Stets wurde in Sekundenfrist die Geheimgesellschaft Tom/Wurm begründet und durchgehalten.

Manchmal geschah es natürlich, daß ein Erwachsener aufmerksam wurde oder sich aus anderen Gründen umdrehte. Tom war dann in der Lage, aus jedem Stadium seiner Show in ein biederdummes Autofahrergrinsen zurückzufallen. Danach ging es weiter. Denn obwohl manch ein Kind im ersten Moment zurückschreckte, einige sich regelrecht versteckten und zwischen die Sitze rutschten – es dauerte nur Sekunden, dann erschien der Kopf des Wurms wieder hinter der Scheibe. Manche Würmer grimassierten zurück, aber das war nicht die Mehrheit. Die meisten verfolgten Toms Show mit einer Mischung aus Andacht und Glück. Ich stellte mir lieber nicht vor, wie groß der Keil war, den Tom zwischen die Kinder und ihre Erzeuger trieb. Wenn wir uns dann trennten, war keine Traurigkeit auf den Gesichtern der Junioren. Sie wußten, sie waren der Gnade teilhaftig geworden.

»Niedlich, der Kleine«, sagte Tom, als wir weiterfuhren. »Der« Kleine war ohne Zweifel ein Mädchen gewesen. Aber ich hielt den Mund, denn Tom war unfähig, Kinder nach ihrem Geschlecht zu unterscheiden, bevor sie in ein Alter kamen, wo man ihnen hinter Käsetheken begegnete.

2

Im Dorf unterhalb Neuschwansteins bestimmten Japaner das Straßenbild. Vor allen Hotels summte es von asiatischen Gästen. »Sie übernachten in den Hotels unten und sind morgens die ersten bei der Besichtigung«, hatte uns der Verwalter gestern erzählt. Tom fotografierte ein bißchen in der erwachenden Siedlung, ich unterhielt mich mit einer aus vier Ehepaaren bestehenden Freundes- und Schicksalsgruppe. Sie trugen Rucksäcke, rot-weiß karierte

Hemden, Blusen und Kniestrümpfe sowie eine eiserne Entschlossenheit zur Schau und wanderten gerade den 120 Kilometer langen König-Ludwig-Fernwanderweg ab. Sie wollten mir die genaue Streckenführung erklären, verwickelten sich dabei jedoch in Widersprüche und begannen einen Streit, der immer grundsätzlicher wurde. Ich stahl mich davon und suchte Tom. Er stand am Rand eines Biergartens und fotografierte die für die Nacht gestapelten Stühle, die an der Hauswand unter einem tief heruntergezogenen Dach standen. Milchiger Dunst hing in der Luft: die Verheißung eines heiteren Tages. Bald würde die Sonne durchbrechen. Wir schlenderten zum Alpsee, ließen die Touristen hinter uns.

»Hier hat er schwimmen gelernt«, sagte Tom, »und Schwäne gefüttert.«

»Ein Schwan als Wappentier gefällt mir«, sagte ich. »Das hat was angenehm Unmartialisches. Schwäne sind edel und gelassen.«

Wir kehrten bald um, weil heute ja die nahe Umgebung des Schlosses dran sein sollte. Ich nehme immer noch an, es war Zufall, daß ein Pick-up an uns vorbeifuhr, stoppte. Aloysius Mordelli fragte, ob er uns mitnehmen könne.

»Sie sind ja früh unterwegs«, sagte Tom, nachdem er Mordellis Vierradantrieb gewürdigt hatte.

»Wir fangen früh an. Vor der Öffnung machen wir ja sauber.«

»Alle Führer?«

»Fast alle. Und heute gibt's noch die Sache mit dem Leuchter.«

»Sagen Sie schon«, forderte Tom.

»Er ist uns heruntergekommen letzte Nacht, der Thronsaal-Leuchter. Wiegt eine Tonne. Ich kann euch sagen, wenn das tagsüber während einer Führung passiert wäre, dann wäre der Grundton des Mosaiks darunter jetzt rötlicher.«

»Wie kann denn so was passieren?«

»Gute Frage. Sobald wir die Antwort wissen, sind Sie die ersten, denen ich's sage.« Mordelli bog in den Schloßhof ein: »Normalerweise halten wir das Tor bis zum Beginn der Führungen natürlich geschlossen. Sie glauben gar nicht, wie neugierig Besucher sein können.«

»Nicht neugieriger als ich«, sagte ich.

Vier Minuten später standen wir vor ihm. Achtzehn Zentner Leuchtergewicht auf dem herrlichen Mosaik-Fußboden. Zahlreiche Steinchen waren durch den Aufschlag gelöst worden, einige zersprungen. Um den Leuchter standen der Verwalter und eine Frau, die ich noch nicht gesehen hatte. Sie tat wichtig und kompetent, sagte mehrmals »Baupolizei« und »Das wird ein Nachspiel haben«. Der Verwalter wirkte genervt, wenn er die Fachfrau anblickte und schmerzerfüllt, wenn er auf den Leuchter blickte, was er fast ständig tat. Tom fotografierte, und ich begann die Suche nach meinem Engel mit der Uhr. Die Fachfrau sagte wieder »Baupolizei«, Mordelli blickte in die Höhe und sagte: »Man müßte schauen, ob sich vielleicht einfach die Kurbel gelöst hat.«

Tom fotografierte, und ich stellte fest, daß ich den Engel nicht fand. Engel gab es genug, aber ich fand meinen nicht, den mit der Uhr. Einiges war beim Sturz weggeplatzt und abgefallen, alle Kerzen lagen im Thronsaal verstreut. Deshalb konnte ich nicht mit Sicherheit feststellen, ob irgendwo ein Engel fehlte. War er entfernt worden? Oder ausgetauscht? Von einem heimlichen Besucher oder von einem der Angestellten? Hatte ich gestern gesehen, was ich glaubte, gesehen zu haben?

»Es gibt nämlich eine Winde«, erzählte Mordelli. Der Verwalter murmelte »Ja doch«, die Fachfrau sagte »Baupolizei«. Und plötzlich waren wir nicht mehr allein im Thronsaal. 40 oder 50 Menschen strömten in Sekundenschnelle herein, wir sahen uns umringt von einem summenden, brodelnden Schwarm. Der Verwalter nahm ein Mitglied der Gruppe zur Seite und sprach in Englisch auf den Mann ein. Er bediente sich eines Arnold-Schwarzenegger-Englischs voller Eifer und entzückender Fehler. »Die Garmisch-Tour«, sagte Mordelli, der neben mir stand. »Drüben in Garmisch-Partenkirchen haben sie doch dieses Center, die Amis. Recreation-Center nennen sie das. Für die Angehörigen der US-Army. Die sind natürlich auch scharf auf unser Schloß. Sie kommen mit eigenen Führern, ohne Anmeldung.«

»Wieso das denn?« fragte ich erstaunt. »Woher diese Sonderrechte?«

Mordelli zuckte die Schultern. »Altes Recht aus der Besatzungszeit, und dann hat man vergessen, es abzuschaffen. Uns ist das ganz recht so, wie es ist. Sie machen die Führungen in Eigenregie und nehmen uns damit die Arbeit ab. Das klappt problemlos.«

»Die ziehen in Eigenregie durchs Schloß?«

»Solange sie nichts abbauen und mitnehmen.«

»Und wie oft geschieht das?«

»Wie oft?« Mordelli dachte in epischer Ausführlichkeit nach, während um uns herum einige ausgesuchte Exemplare amerikanischer Freizeitkluft durcheinanderredeten. »Zwei, drei am Tag«, sagte Mordelli dann noch, als ich schon dachte, daß nichts mehr kommen würde.

»Wir sperren den Thronsaal ab«, kündigte der Verwalter an, als er sich aus dem Pulk löste. »Das dauert ja doch einige Minuten, diesen Eumel wieder hochzuziehen.« Sofort stand die Fachfrau neben ihm und sagte: »Die Sicherheit.« Der Verwalter blickte sie an, und keiner hätte sich wohl gewundert, wenn er sie jetzt über den Söller in die Schlucht gekippt hätte. Sie hatte etwas Wichtigtuerisches, das mich aggressiv machte. Aber ich war ehrlich genug, mir einzugestehen, daß ich in Wahrheit wütend auf den verschwundenen Engel war. Das Absperren des Thronsaals warf keine Probleme für die Führungen auf, denn der Thronsaal war keine Durchgangsstation, sondern eine Sackgasse im Verlauf des Rundgangs. Von hier traten die Besucher lediglich auf den Söller hinaus, von wo sie einen herrlichen Blick auf Pöllat-Schlucht, Alpsee, Hohenschwangau und Berge hatten.

Ich stahl mich aus dem Trubel auf den Balkon. Doch ich blieb nur Sekunden allein, denn sofort folgte mir eine

Handvoll Amerikaner. Nicht daß sie das Gummikauen einstellten, aber sie waren beeindruckt. »Isn't it romantic?« erklang es mehr als einmal; für mich wäre es noch romantischer gewesen, wenn sie aufgehört hätten zu kauen.

Die Marienbrücke über der Pöllatschlucht war um diese Tageszeit fast noch menschenleer. Wer draufstand, fotografierte in meine Richtung zum Schloß hin; einige hielten etwas anderes vors Auge, vermutlich Ferngläser. Ich blickte hinunter nach Hohenschwangau. Durch die Hauptstraße fuhren die ersten Busse des neuen Tages in Richtung der beim See liegenden Parkplätze, dazwischen waren Pkws unterwegs. Ameisenkleine Menschlein, zu zweit oder in größeren Gruppen, schlenderten von den Parkplätzen in meine Richtung zum Fuß des Tafelbergs. Eins komma vier Millionen waren es im letzten Jahr gewesen, im Durchschnitt täglich 4000. An Spitzentagen schoben sich 10 000 Menschen durch Neuschwanstein. Geschlossen war das Gebäude überhaupt nur an drei oder vier Tagen im Jahr. Es gab nicht viele Orte auf der Erde, die von mehr Menschen besucht wurden. Neuschwanstein war von Konjunkturen unabhängig. Es gab keine König-Ludwig-Hausse, die fünf Jahre währte und von zehn Jahren Baisse abgelöst wurde. Ludwig stand über dem Auf und Ab der Moden. Ludwig war zum Klassiker, war den Menschen ein Bedürfnis geworden. Ich wollte diese Gedanken sofort aufschreiben. Dichter war ich noch nicht am Thema drangewesen. In den Mündern der mittlerweile 15 Amerikaner auf dem Söller war Ludwig der »Mad King«, der sein »Dream Castle« mitten in der Einsamkeit gebaut hatte. Ich erinnerte mich an mein Gespräch mit zwei Kollegen, die in der Welt herumgekommen waren. Sie hatten übereinstimmend berichtet, wie beliebt Neuschwanstein und König Ludwig bei Amerikanern, Japanern und Spaniern waren. Ich begann die Amerikaner ein bißchen auszufragen. Oh, sie waren begeistert. Sie hatten erst das halbe Schloß gesehen, aber sie kannten es schon längst. Woher? Von dem berühmten Bild, das

Neuschwanstein aus ziemlicher Höhe von Nordosten zeigt: im Vordergrund der Eingang, dahinter die Türme. Die Perspektive preßt das Schloß stark zusammen, es sieht inmitten der idealen Landschaft aus wie ein Zeichentrickmodell. In dieser Sekunde nahm ich mir vor, mit Tom den Platz zu suchen, von dem dieses Bild aufgenommen worden war.

Der amerikanische Führer sammelte seine Schäfchen und zog mit ihnen aus dem Thronsaal. Ein mir unbekannter Angestellter des Schlosses wartete bereits mit silbernen, hüfthohen Ständern, zwischen denen dicke Kordeln schwangen, um den Zugang zum Thronsaal zu versperren.

»Es wird an der Winde liegen«, sagte der Verwalter zur Fachfrau. Und zu mir gewandt: »Die Winde ist dazu da, den Leuchter herunterzulassen, wenn neue Kerzen aufgesteckt oder angezündet werden sollen.«

»Das kommt nicht in Frage!« so die Fachfrau. »Feuergefahr.« Die Kiefer des Verwalters mahlten. Tom erkannte mit seinen empfindlichen Antennen, wie der arme Mann litt, und setzte seine abgefeimteste Methode ein: Er begann die Fachfrau mit täppischen Bewegungen zu umtänzeln, stieß abwechselnd anerkennende Pfiffe und Laute wie »Wahnsinn, dieses Gesicht« oder »Das glaubt mir beim ›Stern‹ keiner« aus. Währenddessen hatte er ständig die Kamera vorm Auge und lichtete die Fachfrau mit einer Vehemenz ab, daß die augenblicklich kokett wurde, dußlig kicherte, ihre Haare ordnete, »Nicht doch, nicht doch« jubilierte, und als Tom daraufhin die Kamera sinken ließ, bekam sie einen vitalen Schrecken. Tom lotste das Weib fotografierend aus dem Thronsaal. Der Verwalter atmete auf und sagte:

»Ihr Kollege hat bei mir was gut.«

»Gibt es eigentlich keinen Thron, oder ist der in der Reinigung?« fragte ich. Der Verwalter blickte mit mir auf die leere Stelle. »Kein Thron. Dafür hat die Zeit nicht mehr gereicht. Sie würden sich wundern, wenn Sie wüßten, was an diesem Schloß alles nicht fertig geworden ist.«

»Das werden Sie uns ja alles zeigen«, sagte ich frohgemut und beobachtete ihn scharf. Nein, er wechselte keinen Blick mit Mordelli.

»Ich werde Ihnen alles zeigen.« Der Verwalter blickte auf den demolierten Mosaikboden: »Zwei Millionen Steinchen«, murmelte er. »Und jedes ist einzigartig.« Dann wandte er sich ab und verschwand. Ich fand mich nun allein im Thronsaal. Über mir ein Geräusch. Ich blickte zur Galerie, sie war menschenleer. Ich blickte zum neunstufigen Aufgang aus weißem Marmor. Die goldene Apsis hätte den Thron aufgenommen wie einen Altar. Der gesamte Thronsaal mit seiner immensen Höhe von zwei Geschossen und der ovalen Kuppel wirkte auf mich wie ein Kirchenraum. An der Wand sechs Könige, darüber der segnende Christus mit Maria und Johannes dem Täufer.

Ludwig hatte sich zu seinen Träumen bekannt. Gott und König, Machtausübung als Religion, Gut und Böse, Entrückung des Herrschers. Absolutistische Träume in einem Schloß, das Ende des 19. Jahrhunderts errichtet worden war.

Tom blickte um die Ecke, winkte mir zu, verschwand wieder. Ich eilte ihm nach und durfte zum ersten Mal einen Trakt des Schlosses betreten, der Normaltouristen verschlossen blieb. Durch eine reich verzierte Holztür gelangten wir an der Seite Mordellis vom Vorplatz auf die Dienstbotentreppe und von dort hinauf zu einer einfachen Holztür, die auf den Boden über dem Thronsaal führte. Der Verwalter kniete mit einem Mann im Monteurskittel neben der mechanischen Winde für den Leuchter. Die Rolle für die eiserne Kette war leer. Um die Vorrichtung herum viel Staub und Taubenscheiße.

»Hier oben hat's Fledermäuse«, sagte der Verwalter. »Wir haben auch Falken im Turm.« Er war offensichtlich stolz darauf.

»Die Winde ist in Ordnung«, behauptete der Mann im Monteurskittel. »Habe ich gleich gesagt. Die Kette ist ja auch nicht gerissen.«

»Was heißt das?« fragte ich.

»Das heißt, daß einer an der Winde gedreht hat«, sagte der Monteur.

»So weit sind wir ja noch nicht. Bedenke, was das heißen würde«, sagte der Verwalter und pulte versonnen an einem eingetrockneten Haufen Taubenscheiße.

»Was würde das denn heißen?« fragte Tom. Er sah schon wieder aus wie Sau. Tom mußte alles immer gleich anfassen. Auf diese Weise hatte er soeben festgestellt, daß die Kettenglieder frisch geschmiert waren. Für solche Anlässe trug Tom einen Lappen in einer seiner vielen Taschen mit sich. Selbst Kfz-Mechaniker hatten keinen dreckigeren Lappen. Zwischendurch wischte Tom mit diesem Lappen seine Objektive – und zwar sauber. Mir war schleierhaft, wie er das anstellte.

»Ich weiß, was es heißt«, sagte ich. »Es heißt, daß jemand, der sich auskennt, die Winde heruntergedreht hat.«

»Das sehe ich nicht so«, murmelte der Schloßverwalter und nahm den nächsten Taubenhaufen in Angriff. »Erstens: Ins Schloß kommt niemand hinein. Zweitens: Man muß sich schon ziemlich gut auskennen, wenn man bis zur Winde hier oben vordringen will. Vor allem aber drittens: Was soll der Quatsch? Wollte einer nachts König spielen und die Kerzen anzünden?« Er blickte den Monteur an und fuhr fort: »Drei bis vier kenne ich, denen würde ich's zutrauen. Den Wunsch, aber nicht die Ausführung. Außerdem ist der Leuchter klar abgestürzt und nicht heruntergelassen worden.«

»Könnte sein, daß jemand ihn runterdrehen wollte, und dann ist etwas schiefgegangen«, sagte Tom.

»Könnte. Möchte. Würde. Wenn und aber«, sagte der Verwalter. »Ich muß immer daran denken, daß der Leuchter einer Gruppe Touristen auf den Kopf hätte fallen können.«

»Hat's denn schon Unglücke im Schloß gegeben?« fragte ich.

»Das größte Unglück sind die vielen Touristen«, murmelte der Verwalter und fuhr fort: »Das eben habe ich nie gesagt.«

»Ab und zu fällt mal einer von der Treppe und verstaucht sich den Knöchel«, sagte Mordelli. »Zwei-, dreimal ist jemand in die Schlucht gestürzt. Alkohol, Mutprobe, was so vorkommt auf der Welt. Aber so etwas wie mit dem Leuchter, nein, das hatten wir noch nicht. Jedenfalls nicht, solange ich hier bin. Und ich bin 14 Jahre hier.«

Die beiden Schloßmänner wandten sich zur Tür. Tom konnte jetzt an die Winde heran und stellte fest, daß das Loch für die Leuchterkette in der Decke ihm ermöglichte, in den Thronsaal hinunterzufotografieren. Wir mußten warten, und der Verwalter sagte:

»Wenn ich nicht hier hängengeblieben wäre, wäre ich vielleicht Fotograf geworden.« Daraufhin lachte der Monteur, und der Verwalter fragte ihn überraschend unfreundlich: »Was lachst du so schmutzig?«

»Entschuldige.« Der Monteur faßte sich mühsam. »Aber du und Fotograf . . . vielleicht könntest du's sogar. Aber für mich, für uns alle hier bist du dermaßen mit dem Schloß verwachsen . . . Also wenn's nicht schon stehen würde, sie hätten es bauen müssen. Allein wegen dir.«

»Muß schön sein, von Kollegen solche Liebeserklärungen zu bekommen«, sagte ich mit verdrehten Augen.

»Diese Deppen«, knurrte der Verwalter und wandte sich ab. Der Monteur lächelte mich an und rief Tom zu:

»Es hat sich schon mal einer totfotografiert.«

Tom lachte und ließ es gut sein. Er war nicht zu provozieren. Darum beneidete ich ihn. Mich konnte jeder hergelaufene Kritiker unsicher machen. Darum hatte ich meine literarischen Versuche nach den ersten Absagen auch niemandem mehr gezeigt.

»Komme schon«, rief ich und folgte dem Verwalter, der mir die Tür in den offiziellen Teil des Schlosses aufhielt.

Wir befanden uns nun wieder im dritten Obergeschoß mit dem Thronsaal auf der einen und Ludwigs Wohnräumen auf der anderen Seite. Karin mit dem Silberblick fuhr einen Staubsauger auf Rollen durch Speise- und Schlafzimmer. Zwei junge Männer, die ich noch nicht gesehen hatte, waren mit Wassereimer und Scheuerlappen unterwegs.

»Sieht aus wie in einer Schule für Butler«, sagte ich und erinnerte mich an eine alte Reportage.

»Das ist unser Programm jeden Morgen vor der Öffnung«, sagte der Verwalter. »Jeder Führer muß ran.« Er blickte Mordelli an und wiederholte mit Nachdruck: »Jeder Führer.«

Mordelli nickte lächelnd und konnte sich wahrscheinlich nicht mehr daran erinnern, wann er das letzte Mal einen Lappen in der Hand gehalten hatte.

»Wo kriegen Sie eigentlich Ihre Führer her?« fragte Tom. »Ich meine diejenigen, die aushilfsweise hier arbeiten.«

»Die bewerben sich«, antwortete der Verwalter. »Viele von denen sind schon seit Jahren bei uns. Im Sommer können wir mit Aushilfsführern die Schweine füttern. Im Winterhalbjahr sieht es schlechter aus. Aber da läßt der Besuch ja auch nach. Zum Glück. Sonst würden wir überhaupt nicht mehr zum Renovieren und Reparieren kommen.« Vom Vorplatz ertönte der Ruf nach dem Verwalter. Er eilte davon und sagte noch:

»Ihr kommt ohne mich klar.«

Bevor wir nach draußen gingen, schauten wir Karin beim Saubermachen zu. Tom fotografierte im Oratorium neben Ludwigs Schlafzimmer den kleinen Flügelaltar mit dem Staubsauger davor.

Ich blieb in der Nähe, damit er keine Startvorteile bei Karin erzielen konnte. Doch Tom war wirklich nur auf gute Bilder scharf. Ich hätte mich auch gern auf meine Arbeit konzentriert, wenn in meinem Kopf nicht immer wieder achtzehn Zentner Leuchtergewicht von der Decke gestürzt wären.

3

Danach verließen wir das Schloß. Das Tor war wieder geschlossen worden, davor standen die ersten Besucher des Tages und ärgerten sich, daß erst um 10 Uhr geöffnet wurde. Dennoch herrschte keine schlechte Laune, niemand wurde laut. Schon gar nicht die Japaner. Bis auf einen Mann, der einen Verband um die Hand trug, hatte jeder aus der etwa 25 Personen starken Gruppe eine hochwertige Kamera dabei. Sie fotografierten die Pöllatschlucht, den bewaldeten Felsen hinter der Schlucht, und sie fotografierten sich gegenseitig. Tom fotografierte die sich fotografierenden Japaner, ich trieb mich herum, schlenderte zur Längsseite des Schlosses. Der Musikant war wieder da, ich grüßte ihn mit der Insidermimik eines Menschen, der sich den zweiten Tag am Schloß aufhielt und somit den äußeren Zirkel verlassen hatte. Der Kiosk beim Rastplatz, wo Tom gestern das Kabel gefunden hatte, war bereits geöffnet. Ich kaufte einen Kaffee, er war frisch und schmeckte hervorragend. Aus einer Porzellantasse hätte er noch besser geschmeckt. »Fällt eigentlich viel Abfall an?« fragte ich den Kioskmann.

»Fragen Sie nicht«, sagte er seufzend. Ich hatte Mühe, ihm klarzumachen, daß ich die Frage gern beantwortet haben würde. Ich mußte ihm für sechs Mark Süßigkeiten abkaufen, dann tat er mir den Gefallen. Im Sommer fiel jeden Tag eine komplette Lkw-Ladung Plastik- und Papierabfall an, im Herbst wurde es weniger. Ich trank einen zweiten Kaffee und brauchte fünf Minuten später einen Baum, an dem ich meinen Strahl abschlagen konnte. Dabei stellte ich fest, daß es in der unmittelbaren Umgebung des Schlosses nicht einfach war, den Wald zu betreten. Sie hatten überall Draht gespannt, und sie hatten es gründlich getan. Ich bekam die Blase trotzdem frei, war dafür aber bei einem Ehepaar von knapp sechzig unten durch.

Ich verließ den Bereich direkt am Schloß und ging über den gepflasterten Waldweg zur Endstation der Busse. Mir kamen ausnahmslos erwartungsfrohe Menschen entgegen. Die Aussicht auf Neuschwanstein machte die Gesichter hell. Ich traf viele Amerikaner, die ich bereits aus dem Fernsehen kannte. Die Wiege des Individualismus uniformierte ihre Mitglieder durch die Gleichheit ihrer Fantasie. Hawaiihemden kamen nie aus der Mode. Mit einer Busladung ließ ich mich Richtung Schloß zurücktreiben. Die Äußerungen, die ich aufschnappte, paßten in zwei Schubladen: der verrückte Ludwig und das Märchenschloß. Nicht wie er gelebt hatte, interessierte sie, sondern wie er gestorben war: der Psychiater, der ihn 1886 für verrückt erklärt hatte, Irrenarzt und König tot im Starnberger See treibend, drei Tage nach Ludwigs Entmachtung. Bürgerliche Drahtzieher hatten sich erdreistet, eine Majestät aus dem Verkehr zu ziehen. Mit dieser Entscheidung hatten sie aus Ludwigs Ego – oder was davon 1886 noch übrig war – den Stöpsel herausgezogen. Jetzt wartete auf ihn ein Leben in einem Haus ohne Drücker an Türen und Fenstern. Mir leuchtete ein, daß Ludwig den Arzt getötet hatte, ersäuft als Folge eines Wutanfalls. Und sein eigener Tod? Herzanfall, die Aufregung, der geschwächte Kreislauf. Mir leuchtete das ein, ich hatte selbst hohen Blutdruck. Der 13. Juni in einem bayerischen See, Wassertemperatur 10 Grad oder 12. Dazu maßlose Wut, gerechte Wut, die schwarze Luxusausführung von Wut. Vorher das Gespräch mit Gudden, dem allwissenden, omnipotenten Mediziner, der Ludwig alles genommen hatte. Königliche Ohnmacht gegen fachliche Autorität, die jeden Hieb souverän kontert, an der alles Aufbegehren abperlt. Welche Provokation. Ludwig war ein großer Mann, 191 Zentimeter, sehr schwer, zu schwer. Der Haß auf Gudden, drei Tage Haß, dann die Explosion. Vielleicht hatte Gudden bis zuletzt gelächelt wie ein Sieger. Vielleicht war der gönnerhaftbräsige Gesichtsausdruck des Nervenarztes der Gong für seine letzte Runde gewesen. Ich dachte an Diana und wie sie mich manchmal anblickte. Ich wußte, wie Mimik und Gestik peinigen können. Die verletzende Kraft der Worte gefriert zu Ohnmacht, dann wird nur noch geflucht, fäkal, genital, total, brutal. Laut und hilflos. Und am Ende war der Irrenarzt ganz still.

An der Stelle, wo Ludwig gestorben war, stand ein Kreuz im Starnberger See. Ich war vor vielen Jahren dagewesen, 40 Kilometer von Neuschwanstein entfernt, das fiel mir jetzt wieder ein, als ich das amerikanische Paar schräg vor mir reden hörte. »Dead King« und »Mad King«. Sie sprachen wie über einen Abenteuerfilm, ich bekam immer größere Lust auf Ludwig.

Tom schlenderte vor dem Schloß herum. Als er mich sah, wies er mit dem Kopf nach Norden, die ersten Gleitflieger waren wieder in der Luft. Wir liefen aufeinander zu und entfernten uns voneinander. Ich war so froh, daß ich mit Tom unterwegs war. Bei jedem anderen Fotografen hätte ich mich jetzt genötigt gefühlt, mir zwei, drei dumme Sätze aus den Rippen zu schneiden. Strenggenommen war es nicht nötig, daß wir stets zur selben Zeit am selben Ort waren. Aber es war schön, sich zwischendurch auf eine bekannte Insel zutreiben lassen zu können. Interviews absolvierten wir stets gemeinsam. Es war fruchtbarer, zu zweit zu fragen. Ein Kopf mehr war eine Fantasie mehr, und Toms naive Fragen wären mir nie im Leben eingefallen. Manchmal erschienen mir seine Fragen etwas dämlich, aber den Gesprächspartnern fast nie. Plötzlich der Schlag in meiner Kniekehle, an die Oberschenkel. Als ich mich umdrehte, saß der Junge auf dem Hintern und starrte mich an. Neben ihm das Mountainbike, der vordere Reifen drehte sich noch.

»Aber . . .«, stammelte der Junge und rieb sich die Wange.

»He, Sie! Warum schlagen Sie das Kind?« rief erregt eine Touristin und packte mich resolut am Arm. Ich konnte es in dieser Sekunde ganz schlecht vertragen, daß mich fremde Menschen berührten, und schüttelte sie heftig ab.

»Ich schlage kein Kind«, bellte ich sie an, während der Begleiter der Frau dem Jungen auf die Beine half.

»Ich bin doch nur . . .«, stammelte der Knabe. Er ging

mir auf die Nerven mit seiner Angewohnheit, Sätze verhungern zu lassen.

»Natürlich haben Sie das Kind geschlagen!« sagte erregt die Frau.

»Aber nur, weil mir der Bengel in die Beine gefahren ist«, rief ich. Wir blockierten den Weg, alles mußte sich um uns herumdrücken.

»Also haben Sie ihn geschlagen«, sagte die Frau befriedigt. Es tat ihr gut, recht zu haben. Der Radfahrer stand inzwischen wieder auf eigenen Beinen. Ich mochte Mountainbiker nicht und fand es empörend, daß man ihnen erlaubte, die Natur zur Straße zu machen.

»Außerdem ist er Ihnen nicht in die Beine gefahren«, behauptete der Begleiter der Rechthaberin. »Er hat Sie höchstens ganz leicht touchiert.«

»Touchiert«, wiederholte ich erbost. »Er ist mir voll in die Beine gefahren. Was hat er auf diesem engen Weg zu suchen? Können Sie mir das verraten?«

»Es tut mir ja auch leid«, murmelte der Junge. Es war sein erster vollständiger Satz. Er faßte sein Rad und schob ab. Als er an mir vorbeikam, machte ich möglicherweise die Andeutung einer Bewegung. Der Crash-Pilot vollführte einen Sprung, um den gefürchteten Tritt abzuwehren. Aber ich hatte ihn nicht getreten, auch wenn die Rechthaberin und ihr Begleiter gleich wieder Behauptungen aufstellten. Leider wollten die beiden auch zum Schloß, und wir fanden auf den letzten Metern Gelegenheit, uns diverse Male anzugiften.

»Das liegt alles nur an der Kinderfeindlichkeit in unserer Gesellschaft«, jammerte die Frau.

»Wann ist denn in Ihren Augen eine Gesellschaft kinderfreundlich? Wenn sie sich von diesen Bengels plattfahren läßt?« Ihr Blick sagte mir: »Ich mag dich nicht.« Aber das wußte ich ja schon. Ich bog dann zum Kiosk ab, weil ich sonst mit den beiden bis zum Eingang des Schlosses zusammengewesen wäre. Als ich vor dem Kioskmann stand, grüßte er, und schon stand ein Becher vor meiner Nase. Die Brühe hatte wenigstens zwei Stunden auf der

Warmhalteplatte verbracht. Ich kaufte ihm auch noch eine Miniflasche Weinbrand ab, auf deren Etikett Ludwig war. Der König hätte diesen Weinbrenner des Landes verwiesen, aber der Schnaps tat mir gut. Ich spürte nicht mehr meinen Puls im Magen, aber ich spürte immer noch das Mountainbike an meinen Beinen. Für mich war es wie die zweite Attacke der Eisengittertor-Bande. Alles war wieder da, was ich für Stunden perfekt weggedrückt hatte. Wer hatte uns überfallen? Und warum? Und wenn sie gar keinen Grund besaßen, weil sie keinen Grund brauchten, um Menschen zu überfallen?

Ich tat mir leid, weil ich keinen Anhaltspunkt besaß. Ein Kollege hatte einst von jahrelangen Depressionen und Panikzuständen berichtet, unter denen Menschen litten, die überfallen, zusammengeschlagen, vergewaltigt, entführt worden waren. Aber diese Leute hatten wirklich Schreckliches erlebt. Ich hatte nur ein paar Eisenspitzen am Hals gespürt. Am Hals, nicht im Hals.

4

Ich arbeitete bis zur Mittagsstunde, dann traf ich mich mit Tom. Während wir im Bus hinunter nach Hohenschwangau juckelten, gestanden wir uns, daß wir beide an der Brücke gewesen waren, um nach Ricarda Ausschau zu halten.

Unten stiegen wir aus und beratschlagten, in welches Lokal wir einkehren sollten. Tom war bei solchen Anlässen von enormer Diskussionslust. Während er die Vor- und Nachteile exotischer und heimischer Küche zu bedenken gab, schaute ich über seine Schulter. Der Linienbus stand an der Haltestelle am Eingang des Schloßdorfs. Zwei Schüler stiegen aus, gefolgt von einer fidelen rotweiß karierten Wandersfrau. Und der Eingeborene stieg aus. Ich weiß noch, daß das mein spontaner Gedanke war: ein Eingeborener. Dabei trug er einen Anzug europäischen Zuschnitts. Er hatte zwei Koffer bei sich, die aussahen, als seien sie schon oft gepackt worden. Die Haut des Mannes war bronzefarben, ich vermutete seine Heimat im pazifischen Raum. Vor vier Jahren war ich mit Tom 14 Tage zwischen ozeanischen Inseln herumgejettet. Wir waren bei Stämmen gewesen, die nach zigtausend Jahren Tauschhandel das Geld entdeckt hatten. Der Linienbus fuhr an, Tom arbeitete sich argumentativ auf die heimische Küche zu. Während der Bus schon fuhr, schlossen sich zischend die Hydrauliktüren. Dann bremste der Bus, die vordere Tür wurde geöffnet, der Fahrer beugte sich heraus und schwenkte einen Speer oder Stab. Der Eingeborene ließ die Koffer fallen, eilte zum Bus, nahm den Speer oder Stab in Empfang und schwenkte ihn gegen den Fahrer. Die Geste war dankend gemeint, aber der Fahrer hechtete regelrecht hinters Lenkrad, die Türen schlossen sich, der Bus vollführte einen Kavalierstart.

»Also einheimisch«, erklang es neben mir. Zwischen den Eingeborenen und mich schob sich Toms hungriges Gesicht. Tom konnte wunderbar hungrig aussehen. Ich war einmal Zeuge geworden, wie ein mitleidiges Schulkind Tom auf dem Bürgersteig sein nicht aufgegessenes Pausenbrot angeboten hatte. Leider war ich auch Zeuge geworden, wie Tom das Brot annahm, mit zwei Bissen verdrückte und anschließend vier oder fünf Kumpel des Schülers ausplünderte, die ebenfalls ein Pausenbrot dabei hatten. Ich habe mich selten im Leben so geschämt.

Wir pilgerten auf der Hauptstraße Richtung Biergarten. Wo Busse, Pferdefuhrwerke und Touristen aufeinandertrafen, entstand jedesmal sofort ein Stau, der nur mit großer Umsicht aufgelöst werden konnte. Das Schöne an Reportagereisen war, daß man ständig im Dienst war. Selbst Mittagspausen und Spaziergänge konnten unvermutet Stoff hergeben. Ich vertraute da ganz meinem Näschen für solche Situationen. Tom hielt für seinen Teil der Arbeit nichts von dieser Herangehensweise und sprach verächtlich von »Schnappschußmentalität«. Er komponierte seine Bilder mit großer Sorgfalt. Tom hatte schon Preise erhalten, aber das fand er eher komisch als wichtig. Einerseits war er gierig nach Lob. Aber wenn andererseits die Lobhudelei quasi offiziell wurde, war Tom der erste, der seine Bilder herunterzog und über sie spottete. Er kannte seine Schwachstellen ja am besten. Tom war ein dermaßen hervorragender Fotograf, daß andere Menschen die nicht bemerkten.

Wir aßen gut, wenn auch nicht viel. Traditionell hatten wir abends unsere Hauptmahlzeit, nicht mittags. In der Sonne saß es sich sehr erfreulich. Das fanden auch tausend andere Gäste, alle Tische im Freien waren voll belegt. Überall gute Stimmung. Nur die Männergesellschaft hinter uns zechte schwer und vorsätzlich. Sie waren aus München herübergekommen, wo sie sich bereits tags zuvor auf dem Oktoberfest systematisch zugegossen hatten. Sie waren laut und blöde und ohne den mäßigenden Einfluß einer einzigen Frau. Doch zeichneten die milde Luft und der Sonnenschein die Affen weich und machten sie erträglich.

Tom aß Schweinshaxe. Er hielt dies nicht für eine Hauptmahlzeit, da es sich nur um eine kleine Haxe handelte. Die kleine Haxe reichte an beiden Enden über den Teller, Fett tropfte auf das verwitterte Holz der Tischplatte. Ich aß ein halbes Hähnchen und tauschte mit dem Einzelkind von schräg gegenüber Flügel gegen Keule. Ich liebte an Geflügel nichts so sehr wie den Flügel. Das Einzelkind verkaufte seinen leicht irritierten Eltern den Tausch als bewundernswerte kaufmännische Leistung. Ich hörte Worte wie »Profit« und »günstige Gelegenheit«. Das Kind war keine dreizehn.

»Bis jetzt habe ich nichts, was Neuschwanstein ist«, nörgelte Tom. »Nur Tourismus, Vorfreude, Familien, Gruppen.«

»Und die Japaner?«

»Ach, die Japaner.«

»Und die Amerikaner?«

»Habe ich nicht fotografiert. Sahen alle aus, als würden sie nur darauf warten, fotografiert zu werden, um dann so zu tun, als würden sie es nicht bemerken. Kann ich deine Brust haben?«

Wenn Tom und ich gemeinsam aßen, ließen wir nie Reste zurückgehen.

»Nur der Musiker ist gut«, sagte Tom am Hähnchenfleisch vorbei.

»Ist für meinen Geschmack etwas zu plump auf Minnesänger gemacht. Aber er hat was.«

Ich wartete auf eine Bemerkung zum Überfall, aber es kam nichts. Ich mußte selbst damit anfangen. Ich holte gerade Luft, als ich den Pazifikmann mit seinen Koffern und seinem Speer oder Stab am Biergarten vorbeigehen sah. Er suchte offensichtlich ein Hotel, aber vorher mußte er staunen. Der ganze Mann war gespannt wie ein Flitzebogen. Selten hatte ich einen Menschen gesehen, der alle Sinne so total auf Empfang gestellt hatte.

»Hast du gut geschlafen?«

Von gegenüber kam kraftvolles Schmatzen. Tom lutschte die Kruste der Schweinshaxe ab. »Kann nicht klagen. Ich war noch mal unten in der Vorratskammer und habe flüssigen Nachschub geholt.«

Sekundenlang erkannte ich, was wir waren: Kriminelle, gewohnheitsmäßige Kriminelle ohne den Hauch eines schlechten Gewissens.

»Nach der zweiten Flasche habe ich tief geschlafen und von meinem Käsefräulein geträumt. Ich habe nicht länger als 30 Sekunden an die Idioten von gestern nacht gedacht. Das ist zweifellos das, was du hören willst. Und bevor du weiterfragst: Wir bleiben natürlich hier und lassen uns nicht verjagen.« Sprach's und suckelte leidenschaftlich an der Schweinekruste.

»Wenn du die Kruste nicht aufessen würdest, hätten wir was, was wir den nächsten Angreifern vor die Füße werfen könnten«, sagte ich. »Sie würden darauf ausrutschen, und wir könnten inzwischen fliehen.«

»Wo kämen wir denn da hin? Das wäre der Sieg der Straße. Habe ich dir schon erzählt, wie ich damals in Rio den ...?«

Ich bestätigte beflissen, daß er mir das berichtet habe. Tom suckelte die Kruste kleiner und kleiner, die Spatzen unter unserem Tisch hatten Tränen in den Augen. Tom beugte sich zu ihnen hinunter: »Selberessen macht fett.«

Ich schritt zum Kuchenbüfett und schwatzte der Büfettbeherrscherin den Rest Marmorkuchen samt Krümel ab. Damit fütterte ich die Spatzen und wurde zum Dank fröhlich umflattert. Die japanische Reisegruppe fühlte sich ebenfalls angezogen. Sie fraßen den Spatzen nicht die Krümel weg, sie fotografierten mich, Tom fotografierte zurück, und die Japaner kicherten. Neuschwanstein war ein Pflichttermin auf ihren dreiwöchigen Europatrips, in deren Verlauf sie durch zwölf oder dreizehn Staaten hetzten. In Deutschland fuhren sie Boot auf dem Rhein, besichtigten das Heidelberger Schloß, fuhren weiter nach Rothenburg ob der Tauber und ins Münchner Hofbräuhaus und schliefen am Fuß Neuschwansteins im Schloßdorf. Nach der Besichtigung reisten sie unverzüglich weiter nach Österreich und in die Schweiz. Die österreichische Grenze war nur zwei Kilometer von Füssen entfernt.

»Ich mache nachher im Schloß weiter«, sagte Tom. »Und du?«

»Wo du bist, will auch ich sein.«

»Nett«, sagte er, griff in eine seiner Jackentaschen und warf mir etwas Hartes auf den Tisch. »Hier. Kannst du deinen Kindern mitbringen zum Spielen.«

Ich griff nach den drei Teilen: »Ich habe keine Kinder.«

»Wenn du mal welche kriegst, ist es schön, wenn das Spielzeug schon da ist.«

Es waren Mosaiksteine, auf einer Seite im abgetönten Weiß des Fußbodens im Thronsaal, mit einer Prise Gelb auf einem der Steine. Die Rückseite war rötlich. Rötlich und bläulich. Ganz schwach, so daß ich die Farbe zuerst für irgend etwas Abfärbendes in Toms Jackentasche hielt. Erst als ich über die Unterseite rieb, stellte ich fest, daß das Rötliche und Bläuliche in das Steinchen eingezogen war.

»Du hast die Steine gestohlen«, sagte ich streng.

»Sie lagen herum, abgeschlagen von dem Leuchter.«

»Das ist keine Entschuldigung.«

»Dafür gibt's auch keine Entschuldigung. Aber sie lagen so günstig. Sie haben mich angelacht. Und du bist mir jede Schandtat wert. Laß uns darum spielen, wer bezahlt.«

Wir spielten um die Insassenzahl der nächsten viertürigen Limousine. Tom tippte fünf, ich eins. Tom gewann, ich durfte zahlen.

»Nicht reinbeißen«, sagte Tom, als wir aufstanden.

»Ich beiße nicht«, stellte ich klar und roch an allen Mosaiksteinen, »ich rieche.«

»Aha. Und was riechst du? Reinigungsmittel?«

»Ich rieche Verschmortes.«

5

Wir sahen sie schon von weitem und schritten schneidig aus. Sie trug die schwarzen Haare zusammengebunden. Dadurch erhielten ihre klassischen Gesichtszüge Gelegenheit, massiv auf uns zu wirken. Die Frau war eine makellose Schönheit, die wollenen Strümpfe, die sie auch heute wieder trug, waren reine Koketterie. Am allerschönsten war ihre gelassene, von innen heraus strahlende Art. Auf wem Ricardas Blick ruhte, der fühlte sich rundum angeschaut und reich beschenkt. Obwohl ich mir nach Essen und Kaffee satt und zufrieden vorkam, fühlte ich mich nach Ricardas Blick noch besser. Und wie gleichberechtigt sie ihre Anteilnahme zwischen Tom und mir aufteilte. Die Aquarelle waren auf der Mauer ausgelegt, die Staffelei stand am Anfang der Brücke.

Ricarda hatte ein neues Werk in Arbeit. Heute fiel mir auf, was mir gestern entgangen war. Das Schloß stand auf Ricardas Bildern nicht immer am selben Platz. Sie rückte es nach rechts und nach links, holte es heran, schob es nach hinten. Sie malte es auch nicht immer von der Seite, die sich von der Marienbrücke dem Betrachter präsentierte.

Ricarda fand mit ihren Bildern Anklang. Eine deutschsprachige Frau trat heran und begann zu feilschen, während ihr Begleiter einen Schritt dahinter stand und bereits die Brieftasche in der Hand hielt. Ricarda handelte souverän. Sie ließ im Preis nach, aber nicht sofort und nicht viel. Ihre Preise waren ja auch nicht ernstlich ein Hinderungsgrund für einen Kauf, sie verlangte bis zu 300 Mark für ein Bild. Ich freute mich für Ricarda, ich mußte endlich näher an diese Frau herankommen. In vier Tagen stand unsere Abreise an. Einen Tag hatte ich bereits verloren.

Tom war so nett, einer Busladung neuer Besucher auf die Brücke zu folgen. Ich machte mich unverzüglich an die Arbeit:

»Sie sind die Person, die ich suche.« Ich ließ Ricarda Gelegenheit, mich tadelnd anzuschauen, und setzte hinzu: »Als Informantin. Wir müssen dringend miteinander reden. Bitte. Ich brauche eine Frau, die täglich hier an der Brücke ist.«

»Nicht täglich.«

»Aber oft. Und ich bin nur fünf Tage hier. Bitte helfen Sie mir.«

»Ihnen?«

»Uns. Nein, mir. Ich bin der Autor. Er fotografiert ja nur.«

Das war nicht die feine Art, aber ich mußte fertig sein, bevor Tom zurückkehrte. Ich nahm ihm ja nichts weg. Ich tat etwas, was ihm für die Dauer der Schloßreportage einen blendend gelaunten und seelisch ausgeglichenen Partner bescheren würde. Ich wußte, daß auch Tom unter der unerquicklichen Zusammenarbeit mit tumben Autoren litt. Besonders litt er unter der neuen Generation der Mittzwanziger. Diese Jünglinge waren selbstbewußt, dreist und zielstrebig. Sie hatten alle die gleichen Fehler: Sie kümmerten sich nicht um die Themen und nicht um die Menschen. Sie kümmerten sich um den Status des Auftraggebers und um das Honorar. Und sie besaßen drei Todfeinde: Subjekt, Prädikat, Objekt.

»Allein?« fragte Ricarda, und ihre grünen Augen wurden für einen Moment dunkel.

»Mein Kollege ist abends immer rechtschaffen müde. Er bleibt am liebsten auf seinem Zimmer, sieht fern und trinkt zwei Bier dazu.«

Selten hatte ich dermaßen viele Unwahrheiten in einen einzigen Satz gepackt. Aber diese Frau war so herrlich, und ich wollte ja auch nur mit ihr reden. In ihrer Nähe sein zu können, ihre Aufmerksamkeit zu besitzen, das war jede Mühe wert. Ich erzählte Ricarda, wo wir in Füssen wohnten. Sie schien den Gasthof zu kennen, aber ich mußte sie direkt nach ihrer Wohnung fragen, von allein sagte sie nichts. Was sie dann sagte, hörte sich vielversprechend an.

»Ich bewohne eine Holzfällerhütte. Also, sie ist luxuriöser, als es sich jetzt anhören mag. Der Besitzer ist ein Grafiker aus Berlin. Er hat drei, vier Jahre daran gebastelt und gebaut, und jetzt macht er wahnsinnige Geschäfte in Berlin und kommt nicht mehr dazu, in sein Haus zu fahren. Ich wohne seit Mai da, und ich haue ab, wenn's kalt wird.«

»Hört sich an, als wenn die Hütte einsam liegt«, bemerkte ich beiläufig. Ich sah mich bereits hilflos durch den dunklen Tann kurven und auf der Zugspitze rauskommen.

Ricarda widersprach nicht.

»Und wie kommen Sie jeden Tag hin und zurück?«

Sie blickte mich an, als wenn sie die Frage nicht verstehen würde.

»Ich? Na, zu Fuß natürlich. Manchmal nimmt mich jemand mit. Jedenfalls soweit die Straße reicht.«

Ich blickte unwillkürlich auf Ricardas Füße in den klobigen Holzschuhen. Sie lachte:

»Ach, ihr Männer aus der Stadt! Warten Sie, ich zeichne es Ihnen auf.« Sie wollte tatsächlich auf der Rückseite eines fertigen Bildes zeichnen. Ich reichte ihr schnell meinen Block und beobachtete, während sie zeichnete, ihre Hände. Ricarda hatte schöne Hände. Ich versuchte mir nicht vorzustellen, wie es sich anfühlen mochte, wenn . . . da winkte von der Mitte der Brücke Tom. Ich sagte hastig: »Heute abend.« Und Ricarda erwiderte ohne Anflug von Hast: »Nicht heute.«

»Dann morgen. Morgen abend. 19 Uhr. Ich komme bestimmt.« Sie sah mich jetzt an, als wenn sie alles erriet, was ich mühsam unter der Gedankendecke halten wollte. Ich lächelte schief und eilte auf die Brücke. Eine Busladung Touristen fotografierte wie um ihr Leben. Tom wies auf das andere Ende der Brücke und ging gleich darauf zu. Ich folgte ihm mühsam durch die dicht gedrängt stehenden Menschen und überlegte dabei, wie ich ihn morgen kurz vor 19 Uhr betäuben sollte. Der kolossale Bursche würde die dreifache Dosis benötigen. Tom erwartete mich am anderen Ende der Brücke und fragte:

»Fällt dir was auf?«

Ich prüfte Toms Gesichtsausdruck. Aber er scherzte nicht, er arbeitete. Also scherzte ich auch nicht, sondern sagte:

»An diesem Ende ist es leerer als am anderen.«

»Genau«, sagte er zufrieden und stiefelte Richtung Wald davon. Ich folgte ihm. Der Kontrast war in der Tat verblüffend. Auf dem einen Ende der Brücke herrschte drangvolle Enge. Dort kam alles zusammen: Busladungen, die Besatzungen der Pferdefuhrwerke und Fußgänger. Aber nicht alle betraten die Brücke; und längst nicht alle fühlten sich auf dem zarten Bauwerk mit hölzernem Fußboden und zweiundneunzig Meter tief darunter gurgelndem Sturzbach wohl. Kaum einer, der sich weit über das Geländer lehnte; und praktisch niemand, der die Brücke am anderen Ende verließ. Die Brücke wurde nicht als Passage über die Schlucht benutzt, sondern als Aussichtsplattform zum Schloß. Dafür war sie ideal geeignet. Auf unserer Seite im Gebirgswald fanden Tom und ich uns von drei, vier Wanderern begleitet und von sonst niemand. Es war der Kontrast zwischen Menschenauflauf und totaler Stille, der Tom begeisterte.

»Niemand verbietet ihnen weiterzugehen«, sagte er. »Aber sie tun es nicht. Sie tun es einfach nicht.« Ich ließ ihm seine Exaltation, obwohl ich sie nicht begriff. Tom hatte das manchmal. Weil wir nun schon in einem fast menschenleeren Wald waren, wollten wir auch bleiben und gingen weiter. Schnell wurde der Weg steil, und ich stützte beim Gehen meine Hände auf die Oberschenkel. An vielen Stellen brach der steinerne Untergrund durch den Waldboden, manch ein Baum angelte mit freiliegendem Wurzelwerk nach Stabilität. Tom verließ den Wanderweg und bog in einen Trampelpfad ein, der noch steiler hinaufführte. Erst jetzt begriff ich, was er vorhatte. Er wollte durch den Wald an die Schlucht. Tom suchte eine neue Sicht auf Marienbrücke und Schloß, wir würden östlich der Schlucht auf erhöhtem Niveau die tief abstürzende Felskante erreichen. Links unter uns die Brücke, rechts das Schloß.

»Du bist wirklich immer im Dienst«, knurrte ich und genierte mich ein wenig, daß ich Tom so einen frühen Feierabend zugetraut hatte. Ich weitete den Brustkorb. Mit Diana kam ich kaum noch zwischen Bäume. In der Toskana und auf Kreta fehlten mir Wälder doch sehr, aber Diana wollte von ihren Reisezielen nicht lassen.

Vögel, deren Namen ich nicht kannte, flogen von Bäumen, deren Namen ich nicht kannte, auf andere Bäume, deren Namen ich auch nicht kannte. Ich trottete zutraulich hinter Tom her. Er furzte nur nach Einbruch der Dunkelheit, dann aber so, daß Passanten wegen ihm schon die Straßenseite gewechselt hatten.

»Was hast du für ein Gefühl?« fragte ich Toms Rücken.

»Es wird«, sagte er, ohne sich umzudrehen. »Ich merke nur, daß ich auf etwas Schönes gefaßt war.«

»Ja und?«

»Und jetzt erlebe ich diese Menschenmassen. Ich rede nicht von einer Idylle. Aber es können ja auch Besucherandrang und Besucherziel irgendwie in einem Verhältnis zueinander stehen, wenn du weißt, was ich meine.«

»Gib dir Mühe und formuliere vollständige Sätze.«

»Es sind so viele Menschen, und es ist nur ein Schloß. Mit Theaterdekorationen statt Gemälden; eins, das nur halb fertig gebaut wurde; eins, in dem nie etwas passiert ist. Keine große Politik, keine Dramen in der königlichen Familie.«

»Wenn er doch nur insgesamt ein Vierteljahr in Neuschwanstein gewohnt hat.«

»Das meine ich doch, du Dusselkopf.«

»Die Leute scheint's aber nicht zu stören.«

»Die wissen doch gar nichts. Du hast sie doch befragt. Die haben null Ahnung.«

»Auch das scheint sie nicht zu stören. Da ist also ein Schloß. Alte Ritterburg wie vor 800, 900 Jahren. Schön heil, weil sie erst vor 100 Jahren gebaut worden ist. Und da ist ein König, der zu einer Zeit gelebt hat, als die große Zeit des Königseins unwiderbringlich vorbei war. Mensch, Mitte des 19. Jahrhunderts. Da haben sich in Europa die Parlamente breitgemacht. Da war ein König fast schon so machtlos wie heute die Königin in England. Und mit dem Militär hat er's ja auch nicht gehabt. 1866 hat er zum ersten Mal Krieg geführt. Und 1870 zum letzten Mal. 1870 war Ludwig seit sechs Jahren König und jugendliche 25 Jahre alt. Nach 1870 war er noch beträchtliche 16 Jahre König. Ich meine diese Zeit nach 1870. Da hat sich der Mann doch aus der Tagespolitik verabschiedet.«

»Weil's ihn angewidert hat, daß er nichts zu sagen hatte.«

»Vielleicht. Vielleicht hat ihn noch viel mehr angewidert. Auf jeden Fall hat er sich ins Ästhetische verabschiedet. Die Realität war nicht seine Freundin, also hat er sich seine eigene Realität geschaffen. Und weil er ein Augenmensch war, konnte er sich nicht im erstbesten Schloß wohlfühlen. Läßt mitten im 19. Jahrhundert mal eben diverse Schlösser errichten, Neuschwanstein, Herrenchiemsee, Linderhof. Wahnsinn. Wer hat das um diese Zeit sonst noch gemacht?«

»Weiß ich doch nicht. Die lexikalische Abteilung bist du. Ich bin nur der Knipser. Außerdem sind wir jetzt da.«

Wir waren so dicht an der Felskante, daß wir das Schloß sehen konnten. Tom ging gleich weiter. Die nächste Perspektive gefiel ihm besser. Wo wir jetzt standen, war es nicht ungefährlich. Wie riskant es werden konnte, zeigte das kleine Kreuz. Hier war am 27. 8. 1966 Gudrun Böse über die Klippe gegangen. Fehltritt? Selbstmord? Darüber verriet die Tafel nichts. Die Marienbrücke war von hier nicht zu sehen, ich ging auf dem Weg voran. Tom blieb zurück und fotografierte. Dann hatte ich sie ungehindert vor Augen. Offenbar war gerade wieder ein Bus angekommen, die Brücke war überfüllt. Kinderkarren mußten zusammengeklappt und die Junioren auf den Arm genommen werden, bevor die Familien einen Fuß auf die Holzbohlen setzen konnten.

»Man faßt es nicht«, murmelte ich und kam mir – obgleich Teil dieser Masse – hier oben dem Menschengewürm da unten überlegen vor. Ludwig war ihnen nicht entkommen. Einst war die geplagte Seele vor den Zumutungen der Welt in die Einsamkeit der Berge geflohen. Er hatte getobt gegen aufdringliche Untertanen. Die Schlösser sollten »geweihte Stätten« sein, jeder Blick des Volkes würde sie angeblich entweihen und besudeln.

»Tom! Tom, komm her! Tom! Verdammt noch mal!« Das waren sie! Das waren sie! »Tom!« Der Wald erbebte, doch statt eines Hirschrudels wetzte Tom heran. Der Mann war schnell. »Da!« rief ich und wies auf die belebte Seite der Marienbrücke. »Die Gangster.«

»Die von gestern abend?« fragte Tom mit einem Zweifel, der mich provozierte.

»Fotografier sie endlich!« forderte ich ihn auf. »Halt sie fest. Die Polizei braucht das als Beweis.«

Sie waren zu viert. Drei von ihnen sehr jung, um die fünfzehn, nicht älter. Der vierte war deutlich älter, erwachsen, eine Frau. Der starke Andrang an der Brücke verschluckte das Quartett sekundenlang. Ich wurde noch nervöser, hatte Angst, daß sie verschwinden könnten. Immerhin schraubte Tom endlich das stärkste Objektiv auf die Kamera, hielt sie vors Gesicht und sagte:

»Ich wäre nicht so sicher.«

»Das sind sie«, keuchte ich. Erst als ich mich hörte, spürte ich, daß ich falsch atmete.

»Woran willst du sie erkennen? Es war dunkel.«

»Ich erkenne die Art, wie sie dastehen. Zusammenstehen. Das ist ein Team. Die arbeiten zusammen.«

»Tom nahm die Kamera vom Auge, um mich mit einem skeptischen Blick zu mustern. Aber ich konnte nichts anderes sagen. Ich hatte sie gesehen, und ich wußte: Die waren es, die mir das Eisengitter gegen den Hals gedrückt hatten. Bis vor einer Minute hatten die Banditen alle Vorteile auf ihrer Seite gehabt. Jetzt nicht mehr.

»Die schlachten wir«, sagte ich dumpf. »Die kaufen wir uns.«

»Verprügeln?«

»Wenigstens. Aber vorher moralisch vernichten. Ich mache sie charakterlich fertig, und du verdrischst sie. Okay?«

Tom fotografierte und reichte mir dann die Kamera. Ich hatte die Bande zum Greifen nahe. Allerdings auch Ricarda. Und Ricarda sprach mit denen, mit einem von ihnen. Ich erkannte nicht, wer von den Jugendlichen weiblich oder männlich war. Aber mir fiel auf, daß sie bäurisch aussahen. Keine Jeans, kein T-Shirt, wofür es heute wirklich nicht zu kalt war. Statt dessen derbe Hosen, dunkle Pullover, die mich an Seemannspullover erinnerten. Aber womöglich trug man das in Füssen. Ich hatte ja keine Ahnung von dieser Gegend.

»Die kauf' ich mir gleich«, knurrte ich und rannte los. Tom rief mir etwas Mäßigendes hinterher. Ich war rasant gestartet, aber nach 100 Metern begannen die Lungenflügel zu brennen, und ich spürte, wie mir Milchsäure in die Waden schoß. Ich wußte nicht, wie man vier junge, kräftige Menschen gleichzeitig festnimmt. Festnehmen durfte ich sie. In unserem Strafgesetzbuch gab es einen Paragraphen, der mir das erlaubte. Ich war froh über die Existenz dieses Paragraphen. Ich nahm Unterstützung, wo ich sie kriegen konnte. Aber die Luft wurde knapp, meine Seiten stachen, die Waden schmerzten, der Weg war zu lang. Ich bog vom Trampelpfad scharf rechts ab, steuerte den Hauptweg an, den ich unter mir schon sehen konnte. Ich stolperte mitten durch den Wald, ruderte durch ein Meer aus Farnen, blieb hängen, riß den Fuß los, kam ins Stolpern, fing mich, bremste, ich durfte nicht zu schnell werden, und ich stürzte trotzdem, vier Meter oberhalb des Hauptweges schlug ich der Länge nach hin, weil ich Angst hatte, zu schnell zu werden. Ich kugelte einem Paar mit Kind und Dackel in den Lebensweg. Alles erschrak, der Dackel nutzte die günstige Gelegenheit, daß ein Zweibeiner vor ihm lag, umtanzte mich kläffend und tat wunder wie. Ich rappelte mich hoch, sofort wichen alle zurück: Menschen und Dackel, der Dackel am weitesten. Ich murmelte eine sinnlose Silbenfolge und kam unelegant ausschreitend weiter voran. Mich hielt nur noch die Wut auf das kriminelle Quartett aufrecht. Vorbei an verdutzten Wanderern und einer Männergruppe, die ich mittags im Schloßdorf gesehen hatte, lief ich und lief, und es war doch längst nur noch ein schnelles Gehen. Ich hatte nicht gewußt, daß ich körperlich so miserabel drauf war. Dabei ging ich regelmäßig schwimmen, monatlich einmal. Seit über einem Jahr. Das konnte ich genausogut sein lassen, wenn es so wenig brachte. Und ständig diese Wanderer. Als wenn sie in der letzten Stunde diese Seite der Marienbrücke entdeckt hätten! Ich stieß gegen Schultern und Rucksäcke, ich ließ mir Rufe des Ärgers und auch Beleidigungen in den Nacken werfen, aber ich mußte diese vier zu packen kriegen. Wenigstens einen würde ich festhalten. Und dann mußte Ricarda nur bestätigen, daß sie mit diesen Gewalttätern nichts zu tun hatte.

Die verdammte Brücke wollte nicht näher kommen. Ich fühlte mich alt und hinfällig. Ich mußte stehenbleiben, Luft holen, weitergehen, traben. Und da war sie endlich. Ich mußte nur noch durch 500 fotografierende, breitärschige Urlauber hindurchrudern. Ich tat es rücksichtslos, und sie zahlten es mir 500fach heim. Die andere Seite erreichte ich mit zerrissenem Jackenärmel. Ricarda schaute mich erstaunt an, ich rannte an ihr vorbei, sie konnten noch nicht weit sein. Sie hatten ganz gelassen gewirkt. Warum sollten sie plötzlich eilig verschwinden? Ich ächzte die 600 Meter bergauf zum Haltepunkt. Ich sah den Bus abfahren. Ich winkte gar nicht erst, ich war zu weit entfernt, aber ich sah ihn abfahren. Das tröstete mich auf verzweifelte Weise. Ich ließ mich auf eine Bank fallen, holte mit weit nach vorn geneigtem Oberkörper pfeifend Luft.

»Junger Mann, das hört sich aber gar nicht gut an«, sagte neben mir eine alte Dame mitfühlend.

»Aber ich lebe«, keuchte ich, und sie freute sich.

»Nicht wahr, das ist das wichtigste.«

»All right, Ma'am«, sagte ich, stand auf und ging wie ein alter Mann zurück zur Brücke. Wäre mir jetzt ein Mountainbiker in die Quere gekommen, ich hätte ihn gevierteilt. Tom stand bei Ricarda, beide blickten mir entgegen wie Eltern, die ihr durchgeknalltes Einzelkind zurückerwarteten.

»Tom hat gerade erzählt, was gestern passiert ist«, sagte Ricarda und nahm meine rechte Hand fest in beide Hände. »Das ist ja furchtbar.« Der Satz hörte sich schrecklich normal an. Hatte sie nichts Persönlicheres für mich in petto? Immerhin hielt sie meine Hand, das versöhnte mich mit vielem.

»Ich habe sie in der Kiste«, sagte Tom und klopfte auf seine Kamera. »Obwohl ich immer noch Zweifel habe, ob . . .«

»Ja, ja«, sagte ich. »Ich mache jedenfalls Schluß für heute.«

»Es ist noch früh.«

»Dann fahre ich ins Hotel und ziehe mir was Heiles an. Du kannst hierbleiben.«

Das hätte ich nicht zu sagen brauchen. Er hatte ja Ricarda, mit der er sich in der Zwischenzeit duzte. Ich selbst duzte mit zunehmendem Alter nicht mehr so leichtfertig. Ich wollte mir aussuchen dürfen, wen ich duzte und von wem ich geduzt wurde. Versuchsweise duzte ich Ricarda, sie duzte zurück, und ich fragte:

»Die jungen Leute, mit denen du eben geredet hast, kennst du die näher?«

»Woher weißt du, mit wem ich . . .?«

Tom deutete auf seine Kamera und danach auf die andere Seite der Schlucht. Es war Ricarda nicht recht, daß wir sie ohne ihr Wissen beobachtet hatten. Sie unterdrückte ihren Ärger und sagte:

»Ich habe die noch nie gesehen. Sind wohl Touristen.«

»So sahen die aber nicht aus.«

»Bei so vielen Leuten jeden Tag können nicht alle so aussehen, wie wir uns den typischen Touristen vorstellen.«

»Was haben sie denn von dir gewollt?«

Angeblich war es um Ricardas Bilder gegangen, um Maltechniken, Preise, Ausbildung. Ich sonnte in Ricardas schönem Gesicht und kam mir schäbig vor. Ricarda und Straßenräuber – eine abwegige Vermutung. Damit war die Sache besiegelt, und ich verzog mich zum Parkplatz.

Der nächste Bus fuhr mir vor der Nase weg, ich ging entmutigt zu Fuß hinunter und ignorierte das Hupen hinter mir vier Mal. Dann drehte ich mich um, der Verwalter winkte, ich stieg in den Pkw und spürte, als ich endlich bequem saß, alle Muskeln und Sehnen. Wegen der zerrissenen Jacke log ich ihm etwas vor, und er sagte:

»Ich mag Journalisten, die nicht nur vom Schreibtisch aus arbeiten. Das ist meine Mentalität. Am Schreibtisch wäre ich vertrocknet.«

Er fuhr langsam, und wenn Wanderer entgegenkamen, fuhr er noch langsamer.

»Einem Führer haben sie die Windschutzscheibe zerschlagen. Mit dem Regenschirm. Die Besucher werden schnell aggressiv, wenn sie nicht mit dem Auto vorfahren dürfen und dann sehen, daß Privilegierte es dürfen. Die Post hat ihren Briefkasten am Schloß wieder abgebaut, nachdem einer ihrer Leerer tätlich angegriffen wurde.«

Ich verabredete mich mit dem Verwalter für den späteren Nachmittag. Er wollte mit Tom und mir allein durchs Schloß ziehen. Und dann fragte er unvermittelt:

»Warum fotografiert Ihr Kollege nicht mal abends?«

Ich erfuhr, daß das Schloß nachts von vielen hundert

Watt befeuert wurde. »Wir haben sechs Scheinwerfer. Drei sind meistens kaputt. Aber ein schöner Anblick ist es immer noch. Und bedenken Sie: kein Mensch weit und breit.«

Er bestand darauf, mich bis zum Parkplatz zu bringen, obwohl es nicht seine Richtung war. Ich fand den Mann einfach gut. Nur eine Tatsache hätte mich an ihm irre gemacht: wenn ich herausgefunden hätte, daß er der Auftraggeber für den Überfall gestern abend gewesen war.

6

An der roten Ampel am Ortseingang von Füssen spielte ich hinter dem Umzugswagen das Kfz-Nummernspiel. Das geschah ganz automatisch, Toms Anwesenheit war nicht nötig. Ich tippte auf ungerade und den Wagen hinter mir und gewann. Es war ein billiger Sieg, aber er tat mir gut. Mir kam meine Wut verdächtig vor. Aber es hatte mich vorhin dermaßen mitgerissen. Ich fand die Vorstellung empörend, daß sich die Täter am Tag in der Öffentlichkeit frei bewegten und so taten, als wenn nichts passiert wäre.

Ich erreichte den Gasthof gegen 15 Uhr 30. Das Restaurant war geschlossen, in den Tiefen des Hauses wurde gewerkelt. Ich nahm mir vor, nachher gleich die Weinflaschen zu bezahlen. Das Zimmer war gemacht, auf dem Bett lag kein zahnschmelzmordendes Betthupferl. Das gefiel mir. Ich aß sowieso zuviel Süßes. Dann trat ich mit dem Fuß auf Papier, bückte mich und hielt eine Einladung in der Hand. Der König-Ludwig-Verein Schwangau gab sich die Ehre, mich zu einem Vortrag zu bitten. Thema: »Die Left-Chronik und was aus ihr wurde.« Das Thema gefiel mir, denn ich verstand kein Wort. Ich wunderte mich, daß der Vortrag bereits heute abend stattfinden sollte. Einladungen waren in der Regel nicht so kurzfristig ausgelegt. Aber ich hatte selten eine Einladung im Hotelzimmer vorgefunden – jedenfalls nicht für Veranstaltungen, die offensichtlich nicht unter der Regie des Hotels stattfanden. Ich steckte den Zettel ein, holte ihn wieder aus der Tasche, entfaltete ihn und legte ihn auf den Tisch. Dann wechselte ich die Kleider, putzte mir die Zähne, wusch mich unter den Armen und rief Diana an. Eine Art Stimme brummte ins Telefon, ich legte auf. Diana nahm nach der Schule zwischen 13 und 17 Uhr gern eine Mütze voll Schlaf.

Beim Verlassen des Zimmers wunderte ich mich, daß die Mädchen in den Zimmern weiter hinten im Flur noch nicht mit dem Bettenmachen fertig waren. Vielleicht lähmte die Hitze ihren Schwung. Die Sonne schien von einem wolkenlosen Himmel. Keine Spur von Herbst, wir hatten einen starken Spätsommer erwischt. Eine der properen Damen huschte flink in Toms Zimmer und hatte für mich nicht einmal ein Lächeln übrig. Zur Strafe vergaß ich, den Wein sofort zu bezahlen.

In Hohenschwangau wählte ich den Parkplatz direkt unterhalb des Schlosses. Ich gönnte mir die Fahrt in einem vollbesetzten Fuhrwerk, fand aber nicht viel Freude daran. Die zwei armen Gäule hatten schwer zu arbeiten.

Tom trieb sich im Innenhof herum, der Auftrieb an Besuchern war immer noch groß.

»Das macht das Oktoberfest«, rief uns einer der Führer zu, bevor er ins Verwaltungsgebäude hinübereilte. Vorher schloß er uns das Tor auf, durch das wir den erhöht gelegenen, nichtöffentlichen Innenhof betreten konnten.

»Vorhin sind zwei Frauen mit Tränen in den Augen aus dem Schloß gekommen«, erzählte Tom. »Ich habe sie gefragt, weshalb sie weinen. Sie haben gesagt, weil es so schön ist. Viel schöner, als sie es sich vorgestellt haben. Ich habe gefragt, was sie sich denn vorgestellt haben. Darauf wußten sie nichts zu sagen. Ende der Vorstellung.«

»Aber so ist es«, sagte ich. »Bei allen Leuten, die nicht gerade vom Fach sind, ist die Vorstellung von Ludwig und dem Schloß diffus. Und weil sie so diffus ist, kann sie nur schwer enttäuscht werden. Eigentlich gar nicht. Man kommt, um sich ergreifen zu lassen und wird ergriffen. Es ist eben für viele die größtmögliche Annäherung an Geschichte, wenn du vor dem Bett stehst, in dem der König ...«

»... sich einen runtergeholt hat.«

»... geschlafen hat. Denk an den entzückenden Waschtisch mit dem silbernen Schwan. Das ist Geschichte pur. Das ist so live, liver geht's nicht.«

»Dann sollten sie Ludwigs Scheißhaus vorführen, dafür würden sie Szenenapplaus kriegen.«

Der Verwalter kam über die Außentreppe denselben Weg, den wir genommen hatten. Er war einigermaßen aufgebracht. Für morgen hatte sich kurzfristig eine dänische Prinzessin angesagt, die mit einem schwedischen Prinzen das Oktoberfest besuchte und bei der Gelegenheit unbedingt das Märchenschloß sehen wollte.

»Immer kurzfristig«, knurrte der Verwalter. »Vati wird es schon einrichten.«

»Wieso? Ist da was kompliziert dran? Ausländische Adelige aus der Zweiten Liga?«

»Sie kommen natürlich mit Vertretern des Hauses Wittelsbach. Und warten Sie mal ab, wer da bis morgen noch alles dranhängt. Mit Sicherheit Ihre Kollegen von den Herzschmerzblättern. Das gibt eine Extraführung.«

»Haben Sie dafür einen Extraanzug im Schrank?«

Er blickte mich verdutzt an. »Woher wissen Sie das?«

»Und hinterher sind Sie froh, wenn Sie das Ding so schnell wie möglich wieder auf den Bügel kriegen. Richtig?«

Er staunte erst, lachte dann. »Ich wollte bei dem trockenen Wetter im Innenhof ein bißchen teeren. Teer hat das Schloß nötiger als Adel.«

Tom bat darum, noch einmal eine komplette Führung mit einer Gruppe machen zu dürfen. Wir nahmen, was als nächstes auf die Reise ging, und erwischten Amerikaner. Karin mit dem Silberblick lächelte uns zu und legte ein souveränes Englisch an den Tag. Bei diesem zweiten

Rundgang sah ich klarer, wo welche Räume lagen. Hätte ich nach dem ersten Mal eine Ortsbeschreibung verfassen müssen, das Ergebnis wäre ein Witz gewesen. Das zweite Obergeschoß war im Rohbaustadium geblieben, daher für Besucher tabu. Es ging also vorbei an den Räumen für die Diener über die Wendeltreppe ins dritte Obergeschoß mit Ludwigs Wohnung und dem Thronsaal. Darüber lagen der Sängersaal und die Galerie des Thronsaals. In dem Maße, wie ich die Struktur erkannte, schrumpfte das Schloß. Am Anfang war mir alles höher, breiter, wuchtiger erschienen. Beim zweiten Mal wurde es zierlicher, manierlicher, die Proportionen näherten sich den Menschen an.

Bei dieser Führung kam ich über Ludwigs Wohnräume nicht hinaus. Im Wohnzimmer waren die Schwäne los. Alle Wandmalereien illustrierten die Sage von Lohengrin. Ankunft Lohengrins, das Gralswunder, Lohengrins Aufbruch von der Gralsburg, Lohengrins Ankunft in Antwerpen, Lohengrin begrüßt Elsa, Elsa klagt Lohengrin ihr Leid, Lohengrins Kampf mit Telramund, Elsas Frage, Lohengrins Heimfahrt. Nur Lohengrins Mauser hatten sie sich verkniffen. Wuchtige, gesunde Gestalten, germanisch-nördlich, edel, tapfer, wallende Bärte, wogende Busen.

Fünfzehnjährig hört Ludwig in München eine Aufführung von Wagners *Lohengrin*. Der Knabe ist hingerissen, weint, zieht sich auf sein Zimmer in Schloß Hohenschwangau zurück und lernt den Text der Oper auswendig. Sein privater Zeichenlehrer wird beauftragt, Lohengrinkostüme und Lohengrinbühnenbilder zu entwerfen. Lohengrin und Tannhäuser waren die dominierenden Figuren in Neuschwanstein. Ihr Geist schwebte durch alle Räume – was noch erträglich gewesen wäre. Doch Ludwigs Kulissenmaler mußten platt naturalistisch arbeiten. Dadurch bekam jedes Bild eine Anmutung, die mir in ihrer bemühten Sachlichkeit komisch vorkam. Ludwig verschliß die Maler im Dutzend. Wer in den siebziger Jahren in der Kunstszene etwas auf sich hielt, nahm Reißaus, wenn die Häscher des Königs an die Ateliertür klopften. »Tüchtige und fleißige Maler« will Ludwig haben, und die kriegt er. Achtundsechzig Namen stehen auf dem Wunschzettel, sechs machen sich schließlich an die Arbeit: Hauschild, Schwoiser, Sieß, von Piloty, Ille und Aigner. Ich kannte keinen einzigen dieser Namen. Ludwig setzt ihnen strenge Termine, unbarmherzige Termine. Sie malen Tag und Nacht im Quadratmeterakkord. Einer fällt erschöpft vom Gerüst und wird unverzüglich gegen einen frischen Pinselschwinger ausgetauscht. Und ständig mischt sich Ludwig ein. Er wird nicht müde, über Jahre hinweg nie, bis zum Schluß nicht. Gibt die Themen vor und korrigiert die Erstfassung bis ins Detail: »Das Bild soll besser durchgeführt, namentlich das Bett in den Details genauer behandelt, die Gesichter edler gehalten werden.« Und: »Daß die Figuren an diesem Plafond plastische Füße haben, will Majestät auch nicht gefallen; auch die Genien sollen nicht plastisch gemacht sein, sondern nur an den Plafond gemalt werden.« Und: »Seine Majestät wünschen, daß in dieser neuen Skizze das Schiff weiter entfernt vom Ufer ist, dann, daß die Kopfstellung Lohengrins nicht so schief ist, auch soll die Kette vom Schiff an den Schwan nicht aus Rosen, sondern aus Gold sein, und soll die Burg in mittelalterlichem Styl gehalten sein.«

Kein einziger der Topmaler wollte für Ludwig arbeiten, und München war zu dieser Zeit ein Zentrum großer Meister und verstörender Talente. Einmal bestellte Ludwig ein Bild bei Kaulbach, einer ersten Adresse. Thema: Lohengrin. Prompt gefällt ihm der Schwan nicht, ein willfähriger Maler muß Kaulbachs Schwan umarbeiten.

In diesem Stil hatte alles schon angefangen. Die ersten Entwürfe zum neuen Schloß erstellte Christian Jank, ein Bühnenmaler. Der Burghof wird gestaltet nach dem Bühnenbild des zweiten Akts von Lohengrin. Der König schlüpft in ein Lohengrin-Kostüm.

»Am 21. November 1865 abends fand prachtvolles Feuerwerk statt, von Herrn Theatermaschinisten Penkmayr trefflich arrangiert. Nach dem Feuerwerk wurde die Scene der Ankunft des Schwanenritters aus Wagners Lohengrin auf dem Alpsee dargestellt. Ein großer, kunstreich nach der Natur gebildeter Schwan zog einen Kahn mit Lohengrin (Flügeladjutant Fürst Paul von Thurn und Taxis) über den Alpsee. Der Schwanenritter mit Kahn und Schwan war mittels eines elektrischen Lichtes prachtvoll beleuchtet. Während dieses Vorgangs spielte die Musik die betreffenden Pièçen aus Lohengrin.«

Im Schloß Linderhof läßt Ludwig bauen, was in Neuschwanstein keinen Platz mehr hat: die riesige »Grotte des Hörselberges« aus Wagners *Tannhäuser*. Hier fährt der Monarch Kahn mit Wasserfall, Wellenmaschine, Warmluftheizung und Elektrizitätswerk hinter den Kulissen. Ludwig ist besessen von der Blauen Grotte in Capri. Die künstliche Tropfsteinhöhle von Linderhof ist 100 Meter lang und 15 Meter hoch. Rotes Licht versetzt den im Muschelkahn dümpelnden Monarchen in Tannhäuser-Stimmung, blaues Licht beamt ihn nach Capri. Am idealen Blau arbeitet sich ein Mann namens Otto Stoeger jahrelang ab. Er reist nach Capri, einmal, mehrmals. Aber Ludwig lehnt jedes vorgeschlagene Blau ab. In Neuschwanstein lag eine kleine Grotte zwischen Wohn- und Arbeitszimmer.

Karin zog mit den Amerikanern Richtung Dienstzimmer weiter, Tom fotografierte aus dem Wintergarten heraus ins Alpenvorland, und ich blieb in der Grotte und ließ sie auf mich wirken. Im letzten Jahrhundert waren Grotten zeitweise eine Modeerscheinung gewesen. Für mich war dies alles Pappmaché, die rote und grüne Beleuchtung schuf vollends die Assoziation eines unkonventionell gestalteten Schaufensters oder Diskothekeneingangs. Ich hatte Brillengeschäfte und Juwelierläden gesehen, die ihre Produkte auf solch braunem, olivem, schwarzem Untergrund präsentierten.

Wir blieben so lange in Ludwigs Wohnräumen, bis uns die nächste Führung einholte. Es handelte sich um Oktoberfestbesucher aus Sachsen und Thüringen – dankbares Publikum für Aloysius Mordelli, der sich vom vielen

Staunen und Raunen zu schamlosen Übertreibungen hinreißen ließ. Er zwinkerte zu uns herüber und verbot den Ostdeutschen freundlich das Fotografieren, womit einige angesichts von Toms Kamera unverzüglich beginnen wollten. Wir schlenderten aus dem Wohnbereich hinaus, verloren den Anschluß auch an diese Gruppe, standen auf dem Vorplatz zwischen Wohnung und Thronsaal. Er war immer noch abgesperrt, der Leuchter lag erbärmlich auf der Nase.

Es zog uns beide dann noch einmal ins königliche Schlafzimmer. Siebzehn Holzschnitzer sollen vier Jahre mit Bett, Waschtisch und Lesestuhl – alle drei mit einem Baldachin versehen – beschäftigt gewesen sein. Ludwig nächtigte zwischen Wandmalereien aus Tristan und Isolde. Der Mann mußte einen gesegneten Schlaf besessen haben. Aber er war ja selbst im Schlaf anders als Normalsterbliche. Ludwig lebt nachts, er schläft tagsüber. Er steht gegen 17 Uhr auf und breitet sich unter dem Baldachin gegen 6 Uhr morgens aus.

Wir warteten auf die nächste Führung, aber es kam keine mehr.

»Klar«, sagte ich. »Jetzt ist Feierabend. Wenn wir uns verstecken, können wir uns einschließen lassen.«

»Und schlafen beide in Ludwigs Bett«, schlug Tom grinsend vor. Ich dachte schaudernd an den Plastiküberzug, der das Bett vor den Millionen Besucherfingern schützte. Schauend und fotografierend ließen wir uns durch das Treppenhaus nach unten treiben und landeten im Raum der Führer, wo Karin mit dem Silberblick gerade gehen wollte. Auf einem Tisch lagen Faltblätter vom Schloß. Sie hatten auf dem Titel die berühmte Sicht auf das Schloß. Ich fragte laut in die Runde:

»Wer von Ihnen weiß, von welchem Standort dieses Foto aufgenommen wurde?« Damit hatte ich in ein Wespennest gestochen. Jeder verteidigte seine Theorie, die meisten tippten auf eine Fotografie aus dem Flugzeug. Karin sagte lediglich: »Fragts halt den Pückler. Der weiß das.« Sie winkte uns kühl und schön mit ihren ebenfalls nicht unattraktiven Autoschlüsseln zu und verließ den Raum. Danach sah es hier gleich viel schäbiger aus. Keiner von uns Kerlen besaß genügend Ausstrahlung, um aus einem nüchternen Aufenthaltsraum einen schönen zu machen.

Pückler war ein Aushilfsführer, der fließend Französisch sprach und sich derzeit auf der Toilette befand, wo er, wie ein Führer mutmaßte, dabei war, sich einen Pickel auszudrücken. Als Pückler zurückkam, verstand ich diese Bemerkung in ihrer ganzen Tragweite. Der vielleicht 24jährige, extrem magere Junge war mit einer Akne geschlagen, die nach medikamentöser Behandlung schrie. Er besaß die nervtötende Angewohnheit, im Gespräch ständig einen Pickel im Gesicht anzuzielen und an ihm gesprächsbegleitend herumzudrücken.

»Wo das Bild gemacht wurde? Das kann ich Ihnen zeigen«, sagte Pückler scheu und erfreut. Wahrscheinlich hatte ihn in diesem Raum schon lange niemand mehr etwas Sachdienliches gefragt. Mir schien der Junge Gegenstand gemeinen Führerspotts zu sein.

Wir verließen das Gebäude, wobei Pückler kein Wort sprach. Vor dem Torbau wandte er sich zur Schlucht, wies mit ausgestrecktem Arm auf einen imaginären Punkt gegenüber und sagte: »Da drüben ist es. Sehen Sie die Baumgruppe? Nein, nicht die, die dunklere. Genau, und darüber sehen Sie den Felsen? Sehr gut, gleich darüber ist es. Ich war selbst schon da. Ich fotografiere nämlich auch ein bißchen. Natürlich nicht besonders gut.«

Er blickte scheu zu Tom, und Tom sagte etwas Freundliches zu ihm. Pückler blühte fast so auf wie seine Pickel. Natürlich begegnete Tom oft Amateurknipsern. Die meisten waren aufdringlich, plump und kritiklos. Die wimmelte er ab, und wenn es sein mußte, wimmelte er sie rüde ab. Den Scheuen, denen man anmerkte, daß sie sensibel genug waren, um ihre beschränkten Talente realistisch einschätzen zu können, half Tom gern mit Tips.

»Wie kommen wir da hin?« fragte ich. »Wahrscheinlich von oben. Über die Brücke und dann durch den Wald und von hinten . . .«

»Nein, nein«, unterbrach mich Pückler. »Von oben kommen Sie da nicht ran. Sie müssen untenherum. Nördlich vom Ort über den Bach und dann die Wand hoch, also etwa so.«

Er schrieb den Verlauf in die Luft. Tom und ich blickten uns an, und Tom sagte: »Das könnte interessant werden.«

»Soll ich Sie begleiten?« fragte Pückler eifrig und zwiebelte einen Pickel. Wir sagten ihm, daß das nicht nötig sei, zumal er morgen und übermorgen arbeiten müsse und erst am Wochenende Zeit haben würde. Der Junge schien ehrlich betrübt, daß er uns nicht begleiten durfte. Aber er trug es mit Fassung, er hatte wohl Übung darin, zurückgewiesen zu werden. Zum Schluß sagte er noch: »Wenn Ihre Bilder nichts werden, können Sie ja meine nehmen.« Anschließend erschrak er über seine Kühnheit bis ins Mark, warf einem im Hintergrund das Schloß verlassenden Führer einen furchtsamen Blick zu, verabschiedete sich linkisch und ging sehr schnell davon.

»Arme Sau«, sagte ich. Tom betrachtete immer noch die Felswand gegenüber. Von hier sah sie extrem steil aus, aber ich wußte, daß eine Wand, wenn man erst einmal drinsteckt, viel weniger unnahbar ist.

»Wäre natürlich nicht schlecht«, murmelte Tom und kaute die Unterlippe. »Die berühmte Perspektive, und dann ein Sonnenaufgang, daß dir die Augen tränen. Dazu eine Prise Tom-Tom. Das wäre der definitive Kommentar zu Neuschwanstein.«

Toms Begabung, mit leichter Subversion des Bildschwerpunkts neue Ansichten von angeblich ehernen Menschen und Bauten zu finden, war in Fachkreisen anerkannt. Weltweit. Wir befanden uns in unserer gemeinsamen Heimat Deutschland, und mir wurde bewußt, daß Neuschwanstein auf selbstverständliche Weise staaten- und nationalitätenlos war. Vielleicht würde ein Kenner Bayerns vieles oder einiges für erkennbar bayerisch halten. Aber Bayern war weniger als Deutschland, und besonders deutsch war mir hier bisher noch nichts vorgekommen. Vielleicht lag das nur an der Internationalität, die jeder stark besuchte Ort durch die aus aller Welt herbeiströmenden Besucher erfährt.

»Also steigen wir morgen in die Wand«, sagte ich kernig.

»Du weißt, wann die Sonne aufgeht?« Das wußte ich natürlich nicht. Toms winziger Taschenkalender wußte es: kurz vor halb sieben. Wir würden in stockschwarzer Nacht unsere wohligen Betten hinter uns lassen. Wie süß sie uns locken würden, Bettdecke, Laken und Kopfkissen: Kehre um auf deinen verschlafenen Wegen, würden sie summen, einen Duft wie Nektar ausströmen und eine Wärme, wie es sie auf der Welt nur einmal gab. Langsam wurde Neuschwanstein zu einem außergewöhnlichen Auftrag. Das brauchte ich, um nicht einzurosten. Wir ließen uns von einem Pick-up, der das Schloß verließ, auf der Ladefläche mit hinunter nehmen.

7

Während der Rückfahrt spielten wir unser Spiel. Diesmal ging es um die Lackierung des Wagens hinter uns: metallic oder nicht. Ich haßte Metallic-Lackierungen, egal welcher Farbe, tippte also dagegen und gewann. Der Pkw hinter uns war weiß. Ungewaschen, aber weiß.

Tom mußte unbedingt sein Käsefräulein anrufen, ich legte mich erst aufs Bett, dann ins Bett. Danach rief ich Diana an. Es war aber nur ihr Anrufbeantworter zu Hause.

Ich war wohl etwas eingeduselt, denn als Tom plötzlich vor meinem Bett stand, fuhr ich erschreckt hoch.

»Die kauf ich mir!« brüllte er mich an. »Das hat Folgen. Nicht mit mir. Mit jedem sonst, aber nicht mit mir. Oh, werde ich mir die kaufen.«

Er trat vor Wut gegen mein Bettgestell. Zwanzig Sekunden später standen wir in seinem Zimmer.

»Ich hab's nicht gleich bemerkt«, knirschte Tom. »Ich

habe ja sofort mit ihr telefoniert. Aber danach – die kaufe ich mir.«

Sie hatten Tom bestohlen. Drei Kameras, Zubehör, fast alles, was nicht im Wagen lag oder er am Körper trug. »Eine Frechheit ist das«, rief er. »Sie haben mich in Rio beklaut, das lasse ich mir gerade noch gefallen. Aber in New York haben sie mich nicht beklaut und auch sonst nirgendwo. In keinem Höllenloch der Welt. Und dann fährst du ins Allgäu, denkst, du hast drei Tage Urlaub vor dir, und dann . . .«

»Jedenfalls kaufst du dir die«, sagte ich. Tom blickte mich mürrisch an, aber ich fühlte mich merkwürdig heiter. Jetzt war ich nicht mehr allein mit meinem Gefühl von Bedrohtsein. Drei Kameras, Neuwert 8000 Mark. Sein Lieblingsstück hatte er im Schloß dabeigehabt. Aber eine seiner Lieblingshosen war verschwunden, mehrere Hemden und sogar Unterwäsche. Die Zimmertür war nicht aufgebrochen. Nichts war zerkratzt, die Fenster geschlossen.

»Polizei«, sagte ich. »Allein kommen wir hier nicht weiter.«

»Ja, ja«, knurrte Tom und pfefferte die Reisetasche, in der die Kameras gelegen hatten, auf den Sessel. Ein Blatt Papier wurde aufgewirbelt, ich fing es in der Luft. Tom hatte auch die Einladung für heute abend erhalten. »Ich bin sauer«, sagte Tom. »Sauer auf mich. Ich habe die Tasche offen rumstehen lassen. Das war leichtsinnig. Aber ich habe einfach nichts befürchtet. Menschenskind, wo sind wir denn hier? Gibt es denn keinen Winkel mehr auf der Erde, wo du deine Klamotten eine Viertelstunde unbeaufsichtigt stehenlassen kannst?«

»In den USA . . .«, begann ich, aber Tom winkte ab.

»Scheiß auf die USA. Da habe ich das auf der Rechnung. Aber hier. Pest Pest Pest. Ich brauche jetzt was zu trinken. Und zu essen. Am besten beides. Von beidem viel.«

»Die Polizei . . .«

»Erst mein Essen. Nein, erst fotografieren.« Wir verließen sofort den Gasthof. Drei oder vier der properen Hausfräuleins liefen uns über den Weg. Jede war verdächtig, und jede grüßte so freundlich. Tom überprüfte den Kofferraum. Alles vorhanden. Er fuhr schnell und risikobereit. Im Autoradio war irgendwo Krieg ausgebrochen, dafür war irgendwo anders ein Krieg zu Ende gegangen. Ich drehte ab, ich konnte mich jetzt nicht auch noch darauf konzentrieren.

Der Verwalter hatte übertrieben, es brannten mehr als drei Scheinwerfer. Sie feuerten imponierende Lichtsalven auf das grauweiße Schloß, schnitten es säuberlich aus der Schwärze des Abends heraus. Es gab nur das Schloß und das Dunkel, nichts dazwischen, keine Übergänge. Wir fuhren erst 300 Meter nach Norden Richtung Schwangau, waren fast wieder da, wo wir gestern früh mit der Arbeit begonnen hatten. Tom knurrte. Er vibrierte immer noch vor Wut, war ungeduldig und gereizt. Als sich ein Bein des Stativs nicht sofort ausfahren ließ, schmetterte er das Stativ zu Boden.

»Würdest du bitte aufhören, so beredt zu schweigen«, fuhr er mich an. Außerdem begann er zu rauchen. Tom war ein Gesellschaftsraucher. Er kam tagelang ohne Zigaretten aus, aber wenn es ihn erwischte, rauchte er am Tag fünfzig. Manchmal steckte er die Zigarette in den Mund, ohne sie anzuzünden. Er kaute dann Tabak, sah nach zwei Minuten aus wie ein Schwein. Ich hatte früher ebenfalls geraucht, zeitweise auch stark. Unter Dianas Anleitung war es mir gelungen, mich von dieser Sucht zu befreien. Die Formulierung »befreien« stammte von Diana.

»Ich muß dichter ran«, sagte Tom. Wir fuhren dichter ran, befanden uns dann aber zu dicht unterhalb des Schlosses. Tom packte ein, ich fuhr durchs Schloßdorf, fand den Weg, den tagsüber die Busse nahmen, und wir waren schnell oben.

Auf der Marienbrücke gefiel es Tom, er begann zu arbeiten. Im Licht meines geliebten Theaterkugelschreibers – ein Gerät mit batteriebetriebener kleiner Lampe in der Spitze – las ich derweil aus meinem klugen Buch vor, was

Ludwig zu verspeisen pflegte, wenn er das verhaßte München verließ und in seine Schlösser und Berghütten entwich.

»Es gibt eine Suppe, Vorspeisepastetchen, gratiniertes Ragout in Muscheln, Fisch usw.; dann Ochsenfleisch mit Gemüsen, dann eine Zwischenspeise, wie Lammkotelett mit Kastanienpüree, oder Hühnerragout, Gänseleberpastete usw. Hernach einen Braten – Geflügel, Wild – eine warme Süßspeise, Gefrorenes, Obst und Dessert, zum Schluß noch Kaffee.«

»Allein dafür muß man ihn lieben«, sagte Tom. »Warme Süßspeise. Ach ja. Hast du auch solchen Hunger?«

»Nachher ist doch der Vortrag.«

»Was für ein Vortrag? Vortrag ist dein Metier. Ich gehe essen.«

Ich hatte nicht mit der Möglichkeit gerechnet, daß Tom sich ausklinken könnte. Aber er hatte natürlich recht. Ein Fotomotiv würde bei einem Vortrag nicht abfallen. Außerdem fand die Veranstaltung in Schwangau statt, das lag drei Kilometer vom Schloß entfernt.

Schlagartig hatte ich keine Lust mehr, dumm auf der Brücke herumzustehen, während Tom konzentriert arbeitete. Ich schlenderte zum Schloß, von der Brücke waren es weniger als fünf Minuten. Man näherte sich dem Schloß dabei durch den Wald. Erst unmittelbar vor dem Gebäude wichen die Bäume zurück. So konnte ich nur hören und nicht sehen. Ich glaubte Hufgetrappel zu hören. Das fand ich überraschend, aber nicht sensationell. Die Kutschen fuhren ab 16 Uhr nicht mehr. Vielleicht hielt jemand im Schloß ein Pferd oder zwei. Wir hatten ja noch nicht alle Räume gesehen. Allerdings hatte auch niemand eine Bemerkung in Richtung Pferd fallenlassen. Von links feuerte einer der Scheinwerfer auf das Schloß, zeichnete alles fahl und ungesund: Bäume und Schloßmauern. Ich mußte durch diese Lichtschneise hindurch, ging schneller, das Hufgetrappel schien sich zu entfernen. Es wurde begleitet von irgend etwas, dem Geräusch eines Gefährts, einer Stimme oder zwei Stimmen oder einem Gemisch aus allem. Ich ging schneller, spürte den Muskelkater von meinem Waldlauf am Nachmittag. Dann lief ich, aber ich hielt nicht lange durch und hatte erst die halbe Längsseite des Schlosses passiert. Bis zum Eingangstor waren es noch 50 Meter. Jetzt war kein Zweifel mehr möglich: Hufeisen auf gepflastertem Schloßhof. Ich erreichte den Torbau – und stand vor dem verschlossenen Holztor. Ein Blick in den Schloßhof war nicht möglich, obwohl ich es überall versuchte. Sie hatten die Mauer an der Schlucht in weiser Voraussicht gegen tollkühne Kletterer gesichert. Die Hufgeräusche wurden leiser. Damit stand für mich fest, daß im Schloß Pferde gehalten wurden. Obwohl ich kein Fachmann war, hörte es sich für mich eher nach acht Beinen an als nach vier. Vielleicht waren es auch noch mehr. Ich schlug mit der flachen Hand gegen das Holztor:

»Hallo! Ist da jemand?«

Im selben Moment erlosch die Schloßbeleuchtung. Dies kam so unerwartet, wirkte so massiv, so überwältigend, daß ich leise aufschrie. Der Verwalter hatte von der »göttlichen Stille« am Abend gesprochen, von der teuflischen Dunkelheit hatte er nichts gesagt. Seitdem ich von meinem erhöhten Blutdruck wußte, hatte ich die Angewohnheit entwickelt, in Augenblicken von Streß, Angst und Verausgabung meinen Puls zu messen. Ich hatte nie etwas Besorgniserregendes festgestellt, aber ich konnte es auch nicht lassen, die Zwangshandlung beruhigte mich. Gerade hatte ich Zeige- und Mittelfinger der rechten Hand gegen das linke Handgelenk gedrückt, da schrie ich schon wieder. Nasse, heiße Krallen griffen nach meinen Wangen, keuchender, schlecht riechender Atem peinigte meine Nase. Es waren Hände und keine Krallen. Aber der fremde Körper stieß mich so rüde mit dem Rücken gegen das Schloßtor, und es war dunkel, es war still, und ich kannte die Angst von gestern.

»Ihr müßt es verhindern«, rief flüsternd die Stimme. Sie war jung, blutjung. Ich wußte nicht, ob männlich oder weiblich. Ich machte eine Bewegung, der Körper riß an meinem Kinn:

»Bleib stehen. Oder willst du . . .?«

»Gut, gut, gut«, beschwichtigte ich flüsternd. »Ganz ruhig bleiben. Okay?«

»Ihr müßt es verhindern. Es kann jeden Tag passieren. Alles können wir nicht selber machen und sie sind uns . . .«

»Was redest du? Bist du einer von denen von gestern?«

»Halt die Schnauze«, rief die Stimme. Sie klang verzweifelt. So verzweifelt und schwach. Ich hatte also eine Chance. Ich durfte nur keinen Fehler . . .

»Wir kommen nicht gegen sie an. Alle gehören dazu. Und es kümmert sie nicht, daß sie Tausende in die Luft jagen.«

»Wovon redest du? Wer will Tausende in die . . .?«

Ich mußte eine Bewegung gemacht haben, eine Bewegung weg von der harten Torwand, gegen die mich das Wesen gepreßt hielt. Sofort verstärkte die Hand den schmerzenden Griff an meinem Kinn.

»Bleib still, du!« Der fremde Körper war nicht groß, nicht dick. Aber er bestand aus Willen. Willen und Sehnen. Ich kam mir vor wie ein dekadentes, schlappes Arschloch, das im Begriff war, auszusterben. Der fremde Körper war stark und vital, er hatte ein Ziel. Und er besaß ein Talent, sich Zuhörer zu besorgen. Er hatte nur noch nicht gelernt, sich klar auszudrücken. Es wurde einfach nicht heller. Kein Mond, keine Sterne, keine Scheinwerfer. Tom! Wenn Tom jetzt . . .

»Hör mir zu«, flüsterte schreiend die Stimme, die Mann war oder Frau, Junge oder Mädchen. »Sie haben das Zählwerk neu verlegt. Es sind nur noch Tage. Oder Stunden. Mein Gott, du bist so dumm, und die Zeit . . .«

Ich hatte nicht gewußt, daß Licht einen zu Boden schlagen kann. Als die Scheinwerfer aufflammten und sich in meine Augen fraßen, hatte ich das Gefühl, mit verschmorten Pupillen dazustehen. Das Licht schmerzte ungeheuer. Ich unternahm den Versuch, meinen Kopf aus der Sonne zu reißen. Augenschließen reichte gegen diese Lichtdolche nicht. Zehn Finger rissen Furchen in meine Wangen, und eine männliche Stimme hinter dem Licht rief »Achtung!« Ich halte bis heute jede Wette, daß die junge Gestalt mich nicht angreifen wollte. Schon gar nicht in diesen Sekunden. Der Ansturm von Helligkeit blendete auch das andere Gesicht. »Achtung!« rief die Stimme hinter dem Licht noch einmal. Dann schoß jemand. Dicht neben mir. So dicht wie noch nie in meinem Leben. Ich wollte mich retten, knallte mit dem Schädel voll gegen das Tor. Ein zweiter Schuß, der Körper vor mir zuckte, drehte sich um die eigene Achse, einmal, zweimal, es sah so grotesk aus, dann sank der Körper schwer und müde gegen mich. Ich hielt ihn mit einem Arm von hinten um sein Schlüsselbein, die andere preßte ich auf seinen Bauch. Schon als das Weiche, Flüssige, Warme durch meine Finger quoll, wußte ich, daß hier gleich ein Schrei ertönen würde, der aus vollem Herzen kam. Das Licht wurde halb so hell, Menschenstimmen hinter dem Licht, Schritte, und während ich den Schrei ausstieß, nahmen mir zwei Menschen den sterbenden Körper ab und betteten ihn auf das Pflaster der Toreinfahrt. Eine Frau und ein Mann, ich kannte beide nicht. Sie trugen etwas, was ich für eine Uniform hielt. Ich dachte an Förster. Dann wirkten sie auf mich wie Angehörige einer Wach- und Schließgesellschaft. Dann wußte ich, daß mich diese verdammten Uniformen überhaupt nicht interessierten. Mich interessierte der Körper auf dem Pflaster, dem sie jetzt ins Gesicht leuchteten. Ein Junge, vielleicht fünfzehn. Er lebte noch, sie wollten ihm den Kragen lockern, aber er trug einen Pullover. Hinter mir wurde das Schloßtor geöffnet, ein Mann, den ich möglicherweise einmal unter den Führern gesehen hatte, tat ganz aufgelöst, fragte mehrmals »wieso« und »warum« und erwies sich dann als der kundigste Helfer bei dem sterbenden Jungen.

»Licht«, kommandierte er, das Licht bewegte sich, und was es beleuchtete, machte mir weiche Knie. Sie hatten dem Jungen in den Bauch geschossen, und jetzt kam uns der Bauch entgegen, quoll weich und weiß und blutig aus der Wunde. Der Junge hatte ein Loch im Bauch und war dabei zu sterben. Im Hintergrund Laufschritte, Tom rannte um die Ecke, rief noch: »Was hast du jetzt wieder kaputt gemacht?« Dann sah er hin, erkannte, hatte sofort die Kamera vorm Gesicht.

»Nicht fotografieren«, sagte der Mann, der mit der Frau neben dem Licht gestanden hatte. Schon wollte er Tom die Kamera entwinden. Er konnte nicht wissen, was für einen Fehler er beging. Denn Tom nahm man nicht die Kamera weg. Ich war zweimal Zeuge gewesen, wie es jemand versucht hatte: ein uniformierter Beamter und der Leibwächter eines französischen Filmstars. Es war beiden schlecht bekommen, und beide hatte die Prozesse, die sie gegen Tom anstrengten, mit Glanz und Gloria verloren. Tom gab die Kamera nicht her, doch veranstaltete der andere genug Wirbel, um ihn am Fotografieren zu hindern. Ich kam Tom zu Hilfe, hinter uns kniete die Frau neben dem Mann aus dem Schloß. Wir rangen zu dritt um die Kamera, hinter uns das Geräusch: ein Schrei, wie von unter Wasser ersticktem Gurgeln, die Frau erhob sich, während der Mann aus dem Schloß neben dem Jungen hocken blieb. Und die Frau sagte:

»Wir konnten nichts mehr machen.«

Wir standen um den zerfetzten Jungen herum, und jemand sagte:

»Wir mußten natürlich denken, daß der Junge Sie bedroht.«

Sie blickten mich alle an, und ich war viel zu schockiert, um ihnen zu widersprechen. Plötzlich brüllten im Schloßhof Männerstimmen los, Flüche, Drohungen, und die Schloßbeleuchtung funktionierte wieder. Jetzt sah ich alles noch besser, aber ich hatte schon vorher viel zuviel gesehen.

»Wer seid ihr denn?« schrie Tom die Leute an. Sie trugen alle diese Jacken.

»Wir gehören zur ›Coalition‹«, antwortete die Frau. Ich gab ihr Gelegenheit, das Rätsel aufzulösen, aber sie schwieg, blickte auf den Toten und sagte: »Schrecklich, schrecklich.«

»Hör' ich schlecht, oder spielt ihr hier Bauerntheater?«

fragte Tom mit einer Schärfe, die ich selten bei ihm gehört hatte. An der Stelle der Jackenträger hätte ich seine Frage beantwortet.

»Wir sind eine Art Wachdienst rund ums Schloß. Hier treiben nachts oft Jugendliche ihr Unwesen. Werfen Farbbeutel, hissen unanständige Fahnen und bemalte Laken. In letzter Zeit sind auch wiederholt Autos auf den Parkplätzen aufgebrochen worden. Das ist nicht gut für unser Image, müssen Sie wissen.«

»Und deshalb erschießen Sie jeden, der nicht schnell genug flieht«, rief Tom. Jetzt mußte ihm jemand noch zweimal falsch antworten, und Tom würde dem ein Ding an den Hals hauen. Ich freute mich schon grimmig darauf. Tom sollte für mich mitschlagen. Ich fühlte mich zu wacklig für Kämpfe. Ich kämpfte mit meinem Magen, seitdem ich auf meine linke Hand geblickt hatte. Sie sah aus, als wenn ich einen roten Handschuh tragen würde. Ich schluckte immer wieder, um den rebellierenden Magen still zu halten. Bloß nicht kotzen jetzt.

Ein Mann rief vom Schloßhof, ohne daß er zu sehen gewesen wäre:

»Die Polizei ist alarmiert.«

»Das ist gut«, sagte die Frau. »Die Polizei wird den Fall aufnehmen. Sie wird verstehen.«

»Wen? Sie?«

»Die Lage. Unseren Irrtum. Wir gehen natürlich mit Kenntnis und Zustimmung der hiesigen Polizei Streife.«

»Ach ja«, hetzte Tom. »Der Segen der Privatpolizei.«

Alle spürten, wie es um ihn stand. Keiner reizte ihn zusätzlich, vielleicht war Tom darüber enttäuscht. Jemand zog seine Uniformjacke aus, breitete sie über Kopf und Oberkörper des Toten.

»Das ist wirklich sehr anständig von Ihnen«, sagte ich matt.

Die Polizei erschien zügig, mit Tatütata und kreiselndem Blaulicht rauschte sie zum Schloß empor. Zwei Beamte hechteten aus dem Streifenwagen, sahen uns reglos stehen und standen dann selbst reglos. Der Schütze fing an zu erklären, nachdem er vorher beiden Beamten die Hand geschüttelt hatte. Ein Beamter nahm die Jacke von der Leiche und sagte:

»Ach je.«

Tom schnaufte schwer, und auch ich hätte gern einen in unserer Mitte gehabt, der weinte und die Hände rang. Aber alle wahrten ungeheuer kaltschnäuzig die Fassung. Sie benahmen sich, als wenn sie jede Woche einen Jugendlichen abknallen würden.

»Den kenne ich nicht«, sagte der Polizist.

»Dann ist es ja nicht so schlimm«, sagte Tom. Sofort ließ der Polizist von der Leiche ab und trat notizbuchzückend auf Tom zu: »Sie! Nennen Sie Namen und Anschrift.«

Tom griff sich fassungslos an die Stirn. Ich trat dazwischen, erklärte, wer geschossen hatte und wer sich zum Zeitpunkt der Schüsse nicht am Schloßtor aufgehalten hatte. Auch die anderen wirkten mäßigend auf die Polizeibeamten ein. So nahm die Ordnung ihren Lauf. Ein Krankenwagen fuhr vor, ein Weißkittel stellte den Tod des Jugendlichen fest. Jetzt war es offiziell: Ich war Zeuge gewesen, wie ein Mensch getötet wurde. Ich unterstellte dem Schützen kein Motiv. Er wirkte auf gespenstische Weise korrekt, untadelig in seiner biederen Baumwollhose und der Wetterjacke mit aufgenähtem Wappen über dem Herzen. Ich hielt den Sticker so lange für das Symbol seiner Wachtruppe, bis sich unsere Gesellschaft aus dem gleißenden Einfallsbereich der Scheinwerfer entfernte. Plötzlich stand ich dem Schützen frontal gegenüber, und ich sagte:

»Das ist ja Ludwig.«

Mit kindlichem Stolz wischte der Schütze mit dem Jakkenärmel über den Sticker und lächelte mich an. Er war so glücklich über seinen Ludwig und hatte vor einer Viertelstunde einen Menschen getötet. Ich beschloß, daß er unter Schock stand. Anders hätte ich seine gelassene Art nicht länger ertragen.

Es stellte sich dann heraus, daß niemand den Toten kannte.

»Er ist nicht von hier«, behauptete die Frau. »Wenn er von hier wäre, würde ich ihn kennen. Ich bin von hier.«

Das schien allen einzuleuchten, und mein Magen wollte sich nicht beruhigen. Am schlimmsten war, daß ich schon wußte, wie mich die Wucht des Vorfalls erst in einigen Stunden oder Tagen anspringen würde. Ich haßte meine verzögerten Reaktionen. Ich beneidete Menschen, die Sekunden nach Eintritt eines Unglücks vor Kummer schreien und vor Glück weinen können. Diana warf mir heute noch vor, wie unbeteiligt ich angeblich bei unserer standesamtlichen Trauung ausgesehen hatte.

Alle drei Wachleute trugen einen Ludwigsticker auf der linken Brust. Die Polizisten schien das nicht zu überraschen. Aus den Augenwinkeln nahm ich wahr, wie Tom auf einen Streifenbeamten zutrat. Sofort war ich an seiner Seite.

»He!« rief Tom überrascht. »Was soll ...?«

»Wir können sicher gehen«, behauptete ich schwungvoll. Wir durften gehen.

»Sag mal, was soll das? Ich wollte den Uniformen doch nur erzählen, daß sie mir heute Nachmittag die Kameras geklaut haben.«

»Eben.«

»Fehlt dir irgendwas? Möchtest du dich vielleicht in den Tannenwald erbrechen?«

»Also, paß auf«, begann ich. »Aber nicht lachen.« Ich hatte nicht im Ernst die Befürchtung, daß Tom lachen würde. Er war mein bester Zuhörer, seit Jahren. Niemand hatte mir so höflich die Überzeugung auszureden versucht, daß ich kein Talent zum Schriftsteller besaß. Am Ende hätte ich fast Tom zuliebe weitergeschrieben. Aber nur fast.

»Der Junge hat mir etwas erzählt«, und schon stockte ich. »Der Junge tat so, als wäre eine Sache am Köcheln.«

»Was für eine Sache?« Tom fragte so ruhig und sachlich, und ich stotterte so hundserbärmlich.

»Weiß ich nicht. Offensichtlich hatte er ... Angst, daß etwas passiert. Ein Unglück. Ein Anschlag, ich weiß nicht,

Tom. Es macht mich rasend, daß ich's nicht genauer sagen kann.«

»Er war nicht betrunken? Stand nicht unter Drogen? Warum sollen sie nicht auch in der Provinz ihre Heroinabhängigen haben, die einem wegen zehn Mark das Messer in den Magen drücken?«

»Seine Stimme, Tom. Du hättest seine Stimme hören müssen. Dem war es Ernst. Und es ging nicht um Geld. Ich hatte auch nur am Anfang Angst, weil ich so einen Schreck bekommen habe. Aber wenn ich zurückdenke ... Er wollte mir nicht drohen, er wollte mir nicht wehtun. Er war so eindringlich ...«

»Warte ab, bis du dein Gesicht siehst.«

»Er wollte, daß ich ihm zuhöre. Er hatte Angst, daß ich abhaue. Etwas soll passieren. Und es kann Tote geben, viele Tote.«

»Wie viele?«

»Tausende.«

»Das hat er nicht gesagt.«

»Das hat er gesagt, Tom. Tausende Tote. In die Luft ... Ja, er hat gesagt, Tausende könnten in die Luft fliegen.« Ich hatte immense Probleme, mir die Sätze des Jungen ins Gedächtnis zurückzurufen. Es waren ja auch nicht eigentlich Sätze gewesen. Er hatte gekeucht und geflüstert, so sehr erregt war er gewesen.

»Und dann hat er von einem Zählwerk gesprochen.«

»Einem Zählwerk.«

»Ein Zählwerk, das gerade neu verlegt worden sein soll. Das hat er gesagt, das weiß ich genau. Daran erinnere ich mich am besten.«

»Wozu denn ein Zählwerk?« fragte Tom mit einer Ungläubigkeit, die mich reizte. Ich war blutverschmiert, und er stellte in Zweifel, glaubte mir nicht, gefiel sich in Sachlichkeit.

»Das weiß ich doch nicht, wozu ein Zählwerk.«

»Ich meine ja nur«, versuchte Tom zu beschwichtigen. Aber mit diesem Sozialarbeitertonfall erreichte er bei mir das Gegenteil.

»Was zählt denn ein Zählwerk?« fragte Tom noch behutsamer. Ich rannte einige Meter nach vorn, blieb stehen, ließ mich einholen, fühlte die Pranke auf meiner blutfreien Seite.

»Tut mir leid«, knurrte Tom. »Du hast kein besonders lustiges Erlebnis gehabt, und ich spiele Zählwerkraten.«

»Wenn ich's doch nicht weiß, was für ein Zählwerk.«

»Es ist gut.«

»Ich weiß es wirklich nicht.«

»Himmelherrgott, ja!« Ich fuhr zusammen, aber Tom hatte auch einen Schreck bekommen. Die nächsten Minuten legten wir schweigend zurück. Zweimal berührten wir uns in der Dunkelheit versehentlich während des Gehens. Beim ersten Mal zuckte ich zusammen, beim zweiten Mal nicht.

Wir erreichten den Wagen. Hinter dem Scheibenwischer klemmte ein Strafzettel.

»Man faßt es nicht«, sagte Tom. »Sie werden zu einer Schießerei gerufen. Aber sie finden Zeit und Gelegenheit, auf dem Weg einen Strafzettel zu verteilen.«

»Laß gut sein, das sind doch nur Dorfpolizisten.«

Wir setzten uns in den Wagen, Tom fuhr aber nicht. Er starrte nach draußen und sagte: »Mein Gott, was ist das hier?«

Es war viel mehr, als jemand erwarten konnte, der eine knappe Woche nach Bayern fährt, um eine Reportage über ein touristisches Großobjekt zu machen. Ein Überfall am ersten Tag; ein Hotelzimmereinbruch am zweiten Tag; ein Todesschuß am . . .

»Menschenskind, wir sind erst den zweiten Tag hier«, sagte ich ehrlich verdutzt. »Hast du verstanden, was ich gesagt habe, Tom?«

»Ich kann's ja mal versuchen. Du hast gesagt: Ein Ereignis steht bevor. Es kann Tote geben, vielleicht Tausende. Und es gibt ein Zählwerk, an dem ist kürzlich gearbeitet worden.«

»Das hat mir der Junge erzählt, der zwei Minuten später tot war.«

»Und du denkst jetzt nicht ein bißchen von hinten nach vorn?«

»Du meinst, weil er getötet wurde, muß es wichtig gewesen sein, und deshalb geheimnisse ich jetzt in jedes seiner Worte eine tiefere Bedeutung? Nein, ist nicht so.«

»Darauf einen Dujardin«, sagte Tom und startete den Motor.

8

Auf der Fahrt nach Füssen spielten wir kein Bezahlspiel, und wir hatten auch nicht die Ruhe, um in einem besseren Lokal zu essen. Wir stellten den Wagen auf dem Parkplatz des Gasthofs ab und stürmten Richtung Innenstadt los. Wir steuerten beide – ohne uns abgesprochen zu haben – eine Pizzeria an, die für drei Mark Teigstücke zum Mitnehmen verkaufte. Jeder verdrückte zwei, dann wechselten wir weiter zu einem Lokal, das nichts Besseres anbot als halbe Hähnchen. Aber sie betrieben zur Fußgängerzone hin einen Grill und packten uns Würste, Schaschlickspieße und Lammfleisch auf Teller aus Porzellan. Tom konnte sie überreden, uns auch ein Bier nach draußen zu reichen, was sie sonst angeblich nicht taten.

Zehn Minuten später stellte uns der halbseidene Schlaks von neunzehn mit Großmannsattitüde je zwei Cognac auf die Theke der Kneipe am äußersten Rand der Altstadt. Das Publikum war schwer proletarisch, der Schnaps tat gut.

»Hätte ich nicht gedacht«, sagte Tom. »Neuschwanstein und ein Toter. Und der Tote heißt nicht Ludwig. Respekt.«

Wir blickten auf das Ludwig-Porträt über dem Flaschenregal. Links Franz Josef Strauß, rechts der König.

»Sauber«, sagte Tom, der Schlaks blickte Gläser wienernd zu Ludwig hoch.

»Freilich«, sagte er und hielt ein Glas gegen das Licht. »Auf unsern Kini lassen wir nichts kommen. Ich bin Mitglied im Ludwig-Verein.«

»Was ist das denn?«

»Ihr kennt den Ludwig-Verein nicht?« fragte er zu laut und zu kokett. Dann vertrauensselig über die Theke gelehnt: »Ihr seids nicht von da. Das sieht man gleich.«

»Stimmt«, sagte Tom. »Wir tragen weniger als vier Goldketten um den Hals.« Dabei blickte er dem Schlaks in dessen viel zu weit aufgeknöpftes Hemd. Der Schlaks zog sich einen Schritt zurück und sagte:

»Wir sind der älteste Verein hier am Ort. Seit 1892.«

»Und worum geht es dabei?«

»Um die Ehre. Daß sie dem Ludwig nichts anhängen.«

»Also, daß er ballaballa war zum Beispiel.«

»Der König war nicht verrückt«, stellte der Schlaks klar. »Sie haben ihn in die Irre geführt, sie haben ihn ermordet. Es war ein Komplott. Das ist alles längst bewiesen, aber man schweigt es tot.« Er war am Ende ziemlich eifrig geworden.

»Wer hat das bewiesen?«

»Wer?« Er prallte zurück, so dumm kam ihm wohl die Frage vor. »Na, da ist doch gerade wieder ein Buch erschienen, da wird das bewiesen.«

»Was wird da bewiesen?« fragte Tom und orderte zwei neue Schnäpse. Abwesend goß der Schlaks ein. »Sie sind nicht von da, sonst wüßten Sie das.«

»Was?« fragte ich gereizt. Er hatte eine selten unklare Art, sich auszudrücken. Aber ich war ihm dankbar, daß er mich von den Schüssen ablenkte.

»Die Leute hier mögen den König. Haben ihn immer gemocht.«

»Woher wollen Sie das wissen, so jung wie Sie sind?«

Wir schonten ihn nicht, aber er hielt sich wacker.

»Mein Opa hat mir das erzählt, also mein Großvater. Der ist uralt. Der hat noch Leute gekannt, die den König gesehen haben. Lebendig. Persönlich. Die beneide ich. Das hat man heute leider nicht mehr.« Der junge Mann wirkte nun geradezu entrückt.

»Sie würden gern einen König haben?« fragte ich erstaunt.

»Sie etwa nicht?« Ich hatte an diese Möglichkeit nie im Leben gedacht, konnte deshalb vor Überraschung nicht sofort antworten, und der Junge schwärmte: »Daß alles seine Ordnung hat. Daß jeder weiß, wo sein Platz ist, und wo er hingehört, das würde ich schön finden.«

»Und Sie finden das nicht etwas . . . undemokratisch?«

»Ach was«, rief er enthusiastisch und goß zwischendurch neuen Schnaps ein. »Wenn die Menschen das wollen. Sie müssen mit den Einheimischen sprechen. Die wären sofort dabei. Die hatten nur Vorteile vom König.«

Jetzt blickte zum ersten Mal der wettergegerbte 50jährige am Ende der Theke von seiner Maß Bier hoch.

»Nehmen Sie das Schloß«, sagte er mit einer Stimme, der deutlich anzuhören war, daß er eigens für uns Auswärtige so dialektfrei sprach. »Da haben sie 17 Jahre dran gebaut. Immer vom Frühjahr bis in den Winter hinein. Immer 200 Leute, Zimmerleute, Maurer, Hilfskräfte. Die kamen alle aus der Nachbarschaft. Das hat den Familien eine wirtschaftliche Sicherheit gegeben, die sie vorher nie hatten. Das Schloß war eine gigantische Arbeitsbeschaffungsmaßnahme für diese bitterarme Region.«

Tom bestellte per Handbewegung beim Jungen ein Bier für den Mann an der Theke. Der rutschte einen Sitz näher.

»Ich rede jetzt nur von Neuschwanstein«, fuhr der Mann mit der Lederhaut fort. »Vielleicht wissen Sie nicht, daß in den Jahren vorher das andere Schloß restauriert worden ist, Hohenschwangau. Ab 1832. Das haben die Wittelsbacher ja erst gekauft von einem Neureichen, das war ja heruntergekommen.«

»Stimmt«, sagte ich nachdenklich. »So eine große Baustelle, das war bestimmt ein Segen für die Leute.«

Er rückte noch einen Hocker näher und sagte: »In den Jahren ohne dem Schloß haben Sie hier in den Dörfern im Sommer keinen Mann getroffen. Die waren alle als Bauleute in Norddeutschland oder in Italien. Die waren nur im Winter zu Hause.«

»Hat der Kini also auch noch Familienzusammenführung betrieben«, sagte Tom lachend. Die Lederhaut lachte nicht.

»Das weiß heute ja keiner mehr, wie arm die Gegend hier war. Jetzt mit dem Fremdenverkehr, das ist ja ein Paradies gegen früher.«

»Und woher kommt der Fremdenverkehr? Von Neuschwanstein.« Ich war beeindruckt. Das Ganze zog Kreise, gewann Tiefe, nahm Dimensionen an.

»Ja, ja«, mischte sich der Schlaks ein. »Deshalb haben sie auch den Verein gegründet, nachdem sie den König so schäbig ermordet haben.«

»Das steht nicht fest, ob das ein Verbrechen war«, sagte die Lederhaut ruhig und rollte sich aus eigenen Tabakbeständen eine Zigarette. »Aber feststeht, daß Ludwig für die Handwerker am Bau eine Krankenkasse gegründet hat. Lohnfortzahlung hat's gegeben, das war einmalig damals.«

Ich war angetrunken. Vier Schnäpse in kaum 20 Minuten lieferten Doppelbilder und aufsteigende Hitze. Ich genoß beides, solange mir die Doppelbilder nicht das Gesicht von zwei Toten zeigten.

»Sehen Sie mal«, fuhr die Lederhaut fort, »so ein Bau, das müssen Sie sich als lebendigen Organismus vorstellen. Da greift eins ins andere, sonst entsteht nichts.« Jetzt endlich saß er neben uns, wozu wohl auch sein Bier beitrug, das der Wirt neben Tom plaziert hatte. Tom schob es Richtung Lederhaut, aber nur wenige Zentimeter und lockte ihn somit zu uns heran. »Der Bürger sieht immer nur das Ergebnis«, sagte er. »Oder die Kosten. Aber das Spannende ist der Bau als Prozeß, wenn Sie verstehen, was ich meine.«

Ich verstand ihn gut. Ich sah meine Arbeit nicht anders. Mir war zwar das Heft mit dem abgedruckten Text wichtig, doch bedeutender waren die Tage und Wochen, die ich brauchte, um den Text zu schreiben. Wenn etwas entstand, das war schön. Wenn das Entstandene medial verwertet wurde, war es schon weit von mir entfernt.

»Der Dampfkran«, erzählte die Lederhaut, während

sich der Schlaks einem anderen Gast zuwandte, der weiblichen Geschlechts war. »Der Dampfkran war der modernste seiner Art. Mit dem Kran haben wir das Material aufs Gerüst gebracht.«

»Wieso wir?« fragte ich ihn.

Sekundenkurz war die Lederhaut verwirrt. »Die Kollegen«, sagte er dann schnell, »meine Kollegen. Der Zement und der Kalk, die Kalksteinquader, die Sandsteinquader, das Holz, alles kam von hier. Selbst der Marmor kam nicht aus Italien, sondern aus der Nähe. Das mußte ja alles transportiert werden, und auch das hat wieder den Einheimischen Arbeit gegeben.«

»Leuchtet mir ein«, sagte ich. »Und die Schnitzereien und Stickereien, die kamen auch von hier?«

Das Gesicht der Lederhaut bekam doppelt so viele Falten. »Ach, die Künstler«, sagte er und sah aus, als wenn er plötzlich einen schlechten Geschmack im Mund verspüren würde. »Die kamen natürlich meist aus München.«

Ich wollte ihm nicht den Abend verderben und bestand nicht weiter auf dem Thema. Leider entdeckte dann der Schlaks das Blut an meinem Hemdärmel, und wir verabschiedeten uns schnell. Die blutige Jacke lag im Kofferraum.

»Danke«, rief die Lederhaut und hob das Bierglas. Ich sah beim Hinausgehen noch, wie er wieder auf seinen Hocker am Rand der Theke rückte.

Die kühle Luft des Abends nüchterte mich aus. Dafür setzten Kopfschmerzen ein, die ziehende Variante an den Schläfen, gegen die bei mir erfahrungsgemäß nur sehr viel Aspirin half. Zwischen Kneipe und Hotel sprachen wir kein Wort miteinander. Erst als wir vor unseren Zimmertüren standen, sagte Tom:

»Ich glaube, ich verstehe jetzt, warum du nicht wolltest, daß ich der Polizei von den geklauten Kameras erzähle.« Dann verschwand er in seinem Zimmer.

Ich löste zwei Aspirin auf und wusch mir Hände und Arme. Ich mußte einen klaren Kopf bekommen. Ich mußte mir schnell darüber klar werden, ob ich aus den letzten

Worten des Jungen etwas machen wollte, dazu war es leider notwendig, sich alles zu vergegenwärtigen. Ich setzte mich hin und wollte seine Worte aufschreiben. Ich stand sofort wieder auf, zog mein Hemd aus, rollte es zusammen und pfefferte es in den Kleiderschrank. Dann ließ ich mich aufs Bett fallen. Es war so viel passiert seit gestern früh, und ich erinnerte mich an so wenig. Ich hatte nicht gewußt, daß es wichtig werden könnte, sich an alles zu erinnern. Die vier mit dem Eisengitter, warum hatten sie uns attackiert? Hatten sie uns persönlich gemeint, oder hätte es jeden zu diesem Zeitpunkt an diesem Ort erwischt? Ich stellte nicht ernsthaft eine Verbindung zu der Katastrophe am Schloßtor her. Da gab es eine Grenze. Blut war eine überzeugende Grenze.

Irgendwo im Hotel grölte eine Männerstimme, und mir fielen die beiden Busse ein, die auf dem Parkplatz standen. Herbstzeit war Wanderzeit, wir befanden uns in einer der schönsten Gegenden Zentraleuropas. Außerdem war in München Oktoberfest. Sieben Millionen Zecher jährlich. Anderthalb Millionen Schloßbesucher in Neuschwanstein jährlich, im kleineren Schloß Hohenschwangau noch einmal eine halbe Million. Um uns herum waren Heerscharen unterwegs. Tausende Tote. Darauf reduzierte sich für mich alles, was der Junge geflüstert hatte. Aber er hatte ja nicht geflüstert, er hatte leise geschrien. Wovon konnte ein Mensch in die Luft fliegen? Von einer Explosion, von nichts sonst. Sprengstoff. Ich wußte nicht mehr von Sprengstoff als jeder Fernsehzuschauer, also nichts. Ich lag auf etwas Hartem, griff in meine Hosentasche, fühlte die drei Mosaiksteinchen. Wie kam ein dermaßen junger Mensch dazu, solche Prophezeiungen herauszuschreien? Die Jugend des Jungen störte mich, sie machte das Unwahrscheinliche noch verrückter. Ich hätte auch einem Erwachsenen nicht glauben können, aber einem Jugendlichen, einem besseren Kind?

Was mich tief deprimierte, war, daß mir der Ablauf der Ereignisse bis zu den Todesschüssen folgerichtig erschien. Wenn tatsächlich seit Wochen Unbekannte Autos aufbrachen und Häuser beschmierten; wenn sich daraufhin tatsächlich eine Art Bürgerwehr gegründet hatte, weil es die Polizei nicht schaffte, die Strolche einzufangen; wenn die Bürgerwehr in der Dunkelheit gesehen hatte, wie ich von dem Jungen bedroht wurde – und es mußte für einen Außenstehenden zwingend wie Bedrohung ausgesehen haben –, dann brauchte es nur noch etwas Übereifer, eine geladene Waffe und die Bereitschaft, sie anzuwenden, dazu Aufregung oder Panik, eine falsche Bewegung, vielleicht das Gefühl, nun selbst bedroht zu werden, und peng.

Es braucht nicht viel, um das Leben zu verlieren. Ich hatte vier Bürgerkriege hinter mir: Libanon, Nicaragua, Nordirland, Südafrika. Nie hatte ich ein Massaker erlebt, aber ich hatte Situationen erlebt, in denen sich Haß und Mißtrauen und Angst in Sekundenschnelle unheilvoll so hochschaukelten, daß am Ende beide Seiten Waffen in den Händen hielten. Im Allgäu herrschte kein Bürgerkrieg, aber menschliche Aktions- und Reaktionsmuster waren wohl auf dem gesamten Erdball ähnlich. Hinterher würde allen alles schrecklich leid tun, aber tot ist tot, und so ergeht der staatsmännische Appell an die Sachbeschädiger, Autoknacker und Schmierer, wenigstens jetzt ihr eigentumfeindliches Tun einzustellen. So würde es ablaufen, ich sah es deutlich vor mir, und ich wußte, daß meine Aussage wichtig sein würde. Natürlich würde ich die Wahrheit sagen, der Schütze würde keinen Tag ins Gefängnis gehen. Und wenn der Erschossene nicht einmal aus der Gegend stammte, würde der Schütze nie im Leben einem rachedurstigen Vater oder einer zu allem entschlossenen Mutter auf der Straße begegnen. Ein Mensch war erschossen worden. Tragisch, tragisch, aber es konnte passieren. So what?

Als ich da in dem Gasthof in Füssen unter der Decke lag und darauf wartete, daß die Kopfschmerzen vom Aspirin aufgelöst wurden, kam ich mir nicht zynisch vor. Der Tod wurde nicht weniger wichtig und brutal, nur weil ich ihm schon zehnmal begegnet war. Aber der Ablauf, der zum Tod geführt hatte, war so logisch gewesen. Wenn die

Schloßbeleuchtung nicht ausgefallen wäre ... Das Erlöschen des Lichts war die Voraussetzung für alles gewesen, quasi der Startschuß. Ein Gutachter würde sich die Anlage ansehen, und er würde ein technisches Versagen konstatieren, einen banalen Wackelkontakt. Technische Pannen sind menschlich. Und was menschlich ist, kann tödlich sein. Nur was menschlich ist, kann auch töten – wenn die Umstände stimmen. Und wenn sie es nicht tun, kann man sie passend machen, die Umstände. Das wäre mörderisch. Wäre es auch möglich? Hier?

Das Aspirin begann zu wirken. Ich spürte, daß ich die Schönheit der Landschaft als Argument nahm, um dunkle Absichten auszuschließen. Als wenn die Reinheit der Luft und die Sauberkeit des Wassers zu Reinheit in den Seelen und Lauterkeit in den Motiven führen müßten. Wußte ich denn, ob die Einheimischen überhaupt noch Antennen für ihre begnadete Umgebung besaßen? Für mich als Großstädter war der Blick vom Söller im Thronsaal das beeindruckendste Gesamtkunstwerk der letzten Jahre gewesen. Ich dachte den Gedanken und merkte, wie ich mich in diesem Augenblick nach diesem Ausblick sehnte. Am zweiten Abend in Füssen konnte ich über meine Gefühle noch lächeln. Ich hatte mich unter Kitschverdacht. Hier wollte einer beeindruckt sein, hier wollte einer hinschmelzen, wollte von jedem Bewohner hören, wie glücklich er war, hier leben zu dürfen. Wäre ich Einheimischer gewesen und hätte einen wie mich getroffen, ich hätte ihm aufs Maul gehauen.

Im Haus klapperten Teller, die Aura eines gefüllten Restaurants drang bis in mein Zimmer hinauf. Mich störte das nicht. Ich mochte Gasthöfe, in denen kein Totentanz herrschte. Ich mochte auch die standardisierten amerikanischen Hotels, weil sie das Zurechtfinden so leicht machten, egal ob du in Tokio absteigst oder Nairobi. Ich wählte Hotels nach meiner Stimmung aus. In letzter Zeit war ich oft in der Stimmung für große Hotels gewesen. Zu oft.

Jetzt war ich nüchtern, aber ein Rest Kopfschmerz hatte sich festgekrallt und ließ nicht los. Ich warf ein drittes

Aspirin ein. Diana wäre entsetzt gewesen. Aber in einer halben Stunde mußte ich zu dem Vortrag in Schwangau. Ich hatte also noch eine halbe Stunde Zeit, um mir einzugestehen, was ich bisher verdrängt hatte. Vielleicht kamen die Kopfschmerzen nur von der Anstrengung, nicht an etwas zu denken, das mein Gehirn denken wollte: Es war die Lust auf die Story. Die Story, von der ich nicht wußte, ob sie überhaupt existierte. Wenn sie aber existierte, hatte ich das Erstgeburtsrecht, und Tom würde fotografieren. Nicht der Eisengitterüberfall war die Story, nicht Neuschwanstein, vielleicht nicht einmal die Todesschüsse – obwohl mir kein schreibender Kollege bekannt war, in dessen Armen jemals ein Mensch erschossen worden war. Aber wenn die Worte des Jungen nur halb so brisant waren, wie sie geklungen hatten, dann waren sie die Story.

Es klopfte. Ich quälte mich hoch, öffnete die Tür, und Tom in seinen quietschfarbenen Boxershorts sagte:

»Das ist eine Story.«

9

Tom kam nicht mit. Er wollte einen Fotohändler oder Fotografen aus Füssen dazu überreden, ihn heute abend seine Dunkelkammer benutzen zu lassen. »Die Fotos von der Brücke mit deinen angeblichen Jungkriminellen will ich so schnell wie möglich sehen. Viel Spaß bei deinem Heimatabend. Vielleicht treten ja Schuhplattler auf. Cheerio, mein Lieber.«

Mit diesen Worten war ich entlassen, machte mich frisch, dachte darüber nach, ob ich Diana anrufen sollte, und verließ den Gasthof. Im Flur begegnete ich einem der properen Hausfräuleins. Sie sahen sich alle so ähnlich, als würde das Haus sie aus derselben Fabrik beziehen.

Von Füssen nach Schwangau waren es fünf Kilometer. Ich fuhr Richtung Schloß, tat dies sehr ungern, aber der Verlauf der Straße ließ nichts anderes zu. Die Schloßbeleuchtung brannte, und alles sah unschuldig und verwunschen aus. Ich fragte mich, ob das Pferdegetrappel, das ich gehört hatte, irgend etwas mit dem Jungen und seiner Prophezeiung zu tun haben mochte. Es war einer dieser Gedanken, die nur halb den Aufstieg aus dem Mistbeet des Unterbewußten schaffen und dann von einem mächtigeren Außenreiz niedergesichelt werden. Unterhalb des Schlosses bog ich nach Norden ab.

Schwangau war ein großes Dorf, proper wie die Hausfräuleins im Hotel, nur ohne ihre Cheerleadersinnlichkeit. Selbst einen Campingplatz besaßen sie hier, ganzjährig geöffnet, wie ein Informationsschild am Ortseingang verhieß. Dafür sparten sie an der Beschilderung ihrer Straßen, und ich fand mich am Ortsausgang wieder. Der erste Kontakt mit einem fremden Ort überforderte mich genauso wie der erste Rundgang durch ein Schloß.

Es war dann der größte Gasthof im Ort, und ich genierte mich etwas. Die Ausmaße im Innern waren gigantisch. Mein erster Eindruck war, daß es hier zuviel Platz gab, Platz, den man unmöglich nutzen konnte. Aber natürlich wich die Beklemmung schnell einer großen Freude über diese opulente Raumaufteilung aus einer Zeit, als die Küchen noch mehr als acht Quadratmeter maßen.

Es gab einen eigenen Raum für Vereinssitzungen. Er bestand völlig aus dunklem Holz. Nur die Biergläser waren aus Glas. Die Zahl der Besucher hielt sich in Grenzen, mit mir waren wir acht. An der Stirnseite saßen zwei Frauen und ein Mann. Die Frauen waren jung, keine dreißig, beide Vertreter des König-Ludwig-Vereins. Der Mann sah so aus, wie ich mir einen pensionierten Studienrat vorstellte. Das schönste an Herrn Unruh war, daß er pensionierter Studienrat war. Er hatte im Internatsgymnasium gewirkt, das Tom und mir bereits am Fuß des Schlosses aufgefallen war. Seitdem verstand sich Unruh als Heimatforscher. Das ist eine Spezies Mensch, die in ländlichen Regionen Deutschlands weit verbreitet ist. Unruh war kein typischer Vertreter, er besaß nämlich Humor. Vor

Jahren hatte ich eine Reportage über Heimatforscher gemacht und dachte mit Grauen daran zurück. Sie hassen jeden anderen Heimatforscher. Alle beteuern, daß sie eines Tages ganz groß herauskommen mit einer heimatgeschichtlichen Erkenntnis zwischen früher Steinzeit und 1933. Keiner von ihnen hat das jemals geschafft. Für mich waren Heimatforscher rechthaberisch, mißgünstig, naseweis und sehr anstrengend.

Doch die Heimatforscher in meiner Reportage waren nicht aus Orten gekommen, die vom Fremdenverkehr lebten. Heimatforscher Unruh aus Hohenschwangau wußte, wie man einen Vortrag aufbaut. Er streute Witzchen ein, ließ keine Möglichkeit, Anekdoten zu erzählen, ungenutzt vorübergehen und besaß das Talent der freien Rede. Das war bei einem Lehrer nicht verwunderlich. Doch der Mann hatte auch Charme, das fand ich bei einem Lehrer sehr verwunderlich. Ich hatte Kollegen von Diana kennengelernt.

Das Thema von Unruhs Vortrag, der schon angefangen hatte, war ein Kollege aus dem vorigen Jahrhundert. Schullehrer Alois Left aus dem Weiler Waltenhofen begann im Jahre 1880 eine Chronik zu führen. Sie behandelte Ereignisse der engsten Region. Ein Schwerpunkt des Vortrags war der Bau Neuschwansteins.

»Morgens 9 Uhr wurde im Beisein des k. Hofbaurathes Herrn Riedel, Herrn Quartiermeister Büttner als des kgl. Rathes Düfflipp, des Bauführers Herolds der Grundstein gelegt. Derselbe aus dem Untersberg bei Salzburg genommen enthält:

1. den Bauplan auf Pergament

2. das 3-fache Bildnis Seiner Majestät, eines auf Porzellan gemacht, S. M. als Großmeister des St. Hubertus-Ordens dargestellt

3. je ein Stück von sämtlichen Gold- und Silbermünzen, die unter Ludwigs Regierung geprägt wurden.«

Unruh schilderte uns das zu Herzen gehende Schicksal eines Steinmetzes, dem ein Ziegelstein das Bein zertrümmert hatte. Wochenlang war ein Bär Thema Numero eins in den umliegenden Dörfern gewesen. Es hatte den Petz der klirrende Winter bis auf die abseits gelegenen Höfe getrieben, wo er die Komposthaufen nach Eßbarem umgegraben hatte. Und Unruh schwärmte vom 12. Dezember 1880, als der König zum erstenmal in Neuschwanstein gewohnt hatte. Bezugsfertig war das Schloß erst Mitte 1884, auch dann standen noch Gerüste, und der Thronsaal war eine einzige Baustelle. Doch der Monarch hatte ja Hohenschwangau, auch wenn er seine Mutter, die »preußische Gebärmaschine«, wie Ludwig lästerte, nicht leiden konnte. Unruh ließ das Licht ausschalten und zeigte uns Dias vom König, vom Schloßbau und vom bäuerlichen Leben rund um Füssen. Als ich das Schloß auf einer Fotografie von Anfang 1886 sah, wurde mir bewußt, daß zur damaligen Zeit längst Kollegen von Tom in der Welt umhergingen und den Augenblick bannten. Ludwig beschäftigte einen eigenen Fotografen bei Hofe, Joseph Albert. Er fotografierte Ludwig mit einem im Alpsee gefangenen Hecht, er fotografierte Richard Wagner mit seinem hochnäsigen Gesicht und Ludwig an der Seite seiner Verlobten Herzogin Sophie Charlotte. Zwei Kinder spielten Brautpaar, ein rührendes, keineswegs martialisches oder staatstragendes Bild. Dann ein rahmenfüllendes Gruppenbild: die Familien des königlichen und herzoglichen Hauses Wittelsbach von 1863. Achtundzwanzig Personen vor einer gemalten Wintergartenkulisse.

»Ihnen fällt bestimmt nichts auf«, sagte Unruh und schmunzelte listig.

»Mir fällt was auf«, sagte ich und hob den Finger. Ich genoß das Gefühl, mich wie ein Schüler benehmen zu dürfen. Sonst hatte ich das immer nur in Dianas Gegenwart. »Die Gesichter sind viel zu scharf. Vor 100 Jahren hatte man aber noch grausam lange Belichtungszeiten. Irgendeiner müßte sich bewegt haben, bei achtundzwanzig Personen. Und viele davon sind ja Kinder.«

»Brav«, lobte mich Unruh ohne Gönnerhaftigkeit. Deshalb ließ ich es ihm durchgehen. »Was Sie hier sehen, ist eine Fälschung.« Er ließ das Auditorium überrascht murmeln und die Köpfe zusammenstecken, bevor er fortfuhr: »Das ist eine Fotomontage. Der Fotograf hat die Gruppe aus alten Fotos zusammengestellt. Denn die blaublütigen Herrschaften lebten ja über ganz Europa verteilt: in Spanien, Österreich, Griechenland.«

Unruh führte uns nun ins Innere Hohenschwangaus. Das gefiel mir, denn wir hatten ja bisher keine Gelegenheit gefunden, das nur ein paar hundert Meter von Neuschwanstein entfernt gelegene ältere Schloß anzuschauen. Auch hier Schwäne, Schwäne, Schwäne. Unruh erinnerte an die alte Sage vom Schwanenritter Driant, der in grauer Vorzeit in einem Boot über den Alpsee gefahren sein soll. Ludwigs Vater Maximilian tapezierte Hohenschwangau mit der Lohengrin-Sage. Das geschah alles zeitlich weit vor Ludwigs folgenschwerem Besuch der *Lohengrin*-Aufführung. Mich wundert, daß der Monarch in späteren Jahren gern Geflügel gegessen hatte.

Zwischendurch ließ meine Aufmerksamkeit nach, weil sich der Redner über schulische Ereignisse aus seiner aktiven Zeit ausließ. Zum ersten Mal sah ich mir die anderen Zuhörer an. Ich weiß noch gut, daß ich sofort den Eindruck hatte: Die sehen ja alle wie Einheimische aus. Ich hatte gestern und heute Hunderte von Touristen gesehen. Diejenigen mit den zentraleuropäischen Gesichtern gehörten – wenn sie allein oder als Paare auftraten – ohne Zweifel zu den besser betuchten Kreisen Deutschlands und der Nachbarstaaten. Häufig schnürten sie ihre Wanderstiefel vor den geöffneten Volants von Mercedessen und anderen großkalibrigen Karossen. Es gibt einen Teint, ein spezielles Braun, das weder die Sonnenbank noch selbstbräunende Cremes, sondern nur die Sonne erzeugt. Dieses Braun fand ich bei den Zuhörern. Aber unter dem Braun sind Gesichter, denen sieht man an, ob es die Gesichter von Menschen sind, die viel draußen arbeiten, oder die Gesichter von Menschen, die sich die Farbe im Urlaub ins Gesicht holen. Die sechs Zuhörer um mich herum sahen mir aus wie Maurer oder Dachdecker oder Landwirte.

Unser betagter Vortragskünstler kam dann auf das Schicksal der Left-Chronik zu sprechen. Der wackere Lehrer führte sie penibel bis zum Tode, danach verwahrte seine Witwe die Hefte. Ein Blitzschlag setzte das Lehrerhaus in Flammen, darauf galt die Chronik als verbrannt. Um so größer war das Erstaunen in Schwangau, als sich die Hefte eines Tages in der von der verblichenen Left-Witwe hinterlassenen Bibliothek wiederfanden. Die Gemeinde nahm die Chronik gern an sich. So überdauerten denn die Aufzeichnungen Kaiserreich, Republik, Faschismus und die von den Alliierten verordnete parlamentarische Demokratie, die uns alle in diesem Moment im prächtigen Schwangauer Gasthof so friedlich umfing.

Unruh kam zum Ende, was ihm nicht leichtfiel, und badete gerührt im Dank von uns paar Zuhörern. Die beiden neben ihm an der Stirnseite klatschten gemessener, sie »spendeten« Beifall. Die Dame vom König-Ludwig-Verein forderte uns dann auf, ohne Hemmungen Fragen zu stellen, die wir auf dem Herzen hätten. Es setzte diese peinliche Stille ein, die man oft zwischen Vortrag und Diskussion erleben kann. Ich wollte das Eis brechen, hob den Arm, wartete, bis die Dame mir huldvoll zunickte:

»Gibt es eigentlich nur einen Ludwig-Verein?«

Am Vorstandstisch zog man kollektiv die Brauen zusammen, und die Dame sagte:

»Wir sind der älteste Verein. Wir sind der größte. Bei uns finden Sie alle Königstreuen, die solide sind.«

»Hört sich gut an«, sagte ich freundlich. »Aber gibt es noch einen zweiten Verein?«

Am liebsten hätten sie mir nicht geantwortet. Unruh übernahm die traurige Pflicht:

»Nun ja«, begann er, »da hinten, die paar Hanseln um den Martell, Dr. Martell, die ziehen am 25. August die Fahnen so hoch, wie's geht. Aber das ist nichts Besonderes. Ludwigs Geburtstag ist uns allen ein Anliegen, das von Herzen kommt.«

Ich fragte weiter und erhielt unwillig erteilte Antworten. Offenbar war dieser Martell ein Arzt, der vor zwei

Jahren aus einer württembergischen Großstadt zugezogen war und seitdem seinem bis dahin quasi im Ausland gefrönten Hobby – der Liebe zu Ludwig – vehement Ausdruck verlieh. Er hatte eine Hymne auf Ludwig gedichtet und sie von einem Komponisten vertonen lassen. Dann hatte er auf eigene Kosten 200 kleine Schallplatten mit dieser Hymne pressen lassen, auf denen er allerdings, wie Unruh mit Genugtuung berichtete, sitzengeblieben war.

Plötzlich wurde die Tür aufgerissen, ein Mann stürmte herein, eilte zu den dreien am vorderen Tisch und rief:

»Am Schloß haben wir einen erwischt.«

Die Frau neben Unruh blitzte den Eindringling an. Er wollte zweifellos noch etwas sagen, aber jetzt drehte er sich um, fixierte nacheinander die Zuhörer, war mit den anderen schnell fertig und blieb an mir kleben.

»Gehören Sie auch zu dieser Schutztruppe?« fragte ich ihn. Er trug die Jacke mit Ludwig auf der linken Brustseite. Plötzlich schauten alle mich an. Ich fühlte mich nicht bedroht, ich fand es aber doch erleichternd, daß in diesem Moment die Kellnerin hereinkam.

Die banale Frage »Noch einen Wunsch?« nahm die Spannung aus der Situation.

»Ich ... äh«, begann der Neue, und die Frau neben Unruh sagte mit kiebiger Stimme: »Das ist nichts Ehrenrühriges.«

Ich fragte mich, woher der Mann von der Bürgerwehr mich kannte, wenn er vor dem Schloßtor nicht dabeigewesen war. Sie waren dort zu dritt aufgetreten, und ich hatte das Gesicht von jedem einzelnen gesehen.

Nun wollten die anderen Zuhörer wissen, was geschehen war, und der Mann von der Schutztruppe blickte mich an, als wäre ich erschossen worden.

»Es ist alles geschehen, um diesem Herrn hier das Leben zu retten.« Bevor ich ihm für diese abgefeimte Lüge ein paar an den Hals hauen konnte, umringten mich die anderen und gaben keine Ruhe. Ich verstand ihre Neugier, aber ich lehnte es ab, wenige Viertelstunden nach den tödlichen Schüssen den Kriegsberichterstatter zu spielen.

»Fragen Sie den Herrn hier«, sagte ich. »Er scheint alles so gut zu wissen wie ich.«

Der Privatpolizist berichtete das, was wohl die offizielle Version des Ablaufs werden würde. Der Erschossene hatte einen auswärtigen Journalisten bedroht, und die Leute von der »Coalition« waren dem Fremden zu Hilfe geeilt. Plötzlich sei der Erschossene auf sie losgegangen, es habe ein klassischer Fall von Notwehr vorgelegen, etwas habe geblitzt, ein Messer oder ein Rasiermesser, und da sei es eben passiert. Die Zuhörer lauschten gebannt. Während der Privatpolizist erzählte, waren sie ihm immer dichter auf die Pelle gerückt. Am Ende saßen sie im Halbkreis um mich und den Polizisten herum. Einigen tat ich wohl leid, aber bei den meisten überwog so kurz nach der Konfrontation mit dem Schrecklichen die Mischung aus Entsetzen und Anziehung, die ich oft genug selbst verspürt hatte.

Ich fühlte eine Berührung am Arm, Unruh stand neben mir. »Wußten Sie, daß unsere Coalition eine ehrwürdige Tradition besitzt?« Er wäre unglücklich gewesen, wenn ich die Frage mit »Ja« beantwortet hätte.

Die Kellnerin brachte die Getränke, Unruh half ihr galant und reichte mir mein Glas mit Tomatensaft. Ich hatte es mit viel Pfeffer bestellt, um die letzten Reste von Kopfschmerz herauszubrennen. Ich trank und verzog das Gesicht. Sie hatten es sehr gut gemeint.

»Die Coalition, junger Mann, war eine Truppe zu allem entschlossener Männer, die unseren König vor einem Attentat schützen sollte.«

»Ist er denn bedroht worden?«

»Um ihn herum wurden damals einige führende Politiker das Ziel von Wirrköpfen. Bismarck, Kaiser Wilhelm I., der russische Zar. Der König war zeitweise so verängstigt, daß er in München den Englischen Garten sperren ließ, bevor er in der Kutsche ausfuhr.«

»Mein Ur-Ur-Großvater ist Mitglied der Coalition gewesen«, sagte der Privatpolizist.

»In dieser Gegend hat ja vieles eine große Kontinuität«,

sagte ich und räusperte mich. Ich spürte immer noch den Pfeffer im Rachen.

Unruh strahlte: »Wer nicht weiß, wo seine Wurzeln sind, ist wie ein Blatt im Wind.«

»Und dieser zweite Ludwig-Verein«, hakte ich nach, »dieser Arzt, dem fehlt die Tradition. Dem fehlt der Stallgeruch. Richtig?«

»Richtig, junger Mann. Das ist ein Engagement ohne Verpflichtung.«

»Was denn für eine Verpflichtung?«

»Oh«, sagte Unruh gedehnt, und sein Blick suchte den der anderen. »Es kann Augenblicke geben, da erwächst aus Tradition eine aktuelle Aufgabe.« Ich tat gar nicht erst so, als wenn ich ihn verstehen würde. »Sehen Sie, für eine Person der Zeitgeschichte einzutreten, das ist nichts besonderes. Sich ihr verpflichtet zu fühlen, ist schon etwas mehr. Aber anzuerkennen, daß der Einfluß einer historischen Persönlichkeit über den Tod hinausreicht . . .«

»Bis wohin?«

»Bis in die Gegenwart.« Unruh wurde immer unruhiger, und ich kriegte den Pfefferreiz nicht aus dem Mund. Abgelenkt, wie ich war, trank ich aber noch einen Schluck Tomatensaft. Er gab meiner Stimme den Rest. Ich krächzte, jemand war so nett, mir auf den Rücken zu schlagen. Aber es war nichts zu machen. Ich wehrte den Hilfsbereiten ab, sah das Jackenemblem mit Ludwig an mir vorbeiwischen. Fahrig griff ich in meine Hosentasche, warf den Geldschein neben mein Glas. Aber das Glas war nicht mehr da, ich krächzte, wies entschuldigend auf meinen Hals und drängte aus dem Raum. Erst nahm ich die falsche Richtung, weil ich frische Luft witterte. Ich fand mich vor dem Lieferanteneingang wieder. Es war dunkel, feuchtkalt und dunkel. Es roch nach Mist und einem Gemüse, das ich nicht identifizieren konnte. Ich wollte zurück in den Gasthof und fand die Tür nicht mehr. Es hatte nie eine Tür gegeben. Ich mußte nicht suchen. Ich mußte nicht einmal den Gedanken »suchen« denken. Ich mußte nur auf das Licht zugehen, nicht auf das über mir. Ich wußte doch, daß dies der Widerschein des Mondes war. Der Mond war zu hoch für mich. Aber da war das andere Licht. Es wartete auf mich, und ich war spät dran. Ich eilte über den gepflasterten Hof, ich hatte keinen Muskelkater. Ich öffnete die Tür, sie war weich wie ein Lappen. Ich durchdrang die Tür und befand mich im Theater. Es war so klein, 100 Plätze, 120, nicht mehr. Alles weiß und gold und rot. Blau nur der Vorhang, gülden die Sterne, jeder sechszackig. Sie hatten mir ein Programm auf meinen Platz gelegt, dafür war ich dankbar. Die Loge war leer. Sie lag links, unmittelbar vor der Bühne, zwei Ellen hoch. Ich nahm meinen Platz in der vierten Reihe rechts außen ein. Mehr konnte ich nicht erwarten, aber ich war zufrieden, denn hinter mir waren mehr Reihen als vor mir. Der Vorhang bewegte sich schwer und melancholisch. Wispern außerhalb des Zuschauerraums. Ich verstand keine Worte, aber ich spürte auf der Haut, daß er sich näherte. Anspannung griff nach mir, ich schlug das Programm auf. Vier Seiten, weiß und unbedruckt.

Plötzlich das Schlagen einer Tür: hart, kurz. Rauschen in der Loge wie von schwerem Stoff. Ein Polstersessel bewegte sich unter Körpergewicht. Er war gekommen, wir waren alle da. Es konnte beginnen, und es begann. Eine Glocke wurde geschlagen, das Licht erlosch, der schwere Vorhang schwang zurück. Der König und ich befanden uns im Frankreich des 17. Jahrhunderts. Bei uns war die Kurtisane Marion. Sie war schön und erfahren, ich beneidete den Mann, der sie lieben durfte: Didier, ein Offizier von großer Tiefe des Gedankens. Schwarz die Haare, schwarz das Gewand, dazu in schönstem Gegensatz die Blässe seines Gesichts mit den glühenden Augen. Didier liebt Marion, aber auch der Marquis begehrt die Schöne. Ein Duell ist unausweichlich, die Häscher von Richelieu sind allgegenwärtig. Festnahme, Verhandlung, Urteil, auf Didier wartet das Schafott. Marion tut, was das Herz befiehlt, sie öffnet Didier die entscheidende Tür. In der Loge fand heftige Gemütsbewegung statt. Ich drückte mich mit beiden Armen vom Sitz hoch. Ich erblickte seine Haare, nicht mehr, denn vor der Loge hatten unbemerkt von mir die Wächter der Coalition Aufstellung genommen. Sie trugen schwarze Jacken, dunkle Haare, ihre Gesichter waren gebräunt und entschlossen. Sie blickten mich an, ich saß tief in meinem Sitz, und Didier vergibt seiner Marion, die er zwei Akte lang wegen ihrer Vergangenheit verabscheute, im Angesicht des Todes. Das gefräßige Schafott holt sein Opfer, der Vorhang schloß sich, in der Loge blieb es still. Plötzlich das Schlagen einer Tür. Ich klatschte, die Schauspieler traten vor den Vorhang, Didier mit heruntergerissenem Hemdkragen, der Brustansatz breit unter blassem Gesicht, auf dem die Wangen durch die Schminke glühten. Ein schöner Mann. Wie anmutig er sich verneigte. Ich weiß, daß Schauspieler auf der Bühne nur die ersten zwei Reihen erkennen. Aber wenn ich rief, würde Marion auf mich achten. Ich rief nicht, denn hinter mir stand ein Wächter der Coalition. Ich klatschte vier Vorhänge lang, und ich meinte es ernst. Mein Beifall brach ab, die Aufführung war beendet.

Ich fragte den Wächter, ob ich das Programm als Andenken mitnehmen könne. Er verstand nicht. Ich ließ mich aus dem Zuschauerraum hinaustreiben, blickte zurück zur Bühne, zum Vorhang, die leichte Bewegung. Ich kehrte um, schlenderte, Vergeßlichkeit heuchelnd, zu meinem Platz, dann weiter. Ich stand vor der Bühne, ich stand auf der Bühne, durchdrang den Vorhang. Nichts hielt mich zurück. Der schmale Gang mit dem Knick, der Ofen aus Eisen und Wärme, Garderoben der Schauspieler, Spinden gleich. Das »Huch« der Frauen, der Blick der Männer. Dann der schöne blasse Mann in Schwarz, blendend in seiner Jugendlichkeit, die Bewegungen zart und energisch, wissend und suchend. Vor ihm der Koloß. Bis fast zur Raumdecke der Körper, meterbreit das Kreuz, aufgequollen, Taille und Hüfte zehn Rettungsringe übereinander. Sie stehen sich in der Garderobe von Didier gegenüber, der Junge mit nacktem Oberkörper, ein Tuch um den Hals, der Koloß knapp neben dem Eingang, zögernd die Sprache des Körpers, kaum glaubhaft bei soviel Massigkeit. Einfacher dunkler Anzug unter einem Mantel, den er um die Schultern gelegt trug. Die Wärme der Öfen trieb Schweißperlen auf seine Stirn. Ich sah sie entstehen und fließen. Didier mit dem Geschenk in Händen, Didiers Blick in den Augen des Kolosses. Sie waren sich beide selbst genug, nur deshalb kam ich so nahe heran. Im Raum tickte eine Uhr, irgendwo köchelte Wasser, Dampf stieg aus einem Becher empor, und der Koloß schwitzte.

Didier öffnete die Schatulle, blickte hinein, warf einen Blick zum Koloß. Ich war so nahe bei ihm, daß ich spüren konnte, wie es unter der Speckschicht des Mannes spannte und zuckte. Didier entnahm der Schatulle ein Opernglas. Es war aus Gold und besetzt mit Rubinen.

»Majestät«, sagte Didier.

»Ihr habt uns mit Eurer Schauspielkunst glücklich gemacht«, sprach der Koloß. Wie bei vielen dicken Leuten wollte seine Stimme nicht zum Volumen des Körpers passen. Die Stimme klang zu zierlich für diese Menge Mensch. Aber es war eine einnehmende Stimme, warm, angenehm schüchtern und überraschend undeutlich. Die Wangen eingefallen, der Koloß hatte kaum Zähne im Mund.

»Majestät beschämen mich«, sagte Didier. »Ich kann das unmöglich annehmen. Bedenkt, was die Kollegen . . .«

»Die Kollegen kleben am Boden«, unterbrach ihn der Koloß. »Ihr aber, Didier, laßt alles hinter Euch: Schwerkraft, Kulisse, den Text, den Euch ein anderer in den Mund legt. Text, der durch Euren Mund und Euer Herz geht, pulsiert. Das Geschenk ist nichts gegen das Glück, das wir in den letzten Stunden erleben durften.«

Eine Hand packte mich hart, ich schützte sofort mein Gesicht, aber die Wächter wollten mich nur aus dem engen Gang haben. Zwei von ihnen nahmen Haltung an, und einer sprach: »Der Herr Dichter bittet um die Gnade . . .«

»Gewährt, gewährt«, unterbrach der Koloß, und ich würde nie die gleichzeitig huldvolle und gequälte Bewegung der Finger an hoch erhobener Hand vergessen.

Nachdem der Wächter verschwunden war, nicht ohne mich erneut gegen die Wand zu pfeffern, trat Ludwig einen Schritt weit in die winzige Garderobe hinein, stand jetzt direkt vor Didier. Die Spannung in seinem großen Körper wollte ihn überwältigen, alles schrie nach einer Entladung mit Schlägen, Tritten, einem schnellen Lauf, bewußt herbeigeführter Verausgabung. Es gelang ihm, die Energie in seinen Fingerspitzen zu bündeln. Hauchzart fuhr er über die nackte Brust von Didier, das Opernglas zitterte in den Händen des Mimen.

»Ihr seid edel und gut«, sagte Ludwig. »Dieser unser felsenfester Glaube darf durch nichts je erschüttert werden.«

Dann drehte er sich schnell um, ich flog nach hinten in einen Garderobenständer und versank in weichen Stoffen, die mich vollkommen einhüllten. Der König schritt an mir vorbei, und plötzlich war da eine starke Hand, an der ich mich aus den Kleidern ziehen konnte. Ich stand Marion gegenüber, hinter ihr schaute Didier durch das Opernglas und sagte:

»I can see for miles.«

Marion lächelte mich an und entzog mir ohne Abwehr ihre Hand, die ich länger hatte halten dürfen, als es nach Lage meines Malheurs nötig gewesen wäre. »Konzentriere dich auf das Naheliegende, Didier«, sagte sie, dabei mich anblickend. Und zu mir: »Du mußt weiter. Immer weiter. Du bist noch lange nicht am Ziel.«

Ich wäre so gern noch geblieben, aber es war nicht die Zeit dafür. Ich verließ die Garderobe und eilte den Gang entlang. Er kam mir länger vor als vorhin, viel länger. Ich verfiel in Laufschritt, hatte längst die Blicke der Männer und »Huchs« der Frauen hinter mir gelassen. Ich glaube, daß mir eine der Frauen herausfordernd ihre nackten Brüste darbot, aber ich mußte weiter, ich eilte, prallte rechts und links an die Seiten des Ganges, wurde weitergeworfen, weiter, immer weiter. Ich durfte den König nicht verlieren. Eine Zeitlang verlief der Gang unter freiem Himmel. Das war mir vorhin nicht aufgefallen, aber ich bin beim erstenmal so dumm, so dumm. Ich lief einfach immer weiter, der Gang würde wiederkommen. Er wollte mich nur prüfen. Ich lief mit jungen Beinen, in denen keine Erschöpfung war. Was mußte ich Ludwig erreichen? Ich hörte ihn ja sprechen:

»Bedaure, guter Mann. Wir sind wohl versorgt mit Dichtern.« Jemand stieß ein höhnisches Schnauben aus, und es war nicht der König. »Wir bitten uns Respekt aus. Die Herren Heigel, Schneegans, Schmid und Fresenius erfüllen uns jeden Wunsch.«

»Majestät –«

»Schweige Er, wo Er nichts von der Historie hält. Und von unserem geliebten Bourbonen.«

»Majestät haben Besseres verdient.«

»Bitte? Wir verstehen nicht.«

»Hier, Majestät, leset mein Stück. Ohne Bourbonen. Ohne 17. Jahrhundert. Ohne 18. Jahrhundert. Ohne den verweichlichten, zerkochten Esprit der Welschen.«

»Herr! Zügel Er sich! Danke, danke, Wache, ihr könnt ihn loslassen. Er wird uns nichts tun. Er ist ja nicht toll.«

»Aber Majestät. Er ist nur ein Dichter aus der Nachbarschaft. Er weiß nicht, was Kultur ist«, sagte eine neue Stimme.

»Hört nicht auf die Wache, mein König. Er mag mich nicht, weil seine Schwester mich gern hat und er es ihr nicht verbieten kann. Bitte lest mein Stück, Majestät. Es spielt hier und heute.«

»Hier und heute? Ein Theaterstück? Wie deprimierend.«

»Gar nicht deprimierend, Majestät. Es spielt in Neuschwanstein und Hohenschwangau. Es spielt am Alpsee und am Hopfensee. Es spielt in Euer Majestät geliebten Berghütten.«

»In den Bergen? Ein Theaterstück in den Bergen?«

»Seht Ihr, Majestät, das gefällt Euch. Aber das Schönste wißt Ihr noch gar nicht.«

»Er läßt es uns gewiß gleich hören.«

»Der Hauptdarsteller in diesem Stück seid Ihr, Majestät.«

»Hund! Er ist doch toll!«

»Soll ich den Lumpen auf der Stelle . . .?«

»Wache, danke. Wir rufen euch, wenn wir eurer Hilfe bedürfen. Entfernt euch einige Schritte, es macht das Gespräch mit diesem Dichter leichter. Noch ein paar Schritte! Sssh! So! Eine rechte Plage ist es, sich Leib und Leben schützen zu lassen. Nun spreche Er endlich. Er weiß, was Ihm bevorsteht, wenn Er es wagen sollte, uns in despektierlicher Weise . . .«

»Aber, Majestät, wie könnt Ihr mir . . .«

»Es ist gut, Dichter. Steh auf. Steh auf.«

»Auf Knien will ich bis zum Falkenstein rutschen, wenn Majestät in meinem Stück eine einzige Stelle findet, die Euer Majestät nicht als von Gott gesandten, herrlichen Führer unseres bayerischen Volkes darstellt.«

»Hat Er es nicht etwas kleiner?«

»Nein, Majestät. Ich bin als Dichter der Wahrheit verpflichtet und nichts als der Wahrheit.«

»Das ist recht, mein Sohn. Wenn es dann auch noch die historische Wahrheit ist. Unsere Herren Dichter sind da manchmal von ganz außerordentlicher Oberflächlichkeit. Sie nennen es ›künstlerische Freiheit‹. Wir nennen es Frevel. Wir kämpfen von Stück zu Stück, das sie uns abliefern, mit diesem unseligen Hang zur Filibusterei.«

»Hier, Majestät, ich wage kaum zu hoffen . . .«

»Ach, tu Er nicht so. Wir kennen doch die Künstler. Seit Wagner machen wir uns da nichts vor. Ihr seid nicht so schüchtern, wie ihr gern tut.«

»Richard Wagner ist ein berühmter Mann, Majestät. Ich bin ein Niemand. Keiner kennt meinen Namen, ich stehe erst am Anfang meines Weges.«

»Nun, da wollen wir Ihn nicht stehenlassen, wenn Er Talent besitzt. Ist denn eine Rolle für unseren Didier hineingeschrieben? Sonst geben wir Euch das Stück nämlich gleich zu . . .«

»Würde es Majestät nicht freuen, wenn der Schauspieler Kainz die Rolle von Majestät übernimmt?«

»Wie? Oh. Fürwahr, das ist ein Gedanke.«

»Nicht wahr, Majestät. Ich dachte, ich ...«

»Wir werden Euer Stück lesen, das Ihr so freundlich wart, uns anzutragen. Wir sehen auch die Widmung wohl und werden es an Lob nicht fehlen lassen, wenn uns das Ganze konveniert. Und nun genug geplaudert. Uns rufen die Staatsgeschäfte.«

»Oh, ich weiß, ich weiß.«

»So? Spricht man über uns? Was spricht man denn über uns? Sei Er vorsichtig mit seiner Antwort.«

»Nur das Beste, Majestät. Nur das Beste. Allerdings will es mir vorkommen, als wenn in Eurer Majestät Dienerschaft ... nun ja ... Müdigkeit sich ausbreitet.«

»Hah, das ist gut! Müde! Die Hallodris und Haderlumpen! Müde! Sie können tagsüber schlafen. Wir schlafen auch tagsüber. Ein schlafender König braucht keinen Koch. Wo kämen wir hin, wenn die Herren Politiker bereits mit einer banalen Verschiebung des Tagesablaufs um wenige Stunden aus ihrer Routine geworfen würden? Manchmal will uns scheinen, all unsere Minister, Kabinettssekretäre, Hofsekretäre und Beamten betrachten ihren König als eine Störung ihres bequemen Lebens.«

»Das ist nicht wahr, Majestät. Es ist vielmehr ...«

»Unterbreche Er uns nicht. Es droht Ihm schon kein Monolog wie von Wagner, dem Guten. Sechs Stunden! Wer je dabeigewesen ist, weiß, wie schwer große Kunst sein kann. Wenigstens unsere Dienerschaft erfreut das königliche Herz. Sie ist eine eingeschworene Gemeinschaft. Aber sie war es nicht vom ersten Tag an. Auch nicht vom ersten Jahr an, nicht einmal vom zweiten.«

»Man ist rundum zufrieden, Majestät. Man hört nur das Beste.«

»Mein junger Musensohn, die Zeit Eures Königs ist begrenzt. Wir hoffen für Euch, daß wir uns nicht zum letzten Mal gesehen haben. Ihr stammt aus der Gegend, sagt Ihr?«

»Ich hatte das Glück, Majestät, in dieser begnadeten Gegend aufwachsen zu dürfen.«

»Begnadet ist gut. Ist sogar sehr gut.« Dann schrie der König in einer ganz unköniglichen Lautstärke: »Warum sehen wir unsere Kutsche nicht?«

Mir war, als ob ein Pfiff ertönte, gleich darauf setzte Pferdegetrappel ein. Dann sah ich die Pferde. Es waren vier, schwarz und braun, wenn ich mich wegen des ungenügenden Lichts nicht täuschte. Ich blickte mich um. Schwangau lag im Schlaf, Schwangau war nicht mehr als wenige Höfe. Das Gespann erreichte den König. Er stand, ungeduldig mit seinem Stock den Boden stampfend, neben einem Diener, der ihm mit einer Laterne leuchtete. Der Diener war von normaler Körpergröße und Gewicht. Er wirkte mickrig gegen seinen König, der jetzt ungeduldig winkte, worauf der Kutscher etwas rief, was wohl eine Entschuldigung sein sollte. Der Marstall-Fourier saß auf einem nervösen Pferd, der Stallmeister sprang von seinem Tier, öffnete dem König den Schlag der Kutsche. Ludwig stieg ein, der Diener mit dem Licht reichte die Laterne an den vorderen Reiter weiter. Der lachte, griff hinter sich und hielt im nächsten Moment eine lodernde Fackel in der Hand, mit der er den erschrockenen Diener ängstigte.

»Worauf wartet Er?« rief Ludwig, sich aus der Kutsche beugend. Der Kutscher wandte sich um und tuschelte mit ihm. Und dann blickte mich der König an.

»Will Er mitfahren?« rief er. Ich blickte mich um, aber er meinte ohne jeden vernünftigen Zweifel mich. Etwas in mir war drauf und dran, die letzten trennenden Meter zu überwinden. Etwas anderes sagte:

»Vielen Dank, Majestät. Vielleicht ein anderes Mal.«

»Wenn es ein anderes Mal gibt«, rief der König und lachte. Dann hob er die Hand und ließ sich auf die Sitzbank sinken. Der Kutscher knallte mit der Peitsche, und die Pferde zogen die Kutsche mühelos an. Sechs Pferde entfernten sich in die Nacht, das Getrappel ebbte ab, war nur noch zu ahnen. Dann war es still. Ich hörte nichts mehr, nicht das permanente Grundrauschen der Stadt, keinen Hund, keine Entlüftungsanlage, keine menschlichen Stimmen. Nur mein Herz schlug. Es hielt mein

Fleisch frisch, ich fand es schön, mir mein fließendes Blut vorstellen zu können. Ich blickte zurück nach Schwangau. Dort war alles schwarz. Ich blickte nach vorn, nach allen Seiten. Und weil es gleichgültig war, wohin ich ging, ging ich irgendwohin.

Das nächste, an das ich mich erinnerte, war die Hand, die erst an meiner Schulter rüttelte und mir dann auf die Wangen schlug.

»Steh auf, du Schwein«, forderte eine Stimme mich auf. Natürlich erkannte ich Tom und schlug die Augen auf. Dann erkannte ich auch den Geruch und stand im nächsten Moment mitten in einem kapitalen Misthaufen. Drüben der Gasthof, in dem der Heimatforscher seinen Vortrag gehalten hatte.

»Man sieht es und man faßt es nicht«, sagte Tom und stemmte beide Arme in die Seiten.

»Hast du mich etwa fotografiert?« fragte ich mißtrauisch.

»Was denkst du denn?« giftete er und half mir beim Verlassen des glitschigen Berges aus Tiermist. Der Berg war warm, er dampfte, ich hatte weich und geborgen gelegen. Tom klopfte mir Hose und Jacke ab. »Du bist ein richtiger Scheißkerl«, sagte er lachend, kam dicht an mein Gesicht, fächelte sich Luft zu und sagte: »Kaum eine Fahne. – Wenn das Diana erfährt, streicht sie dir das Taschengeld.« Tom lud mich in den BMW. Bis Füssen wurde ich etwas wacher, aber die Benommenheit überwog. Tom führte mich vor mein Bett und wartete, bis ich die stinkenden Kleider ausgezogen hatte. Er nahm sie mit hinaus, blieb an der Tür stehen und sagte:

»Mit dir macht's einfach am meisten Spaß.« Dann schloß er die Tür, und ich stürzte augenblicklich von einer Traumattacke in die nächste.

III

1

Im Traum roch es nach Pferdemist. Als ich erwachte, roch es nach Pferdemist. Mein erster Weg führte mich unter die Dusche. In diesem Hotel hatten sie eines der Exemplare, bei denen es keinen Ablageplatz für die Seife gibt. Das Resultat war eine bewegungsfreundliche Körperreinigung, die 20 Kniebeugen entsprach. Mein Kopf war klar. Matt, aber klar. Ich versuchte, mich daran zu erinnern, was ich getrunken hatte. Nach dem Tomatensaft war Schluß mit der Erinnerung. Ich war überzeugt, solide gelebt zu haben. Natürlich schämte ich mich. Ich schämte mich jedesmal, wenn mir so etwas passierte. Es passierte mir selten. Nach dem Duschen setzte ich mich an den Tisch und schrieb auf, an was ich mich erinnerte. Nach einer zweiminütigen Panikphase, während der ich befürchtete, es würde überhaupt nichts kommen, kehrte tropfenweise die Erinnerung an den Vortrag des pensionierten Studienrats zurück. Ich erinnerte mich an Unruh und seine umständliche Diktion. Er hatte Fotografien gezeigt. Ich nahm mir vor, Tom davon zu berichten. Wie ich die Lage einschätzte, würde Tom viele Fragen an mich haben. Schon die wahrscheinlich erste, »Welcher Schnaps hat dich bloß in den Misthaufen gehauen?«, konnte ich ihm nicht beantworten. Und Tom hatte die Neigung, auf unbeantworteten Fragen stundenlang herumzuhacken.

Wir trafen uns am Frühstückstisch, auf den wir für die Dauer unserer Anwesenheit offenbar eine Art Erbrecht besaßen. Tom glänzte vor Sauberkeit, die Haare waren klitschnaß, es tropfte auf seinen Kragen. Die Bedienung sah fast so knackig aus wie die Semmeln. Das Mädchen war so herrlich jung, wie ich nie gewesen war.

»Stammt aus dem Rheinland«, mümmelte Tom. Sie stammte ganz eindeutig nicht aus dem Rheinland, aber Tom besaß die Angewohnheit, alle klugen, gutaussehenden oder sonstwie mit überdurchschnittlichen Gaben gesegneten Menschen in seine Heimat zu verpflanzen.

Tom stammte aus Aachen. Er hatte seine Kindheit überwiegend in Belgien verbracht, früh durch Autounfall und Krebsleiden die Eltern verloren und nach einer wilden Schulzeit vor der Frage der Berufswahl gestanden. Anfangs wollte Tom Diplombelgier werden, doch brauchte man dazu Abitur, und er war ja schon bis zur Absolvierung der mittleren Reife neunzehneinhalb Jahre alt geworden. Tom entschloß sich, Lotse auf dem Rhein zu werden. Dort wollten sie ihn aber nicht haben, oder dem Rhein ging es auch ohne Tom schon schlecht genug. Er hatte sich hierüber immer etwas verschwommen geäußert. Eine Sommersaison lang vermietete er Tretboote auf dem Maschsee in Hannover, rettete eine Kleinfamilie mit zwei Kindern vor dem Tod durch Ertrinken und wurde von einer fanatischen Tierschützerin mit einer Klage wegen Mordes an einer Entenmutter sowie zwei, möglicherweise drei, Babyenten überzogen.

Tom nahm diese Anzeige bis zur Urteilsverkündung nicht ernst, dann jedoch um so mehr: 1200 Mark Geldstrafe sollte er an eine gemeinnützige Organisation bezahlen. Für die Worte, die er der Tierschützerin im Gerichtssaal zuwarf, legte der Richter noch einmal 1000 Mark drauf; Tom wollte das klargestellt haben, er verließ den Gerichtssaal in Handschellen und mit einer Schuld von 8500 Mark sowie der Auflage, dreißig Wochenenden lang eine karitative Arbeit zu leisten. Tom meldete sich im Tierheim von Hannover an. Die erste Person, die er dort traf, war die Tierschützerin. Später sagten Bedienstete des Tierheims aus, daß sie sowohl weibliche wie auch männliche Hilferufe gehört hätten. Sie trennten Tom und die Tierschützerin; und Tom klaute ihr aus der Umhängetasche 200 Mark, nachdem er zuvor die beiden Hundewelpen, die die Tierschützerin hatte entführen wollen, in den Käfig zurückgesetzt hatte. Für das Geld kaufte er eine Tüte Trockenpflaumen und eine Fahrkarte Richtung Norden. Sie hätte bis Kopenhagen gereicht, aber Tom stieg schon in Hamburg-Harburg aus und wurde keine 20 Sekunden später auf dem Bahnsteig von einer Hundebesitzerin mit den Worten angegiftet: »Was gucken Sie meinen Hannemann so an? Wollen Sie ihm weh tun?«

Daraufhin bestieg Tom einen Zug Richtung Nordseeküste, weil er dort, wie er sagte, »auf Flundern und andere Plattfische«, also auf Viehzeug ohne Lobby, hoffte. Im Zug saß er einem niedlichen Punkmädchen gegenüber, das damals noch nicht wußte, daß es in zwanzig Jahren modern sein würde, so auszusehen. Tom ließ sich überreden, in Buxtehude den Zug zu verlassen, und geriet mit der Niedlichen in eine Polizeisperre. Aus einem Viehtransporter hatten sich zwanzig Schweine frei gemacht und rannten nun auf der Hauptstraße Buxtehudes herum; jedes Schwein hatte zwei Polizisten an den Hacken, die wie wild mit Gewehren und Pistolen schossen und bis zum Abend neben neununddreißig Autofenstern und -reifen auch glücklich vier Tiere erlegt hatten. Bei zwei von ihnen war jedoch kein Einschußloch zu finden. Die anderen Tiere blieben verschwunden, und der örtliche Fleischereinzelhandel beklagte in den Tagen nach dem Vorfall einen verheerenden Umsatzeinbruch.

Dieses Erlebnis gefiel Tom an Buxtehude bis zuletzt am besten. Die Niedliche ging ihm bald verloren. Es gab da wohl einen Freund, der lernte bei der Sparkasse und bestand darauf, mit der Niedlichen so gut wie verheiratet zu sein. Zwar war sie noch keine siebzehn, aber der Sparkassenmann lockte mit einem Existenzgründungsdarlehen zu vier Prozent, das gab der Niedlichen doch sehr zu denken. Tom ließ sie schießen und absolvierte eine Lehre beim ältesten Buxtehuder Fotografen. Der Mann war achtzig oder älter und hatte nacheinander die wichtigsten zwanzig Trends in der Fotografie verpaßt. Aber er hielt in der Stadt und im Landkreis das Monopol bei Paßfotos. Zwar kamen damals gerade die Pixi-Automaten auf, aber der Alte verstand es, das Gerücht auszustreuen, daß diese Fotografiergeräte impotent machten und die Eierstöcke verklebten. Das gab den Buxtehudern zu denken; und der viel modernere Konkurrent des Alten konnte noch so leidenschaftlich mit angeblich naturwissenschaftlichen Argumenten dagegen anwüten; jeder sah ja, daß die Frau des modernen Fotografen ums Verrecken kein Kind kriegen wollte, obwohl Nachbarn gern bestätigten, daß der moderne Fotograf und seine Frau etwas dafür taten. Die beiden zogen bald entnervt in eine andere Stadt.

Tom lernte bei dem Alten das Fotografenhandwerk von der Pike auf – mit allen Schattenseiten, die Tom seitdem begleiten: der Neigung zu verbeulten Kameras; der Angewohnheit, das 36. Bild jedes Films mit irgendeinem Schnickschnack zu vertun; der Lust auf Reisen und damit einhergehend der Unfähigkeit, ein Heim zu gründen, das aus mehr bestand als aus Taschenbüchern, die um eine versiffte Matratze gruppiert waren. Tom aß zu viel, er wog 225 Pfund. Er war cholerisch, ich war Zeuge gewesen, wie er damals dem Wachmann auf dem Frankfurter Flughafen das Ding verpaßt hatte, das den Wachmann für acht Wochen ans Krankenbett gefesselt und Tom eine echte Strafe eingetragen hätte, wenn ich nicht den Meineid für ihn geschworen hätte. Tom liebte Frauen, immer wieder. Er hatte wohl auch mal Männer geliebt, ganz sicher eine Ziege in der Inneren oder Äußeren Mongolei, das wußte Tom angeblich nicht mehr genau. Aber es soll dort einen Nomadenstamm geben, der jeden Gast, der es schafft, den Reisschnaps ohne Erblindung zu überstehen, an eine propere Ziegendame heranführt, die handzahm und willig ist, und sie soll Tom hinterher über beide Wangen geleckt haben. Seitdem stand Tom Ziegenkäse zwiespältig gegenüber. Ich wünschte mir, sie hätten ihn auch in eine Kuh, eine Henne und einen Aal gesteckt, denn nur der Verzicht auf diese drei Geschmacksrichtungen könnte Tom unter die Zweizentnermarke drücken. Er schwamm wie ein Otter, nur schneller; überhaupt besaß Tom die größte Beschleunigung, die ich kannte. Auf kurzen Distanzen schlug er jeden Gegner. Wir hatten seinerzeit für ›Sports‹ die leichtathletische Geschichte über die Misere im deutschen Männersprint gemacht. Tom ließ sich ausrechnen, daß er über zehn Meter schneller wäre als Carl Lewis. Mit Sicherheit war er schneller als ich, und ich war bis zur Pubertät schnellster Kurzstreckler der gesamten Schule gewesen.

»Nun erzähl endlich!« forderte er mich auf, während seine Kiefer das erste Brötchen des Tages erledigten. Ich tat, was ich konnte. Aber ich konnte eben nicht so, wie Tom es sich wünschte.

»Da tun sich Abgründe auf«, sagte er. »Ich bin ja auch schon nach so mancher Zecherei in ungeahnten Umständen gelandet. Aber auf einen Misthaufen muß man erstmal kommen.«

»Wo gibt's denn heute noch Misthaufen?« fragte ich und öffnete die Schleusen zu Toms Weltläufigkeit. Denn zwar hatte er in New York und Paris keinen Misthaufen gesehen. Aber in Casablanca war ihm etwas passiert, was er mir unbedingt erzählen mußte.

Um uns herum summte es vor freudiger Erwartung. Die zweite Busladung aus den Niederlanden freute sich auf das Schloß. Niederländer waren in bergigen Regionen meistens gut gelaunt. Das machte die Freude über jede Erhebung von mehr als fünf Metern.

»Sie haben ja gut zu tun«, sagte ich zu unserer Bedienung.

»Es wird noch einmal Sommer!« rief die fröhlich und wies auf die Fenster. »Und es ist Oktoberfest. Das ist für uns noch einmal Hochsaison.« Sie flog davon, um neue Butter zu holen.

»Hier«, sagte Tom und warf vor mir einen Packen Fotos auf den Tisch. Sie waren sofort mit Brötchenkrümeln übersät, jeder Amateurknipser hätte Zeter und Mordio geschrien. Nicht Tom. Er wußte, wo Brötchenkrümel sind, sind auch Brötchen, und nur das zählt im Leben.

»Du hättest Polizeireporter werden sollen.« Nicht nur das kriminelle Quartett kam gut, auch Ricardas Liebreiz hatte Tom eingefangen. Sie stand für meinen Geschmack zu dicht bei den Strolchen, aber ich hatte gestern immerhin nicht den Eindruck gehabt, als wenn sie besonders intim miteinander wären, und die Bilder verrieten darüber nichts.

»Schönen Gruß unbekannterweise von Herrn Kay«, sagte Tom. Kay war der Füssener Fotograf, bei dem er gestern abend vor der Tür gestanden und seinen Spruch über die kollegiale Hilfe aufgesagt hatte. Kay war freier Fotograf und schlug sich mit der Produktion von Ansichtskartenmotiven und Sonnenuntergängen für touristische Bayern-Bücher durch. Er hatte den Traum, eines Tages eine Reportage für ›Geo‹ schießen zu dürfen. Den Traum träumten viele Fotografen. Tom nicht. Er hatte acht oder neun Reportagen gemacht und sich dann dort mit irgend jemandem, der Einfluß besaß, gestritten. Seitdem erzählte er häßliche Anekdoten über ›Geo‹ herum, von denen nur er wußte, ob sie gelogen waren oder nicht.

»Sehr gut«, sagte ich und warf die Fotografien auf den Tisch. Tom hatte auch diverse Ausschnittvergrößerungen angefertigt. Auf einem Bild stand Ricarda auf dem Berg und blickte in einen Sonnenaufgang. Ich fand, daß Tom sich zu sehr um eine Frau kümmerte, die er nicht kannte und nach Lage der Dinge auch nicht kennenlernen würde.

Die Bedienung stand wieder an unserem Tisch. Sie hatte uns etwas mitgebracht. Leider nicht nur Butter, sondern auch zwei Fremde, eine Frau und einen Mann. Der Mann sah aus wie ein Kriminalhauptkommissar.

»Gestatten, Kriminalhauptkommissar Delius«, stellte er sich vor. Die Frau stellte auch sich selbst vor. Sie war eine Kriminalassistentin mit einer Unmenge Zischlaute im Namen. Zwischen ihnen in der Hierarchie stand ein Oberkommissar, der jedoch zur Zeit in Kur weilte, weil er bei der Verfolgung eines Straftäters auf den Steiß gefallen war. Wir luden die Kripobeamten ein, sich zu setzen. Die Assistentin gierte sofort nach Eßbarem. Ihr Chef trotzte den kulinarischen Verlockungen, weil er, wie er sagte, derzeit abspeckte. »Ich nehme schon vom Hinsehen zu, müssen Sie wissen.«

»Das macht doch nichts«, sagte Tom und spachtelte frohgemut weiter.

Die Assistentin ertrank fast an ihrem Speichelfluß. Ich ließ einen dritten Teller kommen, und wir machten das Mädchen satt. Ihre Augen bekamen Glanz, und nach den ersten Tassen Kaffee war sie fast schon freundlich. Der Kommissar fummelte ein Notizbuch aus der Innentasche seines Jacketts und fand sich mühsam darin zurecht. Als er gefunden hatte, was er suchte, faltete er die Hände über dem Notizbuch, so daß er nicht mehr hineinsehen konnte, und sagte:

»Das muß ein schöner Schock für Sie gewesen sein.«

Ich bestätigte dies und ließ unauffällig die Fotos verschwinden.

»Der unglückliche Todesschütze hat uns bereits den Hergang des Unglücks geschildert, desgleichen seine Kollegen. Nun fehlt uns noch die Aussage von Ihnen.«

Es war offensichtlich, daß ihre Meinungsbildung abgeschlossen war. Ich wurde nur noch gefragt, weil meine Aussage in die Akten mußte. Ich ging das Risiko ein, der Polizei wichtige Informationen vorzuenthalten. Aber ich tat es für einen guten Selbstzweck: eine Story. Mir war allerdings unklar, wie weit ich die Bürgerwehr reinreißen sollte. Mir erschien es unwahrscheinlich, daß sie den Jungen gezielt erschossen hatten. Aber sie liefen mit Waffen durch die Alpen und jagten Jugendliche, die Autos aufbrachen und Sprüche an Hauswände sprühten. Woher bezogen sie ihre Legitimation? Ich quälte mich nicht lange mit der Frage herum und gab sie an die Polizei weiter. Der Kommissar schlug sein Notizbuch mit der so mühsam gefundenen Stelle zu und faltete erneut die Hände.

»Das ist ein pikantes Thema«, sagte er, und die Assistentin rief vorlaut: »Ich war immer dagegen, daß die Coalition geduldet wird.«

»Sie müssen wissen«, fuhr der Kommissar fort, »daß wir es hier mit einer einheimischen Bevölkerung zu tun haben, die genau weiß, was sie will. Und was sie nicht will. Was sie will, tut sie.«

»Und was sie nicht will, läßt sie manchmal trotzdem nicht«, platzte die Assistentin dazwischen. Vielleicht war sie gerade dabei, als Frau in einer männerbeherrschten Organisation ihr Ego zu finden.

»Es macht keinen guten Eindruck auf die Touristen, wenn sie das Gefühl haben müßten, ihr Eigentum sei nicht mehr sicher«, sagte der Kommissar. »Autoaufbrüche waren für uns bis vor kurzer Zeit überhaupt kein Thema. Das ist hier eine nach wie vor sehr provinzielle Bevölkerung. Hier fahren fast alle zu schnell; manchmal sind sie nicht nüchtern. Am Wochenende sind sie nie nüchtern. Manchmal fährt einer in den Graben und manchmal hat einer Pech und fährt gegen einen Baum. Der ist dann tot, und meistens sitzen sieben oder acht Kinder in dem Kleinwagen und wollten von einer Diskothek zur nächsten. Das ist entsetzlich.«

Er bedeckte das Gesicht mit einer Hand. Seine Assistentin nutzte die Gelegenheit und sagte schnell:

»Dieser Ludwig-Kult, also der macht mich an.« Sie meinte das negativ. Mir war selbst nach nur zwei Tagen Aufenthalt klar, daß sie sofort ein Gesuch um Versetzung einreichen sollte, wenn sie mit Ludwig nicht konnte.

»Ist es okay, daß die Leute von der Bürgerwehr Waffen tragen?« fragte ich.

»Sie haben alle einen Waffenschein«, antwortete der Kommissar. »Hier jagt praktisch jeder, und wer nicht jagt, ist Mitglied im Schützenverein. Die Menschen haben ein – wie soll ich sagen – intimes Verhältnis zu Schußwaffen. Und im Rahmen der Kontrollgänge der Coalition ist noch nie etwas passiert, was uns hellhörig gemacht hätte.«

»Wenn die Leute von der Bürgerwehr also Flügel hätten, wären sie Engel.« Der Kommissar blickte Tom leidend an. Wahrscheinlich litt er an Großstädtern. »Wer ist denn der Tote?« fragte Tom.

»Das wissen wir mittlerweile. Es handelt sich um einen österreichischen Staatsbürger. Kuno Planer, 15 Jahre. Stammt aus Innsbruck, hat die Schule hingeworfen und schlägt . . . schlug sich seitdem mit Jobs durch. Fährt wohl Snowboard wie der Blitz. Die Gastronomie ist für jede Saisonkraft dankbar.«

»Und fragt dann nicht nach dem Alter der Kinder.«

Der Kommissar faltete die zwischenzeitlich entfalteten Hände. »Da hätten wir viel zu tun, wenn wir ...«

»Klar«, unterbrach ich ihn. Wenn er so weitermachte, würden wir ihm einen Zehnmarkschein zustecken und gemeinsam mit ihm weinen. Er hatte eine nervtötende Art, larmoyant zu sein. Für sein Leben gern faltete er die Hände, und wenn er nicht faltete, formte er aus dem von mir herausgeklaubten Brötchenteig Würfel mit akkuraten Kanten. Ich wollte wissen, ob von dem Toten eine Adresse bekannt war. Der Kommissar bejahte dies, sah aber nicht ein, weshalb er mir die Adresse geben sollte. Ich murmelte etwas von Pietät und Erschütterung und daß ich wissen wollte, wohin ich den Kranz schicken sollte. Das leuchtete ihm ein, und er nannte mir die Adresse. Ich schrieb sie auf.

Der Kommissar holte dann noch einmal den Ablauf des Vorabends aus mir heraus. Er wollte auch wissen, wo Tom gesteckt hatte. Und ihn interessierte, wann genau die Schloßbeleuchtung erloschen war. Ich wollte dafür von ihm wissen, durch was genau sich der Schütze bedroht gefühlt habe, so daß er einen entsicherten Witwenmacher in den Jungen entladen mußte. Delius litt sekundenlang stärker und knetete einen neiderregend perfekten Teigwürfel. Dann schlug er das Notizbuch auf, suchte lange, fand etwas, was ihn kurzzeitig stärker interessierte, riß sich davon los, suchte weiter und legte den Zeigefinger auf die Stelle.

»Der junge Mann, von dem ich da ja noch nicht wissen konnte, daß es sich um einen jungen Mann handelte, hatte den Herrn Reporter an der Gurgel gepackt, und der Reporter stieß Geräusche aus, als wenn er erwürgt werden würde, was ich nicht zulassen konnte, weil das einen schlechten Eindruck auf die Touristen machen würde, wenn sich herumspricht, daß man bei uns ungestraft jeden Fremden am Hals würgen kann und am Ende womöglich das Ableben eintritt, was ja gleichbedeutend mit beträchtlichen Ausfällen an Fremdenverkehrseinnahmen, also Geld, ist.«

»Hat er das wirklich so gesagt, oder haben Sie ihn vorher betrunken gemacht?«

Delius griff nach einem liegengebliebenen halben Brötchen, um damit herumzukrümeln.

»Er hat dann weiter zu Protokoll gegeben, daß auf dem Gesicht von dem jungen Angreifer ein geisteskranker Ausdruck gelegen habe. Und zusammen mit dem Messer in der Hand sei dann dieser Gesamteindruck entstanden, daß Gefahr im Anzug ...«

»Ein Messer«, sagte ich.

Delius blickte auf und wieder in sein Notizbuch. »Ja natürlich, das Messer haben wir ja auch gefunden. Der Tote hat es noch in der Hand gehalten. Wahrscheinlich haben Sie das in Ihrer Panik gar nicht mitbekommen.«

Nachdem er mir diese Variante dermaßen ans Herz gelegt hatte, wollte ich kein Spielverderber sein und schwieg.

»So sieht's aus«, sagte Delius und schlug sein Notizbuch zu. Ich sah, wie sein schönster Würfel zwischen die Seiten geriet. Jetzt hatte Delius ein eßbares Lesezeichen. Er blickte seine Mitarbeiterin an und behauptete: »Dann haben wir's ja soweit.«

Tom und ich blickten uns an, und ich fragte: »Sagen Sie, Herr Delius, diese Coalition, diese Bürgerwehr, stimmt das, daß die historische Wurzeln hat?«

Delius, schon halb aufgestanden, ließ sich auf den Stuhl zurücksinken. »Das können Sie nicht wissen als Auswärtige«, sagte er. »Das geht auf die Zeit von unserem König Ludwig zurück. Das war wegen der vielen Attentate damals. Da hat unser König Manschetten gekriegt.«

»Wieso eigentlich? Ich denke, er war so volksnah?«

»Er hat ja auch nicht geglaubt, daß in den Bergen ein Attentäter lauert. Das hat sich gegen die Städte gerichtet, besonders gegen München. Er mochte München einfach nicht. Ich übrigens auch nicht. Sie etwa?«

Wir mochten München nicht. Das schiere Bekenntnis reichte ihm, auch ohne nähere Begründung. Kommissar Delius verabschiedete sich und sagte zum Abschluß: »Das wird ein heißer Tag heute.« Seine Assistentin sagte: »Danke für den Kaffee.« Am liebsten hätte sie wohl noch hinzugefügt: »Aber acht Tassen wären doppelt so toll gewesen wie vier.«

Wir sahen der Ordnungsmacht beim Verlassen des Frühstücksraums zu.

»Sie wollen nicht«, sagte ich. »Sie wollen einfach nicht.« Dann schreckte ich regelrecht zusammen, mit solcher Wucht fiel es mir ein: »Mensch, Tom, wir wollten doch heute in die Steilwand. Den Standort für das klassische Foto suchen.«

»Wenn du dich gestern gesehen hättest, hättest du dir das nicht ernsthaft vorgenommen.«

»Morgen, okay?«

»Morgen. Aber nur, wenn du heute abend solide lebst.« Ich blickte Tom prüfend an, aber ich fand keine Anzüglichkeit hinter seiner Bemerkung. Natürlich wollte ich mich heute abend nicht solide benehmen. Ich war noch nie in einer Försterhütte gewesen und nahm mir vor, wenigstens einen Schuß abzufeuern.

»Was fangen wir jetzt mit den Fotos an?« fragte Tom.

»Die zeigen wir Ricarda und fragen sie, ob sie die Galgenstricke schon früher mal an der Brücke gesehen hat. Ein Bild deponieren wir an einem sicheren Ort für den Fall, daß uns doch noch was passiert. Dann weiß diese himmlische Polizei, wer für den Unglücksfall verantwortlich ist.«

»Laß uns sortieren, was wir haben«, schlug Tom vor. »Wir haben einen Überfall, der etwas mit dem Folgenden zu tun hat oder nicht. Ich sehe noch keine Verbindungen. Sind wir uns da einig? Gut, dann haben wir einen Leuchter von 18 Zentnern Gewicht, er kommt in der auf den Überfall folgenden Nacht von der Decke im Schloß. Auf eine Weise, die bisher noch nicht geklärt ist. Es wird Mittag, es wird Nachmittag, und ich werde beklaut. Drei Kameras plus Filme plus Klamotten. Es wird Abend, wir fahren zum Schloß, um Abendaufnahmen zu machen. Du gehst zum Schloßtor, das Licht fällt aus, eine Gestalt springt dich an, murmelt Sachen, die viel oder nichts bedeuten können, und wird von der Bürgerwehr erschossen.«

»Ja, ja«, sagte ich unwillig. »Alles ist für sich allein gesehen plausibel. Alles kann passieren, ein Überfall, ein Diebstahl, das Töten. Aber im Moment, wo wir das, was der Junge gesagt hat, ernst nehmen, wird's eine Bombe. Zumal ich gestern nach dem Vortrag . . .«

»Ja? Was ist? Was war da? Also war da doch was, was du mir nicht erzählt hast.« Tom war beleidigt, und ich hätte ihm so gern mehr gesagt. Aber ich konnte nicht. Der Korken saß auf der Erinnerungsflasche, und er saß fest. Obwohl mir eben so gewesen war, als ob . . .

»Kopfschmerzen?« fragte Tom. »Das wäre die gerechte Strafe für dein Bacchanal gestern.«

»Der Junge hat von einer drohenden Gefahr gesprochen, und ich glaube ihm.«

»Ist ja gut«, sagte Tom. »Ich glaube ihm auch. Ich wüßte nur zu gern, was ich glauben soll. Ein bißchen Halt braucht der Mensch.«

»Er sprach von einer Gefahr, von Toten, vielen Toten, Tausenden Toten . . .«

»Da setzt es schon aus bei mir«, sagte Tom. »Wobei sollen so viele Menschen ums Leben kommen? Nicht mal, wenn ein vollbesetzter Jumbo runterfällt. Und wenn zwei vollbesetzte Jumbos in der Luft zusammenstoßen, sind's auch mal eben erst knapp tausend.«

»Aber wenn drei vollbesetzte Jumbos . . .«

Er blickte mich an, ich trank Kaffee.

»Mich macht das nervös, wenn ich so wenig in der Hand habe«, sagte Tom und aß aus Frust das letzte halbe Brötchen auf. »Komm, wir knüpfen jetzt Verbindungen, so bescheuert sie sich anhören mögen.«

»Okay«, stimmte ich zu. »Wir werden überfallen und sollen verjagt werden, weil irgendwer Angst hat, daß wir irgend jemandes Kreise stören.«

»Weil der oder die Angst vor Reportern hat? Oder Angst vor dem, was wir vorhaben? Wir haben aber nichts

Dramatisches vor. Wir knipsen nur Touristen aus Japan und Kitsch in Neuschwanstein. Das bedroht keinen.«

»Sagst du.«

»Sag' ich, ja. Sag doch was Besseres.«

»Gut, gut. Weiter.«

»Wir lassen uns nicht verjagen und bleiben. Zur Strafe beklaut man mich.«

»Wir lassen uns immer noch nicht verjagen. Und an einem Ort, von dem niemand außer uns beiden wußte, daß wir um diese Tageszeit an ihm sein werden, an diesem Ort springt ein Junge auf mich zu. Vielleicht wußte er, daß er verfolgt wird. Vielleicht wußte er, daß da, wo wir sind, auch andere sind. Feinde des Jungen.«

»Aber woher wußte der Bursche, daß wir da sind? Hat er uns verfolgt? Womit? Er ist fünfzehn. War er nicht allein? Hast du irgend jemanden gesehen, der sich merkwürdig benommen hat?«

»Wenn hier einer beschatten will, hat er gute Karten bei den Menschenmassen.«

»Gut«, sagte Tom und suchte den Tisch nach eßbaren Resten ab. Auch die Käseecke mußte daran glauben. »Warum geht dann der, der von einem schrecklichen Unglück weiß, nicht zur Polizei?«

»Vielleicht kennt er die hiesige Polizei.«

»Nun mal ernsthaft.«

»Ernsthaft weiß ich es nicht. Was wissen wir denn überhaupt von dem, was hier in Füssen und ringsherum vorgeht?«

»Ach ja, Jot We, was weiß der Mensch überhaupt? Was kann er wissen, und warum nicht mehr?«

Wir blödelten uns ein paar Sätze lang aus der Anspannung heraus. Bei mir war viel Hilflosigkeit im Spiel. Je schärfer ich auf bißfeste Informationen wurde, um so peinigender wurde mir ihr Mangel bewußt. Wir waren hierhergefahren, um in vier, fünf Tagen eine Story zu schreiben und abzuknipsen, finito. Wir waren nicht hergekommen, um Ethnologie an Ureinwohnern und Importen zu betreiben. Während Tom der Nebentischbesatzung die letzten Scheiben Wurst und Käse abbettelte, machte ich mir klar, daß ich mich in der Mentalität von Japanern und Amerikanern wahrscheinlich besser auskannte als in den Schädeln bayerischer Voralpenbewohner. Tom kam zurück, präsentierte stolz die erbeuteten Lebensmittel und sagte kauend:

»Ich habe ihnen gesagt, es sei für dich.« Ich blickte kurz zum Nebentisch, zwei Japaner lächelten mir zu. Die ersten zwanzig bis dreißig Male hatte mich diese Taktik von Tom aufgeregt, mittlerweile hatte ich längst resigniert. Ich winkte den Japanern zu, so wurde ein fatales Bild der Deutschen in die entlegensten Winkel der Welt exportiert. Ich trank noch einen Kaffee und wunderte mich über meinen immensen Durst. Ich hatte das morgens sonst nicht, nicht einmal nach alkoholbeschwingten Vorabenden.

»Fragen über Fragen«, fuhr Tom fort. »Woher bekommen wir Sicherheit?« Damals an dem Frühstückstisch in unserem schönen Gasthof, es war unser dritter Tag in Füssen, damals stellten wir noch Fragen, suchten wir noch nach Antworten. Damals waren wir dumm, so dumm. Und als wir dann klüger waren, stellten wir keine Fragen mehr, weil wir die Antworten lieber nicht wissen wollten.

»Los«, sagte ich, »wir brechen auf. Ich treibe mich heute im Schloß herum. Du doch auch, oder?«

Wir gingen auf unsere Zimmer. Ich stand lange am Fenster. Etwas war in mir, das wollte zu mir sprechen. Und es war mehr als mein Darm, der mir nach dem vielen Kaffee einen Besuch der Toilette nahelegte. Selbst auf der Klobrille sah ich ins Weite, obwohl an der Tür zum Badezimmer Schluß war. Ich hatte von vielem eine Ahnung und von nichts eine Kenntnis. Ich hielt es immer noch kaum für möglich, daß sie den Jungen ermordet hatten. Wenn es aber doch so war, hatten wir eine Aufgabe vor uns, die des Schweißes der Edlen wert war, wie eine der vielen Metaphern lautete, die ich nicht leiden konnte.

Ich begriff einfach nicht die Warnungen vor Tausenden von Toten. Der Kommissar hatte nichts von Alkohol oder Heroin bei dem Toten erzählt. Wer halluziniert, nimmt es mit den Zehnerpotenzen wahrscheinlich nicht so genau. Aber immer weiter vorausgesetzt, die Warnung hätte eine realistische Grundlage besessen, dann mußte der Todesschütze mit den Tausenden Toten in Verbindung stehen. Dies war der Punkt, an dem ich mich aus der Beweisführung verabschiedete. Der Schütze mochte ein Mörder sein oder nur übereifrig, ein Neonazi oder ein perverses Schwein; er besaß eindeutig nicht die Qualität, die es brauchte, um ein dermaßen groß angelegtes Verbrechen in die Wege zu leiten. Tausende von Toten. Mir fiel das Bombenattentat des Faschisten auf dem Münchner Oktoberfest ein. Damals waren zwölf oder fünfzehn oder siebzehn Menschen ums Leben gekommen, und ein paar Meter um die Bombe herum hatten 200 000 gezecht und sich hinter den Zelten erbrochen, wie es Brauch ist auf deutschen Volksfesten.

Wie jedesmal warf ich meinen Ausscheidungen einen wehmütigen Blick zu. Wieder ein Kapitel im Leben, das abgeschlossen war. Wie viele Haufen mochten noch dazukommen, bevor mir Freund Hein die Klorolle aus der Hand schlagen würde? Ich überwand die Neigung zum Grundsätzlichen, suchte lieber Papier und Kugelschreiber zusammen. Dann saß ich auf dem Bettrand und blätterte in einem der schlauen Bücher. Ludwig mußte als junger Mann eine strahlende Erscheinung gewesen sein. Einer mit diesem frischen Aussehen macht seinen Weg, auch wenn er von Beruf nicht König ist. Ich betrachtete mir die späten Fotografien. Ludwig hatte in dem Maß an Liebreiz abgebaut, in dem er an Gewicht zugelegt hatte. Um die Augen herum war noch der alte Schwarmgeist zu erkennen. Jedes Leben meißelt am Gesicht und am Körper. Es tat das bei meinen Eltern, bei meinen Lehrern; ich habe zwanzig Jahre ältere Journalistenkollegen altern sehen. Manche alterten still und gleichmäßig vor sich hin; andere taten dies in großen Sprüngen nach langer Phase des gleichbleibenden Äußeren. Einige wurden verbitterter mit den Jahren. Aber sie brauchten dazu normalerweise die Dauer eines Lebens: vierzig Jahre, fünfzig oder mehr.

Bei Ludwig war es schneller gegangen. Auf den ersten Bildern war er siebzehn, achtzehn auf den letzten fünfunddreißig, vierzig. Und älter war er ja auch nicht geworden. In diesen zwei Jahrzehnten war die Zeit über ihn hergefallen wie Heuschrecken über die Felder. Mein Blick fiel auf die im Nachttisch eingebaute Radiouhr. Sie war genauso praktisch und häßlich wie alle anderen Uhren in allen anderen Hotels der Erde. Aber mir fiel beim Anblick der Ziffern mein Leuchterengel mit der Armbanduhr ein. Ich war froh, daß ich Tom nichts von ihm erzählt hatte. Mit jeder Minute, die verging, wuchs die Scham über meine Entdekkung. Ein Engel mit Armbanduhr! Ich machte mich startklar. Um diese Zeit des Tages war der späte Ludwig schlafengegangen.

2

Ich traf mich mit Tom am Wagen, dabei fiel mir ein, daß ich wieder vergessen hatte, den gestohlenen Wein zu bezahlen. Ich begann mich an das Versäumnis zu gewöhnen. Der BMW fand den Weg zum Schloß von allein, ich mußte nur noch das Lenkrad festhalten. Wir spielten unser Bezahlspiel, es ging um das zweite Frühstück. Ich gewann, diesmal tippte ich die Haarfarbe des Fahrers im Pkw vor uns an der Ampel richtig.

Weil ich uns telefonisch angemeldet hatte, stand ein Führer am Schloßtor und ließ uns herein. Er war maulfaul, aber nicht unfreundlich. Der Verwalter lief bereits auf vollen Touren. Er war der ideale Muntermacher, falls man schwer in die Gänge kam. Zweimal eilte er an uns vorbei, grüßte jedesmal, als wenn er uns zum erstenmal an diesem Tag sehen würde, und war verschwunden. Im Schloß brummten die Staubsauger. Die schöne Karin trieb sich wieder in Ludwigs Schlafzimmer herum.

»Sie hängen wohl an diesen Raum?« sagte ich direkt heraus. Sie blickte mich an, als wenn mir Speichel aus den

Mundwinkeln tropfen würde, und saugte weiter. Tom fotografierte die Begegnung zweier Staubsauger, ich verzog mich ins Ankleidezimmer. Hier war die Vertäfelung schlicht gehalten, aber auch hier die Wände voller Gemälde. Den Grundton des Raums schlugen Walther von der Vogelweide und Hans Sachs an. Auf den Bildern wurde demgemäß oft gesungen. Der Sessel vor dem Waschtisch gefiel mir gut, er hätte auch Diana gefallen. Sie hätte das gute Stück in ihr Zimmer gestellt und Blusen und Röcke darüber verstreut. Der Gedanke an Diana schoß mich aus dem Schloß einige hundert Kilometer Richtung Norden. Ich trat ans Fenster, blickte auf die Marienbrücke. So früh am Morgen hielt sich dort drüben kaum jemand auf. Nur dieser Fotograf mit dem langen Objektiv, den ich – jetzt wo ich ihn sah, fiel es mir auf – bereits gestern morgen dort gesehen hatte. Möglich, daß es ein anderer Tourist war. Aber es war jedenfalls ein Mann, und er schien mir wie der von gestern sehr jung zu sein. Vor allem aber das Objektiv. Tom arbeitete selten mit solchen Kaventsmännern, ich sah die nur im Fernsehen, wenn in Fußball- oder Leichtathletikarenen Sportfotografen am Werk waren.

Ich schlenderte weiter durch Ludwigs Wohnräume, in denen er fast nie gewohnt hatte. Vom Wohnzimmer in die Grotte, von dort in den Wintergarten. Er besaß in Neuschwanstein humane Dimensionen, war in einem heutigen Haus vorstellbar. Nichts von den ungeheuren Ausmaßen des Wintergartens in Schloß Linderhof. In diesem Wintergarten konnte man wunderschön zu zweit sitzen und sich die Knie an dem kleinen Springbrunnen stoßen. Und dann der Blick über den Hopfensee und kilometerweit nach Norden, kilometerweit das spielerische Nebeneinander von Wiesen und kleinen Baumgruppen, ein Dutzend verschiedene Grüns, die kleingliedrigen Strukturen und die gelassenen großen Flächen – dieser Blick war nicht so aufregend wie der auf die Brüche und Abstürze der Pöllatschlucht. Er war beruhigend, war eine Absage an jede Form von Streß, er machte friedlich. Wer sich nicht Zeit nahm, um diesen Blick auf sich wirken zu lassen, war ein Maniak unserer rasenden Gegenwart. Ich stand an der Fensterscheibe, sah Neuschwanstein nur noch aus den Augenwinkeln, hatte den Schloßturm im Rücken. Und ich erkannte eine der schönsten Seiten des Schlosses: Es war ein wunderbarer Platz, um Aussichten zu gewinnen. Vielleicht hätte ein 80 Meter hoher Turm ohne Schloß drumherum dasselbe geleistet. Ich lächelte, freute mich über meinen Einfall und beschloß, ihn in der Reportage zu verwenden. Ich setzte mich auf einen der Stühle und schrieb den Einfall auf. Ein mir unbekannter Mann kam am Wintergarten vorbei, sah mich, stutzte. Ich lächelte ihn an, er ging weiter. So gefiel mir das: Probleme mit der Kraft des Lächelns zu lösen. Vielleicht sollte ich Tom heute abend nach Venedig oder Mailand lächeln, einfach mit der Kraft des Lächelns über die Alpen heben und ihn sanft für eine Nacht lang auf der anderen Seite absetzen. Ich freute mich auf Ricarda, ich hoffte, daß sie nicht zu versponnen war. Frauen, die Wollstrümpfe trugen, waren zu vielem fähig. Die zwei Wollstrumpfaffären meines Lebens gehörten zu den leidenschaftlichsten, auch zu den anstrengendsten. Aber in zwei Tagen würden wir ja wieder in unserem schönen Leihwagen sitzen und Neuschwanstein Richtung Norden verlassen. Ich beneidete Ludwig um seinen Blick. Auch drüben in Hohenschwangau hatte er es in dieser Hinsicht gut gehabt. Für mich war das Luxus.

Ein Staubsauger näherte sich dem Wintergarten, dann ein zweiter. Ich verließ meinen Platz, ging vorbei am Arbeits- und Dienstzimmer auf den Vorplatz und von dort in den Thronsaal. Die Absperrung war entfernt worden, der Leuchter hing wieder an seinem Platz. Ich sah mir den Mosaikboden an. Ich blickte noch einmal hin, ich ging in die Knie und wunderte mich sehr. Der Boden war vollständig. Dort, wo der Leuchter aufgeschlagen war, fehlte kein Steinchen. Kein einziges. Ich griff in meine Hosentasche, fühlte die drei Teile, die Tom für mich geklaut hatte. Ich hatte die Hand mit den Steinchen bereits aus der Tasche gezogen, fühlte die Steinchen in der geschlossenen Hand. Aber da war dieses Gefühl zwischen den Schultern. Das Gefühl, beobachtet zu werden, die Faust verschwand in der Tasche, die Faust öffnete sich, die Steinchen lagen in der Tasche. Ich fuhr mit der Hand über den Boden. Die Kratzspuren waren sichtbar, doch wenn das Licht nicht gerade in einem bestimmten Winkel den Boden traf, würde ein Laie keine Spuren von Beschädigung erkennen. Ich suchte den Leuchter nach den Engeln ab, es fehlte kein einziger. Ich fand keinen freien Platz, nichts war abgebrochen oder wirkte provisorisch. Sie hatten gut gearbeitet. Hatten sie gut gearbeitet?

»The show must go on«, ertönte es hinter mir. Aloysius Mordelli, mein Lieblingsführer, stand mit beiden Händen tief in den Hosentaschen im Thronsaal und freute sich, daß er lebte. Der Mann ruhte so sichtbar in sich selbst, es war zum Neidischwerden.

»Saubere Arbeit«, sagte ich.

Mordelli freute sich über das Lob.

»Solche Pannen werfen uns nicht um.«

»Haben Sie denn festgestellt, wie der Leuchter von der Decke kommen konnte?«

»Es muß an der Kurbel liegen.«

»Von allein gelöst?«

»So denke ich mir das. Wir haben jetzt erst mal ganz primitiv einen Stahlnagel reingeschoben, der fixiert die Kurbel. Eine Firma, die auf so etwas spezialisiert ist, wird sich um die Sache kümmern. Dieser Leuchter kommt in meinem Leben nicht mehr von der Decke, das ist mal sicher.«

Wir standen unter dem Leuchter und schauten nach oben. Im Eingang vom Thronsaal erschien eine Frau und sagte:

»Sie suche ich.« Sie schoß auf Mordelli zu, checkte mich blickmäßig in Sekundenbruchteilen ab, katalogisierte mich, archivierte mich. Nach ihrem Verhalten zu schließen, hatte sie mich nicht auf Wiedervorlage gelegt. Sie strahlte, bevor sie den Mund aufmachte, eine ungemein große Zielstrebigkeit aus. Dann öffnete sie den Mund. Ihr perfektes Gebiß strahlte eine ungemein große Bißfestigkeit aus.

»Der Verwalter sagt, Sie gehen mit uns durch die Räume«, sagte die Frau Mordelli auf den Kopf zu. Mordelli blickte sie an, schwieg, schwieg sie mürbe. Die Frau sagte dann auch zügig:

»Fleischmann. Ich bin von CD-Voice.«

Mordelli beendete sein Schweigen und sagte:

»Dann wollen wir mal.«

»Worum geht's?« mischte ich mich ein. Jetzt war ich für die Dame Fleischmann wieder existent und wurde erneut gemustert. Ich hätte mich kaum gewundert, wenn sie mir probehalber mit dem Fingerknöchel gegen die Stirn oder auf die Bauchmuskulatur geklopft hätte.

»Das ist die Dame von der Tonbandfirma«, antwortete Mordelli. Die Frau blickte ihn vernichtend an und erklärte es mir dann. CD-Voice war die Firma aus Lindau am Bodensee, die dafür sorgte, daß Neuschwanstein mit der neuesten Generation von Tonsystemen ausgestattet wurde. An wichtigen Punkten des Schlosses waren Lautsprecher angebracht, jeder Führer konnte per Knopfdruck Erläuterungen zum Schloß in insgesamt zwölf Sprachen abrufen. Es handelte sich dabei nicht um Englisch, Französisch, Italienisch und Spanisch. Für diese Sprachen standen immer ausreichend Führer zur Verfügung. Aber die Japaner bekamen Neuschwanstein in ihrer Muttersprache geliefert, ebenfalls Chinesen, Holländer, Portugiesen und seit kurzem auch Polen, Ungarn und Besucher aus Tschechien.

»Nur Schwyzerdütsch kommt uns nicht ins Schloß«, mischte sich Mordelli ein und freute sich diebisch.

»Die Anlage hier ist von 1978«, fuhr die Technikerin fort.

»1978«, wiederholte ich. »Unfaßbar.«

Sie nickte und warf mir das erste Lächeln zu. Ich hatte mich also nicht getäuscht – Fachidiotentum war vom Geschlecht unabhängig, technische Gläubigkeit vereinte Frauen und Männer, Ingenieurinnen und Ingenieure. Ich machte mich gern über Menschen mit technischem Wissen lustig. Ich konnte nicht anders, ich war technisch der größte Dussel unter der Sonne. Diana ließ mich zu Hause nicht mal mehr Glühbirnen auswechseln.

»Wurde höchste Zeit, daß hier eine ordentliche Tonqualität ins Haus kommt«, fuhr die Technikerin fort. »Die Akustik ist in solchen Gebäuden ja höchst kompliziert. Das bisherige Geplärre . . .«

»Also, ich habe immer alles verstanden«, behauptete Mordelli. »Und die Japaner auch.« Ingenieurin Fleischmann wollte endlich tätig werden. Über die Wendeltreppe ging es ins vierte Obergeschoß hinauf. Die Technikerin hatte keinen Blick für den blauen Sternenhimmel mit den goldenen Sternen, sie strebte zügig in den Sängersaal. Wir betraten ihn in der Mitte. Der Eindruck, den er auf mich machte, war so wie bei allen anderen Räumen. Beim zweiten, dritten Betreten gewann die amorphe Masse »Raum« für mich Gestalt, Detail und Charakter.

Zuerst fiel mir das Fehlen von Blau auf. Gold war gut vertreten: die Kronleuchter an der Decke, die schweren Standleuchter auf dem Parkettboden, die Bemalung der Wände und der Konsolen unter der hölzernen Decke, bei der ein dunkles Rot dominierte. Der Sängersaal war Parzival gewidmet. 15 Bilder illustrierten dramatische Höhe- und Wendepunkte seines sagenumwobenen Lebens. Er nimmt Abschied von Herzeloide, heiratet Kondwiramur, sein Halbbruder heißt Feirefiz, der Einsiedler Trevrezent. Mir kam alles vor wie ein Comic, und ich beschloß, bald unter diesem Aspekt einen Rundgang durch die Räume zu unternehmen. Neuschwanstein als Prototyp einer Kultur, die weniger auf Fingerfertigkeit denn auf populäre Aneignung von Mythen setzt – das gefiel mir. Ludwig hatte garantiert nichts ferner gelegen, als in seinen Schlössern volkstümlich zu bauen. Aber hundert Jahre danach sah die Welt anders aus. Und die Welt blickte mit anderen Augen auf dieses Schloß.

Wir machten vor der sogenannten Sängerlaube halt. Sie lag vier Stufen über Raumniveau und war mehr psychologisch als faktisch durch drei Säulen vom großen Rest des Saals getrennt. Die Laube bildete eine ideale Kulisse, um einen Spielmann in die Klampfe greifen zu lassen. Mir kam sie vor wie die Bühne für ein Schülertheater, und ich gestand mir ein, daß ich dabei war, gereizt zu werden. Ich rannte hier durchs Schloß, ließ mir von einer Technikerin erklären, warum ihre CD-Anlage das Nonplusultra des CD-Wesens darstellte; und um mich herum waberte ein Geheimnis, von dem Tom und ich mehrfach berührt worden waren, von dem wir jedoch nichts wußten. Wir landeten vor einer Art Schaltpult mit verschiedenfarbigen Knöpfen. In das Pult integriert war ein Gerät, das den Frequenzgang der Töne anzeigte, die durch die Anlage liefen. Die Fleischmann rief die Sängersaalinformationen in Japanisch ab und wies stolz auf den Frequenzgang hin. Mordelli schlief fast ein vor Langeweile, und ich sagte:

»Unfaßbar.«

Sie freute sich erneut. Mittlerweile mochte sie mich lieber als den sturen Mordelli. Dafür mochte ich ihn lieber als diesen Technikfreak. Tom betrat den Saal. Er fand die Einrichtung einer modernen Tonanlage höchst bemerkenswert, stellte zwei kompetente Fragen, Mordelli und ich durften gehen. Ich betete, daß er sich mit der Ingenieurin für den Abend verabreden würde. Beim Aufbruch zwinkerte ich ihm verständnissinnig zu und machte in Richtung der Technikerin eine anerkennende Handbewegung. Leider wußte ich da schon, daß sie nicht Toms Typ war. Das war für eine Frau nicht leicht, weil Tom keinen besonderen Frauentyp bevorzugte. Aber diese Frau war es nicht. Nicht nur wegen der fehlenden Käsetheke, obwohl sie jede Käsetheke der Welt unverzüglich mit einer superben CD-Anlage ausgestattet hätte.

Ich wußte nicht, warum ich es tat, aber ich griff in meine Tasche und zeigte Mordelli im Gehen das Foto.

»Kennen Sie einen von denen hier?«

Mordelli sah sich das an, das brauchte Zeit. Menschen und Bild alterten, dann sagte Mordelli:

»Das ist doch die Malerin von der Brücke.«

»Kennen Sie einen von den anderen?«

Mordelli fing mit dem Gucken von vorn an. Ich hätte gern Frau Mordelli kennengelernt, sie mußte eine Mutter Teresa der Ehefrauen sein. Mordelli schüttelte den Kopf, drehte das Bild um, schaute sich die Rückseite an und reichte es mir zurück. Ich wartete auf eine Frage, aber es kam nur Schweigen. Wir gingen hinunter in den dritten Stock, und ich machte, daß ich auf den Söller kam. Der Verwalter und ein mir unbekannter Mann von extremer Blondheit standen unter dem Leuchter, aber ich eilte an ihnen vorbei.

Es war traumhaft schön. Über den beiden Seen lastete noch dünner Dunst, der sich in wenigen Minuten aufgelöst haben würde. Das Wasser war mehr schwarz als blau. Hohenschwangau mit seinem milden Gelb und seinen menschlichen Proportionen war ein Spielzeugschloß, eingehüllt in mehrfarbiges Grün. Darüber und dahinter die Kette der Tannheimer Berge. Jetzt wußte ich ihren Namen, ich wurde von Tag zu Tag klüger. Der Morgendunst zeichnete die Konturen weich, so ließ ich mir Berge gefallen. Sie wirkten nicht, als wenn sie mich Erdenwurm zerdrücken wollten. Sie luden mich ein, sich ihnen zu nähern. Ich würde mich hüten, hier oben auf dem Söller stand ich goldrichtig, sollten sich doch die wie frisch gewaschen und aufgeschüttelt wirkenden Wolken von Westen her über die Berge schieben und dem dahinter bereitstehenden hellblauen Himmel Platz machen. Ich betrachtete das Ganze von einer ziemlichen Höhe, aber nicht von oben. Wenn ich zwei Schritte zurücktrat, bildeten die Säulen und Rundbögen des Söllers einen schönen Rahmen um die Realität.

Neben mir betrat der Verwalter den Söller, gefolgt von dem Blonden mit Trachtenjacke, tiefbrauner Haut und dieser Aura wie eine Körperrüstung, die Angehörige von Geld- oder tatsächlichem Adel ausströmen. Der Schnösel war mit fünfundzwanzig so selbstbewußt, wie ich mit hundertzwanzig nicht sein würde. Dafür haßte ich ihn. Der Verwalter stellte vor. Der Schnösel war ein Prinz

Poldi aus dem Hause Wittelsbach und schien das als Beruf zu betrachten. Er lachte gern und viel, benahm sich überhaupt nicht hochnäsig und verstärkte meine Abneigung. Wie arrogant mußte ein Schnösel sein, wenn er es sich leisten konnte, den Eindruck von Natürlichkeit zu erwekken.

»Ich bin das Vorauskommando für den blaublütigen Besuch nachher«, teilte mir der Prinz mit.

»Sind Sie mit dem Besuch irgendwie verwandt?« fragte ich, und der Prinz sagte lachend: »Sind wir nicht alle irgendwie miteinander verwandt?«

Ich entschied, daß Angehörige des Adels keinen Anschlag mit Tausenden Toten wert waren. Es sei denn, es hätte sich um Tausende tote Adelige gehandelt.

»Ich habe schon mit Ihrem Kollegen gesprochen«, teilte mir der Prinz mit. Ich versuchte ihn mir mit einer Krone auf dem Kopf vorzustellen, aber vor meinem Auge erschien nur immer wieder ein Prinz in Rennfahrer-Asbestkleidung, der mit Zeige- und Mittelfinger das Victory-Zeichen in die Kameras macht. »Er ist ganz heiß auf leibhaftigen Adel«, sagte der Verwalter und bemühte sich nicht, zu verbergen, daß er anders dachte.

Der Prinz fand Toms Interesse lustig, schlug dem Verwalter gegen das Schlüsselbein und sagte: »Sie wissen doch, wie die Leute sind.«

»Das walte Gott«, sagte der Verwalter und warf einen irgendwie haßerfüllten Blick hinunter auf Hohenschwangau. Ich bekam eine Ahnung von der faktischen Macht des Adels in Deutschland, die hinreichte, um einen Schloßverwalter vom Teeren des Innenhofs abzuhalten und in einen Anzug zu zwingen. Die Ankunft der adeligen Gäste aus Dänemark und Schweden wurde am späten Vormittag erwartet, danach würde man im Schloßhotel Lisl unten am See speisen.

Der Prinz zeigte sich dann unerwartet anhänglich. »Das Journalistenleben könnte mich reizen«, sagte er. Ich erwog, ihn in die Funktionsweise eines Kugelschreibers einzuführen, verkniff es mir aber, weil Poldi einfach zu nett für solche Gemeinheiten war. Er verfaßte seit Jahren die Hochzeitszeitungen im Familienkreis. »Damit bin ich ja quasi Europakorrespondent«, sagte er bescheiden. Ich wurde ihn einfach nicht los, und er ließ nebenbei einfließen, wen er alles in der Presseszene kannte. Er kannte sie alle, er kannte viermal so viele Edelfedern wie ich jemals kennenlernen würde, und viele von ihnen mehr als vom bloßen Sehen. Ich blickte den Prinzen scharf an, aber er sagte das alles nicht, um anzugeben. Er sagte es, weil es der Wahrheit entsprach. Wer so viele Möglichkeiten besaß, hatte es nicht nötig zu lügen. Ich begriff, warum Ludwig in späteren Jahren von seinen Artgenossen nichts mehr hatte wissen wollen.

Dann bekam ich den rettenden Einfall. Ich lotste den Prinzen in den Sängersaal zur Technikerin Fleischmann. Er fiel wunschgemäß von mir ab wie ein vollgesoffener Blutegel und saugte sich an der kompetenten CD-Frau fest. Im Fortgehen hörte ich noch, wie sich der Prinz bereits mit seinem ersten Satz als profunder Kenner der CD-Technik zu erkennen gab.

3

Ich verließ das Schloß und trieb mich auf dem unteren Hof herum. Die ersten Besucher des neuen Tages strömten herein. Sie postierten sich vor der Tür, die sie am Kassenhäuschen vorbei an den Ausgangspunkt der Führungen dirigieren würde. Ich mischte mich unter die Menschen, hörte zu, schrieb auf, stellte Fragen und merkte schnell, daß sich zwei bis drei Standardantworten ständig wiederholten. Ich traf nur wenig Kundige, die über das Niveau des »Mad King« und »Dream Castle« hinausgelangten. Das waren die Belesenen, die, denen keiner etwas vormachen konnte, weil sie alles über Ludwig wußten. Ich selbst wußte ja noch wenig, deshalb fiel es mir schwer, den Grad ihres Expertentums einzuschätzen. Häufig handelte es sich um Paare, die sofort begannen, mir ein Privatissimum zu halten, und sich dabei, einander routiniert ins Wort fallend, in den Monologen ablösten. Es war viel Begeisterung dabei. Es gab Kundige, für die der jährliche Besuch des Schlosses seit fünfzehn, zwanzig Jahren zu einem geliebten Ritual geworden war. Es gab Belesene, die zum ersten Mal vor der Tür standen. Diese Menschen strahlten eine dermaßen naive Vorfreude aus, daß es mich anrührte. Da war dieses Ehepaar aus dem westlichen Polen, beide sprachen ausreichend Deutsch und hatten ansonsten ein großes Geschick, sich verständlich zu machen. Sie hielten sich, während sie mir von ihrer Anreise erzählten, an den Händen, und die Frau sagte: »Wir haben uns versprochen, daß keiner von uns stirbt, bevor wir nicht das Schloß gesehen haben.« Sie drückten sich die Hände, lächelten sich an, und ich kam mir vor wie ein Holzklotz. Mich befiel zuverlässig Verlegenheit, wenn ich hautnah Zeuge mitmenschlichen Glücks wurde. Das war einer der Vorteile des Zusammenlebens mit Diana. Dort war ich seit langer Zeit nicht mehr verlegen geworden. Ich überließ die Polen ihrem Glück. Mehrere Japaner drehten sich um und fingen sofort an zu lächeln. Die Polen lächelten ja schon die ganze Zeit. Was sollte ich machen? Ich fing ebenfalls an zu lächeln und floh.

Im Vorbeigehen schnappte mich der Verwalter und zog mich in den Raum der Führer. Karin war da und ihre nicht ganz so aufregende Kollegin, einige neue männliche Gesichter waren da. Der Verwalter stellte mich vor und teilte allen, die es noch nicht wußten, mit, daß ich und der Fotograf das Okay besaßen, sich im Schloß herumzutreiben und an Führungen unserer Wahl teilzunehmen. »Natürlich nur, wenn ihr nichts kaputtmacht«, rief der Verwalter, lachte und entschwand eilig. Noch trug er keinen Anzug, aber er war akkurat rasiert. Die Adeligen konnten kommen. Wenn sie ähnlich wie der grinsende Prinz gestrickt waren, würden sie keine besondere Zumutung sein. Im Hintergrund zog eine Gruppe Amerikaner durch die Räume.

»Garmisch-Tour«, sagte Karins Kollegin, an deren Namen ich mich nicht erinnern konnte. Den Amerikanern war alles Disneyland, und heute würden sie das Original sehen. Um mich herum glückliche Erwartung. Nur die Führer waren kühl wie Hundeschnauze, rauchten, vesperten, tranken Kaffee aus Steingutbechern, und mir fiel auf, daß die meisten Tassen männliche Namen trugen.

Mit meinem albernen Lächeln geriet ich in Karins Blickrichtung. Sie zog die Brauen eine Winzigkeit in die Höhe, schaltete Lächeln an, schaltete Lächeln aus. Sie war ein verdammt attraktives Frauenzimmer. Sie wäre eine gute Partnerin für den Prinzen gewesen, und ich würde die Hochzeitszeitung für ihre Vermählung verfassen.

»Auffi geht's, Compañeros«, sagte Mordelli mit Mordelli-Bedächtigkeit, drückte eine Zigarette aus und verließ den Raum. Ich war so frei, mich Karin anzuschließen. Sie lenkte mich am sichersten von Ricarda ab. Karin sprach perfekt italienisch und bewies es einer kleinen Gruppe aus Mailand und Verona, die von bestechender Aufmerksamkeit war. Keine einzige dumme Zwischenfrage, kein sichtbares Entsetzen über die Kolossalgemälde mit der geballten Ladung Germanentum. Wenn ich mir die Schwerter wegdachte, hätten einige Szenen am Strand von Rimini spielen können. Die Konfektionsgröße von Ludwigs Helden war nicht nur Mittelalter, sie war auch die des vollgefressenen 20. Jahrhunderts.

Von den Italienern seilte ich mich im Thronsaal ab, obwohl es lange dauerte, bis sie den Söller freigaben. Jeder mochte diesen Ausblick, das war mir nicht recht.

Es war warm in Deutschland. Keine 11 Uhr, und die Sonne brannte sengend vom Himmel wie im Hochsommer. Wir hatten Ende September, es war nicht ungewöhnlich, um diese Jahreszeit ohne Jacke rumlaufen zu können. Mir kam es nur so vor, als wenn es seit unserer Ankunft immer wärmer geworden wäre. Ich vergaß das gleich wieder, denn ich stand ja auf dem Söller und blickte auf die Welt. Ich war beides zugleich: in ihr und außerhalb. Mir war klar, daß ich vor fünfzehn und auch noch vor fünf Jahren nichts von diesem Ausblick gehabt hätte. Erst an diesem Tag sprach alles zu mir: die Formen, die Farben, die Komposition. Erst heute beruhigte mich das alles, was ich vor mir sah. Damals am dritten Tag in Neuschwanstein fühlte ich mich noch nicht existentiell aufgerührt, so konnte ich mir das Gefühl des Söllers mit einem Hauch Koketterie leisten. Aber ich spürte schon an diesem Tag die Macht, die auf mich wirkte. Ich spürte sie, bis mich die Garmisch-Tour einholte und ich mich plötzlich zwischen lauter kurzhosigen und dickwadigen weißen und farbigen Amerikanern eingekeilt wiederfand. Alle waren mit ihren Gefühlen schnell zur Hand. *Great, wonderful, heavy sightseeing* und natürlich *romantic, romantic, romantic.* Sie waren dermaßen auf *romantic* eingeschossen, sie hätten selbst überquellende Papierkörbe und vollgeschissene Toiletten *romantic* gefunden, wenn dies alles nur im Dunstkreis Neuschwansteins geschehen wäre. Das Schloß minimierte die Reaktionen. Es war, als wenn der Assoziationsstrom kanalisiert und das bis eben noch gemütlich treibende Wasser pfeilschnell wie in einer Röhre dahinschießen würde. Gedankenkringel, zartes Anschwellen von schönen, großen Gefühlen – das alles hatte keine Chance gegen den Rammbock *romantic. Romantic* war der Stempel, der auf jede Seite der Seele gehämmert wurde; *romantic* war der Riesentrichter, durch den alle Regungen mußten; *romantic* hieß Reduzierung eines bunten Gefühlssträußes auf drei Nelken mit Asparagus. Mich ergriff Verdrießlichkeit. Für die Amerikaner hatte sich der Ausflug nach Neuschwanstein bereits gelohnt. Ich verließ den Söller. Ich wollte ihn allein für mich, oder ich wollte ihn gar nicht. Die Amerikaner würden kommen und gehen; ich würde noch zwei Tage bleiben.

Die Amerikaner stürmten vom Balkon in den Thronsaal, ich zog mit der Gruppe weiter und verstand anfangs den Blick des Führers nicht. Dann verstand ich ihn: Sie brachten ja ihre eigenen Führer mit. Also konnte der Typ mit dem zackigen Aussehen nicht wissen, daß ihm mit mir ein Mann der Medien gegenüberstand, der eine Reportage für seine Landsleute verfassen würde. Ich zeigte ein vorurteilsfreies und nicht unverschämtes Lächeln, aber merkwürdigerweise verlor der Führer seine Skepsis nicht. Er geriet zeitweise sogar aus dem Takt, brach mitten im Satz ab, schaute sich um. Aber dort war nur der Platz, wo Ludwigs Thron nie gestanden hatte. Ich bereitete mich auf die Erklärung meines Status vor. Niemand konnte etwas dagegen haben, daß ein Reporter den 26. Zuhörer abgab. Ich betrieb ja keine Aufhetzung gegen Ludwig oder die deutsch-amerikanische Freundschaft. Ich hatte Amerikaner immer gefährlich naiv, höchst gefährlich patriotisch, aber im Grunde sehr kumpelhaft und offen gefunden, wozu ihre Oberflächlichkeit nicht unwesentlich beitrug. Amerikaner gehörten zu den drei Nationen, von denen ich Angehörige auf eine einsame Insel mitnehmen würde.

Langsam wurde mir mein eigenes Lächeln lästig, endlich schaffte es der zackige Führer auch wieder, Fragen der Gruppenmitglieder zu beantworten. Der Trupp pilgerte aus dem Thronsaal Richtung Treppen. Ich pilgerte mit und erkannte, daß ich eine neue Freundin gewonnen hatte. Ein farbiger Mann trug seine kleine Tochter auf dem Arm. Sie mochte drei Jahre alt sein, vielleicht vier. Eine dazugehörige Mutter sah ich nirgends. Die kleine Tochter beobachtete mich. Als sich zufällig unsere Blicke trafen, brachte sie schnell ihr Gesicht an der väterlichen Brust in Sicherheit, aber nur, um von dort – erst ein Auge riskierend, dann beide – wieder Kontakt zu mir zu suchen. Das Kind war so niedlich, daß sogar ich es mochte. Ich begann also mit dem Mädchen herumzuschäkern. Ich fand solche Dinge sonst peinlich, aber hier geschah es dermaßen selbstverständlich, daß sich nur ein sehr hartherziger Mensch dem Charme der Kleinen hätte entziehen können.

Der Trupp zog in den Sängersaal, und die kleine Niedliche, die sich unverdrossen vom Vater tragen ließ, verrenkte sich den Hals nach mir. Ich fühlte mich geschmeichelt. Wann hatte ich das letzte Mal so lange das Interesse einer Frau auf mich gezogen? Der Sängersaal wurde erwartungsgemäß mit zahlreichen »Ohs«, »Ahs« und

»Wonderfuls« gewürdigt. Als ich die Leuchter sah, fiel mir die Geschichte mit dem Kabel wieder ein, das ich über die Videokamera gesehen hatte – oder auch nicht. Dann fiel mir das Stück Kabel in Toms Jackentasche ein. Dann mußte ich dringend mit der Niedlichen herumschäkern. Ich tat es natürlich dezent, damit ich nicht plötzlich der Affe war, den alle anstarrten. Wir standen vor der erhöhten Bühne, der Führer sprach über Parzifal und die Konzerte, die jedes Jahr im September eine Woche lang im Sängersaal stattfanden. Sie waren so beliebt, daß der Kartenschwarzhandel blühte. An wenigstens einem Tag stand Musik von Richard Wagner auf dem Programm. Von Wagner und der innigen Beziehung zu Ludwig hatten einige Amerikaner gehört. Ich geriet dicht neben Vater und Tochter. Ich hatte das nicht beabsichtigt, es ergab sich. Der Führer sprach über Wagner, als wenn er ein prominenter Quarterback des 19. Jahrhunderts gewesen wäre. Der König wurde wegen seiner zurückgezogenen Lebensweise zu einem frühen Michael Jackson, und ich blies Luft in beide Wangen, damit meine kleine Freundin etwas hatte, worüber sie sich freuen konnte. In diesem Alter waren Frauen ja noch für kleine Freuden dankbar. Sie reagierte wunschgemäß, riß die Augen auf, flüchtete an Vaters Brust und peilte niedlich die Lage. Erst als er »Provision« gesagt hatte, als er »zehn Prozent« gesagt hatte und als er »Graf Holnstein . . . viel Geld im Spiel« gesagt hatte, begann es bei mir zu dämmern – schön langsam, so daß ich noch mit der Speicherung beschäftigt war, während er schon weitermachte. Er hatte bereits »Schwangau. Der Platz. Da campieren sie« hinzugefügt, da hatte ich immer noch nicht kapiert, daß er mich meinte. Denn er schaute währenddessen immer weiter zum monologisierenden Führer, und ich nahm an, daß er zu seiner Tochter sprach. Aber weder achtete sie auf ihn, noch hätte sie diese Worte wohl begriffen. Nicht nur deshalb, weil ihr Vater Deutsch sprach. Es war nicht die Tatsache, daß ein Schwarzer Deutsch sprach. Aber er sprach es mit bayerisch eingefärbtem Zungenschlag. Ein Irrtum war unmöglich. Die Worte »Das Paar. Fragen Sie nach dem Paar« waren lupenrein bayerisch.

Jetzt interessierte mich das Mädchen nicht mehr, obwohl sie – mein Desinteresse wohl spürend – die Intensität ihrer Faxen verdreifachte.

»Meinen Sie mich?« fragte ich leise. Daran erinnere ich mich genau. Ich fragte »Meinen Sie mich?«, und ich flüsterte. An vieles erinnere ich mich gar nicht mehr; und an einiges, das sich dicht hinter die Stirn gekrallt hat, will ich mich nicht erinnern. Aber ich fragte den Schwarzen, von dem ich immer noch annahm, daß er Amerikaner war: »Meinen Sie mich?«

Er blickte mich hartnäckig nicht an, wiederholte nur: »Nicht mehr viel Zeit. Jeder Tag kann es sein. Der Campingplatz. Holnstein. Die Provision. Himmelherrgott, du Bazi, glotz mich nicht so an.«

Darauf blickte ich schockiert woanders hin. Vom Schloßführer schaute ich gleich weiter zum Schaltpult für die zwölf Sprachen in CD-Qualität. Parzival auf der Schindmähre, gekleidet in das Gewand des Narren. Parzival, der seinen Namen nicht kennt und immer nur vorwärts schaut, nie zurück. Parzival, der Ritterlehrling. Parzival, der die richtigen Fragen kennt und in die Einsamkeit geht, um erwachsen zu werden, reif, ein Mensch. Unser bisher so markiger Führer konnte ja, wenn er wollte. Nicht länger Micky Maus in Ritterrüstung, statt dessen ein nachdenklicher Monolog, der die Zuhörer prompt überforderte und sie unruhig mit den Turnschuhen scharren ließ. Der Führer hatte ein Einsehen und forderte zum Weitergehen auf. Ich wußte, daß jetzt der Wendeltreppenabstieg zur Küche im Erdgeschoß folgen würde. Ich blieb stehen, sah den davonschlendernden Amerikanern hinterher. Mittendrin meine kleine Freundin mit den Riesenaugen und dem schwarzen Vater mit den noch dunkleren Worten. Ich hätte mir gern vorgemacht, daß er keineswegs mich gemeint haben konnte. Doch es war schon zu viel passiert, um sich in diese Ausrede retten zu können. Ich steckte mit Tom in etwas drin, das Kreise zog; und wiewohl Tom einundvierzig und ich achtundzwanzig Staaten der Welt gesehen hatten, kam ich mir unbedarft vor, als wenn ich Sprache und Schrift der Einheimischen nicht begreifen würde.

Dann rannte ich los. Vom vierten Obergeschoß führte die Wendeltreppe bis in die Küche hinunter. Ich hörte die Amerikaner im hallenden Rund des Treppenhauses plaudern. Natürlich war wieder einer dabei, der mit lautem »Uuh« und »Aah« Echos erzeugte. Sie waren schon fast unten. Ich rannte, sprang, stürzte mich hinunter. Als ich das Ende der Treppe sah, befürchtete ich plötzlich, daß der Mann und das Kind nicht mehr bei der Gruppe sein würden. Ich hatte viele Filme gesehen, wo es dem Helden genauso ergangen war.

Die Küche besaß die Ausmaße einer mittleren Halle. Sie faßte problemlos 25 Amerikaner und ihren Führer. Vor Luftnot pfeifend kam ich aus dem Treppenhaus herausgewirbelt. Jetzt hatte ich meine Szene: Der Redner brach ab, alle drehten sich zu mir um; verdutzt starrte ich in die Riesenaugen meiner kleinen Freundin. Ich machte eine entschuldigende Handbewegung Richtung Führer, und er sprach weiter über die Vorrichtung, mit der die Teller des Königs gewärmt worden waren, bevor sich die armen Diener drei Stockwerke zu Fuß hinaufbemühen mußten, wo Majestät zu speisen pflegte. Ausschließlich Zerkochtes, weil er keinen gesunden Zahn mehr im königlichen Mund hatte.

»Ich muß mit Ihnen reden«, flüsterte ich keuchend dem Vater zu. Sein Blick war der erste Blick, den er mir überhaupt zuwarf. Ich wußte da schon, daß es ab jetzt nur noch Schwierigkeiten mit uns geben würde. Die Juniorin quietschte vor Lebensfreude, ich tätschelte abwesend auf ihrem Ärmchen herum und hörte mir mit ihr an, wie der Vater sagte, daß er leider kein Wort verstehen würde. Er sagte es in einem Englisch, wie ich es schon in Tennessee mehr vernommen als verstanden hatte. Ich wollte das Spiel gleich nach meinen Regeln spielen und wechselte ins Englische. Das schien ihn zu ärgern, aber ein Ausweg blieb ihm ja noch: Er wußte leider überhaupt nicht, was ich von ihm wollte. Es tat ihm in der Seele leid, aber er habe nie mit mir gesprochen. Auf deutsch? Er lachte. Er beherrsche auf deutsch Kindergarten, Arnold Schwarzenegger, Weißbier und Märchenkönig. Mehr nicht. Nie und zu keiner Zeit. Wie ich auf diesen kuriosen Gedanken käme? Im Sängersaal, aha. Ob ich dafür Zeugen hätte. Seine Tochter, ah ja. Er war kurz davor, mir die Hand auf die Stirn zu legen. Die anderen Amerikaner hörten hingebungsvoll zu, und ich versuchte den Gedanken zu verdrängen, daß ich ins Schwimmen gekommen war. Was mich hier in der Schloßküche weiter festhielt, war der ansteigende Ärger. Ich fühlte mich veralbert – ein Gefühl, das ich ganz schlecht abkann. Der schwarze Vater stand mit seiner niedlichen Tochter auf dem Arm da, strahlte Biederkeit aus und log mich dreist an. Ich sagte ihm, was ich von seinem Verhalten hielt, und er hatte für jedes meiner Worte alles Verständnis der Welt. Dabei sah er mich an, als wenn ich Thanksgiving in diesem Jahr nicht mehr erleben würde, weil mich vorher der Wahnsinn hinweggerafft haben würde.

»Kommen Sie mit raus«, forderte ich den Lügner auf. Ich klang bestimmt nicht gewalttätig, doch sofort schien er meinen Körper nach Muskeln und Kraft zu taxieren. Das Ergebnis trieb ihm keinen Angstschweiß auf die Stirn. Dafür begann ich leicht zu zittern. Es war keine Angst, es war Erregung. Etwas Mysteriöses geschah, und ich hatte den Verursacher greifbar vor mir. Die Bande am ersten Abend hatten wir nicht festhalten können; ihr Auftauchen gestern an der Brücke hatte uns nicht geholfen; wir wußten nicht, wer Tom bestohlen hatte; und der Junge mit den schrecklichen Prophezeiungen war tot. Aber dieser Kerl lebte, und ich betete, daß endlich Tom auftauchen möge, damit wir ihn zu zweit zur Polizei schleppen konnten. Wenigstens zum Schloßverwalter. Wir mußten ihn festhalten, das war jetzt das wichtigste. Der Schwarze hatte sich nahtlos in die Reihe der Mahner und Warner und Bedroher eingereiht. Ich hatte keine Ahnung, warum er es tat. Ich wußte ja kaum, was er eigentlich getan hatte. Aber ich wußte, daß sein Verhalten zu den übrigen Vorfällen paßte. Plötzlich sah ich mich umringt von Amerikanern. Sie bedrängten mich, kreisten mich ein, Dutzende Hände streckten sich mir entgegen, tätschelten mich, streichelten Wangen und Hals. Hinter den Händen Gesichter: besorgt, lächelnd, milde tadelnd, und alle, alle waren stumm. Es war entsetzlich. Sie waren so fremd, und sie taten so intim. Sie waren einerseits alle so freundlich zu mir. Aber keiner von ihnen sprach – bis auf den zackigen Führer. Er stand auf diesem albernen Holzpodest, zwei Stufen hoch hinter dem Herd, und hielt seine Rede über die Diener und Köche und den berühmtesten von ihnen, Theodor Hierneis, der ein Buch über seine Erlebnisse geschrieben hatte, aus dem wir heute wissen, wie es zugegangen ist in den Küchen des Königs, und er hörte einfach nicht auf zu monologisieren, er predigte, salbaderte, trommelte seine Sätze herunter, und keine vier Meter neben ihm betatschte eine Horde Amerikaner einen armen Journalisten aus Europa. Sie standen so eng um mich herum. Keiner von ihnen hielt mich irgendwo fest. Aber sie waren so dicht bei mir, daß sie mich zusammenpreßten wie in einer aus Menschen gebildeten Röhre. Ich rief und protestierte auf deutsch und englisch, in beiden Sprachen durcheinander. Ich war empört, und ich wußte schon, zu welchem Zweck dies alles geschah. Sie wollten dem schwarzen Vater Gelegenheit geben zu fliehen. Ich sah ihn nicht mehr, sah nicht die Riesenaugen seiner Tochter, dieses schöne Bild von väterlichem Schutz und kindlichem Vertrauen, das mich vor zehn Minuten so angerührt hatte. Ich haßte mich für den kitschigen Schlick in meiner Seele. Mich konnte jeder täuschen. Ich schluckte jede noch so dürftige Mimik.

»Haut ab, ihr Bestien!« hörte ich mich schreien. Was lächelten sie mich so an? Sie wußten doch, daß sie mir Gewalt antaten. Und warum redeten sie nicht? Nur der Sermon des Führers erfüllte die Küche; er begleitete die Attacke mit Informationen über den Rauchabzug, der unterirdisch verlaufe. Wärmung von Tellern und Platten; fließend kaltes und heißes Wasser.

»Ihr sollt mich loslassen!« brüllte ich. Ich hatte Angst, daß sie mir die Rippen zerdrücken würden. Sie hatten ja alle Übergewicht. Fett waren sie, aufgedunsen vom Plastikfraß, vollgestopft ihre Därme, fünf Pfund Scheiße pro Fettkloß.

»Hilfe!« rief ich dann. Warum kam niemand und befreite mich? Dieses verdammte Schloß wimmelte doch von Menschen. Wo steckten die Führer? Sie hatten eine Fürsorgepflicht für ihre Gäste. Mordelli sollte jetzt hier sein und mir helfen. Denn sie wichen einfach nicht, sie erstickten mich mit ihren Ausdünstungen, Kaugummi, Schweiß, Deodorants, dem Artgeruch; ich roch Essen und Kaffee, Fäulnis und Frische, Schokolade und kalten Rauch. Ich zitterte und schrie. Erst war alles Wut gewesen, dann Ärger; jetzt war es Panik. Und sie redeten nicht.

»Haltet den Mann fest«, brüllte ich. »Er ist ein wichtiger Zeuge. Er kann ein Unglück verhindern. Ihr macht euch schuldig, wenn ihr ihn entkommen laßt. Laßt mich los. Ihr müßt auch gar nichts tun. Ich erledige alles für euch mit. Kümmert euch um nichts, ich kümmere mich um ...«

In dieser Sekunde löste sich die Menschenröhre. Die Dichte des mich quetschenden kollektiven Fleischrings lockerte sich dermaßen überraschend, daß ich mir wie ausgespuckt vorkam. Ich taumelte auf den Herd zu, fing mich, stand dem Redner gegenüber, der wenigstens jetzt den Mund hielt. Ich blickte mich um, die Gruppe stand in lockerer, wie zufällig gewürfelter Formation: eine Gruppe wie in jedem Museum und Schloß der Welt. Ich war kurz davor, auf die Amerikaner loszuspringen und noch einmal das gleiche Spiel zu spielen wie mit dem schwarzen Vater. Ich hatte schon einen Schritt getan, und es hätte nur noch eines weiteren bedurft, um mich in der Vorentscheidung um den Titel zum »Vollidioten des Jahres« auf Platz eins zu katapultieren. Ich stürzte aus der Küche, bog in einen Gang, rannte an dem Souvenirkiosk vorbei und befand mich in dem Gang, den sie in den Fels gesprengt hatten, um die Besuchermassen zu kanalisieren. Der Gang war lang, er war nicht besonders breit und nicht besonders hoch. Für zartbesaitete Gemüter konnte der Gang durchaus eine psychische Barriere darstellen. Aber nicht für erboste Gemüter. Ich wollte diesen schwarzen Vater einholen, der so perfekt Tennessee-Amerikanisch und bayerisches Deutsch sprach. Vielleicht war er an einer günstigen Stelle, die mir nicht bekannt war, abgebogen. Aber ich konnte jetzt laufen, laufen, laufen. Das tat mir nach der quälenden Enge der letzten Minuten sehr gut. Vor mir wuchs das Sonnenloch am Ende des Ganges. Ich lief und lief, und plötzlich stand da im Sonnenglanz diese Gestalt als Scherenschnitt. Ich sah sie nur vor dem gleißenden Hintergrund, doch kam sie mir gleich bekannt vor. Er trug immer noch seinen Koffer in der einen und den Speer oder Stab in der anderen Hand. Er sah mich laufen, er wirkte nicht alarmiert, nur aufmerksam. Sehr aufmerksam. Alles an dem Mann war auf der Hut. Ich erreichte ihn, sah seine bronzefarbene Haut, die pechschwarzen Haare, das kluge Gesicht mit der breiten Nase. Der Mann kam mir vor, als wenn er sich seit gestern ununterbrochen auf der Suche nach einem Quartier befunden hätte, oder warum lief der Mann, der meiner Meinung nach aus Ozeanien kam, nach einem Tag immer noch mit seinem ganzen Gepäck herum?

»Haben Sie hier eben einen Mann gesehen?« fragte ich gehetzt. »Einen Schwarzen mit Kind? Mit Tochter?« Der Mann schwieg, und ich blickte an seinem Speer oder Stab einmal hinauf und einmal hinunter. »Haben Sie jetzt oder nicht?« Alles, was ich heute morgen an Kommunikation zu stiften versuchte, ging in die Hose. Es war, als wenn ich in einer fremden Sprache zu den Leuten redete. Ich sprach den Mann auf englisch an, da konnte er Deutsch reden:

»Nein, nein, es ist gut«, sagte er. »Ich verstehe Ihre Sprache. Nein, ich sah keinen schwarzen Mann mit Kind. Auch auf dem Weg zum Schloß ist mir so ein Mann nicht begegnet. Entschuldigen Sie mich bitte. Ich habe eine Verabredung.« Er lächelte mich an und ging mit seinem Equipment an mir vorbei durch den Gang in Richtung Schloß.

»Das ist nur der Ausgang«, rief ich ihm hinterher. »Sie müssen durch den Haupteingang, sonst ...«

In diesem Augenblick trat am anderen Ende eine Gestalt in den Gang. Als sie mich sah oder den Fremden sah oder uns beide sah, trat sie sofort aus dem Gang heraus. Der Fremde ging wieder weiter. Er hatte mich zweifellos verstanden; und er hatte zweifellos beschlossen, meine Mahnung zu ignorieren. Von der Schloßseite ergossen sich nun zahlreiche Menschen in den Gang und schluckten den Mann.

Ich trat aus dem Gang ins Freie, um ihren Abmarsch nicht zu stören. Es war enorm warm im deutschen Herbst, die mir entgegenkommende, rot-weiß karierte Wandergruppe hatte alle Kleidungsstücke abgelegt, die man schicklicherweise ablegen konnte. Erbost und hilflos sah ich mich nach allen Seiten um. Ich hatte so viele Möglichkeiten, den schwarzen Vater zu verfolgen, und er hatte garantiert eine Möglichkeit mehr, mir zu entkommen. Ich wußte, wann die Runde verloren war.

Ich wußte auch, wann Kaffee zu lange auf der Warmhalteplatte gestanden hatte. Der, den sie mir am Kiosk andrehten, war ein Kaffee-Methusalem. Ich nahm dem Sud mit viel Milch seine Schärfe und ließ mir von einem Einzelkind von etwa sieben befehlen: »In den Papierkorb für wiederverwertbaren Abfall werfen!« Ich starrte das Kind an, dann seine Eltern, die hinter ihm standen. Sie hatten sich eingehakt und strahlten vor Stolz über dieses Kind. Sie ahnten noch nicht, daß das Gör spätestens bei Erreichen der Pubertät seine Eltern in die Tonne für nicht wiederverwertbare Abfälle stopfen würde, und zwar kopfüber. Unter den aufmerksamen Augen des Kindes ließ ich den Becher in einen von zwei Müllsäcken fallen. Das Kind nickte wichtig und sagte:

»Jetzt hast du ein gutes Gewissen.«

4

Das Wichtigste: Ricarda war da. Das Zweitwichtigste: Tom war auch da. Sie plauderten miteinander. Das duldete ich, denn ich war bis eben ja noch nicht dagewesen. Ricarda freute sich, mich zu sehen. Auch an ihr war der Sonnenschein nicht spurlos vorübergegangen. Sie trug heute keine Wolljacke, sondern eine geblümte Bluse mit gerüschten Ärmeln, die ihre herrlichen Arme bis über den herrlichen Ellenbogen dem Betrachter darboten. Der Rock war wie gestern wadenlang, aber ich sah keine Wollstrümpfe. Die Haare hatte sie wieder hochgesteckt, der schöne, lange Hals kam perfekt zur Geltung. Der Liebreiz von Ohren, Kiefer und Schlüsselbein machte die Wahl schwer, wo ich heute abend mit dem Liebkosen anfangen sollte. Was mich bei Ricarda am wehrlosesten machte, war ihr Blick. Er schien immer ganz leicht von unten zu kommen, obwohl sie sicher einssiebzig groß war. Sie hakte ihren Blick in meinen Blick, hielt ihn zwei, drei Sekunden, wandte dann den Kopf ab. Es war, als würde sie Blickbrocken aus mir herausbeißen und sie anschließend ohne die Notwendigkeit weiteren Augenkontakts wiederkäuen. Ricardas Augen waren der Höhepunkt in einem Gesicht, das nur aus edlen Einzelteilen bestand. Ihre Nase war für meinen Geschmack fast zu ebenmäßig, die Wangenknochen hoch angesetzt; und die Sommersprossen gaben Ricarda einen Zug ins Lausbübisch-Ländliche. Ohne Sommersprossen wäre sie nur unwiderstehlich. Mit Sommersprossen war sie jede Sünde wert, zu der Frau und Mann ohne Zuhilfenahme von Bomben oder Gift imstande sind. Ricarda gewann mit jeder Minute, die man mit ihr zusammen war. Ihre Gelassenheit, die Sicherheit und Gemächlichkeit ihrer Körpersprache, die dazu in schreiendem Gegensatz stehende Kleidung, die unter völliger Ignorierung aller herrschenden Modetrends zusammengestellt worden war. Und natürlich die Wollstrümpfe. Ich kam einfach nicht darüber hinweg. Sie mußte heute abend für mich unbedingt diese Strümpfe anziehen. Ich zog für mein leben gern einer Frau Wollstrümpfe aus – besonders, wenn sie das Letzte waren, was sie am Körper trug. Wir würden die Fenster der Försterhütte zum Beschlagen bringen, und ich würde sie anschließend mit einem Handtuch wieder frei wischen. Rehwild, Rotwild und Schwarzwild würden sich die Nasen an den Scheiben plattdrücken, und die Viecher würden viel lernen in dieser Nacht.

»Ich kam ganz zufällig vorbei«, log Tom.

»Ich auch«, log ich.

»Ich stehe nicht zufällig hier«, sagte Ricarda. Manchmal strahlte sie einen heiligen Ernst aus. Dann hatte sie Augen und Mund bis auf den hundertstel Millimeter genau richtig weit aufgerissen. Es war eine Ahnung der unwiderstehlichen Aufforderung »Bitte, hilf mir«, aber nicht so plump, daß es einem die Schuhe auszog, sondern schwingend und schwebend und ungemein lecker.

Auf der Marienbrücke war gegen Mittag schon wieder der Teufel los. Ricarda kündigte für das bevorstehende Wochenende eine Verdoppelung der Menschenmassen an, zumal, wenn sich das Wetter halten würde. Für mich als Laien sah der Himmel ganz danach aus. Ein paar Wölkchen, die den Anschluß verpaßt hatten, unterstrichen nur das dröhnende Blau über uns. Das Schloß gewann bei diesem Wetter noch, die Grüns der Wiesen und Baumgruppen strahlten von tief innen heraus, das Wasser der Seen sah einladend aus und nicht bloß naß.

»Zeig ihr die Fotos«, sagte Tom zu mir. Ich griff in die eine Jackentasche, in die andere; und als ich in die Hosentasche griff, tat ich es nur, weil der Schreck so groß war, daß ich alles für möglich hielt.

»O nein«, sagte Tom, der zu wissen schien, was jetzt kommen würde.

»Haben wir gleich«, sagte ich kernig und suchte. »Hast du dir die Fotos nicht genommen? Als die Polizei kam?!«

»Das wüßte ich«, sagte Tom. Mir war, als schlug er mir eine Tür vor der Nase zu.

»Dann los«, sagte ich unternehmungslustiger, als ich

mich fühlte, und wandte mich zum Gehen. »Wir fahren zu dem Fotografen. Oder hast du die Negative, wie es sich für einen guten Fotografen gehört, bei . . .?«

Tom schüttelte verbissen den Kopf und verabschiedete sich von Ricarda, als wenn er die Erde umsegeln würde. Ich wandte mich im Gehen noch einmal um und zwinkerte ihr zu. Sie schaute mich so lieb an, daß es mir in die Knochen fuhr.

»Du sollst mich nicht blamieren, wenn Frauen dabei sind«, raunte Tom. Er war wütend, daß er die Negative beim Fotografen liegengelassen hatte. »Es war so eilig, und es ist spät geworden gestern. Und ich kannte den Kay ja nicht und außerdem . . .« Er druckste. »Menschenskind, der hat 1A-Fotobände im Regal stehen. William Henry Fox, falls dir das was sagt.«

»Sollte es?«

Er seufzte tief: »Es ist wirklich nur körperliche Leidenschaft, die mich an dich bindet. Es ist nicht das Geistige, weiß Gott nicht.« Wenn Tom sauer auf sich war, mochte ich ihn fast noch lieber als bei normalem Wellengang. Er konnte sich in regelrechten Haß auf sich selbst hineinsteigern. Ich war dabeigewesen, als er sich geohrfeigt hatte. Und Tom besaß einen harten Schlag.

Auf dem eiligen Fußmarsch hinunter zum Parkplatz erzählte ich Tom, was sich im Schloß mit dem schwarzen Vater abgespielt hatte.

»Immerhin haben sie ihn nicht erschossen«, lautete seine Reaktion. »Man kann sich also mit dir unterhalten und danach weiterleben.«

»Tom«, sagte ich so gedehnt, wie man das bißchen Wort zerdehnen konnte.

»Sag's schon«, knurrte er.

»Ich meine nur . . . die Fotos hatte immerhin ich.«

»Und?«

»Und ich bin es, der sie jetzt nicht mehr hat.«

»Und?«

»Wir könnten uns unter Umständen darauf einigen, daß ich dafür verantwortlich bin, daß die Fotos nicht mehr . . .«

»Ach hör doch auf!« rief er so laut, daß sich nicht nur die Fahrgäste der Kutsche, sondern auch ein Pferd nach Tom umdrehten. »Die Negative sind das wichtige, nicht die Abzüge. Die Abzüge sind gar nichts. Du hast sie eben verloren. Na und?«

»Oder man hat sie mir gestohlen.«

»Oder das. Na und?«

Ich hielt den Mund, es hatte keinen Zweck.

Wir erreichten den Parkplatz siebzehn Minuten später. Aber bevor wir ihn verlassen konnten, verloren wir weitere fünf Minuten. Ein Mazda 121 hatte unseren Wagen zugeparkt. Wir mußten erst warten, bis wir vier Männer von ihren Frauen losgeeist hatten, damit sie uns halfen, den Kleinwagen zur Seite zu stellen. Tom setzte sich ans Steuer und jagte vom Parkplatz, daß es eine Art war. Tom fuhr exzellent Auto, aber der Parkplatz war voll, der Parkplatz war eng. Links ab nach Füssen, und vierter Gang. Toms Wut wurde nicht kleiner.

»Unverzeihlich«, murmelte er. »Unverzeihlich. Wenn ich mir vorstelle ...«

Er sagte nicht, was er sich vorstellte. Dafür trat er in die Bremse, daß mir der Gurt die Luft nahm und ich mit dem Schädel hart gegen die Kopfstütze knallte. Wir standen in dem kurzen Stück Wald zwischen Schloßparkplatz und Stadt.

»Mein Gott«, murmelte Tom. »Um ein Haar hätte ich den König überfahren.«

Der König rappelte sich auf, wir waren beide gleich draußen und halfen ihm vollends auf die Beine.

»Meine Herren, meine Herren«, stöhnte König Ludwig und raffte seinen Mantel zusammen. Er hatte lange zu raffen, der Mantel war bestimmt 3 Meter lang und ebenso breit. Mir war schleierhaft, wie er damit Rad fahren konnte. Nun konnte er es jedenfalls nicht mehr, das Fahrrad hatte statt eines Hinterreifens eine formschöne Acht.

»Sie Idiot«, schrie Tom plötzlich los und packte den König am Schlafittchen. »Sie haarsträubender Idiot.«

»Ich muß doch sehr bitten...« Ludwig nahm regelrecht Anlauf für das letzte Wort des Satzes. Es lautete: »... Untertan.«

Verdutzt ließ Tom den Mantel los. Das gigantische Stück bestand aus rotem Samt und war über und über mit Goldstickerei durchwirkt. Das Schlafittchen schien noch aus dieser Welt. Es war verhältnismäßig kurz, besaß menschliches Maß. Aber der Halsausschnitt war schon überdimensioniert und das Rückenteil war eine meterlange Schleppe mit Zweigen und Bögen, Kronen und Lorbeerkränzen. Den Saum bildete Pelz, innen war er gefüttert, ebenfalls mit Pelz.

»Sie brauchen mich gar nicht ausrauben«, sagte Majestät patzig und raffte kokett den Mantel vor der Brust zusammen. »Mit dem Mantel kommen Sie nicht weit. Den kennt hier jeder. Der ist einmalig.«

Tom hatte beschlossen, den Unglücksfahrer, der so plötzlich aus dem Wald herausgeschossen war, für geistesgestört zu halten, und deutete mir dies mit einer eindeutigen Handbewegung an. Alle Autos, die uns passierten, verlangsamten die Geschwindigkeit. Mehr als eines hupte, ein Pkw hielt zehn Meter vor uns, sämtliche fünf Insassen begannen unverzüglich durch die Scheiben und aus dem geöffneten Schiebedach zu fotografieren.

»Ich will euch noch mal verzeihen«, sagte Majestät und kriegte einfach das Mantelraffen nicht formvollendet hin. Der Mantel hatte eine größere Grundfläche als das Zimmer in meiner ersten Wohngemeinschaft.

Ein Pick-up kam vorbei und parkte vor uns ein. Aus stieg ein Mann, den ich erst nicht erkannte.

»Holla«, rief ich dann. »Sie sehen ja flott aus in dem Anzug.«

»Meinen Sie?« fragte der Verwalter in einem Tonfall, der deutlich machte, daß er das Phänomen des Besseraussehens in einem Anzug für so wahrscheinlich hielt wie die Jungfrauengeburt. Dann wandte er sich an unseren neuen Bekannten: »Mensch, Adam, was treiben Sie denn hier?«

Der derart Angesprochene wich einen Schritt zurück und wehrte den Verwalter mit ausgestreckten Armen ab.

»Weiche von mir«, sagte er mit dieser angestrengten Autorität, die angesichts des gigantischen Mantels und des verbogenen Fahrrads das Komischste war, was ich seit meiner Ankunft in Neuschwanstein gesehen und gehört hatte.

»Mensch, Adam«, wiederholte der Verwalter, wich keineswegs zurück, sondern trat im Gegenteil auf das Königsdouble zu und legte einen Arm um seine Schultern. »Wir hatten doch Anfang nächster Woche abgemacht.«

»Ein König braucht sich nicht an Abmachungen zu halten«, rief das Double. »Ein König ist unberechenbar.«

»Ja, ja, Adam. Aber schau mal. Nächste Woche ist das Oktoberfest zu Ende, dann läßt der Besuch drastisch nach. Dann haben wir viel mehr Zeit miteinander. Adam ... du weißt doch, wie schön es beim letzten Mal war.«

Tom und ich wechselten einen leicht alarmierten Blick.

Das Double wurde aufgeregt. »Ich habe die neue Tristan-Pressung dabei«, haspelte er. »Wenn ich die im Saal hören könnte ...«

»Aber Adam«, sagte der Verwalter eindringlich. »Habe ich nicht immer gemacht, was ich konnte?«

»Das haben Sie ... hast du.« Das Double prallte zurück. »Aber das gehört sich auch so, wenn man Untertan ist.«

Ich hätte dem Verwalter nicht übelgenommen, wenn er den Verrückten jetzt geohrfeigt hätte. Bei dem Mann war ja nicht nur das Fahrrad kaputt. Aber der Verwalter sagte nur: »Wir reden nachher noch mal drüber, Adam, okay?«

Das Double spreizte sich mit wichtigtuerischem Gesicht und sagte: »Na gut. Wenn meine gesellschaftlichen Verpflichtungen mir Raum lassen, will ich sehen, ob ich fünf Minuten für dich erübrigen kann, Untertan.« Dann legte er eine andere Platte auf, seine Stimme wurde eindringlich und flehend: »Den Tristan im Sängersaal. Nachts. Wie letztesmal. Dann wäre ich glücklich.«

Der Verwalter tätschelte die Wangen des Doubles, zupfte ordnend an dem Kragen des monströsen Mantels herum und ging zum Wagen. Als er an uns vorbeikam, sagte er leise:

»Von denen gibt's ein halbes Dutzend. Aus ganz Europa.«

»Aber ...«, begann ich, und der Verwalter unterbrach mich:

»Ich muß weiter. Die Herrschaften warten.«

»Wollen Sie mit dem Lieferwagen die Prinzessin transportieren?« fragte Tom entgeistert.

»Ach was. Wir haben eine Kutsche nach Füssen geschickt. Die Herrschaften legen Wert auf Stil.« Sprach's, trat im Vorbeigehen gegen das kaputte Fahrrad und fuhr davon.

»Können wir Ihnen irgendwie helfen?« fragte ich unschlüssig das Double. Der Mann prallte vor der Wucht der Zumutung zurück. Dann strich er sich mit lachhafter Eitelkeit über die Haare und sagte: »Ich bin noch immer dorthin gekommen, wo ich hin will.«

»Na denn«, sagte Tom, hob das Rad auf und pfefferte es in den Straßengraben. Während Majestät noch unter Schock stand, saßen wir schon im Wagen, und Tom gab Gas.

»Vielleicht wollte er nur noch ein zweites Mal eingeladen werden«, gab ich zart zu bedenken.

»Dann hat er sich eben geirrt. Das wird ja immer schlimmer hier. Haben wir Karneval oder was?«

»Wir sind in Ludwigs Reich.«

»Und du meinst, das ist eine Erklärung?«

Ich wußte nicht, ob es eine Erklärung war. Ich hatte Fanatismus bisher immer nur bei populären Rockmusikstars für möglich gehalten. Oder bei Politikern. Bei lebenden. Ludwig war mehr als 100 Jahre tot.

»Es war ja nur einer«, sagte Tom. »Das Schloß besuchen Tausende. Aber nur einer dreht durch. Was war das überhaupt, was er da trug? Ein Teppich war es nicht.«

»Ein Königsmantel.« Ich hatte in meinen Büchern Ludwig mit solchen Mänteln gesehen. Für verschiedene Zwecke gab es verschiedene Mäntel. Ich beschloß nachzuschlagen, für welchen Anlaß roter Samt mit Gold reserviert war.

Tom fuhr schnell, er wollte zurück im Schloß sein, wenn die Adeligen dort auftauchten. Er umkurvte die Füssener Innenstadt, stoppte dann abrupt.

»Den Rest müssen wir zu Fuß gehen. Man kommt an das Haus mit dem Wagen nicht heran.« Er führte mich ohne ein einziges Mal falsch abzubiegen in eine putzige Gasse. Sie war so schmal, daß ein Sprung über die Straße von Dach zu Dach möglich gewesen wäre. Der Fotograf mochte unter Mangel an Aufträgen leiden. Er hatte sich dafür ein großkotziges Messingschild neben der Haustür geleistet. CHRISTIAN KAY. FOTOGRAF. PORTRÄTS UND REPORTAGEN. So nett hatte ich noch nie einen Fotografen die Tatsache umschreiben sehen, daß er silberne Hochzeiten und Kindstaufen abzulichten bereit war. Tom betätigte den Klingelknopf, es ertönte der Schrei eines Tieres.

»Er sagt, das sei ein Auerhahn«, sagte Tom.

Der Auerhahn krähte noch zweimal, dann wurde im ersten Stock des Nachbarhauses ein Fensterchen geöffnet. Eine Mittdreißigerin, der Mißtrauen ins Gesicht gemeißelt war, lehnte sich heraus und sagte: »Ja?«

»Wir suchen Herrn Kay«, antwortete Tom und ließ den Hahn krähen.

»Der ist heute morgen weggefahren.«

»Dann wird er sicher bald wiederkommen.«

»Das glaube ich nicht.«

Sie wartete, bis einer von uns fragte: »Und warum nicht?«

»Weil er für länger weggefahren ist. Herr Kay hat nämlich einen großen Auftrag bekommen. Ganz überraschend. Er mußte sofort los.«

»Und was ist das für ein Auftrag? Gestern abend wußte er davon noch nichts.«

»Ich sagte ja, es ist ein überraschender Auftrag.«

Die Frau log so offensichtlich, wie ich selten jemanden hatte lügen hören. Ich hätte mich geschämt, so plump die Unwahrheit zu sagen.

»Wo ist er hin?« fragte Tom unbarmherzig.

»Ich glaube, er sagte Asien«, antwortete die Frau. Mir war, als hätte ich in der Tiefe des Raums eine zweite Person gesehen. Aber der Winkel war zu ungünstig, wir standen eine Etage unterhalb der Frau. »Ja, Asien«, sagte sie erleichtert. »Er ist in Asien. Wo Japan liegt und China.«

»Und Dummsdorf«, murmelte ich.

»Ich bin ein Kollege«, sagte Tom und holte zum Beweis eine Kamera aus der Tasche. »Ich war gestern abend bei Herrn Kay und habe etwas im Labor vergessen, das ich dringend brauche. Sie haben nicht zufällig einen Schlüssel?«

»Tut mir leid«, sagte die Frau.

»Wer hat denn einen Schlüssel?«

»Das weiß ich nicht. Niemand. Warum sollte jemand einen Schlüssel haben?«

»Keine Putzfrau? Keine Bekannten, Verwandten? Niemand, mit dem Herr Kay zusammen wohnt oder arbeitet?«

Sie wußte auf alles eine Antwort, und die Antwort lautete jedesmal »Nein«.

»Laß es«, forderte ich Tom auf. »Du siehst doch, sie will nicht.« Er trennte sich von der Frau nur widerwillig, warf beim Weggehen einen Blick auf die zwei oder drei Namensschilder an dem Haus.

In einem der Straßencafés nahmen wir einen schnellen Cappuccino. »Ich hatte ja schon viele Gegner«, sagte Tom beim seelenvollen Rühren in seiner Tasse. »Ich hatte Frauen als Gegner, Kollegen als Gegner, Ausbilder, Nachbarn, sogar den einen oder anderen Autofahrer, trotz meiner bekannt rücksichtsvollen Fahrweise. Aber ich hatte noch nie einen Ort als Gegner. Eine ganze Stadt.«

»Du übertreibst.«

»Das hätte ich bis vorgestern oder sogar noch bis gestern auch gedacht. Langsam denke ich's nicht mehr.«

»Immerhin kriegen wir ja ab und zu Informationen gesteckt.«

»Aber nicht von Einheimischen.«

Ich starrte Tom an, er rührte und rührte und verschluckte fast den Löffel beim Abschlecken. Mir war schleierhaft, wieso er dabei nicht würgte.

»Ist doch wahr«, fuhr Tom fort. »Informationen haben wir von dem armen Burschen vor dem Schloß gekriegt. Der ist Österreicher, obwohl das hier im Grenzgebiet vielleicht nicht die Bedeutung hat, die wir ihm geben. Und die nächste Information flüstert dir ein Mann mit schwarzer Hautfarbe zu.«

»Stimmt«, sagte ich, »und selbst die paar Informationen, die ich zur Heimatgeschichte gekriegt habe, habe ich in Schwangau gekriegt. Nicht in Neuschwanstein.«

»Was hat denn nun der Schwarze gesagt?«

»Alles kriege ich natürlich nicht mehr zusammen.«

»Natürlich nicht.«

»Natürlich nicht. Er hat eigentlich nicht viel gesagt ... Schwangau war dabei. Da muß es einen Campingplatz geben.«

»Gibt es. Hast du gestern nicht das Schild gesehen?«

»So? Aha. Und dort zelten zwei Männer. Oder haben einen Campingwagen stehen. Ob mit oder ohne Familie, weiß ich nicht.«

»Das herauszukriegen wird eine der leichteren Übungen sein«, behauptete Tom und blickte auf seine Uhr. »Wohnen ja höchstens 500 Leutchen auf so einem Platz.«

»Und es ging um eine Provision von zehn Prozent, das weiß ich genau. Und um einen Grafen ging es. Einen Grafen ...«

Mir fiel der Name des Grafen nicht ein. Ich brauchte gar nicht weiter nachzudenken. Was mir nicht sofort einfiel, war mir entfallen. Leider war in dieser Hinsicht auf mein Gedächtnis Verlaß.

Wir nahmen einen zweiten Cappuccino, ich bestellte ein Mineralwasser dazu. Ich hatte den gesamten Tag über Durst und verlor ihn nicht, wenn ich etwas trank. Tom kriegte den Keks, den sie einem in Füssen auf die Untertasse legten. Am Nebentisch hatte ein Gast seinen Keks liegenlassen. Tom linste hinüber, aber es gelang ihm, sich zu beherrschen.

»Also los«, sagte ich. »Auf nach Schwangau, was immer uns dort erwartet.«

»Die Adeligen kommen gleich«, erinnerte mich Tom. »Ich brauch' die unbedingt im Kasten.«

»Dann fahre ich dich am Schloß vorbei und nehme mir den Wagen. Okay?« Natürlich war es okay, über sachliche Fragen einigten wir uns immer in Sekundenschnelle.

Auf dem Weg zum Wagen kamen wir am Schaukasten des Maklers vorbei, vor dem wir schon am ersten Abend gestanden hatten. Ich studierte für mein Leben gern Immobilienangebote. Sie verrieten einem soviel über das Land, in dem man sich befand, über die herrschenden Werte und Moden sowie über die Moral der Verkäufer und Makler.

»Oha«, sagte Tom. In der Tat: Vorgestern waren zwei oder drei Karteikarten im Kasten angepinnt gewesen. Heute waren es sechzehn. Ich weiß das noch so genau, weil der Schaukasten voll war. Vier mal vier Karten.

»Greif zu«, forderte Tom mich auf. »Schönes Anwesen mit Blick auf die Berge. Du schreibst endlich deinen ersten Roman und bezahlst mit den Tantiemen die Hypotheken.«

»Oder der Roman wird ein Flop. Was mache ich dann?«

»Dann wirst du Makler. Los jetzt.«

5

Ich setzte Tom am Fuß des Schlosses ab. Der Parkplatz am Ortseingang war besetzt, und wir hatten erst Donnerstag, einen normalen Arbeitstag. Einerseits freute ich mich aufs Wochenende, andererseits graute mir davor. Ich dachte nicht durchgehend an Ricarda und wußte nicht recht, wie ich das einschätzen sollte. Es hatte Zeiten gegeben, da war ich vor Eroberungen aufgeregter gewesen. Sollte ich das unter »Reife« abbuchen oder unter »Desinteresse«? Das eine hörte sich immerhin nach Erwachsensein an, das andere nach Tod. Kurzfristig erwog ich, ins Hotel zu fahren, um zu duschen. Ich befürchtete, daß ich am Abend nicht dazu kommen würde, und ich war ziemlich sicher, daß Försterhütten nicht serienmäßig mit Duschen ausgestattet waren. Ich hoffte, daß Ricarda es mit der Nähe zur Natur nicht übertreiben würde. Einen Kühlschrank für die Getränke und ein Wasserklosett wünschte ich mir schon sehr. Und vielleicht etwas Musik aus der Konserve. Ich wollte nicht pausenlos reden müssen.

Zwischen Hohenschwangau und Schwangau ließ ich den Wagen laufen. Bei 140 nahm ich den Fuß vom Gas und rollte nach Schwangau hinein. Das erste, was mir auffiel, war, daß vor zwei Häusern Möbelwagen standen. Genau genommen handelte es sich nicht um Boliden von Möbelspeditionen, sondern um Lastkraftwagen ohne Aufschrift. Aber in beiden Fällen waren Menschen dabei, Möbelstücke aus dem Hausinnern in die Wagen zu tragen.

Der Weg zum Campingplatz war exzellent ausgeschildert. Auf nichts wurde im Ort annähernd so sorgfältig hingewiesen. Außerdem sah man den Platz bereits von weitem, weil ich mich hier im brettflachen Alpenvorland befand. Ich blickte zu den Bergen zurück. Gleitflieger waren in der Luft. Bei diesem Wetter würde ich mir diesen Sport – sollte mich eines Tages der Teufel reiten – noch am ehesten zutrauen. Ich stand dann lange neben dem Wagen. Gegen die Großartigkeit dieser Landschaft lebte ich in meiner norddeutschen Stadt inmitten von Scheiße und Stein. Es gab also doch das ganz Andere. Ich hatte mit Ende dreißig so viel Gegenden gesehen wie 90 Prozent unserer Bevölkerung in einem 75jährigen Leben nicht. Ich hatte Wüsten gesehen, Cañons, den Regenwald und die Kordilleren. Ich war in Venedig und in Nepal gewesen. Ich hatte auf der Chinesischen Mauer gestanden und war auf Grönland ziemlich weit nach Norden gekommen. Ich war in meinem Leben also reich beschenkt worden mit Anblikken und Anmutungen. Aber in diesen ersten Tagen in Neuschwanstein war etwas mit im Spiel, das ich vorher noch nie gespürt hatte. Was war anders geworden? Oder war ich selbst anders geworden?

»Ist schon mal einer eingeschlafen im Stehen!« rief hinter mir ein Mittelklasselenker. Ich ließ ihn samt Gattin und Wohnanhänger vorbei. Sie kamen aus Wilhelmshaven und sollten zum Teufel gehen. Ich stieg wieder ein und hängte mich an den Schreier an.

Mein Verhältnis zu solchen Plätzen war nicht mehr zu reparieren. Vor Jahren hatte ich eine Reportage über einen Campingplatz im Schwarzwald gemacht; und vor 14 Jahren hatte ich vier Wochen auf solch einem Platz gewohnt, als ich nicht umhin konnte, mich in die Pächterin zu verlieben. Auf diesen Plätzen waren nicht nur die Autos Mittelklasse, obwohl der Drang zum Wohnwagen in den letzten Jahren eine ungeheure Breite gewonnen hatte und längst zur Volksbewegung geworden war. Gut ausgestattete Wagen kosteten viele zehntausend Mark und boten jeden erdenklichen Luxus. Längst hatten daher auch gut verdienende Bürger an dieser Art des Urlaubs Spaß gefunden.

Ich schlenderte auf dem Platz herum. Er war groß, so daß gar nicht erst diese elende Reihenhausanmutung entstehen konnte. Und er war gut belegt. Ich hielt mich von Kiosk, Grillplatz, Toiletten, Duschen und vom Häuschen des Platzwarts fern. Kinder tobten, Hunde bellten, Wellensittiche und Kanarienvögel flatterten im Käfig, der auf dem kleinen Rasenstück stand. Frauen zeigten Speckbauch, Männer Stachelwaden, und manchmal war es umgekehrt. Männer lasen den Börsenbericht, Frauen legten vor winzigen Campingspiegeln Tages-Make-up auf, und nie war es umgekehrt. Die meisten Parzellen waren menschenleer, das Wetter war auch viel zu schön, um neben dem geliebten Sechszylinder zu sitzen und die Wohnwagen-Satellitenantenne auf norditalienische Pornosender auszurichten. Jeder zweite Camper, den ich sah, trank. Am liebsten hätte ich ihnen die Flaschen aus der Hand gerissen. Vielleicht war ich über Nacht zuckerkrank geworden, dieses Leiden kündigte sich durch übermäßigen Durst an.

Ein paarmal erwiderte ich Grüße. Ausgerechnet die, bei denen am Fahnenmast die größte deutsche Fahne schlaff in der Windstille hing, waren die Freundlichsten. Zu meiner Zeit hatte ich mehr Fantasiefahnen gesehen. Heutzutage waren die Lappen Schwarz und Rot und Gold; am Haupteingang die weiß-blauen bayerischen Rauten und eine Kollektion europäischer Nationen, um Weltläufigkeit und Offenheit für nichtdeutsche Geldscheine zu signalisieren. An einem einzigen Mast hing die Schweizer Fahne. Weißes Kreuz auf blutigem Tuch, und nicht schlapp am Mast, sondern akkurat an einer Leiste aufgehängt, wie Gardinen an der Gardinenstange. Es war der Anblick der Schweizer Fahne, der mich elektrisierte. Es war nicht der Anblick des blitzblanken Lancia mit Schweizer Kennzeichen, auch nicht der Anblick dieses über 10 Meter langen Wohnwagens, der gleichzeitig Luxus und gesegnetes Alter ausstrahlte. »Der Graf«, murmelte ich, »der Graf, der Graf, der Graf. Es gab doch einen Grafen, der für Ludwig Millionen bewegt hat.« Aber ich wußte zu wenig. Ich mußte ins Hotel, um mich schlau zu machen. Ich eilte davon, drehte mich noch einmal um und sah den Mann in der geöffneten Tür des Wohnwagens stehen. Er hielt ein Plastiksieb in Händen, aus dem Salat, Karotten und Bohnen lugten.

Im Laufen erwiderte ich Grüße, saß im Wagen, kurvte vom Gelände und mußte stoppen, weil zwei Ponys mit Mädchen drauf die Ausfahrt vom Campingplatz querten. Ein Mädchen war so groß, daß sie grotesk die langen Beine abknicken mußte, die sonst bis zum Knie die Erde berührt hätten.

Ich schaltete gerade hoch, als das Telefon ansprach. Das ungewohnte Geräusch erschreckte mich dermaßen, daß ich den Wagen leicht verriß. Es war nicht gefährlich, doch der entgegenkommende Lieferwagen einer Backwarenkette regte sich schrecklich auf, bediente die Lichthupe und lieferte mir das international bekannte Zeichen für »Arschloch«. Ich fuhr rechts ran, nahm den Hörer ab, sagte nichts.

»Hallo? Sie! Sie sind ja immer noch da. Haben wir Ihnen nicht gesagt, ihr sollt machen, daß ihr wegkommt? Jetzt ist es zu spät. Jetzt wird es ernst. Viel Spaß beim Endspiel. Da zeigt sich der Meister. Laß mich doch. Ich will ihm doch nur –« Das Telefon war tot. Die letzten Worte der jungen, aber nicht mehr jugendlichen Männerstimme waren nicht für mich gedacht gewesen. Irgend jemand hatte im Hintergrund rumort. So, das hatten wir jetzt also auch. Eine telefonische Bedrohung war bisher noch nicht dabei gewesen. Ich blickte nach links zu den Gleitfliegern. Wahrscheinlich würde sich einer dieser Plastikvögel bald auf Tom stürzen, ihn in den Nacken beißen und in seinen unzugänglichen Horst schleppen, wo der Brut der Magen knurrte. Bei jeder neuen Bedrohung brach mir die letzte erfolgreiche Verdrängung unter dem Hintern weg. Ich gestand mir, daß einer der Amerikaner im Schloß die Fotos gestohlen haben mußte. Sonst war niemand, vom Frühstückstisch im Hotel bis zur Feststellung des Verlusts, dicht genug an mich herangekommen. Und eingesteckt hatte ich die Fotos von der Brücke todsicher. Ich spürte noch regelrecht die Bewegung, mit der ich die Bilder vor den Polizeibeamten in Sicherheit gebracht hatte. Oder hatte schon vor der Küche der schwarze Vater zugegriffen? Und was wäre, wenn ich nach Garmisch-Partenkirchen fahren würde, um die Teilnehmer der Schloßbesichtigung ausfindig zu machen? Noch vor wenigen Tagen hätte ich diesen Gedanken naheliegend, folgerichtig, vernünftig und sinnvoll gefunden. Heute konnte ich nur noch bitter darüber lächeln. Folgerichtigkeit und Sinn waren nicht die Zutaten, aus denen hier die Kuchen gebacken wurden.

Warum passierte ausgerechnet uns so viel Ungewöhnliches von so vielen verschiedenen Seiten, für die ich auch nicht einen einzigen gemeinsamen Nenner finden konnte? Im Wagen am Straßenrand fühlte ich mich stark genug, um verwegener zu denken: Warum schüchterten sie uns so diffus ein? Warum teilten sie uns nicht deftiger mit, was wir bedrohten, von wem oder was sie uns abhalten wollten? Sie mußten wissen, daß weder Tom noch ich jemals eine Aktie an dieser Gegend, an Neuschwanstein oder dem Tourismusgeschäft besessen hatten. Ich kannte hier nicht einmal jemanden persönlich, und Tom hatte auch noch nie erkennen lassen, daß er sich hier an jemanden erinnerte. Ich glaubte mittlerweile auch nicht mehr an ein großes Mißverständnis. Den Irtum hätten sie inzwischen erkannt. Sie wollten uns treffen oder Tom allein oder mich allein. Wir waren beide gemeinsam und beide einzeln bedroht worden. Oder nicht? Was war das vor dem Schloßtor gewesen? Der Junge wollte mich doch nicht bedrohen, oder? Wer hatte die Mär von dem Messer in die Welt gesetzt? Und weshalb war die Polizei so scharf darauf, den Fall schnell abzuschließen? War sie scharf darauf, oder las sich für einen Außenstehenden der Vorfall nicht tatsächlich wie eine tragische Verkettung von Mißverständnissen? Bei dem Vortrag gestern hatten mich alle so angeguckt, als der Kerl mit dem Ludwig-Emblem an der Jacke hereingestürzt kam. Überhaupt wurde in dieser Gegend viel geguckt und wenig geredet – zumindest wenn es darauf ankam. Der verdammte Durst ließ nicht nach, und wahrscheinlich war es die Spekulation auf einen gastfreundlichen Kaffee, die mich doch nicht ins Hotel fahren ließ.

6

Ich fragte den ersten Einheimischen, den ich nach viehrzehn Auswärtigen auf der Straße traf, wo der alte Lehrer Unruh wohnte. Unruh bewohnte das Haus neben der Gemeindeverwaltung. Vor dem Verwaltungsgebäude stand eine Informationstafel mit den Adressen aller einheimischen Vermieter, vor Unruhs Haus stand der Hausherr. Er schien nicht überrascht, mich zu sehen. Wir plauderten über das Wetter, über BMWs, über den Drang zum Wandern. Ich lauerte darauf, daß er mir eine Frage zu gestern abend stellen würde. Aber er lud mich lediglich zu einem Kaffee ein, das war auch viel besser. Genaugenommen bot er mir anfangs ein Glas Mineralwasser an, aber es gelang mir, ihm dies auszureden. Ich hatte einen regelrechten Brand auf Kaffee. Unruh trug heute ein buntes Baumwollhemd, das den über 70jährigen Mann sichtlich verjüngte. Er wirkte ja auch sonst nicht kränklich, sondern im Gegenteil wie ein Modell für die Verlockungen des Ruhestands.

»Wir setzen uns auf die Terrasse«, entschied Unruh. »Das erspart mir einige Zumutungen.« Bei diesen Worten blickte er auf die andere Straßenseite. Dort stand ein formidabler Bungalow mit üppigem Grün im Vorgarten und einem Mast, an dem die weiß-blaue Landesflagge hing. Vor Unruhs Haus stand auch ein Mast, an ihm hing die gleiche Fahne. Was an dem Nachbarhaus so schrecklich war, enthüllte Unruh, nachdem wir auf seiner Terrasse in schönen alten Korbstühlen mit Schaumgummiauflage versunken waren.

»Da drüben wohnt er.« Pause. »Sie wissen schon.« Pause. »Zwingen Sie mich nicht, den Namen in den Mund zu nehmen.« Keine Pause, statt dessen der verärgerte Ausruf: »Himmelherrgott, ich denke, ihr Presseleute seid so helle.«

Drüben wohnte Martell, der zugereiste praktische Arzt Martell, der den konkurrierenden König-Ludwig-Verein ins Leben gerufen hatte und den sie alle dafür haßten. Eine alterslose Frau mit einer Schürze, deren strahlendes Weiß in die Augen stach, trug Kaffee auf den Terrassentisch, sagte kein Wort und verschwand wieder im Haus.

»Aber es ist doch bequem, wenn man zum Doktor nur kurz über die Straße laufen muß«, sagte ich. Unruh starrte mich an, und ich trank zügig die erste Tasse aus, bevor er mich seines Grundstücks verwies.

»Junger Mann, nehmen Sie zur Kenntnis, daß ich kein

Patient dieses ... dieses ... Phänomens bin. So weit kommt es noch.«

»Wer ist denn Patient bei Martell?«

»Ach, genug«, antwortete Unruh leidvoll. »Der Mensch ist ein Gewohnheitstier. Und er tut charmant, der badische Hund. Seine Sprechstundenhilfe geht dauernd Klinken putzen und behauptet überall: ›Der Doktor ist auch nur ein Mensch.‹ Hah. Wenn das so einfach wäre.«

An Unruhs Unterarmen und Schläfen traten die Adern hervor. Grimm plagte den alten Mann, und ich bemühte mich, keine falsche Frage zu stellen. Aber fragen mußte ich ihn.

»Worin unterscheiden sich denn Ihre Auffassung und die Auffassung Ihres ... Kontrahenten?«

»Sagen sie ruhig ›Feind‹. Darauf läuft es ja hinaus. Noch Kaffee?«

»Ach ja, bitte, unbedingt.«

»Dann bedienen Sie sich. Sie haben die Kanne ja sowieso schon neben sich stehen.«

Ich tat es sofort und sagte dabei: »Es geht doch um das Leben eines Königs aus dem letzten Jahrhundert. Das ist ja nicht besonders lange her, in historischen Abläufen gemessen.«

»Lange genug, um zu fälschen und zu lügen.«

»Das wollte ich gerade sagen. Soweit ich weiß, ist das Leben dieses Königs doch von vorn und hinten vermessen und beschrieben und bekannt.«

»Dann wissen Sie nicht viel, junger Mann. Dann wissen Sie, mit Verlaub, gar nichts. Mit dem gefälschten Geburtsdatum geht es doch schon los. Und mit dem Mord am König hört's auf. Dazwischen ist wenig klar. Und das Wenige bestreiten Martell und seine Leute auch noch. In München gibt's weitere Clubs und Vereine. Gut, daß unser König das nicht mehr hat miterleben müssen. Er hätte noch weniger Freude an seinem Leben gehabt.«

»Nennen Sie doch mal einen Punkt, bei dem Sie und Martells Verein sich widersprechen.«

»Einen? Ich könnte Ihnen hundert nennen. Zweihundert.«

»Nennen Sie nur einen!«

Unruh begann zu brüten, verfiel in langes Schweigen. Ich nutzte die Zeit, um Kaffee zu trinken.

»Ich hab's gleich«, sagte der alte Lehrer. »Ich will nicht mit irgendeinem Beispiel kommen. Es soll ja aussagekräftig sein, bitte schön. Es soll den von der anderen Seite in seiner ganzen Dürftigkeit darstellen.«

»Ein einziges Beispiel reicht mir vollkommen.«

»Das ist falsch. Sie müssen sich für den ganzen Ludwig interessieren.« Er schwieg, brütete, erhob sich, schritt unruhig im Garten auf und ab. Unruh pflegte eine lässige Art der Gartenkultur. Der Nutzteil stand gut im Futter, ich sah Bohnen, üppige Tomatenstauden mit prächtigen blutroten Bällen. Am Komposthaufen regierte Rhabarber, der Pflaumenbaum war mit einem Netz vor Staren und Drosseln geschützt. Die Rabatten waren wohl weitgehend sich selbst überlassen, die Dahlien mußten sehen, wie sie durchkamen. Auf dem Rasen viel Klee, von der Sonne verbrannt. Unruhs lockere Gartenmoral wollte nicht zum Fanatismus passen, den er bei einem toten König an den Tag legte. Plötzlich kam Bewegung in den Mann. Er eilte zu mir, daß ich mich unwillkürlich in meinem Stuhl kleinmachte.

»Nehmen Sie den Brandl«, rief er triumphierend. »Nehmen Sie nur den Brandl. Das sagt wohl alles.«

Ich wehrte den leidenschaftlichen Mann ab und fragte: »Wer bitte war das?«

Unruh prallte zurück. »Mann! Sie wissen ja nichts! Und Sie wollen einen Artikel über Ludwig schreiben?«

»Nicht über Ludwig«, wandte ich zart ein. »Über Neuschwanstein.«

»Aber Neuschwanstein ist Ludwig«, rief Unruh.

»Bitte etwas leiser«, ertönte eine gequälte Stimme vom Nachbargrundstück. Sie hatten mit undurchsichtigen, übermannshohen Holzzäunen die Grenze zwischen den Grundstücken befestigt.

»Das sind auch solche Lauwarmen«, spuckte Unruh verächtlich aus. »Zugezogene. Keine Ader für das Geschichtliche. Vegetieren alle im Hier und Heute. Und da werden sie auch verrecken, in ihrem bunten Hier und Heute. Sie werden ohne Trost sterben. Hah.«

»Brandl«, erinnerte ich und wehrte mich innerlich nur noch aus Respekt vor Unruhs Alter vor der Erkenntnis, daß die jahrzehntelange Parteinahme für Ludwig tiefe Fahrspuren in die Psyche seiner Jünger gräbt.

»Sag' ich doch«, rief Unruh, blickte zum Zaun, setzte sich, rückte mit seinem Stuhl dicht an mich heran und flüsterte heiser, was ich ebenso überzogen fand wie das Schreien vorher: »Der Brandl war ein ganz Schlauer. Kein Wunder, er stammte aus der Gegend hier. Bauunternehmer Brandl, Sie kennen ihn nicht zufäl...? Nicht, aha. Hätte mich auch gewundert. Sie müssen ganz vorn anfangen, junger Mann. Unser Ludwig ist kein Mann für einen Tag.«

»Brandl, bitte.«

»Brandl? Wieso? Ach so, der Brandl. Hat sich an Neuschwanstein eine goldene Nase verdient. Er hat die Ausbauten in Hohenschwangau gemacht, und als er hörte, daß der König auf dem Falkenstein eine weitere Burg errichten will, ist er ganz eifrig geworden, der Brandl. Damals, es war 1885, war der König bereits bis über beide Ohren verschuldet. Sechs Millionen oder sieben. Das war für damalige Verhältnisse eine ungeheure Summe, müssen Sie wissen.«

»Und was sind sechs Millionen für heutige Verhältnisse?«

»Aber ich bitte Sie. Bei einem König! Der stets das große Ganze im Auge hat. Jedenfalls war der Baurat Brandl seinerzeit so großherzig, Majestät mit einer Million unter die Arme zu greifen.«

»Die er später doppelt und dreifach als Verdienst zurückhaben wollte.«

Unruh vereiste in der drückenden Nachmittagssonne. »So redet der von der anderen Seite auch. Er ist immer schnell geneigt, den Zeitgenossen des Königs eigennützige Motive zu unterstellen. Bei einigen mag er recht haben. Bei anderen ...«

Ich riskierte es und warf das Stichwort »Provision« in die Debatte. Unruh war überrascht. »Holnstein? Die Pferdeexzellenz? Was wissen Sie von ihm?«

»Was wissen Sie von ihm?«

»Na, alles natürlich. Was haben Sie denn gedacht?«

»Sind Sie sich in der Einschätzung Holnsteins mit dem da ...«, ich wies in Richtung des Martell-Hauses, »... sind Sie sich mit ihm einig?«

Unruh lachte höhnisch. »Ich bitte Sie. Der von der anderen Seite äußert die häßlichsten Verdächtigungen gegen den Oberstallmeister.«

»Stichwort Provision.«

Die Frau in der ungeheuer weißen Schürze erschien mit einer Kuchenplatte, stellte sie schweigend auf den Tisch und ging schweigend ins Haus.

»Deutsche Geschichte«, sagte Unruh, nachdem er hochzufrieden ein Stück Butterkuchen verspeist hatte. »Holnstein und nicht dieser herrliche Kuchen, der, Gott sei's gedankt, Gegenwart ist, obwohl er zweifellos alle Gaben besitzt, um in die Geschichte des Backwerks einzugehen. Die Provision hängt Holnstein wohl bis in alle Zeiten an. Ich will's kurz machen, weil's so lupenrein zutage liegt. Holnstein hat eine wichtige Rolle bei der Gründung des Deutschen Reichs im Jahre 1871 gespielt. Er war eine Art reitender Bote zwischen Bismarck, dem schrecklichen Preußen, und König Ludwig, unserer Majestät, die wir noch heute alle in einer Weise verehren, wie heutzutage kein einziger Preuße den alten Bismarck verehren dürfte. Sind alles prosaische Typen, die Preußen. An Menschen wie Bismarck gibt es auch nichts zu verehren. Sie besaßen keine Aura, sie waren nur vernünftig. Das ist nicht wenig, aber mehr ist es auch nicht. Menschen wie Bismarck kann man nur respektieren.«

»Hassen?«

»Gern«, sagte Unruh und schmunzelte. Er war wohl zufrieden, daß ich meine Lektion im »Traditionalist sein« so schnell lernte.

»Bismarck war ein realistischer Politiker, das mag für deutsche Verhältnisse schon viel sein. Aber Ludwig war ein bayerischer König, der mehrere Jahrhunderte in seinem Leben und in seinen Schlössern zusammenfügen wollte. Ludwigs Wurzeln reichten bis ins Mittelalter zurück. Bismarcks Wurzeln reichten bis zu den letzten Wahlen.«

Unruh schüttelte die leere Kaffeekanne, ging ins Haus, war schnell wieder draußen und forderte mich auf, ihm zu folgen. Das Grundstück war lang und schmal. Wir durchquerten einen Kartoffelacker, erreichten das Ende von Unruhs Land. Hinter einem einfachen Drahtzaun begannen Wiesen, am Zaun stand eine schlichte Holzbank. Unruh lud mich ein, sich neben ihn zu setzen. Erst als ich saß, erkannte ich in der Ferne das Schloß.

»Wunderbar«, sagte ich spontan.

»So fühle ich jedesmal aufs neue, wenn ich hier sitze. Meine Begeisterung läßt nicht nach. Man könnte annehmen, in 49 Jahren legt sich das.«

Wir waren drei Kilometer von Neuschwanstein entfernt, mehr als Tom und ich am Morgen unserer Ankunft.

Unruh schaute lange zum Schloß hinüber und sagte dann: »Einen Mann wie Bismarck zu schätzen, das ist eine Frage der politischen oder historischen Einstellung. Einen Mann wie Ludwig zu mögen, das ist Zustimmung zu einer Art zu leben.« Er blickte mich an, wirkte plötzlich überraschend scheu:

»Und es ist Zustimmung für eine Art zu träumen.«

Ich blickte ihn an, jetzt war er ein schöner Mann, weil das auftrumpfend Selbstsichere brüchig geworden war und unter dem Firnis den empfindlichen Kerl enthüllte.

Unruh riß sich zusammen: »Wir sprachen über Holnstein. Sie wissen vielleicht, daß es in Bayern und speziell bei König Ludwig heftigen Widerstand gab, einem Mitglied des Hauses Hohenzollern die deutsche Kaiserkrone anzutragen. Bayerns Souveränität ist ein hoher Wert, einer der höchsten, mein Herr. Das hat nichts mit Separatismus zu tun oder jedenfalls weniger, als Sie annehmen mögen. Egal, es ist dem politischen Genie Bismarcks zu verdanken, daß er unsern König dazu brachte, die Kaiserproklamation im Jahre 1871 zu ermöglichen. Es ergab sich, daß Bismarck eine Form fand, bayerische Widerstände geschmeidig zu überwinden. Ludwig war damals ja schon ein begeisterter Bauherr und brauchte mehr Gelder, als ihm von Staats wegen zustanden. Bismarck griff in eine preußische Sonderkasse, und einmal im Jahr stand Oberstallmeister Holnstein in Bismarcks Büro und reiste mit 300 000 Gulden zurück nach München.«

Ich pfiff leise. Das wurde ja plötzlich ungeheuer nachvollziehbar, so irdisch, so normal. Die weiße Frau brachte neuen Kaffee, Unruh stieg auf dunkelroten Fruchtsaft um.

»Am Ende waren es rund sechs Millionen Gulden. Die letzte Rate war wenige Tage vor dem Tod unserer Majestät fällig.« Unruh blickte mich prüfend an. »Nein, junger Mann, das war kein Fall von Bestechung.«

»Aber ein bißchen hört es sich schon nach Schmiergeld an.«

»Majestät brauchten das Geld für seine Traumschlösser. Kann es einen schöneren Zweck geben, um kaltes Staatsgeld zu verwenden? Finden Sie es besser, wenn von dem Geld Waffen gekauft worden wären?«

»Und was hat es mit der Provision auf sich?«

»Ach das«, sagte Unruh wegwerfend. »Es gibt Hinweise, dürftige Hinweise im übrigen, daß Holnstein für seine Kurierdienste eine kleine Anerkennung erhalten hat.«

»Wie klein?«

»Klein.«

»Wie klein?«

»Zehn Prozent.« Unruh rückte auf der Bank hin und her.

»Einmal oder jedesmal?«

Jetzt tat Unruh wohl jeder Tropfen Kaffee leid, den er an mich verschwendet hatte. Holnstein hatte jedes Jahr zehn

Prozent Provision erhalten und er war 15 Jahre nach Berlin gereist.

»Hat der Mann als Stallmeister . . .?«

». . . Oberstallmeister. Ordnung muß sein.«

». . . als Oberstallmeister, da hat er doch ein Gehalt bezogen?«

»Selbstredend«, rief Unruh enthusiastisch. »Unser König ließ doch seine Untergebenen nicht verkommen.«

»Warum dann die jährlich 30 000 Gulden Provision? Für einen Angestellten?«

Unruh riß sich vom Anblick des Schlosses los. »Sehen Sie, junger Mann, das ist auch so ein Punkt. Da haben wir ein Phänomen, das uns Heutigen nicht auf den ersten Zugriff erklärlich ist. Und jetzt können wir darauf so oder so reagieren.«

»Sie meinen, das ist wie bei einem Dogma der katholischen Kirche? Ich darf nicht nachdenken, ich muß glauben. Augen zu, und durch.«

In mir war der Freigeist durchgebrochen. Ich konnte nur hoffen, daß ich damit Unruh nicht verschreckt hatte. Immerhin befanden wir uns in einer erzkatholischen Gegend.

»So etwa«, sagte Unruh zum Glück. »So etwa. Ich kann nun dem Holnstein allerlei Despektierliches unterstellen. Aber ich kann auch anders reagieren. Ich kann sagen: Unser König hat dem Manne erlaubt, die zehn Prozent in Abzug zu bringen. Unser König hat einen Vertrauten gebraucht. Unser König besaß in den späten siebziger und frühen achtziger Jahren kaum noch Freunde. Sein Traum war wohl manchmal zu groß für seine Zeitgenossen. Nicht nur Macht erzeugt Einsamkeit; nicht nur Genie. Auch die Fähigkeit, ungeheure Träume zu träumen, kann einen aus dem Kreis der Menschen herausheben und auf einen sehr einsamen Platz setzen. Und so sage ich Ihnen: Ich scheiß doch auf die paar Heller, die dieser Holnstein auf die Seite gebracht haben mag. Ich verliere darüber doch nicht den Blick für das Große und Ganze. Da vorn liegt Neuschwanstein. Wie können wir angesichts dieses

Weltwunders über die Berechtigung einer schäbigen Provision von vor 100 Jahren diskutieren? So reden Korinthenkacker und Bausparer. Das kommt mir alles so typisch deutsch vor. Aber es ist nicht bayerisch, lassen Sie sich das gesagt sein, junger Mann. Es ist nicht bayerisch. Neuschwanstein oder eine läppische Provision; Herrenchiemsee oder Recht und Ordnung; Linderhof oder eine Handvoll Schmiergeld, das ist doch hier die Frage. Und da kommt er her, dieser studierte Doktor von der anderen Straßenseite und nähert sich der Aura unserer Majestät mit Hilfe eines Taschenrechners. Der Mann sollte Fußballtabellen ausrechnen oder einmal in der Woche die Ärmsten unserer Armen unentgeltlich behandeln. Das würde bei uns Einheimischen Eindruck machen. Aber der feine Herr bügelt statt dessen jede Woche seine Fahne und wirft seine unsäglichen Druckschriften unters Volk. Niemand will das lesen, er ist ein isolierter Mann.«

»Weil er nicht hier geboren ist.«

»Auch meine Wiege stand neun Kilometer entfernt. Das gilt noch was bei uns. Aber ich spreche die Sprache der Menschen. Und mein Herz schlägt mit ihren Herzen. Es schlägt für unsere Majestät. Es geht nicht darum, recht zu haben. Es geht darum, rechtschaffen zu sein.«

Unruh war sehr erregt. Ich sprach über das Schloß und die vielen Touristen und den fidelen Verwalter. Der alte Lehrer beruhigte sich. Während ich redete, verließ ein Traktor mit zwei Hängern Schwangau in Richtung Füssen. Auf beiden Hängern Mobiliar.

»Ist es eigentlich sehr störend, so dicht neben dem Gemeindebüro zu wohnen?« fragte ich. Ich hatte bemerkt, daß einige Autos und Fußgänger in den letzten 20 Minuten das Nachbargrundstück angesteuert hatten.

»Ach was«, entgegnete Unruh. »Alles Gewohnheitssache. Außerdem habe ich ja was davon.«

»Wovon?«

»Vom Gemeindebüro. Nebenan ist unser Heimatmuseum untergebracht. Und die Chronik natürlich.«

»Die Left-Chronik?«

»Richtig. Du hast gestern aufgepaßt, Bub.« Er lächelte mich neckisch an. Auf meine alten Tage mußte mir so etwas passieren: Ein Pädagoge trieb Scherze mit mir, und ich lächelte dazu. So schliff das Alter die Kanten rund.

»Jetzt verstehe ich«, murmelte ich. »Sie haben vorhin von diesem Baumeister erzählt.«

»Baurat von Brandl.«

»Der hat dem König, als er klamm war, eine Million spendiert. Und nun sagt Martell, er hat das getan, um seine Geschäfte zu fördern. Und einer wie Sie sagt . . .«

». . . daß er's getan hat, weil ihn die Schönheit von Neuschwanstein und Falkenstein im Herzen angerührt hat. Und wenn ihn das Schicksal mit Geld ausstattet, meine Güte, dann ist es hier so gut ausgegeben wie nirgends sonst. Jeder Mensch, der jemals unsere Majestät unterstützte, hat dafür gesorgt, daß die Traumschlösser auf die Welt gekommen sind. Wieviel Volk, sagen Sie, besucht jedes Jahr das Schloß?«

»Anderthalb Millionen besuchen Neuschwanstein. Linderhof liegt bei einer Million Besucher, Herrenchiemsee knapp darunter. Und Hohenschwangau kommt noch mal auf eine halbe Million.«

»Und das jedes Jahr«, sagte Unruh. »Muß man mehr dazu sagen? Ach, warum ereifere ich mich nur immer wieder? Laß sie bellen, die Straßenköter, die von weit her in unsere schöne Heimat strömen.«

»Sie bleiben hier?«

»Wie meinen Sie das?«

»Ich meine, jetzt, wo Sie Ihren verdienten Ruhestand genießen, da zieht es manchen doch hinaus in die Welt. Mallorca, irgendwo chic überwintern.«

Er sah mich aufgebracht an. Seit einigen Sekunden war Unruh, obwohl er sitzen blieb, wie aus dem Häuschen. Ich hatte nicht genau mitbekommen, welche Bemerkung von mir ihn so elektrisiert haben mochte.

»Natürlich bleibe ich hier«, sagte Unruh mit Nachdruck und blickte mich immer noch witternd von der Seite an. »Hier habe ich meine Aufgabe gefunden.«

»Und die wäre?«

»Solchen Leuchten wie Ihnen die simpelsten geschichtlichen Wurzeln nahezubringen. Ich sitze im Fremdenverkehrsausschuß der Gemeinde, ich kümmere mich ums Heimatmuseum, ich tausche mich mit Kollegen der benachbarten Gemeinden aus.«

»Sind Sie eigentlich oft im Schloß?«

»Wieso?« Wieder dieses Lauernde.

»Weil es mich interessieren würde zu erfahren, wie es auf einen wirkt, der es seit Jahrzehnten kennt.«

»Dieses Schloß lernt man nie kennen.«

»Wieso nicht?«

»Weil es changiert, je nach Tageszeit, Jahreszeit, Stimmung des Besuchers, Lichteinfall. Es verschließt sich, wenn man nicht vorbehaltlos offen an es herantritt. Es wird für jeden ein Rätsel bleiben, der nicht über eine Menge Vorinformation verfügt. Und das Schloß reagiert auf die Befindlichkeit des Besuchers: ob er offen ist, ob er von Skepsis niedergedrückt wird, ob er alles besser zu wissen glaubt oder ob er in Demut vor der architektonischen und handwerklichen Leistung der Erbauer an das Schloß herantritt. Das wichtigste aber ist: Das Schloß spürt, ob du unseren König ernst nimmst oder ob du ihn für einen Clown hältst. Dem Spötter verzeiht das Schloß nicht. Er muß enttäuscht abreisen, das ist seine gerechte Strafe. Dem Liebhaber dagegen präsentiert das Schloß seine Schätze.«

»Den Mosaikboden.«

»Zum Beispiel den Mosaikboden mit seinen zwei Millionen Steinen.«

»Den Kronleuchter.«

»Den Kronleuchter mit seinen herrlichen Elfenbeinarbeiten.«

»Der ja nun leider auf den Mosaikboden gefallen ist.«

»Was keiner mehr bedauert als ich, das können Sie mir glauben. Das hat's noch nie gegeben. Das wird auch nie wieder vorkommen.«

»Ach, wissen Sie. Was einmal passiert . . .«

»Dies nicht, junger Freund. Dies nicht.«

»Sie klingen so sicher.«

»Ich bin sicher. Ich war lange nicht mehr so sicher.«

Ich blickte ihn an. Der Verdacht, daß Unruh etwas mit dem Absturz des Leuchters zu tun haben könnte, kam mir sofort lachhaft vor. Er würde sich eher einen Finger abhakken lassen, bevor er eins der zwei Millionen Mosaiksteinchen dem Risiko eines Kratzers aussetzte.

»Hier«, sagte ich, bevor ich weiter darüber nachdenken konnte. Gemeinsam mit Unruh blickte ich auf die Mosaiksteinchen in meiner Hand.

»Wo haben Sie das her?« fragte Unruh mit metallischer Stimme. Er bemühte sich um Beherrschung, aber er war fast überfordert. Manchmal kam er mir in seiner Schloßliebe kitschig vor.

»Nehmen Sie«, sagte ich. »Ich schenke Ihnen die Steine. Sie gehören Ihnen.«

»Wo haben Sie die Steine her?« fragte Unruh und berührte sie nicht.

»Ich war im Thronsaal am Morgen, nachdem der Leuchter abgestürzt war. Ich habe mir ein paar Steine eingesteckt.«

»Das hätten Sie nicht tun dürfen.«

»Weiß ich. Aber die Gelegenheit war so günstig, und ich habe mir nichts dabei gedacht.«

»So? Das hätten Sie aber, junger Mann. Das hätten Sie aber.«

»Meine Güte, mein Freund hat die Steine eingesteckt. Wenn ich gewußt hätte, daß es Sie so aufregt, hätte ich's Ihnen gar nicht gesagt. Ich kann sie genausogut wieder einst . . .«

Er grabschte mir die Steine aus der Hand und sagte: »Sie wissen nicht, wie viele Menschen nach den Steinen gesucht haben.«

»So? Dafür war aber erstaunlich schnell Ersatz zur Stelle.«

»Ersatz, Sie sagen es. Ersatz. Nicht die Originale.« Er betrachtete die Steine von allen Seiten, wurde nicht müde, sie pausenlos hin und her zu wenden. Ich hatte immer noch das Gefühl, ihm eine Freude gemacht zu haben. Aber vor zwei Minuten war meine Überzeugung größer gewesen. Offenbar gab es im Bannkreis von Schloß Neuschwanstein spezifische Reaktionen, die sich dem Außenstehenden nicht erschlossen. Ich gestehe, daß ich selbst noch am dritten Tag das Gehabe des alten Lehrers etwas albern fand. Immerhin handelte es sich bloß um drei Mosaiksteine. Es gab zwei Millionen davon. Seitdem er die Steine in der Hand hielt, hatte sich des alten Manns eine Unruhe bemächtigt, der er nicht Herr wurde. Er rutschte auf der Bank herum, hatte einen unsteten Blick, blickte immer wieder zum Haus.

»Sind Sie gestern gut nach Hause gekommen?«

Unruh blickte mich nicht an, als er nebenbei antwortete: »Ich kenne den Weg.«

»Und die anderen?«

»Welche anderen?«

»Die Zuhörer des Vortrags.«

Jetzt hatte ich seinen Blick. »Ich habe sie nicht einzeln nach Hause gebracht.«

»Und ich?«

»Was meinen Sie?«

»Hatten Sie das Gefühl, daß ich . . . also, daß mit mir alles in Ordnung war?« Er war ehrlich erstaunt und lachte leicht irritiert.

»Sie waren der Neugierigste. Solche wie Sie wünsche ich mir häufiger in meinen Vorträgen.«

»Aber ich bin gut losgekommen?« Wann kam der alte Hund endlich aus seiner Hütte? Er blickte mich an, wirkte besorgt, und ich hatte leider nicht einmal andeutungsweise das Gefühl, von Unruh verstanden zu werden. Solange er mich gestern im Auge gehabt hatte, waren offensichtlich die Gesetze der Physik in Kraft gewesen.

Ich brach auf, bedankte mich für den vielen Kaffee, bedankte mich für die Informationen über Holnstein und die Provision, bedankte mich für die Bank mit Blick auf das Schloß. Als ich vor dem Haus stand, mißfiel mir die Aussicht, in den Brutofen von Wagen steigen zu müssen. Ich hatte die Angewohnheit, mein Auto dort zu parken, wo die Sonne schien oder fünf Minuten nach Abschluß des Parkvorgangs zu scheinen begann. Ich öffnete die Tür bis zum Anschlag, setzte mich auf das heiße Leder, blickte auf das Gemeindebüro, ließ die Scheibe herunter, schlug die Tür von außen zu.

7

Das Heimatmuseum bestand aus vier Räumen, in denen alte Möbel gestapelt waren und alte Handwerkskünste demonstriert wurden – von menschengroßen Puppen, was das Verständnis nicht förderte. Mit mir hielten sich zwei betagte Damen im Museum auf. Sie trugen keinen Button mit der Aufschrift VORSICHT! RÜSTIG!, aber er hätte zu ihnen gepaßt. Sie waren in der Welt herumgekommen, ihnen machte keiner etwas vor – schon gar nicht die Gatten, denn die ruhten auf dem heimatlichen Friedhof und wurden vom Auftragsdienst der Gärtnerei begossen, weil die Witwen kaum noch zu Hause waren. Das erfuhr ich alles bereits im ersten Raum, in den uns eine Gemeindeangestellte für 1,50 DM gelassen hatte. Diese Frau hätte man auch an den Eingang zur Hölle setzen können, wenn es ihr nur auf die reguläre Arbeitszeit angerechnet worden wäre.

»Bißchen dürftig, finden Sie nicht?« fragte ich die rüstigen Seniorinnen. Sie schätzten mich erst ab, antworteten dann. Das erinnerte mich an Diana, die ich unbedingt anrufen mußte.

»Was sollen die sich große Mühe geben, wenn ringsherum diese herrlichen Schlösser stehen?« sagte die eine, und die andere nickte dazu. Ein Gemeindeangestellter eilte durch die Räume.

»Wo kann ich hier denn einen Blick in die Chronik werfen?« fragte ich den Eiligen.

»In der Bücherei«, rief er und war weg. Ich suchte die Bücherei und hatte Glück. Sie wollten gerade schließen, wie mir die Kassenfrau mit demonstrativem Schlüsselklimpern mitteilte. Leider hatte sie nur zwei Schlüssel am Bund, was die Durchschlagskraft des Geräuschs hintertrieb. Ich trat in die Gemeindebücherei von Schwangau. Karl May hatten sie komplett und teilweise doppelt. Ebenso Simmel, Kirst und Uta Danella.

»Wo ist die Chronik?« fragte ich den Zerberus. Er schloß mit dem zweiten Schlüssel eine Tür auf, die zwischen den Regalen kaum zu sehen war. Ich stand in einer Art Lager für ausrangierte oder beschädigte Bücher, die auf einen neuen Einband warteten. Zwei enge Gänge, mickriges Licht, der Zerberus in meinem Rücken. Um die Kassenfrau zu beeindrucken, hielt ich ihr meinen Presseausweis unter die Nase. Sie fiel nicht gerade in Ohnmacht, aber sie stellte wenigstens dieses nervtötende Auf-der-Stelle-Treten ein. Die Left-Chronik lag auf einem Schultisch, vier dicke Hefte im Format zwischen A4 und A3, liebevoll in Leder eingebunden. Ich schlug erst eins, dann alle auf und fragte verdutzt:

»Wo ist denn der Band mit den siebziger und achtziger Jahren?«

Der Zerberus riß die Augen auf. »Ham ma net. Da war der doch schon tot, der Otto.«

»Ich meinte auch mehr das 19. Jahrhundert.«

»Ach so. Sind die nicht da?«

»Wie man aus meiner Frage entnehmen konnte, nein.«

»Ja also, wenn das Heft fehlt, dann weiß ich auch nicht, wo das ist.«

»Wer ist denn dafür zuständig?«

»Ich nicht.«

»Sieh mal an. Wer denn dann?«

»Na, der alte Lehrer Unruh, der mischt sich doch in al ...« Sie sah meinen Blick und verschloß ihren Mund. Dafür mochte sie mich von Stund an genauso wenig wie Unruh. »Ich muß jetzt zuschließen«, sagte sie und hob die Schlüssel.

»Gibt es eigentlich eine Statistik, wie sich der Fremdenverkehr in Schwangau entwickelt hat, seitdem Sie hier arbeiten?« fragte ich. Die Frage gab ihr zu denken. Sie drängte mich erst aus dem Magazin, dann aus der Bücherei, dann aus dem Haus.

Ich wollte gleich weiter zu Unruh. Die Frau mit der weißen Schürze öffnete mir und sagte lachend:

»Ach, der Herr mit dem vielen Kaffee.«

Ich sprach ihr mein Lob über den Kaffee aus und fragte nach Unruh. Er hatte das Haus verlassen. Sie wußte nicht, wann er zurückkommen würde.

»Schade«, sagte ich und kratzte mich nachdenklich, schaute auch auf die Armbanduhr. »Das wird knapp«, murmelte ich. »O verdammt, wird das knapp. Ich weiß nicht, ob ich das noch schaffe.«

»Was ist denn?« fragte die Frau freundlich.

»Na ja, es ist wegen der Chronik. Da soll doch die große Geschichte im ›Stern‹ erscheinen.«

»Oh«, sagte die Frau. Nur »Oh«, aber wie sie es sagte, machte mir klar, daß die nächste Runde an mich gehen würde.

»Sie wissen das ja sicher längst von Herrn Unruh. Riesenartikel über 14 Seiten, viele Fotos, natürlich über Herrn Unruh selbst. Aber eben auch über die Chronik. Deshalb war ich vorhin ja bei ihm. Der Fotograf hat nur heute abend Zeit zu fotografieren. Und wir haben uns überlegt, es wäre stimmungsvoll, wenn wir die aufgeschlagene Chronik im Schloß drüben an einigen markanten Punkten fotografieren würden.«

»O ja«, sagte sie beseelt. »Ach, wie wird sich Herr Unruh freuen.« Es fehlte nicht viel, und ich hätte sie nach ihrem Status im Haus gefragt. Aber ich wollte die Chronik haben und dann nichts wie weg. Mir war nicht vollends klar, ob ich es wirklich dermaßen eilig haben mußte. Aber ich war für alles dankbar, was ich in die Hand nehmen, worein ich meine Zähne schlagen konnte.

»Sie wissen doch sicher, wo die Chronik liegt?«

Die weiße Frau stutzte. »Ja? Sie meinen, die Chronik ist hier im Haus? Da weiß ich gar nichts von.«

»Oh, nicht? Herr Unruh tat so, als ob . . .«

»Nein, er hat mir nichts davon gesagt.«

»Im Arbeitszimmer vielleicht?« Die weiße Frau schüttelte den Kopf. »Da habe ich heute erst saubergemacht. Das wäre mir aufgefallen.«

»Wissen Sie denn, wie die Chronik aussieht?«

»Das will ich doch meinen. Wo Herr Unruh sie doch seit Jahren studiert.«

»Einen Tresor hat's nicht zufällig im Haus?« Sie lachte, und ich wechselte die Platte. »Wenn nur die Zeit nicht so drängen würde. Könnten Sie denn einmal da überall nachschauen, wo sich so eine Chronik aufbewahren ließe?«

So kam ich in Unruhs Arbeitszimmer. Er besaß zwei davon, war hervorragend in Ludwig sortiert. Die Regale bogen sich unter Geschichte des 19. und 20. Jahrhunderts. Auch das Haus Wittelsbach ließ grüßen. Manch Blaublütiger lächelte hinter Glas und über handschriftlicher Widmung. Ich mußte mich dringend danach erkundigen, ob in der Nähe des Schlosses eigentlich Angehörige des ehemaligen Königshauses lebten. Die hinter Glas sahen alle nicht mehr taufrisch aus. Das waren keine Konfirmationsfotos. Mir fiel der fidele Poldi vom Vormittag ein, es wuchsen immer wieder neue nach. Einige Revolutionen und Umstürze weniger, und ich wäre von Poldi regiert worden. Ich stand hinter der Frau und bewunderte ihre Schürze. Es war, als wenn sie fluoreszieren würde. Ein Geräusch an der Haustür. Zusätzlich zum Sommerschweiß brach mir der Angstschweiß aus. Mir war schleierhaft, wie ich Unruh jemals wieder unter die Augen treten sollte. Aber kein Unruh betrat den Raum, statt dessen der eilige Gemeindeangestellte, den ich in der Bücherei getroffen hatte. Er holte eine Handvoll Bücher ab, die für ihn auf einem der Schreibtische lagen, und empfahl sich gleich wieder mit den Worten:

»Ich muß noch den Prawys helfen.«

»Kommen sie nicht allein klar?« fragte die Frau mitfühlend.

»Du weißt doch, wie sie sind«, sagte der junge Mann und warf mir einen Blick zu.

»Worum geht's denn?« fragte ich ihn höflich.

»Ach, ums Packen.«

Ich wartete darauf, daß er gehen würde. Er tat es. Ich bat die Frau, mit der Suche aufzuhören. Aber sie wollte ihrem Herrn und Gebieter unbedingt Gutes tun, suchte und suchte, drang bis in Unruhs Schlafzimmer vor. Für sein Alter hatte mir der Mann hier entschieden zu viele Spiegel. Unruh las selbst noch im Bett Bücher über Ludwig. Er blätterte wohl auch gern in einem Atlas. Während die Frau in der blendenden Schürze nicht davor zurückschreckte, einen der verspiegelten Schränke zu öffnen, danach auch den zweiten, schlug ich den Atlas an der Stelle auf, an der die Karteikarte zwischen den Seiten steckte: Ozeanien.

»Oh, ich weiß«, rief hinter mir die Frau und eilte aus dem Schlafzimmer. Ich schlug den Atlas zu, warf einen letzten Blick auf die Spiegel, dann verließ auch ich den Raum. Vielleicht hätte ich noch eine Minute bleiben sollen damals.

»Hier bin ich«, ertönte die Stimme der weißen Frau. Ich schaute in den Treppenschacht zum Keller. »Hier draußen«, rief sie, ich verließ das Haus durch die zweite Küchentür, sie führte in die Garage. Der uralte Käfer war dunkelbraun, eine Autofarbe, die schon lange nicht mehr hergestellt wurde. Die Heckscheibe war geteilt. Angesichts solcher Autoveteranen überkam mich jedesmal ein zärtliches Gefühl. Ich strich dem betagten Knaben übers Dach, am Armaturenbrett klebte eine Vase für zwei Blümchen, angepinnt mit so einem Gummi, das man anfeuchten muß und das dann fester sitzt als Nieten an Flugzeugen.

»Hier bin ich«, kam die Stimme aus Richtung Käferschnauze. Die Garage besaß an zwei Seiten Fenster, deshalb reichte die Helligkeit trotz geschlossenem Tor aus, um die fünf Umzugskartons zu erkennen, die zwischen Autokühler und Wand gestapelt waren. Ein Dreierhaufen, ein Zweierhaufen. Die Haushälterin – ich hatte mich entschlossen, sie dafür zu halten – öffnete soeben die beiden oberen Kartons und hob die offensichtlich nicht leichten braunen Quader heraus.

»Damit war er in den letzten Tagen beschäftigt.«

Unruh hatte also Bücher und Aktenordner ausgemustert. Wahllos schlug ich Ordner auf, war auf alte Steuerunterlagen oder Schriftwechsel zur Hausfinanzierung gefaßt. Aber ich fand nichts als Ludwig. Erinnerungen von Ludwigs Kindermädchen; das psychiatrische Gutachten, mit dem Ludwigs angebliche Geisteskrankheit attestiert worden war; Korrespondenz zwischen Ludwig und Ministern, zwischen Ludwig und Architekten; und dann Wagner:

> »O König! Holder Schirmherr meines Lebens!
> Du, höchster Güte wonnereicher Hort!
> Wie ring ich nun, am Ziele meines Strebens,
> nach jedem Deiner Huld gerechten Wort!«

So ein Geturtel, so ein Schmeicheln. Sie liebkosten sich mit Worten, waren wohl am Superlativ schier verzweifelt, weil er sich so schwer steigern läßt. Der König und sein Komponist verloren im schriftlichen Verkehr alle Hemmungen. Gott war als Vergleich das mindeste, Ein und Alles, unvergleichlich, »mein halbes Reich ist er mir wert, mein Erlöser«, »Ich fliege immer wie zur Geliebten«, »ich bin in Ihren Engelsarmen«. Unruh hatte das über viele Seiten gesammelt. Ich erfuhr beim schnellen Durchblättern, daß Ludwig Tagebuch geführt hatte, daß sich Fachleute über seine Authentizität stritten, daß der Mann ein sehr guter Schwimmer gewesen, daß der Knabe Ludwig die Feder gewetzt und ein revolutionäres Drama im Geiste von »Don Carlos« verfassen woll . . .

»Da«, sagte eine Stimme neben mir, die der Stolz rund und fett gemacht hatte. Ich nahm der Frau das dicke Heft im Folioformat ab, schlug es auf, blätterte zaghaft. Doch übergroße Vorsicht war hier nicht vonnöten, denn die vergilbten Blätter waren auf neues Papier geklebt worden. Eine für mich überraschend unsensible Behandlung mit dickem Klebstoff auf einem holzhaltigen Papier, das mir nicht besonders haltbar vorkam.

»Nehmen Sie«, forderte mich die Frau auf. »Er wird sich freuen, ach, wie wird er sich freuen.«

»Aber pssst«, sagte ich und legte in billiger Komödienmanier einen Finger auf den Mund. »Wir wollen ihn ja überraschen.«

»O ja, das wollen wir«, stimmte mir die Frau nun fast jubelnd zu und preßte beide Hände aufs Herz. Warum hatte ich nicht so eine Haushälterin?

»Sie legen ihm dann die Illustrierte auf den Frühstückstisch und werden Zeuge, wie er sie aufschlägt und in seinem Gesicht die Sonne aufgeht«, prophezeite ich. Wenn schon Kamikaze, dann auch richtig. Während sich die Frau freute, stellte ich die Umzugskartons wieder so hin, wie wir sie vorgefunden hatten. Danach verabschiedete ich mich schnell. Auf der Fahrt nach Neuschwanstein lag die Chronik auf dem Beifahrersitz.

8

Ich ließ den Campingplatz links liegen, denn es war wichtiger, daß ich mich bei Tom sehen ließ. Es war auch nicht ganz unwichtig, Ricarda zu sehen. Ich quetschte den Wagen auf den Parkplatz und erwischte mit der Chronik unterm Arm einen Bus, der zum Schloß hinauffuhr. Auch Tom erwischte ich. Ich lief ihm in die Hacken, als er – mit der Kamera vorm Gesicht rückwärts gehend – über den für Normalbesucher gesperrten Innenhof des Schlosses ging, um ein Paar zu fotografieren, das die Hälse Richtung Treppenturm reckte. Die dänische Prinzessin sagte zum schwedischen Prinzen etwas, das sich wie »Smørrebrød« anhörte und auf Deutsch möglicherweise »Guck mal, ein hoher Turm« bedeutete. Abseits stand der Verwalter im

Anzug neben Prinz Poldi, der einen totschicken Janker zur Schau trug. Der Verwalter sah aus, als wenn er das blaublütige Trio am liebsten beim nächsten Teeren mit verarbeitet hätte. Die Prinzessin war Kunsthistorikerin und ließ kein gutes Haar am Schloß. Sie sagte dies laut und wiederholt und sogar auf deutsch, so daß es der Verwalter anhören mußte, ohne daß er ihr mit der Plattschaufel aufs vorlaute Mundwerk hätte hauen können. Der höfliche schwedische Prinz versuchte ständig, den letzten Satz seiner Herzensdame zu relativieren, was diese sich jedoch jedesmal verbat. Im Grunde ging es ihr darum, daß sie Neuschwanstein für »Kitsch« hielt. Um dies herauszufinden, mußte sie nicht Kunst studiert haben, ich selbst hatte vor drei Tagen noch so gedacht. Doch als ich die Dame mehrere Minuten über »Kitsch« monologisieren hörte, wurde mir bewußt, daß ich über diese Erkenntnis hinaus war. Wenn ich mir das Zeitbezogene Neuschwansteins wegdachte, wenn ich die Eile bedachte, mit der Ludwig seine Schlösser hochgezogen hatte, wurde mir immer deutlicher: Neuschwanstein war die Kulisse für einen Träumer, einen Wachträumer. Das Goldüberladene und das bis in die hundertste Verästelung getriebene Umrahmte und Geschmückte bildeten einen brutalen, aber mich wohltuend ernüchternden Gegensatz zur Schönheit des Landes vor den Fenstern des Schlosses. Was sollten Natur und Ebenmaß, Ruhe und Gelassenheit, Würde und Schönheit im Schloß, wenn man nur ans nächste Fenster treten mußte, um eben diesen Eindruck in einer Vollendung anzutreffen, die Künstler und Handwerker stets nur nachahmen, nie aber origineller schaffen könnten? Am liebsten wäre ich in den Thronsaal hinaufgerannt, um auf dem Söller zu schwelgen. Für Ludwig mußte die Innenausstattung ein Resonanzboden gewesen sein, um seine Seele anzufeuern, seinen Wünschen Gestalt und Visualität zu geben. Ich fand das Schloß insgesamt zu schwül eingerichtet, aber für meinen Geschmack bewegte sich alles noch im Bereich des Möglichen. Ich hielt es demnach für extravaganten Geschmack, die Dänin hielt es für »Kitsch«, und der Verwalter lockerte seinen Krawattenknoten.

»Was grinst du so?« fragte Tom neugierig.

»Ich habe die Chronik gestohlen.« Ich begann mich bereits für meine Tat zu genieren, und es war mir wichtig, daß Tom sofort begann, die Chronik zu fotografieren. Ich brauchte eine gute Erklärung für Unruhs todsicher kommende Fragen. Vielleicht zeigte er mich auch gleich bei der Polizei an. Vor allem brauchte ich eine Gelegenheit, bald die Chronik zu lesen. Es hatte also einen Baurat Brandl gegeben, der von Ludwigs Bauten finanzielle Vorteile hatte und sich die Pfründe durch Millionendarlehen sichern wollte. Das kam mir sehr modern vor. In den Bauämtern Deutschlands wurde so viel geschmiert wie nirgends sonst.

»Erzählen Sie doch noch einmal genau, was alles nicht fertig geworden ist«, bat ich den Verwalter.

»Ein Drittel ist fertig geworden«, berichtete der Verwalter. »Ein Drittel, mehr nicht. Der Maurische Saal im zweiten Geschoß wurde nicht gebaut. Das wäre eine Attraktion ersten Ranges geworden. Das Bad ist nicht gebaut worden. Ein Mordsding, es sollte über zwei Etagen reichen. Die Schloßkirche blieb auf dem Papier, und von der kleinen Parkanlage und dem Bärenzwinger wissen die heutigen Besucher auch nichts.«

»Was wäre denn, wenn plötzlich ein Milliardär aus Amerika vor Ihnen stünde, mit dem Scheck wedelte und sagte: ›Hier habt ihr 100 Millionen. Bitte baut. Baut nach den alten Plänen.‹«

Verwalter und Prinz starrten mich entgeistert an.

»Nichts wäre«, sagte der Verwalter trübe. »So eine Idee hätte bei unserer Bürokratie keine Chance.«

»Ach, ich weiß nicht«, mischte sich der Prinz ein. »Ich find's charmant. Wenn man den Herrschaften zureden täte ...«

»Sag ich ja«, muffelte der Verwalter. »Keine Chance.« Er sah die ausländischen Gäste auf sich zukommen und hielt der freundlichen Verabschiedung mannhaft stand.

»Beim Rundgang war noch eine Seniorin dabei«, flüsterte mir Tom zu. »Erste Sahne, die Dame. Originalgräfin, tut so, als ob sie Ludwig noch persönlich gekannt hat. Weiß zu jedem Gegenstand die komplette Geschichte, überall mußte angehalten werden. Auch mitten im Thronsaal. Da ging das Hörgerät kaputt, und der Verwalter redete danach nur noch halb so laut. Zum Hineinbeißen, der Mann.«

Verwalter und Prinz begleiteten die Gäste bis zum Tor, das den Innenhof vom Besucherbereich trennte. Der Verwalter schloß das Tor auf, Verabschiedung Teil zwo, Tor zu, und der Verwalter hatte uns noch nicht erreicht, da trug er bereits keine Krawatte mehr. Als nächstes fiel das Jackett, nur vom Ausziehen der Anzughose mitten auf dem Hof nahm er Abstand. Allerdings strebte er eilig seinen Diensträumen zu.

»Paß auf«, sagte ich zu Tom, »wenn wir morgen aus der Steilwand unser Fernrohr aufs Schloß richten, werden wir in der Schlucht, wo sie am tiefsten ist, einen dunklen Anzug samt Krawatte liegen sehen.« Dann zeigte ich Tom die Chronik. Wir gingen ins Schloß, und Tom machte sich im Sängersaal erste Gedanken zur Visualisierung.

Danach eilte ich zu Ricarda. Ein deutscher Geldsack kaufte ihr gerade ein Aquarell ab und betatschte während des Verkaufsgesprächs unablässig ihren nackten Unterarm. Ich stellte mich dicht neben ihn, aber er ließ es nicht sein. Der Geldsack bestand darauf, Ricarda Schein für Schein in die geöffnete Hand zu drücken. Zum Schluß legte er einen Hundertmarkschein dazu und schenkte Ricarda einen tiefen Blick. Ricarda übergab sich nicht, sondern drückte dem Kerl das Bild in die Hand. Er quatschte noch einige Minuten dumm herum, nannte die Malerin hartnäckig »Mädchen« und hielt erst das Maul, als seine Frau auftauchte und mit einem einzigen Blick das Arrangement erst erkannte und dann sprengte.

»Ekelhaft«, sagte ich.

Ricarda lächelte.

»Das sind meine besten Kunden. Sie haben immer das

Gefühl, sie bezahlen mich nicht nur für meine Dienste als Künstlerin.«

Sie fragte mich dann, wie die Arbeit voranging, und ich übertrieb in der Antwort vielleicht meine tatsächliche Belastung. Nach dem fast vollendeten Arbeitstag sah Ricarda noch schöner aus. Sie wirkte auf reizvolle Weise aufgelöst, an ihren Fingern sah ich Farbflecken. Auf der Mauer stand ein Korb mit Proviant. Ich hätte gern gewußt, woher der Blumenstrauß stammte, aber ich fragte:

»Wann?«

»Hast du es dir gut überlegt?«

»Natürlich nicht.«

Ricarda lachte und zeichnete mir zum zweiten Mal auf ein leeres Stück Zeichenblockpapier den Weg zur Hütte.

»Wollen wir nicht zusammen fahren?« fragte ich. »Und vorher etwas essen?«

»Ich habe noch einen Termin.«

»Ich hole dich in Füssen ab.«

»Nicht in Füssen.«

»Ich hole dich ab, wo du willst.«

Sie wiegelte ab, und ich hütete mich, meine Hilfsbereitschaft zu Penetranz entarten zu lassen. Alles, was einen guten investigativen Journalisten ausmachte, grub einem Verführer das Wasser ab.

»Hier«, sagte Ricarda und zog eine Kette aus einfachem Bindfaden über den Kopf. Ein Schlüssel hing daran. Sie gab ihn mir:

»Für den Fall, daß du früher da bist als ich.«

Mir kam Ricardas Vertrauen unangebracht vor. Natürlich hatte ich nicht vor, ihren Fernsehapparat zu klauen. Dennoch ging mir das zu schnell.

»Nimm schon«, drängte sie, und ich nahm ihn. Danach mußte sie Fragen eines Kunstfreundes in kurzen Hosen beantworten.

Ich wandte mich gerade von Ricarda ab, als neben mir heftige Bewegung entstand. Ich zuckte zusammen und erkannte an den erstaunten Blicken des jungen Mädchens, daß ich auf dem Weg vor ihr stand wie ein Boxer: beide

Arme angewinkelt. Ich stellte mich wieder normal hin und lächelte dem Mädchen vertrauenerweckend zu, da entfernte sie sich eilig. Neben mir hatten sie jetzt einen Mann gegen die Mauer gelehnt, seine Begleiterin fächelte ihm Luft zu. Er war etwa fünfzig, wirkte nicht besorgniserregend malade und erholte sich rasch.

»Diese Hitze«, hörte ich ihn schwach lächelnd zu seiner Begleiterin sagen, und sie erwiderte: »Da hätten wir ja gleich ins Tessin fahren können. Da ist es jetzt kein Grad heißer.« Man half dem Mann auf die Beine.

Ich war hier überflüssig, warf einen letzten Blick auf Ricarda, dachte an später, dachte nur an später. Bis ich die Kinderkarre in die Hacken kriegte.

Ich ging zum Schloßeingang und blickte hinüber zur Wand, in die ich morgen mit Tom einsteigen wollte. Die Wand sah mir von Stunde zu Stunde steiler aus.

Es wurde Abend, unverdrossen zogen die Gleitflieger ihre bedächtigen Kreise. Ich hatte noch keine Minute erlebt, in der nicht wenigstens ein Flieger in der Luft gewesen war. Aber ich hatte auch nicht besonders darauf geachtet.

»Ruhe. Künstler denkt«, sagte Tom und stellte sich neben mich an die Mauer. »Da müssen wir heute nacht aber noch gehörig trainieren«, sagte er. Ich blickte ihn scharf an, aber er hatte sein treuherziges Tom-Gesicht aufgesetzt.

»Ich habe nachher übrigens eine Verabredung«, sagte ich beiläufig. »Ich treffe mich noch mal mit dem alten Lehrer. Wegen der Chronik natürlich.«

»Natürlich«, wiederholte Tom. »Aber das trifft sich gut. Ich habe nämlich auch eine Verabredung. Du darfst neidisch werden: Ich bin zum Souper drüben in Hohenschwangau.«

»Im Schloß?«

»Glaubst du in der Pommesbude? Prinz Poldi will die Gräfin dazu bewegen, für mich in Neuschwanstein zu posieren.«

»Was soll das denn?«

»Ich bin vorhin drauf gekommen, als die Skandinavier mit der alten Dame oben waren. Die ist so alt und so herzig und so grantelnd. Und sie besitzt ungeheuer viel Charisma. Die kannst du hinstellen, wo du willst. Das ergibt immer eine schöne Spannung zwischen einer lebendigen Zeitzeugin und den Gegenständen im Schloß. Außerdem glaube ich, daß das bei amerikanischen Lesern gut ankommt: eine alte Originalgräfin live.«

»Vielleicht würde eine junge, schöne Gräfin noch einen Hauch besser ankommen.«

»Woher nehmen und nicht stehlen?« fragte Tom. Er bot mir Schokolade an, damit war das Ende der Tafel besiegelt. »Nervenfutter«, nannte Tom die Zwischenmahlzeit. Es war natürlich kein Nervenfutter, sondern Verfressenheit. »Wir sind schon lange nicht mehr überfallen worden«, sagte er.

Hinter uns entstand Unruhe. Tom hatte sofort die Kamera am Auge. Das Königsdouble hielt seinen Auszug aus dem Schloß. Unglaublich eitel und geziert mit vor Koketterie verdrehten Händen und gespreizten Fingern schritt Majestät Adam durch den Torbogen und zog seine meterlange Schleppe durch den Staub der Auffahrt. Die japanischen Besucher bibberten vor Glück, Kameramotoren liefen heiß. Von überall riefen sie dem Double zu, und er blieb sofort stehen, lächelte huldvoll und hochnäsig, tat von oben herab, so gut das bei einer Körpergröße von höchstens einsfünfundsiebzig möglich war. Dann winkte er auch noch, Beifall brandete auf, Majestät strahlte. Er entdeckte uns, schenkte uns ein Extrawinken und sagte:

»Keine Bange. Euer Fehler wird keine nachteiligen Folgen für Euch haben.«

»Wann kriegen Sie Tristan präsentiert?« fragte ich.

»Morgen«, antwortete Majestät fröhlich. »Wenn es dunkel ist. Es muß natürlich dunkel sein.«

»Natürlich«, rief ich ihm hinterher. Ein paar Kinder hatten sich der Schärpe bemächtigt und trugen sie dem Hallodri hinterher.

Tom folgte dem kleinen Auflauf, ich vermißte plötzlich

die Chronik. Sie lag auf der Mauer, ich holte sie und spazierte bergab zum Parkplatz.

»Soll ich dir den Wagen dalassen?« fragte ich Tom im Vorbeigehen.

»Ach was«, rief er wunschgemäß. »Du brauchst ihn doch.« Wir winkten uns noch einmal zu, dann war ich entlassen. Als Tom mich nicht mehr sehen konnte, beschleunigte ich meine Schritte. Ich brauchte für den Abstieg nur zehn Minuten und fuhr sofort ins Hotel.

Ich erkundigte mich in der Küche nach der Möglichkeit, zwei Essen mitnehmen zu können. »Schön warm eingepackt, und zwei Fläschchen Wein dazu vielleicht«, sagte ich, und mir fiel ein, daß ich den geklauten Wein noch nicht bezahlt hatte.

»Kein Problem«, sagte der Koch, »sondern eine Freude.«

Ich ließ mir die Speisekarte geben und bestellte für 20 Uhr 30. Das Lokal besaß genug Ausgänge, um Tom nicht in die Arme zu laufen.

9

Ich legte mich aufs Bett, hörte meinem Herzen beim Schlagen zu und stellte erneut fest, daß ihm das nicht bekam. Kaum stand es im Mittelpunkt, begannen die Unregelmäßigkeiten im Rhythmus. Nicht bedrohlich, aber doch so, daß ich mehrmals 15 Sekunden lang meinen Puls fühlte. Ich wählte Dianas Nummer. Sie meldete sich dermaßen patzig mit »Ja, was ist denn nun schon wieder?«, daß ich nicht stören wollte und auflegte. Diana war also gesund. Gesund und gereizt. Gut zu wissen, daß zu Hause alles in Ordnung war. Ich stellte mir vor, wie sich wohl Ricarda am Telefon melden würde. Blütenblätter würden aus dem Hörer rieseln, und Ricardas samtige Stimme würde mir übers Trommelfell streicheln. Vielleicht verabredete sich Ricarda etwas leichtfertig mit fremden Männern. Aber sie hatte Geschmack.

Ich ging unter die Dusche, spielte Seifefangen und legte mich zwanzig Kniebeugen später leidlich erfrischt wieder ins Bett. Tom besaß Duftwässer, die er mir schon mehrmals ausgeliehen hatte. Doch wollte ich seine Frage »Warum parfümierst du dich für den alten Lehrer?« lieber nicht beantworten müssen. Das Treffen mit Ricarda war für mich genau das Richtige. Aus verschiedenen Gründen. Ricarda würde mich von mysteriösen Bedrohungen und Prophezeiungen ablenken.

Plötzlich lag ich mit Holnstein im Bett, dem einflußreichen Oberstallmeister und Nutznießer der Zehn-Prozent-Provision. Der alte Lehrer hatte einiges erzählt, und meine Ludwig-Bücher, in denen ich gleich nachlas, bestätigten mir davon das meiste. Nun mußte ich nur noch die Verbindung zu zwei Männern auf dem Campingplatz in Schwangau finden. Je mehr ich erfuhr, desto weniger wußte ich. Was mich am meisten beeindruckte, war die Dimension, die die Aktion besaß. Offenbar standen wir seit der ersten Minute unseres Aufenthalts unter Beobachtung. Sie hatten uns an verschiedenen Stellen aufgelauert, und wenn ich alle Beteiligten zusammenzählte und auch die Mitglieder dieser Privatpolizei nicht ausschloß, hatten Tom und ich bereits mit 20 Menschen Kontakt gehabt, die etwas von uns wollten oder wußten oder fürchteten, von dem wir keine Ahnung hatten. Mich störte, daß Tom über die Vorfälle so locker hinwegging. Er machte sich nicht lustig, dafür war zuviel Unappetitliches vorgefallen. Aber er hätte für meinen Geschmack ruhig bedrückter sein können. Er hielt seine Kameras vors Auge und erledigte seinen Job. Kaum hatte ich Tom das vorgeworfen, fand ich sein Verhalten klüger als meines. Was war ich denn? Erschreckt und aufgeregt und verängstigt. Ich kreiste in Gedanken immer wieder um die blutige Szene am Tor. Aber ich kreiste eben, ich gewann keinen Raum, kam nicht voran, Stochern im Nebel, Griff in Watte. Eine Katastrophe! Tote! Tausende! Es war die Zahl, die mich störte. Hätte mir der Junge den Tod eines einzigen Menschen angekündigt, wäre ich schockierter gewesen.

Tausende Tote! Ich kam einfach nicht auf diese irrsinnige Zahl. Sie konnten einen Bus in die Schlucht stürzen, eine Touristengruppe unter Beschuß nehmen und mit der MP in den bestbesuchten Souvenirladen von Hohenschwangau halten. Sie konnten alles gleichzeitig tun, und sie würden immer noch nicht auf »Tausende« Opfer kommen.

Aber wenn es kein Witz war! Wenn irgendwo die Uhr tickte und die Katastrophe bevorstand – wie sollte ich dann weiterleben, ich, der es gewußt hatte, gewußt haben konnte, es sich hätte zusammenreimen können, wenn sie wirklich sattfand? Ich mußte allein schon deshalb aktiv werden, um mir nicht für den Rest der Nächte meine Träume mit Blut zu besudeln. Ich liebte meinen Schlaf doch so sehr. Er holte mich sanft ab, nahm mich mit auf die Reise, wo immer er mich fand. Mein Schlaf war gut zu mir, und so gab ich mich ihm voller Vertrauen hin, während im Hinterhof Weinkisten von einem Lieferwagen geladen wurden und zwei Männer sich in einer Sprache unterhielten, die ich nicht verstand. Aus dem Nachmittagslicht wurde Abendlicht, und ich war nicht mehr von dieser Welt. Alles war schön.

Aber dann zuckte mein Körper, ich saß im Bett, wach mit pelzigem Geschmack im Mund. 20 Uhr 12. Ich rannte ins Badezimmer, machte Toilette, kleidete mich an, hatte das Zimmer bereits verlassen, kehrte noch einmal zurück und nahm die Chronik mit.

Witternd betrat ich das Restaurant, entdeckte keinen Tom, holte erleichtert meine Essen ab und ließ mir zwei Flaschen österreichischen Rotwein ins Körbchen packen. Ich kam mir vor wie Rotkäppchen auf dem Weg zur Großmutter. Dabei war ich viel eher der böse Wolf, der mit Rotkäppchen eines der ältesten Märchen durchspielen wollte. Eine Großmutter hätte ich wirklich nicht gebrauchen können in dieser Nacht.

Ich kam glatt aus Füssen raus, aber dann begannen die Probleme. Ricarda hatte sich auf die ideale Linie zur Hütte beschränkt und sich nicht die Mühe gemacht, markante Punkte des Weges, die mir als Fremdem auffallen mußten, zu erwähnen. Ich fuhr sofort falsch ab, wendete, fuhr zurück, bog wieder auf die Straße ein, nahm einen Wirtschaftsweg, der Spuren von Traktorrädern aufwies und hoppelte auf mein Ziel zu. Der Wald warf lange Schatten. Dann der Stein an der Kreuzung der zwei Wirtschaftswege: nach Füssen, nach Reutte und zweimal ins Nichts. Dort mußte ich hin. Ich war an dem Schild schon vorbei, als ich in die Bremse ging und drei, vier Autolängen zurücksetzte. Ricardas Hütte stand also in Österreich, denn ich hatte soeben die grüne Grenze überquert. So überraschend war ich selten ins Ausland gelangt, Ricarda hatte kein Wort davon gesagt. War ich falsch gefahren? Ich beschloß Ricarda zu vertrauen. Das wollte ich ja noch häufiger in der nächsten Nacht. Ich wußte, daß ich mich links halten mußte. Auf Serpentinen ging es steil bergauf. Mir war schleierhaft, wie Ricarda täglich diesen Weg bewältigen konnte. Höher, höher hinauf, und dann war plötzlich alles plausibel und leicht. Am Rand einer Lichtung stand im Schutz mächtiger, sehr dunkler Tannen eine Hütte. Ein kleines Blockhaus, ich hatte solche Hütten in städtischen Schrebergartensiedlungen gesehen, wenn die Kleingärtner alpines Ambiente vorgaukeln wollten. Die Außenmaße maximal fünf mal fünf Meter, eine kleine Parabolantenne auf dem Dach wirkte deplaziert. Ricarda war noch nicht da, und ich erwog in kecker Stimmung, bereits ins Bett zu gehen, hineinzugehen und das Essen auszupakken. Aber ich zögerte. Ein Gefühl großer Fremdheit stoppte meinen Elan. Noch war ja auch ein kapitales Mißverständnis möglich. Ich hatte mich viel zu sehr als Kunstkenner aufgespielt. Wenn Ricarda mir lediglich ihre Bilder zeigen und mich dann mit einem Wangenkuß ins Auto stecken würde? Die Luft hier draußen war zum Hineinbeißen, die Stille ohrenbetäubend. Nur in den Tannen regte sich ein einzelner Vogel unglaublich auf, kein zweiter ließ sich hören. Mich erinnerte das an häusliche Diskussionen mit Diana, wo ich in der letzten Zeit auch stets nach den ersten Minuten in eine Starre verfallen war und Diana den akustischen Teil des Gemetzels allein erledigte.

»Komm, du Dussel. Geh rein und schmeiß die Schwester aufs Kreuz«, flüsterte ich mir zu. Solche Anfeuerungen hatten mich in jungen Jahren manches Mal mitgerissen und in den glücklichsten Momenten auch die jeweilige Schwester. Ich fand die Vorstellung, es in einer Försterhütte zu treiben, von Minute zu Minute reizvoller. Der Mond stand über der Lichtung. Er war fast voll, warm und freundlich, hatte einen dunstigen Hof und bildete den perfekten Kontrast zu dem satten Blauschwarz des Himmels. Erst jetzt sah ich den Bagger. Er stand einige Meter hinter der Hütte. Wenn ich weitergefahren wäre, wäre ich an ihm vorbeigekommen. Der Bagger war am Wegrand geparkt, wo es abschüssig war, er stand gefährlich schräg. Sie verlegten hier wohl Kabel oder Rohre. Beim Bagger lagen Holzleisten, sehr lang, sehr schmal.

Ich setzte mich einige Meter von der Hütte entfernt auf einen Baumstumpf, der nicht bemoost war. Das Holz und die Erde hielten die Wärme das Tages. Ich nahm das weiß-blau karierte Handtuch vom Korb, um mir eine kleine Köstlichkeit in den Mund zu stecken und sah verwundert, daß mir die Packerin aus der Hotelküche eine Flasche Tomatensaft spendiert hatte. Ich fand das überraschend, aber es paßte mir gut in den Kram, denn ich wollte vor Ricardas Ankunft auf keinen Fall Wein trinken. Ich öffnete die Flasche und ließ den dickflüssigen Saft durch die Kehle laufen. Neben mir lag die Chronik. Ich glaubte nicht, daß ich im Mondlicht lesen könnte, schlug das Buch aber trotzdem auf und war überrascht, wie klar sich die Schrift vom Untergrund abhob. Lehrer Left hatte eine deutliche Handschrift besessen.

Eine Zementfabrik aus Schongau, ein Steinbruch bei Schwangau, exakt 209 Handwerker aus der Region, das kannte ich schon alles aus Unruhs Vortrag. Ich trank Tomatensaft, verteilte ihn in der Mundhöhle. Gestern beim

Vortrag in Schwangau hatte ich zum ersten Mal seit langer Zeit wieder Tomatensaft getrunken. Mir schmeckte das Zeug. Ich machte die Flasche leer.

Marmor, Ziegel, Sand, Kalk, Kohlen, Holz für Gerüste; 1880 Fortsetzung des Palasrohbaus und Beginn der Innenausstattung von Ludwigs Wohnräumen im dritten Obergeschoß; 1881 Fortsetzung von Roh- und Ausbau des Palas und Fertigstellung von Ludwigs Wohnräumen; 1882 Fortsetzung des Palasrohbaus, Beginn des Capellenbaus und Fortsetzung der Innenausstattung im Festsaal sowie Beginn der Arbeiten im Thronsaal; Ludwig gibt die einzelnen Bauschritte für Neuschwanstein vor – bis zum Jahr 1893. Jahr für Jahr sollen 900 000 Mark verbaut werden. Ab 1877 klaffen Voranschlag und tatsächliche Kosten auseinander. 1880 explodieren die Kosten. Die Bauführer und Hofbauräte in München raufen sich die Haare, weil Ludwig seine Vorbilder stets nur vom Besten nimmt. Der Thronsaal geht auf Markuskirche und Hagia Sophia zurück. Mein Hals begann zu kratzen. Ich las, wie Rauchleitungen und Kanäle für die Warmluftheizung von Ludwigs Änderungswünschen betroffen werden. Jede Änderung von Ludwigs Visionen hatte massive bauliche Konsequenzen. Und dann die Ungeduld des Königs. Er hetzt, treibt an, will nicht warten. Ahnte er etwas? Er befiehlt, schickt Depeschen, jagt Getreue los, es muß die Hölle gewesen sein, für den Mann zu arbeiten.

T-Träger, verdattert las ich das Wort T-Träger in der 100 Jahre alten Tintenschrift des Dorflehrers Left. T-Träger unter dem Thronsaal, zur Stabilisierung. Aufgabe des geplanten Marmorfußbodens, statt dessen zwei Millionen Mosaiksteinchen, eins nach dem anderen, eins nach dem anderen, erst eins, dann zwei, dann drei, dann vier, dann fehlen noch 1 999 996, dann fünf, dann sechs, dann sieben, dann acht, wer hat mein Mosaik durcheinandergebracht? Lefts Unterbögen schwangen hin, schwangen her am Trapez der G und P, nach oben wollten sie ausreißen, die munteren L und F, und jeder Buchstabe wollte woanders hin. Keinen Sinn mehr für das Wort, heute hier, morgen dort, einige Buchstaben machten sich auf den Weg zurück nach Bayern. Ich hielt meine Hand vor die fliehenden Gesellen. Aber sie hüpften über die Finger, sprangen vom Papier auf den Waldboden, dort hatte ich keine Chance, keine Chance. Auf allen vieren krabbelte ich, keine Chance. Die Seite sah aus, als wenn eine Bombe explodiert wäre. Kein Wort mehr unversehrt, überall abgetrennte Glieder, versprengte Buchstaben, umgefallen, verletzt, tot. Mich erschütterte der Anblick der toten O und W und A. Ich wollte sie beweinen, aber ich hatte solchen Durst, mußte trinken, viel trinken, Liter, Liter, immer mehr. Trinken ist Leben, und roter Wein ist gut, so gut, wo war der Schlüssel? Wo war der verdammte Schlüssel? Schlüs . . . Da! mein guter Schraubenzieher. Nicht Schraubenzieher. Sag, wie du heißt. Wirst du dem Onkel wohl sagen, wie du . . . mit dem da Korken aus der Flasche, Flasche in Kehle, ließ laufen, wischte ab, fing Buchstaben ein, hier einen, da einen, hurra, eine Silbe. Ich rutschte über den Boden, sah flüchtende Buchstaben im Fransenteppich verschwinden. Ich war ihnen auf den Fersen, hob den Teppich hoch, schüttelte ihn aus, suchte Buchstaben zwischen Pistazienschalen und Apfelkernen. Die O waren meine sicherste Beute, die F waren viel flinker. Ich blickte auf, gerade reckte durchtrainiert und hager ein F an der Tür sein Haupt, und hopp war es im Dunkel verschwunden. Ich hinterher, der Mond schien groß und warm und sägte Baumsilhouetten aus der Nacht. Ich wählte eine Richtung und ließ mich nicht beirren. Mein Hals kratzte, aber ich war draußen, wo ich schon immer sein wollte. Ich schrie auf vor Lebensfreude. Es konnten keine Worte aus meinem Mund herauskommen, weil die Buchstaben geflohen waren. Aber ich war hinter ihnen her, ich hatte ihre Fährte aufgenommen, es war nur eine Frage der Zeit. So dicht die Schonung war, sie mußte ein Ende haben. Von unten griffen Zweige zu, unterstützt von ihren Spießgesellen, den Wurzeln. Sie brachten mich zu Fall, siebenmal, achtmal. Aber sie hatten sich zu früh gefreut. Der Mond erleuchtete meine Augen, nie hatte ich nachts so hervorragend sehen können. Laut knallend brachen die Zweige, nie hatte ich so famos hören können; was machte es schon, hier zu stolpern, dort zu stürzen, wenn ich mich doch immer wieder aufraffte, schneller oben war als ein Schmerzensruf braucht, um zu verklingen. Der Wald wollte seine Kräfte mit meinen messen. Solche wie mich bekam er nicht oft zu fassen. Ich trat aus, schüttelte ab, ließ hinter mir. Ich würde nicht sterben, ich war unvergänglich, viel zu wertvoll, um nicht mehr zu sein. Einer wie ich setzte sich immer durch, einem wie mir konnte keiner was. Weiter, immer weiter, ich bog sie einfach um, Zweige, Wurzeln, ganze Stämme, ich brachte Luft in die Schonung.

Dann war ich durch, Freund Mond tat, was zwischen uns abgemacht war. Er tat es gut, ich erkannte die Kutsche auf den ersten Blick. Die Pferde standen an der Waldwiese, sie waren nicht angebunden, das Futter hielt sie am Ort. Ich schob die mächtigen Leiber zur Seite, schaufelte zwei Hände voller Bucheckern, bot sie einem Pferdemaul dar, das sich darüber hermachte. Vier Pferde brauchte die Kutsche, aber es war eine ganze Herde, bestimmt fünfzehn, vielleicht mehr. Ich wandte mich der Hütte zu. Aus ihrem Dach wuchs eine Buchenkrone. Die Hütte war um den Stamm herum gebaut. Vor allen Fenstern hingen Dekken, doch ich sah, daß drinnen Licht brannte. Und ich hörte Stimmen.

Dann stand ich unter ihnen. Sie lagen auf Bären- und Wildschweinhäuten vor niedrigen Tischen. In Gestellen aus Wurzeln standen Trinkhörner, die Ränder versilbert. Ich nahm am Rand meines Gesichtsfeldes eine Armbewegung wahr. Daraufhin erhob sich eine andere Gestalt und trat zwischen die Runde und mich. Nun sah ich, daß alle Männer Felle trugen, und ich sah, daß der mit der Armbewegung Ludwig war. Dann stellte der Stehende ein Bein aus, brachte sich auf diese Weise in Positur und begann zu sprechen:

»Das Innere eines Wohnraums. In der Mitte steht der Stamm einer mächtigen Esche, dessen starke Wurzeln sich weithin in den Erdboden verlieren; von seinem Wipfel ist der Baum durch ein gezimmertes Dach geschieden, welches so durchschnitten ist, daß der Stamm und die nach allen Seiten hin sich ausstreckenden Äste durch genau entsprechende Öffnungen hindurchgehen; von dem belaubten Wipfel wird angenommen, daß er sich über dieses Dach ausbreite. Um den Eschenstamm als Mittelpunkt ist nun ein Saal gezimmert; die Wände sind aus roh behauenem Holzwerk, hier und da mit geflochtenen und gewebten Decken behangen. Rechts im Vordergrunde steht der Herd, dessen Rauchfang seitwärts zum Dache hinausführt. Hinter dem Herde befindet sich ein innerer Raum, gleich einem Vorratsspeicher, zu dem man auf einigen hölzernen Stufen hinaufsteigt; davor hängt, halb zurückgeschlagen, eine geflochtene Decke; im Hintergrund eine Eingangstür mit schlichtem Holzriegel; links die Tür zu einem inneren Gemache, zu dem gleichfalls Stufen hinaufführen; weiter vorn auf derselben Seite ein Tisch mit einer breiten, an der Wand angezimmerten Bank dahinter und hölzernen Schemeln davor.«

Der Mann ließ sich erleichtert auf die Felle zurücksinken. Mir war seine Rede gegen Ende doch recht lang geworden. Zwar beschrieb er die Innenausstattung der Hütte zutreffend, doch ich vergaß nicht, daß ich die Pferde mit Bucheckern gefüttert hatte.

»Trete Er näher und lagere mit uns«, forderte mich der König auf. Ich sah den Lüster. Der skelettierte Schädel eines Hirsches trug mehrere Geweihenden, in denen brennende Kerzen steckten. Einer der Männer verschwand im Hintergrund, um mit einem Trinkhorn zurückzukehren, das er mir reichte. Die Stimmung war locker, dichter Rauch in der Hütte, fast jedem hing eine Zigarrenspitze aus Meerschaum im Munde. Ich ergriff das Trinkhorn und nahm einen guten Schluck.

»Na?« fragte Ludwig, und sein Gesicht glänzte erwartungsfreudig.

»Süß«, sagte ich. Aber das war untertrieben. Der Honigwein war so dickflüssig, daß man versucht war, ihn vor dem Schlucken erst zu kauen. Ich hatte das Gefühl, Zukkerkristalle auf der Zunge zu spüren. Der Met tat meinem wunden Hals gut. Ich nahm einen zweiten Schluck.

»Laß Er sich nieder«, forderte mich Ludwig auf. Ich sah nirgendwo Platz für mich, aber die Männer rückten dichter zusammen.

»Hierher«, sagte Ludwig bestimmt. Ich zögerte und fühlte, wie mich Arme auf den Platz an der Seite Ludwigs schoben und zogen. Etwas ungelenk fiel ich neben Majestät nieder, und Ludwig sagte lächelnd:

»Padauz!«

Er rauchte als einziger eine Wasserpfeife. Der Pfeifenkopf aus Meerschaum zeigte das Gesicht einer Frau. Unter völligem Schweigen nahm Majestät einen tiefen Zug und bot mir einen zweiten Lederschlauch an. Zögernd ergriff ich ihn, nahm unter den aufmerksamen Augen Ludwigs einen ersten Zug und nickte anerkennend. In dem Maß, in dem ich meine Anspannung verlor, wurde mir bewußt, daß in der Hütte keineswegs die gelassene, friedfertige Stimmung herrschte. Ich konnte die Spannung mit Händen greifen. Es war keine Gereiztheit, aber man war sich nicht einig, die einen wollten hü, die anderen hott.

Im Hintergrund entstand Bewegung. Eine Frau und ein Mann trugen gemeinsam auf silberner Platte einen kolossalen Braten herein. Es handelte sich um Wildschwein, in seinem Rücken steckten gekreuzt zwei mächtige Messer. Der Mann war angezogen wie ein Koch, die Frau war fast noch ein Mädchen, fünfzehn oder sechzehn mit patzigaufmüpfigem Blick. Sie stellten das Tablett ins Zentrum des Kreises, wobei sie darauf achten mußten, nicht über ein ausgestrecktes Bein zu stolpern. Die zwei zogen sich dann sofort in den von meinem Sitzplatz nicht einsehbaren Teil zurück.

Ludwig forderte uns alle auf zuzulangen. Während ich darauf wartete, daß sie das erste Stück für den König abschneiden würden, erschien das Mädchen ein zweites Mal und bot Ludwig einen zierlichen Topf aus Silber dar, der mit einem Deckelchen aus Elfenbein verschlossen war. Der König nahm ihr den Topf ab, das Mädchen warf mir

einen Blick zu und entfernte sich. Ludwig nahm den Dek-
kel ab, Rauch stieg auf. Er bemerkte meinen Blick, hielt mir den Topf hin. Überrascht blickte ich auf einen Brei oder ein Mus.

»Meine Zähne«, sagte Ludwig und hielt die linke Hand an seine Wange. Dann begann er ohne Begeisterung, seinen Brei zu löffeln, und sah mit unverhohlenem Neid zu, wie sich die Männer dicke Scheiben vom Braten abschnitten. Auch ich erhielt mein Stück.

»Gibt es nichts zum Fleisch dazu?« fragte ich den neben mir sitzenden Mann.

Er zuckte die Schultern und erwiderte: »Immerhin ist es Fleisch. Im Maurischen Kiosk gibt's nur Süßes. Manchmal denke ich, er liebt uns Einheimische nicht.«

Der König blickte zu uns herüber, drohte spielerisch mit einem Finger und sagte: »Ihr Lauser!«

Plötzlich stand ein Mann auf und sagte in demütiger Körperhaltung: »Es geht nicht, Majestät. Es will einfach nicht gehen. Erlaubt mir, mich zu benehmen, wie es mich mein Vater gelehrt hat.«

»Duckmäuser«, kam es zischend aus dem Kreis. Ich sah ihn und erschrak. Unter uns saß ein Mann mit einer schwarzen Gesichtsmaske.

»Wenn es Ihn erleichtert«, sagte Ludwig, und der Mann kniete augenblicklich vor ihm nieder und damit auch zum Teil vor mir. Ich rückte unwillkürlich zur Seite.

»Danke, mein geliebter Herrscher«, sagte der Mann und hielt das Bärenfell fest, das sich immer wieder vor der Brust löste und nackte Haut freigab. »Und nun bitten wir Euch . . .«

»Ah, ah, ah«, rief Ludwig mit abwehrenden Gesten.

»Nein, Majestät. Es muß sein. Die Lage erfordert es.«

»Was die Lage erfordert, bestimmen immer noch wir«, sagte Ludwig mit gesteigerter Lautstärke. Er nuschelte leicht, verschleifte S-Laute zu sch. Und wenn ein Z vorkam, neigte er zum Spucken.

»Dann tun wir's ohne allerhöchsten Segen«, sagte der kniende Mann. »Ich und Frieder und Otto und Xaver . . .«

In Windeseile waren drei Männer aufgesprungen und knieten ebenfalls vor dem König. Ein Geräusch im Hintergrund, die blutjunge Köchin stürmte herein, fiel neben den Männern auf die Knie. Der Sprecher sah zur Seite:

»... und Marie, die mutigste von uns allen.«

Lächelnd ruhte Ludwigs Blick auf dem Mädchen. »Was meint unser lieber Weltreisender?« fragte er in manierlicher Lautstärke.

Ein Mann antwortete, dem der Wildschweinbraten schmeckte. Sein Mund troff vor Fett, Nase und Stirn vor Schweiß.

»Ich sage nur 50 Millionen«, sagte der Mann, der sich offensichtlich der besonderen Gunst des Königs erfreute und herzhaft in das Fleisch biß. Die Männer vertilgten unglaubliche Mengen, und keiner von ihnen wirkte ausgehungert.

»Es muß ja nicht Mallorca sein«, sagte Ludwig und nahm zwischen zwei Löffeln Brei einen Schluck aus dem Horn.

»Aber Mallorca hat so ein liebliches Klima«, sagte der Mann ein, den er Weltreisender genannt hatte. »Man kann dort Wildschweine aussetzen.«

Der Wortführer der Knienden ergriff wieder das Wort:

»Das ist alles oft erwogen worden, Majestät. Mallorca, Samoa, dieses Tal in Kolumbien und die Insel bei Java. Alles wird Geld kosten, Geld muß her. Wir machen uns anheischig, es für Eure Majestät zu besorgen.«

»Mit Gewalt«, sagte Ludwig tonlos. »Wo wir Gewalt so verabscheuen. Es ist zuviel davon in der Welt. Wir wollen sie nicht noch mehren.«

»Das tun doch wir«, rief Marie. Ihr Gesicht glühte vor Unternehmungslust. Ich kniff unwillkürlich meine Oberschenkel zusammen. Ich sah, wie der König sich schmerzlich berührt abwandte. Unsere Blicke trafen sich, und trotz des Standesunterschiedes blickte ich ihm dorthin, wo er mir hinblickte: in den Schoß. Auch Ludwig hatte die Beine zusammengekniffen.

»Ohne Gewalt geht es nicht«, nahm der Sprecher der

Geschwister das Wort. »Eine Bande ohne Gewalt ist undenkbar. Es sei denn, sie geben uns ihre Preziosen freiwillig.« Er lachte grimmig. »Aber das tun sie nicht. Sie sitzen drauf, wir müssen sie hochheben, um an die Schätze zu gelangen.«

»Dafür bin ich zuständig.« Es waren die ersten Worte aus dem Mund des Mannes, der Xaver sein mußte. Dann öffnete er den Mund und lachte. Das hätte er besser nicht getan. Ludwig suchte an meinem Arm Halt. Xaver hatte nur noch vier oder fünf Zähne im Mund. Der Mann strahlte ungeschlachte, naive Brutalität aus.

»Es ist viel Geld zwischen München und Norditalien unterwegs«, fuhr der Wortführer fort. »Sie transportieren es in Kutschen. Sie lassen es Eisenbahn fahren. Und wer den modernen Verkehrsmitteln nicht traut, schickt sechs Männer seines Vertrauens über die Alpen. Zu Pferde. Mit Maultieren. Oder zu Fuß. Es ist langsam, aber es ist sicher.«

»Bis wir kommen«, warf Xaver ein und lachte schrecklich. Wie leicht ihnen das lange Knien fiel!

»Darf ich, Majestät?« meldete sich ein anderer Mann aus dem Kreis zu Wort. Er sah feist aus und zufrieden. Noch bevor er weitersprach, hatte ich ihn schon als Mann der Heiligen Mutter Kirche identifiziert.

»Tue Er, was Er nicht lassen kann«, sagte Ludwig und löffelte seinen Brei.

»Heiden«, sagte der Kirchenmann. »Das sind Heiden da unten. Ohne vorherige Christianisierung ist gar nicht daran zu denken, unsere Majestät auf diese Wilden loszulassen.«

»Das sind viele Worte«, sagte Ludwig unfreundlich. »Aber ihr alle wißt, daß wir keine Zeit mehr haben. Wir sind müde, wir sind es leid. Und wir können nicht jeden des Landes verweisen, der in unserer Gegenwart das Wort, das schreckliche Wort in den Mund nimmt.«

»Was für ein Wort?« fragte ich flüsternd meinen Nebenmann.

»München«, hauchte es zurück.

»Aber hier in Bayern ist alles so schön katholisch«, rief der feiste Kirchenmann verzweifelt und glücklich zugleich. »Es hat Jahrhunderte gedauert, um das so hinzukriegen. Soll denn alles noch einmal von vorn anfangen müssen?«

»Wie sieht's mit Banken aus?« wandte sich der König an die Knienden. Wir brauchten alle einige Augenblicke, um die Tragweite der Frage zu ermessen.

»Gut sieht's aus mit Banken«, antwortete der Wortführer zögernd. »Viele gibt's. Unzureichend gesichert sind's. Und wohl gefüllt mit allem, was Euer Herz begehrt, Majestät.«

»Man sollte es vielleicht wirklich erwägen«, murmelte der König. Und in die aufbrausende Erregung im Raum sagte er mit erhöhter Lautstärke: »Erwägen. Nur erwägen.«

»Natürlich, Majestät«, stimmte der Sprecher der Geschwister zu. »Wir erwägen das alles nur. Wir betrachten es als Spiel.«

»Als geistreiches Spiel«, sagte Ludwig.

»Als geistreiches Spiel, selbstredend. Die Gedanken sind frei, der Mensch ist ein fantasiebegabtes Wesen, und an einem wunderschönen Abend im vertrauten Kreis von Freunden wird man doch seine Gedanken aufs Pferd setzen dürfen und dann zuschauen, wie sie munter über Stock und Stein galoppieren.«

»Oder koppheister in den Graben«, meldete sich ein älterer Mann zu Wort, der bisher geschwiegen hatte.

»Der Beamte«, wurde neben mir von mehreren verächtlich gezischt. Auch im Gesicht des Königs hatte ich heute abend schon größere Wärme gesehen.

»Er spreche frei von der Leber weg«, sagte Ludwig zu dem älteren Mann. Der erhob sich ächzend, offenbar litt er unter der ungewohnten, liegenden Position. Er hatte als einziger – obwohl er ein Fell trug wie alle anderen – eine Insignie seines bürgerlichen Lebens am Körper. Er trug einen steifen Kragen, der nicht zum Bärenfell passen wollte.

»Ich spreche im Namen der Regierung«, hob der Kragenträger an. »Ich bin ein treuer Untertan der Krone und des allerehrwürdigsten Königshauses.«

»Ja doch«, sagte Ludwig. »Komme Er zum Thema.«

»Das Geld«, sagte der Mann. »Haben Majestät das Darlehen über siebeneinhalb Millionen vergessen?«

»Wie könnten wir?« antwortete Ludwig. »Bei den Zinsen.«

Der Kragenträger wollte aufbegehren, sah rechtzeitig die schmunzelnden Gesichter um sich herum und fuhr in steifem Eifer fort: »Majestät bauen, als wenn morgen die Welt unterginge.«

»Was will unser Minister damit sagen?«

»Ich plädiere dringend für eine Streckung der Bautätigkeit. Die Baustellen überziehen ja mittlerweile das ganze Land.«

»Nun übertreibt Er.«

»Leider nicht in dem Maß, wie ich es mir wünschen würde. Darf ich aufzählen?«

»Tue Er, was Er nicht lassen kann.«

»Eure Majestät bauen die neue Burg Hohenschwangau und den Koloß auf der Herreninsel im Chiemsee. Eure Majestät projektiert die Burg auf Falkenstein und diverse Residenzen kleineren Zuschnitts. Das ist einfach zuviel.«

»Warum erwähnt Er nicht das Chinesische Schloß?«

»Was ist denn das?«

»Das ist unser kleiner Sommerpalast, den wir seit vielen Jahren als Plan in unserem Herzen tragen.«

»O Gott, ein Palast.«

»Unser lieber Finanzminister möge sich fassen. Dieses Projekt besitzt keine Priorität.«

»Aber alles, was in Euer Majestät Kopf Gestalt annimmt, verursacht Kosten.«

»Was heißt das?«

»Das heißt, daß ... nun ja ... mir will es bisweilen so scheinen, als wenn Eure Majestät in dem Maße, in dem Ihr Euch aus der Tagespolitik zurückzieht, überschüssige Energie in die Bauprojekte steckt.«

»Aber ihr freut euch doch jeden Tag aufs neue, daß wir dem Kabinett nicht mehr dreinreden.«

»Majestät! Ich lege für jeden meiner Kollegen die Hand dafür ins Feuer, daß wir uns bei all unserm Tun und Lassen in jeder Sekunde auf der Seite von Euer Majestät wissen.«

»Geschenkt, Minister, geschenkt. Er sage uns frei heraus, wie Er die Mittel für die offenstehenden Rechnungen aufbringen will.«

Der Minister preßte eine Hand aufs Herz, jemand reichte ihm ein Horn, dessen Inhalt er gierig hinunterstürzte.

»Mit 25 Millionen hätten alle Kalamitäten ein Ende«, sagte sich der Mann mit der Maske, der Minister begann zu zittern und zu beben.

»Majestät. Das ist nicht normal.«

»Hütet Eure Zunge«, rief einer der Knienden. Es war nicht der Wortführer und nicht Xaver mit dem schrecklichen Lachen. »Ein Land, das sich einen König leistet, darf nicht mit der Mentalität eines Bäckerladens geführt werden.« Beifälliges Gemurmel erhob sich in der Hütte.

»Aber fünfundzwanzig Millionen!« rief der Minister. »Das ist ein Faß ohne Boden.«

»Unserm König steht das Geld zu«, rief ein Mann aus der Runde. »Die Schulden unserer Majestät sind Privatschulden. Und wer einen Funken Ehre im Leib hat, wird diese kleine Kalamität auf der Stelle aus der Welt schaffen.«

»Aber fünfundzwanzig Millionen –« Der Minister verstummte.

»Ich bitte Euch«, sagte der Mann. »Was sind ein paar Millionen bei einem Staatshaushalt von 230 Millionen? Bedenkt die Schulden, die ihr seit Jahren ohne Hemmungen für den Ausbau des Eisenbahnnetzes anhäuft!«

»Aber dabei geht es doch ums Große und Ganze«, rief flehentlich der Minister.

»Und worum, bitte schön, geht es bei unserem König?«

»Na um . . .« Fast hätte er sich hinreißen lassen.

»In den Turm mit ihm«, ertönte es neben mir. Der Minister wankte bedrohlich. »Wir wissen, wie Ihr über Seine Majestät unter Euresgleichen redet«, fuhr der Mann fort. »Ihr redet Euch um Kopf und Kragen. Ihr laßt es an der notwendigen Loyalität fehlen.«

»Ist heimlich ein Sozialdemokrat, der Hund«, murmelte der König und stieß angeekelt den Breitopf von sich.

»Aber Majestät«, stammelte der Minister. Das war das letzte, was er sagte. Sie mußten ihn auf seinen Platz führen, ihm auf den Boden helfen und frische Luft zufächeln.

»Die Sache ist doch klar«, wandte sich mein Nachbar an den König. »Wir von der Coalition haben immer gesagt, daß alles, was südlich von München liegt, für Euer Majestät ein Heimspiel ist. Hier trefft Ihr noch Liebe an, die vom Herzen kommt.«

»Weil er immer gut zu uns war«, rief Marie enthusiastisch. »Weil er mit den einfachen Menschen redet. Weil er in der Kirche unter uns sitzt.«

»Der Minister muß an die frische Luft«, rief man von hinten. Sie führten den nunmehr gebrechlich wirkenden Mann ins Freie, schnell wandte sich mein Nachbar an Ludwig:

»Jetzt sind wir unter uns. Jetzt darf ich reden. Majestät, Geld muß her. Geld für die Bauten, für die Krankenkasse, für die notleidende Region um Füssen und den Chiemsee. Baut, Majestät, was das Zeug hält, wenn Majestät mir die Unverfrorenheit untertänigst gestatten wollt. Baut und fragt nicht. Baut und bettelt nicht. Das ist nicht des Königs. Den Rest besorgen wir, nicht wahr, Kameraden?«

Um uns herum murmelte man beifällig. Der vom König vorhin als »Weltreisender« Angesprochene aß schmatzend und schwitzend. Alle anderen hörten hingebungsvoll zu.

»Die Coalition hat das Ohr am Puls des Volks. Es ist ein höchst erfreuliches Geräusch, das wir da vernehmen,

Majestät. Die Liebe der treuen Bayern zu Euer Majestät ist unverbrüchlich, ja ewig. Wie's in den Städten ausschaut, muß ich nicht sagen.«

»München«, knurrte der König.

»Nicht nur München, Majestät. Leider nicht nur München. Das ließe sich anzünden, und Pfüati. Es ist die Stadt allgemein. Wo Turbinen dröhnen und Motoren kreischen, wo Schornsteine qualmen und Webstühle flitzen, da darf Majestät nicht auf Gefolgschaft rechnen.«

»Weil sie modern sind«, knurrte Ludwig.

»Das ist die Zeit«, sagte der Mann von der Schutzpolizei. »Die Menschen wollen nicht als altmodischer gelten als der Nachbar. Und in der Stadt fängt immer irgendwann einer an und ist modern. Das ist, wie wenn im Frühjahr in den Bergen eine Mure abgeht. Der Sturzbach der Mitläufer. Der Stand der Bürger ist auf der Suche. Und solange wird er ein Blatt im Wind sein.«

»Aber das wäre das Ende«, sagte Ludwig betrübt. »Wenn der König keinen Halt mehr gibt, was kann der Mensch finden als schalen Ersatz?«

»Genau das ist die große Sorge von Mutter Kir...« quakte der feiste Gottesmann dazwischen. Irgend jemand schlug ihm ins Gesicht, und er gab Ruhe.

»Erzähl Er mir nichts von Gott«, sagte der König und schaute angelegentlich auf den Stamm der Esche. »Ich weiß, woher ich die Autorität meines Amtes beziehe. Und nur weil ich nicht so oft Seine Häuser aufsuche, wie Ihm und Seinesgleichen lieb wären, muß Er nicht meine Demut anzweifeln. Gott tut das auch nicht. Gott weiß, was er an mir hat. Ich weiß nicht, was Gott macht, wenn ich eines Tages nicht mehr sein sollte.«

Niemand wagte, das lastende Schweigen zu durchbrechen. Nur einer der älteren Männer krabbelte auf allen vieren an den Baumstamm und zog sich vor Anstrengung pfeifend in die Senkrechte.

»Joseph, Joseph«, sagte der König betrübt. »Du machst es nicht mehr lange.«

»Aber bis dahin, Majestät«, erwiderte der gebrechlich

wirkende Mann am Baumstamm, »bis dahin stehe ich zur Verfügung.«

»Wenn du hochkommst, du Lauser«, sagte der König zärtlich.

»Solange ein Baum oder ein starker Mann in meiner Nähe ist«, stöhnte der Alte, geriet ins Wanken, wollte sich am Baum festhalten und stand plötzlich mit einem gehörigen Stück Rinde in der Hand da. Der König verhüllte das Haupt, einer der Knienden sprang auf, entwand dem Alten die Rinde und befestigte sie mit einigen Faustschlägen wieder am Stamm. Der maskierte Mann wollte ihm dabei zur Hand gehen.

»Er nicht!« bellte der König, und der Maskierte setzte sich gehorsam hin.

»Der Mayr hat bei Seiner Majestät verschissen. Kniehoch«, teilte mir der Chef der Coalition leise mit. Er schien darüber nicht unzufrieden.

»Aber warum die Maske?« fragte ich flüsternd. »Und wer ist dieser Mann?«

»Mayr ist der Chefdiener. Und die Maske muß er tragen, weil Majestät seinen Anblick nicht mehr erträgt. Mayr hat sich einige Fehler zuschulden kommen lassen. Er kann froh sein, daß er nur die Maske tragen muß. Andere Diener sind ganz anders bestraft worden.«

»Wie denn?« fragte ich neugierig, aber da stand plötzlich der Alte vor mir. Er hielt eine Kamera in der Hand, sagte nicht ohne Mühe »Bitte recht freundlich. Auch Majestät, bitte schön«, und fotografierte aus der freien Hand. »Noch eins«, kommandierte der Alte. Ich spürte das Gesicht des Königs neben meinem, sah den Kopf des Alten über der handlichen Kamera. Er sah schlecht aus, krank, hinfällig, halbtot.

»Dichter«, kommandierte der Alte, gehorsam näherte der König seine Wange meiner Wange. Ich zuckte unwillkürlich zusammen. Majestät war eiskalt. Trotz der überheizten Hütte mit den vielen Menschen.

»Gleich kommt ein Schwan rausgeflogen«, sagte der Alte, und der Blitz erleuchtete den Raum. Ich sah, wie die beiden, die den Minister begleitet hatten, wieder die Hütte betraten.

»Wie ist es ergangen?« fragte Ludwig.

»Narziß bringt ihn zum Bahnhof«, antwortete einer der beiden und griff gierig zum Trinkhorn.

»Narziß ist darauf spezialisiert«, sagte mir der Mann von der Coalition. »Lammfromm. Gemächlicher Trab ist das Äußerste an Geschwindigkeit, was du dem Tier aus dem Leib prügeln kannst. Narziß geht bis Füssen. Dort wirft er den Minister ab, genau vor dem Bahnhof. Dann kehrt Narziß zurück. Für Hin- und Rückweg braucht er fast auf die Minute gleich lang. Ich habe das beobachten lassen. Er kehrt nirgendwo ein auf dem Weg.«

»Wer ist der Alte, der uns fotografiert?«

»Joseph Albert, Kaiserlich Russischer Hofphotograph. Leib- und Magenphotograph unserer Majestät.«

»Ist er immer dabei bei solchen – solchen eher privaten Anlässen?«

»Wieso? Natürlich.«

»Dann muß es ja Zeugnisse von diesen Treffen geben. Photographien.«

»Viele. Und?«

»Aber wenn . . . wenn die in die falschen Hände kommen?«

Der Chef der Coalition lächelte überheblich. »Das halte ich für ausgeschlossen.«

»Aber gesetzt den Fall . . .«

»Ich sagte schon: Das ist ausgeschlossen.«

»Ein Foto. Ein einziges nur.«

»Mann, du bist toll. Willst du unsere Arbeit anzweifeln?« Er blitzte mich an, und ich wiegelte ab:

»Die Geschichte wird es zeigen.«

»Das wird sie«, sagte er zufrieden und biß kraftvoll in ein Stück Wildschweinkeule. »Ich erwarte nichts von der Nachwelt. Ich bin auf der Erde, um hier und heute meine Arbeit korrekt zu erledigen. Für meinen Herrn, den König. Wir sind da, wo er ist. Wir bleiben im Hintergrund. Wir sind die Luft, in der er freier atmen kann.«

»Aber wozu gibt es euch, wenn der König die Städte meidet und sich nur in seinen geliebten Bergen aufhält? Ich denke, hier wird er allseits verehrt. Wer soll ihm hier ein Leid antun?«

Der Geheimpolizist blickte mich prüfend an. »Er stellt gefährliche Fragen«, sagte er dann gedehnt. »Ein feindlicher Agent würde die gleichen Fragen stellen.«

»Eine Organisation wie Eure kostet doch Geld. Geld, das dem König für seine wichtigen Aufgaben fehlt. Habt ihr das bedacht?«

Der Geheimpolizist blickte sich in der Hütte um, erregte die Aufmerksamkeit eines Mannes und winkte ihn herbei. »Paß auf unseren Gast auf«, forderte er den jungen Mann auf. »Bleibe in seiner Nähe. Störe seine Kreise nicht. Wenn du ihm lästig fällst, reiße ich dir ein Ohr vom Kopf. Verstanden?«

Der junge Mann nickte eifrig. »Dranbleiben. Unsichtbar sein. Bescheid wissen.«

Der Chef der Geheimpolizei nickte zufrieden. Und zu mir gewandt, sagte er: »Ich werde es Euch beweisen. Betrachtet es als geistreiches Spiel. Euch droht keine Gefahr. Wer jemals neben seiner Majestät saß, dem droht keine Gefahr. Aber wir können kein Risiko eingehen.« Er kam dicht an mich heran und flüsterte erregt: »Wißt Ihr überhaupt, wer Majestät nachfolgt, wenn Majestät nicht mehr sein sollten?« Ich schüttelte den Kopf. »Otto«, sagte er verächtlich. »Otto, der Idiot.«

»Gebt uns einen Monat, Majestät«, sagte jetzt der Wortführer der unverdrossen Knienden. »Nach einem Monat soll ein Kassensturz stattfinden. Dann soll entschieden werden.«

»Meint Er, man könnte mit dem erbeuteten Geld das neue Schloß Hohenschwangau weiterbauen?« fragte Ludwig erregt.

Der Sprecher strahlte. »Nichts leichter als das. Und wenn wir es nicht allein schaffen, werden doppelt so viele an die Arbeit gehen. Oder zwanzig, fünzig, hundert.«

»Mehr«, rief Marie dazwischen. »Viel mehr. Ganz Oberbayern wird sich den Geldsäcken in den Weg stellen.«

»Keine Gewalt«, sagte Ludwig und sah aus, als wenn ein Migräneanfall unmittelbar bervorstünde.

»Wenn wir sie nur erst in den Bergen haben«, nahm der Wortführer der Geschwister wieder das Wort. »In den Bergen sind wir ihnen über. Dort schrecken uns ihre Truppen nicht. Es wäre, als wenn Kühe Jagd auf Gemsen machten.« Kehliges Männerlachen durchdrang die immer dichter werdenden Rauchschwaden.

»Kann Er uns versprechen, daß keine Menschen zu Schaden kommen?« fragte der König.

»Ein paar blaue Augen wird's geben. Und einen Satz roter Ohren. Vielleicht werden wir einige Kinnhaken austeilen müssen. Aber das verursacht keine bleibenden Schäden. Die Reichen geben am Ende doch eher Geld als Leben. Und es gibt viele Reiche, Majestät. Das ist die neue Zeit. Sie macht, daß Geld fließt. Früher war Warten die Hauptbeschäftigung des Räubers. Heute muß man sich sputen, daß einem kein Geldsack durchrutscht.«

»Letzten Monat«, rief lachend Marie, »wir hauten gerade eine Kutschenbesatzung durch, da tauchte dahinter eine zweite Kutsche auf und bat uns, Platz zu machen, damit sie freie Fahrt hätte.«

Die Geschwister schmunzelten in Erinnerung, und der König fragte: »Und die Banken? In der Stadt? In München?«

»Würde das Euer Majestät Pläsier bereiten?«

Der König nickte eifrig, und der Wortführer sagte: »Es ist alles möglich. Aber es ist nicht ungefährlich. Die Städte sind nicht unser Zuhause.«

»Wenn ich noch einmal auf das neue Königreich kommen darf«, meldete sich der Weltreisende und erwartete Ludwigs Kopfnicken. »Ich sehe nur eine Möglichkeit, mit weit geringeren Geldsummen Erfolg zu haben.«

»Warum verrät Er uns nicht die Möglichkeit?«

»Spielt die politische Karte aus«, empfahl der Weltreisende und wischte sich die fettige Stirn ab. »Ich sehe gute

Chancen für Ägypten und Afghanistan. Mit Preußens Hilfe und bei Berücksichtigung der weltpolitischen Großwetterlage ...«

»Er schweige stille«, rief Ludwig. »Wir mögen den Bismarck, und er mag uns. Aber wir mögen nicht mehr aufs politische Parkett. Unsere Minister in München sind schon eine rechte Plage. Es fällt uns von Tag zu Tag schwerer, den Überblick über das Lumpenpack zu behalten. Aber Ägypten, wir bitten Euch. Das läßt sich doch nur mit Taktieren und Antichambrieren und Intrigieren ins Werk setzen. Das haben wir alles hinter uns gelassen.«

»Seine Majestät möchte dieses Thema nicht vertiefen«, sagte der Chef der Geheimpolizei. »Seine Majestät bedauert, daß unsere Runde so viel ernüchternde Gegenwart atmet. Majestät würde es begrüßen, wenn das Zeitalter, in dem die Hütte steht, im Verhalten seiner Untertanen zum Ausdruck käme.«

»Aber der Stamm«, wandte ich mich an den Mann, der zu meiner Beobachtung eingeteilt war. »Wie konnte das geschehen?«

»Ach das«, lachte er. »Der König hat sich in die Buche verliebt. Du weißt, welch inniges Verhältnis er zu Bäumen hat.« Ich wußte, daß beim Schloß Linderhof ein Baum stand, den der König bei jeder Begegnung durch Verneigen des Kopfes zu grüßen pflegte. »In der Hütte muß unbedingt eine Esche stehen. Es bricht ihm das Herz, wenn die Details nicht stimmen.«

»Also los«, rief der Chef der Geheimpolizei und klatschte in die Hände. »Ich bitte mir ein wenig mehr Germanentum aus. Koch!« brüllte er plötzlich los. Im Hintergrund erschien genervt der Koch.

»Schaffe Er Met herbei«, rief der Geheimpolizist. »Und sage Er nicht, er sei Ihm ausgegangen wie das letztemal.«

»Also gut«, sagte Ludwig und betrachtete kummervoll die Knienden. »Einen Monat sollt ihr es versuchen. Dann sehen wir weiter. Wenn es hinreichen sollte, um die Arbeiten an wenigstens einem Schloß fortsetzen zu können, wollen wir unsere Erlaubnis geben.«

Die Männer suchten nun die königliche Hand, um sie zu küssen. Dann entfernten sie sich dienernd bis zur Tür.

»Wohin des Wegs?« rief der König ihnen nach.

»Die Sache duldet keinen Aufschub«, antwortete Xaver und schenkte uns allen zum Abschied sein grausiges Lachen.

»Wie verhält es sich mit dem Spiel, das man an den Börsen spielt?« fragte der König und traf rundum auf skeptische Mienen.

»Risiko, Majestät. Viel Risiko.«

Der König griff hinter sich und förderte eine Karaffe zutage, aus der er sein Horn füllte. Der Koch und Marie kamen aus der Küche und gossen aus kleinen Fässern Honigwein nach. Der König trank.

»Er liebt seit neuestem Mandelschnaps«, flüsterte mein Bewacher. »Findet kein Ende damit.«

Dann wurde in der Hütte wild gezecht. Zwei Männer sangen gemeinsam »Das Lied vom Jennerwein« und »'s Leb'n auf der Alm«, wofür sie viel Beifall erhielten. Ich nutzte die gelöste Stimmung, um dichter an den König heranzurücken. Erneut fiel mir auf, wie massig er war. Neben mir lag ein Gebirge aus Fleisch.

»Darf ich eine Frage an Euer Majestät richten? Es geht um eine Frage aus dem Bereich des Theaters. Es geht um ein Stück, ein ganz bestimmtes Stück.«

»Er also auch«, sagte Ludwig und stieß auf. »Er schreibt auch heimlich. Schneegans«, brüllte er los, und ein Mann, der mir volltrunken zu sein schien, glubschte schiefäugig zu uns herüber. »Schneegans, er kriegt Konkurrenz.«

»Aber ich bin konkurrenzlos«, grölte der Angesprochene. »Ich stehe unter dem Schutz meines Königs, weil ich immer tue, was er von mir will.« Schneegans kicherte albern und verbarg sein Gesicht an der Schulter seines Nebenmannes. Ich sah, daß er ins Fell biß.

»Nein, Majestät«, beeilte ich mich zu sagen. »Ich will keine Konkurrenz sein. Aber ich wurde kürzlich Zeuge, wie ein Künstler Euer Majestät ein Theaterstück überreichte. Er stammt aus der Gegend, schien es mir, und er setzte große Hoffnungen in sein Werk.«

»Wir erinnern uns«, sagte Majestät, holte erneut die Karaffe und schenkte uns beiden nach. »Wir habe das Stück studiert. Dann gaben wir es dem Autor zurück.«

Der König prostete mir zu, wir tranken unsere Hörner leer. »Der junge Mann hatte es leider Gottes nicht mit der historischen Genauigkeit«, fügte der König hinzu.

»Ich denke, das Stück spielt in der Gegenwart«, wandte ich vorsichtig ein.

»Das kommt erschwerend hinzu. Der junge Mann war auch kleinsten Verbesserungsvorschlägen gegenüber starr und unbeugsam. Das sind wir von unseren Hofdichtern nicht gewohnt. Nicht wahr, Schneegans«, rief der König, »Er ist gehorsam«.

Schneegans löste sich von seinem Nachbarn, orientierte sich mühsam in seiner Volltrunkenheit und lallte: »Was Majestät sagten, so wird's gemacht. Und was hinten herauskommt, ist Kunst. Basta rapidamente.« Kichernd wandte er sich wieder seinem Partner zu.

»Hat es Euer Majestät nicht behagt, daß Euer Majestät in dem Stück mitspielen?« fragte ich immer vorsichtiger.

»Pfiffige Idee«, gab der König zu. »Aber nicht programmfüllend. Und außerdem – wie gesagt –, alles spielt in der Gegenwart. Wir können uns keine langweiligere Zeit denken. Auch keine qualvollere. Das ist die wahre Erbsünde, daß es keinen Ausweg aus der Zeit gibt, in die uns ein unbarmherziges Schicksal stellt.«

Ludwig ließ den Schnaps in der Mundhöhle schwimmen, schluckte und fügte nachdenklich hinzu:

»Außerdem zu laut, das Stück. Und zu gewalttätig. Immer Peng und Puff und Paff. Ein Feuerwerker hätte seine Freude daran. Obwohl – ein Gedanke darin, der besaß die Größe, die wir uns für das ganze Stück gewünscht hätten.« Vor der Hütte entstand Bewegung, Pferdegetrappel, Rufe, laute Begrüßungen und der kernige Ausruf: »Und jetzt, Holnstein, piß ich deinen Gaul an.«

Der König blickte mich an. Merkwürdig ausdruckslos

wollte mir sein Gesicht scheinen. Er unterdrückte ein Aufstoßen, murmelte leidvoll: »Sodbrennen. Sogar die Malaisen werden demokratisch.« Dann sagte er leise, während um uns herum der Frohsinn wogte und Küsse getauscht wurden: »Was wird aus meinen Schlössern, wenn ich eines Tages nicht mehr sein sollte? Ich sehe den Tag voraus.«

»Aber Majestät!«

»Schweig, Untertan. Was wird aus unseren Schlössern? Wird sie Volkes Stiefel entweihen? Werden sie die Türen aufreißen, um dem Götzen zu huldigen? Wird alles noch viel schrecklicher werden, als es uns in unseren Alpträumen erschienen ist? Für diesen Fall hat der junge Autor eine Lösung vorgeschlagen.«

Der Lärm vor der Hütte nahm an Lautstärke immer weiter zu. Ich hing am Gesicht des Königs.

»Seine Lösung besitzt Charme. Und sie ist das, was wir als Lösung bezeichnen. Keiner dieser halbgaren Kompromisse, die uns das politische Leben so verleidet haben.«

»Ich höre, Majestät.«

In diesem Moment stand ein Betrunkener auf, trat an die Esche, lüpfte das Fell, und ehe wir uns versahen, urinierte er an den Baum. Im nächsten Moment wurde die Tür aufgerissen, und im Türrahmen stand eine schon als Schatten beeindruckende Gestalt. Der Hüne wehrte mühelos die lästigen Trunkenbolde ab, die an ihm herumzerrten und versuchten, ihm gleichzeitig den Reisemantel aus- und ein Bärenfell überzuziehen und orientierte sich in der Hütte. Im nächsten Moment kniete er vor seinem König. Ludwig versuchte sich aufrechter hinzusetzen, was ihm mit Mühe gelang.

»Majestät«, sagte der Hüne. Er strahlte vor geistiger Energie und körperlicher Kraft.

»Was bringt uns unser treuer Roßober?« fragte der König lächelnd. Maximilian Graf Holnstein legte eine große Hand aufs Herz und antwortete:

»Ich überbringe einen Gruß vom Reichskanzler und den jährlichen Brief.«

»Das ist nett«, sagte der König. Ich erkannte, daß Holnstein zwischen Mantel und Haut einen schweren Umschlag trug, den er im Begriff war hervorzuziehen.

»Laß Er stecken«, forderte ihn der König auf. »Und sorge Er dafür, daß das Geld den Weg nimmt wie gewöhnlich.«

»Sehr wohl, Majestät.« Holnstein verbeugte sich erneut. Dann blickten mich beide – König und Holnstein – so lange an, bis ich begriff, daß ich störte. Ich rappelte mich hoch, murmelte eine Entschuldigung und stand unschlüssig zwischen den Wurzeln der Esche, die eine Buche war. Um mich herum taten Männer mit anderen Männern, was ich weder so genau wissen noch ansehen wollte. Ich taumelte über eine Wurzel oder über Beine oder über beides auf die Tür zu. Dort wandte ich mich noch einmal um. Der König ergriff eine Mappe, die Holnstein ihm bereithielt, und er zog viele Geldscheine daraus hervor. Etwas flog an mir vorbei, wohl ein Trinkhorn, die Tür schlug zu. Ich packte mein Fell fester und nur der Mond war Zeuge, wie ich den Wald durchpflügte, nicht mich noch mein Fell schonend. Ich durfte nichts vergessen, ich durfte nichts vergessen, das war jetzt das Wichtigste. Ich durfte nichts vergessen.

10

»'n Abend. Pilzesuchen beendet?« fragte Tom und rollte sich auf dem Bett herum.

Ricarda stand sofort auf, trat zwischen mich und den kleinen Tisch und sagte: »Bitte Platz zu nehmen.«

Es war aufs Entzückendste gedeckt: Tischtuch, Porzellan, langstielige Gläser aus grünem Glas, in die Ricarda aus einer Flasche eingoß, die ich nicht mitgebracht hatte.

»Junge, wie oft soll ich's dir noch sagen? Pilze sucht man tagsüber, da sieht man sie auch besser.«

»Das ist nicht mein Wein«, quengelte ich und versuchte

die Tatsache zu übersehen, daß Toms Oberkörper unbekleidet war.

»Deinen warmen Wein anzubieten, wäre unhöflich«, sagte Tom, setzte sich mir gegenüber und begann Pistazien zu futtern. Ricarda war vollständig bekleidet. Im Raum brannten Kerzen, und es ertönte Musik von großer Schwüle.

»Du siehst aus wie seinerzeit auf dem Misthaufen«, sagte Tom. »Nur daß der Misthaufen fehlt.«

Ich blickte an mir herunter. »Wie ein Wildschwein.« sagte Tom.

Was sollte ich erzählen? Ich wußte von Wald und einem Weg, den ich möglicherweise zurückgelegt hatte. Und Durst, an Durst erinnerte ich mich genau. Und meine Augen brannten, wovon brannten meine Augen?

Tom beugte sich über den Tisch: »Du bist im Raucherabteil gefahren, du militanter Nichtraucher.« Er steckte sich sofort eine Zigarette an.

Ricarda trug eine Leinenbluse mit aufgesetzten bunten Blumen. Ihre Haare waren hochgesteckt, aber die ersten Strähnen hatten sich gelöst und gaben ihr die aufregende Anmutung einer Frau, die dabei war, sich gehenzulassen. Ich wollte sie auf diesem Weg so gern begleiten. Der Störfaktor saß gegenüber, aß pausenlos Pistazien und rauchte dazu.

»Tom«, sagte ich. Er saß und rauchte.

»Tom, was, bitte, willst du hier?«

Tom blickte mich erstaunt an, blickte Ricarda erstaunt an. Immerhin blickte er nicht auch die Pistazien erstaunt an.

»Freust du dich denn gar nicht, mich zu sehen?«

»Ich denke, du machst heute abend deine Aufwartung bei dem Methusalem von adeligem Fräulein.«

»Wollte ich tun. Ich war da, gewandet in ein prächtiges Oberhemd, für das ich vor einem kleinen Hotelzimmereinbruch nicht zurückgeschreckt bin. Wir schlürften ein Gläschen Portwein, und unser gemeinsamer Freund Prinz Poldi, plauderte pausenlos. Wenn du seine Zähne und das

Gebiß unseres adeligen Fräuleins nebeneinander auf das Teetischchen gelegt hättest, sie hätten sich lustig klappernd weiter unterhalten.«

»Komm endlich zum Thema«, sagte ich, während ich irritiert feststellte, daß das, was ich aß, nicht das war, was ich im Korb mitgebracht hatte.

»Bin fast fertig. Sagte ich schon, daß das Fräulein nicht allein war, als Poldi und ich zu ihr stießen? Sagte ich nicht, aha. Also sie hatte Besuch. Eine junge Schönheit hockte mit ihr vor mehreren Mappen mit wäßrigen Aquarellen.«

Ricarda unterbrach ihn, bevor er sich vollends besoffen reden konnte: »Wir haben uns im Schloß getroffen.« Leider unterbrach sie Tom, indem sie ihm ihre Hand auf den Unterarm legte.

»Wir reden jetzt von Hohenschwangau, richtig?« fragte ich Ricarda vorsichtshalber. »Was, bitte, hattest du da zu suchen?«

»Stimmt«, sagte Tom. »Was wolltest du da eigentlich?«

»Die Gräfin hat mich am Schloß malen sehen. Sie hat sich sehr dafür interessiert; und dabei ist ihr wohl eingefallen, daß es im Schloß, also in Hohenschwangau, eine Sammlung von alten Zeichnungen gibt. Aus der Zeit der Bauarbeiten von Neuschwanstein. Die wollte sie suchen gehen, und dann sollte ich sie mir ansehen, wenn ich wollte. Ich wollte natürlich. Meine Güte, du siehst wirklich schrecklich aus.«

Ich fühlte ihre göttliche Hand an meiner irdischen Stirn. Einerseits hätte ich gern besser ausgesehen. Andererseits hätte sie mir dann höchstens die Schüssel mit dem Gemüse gereicht und nicht ihre Hand. Dabei war diese Hand viel, viel nahrhafter. Sie erquickte nicht nur den Körper, sondern auch den Geist, und der war das Lebendigste an mir, denn ich fühlte mich zerschlagen, als wenn ich mehrere Stunden durch den Wald gerannt wäre. Dabei war ich doch nur . . . wollte ich doch nur, bis Ricarda endlich kam, wollte ich doch nur . . .

»Huhu.« Ich fuhr herum, schaute in Toms Gesicht. Es war spöttisch, aber auch besorgt.

Schließlich half er Ricarda, mich ins Bett zu bringen. Ich hielt das für übertrieben, aber ich war zu schwach, um mich zu wehren. Es tat gut, sie um mich besorgt zu sehen, und das Bett war so schön flach, und ich konnte liegen, mußte nicht laufen, und kein einziger Baum stand im Bett.

»Das ist jetzt keine Verschlimmerung seines Zustands«, flüsterte Tom Ricarda zu. »So sieht er halt aus, wenn er nachdenkt. Ich kenne das, vor acht Jahren hat er schon einmal nachgedacht.«

So schön das Liegen auch war, es hatte einen Nachteil: Mein Körper wollte einschlafen. Ich hatte alle Hände voll zu tun, ihn daran zu hindern. Ich lächelte Ricardas besorgtes Gesicht an und sagte: »Wenn du eher gekommen wärst – « Oh, wie sie lächelte. Warum nahm sie nicht das Hemd, knüllte es zusammen, warf es Tom ins Gesicht und begleitete die Aktion mit den Worten »Hier ist ein Mann zuviel an Bord«? Leider war mir klar, daß die Bezeichnung »Mann« für das, was ich derzeit darstellte, ein Euphemismus war. Ich durfte nicht einschlafen, denn das Licht war so verführerisch, und es roch so gut nach Ricarda und nach Essen, und es war auch alles so gemütlich, so warm, alle Linien im Raum weich gezeichnet, viel Holz, und die Musik war anregend. Ich war so müde, und der Wein tat so gut, und ich mochte ja nicht nur Ricarda, sondern auch den dicken Tom, der nach Pistazien roch, nach Rauch und Schweiß.

»Du bist mein Freund«, flüsterte ich und tätschelte seine Brust.

»Bist selber mein Freund«, sagte Tom. »Und Freunde lassen sich nicht allein.«

»Nie?«

»Nie.«

»Auch nicht manchmal?«

»Außerhalb der Toilette nie.«

»Ich wüßte aber einen Fall, wo ...«

Ricarda kam aus dem kleinen Küchentrakt zurück, hatte Oliven und Kekse und rohe Karotten dabei, ich probierte von allem und spülte mit Wein nach. War das ein

Fell auf meinem Bauch und Oberschenkel. Verwundert strich ich darüber. Und wenn ich nun wirklich im Wald einen Keiler gehäu ...? Ich drehte die Tierhaut um, sie war trocken und alt.

»Tom«, flüsterte ich, »wir dürfen nicht lockerlassen.«

»Logo.«

»Der Fall, die Gefahr. Du weißt doch.«

»Ich denke Tag und Nacht daran.«

»Das ist gut. Außer uns weiß keiner davon. Wir ...«

»Wie geht es ihm?« fragte Ricarda und setzte sich auf die andere Bettseite.

»Fantasiert«, sagte Tom. »Also praktisch normal.«

Wieder die Hand auf meiner Stirn, ihr Gesicht an meinem Gesicht, ihre Haare auf meiner Stirn, auf meinen Wangen. Wie sie roch. Sie war doch schon so dicht, sie mußte doch nur noch ... Ich war nur eine Sekunde überrascht, dann erwiderte ich den Kuß. Danach blickte sie mich an.

»Mehr«, forderte ich, und sie gab mir mehr. Tom räusperte sich, ging an den Tisch, wo er lautstark mit Pistazienkernen spielte.

»Tut so, als wenn ich gar nicht da wäre«, sagte er. Ricarda wollte lächeln, ich zog sie an mich. Lächeln ging nur von der wertvollen Zeit ab.

Ricarda tat, was sie tat, ganz. Und sie behielt ihre Gelassenheit. Ich hatte Frauen erlebt, die in dem Moment, in dem der erste Knopf geöffnet wurde, eine hektische Motorik wie in Stummfilmen an den Abend gelegt hatten. Ricarda war anders. Jeder Kuß währte länger als der vorhergehende, und wir küßten uns mehr als zweimal. Ich konnte meinen Kopf bequem auf der Decke liegen lassen, Ricarda entzog sich nicht. Sie war ganz da, da für mich. Sie setzte beim Kuß die Zähne ein, daß ich Gänsehaut bekam, überall. Der erste Kuß hätte noch als freundschaftlich inspirierter Schmatz durchgehen können. Der zweite und alle folgenden keineswegs. Das riesige Spinnennetz, in das ich mich seit meiner Ankunft in Ricardas Hütte eingewoben fühlte, bekam erste Risse. Ich begann mich freizustrampeln. Der Zustand der allgemeinen Lähmung wich, um sich zwischen meinen Beinen naturgemäß zu verstärken. In dem Maße, in dem ich mir meiner Erektion bewußt wurde, wuchs in mir das Unbehagen über Toms Anwesenheit. Solange Tom in der Hütte saß, waren Küsse das Äußerste, wenn sie auch schon dermaßen geil gerieten, daß sie zur Not gereicht hätten. Zur Not, zur Not, zur großen Not.

»Viel mehr«, flüsterte ich Ricarda ins Ohr und biß zart hinein. Meine selige Lage als Untermann gab ich nicht auf. Ricarda sollte ruhig sehen, daß nicht jeder Liebhaber scharf auf gymnastische Übungen war. Aber Liebhaber wollte ich sein, jetzt. Erst einmal, dann Pause, dann zum zweitenmal, dann längere Pause, und dann wäre Ricarda vielleicht eingeschlafen. Ich wollte Ricarda lieben, ich dachte an nichts anderes, nicht an das, was mich seit Tagen verfolgte, auch nicht an das, was sich meinem Verständnis hartnäckig entzog. Ich fing Ricardas Blick ein, wies zu Tom hinüber, der in der Küche Lärm machte:

»Er stört.« Ricarda schüttelte den Kopf. »Er stört mich«, wiederholte ich. »Es geht nicht.«

Im nächsten Moment hatte Ricarda eine Hand in meine Hose geschoben, umfaßte meine Erektion und flüsterte: »Es wird fantastisch gehen.«

Mit einem Ruck zerriß ich die Reste des Spinnennetzes und saß aufrecht. Ricarda drückte mich auf den Rücken, wobei sie ihre Hand ließ, wo sie war und ihre Zunge dorthin brachte, wo meine war. Mir war schleierhaft, wie sie es gleichzeitig fertigbrachte, »Du Feigling« zu sagen. Ich spürte Ricardas Brüste an meiner Brust, ihren Beckenknochen an meinem Becken. Vor allem spürte ich ihre Hand in meiner Hose. Und wo eben noch Angst gewesen war, begann in Sekundenschnelle ein Na-wenn-schon-Bewußtsein zu wachsen. Ich wollte es haben, jetzt und nicht morgen oder übermorgen. Keine Verabredungen. Keine Verschiebungen. Jetzt. Die Knöpfe von Ricardas Bluse lösten sich butterweich von den Knopflöchern. Jetzt hatten sich fast alle Haare gelöst. Ricarda blickte mich an. Wie sie mich anblickte. In Ricardas Augen stand geschrieben, was jetzt passieren würde. Ihre Augen sagten mir, daß sie es wollte. Sie hatte damit angefangen, sie wollte es bis zum Ende bringen. Meine Aufgabe war nun, dafür zu sorgen, daß das Ende nicht zu plötzlich kam. Ich war bei der ersten Begegnung mit einer Frau immer gut für ein Malheur. Diese Erfahrung hatte dazu geführt, daß ich ein vielschichtiges Verhaltens- und Gesprächsrepertoire ausgebildet hatte, um das Malheur zu überspielen. Bei Ricarda fühlte ich mich jedoch gleichzeitig so herrlich schlapp und so teuflisch gierig, daß ich nur begeistert zusah, wie Ricarda ihre Bluse auszog. Sie stand vor dem Bett, hielt die Bluse in der Hand, griff sich auf den Kopf, ließ die Haarspange fallen, zwei weitere Bewegungen, und sie stand vollkommen nackt vor mir. In rasender Eile begann ich, mich auszuziehen. Das Wildschweinfell flog knapp an den Kerzen vorbei. Bei den Hosen half mir Ricarda. Ich hielt dies anfangs nur für Hilfsbereitschaft, bis sie mich dann ohne Umstände in den Mund nahm. Ich schloß die Augen, öffnete sie sofort wieder und sah mir, gestützt auf die Unterarme, an, wie Ricarda mit Lippen und Zunge die Lebensdauer meiner Erregung zu einem schnellen Ende führen würde. Ich ließ mich zurücksinken, spürte Ricardas Haare auf meinen Beinen und meinem Bauch. Aber vor allem spürte ich sie im Zentrum. Ich spürte noch etwas, öffnete die Augen und erblickte Tom. Er stand am Fußende, er war nackt, er strahlte übers ganze Gesicht und rieb sich freudig erregt die Hände. Bevor er sich noch andere Teile reiben konnte, war ich aus dem Bett, daß es die nichtsahnende Ricarda halb um die eigene Achse drehte. Ich erinnere mich noch an ihren verschleierten Blick, als sie mich mit Tom ins Badezimmer stürzen sah. Im Grunde war es so, daß ich ihn dorthin abführte, denn ich hatte eine Hand um seinen Hals gelegt.

Das Badezimmer war so klein, daß wir, als wir uns neben der Wanne gegenüberstanden, Mühe hatten, uns nicht zu berühren.

»Das geht nicht«, herrschte ich Tom an.

»Was geht nicht, und warum?«

»Mir vergeht alles, wenn ich dich sehe.«

»So? Sah mir aber gar nicht danach aus.«

»Das war, bevor du so vor dem Bett standest.«

»So? Wie so?«

»So nackt.«

»Was ist damit?« fragte Tom ehrlich erstaunt und betrieb in den folgenden Sekunden eine peinigend exakte körperliche Nachschau, wobei er keinen Handgriff ausließ. Zum Schluß stand er mit zwei vollen Händen Bauchspeck vor mir und sagte: »Ich gebe zu, man könnte das für überflüssiges Fettgewebe halten. Aber es steht mir, ich bin der Typ dafür, und ich habe einiges dafür getan, daß ich so aussehe, wie ich aussehe. Und jetzt gehen wir wieder rein und nehmen uns Ricar . . .«

»Tom!« Er stand in der Tür, kratzte sich versonnen am Schamhaar und war dick und unschuldig. »Tom, das machen wir nicht.«

»Aber warum denn nicht? Wenn sie die rote Karte zeigt, ist sofort Schluß.«

»Das kriege ich nicht fertig«, schrie ich fast. Es war der lauteste Satz seit meiner Rückkehr in Ricardas Hütte.

»Aber Jot We«, sagte Tom und legte mir einen seiner dicken Arme um meine schmächtigen Schultern. »Hast du nicht selbst das Gefühl, daß heute nacht ein Traum wahr wird?«

»Habe ich, wenn du jetzt ins Auto steigst und nach Hause fährst.«

»Pfui«, sagte er betrübt. »Das macht mich betroffen, ehrlich. Haben wir nicht immer alles geteilt, in guten und in schlechten Tagen?«

»Tom, hier geht es nicht um Schokolade oder die letzte Flasche Bier.«

»Stimmt. Hier geht es um etwas viel Größeres, um eine wunderbare Frau.«

»Tom, sei so lieb und binde dir ein Handtuch um die Hüften, ja?«

Er blickte erstaunt nach unten. Mich machte seine permanente Halberektion fertig. Und das nicht nur, weil ich mich wegen meines kleineren Schwanzes schämte.

»Was ist denn, Junge?« fragte Tom zärtlich.

»Es ist nur, weil ich ... also das wird todsicher schiefgehen. Stell dir das Durcheinander vor.«

»Ach was«, sagte Tom ernst. »Das geht alles in deutscher Ordnung vor sich. Wir stellen uns an, und Ricarda nimmt sich einen nach dem anderen vor.«

»Dann geh bitte so lange vor die Hütte, ja?«

Ich blickte Tom an. Er würde die Hütte nicht verlassen, das stand fest. Nicht solange Ricarda und ich in der Hütte sein würden.

»Aber wenn es nicht geht, diskutieren wir neu«, sagte ich flehentlich. Tom nickte.

Ein paar Sekunden standen wir uns gegenüber, schätzten uns ab, und Tom sagte: »Geh jetzt rein und bring sie um den Verstand. Ich komme dann nach.«

»Um den Verstand? Wie soll ich denn ...?«

»Du legst dich auf den Rücken und hältst still.«

Das begriff ich, und die jäh hochschießende Erinnerung an Ricardas Leckerei trieb mir das Blut in die Lenden.

»Gut so«, sagte Tom anerkennend. »Strom ist da. Jetzt geh rein und laß ihn fließen.«

Er klatschte mir auf die Schulter und schob mich aus dem Badezimmer. Wie ich Tom einschätzte, würde er die Gelegenheit nutzen und in aller Ruhe urinieren.

»Mein Schatz, ich ...«, brachte ich noch heraus, dann schwieg ich. Ricarda lag auf dem Bett und onanierte. Sie lag nackt auf dem Bett, keine Decke oder Kissen, die die Sicht trüben konnten, eine Hand auf den Brüsten, eine Hand zwischen den Beinen, die Beine ganz leicht gespreizt, die Hand angespannt und ohne Hektik bewegt, die Augen geschlossen. Ich stand mit dem Rücken an der Badezimmertür und klopfte leise mit der Ferse dagegen. Ich klopfte ein zweites Mal, dann mit der Innenfläche einer Hand. Endlich kam Tom heraus. Er erkannte die Situation mit einem Blick. Wir standen Seit an Seit vor der Badezimmertür, und Tom flüsterte: »Das werde ich dir nie vergessen, Jot We.«

Ricarda atmete beherrscht, aber vernehmbar, arbeitete sich auf ihr Ziel zu, und ich spürte die Berührung, ehe ich begriff, daß Tom sich an mir zu schaffen machen wollte. Es gelang mir, diese Attacke abzuwenden. Tom griff auf sich selbst zurück, das war mehr als ein schaler Ersatz. Uns war ohne Absprache klar, daß wir Ricarda unmöglich stören konnten. Obwohl mir auch klar war, daß Ricarda es vielleicht schon in einer Minute geschafft haben würde, konnte ich bis dahin unmöglich untätig bleiben, zumal neben mir Tom zügig zu einer juckelnden Bewegungsweise gefunden hatte, die etwas Mitreißendes hatte.

»Ich erklär's dir später«, sagte er schon ziemlich atemlos.

»Du mußt mir nichts erklären«, sagte ich mit einer Stimme, die kaum zitterte. Ich wußte nicht, wo ich zuerst hingucken sollte. Ich brauchte Halt und fand ihn an mir selbst. Weil Tom rechts von mir stand und im Gegensatz zu mir Linkshänder war, kamen wir uns sofort ins Gehege. In diesem Moment schaute Ricarda uns an. Sie ließ ihre Hände, wo sie waren, schaute uns an, und ich war schlagartig so verlegen, daß ich ihr mit links zuwinkte. Ricarda nahm die Hand von ihrer Brust und hielt sie uns einladend entgegen. Während ich noch überlegte, was das zu bedeuten haben könnte, war Tom bereits unterwegs. Ricardas Bett war breit, bestimmt eins achtzig, vielleicht noch breiter. Tom saß rechts neben ihr auf der Kante, sein Schwanz hatte den Fußmarsch ohne sichtbares Anzeichen von Schwäche überstanden. Strahlend sah er zu, wie sich Ricardas rechte Hand um sein gutes Stück schloß und zu einer mehr zarten als harten Auf- und Abbewegung fand. Ricardas andere Hand blieb zwischen ihren Beinen. Tom ließ sich ein wenig nach hinten sinken, ich stand immer noch an der Badezimmertür und kam mir einsam und vergessen vor. Ich wollte, daß mir Ricarda ihre zweite Hand schenkte. Aber es war im Augenblick nicht wichtig für mich, denn ich war zusammengefallen wie ein Hochhaus bei der Sprengung. Tom wiegte den Oberkörper in Ricardas Rhythmus.

Ich hätte jetzt fünf Minuten hinters Haus gehen können oder den Abwasch erledigen. Aber schon in dieser Minute waren die Bande zwischen uns dreien so stark, daß ich nicht im Ernst daran dachte, die beiden allein zu lassen. Dieses Nebeneinander von erotischer Anspannung bei völliger Gelassenheit hatte ich bisher nur in den glücklichsten Momenten meines Liebeslebens gespürt. Und immer war es die Frau gewesen, die diese Stimmung erzeugt hatte, oder nicht. Ich hatte oft geliebt, als wenn ich in zehn Minuten einen unaufschiebbaren Termin haben würde. Bis zu dieser Nacht hatte ich noch nie in einer Försterhütte geliebt, noch nie Ricarda geliebt, noch nie bei meinem dikken Tom gesehen, wo er überall dick werden konnte. Sein Schwanz war größer als meiner. Aber meiner gefiel mir besser. Tom hatte Krampfadern, meiner sah aus, als wenn er zu einem Künstler gehören würde: kultiviert, zurückhaltend und doch funktionsfähig.

Ricardas Körper begann sich zu spannen. Ich ließ mich gegen die Badezimmertür sinken, war froh, Halt zu haben. Ricardas Mund öffnete sich leicht, das Reiben mit der linken Hand wurde schneller, aber sie schaffte es immer noch, Tom festzuhalten. Vielleicht beherrschte Ricarda die Kunst, mit Händen und Füßen verschiedene Rhythmen zu schlagen. Ich betete, daß die beiden nicht auf eine zeitgleiche Freude lossteuerten, so was verband erfahrungsgemäß doch stark und wurde in der Erinnerung von Tag zu Tag schöner.

Ricarda war ganz kurz davor. Ihr Mund, ihr ernstes Gesicht, ihre wirren Haare, das Ebenmaß ihres nackten Körpers. Und ich wußte nicht mehr, wohin mit meinen Händen. Sinnlos zupfte ich zwei-, dreimal an meinem hartnäkkig manierlichen Schniedel herum, dann setzte ich mich auf den Stuhl am Tisch, auf dem vorhin Tom gesessen hatte. Im Profil gesehen konnte Tom keines seiner 225 Pfund verleugnen. Mir war schleierhaft, wie Ricarda es schaffte, ihre Sympathie so offensichtlich fifty-fifty zwischen uns zu verteilen. Einen kleinen Bonus hätte ich mit meiner Sahnefigur zweifellos verdient gehabt. Ich mußte von Jahr zu Jahr mehr für den Erhalt meines Körpers tun. Die Abmagerungskuren schlugen schlechter an als noch vor wenigen Jahren. Ich hatte die Adventszeit und den April als Abspeckmonate institutionalisiert. In beiden Monaten nahm ich jeweils acht bis zehn Pfund ab – ohne danach weniger zu wiegen als im Vorjahr. Denn ich nahm in der Zeit zwischen den bewußten Monaten mit der Erbarmungslosigkeit eines Uhrwerks acht bis zehn Pfund zu.

Tom hatte Zeiten durchgemacht, in denen er mit obskuren Schlankheitspillen und medizinisch unsinnigen Blitzdiäten gegen seine damals noch manierlichen Pölsterchen angerannt war. Aber der Mann aß einfach viel zu gern, um das Duell auf Dauer unentschieden gestalten zu können. Ich wußte auch von keiner intimen Beziehung, die durch sein Übergewicht belastet worden wäre. Vielleicht hatte er mir diese Beziehungen verschwiegen. Aber dafür war Tom zu redselig. Und wenn er vor einem Menschen keine Geheimnisse hatte, dann vor mir. Was nicht bedeutete, daß er vor mir keine Geheimnisse hatte. Ich war nur sicher, daß keiner mehr von Tom wußte als ich. Das machte mich stolz. Aber ich wäre nicht unglücklich gewesen, wenn ich einen 50 Pfund leichteren Freund gehabt hätte. Wie das wabbelte! Wie das schwankte!

»Stöhn doch nicht so.«

Nichts an dem Mobile kam aus dem Rhythmus.

»Muß sein.«

Ricardas Lippen waren leicht geöffnet und gaben ihr diesen gewissen Ausdruck zwischen Naivität und Gier. Und ihr Körper, ihr Körper, jetzt erst begann mich dieser fantastische Körper so richtig anzumachen. Blut schoß in meine Genitalien. Ich wurde nicht ein bißchen steif, ich war sofort zum Bersten prall, und natürlich mußte Tom in der Sekunde, in der ich prüfend einen Finger gegen meinen Stiel stieß, die Augen öffnen und sie mit wohlig gegrunztem »Na endlich« wieder schließen. Dann kam Ricarda. Es schoß durch ihren Körper wie ein Stromstoß. Von tief unten brach ein großer Seufzer aus ihr hervor. Ihr

Becken hob sich, die Hand saß so hart über der Spalte, daß ich die hervortretenden Adern auf Ricardas Handrücken sah. Vor allem ließ sie Toms Wurmfortsatz los, das befriedigte mich momentan mehr als alles andere. Tom öffnete verdutzt die Augen. Diesen Moment nutzte ich. Wie von der Sehne geschnellt sprang ich vor das Fußende und sah zu, wie Ricardas Orgasmus ausklang. Ich war so erregt, daß es mich schmerzte. Das war mir lange nicht mehr passiert, streng genommen nicht seit der ersten Nacht mit Diana, nach der ich eine Woche wund gewesen war. Ricardas Gesicht war überflutet von Haarsträhnen, Wangen und Hals waren dunkelrot, ihre Bräune reichte nicht hin, den Andrang des Blutes zu verdecken. Sie öffnete die Augen, sah mich an, nicht Tom, nur mich mich mich, sie blickte an mir hinunter, ich konnte meine Arme nicht länger seriös vor der Brust verschränkt halten, ließ sie herabhängen und lauerte auf das Signal. Ricardas Augen gaben es mir an, bevor ihre Beine es vollzogen. Ricarda öffnete die Beine, öffnete sie für mich, ich kniete zwischen ihren Beinen, zögerte einen Moment, ob ich sie erst auf den Mund küssen oder gleich eindringen sollte. Ricarda nutzte den Moment, griff hinter sich und legte das Kissen unter ihren Hintern. Ich mußte hinein, ich konnte ihr kein zweites Mal über den Bauch streicheln. Alles ging herrlich glatt, es war nicht warm, sondern heiß, nicht feucht, sondern naß, und ich war ganz Schwanz, von Kopf bis zur Sohle ganz Schwanz. Ricarda zog mich herunter, bis wir Bauch an Bauch, Brust an Brust lagen. Ricardas Zunge drang in meinen Mund ein, mit einer Hand umfuhr ich erst, knetete dann ihre Brust. Es war etwas mehr als eine Handvoll Fleisch, von der Konsistenz, die ich am liebsten mochte: weich, aber nicht wie Pudding; handfest, aber nicht knabenhaft. Ich wollte meine Oberschenkel auf Ricardas Oberschenkel legen, aber sie entzog sich, spreizte die Beine, einen entsetzlichen Moment sah ich die drohende Vertreibung aus dem heißen Paradies voraus, aber ihre Beine schlossen sich, und sie taten es hinter meinem Rücken. Damit war es um mich geschehen, und ich ergoß mich in Ricardas Schoß. Ich hatte Tränen in den Augen, wurde Zeuge, wie immer noch etwas kam, wie ich Ricardas unglaublichen Kuß erwiderte, mich zwischen ihr Schulterblatt und die Matratze wühlte, um Ricarda mit beiden Armen umfassen zu können. Wir waren so dicht zusammen wie eine Frau und ein Mann zusammen sein können. Es fehlte nur noch ein gemeinsames Konto.

Ich kniff die Augen zusammen, ich brauchte sie jetzt nicht. Ich erfühlte ja alles, was wichtig war. Und solange ich die Augen geschlossen hielt, mußte ich mich auch nicht darum kümmern, was das Rumoren zu bedeuten hatte, das weder von mir noch von Ricarda stammte. Das Rumoren erledigte sich nicht von allein, es blieb hartnäckig wie eine Ratte, die sich durch ein Stück Preßspanplatte nagt. Ich öffnete die Augen, Ricarda blickte mich so schelmisch an wie noch nie. Bisher war sie entweder traumhaft ernst oder lauthals gutgelaunt gewesen. Die Zwischentöne ihrer Blicke lernte ich erst jetzt kennen. Sie schnappte meine Unterlippe und begann auf ihr zu nagen. Ihre Hände lagen auf meinen Arschbacken, ihre Beine knoteten sich um meine Beine. Sie sah mir so glücklich aus, daß ich die Erklärung für meinen vorzeitigen Samenerguß auf später verschob.

Und dann erklang diese weinerliche Stimme neben uns: »Warum kümmert sich keiner um mich?«

Ricarda und ich wandten uns dem Mühsamen und Beladenen dieser Nacht zu. Tom kniete neben uns, auf Gesicht und Schniedel herrschte der gleiche Ausdruck: Trauer. Dies war wohl die neue Taktik, die Tom flexibel den veränderten chemischen Verhältnissen in der Hütte angepaßt hatte. Er bettelte um einen Sozialfick, aber noch war ich am Leben, und ich würde ihm diese Tour vermasseln. Ich war bei Ricarda der erste gewesen, ich hatte gewonnen. Schönheit und Klugheit hatten sich gegen Frechheit durchgesetzt.

»Ich geh hier nicht raus«, sagte ich Tom und vergewisserte mich schnell bei Ricarda, daß sie das herrlich fand. Sie streichelte meinen Rücken, und ich spürte entzückt, daß ich noch einige Minuten die Stellung halten konnte.

»Du kannst bleiben, wo du bist«, sagte Tom.

»Wie meinst du das?« fragte ich mißtrauisch. Sein Ziesemann rappelte sich auf, und Tom sagte eifrig:

»Ich zeig' euch, wie ich es meine.«

Im nächsten Moment hatte er Ricarda und mich um neunzig Grad zur Seite gedreht. Tom besaß so viel Kraft, und ich war nicht auf diese Attacke gefaßt gewesen. Ricarda und ich lagen auf der Seite, ich umklammerte sie und sah verdutzt zu, wie Tom sich in Stellung brachte.

»Werde ich eigentlich gar nicht gefragt?« Ricarda mußte sich räuspern, bevor ihre Stimme klar klang.

»Ich frage dich«, säuselte Tom und begann Ricardas Rücken zu liebkosen. Er küßte wahllos und erwischte mehr als einmal meinen Handrücken und meine Unterarme. Mich befiel spontan das Bedürfnis, sie abzuwischen, aber ich sah zu, wie Ricarda Toms Haare verwüstete. Ich hatte Angst, in Vergessenheit zu geraten. Tom küßte und liebkoste und streichelte, und als ich den Mund öffnete, um Tom zurechtzuweisen, hatte ich Ricardas Zunge in meinem Mund. Ich strampelte meine Zunge frei und flüsterte:

»Er wird dir weh tun.«

»Quatsch«, sagte Tom eifrig, und Ricarda flüsterte: »Ich spüre noch nichts.«

Das war für Tom der Startschuß. Er rutschte ein Stück nach unten, so daß er nur noch leicht sein Becken heben mußte, um sich von hinten in Ricarda zu schieben.

»Iih«, rief ich, als ich ihn an meinem Schwanz spürte. Mir war in der verwirrenden Situation nicht ganz klar, wie ich mir das Geschehen physiologisch vorzustellen hatte. Ich spürte jedenfalls Toms Schwanz, wenn nicht direkt, so doch dermaßen deutlich, als wenn unsere Genitalien nur durch einen Vorhang getrennt wären. Ich weiß noch genau, daß mir das Bild vom schweren Samtvorhang einfiel. Er war von einem dunklen Grün, wie es einem brünetten Typ wie Ricarda wunderbar stehen würde. Plötzlich verzog Ricarda das Gesicht.

»Du tust ihr weh, du Bauer«, rief ich. Aber Ricarda hielt

sich an mir fest und flüsterte mir heiß ins Ohr: »Halt mich ganz fest.«

Das tat ich natürlich.

Tom wirkte im verborgenen, ein kurzer Stoß, ein Blitz durch Ricardas Gesicht, dann Frieden und Toms überflüssige Versicherung: »Ich tu dir nicht weh.«

Die Lage brachte es mit sich, daß Tom und ich uns über Ricardas Schulter hinweg anschauten. Der Kerl brachte es fertig, mich anzulächeln. Er hob eine Hand und schickte mir mit zwei Fingern das Victory-Zeichen herüber.

»Was du meinst, schreibt man mit F«, flüsterte ich und versuchte das Unmögliche: Ich tat, als wenn ich Toms Drücken und Ziehen nicht spüren würde.

»Er weiß es nicht besser«, flüsterte ich Ricarda ins Ohr. Sie lächelte, aber sie war schon nicht mehr ganz bei mir, sondern bei diesem Klotz in ihrem zarten Unterleib. Toms Augen waren jetzt geschlossen. Das war gut, um so besser konnte ich ihn mir angucken. Er atmete durch die Nase, und es ging wieder los.

»Wenn du stöhnst, drehe ich ihn dir ab«, drohte ich dem Lustmolch. Aber ich spürte da schon, wie sehr mich alles erregte. Ich war zwei, drei Minuten auf dem besten Wege gewesen, schlaff zu werden und mich draußen vor der Tür wiederzufinden. Doch Ricardas Körper, gegen den sich von der anderen Seite Tom drückte, ließ mich wieder anschwellen – nicht in Zehntelsekundenschnelle wie vorhin, aber die Richtung stimmte. Ich war drauf und dran, etwas zu vollbringen, was ich seit 15 Jahren nicht mehr geschafft hatte: zweimal zu kommen, ohne die Frau zwischenzeitlich verlassen zu haben. Ich beobachtete Ricarda, sie war weit weg, sie sah eher vergeistigt als geil aus. Tom benahm sich ritterlich, das mußte ich ihm zugestehen. Er stieß nicht einfach drauflos, er vögelte praktisch mit Messer und Gabel, und ich beneidete ihn natürlich. Ich hatte bis zu dieser Nacht nur zweimal das Glück gehabt, ihn einer Frau hinten reinstecken zu dürfen. Mehrere diesbezügliche Versuche waren gescheitert, und bei allen anderen Frauen hatte sich schon der Versuch verboten.

Toms Gesicht wurde konzentrierter. In diesem Stadium war ein Mann ganz allein und mußte es auch sein, wenn es gelingen sollte. Dann hob erneut das Stöhnen an.

»Wenn du schreist, spuck ich dich an«, drohte ich, und Ricarda zeigte mir, wie perfekt sie ihre Scheidenmuskulatur beherrschte. Sie gab mir ein Gefühl, ein Gefühl, zwei Gefühle, Hunderte ...

Toms Gesicht wurde immer konzentrierter, und sekundenlang hatte ich Angst, daß er mich naß machen würde.

Ricarda griff nach hinten, zog Toms Kopf an ihren Hals, was zur Folge hatte, daß ich meinen Kopf ein Stück nach hinten nahm. Ich machte alles aus den Lenden heraus, ich war noch weit davon entfernt, ein zweites Mal zu kommen. Aber ich war auf dem Weg. Tom dagegen war am Ziel, denn er fuhr an Ricardas Hals hinab und hinauf, stieß dann einen Schrei aus und donnerte sein Becken gegen Ricardas Hinterteil, daß es mich um ein Haar hinauskatapultiert hätte. Tom schrie kein zweites Mal, doch er gönnte sich für jeden Spritzer ein ordentliches Zucken, das uns drei und das Bett erschütterte. Wir hielten uns aneinander fest. Tom sabberte ein wenig, auf der Stirn hatte er Schweißperlen. Sein Gesicht verlor die Anspannung. Tom öffnete erst ein Auge, dann das zweite, schloß das erste wieder lächelte mich mit einem Auge an und formte stumm das Wort »Wahnsinn«.

Ich war um Ricarda besorgt, sie atmete mit geblähten Nüstern tief ein und aus, blickte mich an, aber sah mich nicht. Ich wollte sie küssen, um ihr den Glauben an die Männerwelt wiederzugeben, aber sie kam mir zuvor, küßte mich kurz auf den geschlossenen Mund, und als ich ihn öffnete, war sie schon wieder davon. Toms Gesicht kam mir selbstgefällig vor. Nachdem ich noch vor wenigen Minuten die Angst gehabt hatte, nicht zum Zuge zu kommen, fürchtete ich nun, die beiden Freunde durch meine Aktivitäten zu stören. Ich sah sie im Geiste am Tisch sitzen und die Reste des Essens verputzen, während ich mich auf dem Bett wälzte und so kurz nach dem ersten Höhepunkt den zweiten nicht schaffte, immer nur bis auf

Sichtweite an ihn herankam, ohne ihn jemals zu erreichen. Das war einer meiner Angstträume: daß Alltägliches entsetzlich schwer wird, weil plötzlich die normalen Abläufe ihre Gültigkeit verlieren und ich wie in einem Gelee aus Zeit umherschwimme: eine Tür öffnen, eine Gabel zum Mund führen, eine Jacke anziehen.

»Was hat mein Liebster?« flüsterte Ricarda. Tom rückte von ihr ab. Ich spürte hinter dem grünen Samtvorhang einen fleischigen Gast das Apartment verlassen. Sein Gehen zog sich ziemlich in die Länge, und ich verfolgte, was sich auf Ricardas Gesicht abspielte. Sie schien erschöpft, und ich bestand nicht darauf, ein zweites Mal zu bekommen, was beim ersten Mal der Himmel gewesen war. Ricarda verschwand ins Badezimmer.

»Wahnsinn«, hauchte Tom. »Da weiß man, wofür man lebt.«

Ich drückte so unauffällig wie möglich meine Fleischeslust zwischen die Beine. Tom bemerkte sie dennoch und schlug ohne erkennbaren Ansatz mit der flachen Hand auf meine Erektion. Staunend sah ich zu, wie mir alles verging. Es war, als wenn Luft entweichen würde.

»Danke«, sagte ich leise.

»Dafür nicht«, entgegnete Tom, stopfte sich alle verfügbaren Kissen unter den Kopf und verschränkte beide Arme hinter dem Kopf. Er strahlte satte Zufriedenheit aus und kroch dann unter die Tagesdecke, die immer noch das Bett bedeckte.

»Neuschwanstein«, sagte Tom genüßlich. »Ich sage nur Neuschwanstein.«

Ich erbeutete ein Kissen zurück. Dann lagen wir mit hinter dem Kopf verschränkten Armen, starrten auf die Badezimmertür und hatten je eine brennende Zigarette im Mundwinkel hängen.

»Wenn man sein Blut getauscht hat, ist man der Blutsbruder des Freundes«, sagte Tom. »Was sind wir jetzt?«

Blutsbrüder waren wir seit unserer ersten gemeinsamen Reportage in den alten Deutschensiedlungen in Texas.

»Wie wär's mit Samenbauer?«
»Nacktsamige.« Tom kicherte.
»Kopf und Schwanz, das fidele Spermium«, kicherte ich. Wir stritten uns dann, wer Kopf sein mußte, und wer Schwanz sein durfte, weil wir beide Schwanz sein wollten. Zwischendurch griff mir Tom unvermittelt zwischen die Beine und sagte:
»Wollte nur überprüfen, ob du dich gut benimmst.«
»Und du bist trotzdem ein Ferkel«, sagte ich.
»Du hast angefangen«, behauptete er. »Weißt du eigentlich, daß du Tränen in den Augen hattest?«
»Wann?«
»Dann.«
»Ach dann. Könnte daran liegen, daß ich noch zur Tiefe des Gefühls fähig bin, du Rammler.«
»Tiefe ist gut«, lachte Tom. »Tiefe ist sogar sehr gut. Habe selten einen gesehen, der so schnell in der Tiefe war. Ich erzähle dir bei Gelegenheit mal etwas zum Thema Vorspiel.«
Ricarda kam aus dem Badezimmer, sah uns, stutzte, lachte. Sie trug ihre Nacktheit wie Schmuck. Ich hatte die meiste Zeit meines Lebens Nacktheit wie eine milde Form von Hautausschlag getragen. Ricarda trat ans Fußende, schnappte sich je einen großen Zeh, wackelte damit und fragte: »Und nun?«
»Ich mach's freiwillig«, sagte Tom an, sprang auf und ließ sich von Ricarda eine affige Jungesellenschürze umbinden. Die Schleife befand sich genau über seinem Steiß. Ricarda schlüpfte zu mir unter die Decke, das war fast noch schöner, als dem dicken Tom mit der albernen Schürze dabei zuzusehen, wie er in der winzigen Küche souverän die Instrumente handhabte. Kerzen brannten immer noch, und ich zählte vier Vasen, in denen üppig erblühte Rosen und Bergblumen standen, deren Namen ich nicht kannte. Edelweiß war nicht dabei. Ich kuschelte mich an Ricarda, ihr war das nicht unangenehm; Tom auch nicht, obwohl er, bewaffnet mit Pfanne und Nudelholz, sofort ans Bett kam, um nach dem Rechten zu sehen. Dann plünderte er mit

einer Zielstrebigkeit, die einem nur jahrelange vorsätzliche Völlerei verleiht, die kleine Tiefkühltruhe des abwesenden Hüttenbesitzers. Bald brutzelten eine Pfanne Zwiebeln und köchelte ein Topf mit Spaghetti auf dem Herd. Ich bekam vorab zwei Maultaschen, die zum Feinsten gehörten, was ich jemals unter dieser Bezeichnung gegessen hatte. Tom hatte sogar Petersilie hineingestreut. Ich warf ihm eine Kußhand zu und gab Ricarda von dem meisten die Hälfte ab. Daran erkannte ich, daß ich dabei war, mich ernsthaft zu verlieben. Tom produzierte unglaublich viel Dampf. Zeitweise blickte nur sein nackter Hintern mit dem weißen Schürzenknoten aus der Wolke hervor.

»Er wird deine Bilder beschädigen«, sagte ich und sah mir Ricardas Werke an, die an den Wänden lehnten. Zu meiner Beruhigung sah ich nirgendwo Neuschwanstein. Ricarda unterschied sehr genau in Gebrauchskunst für Touristen und das, was ihr wichtig war. Sie malte in kräftigen, lauten Farben. Sie malte Gesichter, die in Auflösung begriffen waren, und Landschaften, bei denen der Himmel manchmal nicht wußte, wo er hingehörte. Häufig wollten sich Körper gegen die Natur durchsetzen, und immer stand der Sieger von vornherein fest. Auf den Bildern gab es Zwergenaufstände der Menschen und die grandiose Ruhe der Natur. Wenn die Natur einen Hieb der Menschen abbekam, blutete sie. Aber ihre Kräfte zur Selbstheilung waren ungeheuer. Auf einem Bild drückte der Himmel einen Menschen, der einen Stollen in den Leib des Berges getrieben hatte, in die steinerne Wunde hinein. Schon war der Mensch ein Teil des Berges geworden. Er staunte und schien keinen Schmerz zu fühlen.

»Du bist so schön«, raunte ich in ihr Ohr.

»Das sagst du nur.«

»Du bist so schön. Dein Anblick ist ein Geschenk.«

»Ach! Und was ist alles andere?«

»Ich hab's noch nicht begriffen.«

»So? Du wirktest aber sehr zielstrebig.« Ich genierte mich etwas, und dann rief Tom aus dem Qualm: »Ich habe ihm vorher genau gesagt, wo er rein muß.«

Ich warf ein Kissen nach ihm und paßte auf, daß es nicht meins war. So beendete Tom die Zubereitung des Essens unter Drohungen und Scherzen, und wir fanden uns alle an dem runden Tisch wieder. Ricarda trug einen Hausmantel mit viel Schwarz und zwei Flamingos auf dem Rücken. Ich trug einen Bademantel aus Frottee. Tom hatte ja seine Schürze. Ricarda entkorkte endlich eine Flasche von meinem Rotwein und wollte sich von uns nicht helfen lassen. Unsere Gläser trafen sich über der Tischmitte. Auf den Tellern dampften Toms berühmte Spaghetti und hauchzarte Seezungen, die in einem Tiefkühlbeutel mit der Aufschrift »Wer mir das wegfrißt, dem sollen die Haare ausfallen« auf uns gewartet hatten.

»Geliebte«, hob Tom an, »mein geschätzter Zweitrammler, Freunde. Wir haben ein Erlebnis hinter uns, nach dem sich 99 Prozent der Bevölkerung die Finger lekken würden.«

»Nicht nur die Finger«, krähte ich unzüchtig dazwischen.

»Laßt uns dieses Erlebnis in unseren Herzen bewahren und dermaleinst in langen Winternächten an unsere Enkel weitergeben, damit sie wissen, wofür sich die ganze Plakkerei lohnt, die man sich angewöhnt hat, Liebesleben zu nennen. Ich wurde reich beschenkt.«

Drei Gläser klangen zart in einer Försterhütte an der Grenze zu Deutschland.

»Gibt es hier eigentlich ein Telefon?« fragte ich in die Stille hinein. Sie blickten mich an, als wenn ich mich danebenbenommen hätte.

»Ich brauche kein Telefon.«

»Wann hast du gewußt, daß das mit uns was wird?« fragte Tom.

»Gewußt?« Ricarda schien erstaunt. »Ich habe das nicht gewußt.«

»Und warum habe ich dir besser gefallen als der da?« fragte Tom.

Ricarda lächelte so lieb. Noch etwas lieber wäre mir gewesen, wenn sie Toms Unterstellung lächelnd ins Reich der Fabel verwiesen hätte. Sie tat nichts dergleichen und sagt statt dessen:

»Ihr beide seid ein tolles Team. Wußtet ihr das?«

Tom und ich blickten uns an. Doch, das wußten wir.

»Aber wer hat dir erzählt, daß wir auch im Bett solche Granaten sind?« fragte Tom.

»Seid ihr das?« fragte Ricarda. Tom und ich tauschten einen alarmierten Blick. Ricarda legte je eine Hand auf unsere Hände. »Ihr seid es«, sagte Ricarda und nahm die Spannung aus der Luft. »Aber ihr seid Männer, daran kommt ihr nicht vorbei.«

»Willst du damit etwas Bestimmtes andeuten?« fragte ich vorsichtig.

»Ich will damit sagen, daß ihr schrecklich seid, wenn ihr auf eine Frau scharf seid und noch nicht wißt, ob ihr Chancen habt.«

Tom und ich sahen uns an.

»Aber wenn ihr am Ziel seid, stellt sich heraus, was für ein Kaliber ihr seid. Ihr seid komisch, ihr seid witzig, und mehr will ich gar nicht.«

»Moment, Moment«, unterbrach ich. »Lobst du uns gerade, oder was?«

»Klar lobt sie uns, du Dussel«, sagte Tom. »Das einzige, was sie an uns stört, ist dein Gehechel und Bespringen. Aber vorher bist du ja nicht zufrieden.« Ich suchte den Tisch nach einem Lebensmittel ab, das geeignet war, in Toms Schürzenausschnitt gestopft zu werden. Der Rest Spaghetti war gut geeignet. Verdutzt holte Tom mit langen Fingern einen Teil der Nudeln wieder heraus. Weil er sie schon in der Hand hielt, fraß er sie gleich auf. Danach süffelten wir uns gemütlich auf die zweite Flasche Wein zu.

»Kommt ihr gut voran mit der Reportage?« fragte Ricarda irgendwann. Ich schilderte mein blutiges Erlebnis vor dem Schloßtor.

»Um Gottes willen«, sagte Ricarda. »Warum tut die Polizei nichts?«

»Wie kommst du darauf, daß die Polizei nichts tut?«

»Aber er hat doch ...« Ricarda verstummte.

»Du kennst die Geschichte schon«, sagte ich ernüchtert. Ricarda hielt sich jeden Tag stundenlang am Schloß auf, sie kannte Einheimische, der Vorfall mußte sich herumgesprochen haben.

Bevor Ricarda mir zustimmen konnte, fragte Tom: »Sag mal, diese König-Ludwig-Verehrung hier, kriegst du davon auch etwas mit?«

»Wie meinst du das?«

»Daß sie Bilder vom König im Wohnzimmer hängen haben und in jeder Gaststätte, daß es diese Traditions- und Gedenkklubs gibt. Direkt bei den Schlössern verstehe ich das ja. Das ist eben das normale Abkassieren bei Touristen. Souvenirs, Souvenirs. Aber mir kommt es so vor, als wenn das größere Dimensionen hat.«

»Sie lieben ihn«, sagte Ricarda. »Ich habe mich am Anfang auch gewundert. Aber sie lieben ihn. Das ist eigentlich alles, was man darüber sagen kann.«

»Liebe, Liebe«, sagte ich störrisch. »Das klingt, als wenn du von einem redest, der lebt. Der Gute ist seit 100 Jahren tot.«

»Hängt Liebe vom Alter ab?« fragte Ricarda. Eine solche Frage hatte ich ihr nicht zugetraut, sie klang so kitschig.

»Er wollte mir was sagen«, sagte ich nachdenklich und besaß Ricardas volle Aufmerksamkeit. »Sekunden, bevor sie ihn ermordet haben.«

»Es war ein Unglück«, sagte Ricarda eindringlich.

»Ja, ja, ein Unglück. Er hat gesagt, daß es eine Bedrohung gibt. Eine Gefahr. Er hat gesagt, daß Menschen ums Leben kommen werden. Viele, Tausende. Und daß das bald passiert. In wenigen Tagen. Ist was?« Ich berührte Ricardas Wange. Sie wirkte jetzt pappig und alt, erschreckend alt. Ricarda nahm den Kopf nach hinten, ich zog sofort meine Hand zurück.

»Ich wollte dich nicht ...«, murmelte ich eingeschüchtert. Ricarda schloß den Ausschnitt ihres Hausmantels.

»Du erzählst aber auch Sachen.« Sie strich sich Haare aus dem Gesicht, die gar nicht ins Gesicht hingen.

»Wenn es dich aufregt, kann er das Maul halten«, bot Tom an.

»Nein, nein«, sagte Ricarda schnell, und jeder kriegte einen Kuß. Ich als erster, Tom als allerletzter. Ich mochte Ricarda so sehr und wäre so gern mit ihr ins Bett gegangen, um an ihrer Schulter einzuschlafen. Ich mußte vorher nur Tom in den Wald schicken und ihm den Auftrag erteilen, bis zum Morgengrauen die Bäume zu zählen.

»Es ist auch schon alles gesagt«, fuhr ich fort. »Das ist uns passiert, und das gibt uns zu denken.«

»Ein Unglück«, sagte Ricarda leise. Tom stieß seinen Stuhl zurück, daß wir erschraken.

»Unfug«, rief er so erzürnt, als wenn er den Frieden aus der Hütte fegen wollte. »Paß auf!« Er begann, hektisch herumzusuchen. Schon hielt er einen Filzschreiber in der Hand und rückte Ricardas Staffelei neben den Tisch. Ich brachte die Gläser in Sicherheit, Tom schnappte einen Zeichenblock, schlug ihn auf, stellte ihn auf die Staffelei.

»Ist nichts mit Unglück. Weil es nämlich so ist.« Tom schrieb die Worte ÜBERFALL, DIEBSTAHL, DROHUNGEN, TODESSCHÜSSE, FOTOKLAU und LEUCHTERABSTURZ auf. Dann steckte er die Kappe auf den Filzschreiber und ließ sich auf den Stuhl fallen, daß die Korbbespannung ächzte. Er trank das Glas aus, wischte sich den Bart und murmelte: »Sorry. Aber ich habe die Faxen dicke.«

»Tom«, sagte ich anerkennend. »Du hast ja Temperament.«

»Ist doch wahr«, murmelte er. »Mich regt das auf. Um uns herum knallen pausenlos die gröbsten Schoten, und wir sind doof doof doof. Das vertrage ich ganz schlecht. Ich bin nämlich gar nicht doof, ich bin ein ziemlich helles Kerlchen. Und wenn du auch nicht an mich heranreichst, so kannst du doch lesen und schreiben und Kreuzworträtsel lösen. Was passiert hier? Und warum passiert es mit uns? Ich habe nichts davon gehört, daß es einem weiteren Besucher so ergangen ist wie uns. Wir stehen im Zentrum von etwas, und ich weiß nicht von was. Ende der Durchsage.«

1

Zweimal schaffte ich es, den Angriff für Traum zu halten. Als Tom mir an die Nase griff, um an ihr zu drehen, war ich wach.

»Richtung Küche und dann rechts«, murmelte ich und rollte mich auf die Seite, wo ich Ricarda vermutete.

»Über den Bach und steil nach oben«, sagte Tom und drehte an meiner Nase. Er stand gestiefelt und gespornt vor dem Bett und strahlte die nervtötende Unternehmungslust des Frühaufstehers aus. Im Hintergrund wirkte Ricarda, es roch nach Kaffee.

»O nein«, stöhnte ich in einem letzten verzweifelten Aufbäumen des gepeinigten Individuums.

»Bis jetzt habe ich nur an deiner Nase gedreht.«

So brachte mich Tom zum Aufstehen.

»Ich komme doch heute keinen Berg mehr hoch.« Ich blickte aus dem Fenster. Draußen war Nacht, auf dem Braun-Wecker neben dem Bett war es 5 Uhr 07. Ich hatte das Gefühl, maximal eine Dreiviertelstunde geschlafen zu haben.

»Ich schieße heute jedenfalls meine Bilder vom Berg gegenüber«, sagte Tom und verbreitete fortgesetzt Unternehmungslust.

»Tu nicht so dynamisch.« Ich schleppte mich ins Badezimmer. Ich hatte Ricarda noch nicht geküßt, auch nicht gestreichelt. Im unbarmherzigen Kunstlicht inspizierte ich meinen Penis. Er sah aus wie gegrillt. Meine Lenden schmerzten, und im Unterbauchbereich hatte ich mir einen Muskel gezerrt. Oder zwei. Merkwürdigerweise bereitete es mir auch Schwierigkeiten, meinen linken Arm zu heben. Ich stürzte aus dem Badezimmer direkt in Ricardas Arme. Es gelang ihr, die Pfanne mit den Rühreiern blitzschnell auf dem Herd abzustellen. Dann wurde sie nach allen Regeln der Kunst abgeknutscht. Ricarda lachte und wehrte mich ab, drückte mir zwischendurch selbst einen Schmatz auf den Hals, aber ich landete natürlich viel mehr Küsse, weil ich das Überraschungsmoment auf meiner Seite hatte.

»So macht man das«, rief ich Tom beim erneuten Abmarsch ins Badezimmer zu. Im Schutz der Naßzelle näherte ich mich meinem Zeugungsorgan, um es zu waschen. Das ließ ich nach der ersten Berührung sofort sein. Es reichte im Augenblick äußerstenfalls, die Blase zu leeren. Weitergehende Bemühungen verschob ich auf später, wenn die Reizung nachgelassen hatte.

Am Frühstückstisch trafen wir uns wieder. Ricarda kam mir vor wie die treusorgende Mutter, die Mann und Liebhaber zur Frühschicht verabschiedete, bevor sie sich acht quengelnden Kindern und dem Beruf der Heimarbeiterin hingab.

»Wie hältst du das nur aus?« fragte ich Ricarda.

»Vielleicht macht sie das häufiger«, sagte Tom. Ich starrte Ricarda an. Sie lachte und sagte: »Werdet bitte zum Abschied nicht gewöhnlich.« Ricarda bewegte sich ohne Schmerzen. Training kann dem Menschen diese Gelenkigkeit verschaffen. Ich hoffte, daß sie lediglich eine begeisterte Bergwanderin war. Wir putzten die Reste aus dem Kühlschrank weg.

Tom sagte: »Ich kaufe natürlich Nachschub.« Damals dachten wir noch beide, daß wir uns spätestens am Abend erneut in der Försterhütte treffen würden.

Ricarda stand in der Tür, ein Schattenriß in glutrotem Licht, säuberlich aus der Nacht herausgeschnitten.

»Mann, ist das dunkel«, fluchte ich nach dem ersten Kontakt mit einer Baumwurzel.

Tom trottete neben mir zum BMW, da erst fiel mir auf, daß ich keinen zweiten Wagen sah.

»Wie seid ihr denn gestern abend hergekommen?« fragte ich verblüfft.

»Per Auto. Poldi war so nett und läßt dich grüßen.«

Ich konnte mir einfach nicht merken, daß Ricarda und Tom im zweiten Schloß, in Hohenschwangau zusammengetroffen waren. Und die Allgegenwart des blonden Prinzen nervte mich.

»Sag nicht, daß Poldi Porsche fährt«, knurrte ich.

»Gut, dann nicht. Aber er fährt natürlich Porsche. Und nicht schlecht, mein Lieber. Nicht schlecht.«

Ich öffnete die Fahrertür, der Wagen war nicht abgeschlossen. Jeder an seiner Tür stehend, blickten wir zu Ricarda zurück.

»Hast du sie wenigstens zum Abschied geküßt, du Torfkopf?« blaffte ich Tom an, während wir Ricarda zuwinkten und sie uns zuwinkte.

»Welch eine Frau«, sagte Tom, und wir stiegen ein. Ich öffnete dann noch einmal die Tür und rief: »Was wird eigentlich hier gebaut?« Ich wies auf den kleinen Bagger, und Ricarda rief zurück:

»Kabel. Elektrokabel.«

Die Lücke zwischen Frage und Antwort war greifbar, aber ich nahm an, daß Ricarda in der Dunkelheit mein Nikken in Richtung Bagger erst nicht gesehen hatte.

Den Rückweg fand ich ohne Probleme. Die Reifen knirschten über Sand und Stein und Zweige. Die Scheiben waren unten. Es war kühl, empfindlich kühl. Aber die Luft war klar, die Stille vollkommen, und als ich den Wagen stoppte und den Motor ausschaltete, saßen wir beide ohne ein Wort und schauten nach vorn. Mir war, als wenn ich verfolgen konnte, wie die Baumreihe von der hinter ihr aufbrechenden Schwärze mehr und immer mehr aus der Nacht geschält wurde. Aus Schatten wurden Scherenschnitte wurden Bäume. Ein Schwall Licht floß über den Gipfel zu uns hinüber.

Ich startete den Motor. Bis zur Grenze redete niemand mehr. Ich erkannte Grenzstein und Schild am Wegrand und murmelte: »Back home.«

In Füssen taumelten die Frühaufsteher auf Arbeitsplätze und Busse zu. Die Leuchtreklamen wirkten auf mich nach der Würde des Waldes, als wenn sie meine Augen anspukken würden. Ich fand Zivilisation häßlich, niedrig, gemein.

»Gib's doch zu«, sagte Tom. »So eine Nacht hast du noch nie erlebt.«

»Woher willst du das wissen? Vielleicht lade ich mir mit Diana jeden Samstag einen Teenie ein, und dann aber los.« Tom reagierte nicht, und ich murmelte: »Frag mich nächste Woche. So lange brauche ich, um das halbwegs auf die Reihe zu kriegen. Aber eins weiß ich heute schon.«

»Ja?«

»Männer sehen beim Lieben lächerlich aus. Frauen sind schön.« Als Tom merkte, daß ich unseren Gasthof ansteuerte, sagte er: »Ich brauche nichts. Ich habe alles dabei.«

Ich bog an der ersten Gelegenheit hinter dem Gymnasium in Hohenschwangau ab. Es war ein befestigter Weg, der nach 100 Metern ins Grüne führte und vor einem kleinen Sägewerk mit einem sehr kleinen Parkplatz endete. Von hier aus ging es Richtung Schwangau nur zu Fuß oder per Fahrrad weiter. Aber wir wollten ja nicht nach Schwangau, sondern höher hinaus. Wir wußten, wo die Stelle war, die uns der junge Schloßführer mit den Pickeln beschrieben hatte. Wir stiegen aus, Tom atmete so tief und laut ein, als wenn er Luft für den Weg bunkern wollte. Das Gras war feucht, und mir schien, als wenn vor uns dünner Nebel über dem bis jetzt noch unsichtbaren Bach stehen würde. Plötzlich hielten mich zwei Pranken gepackt, und ich fand mich verdutzt an Toms Schlüsselbein gedrückt.

»Junge«, sagte er innig, »wir haben unseren ersten Dreier absolviert. Jetzt bleiben wir zusammen, bis wir sterben.«

»Red nicht solchen Scheiß. Es war doch nur eine Nacht.« Mich wunderte, wie vehement ich mich gegen die Intensität meiner Gefühle zur Wehr setzen mußte. Tom ließ sich nicht täuschen. Er strahlte mich mit Bartspitzen und Augen an.

»Ich war mal mit jemandem zusammen im Freudenhaus«, sagte Tom. »In Mexiko, guck mich nicht so angeekelt an. Gestern dagegen ... Junge, Junge, komm an mein Herz.«

Er zog mich erneut an sich, ich schaute nach unten und

entdeckte den Salamander. Er stand neben Toms linkem Schuh, hatte seinen Kopf schiefgelegt und linste in die Höhe. Der Salamander war glänzend schwarz und gelb. Das Schwarz war feist wie Lack, und das Gelb besaß eine unglaubliche Brillanz. Tom spürte meine Aufmerksamkeit und machte zum Glück keinen Schritt. Vorsichtig sahen wir nach unten, und der Salamander blickte nach oben. Ich mag Tiere, werde schnell und zuverlässig sentimental, wenn mich ein Hund, eine Katze oder eine Kuh beschnüffelt. Leider unternahm Tom dann den Versuch, aus seiner Brusttasche die Kamera hervorzuholen. Der Salamander glitt davon und verschwand in der Böschung.

»Schön«, sagte ich.

»Ricarda war schöner.«

»Aber nicht so schön schwarz-gelb.«

Tom stand am Kofferraum und holte seine Wanderschuhe heraus. Er benutzte für diesen zivilen Zweck martialische Fallschirmspringerstiefel, ich griff zu meinen knöchelhohen Bergschuhen mit ausgearbeitetem Fußbett. Tom erledigte das Schuhewechseln auf einem Bein, ich setzte mich in den Wagen.

»Du trägst das Stativ«, kommandierte Tom. »Ich trage die Kameras und die Objektive.«

»Und wer trägt die Verantwortung?«

Wir blödelten und entnahmen dem Handschuhfach die eiserne Schokolade- und Dropsration. Ich zog die Jacke an, Tom sowieso, weil er darin seine Utensilien verstaute. Bis zum Bach waren es keine 50 Meter. Die Holzlattenstapel und die geschälten, aber noch nicht verarbeiteten Stämme des Sägewerks trugen uns ihren kräftigen Geruch zu. Dann rauschte der Bach, der Nebel saß auf der Haut, und nach Absolvierung einer winzigen Böschung standen wir vor der Pöllat. Sie floß immer noch mit mächtiger Geschwindigkeit, obwohl das Gefälle hier manierlich war. Der Bach war vier, fünf Meter breit und nicht tief, überall ragten Steine aus dem Wasser. Sie sahen naß und tückisch aus. Tom ging bachaufwärts, ich in die andere Richtung. Wir trafen uns wieder in der Mitte, keiner hatte eine Stelle gefunden, wo man trockenen Fußes hinübergekonnt hätte. Ohne ein weiteres Wort quälten wir uns aus den Schuhen, die wir vor fünf Minuten angezogen hatten. Ich band die Schnürsenkel zusammen und hängte mir die Schuhe über die Schulter. Tom steckte sich die Schuhe hinten in die Hose. Wir krempelten die Hosenbeine hoch bis zum Knie, zogen die Strümpfe aus. Ich schulterte das Stativ und machte den Anfang. Der erste Schritt wollte mich umreißen. Ich hatte die Kraft des Wassers unterschätzt, stand wieder am Ufer, ignorierte Toms Blick und stieg mit leisem Pfeifen erneut ins Wasser. Eine giftige Kälte, die nicht erfrischte, nur erschreckte. Meine Füße versanken in grobkörnigem Sand. Dann die erste Rinne, sie war so tief, daß sie mir übers Knie reichte. Ich ging bachaufwärts und hangelte mich mit Hilfe diskusförmiger Steine über die Untiefe. Hinter mir schnaufte Tom, er juchzte und mußte mich natürlich naßspritzen. Ich drohte ihm, sein Stativ zu ertränken, da gab er Ruhe. Pausieren war im Wasser nicht möglich, man mußte in jeder Sekunde gegen den Druck des Wassers ankämpfen. Mir war, als wenn der Sand unter meinen Füßen zur Seite weichen würde. Ständig suchte ich neuen Halt und fand ihn nur schwer. Plötzlich Toms Schrei, er stand mit einem Bein bis zur Mitte des Oberschenkels im Wasser.

»Brauchst du vielleicht Hilfe?« fragte ich.

»Ich brauche die Erinnerung an eine schöne, heiße Frau, dann trocknet mir die Hose in Sekunden.« Er wählte einen anderen Weg als ich und war am anderen Ufer, als ich noch vor einer zweiten Rinne stand.

»Wo hast du das Handtuch her?« fragte ich verdutzt, als ich sah, wie er sich die Füße abtrocknete. Er grinste. »Pfui. Du hast es Ricarda geklaut. Mensch, sie ist da selbst nur Gast.«

»Geben wir alles zurück«, sagte Tom und reichte mir das Handtuch.

Danach suchten wir den Aufstieg. Auf dieser Seite des Bachs reichte der Wald bis ans Wasser heran. Im Wald selbst standen wir sofort hüfthoch in Farnfeldern. Ich hielt mit einer Hand das Stativ über der Schulter fest und strich mit der freien über die Blätter des Farn. Es war kein Märchenwald mit schmusigen Mooskissen und Nestern von Steinpilzen zwischen hochstämmigen Bäumen. Dieser Wald war vollgestellt wie ein intensiv genutzter Dachboden. Bei jedem zweiten Schritt blieb ich in einer Brombeerranke hängen oder verfing mich. Es waren dicke Stücke darunter, aber sie waren hohl, weichgeklopft von Pilzen und Krankheiten. Danach ging es steil bergauf, so steil, daß ich bei jedem Schritt mit der freien Hand den Boden vor mir berühren konnte. Der Anstieg ging mir sofort in die Oberschenkel.

Tom atmete laut und stöhnte: »Lieber zwei Ricardas als ein solcher Anstieg.«

»Sie liegt jetzt im Bett und träumt süß«, keuchte ich. »Von mir.«

»Ich glaube nicht, daß sie sich solche Brocken für einen süßen Traum auflädt.«

»Hat der picklige Knabe Pückler nicht etwas von einem Trampelpfad erzählt?« fragte Tom, als wir nebeneinander standen und uns den Schweiß abwischten. Mir war heiß und kalt zugleich, das Gefühl des nassen T-Shirts auf der Haut war widerlich. Meine Füße schwammen in Schweiß, und mein Penis schmerzte. Der angemessene Aufenthaltsort für mich wäre zweifellos ein Bett gewesen. Ich hatte damit gerechnet, daß es Probleme bereiten könnte, das Plateau zu finden, von dem aus die berühmten Fotografien des Schlosses produziert worden waren. Mein Gefühl sagte mir, daß wir uns auf dem richtigen Weg befanden. Wir waren nördlich vom Schloß in die Wand eingestiegen. Wir mußten nur ordentlich Höhe gewinnen und dann Richtung Süden gehen, wo wir das Plateau zwangsläufig erreichen würden. Aber es war kein Trampelpfad zu sehen, dafür wuchsen nackte Felspartien aus dem Waldboden, wirkten wie Nasen und Warzen. Sie waren stark verwittert mit glatt polierten, wie gewaschenen Partien.

Ich kroch weiter, meine Lungen stachen. Das erste Stadium der Erschöpfung packte mich früh. Wenn ich danach weitermachte, lief, schwamm, spielte, bekam ich die zweite Luft und war dann lange Zeit leistungsfähig. Der junge Morgen hellte sich zügig auf, die Kühle des Waldes lag wohltuend auf der feuchtheißen Haut. Und dann sang Tom. Er begann mit einem Potpourri aus Beach Boys, deutschen Volksliedern und seiner geliebten Westcoastmusic. Er sang kraftvoll und meist richtig, wenn er auch den Rhythmus seiner Trittfolge unterordnete. Das Lied kam nicht schneller voran als Tom. Wir waren in diesem Stadium zeitweise 50 Meter und mehr voneinander entfernt, weil jeder für sich den besten Anstieg suchte. Tom ging in Serpentinen. Ich wollte es wissen und stieg gerade nach oben. Der Blick zurück zeigte mir, was ich schon wußte: Mein Höhenschwindel blieb mir treu, aber ich beherrschte ihn. Keineswegs hatte ich Angst, ich genoß im Gegenteil das Vogelflattern im Bauch. Und immer noch sah ich oben keinen Grat oder Weg oder irgendeine Änderung der Vegetation.

»Wir müssen nach da«, rief Tom und wies Richtung Schloß.

»Erst noch höher«, rief ich zurück, rutschte weg, fing mich ohne Panik, verlor nur das Stativ.

Und dann sah ich über mir den Fels. Alles nur noch Fels, für den wir nicht gerüstet waren. Ich suchte Tom, konnte ihn rechts von mir ahnen. Unter den Bäumen war es immer noch relativ dunkel, dabei mußte es auf halb acht zugehen. Der Farn gab einfach keine Ruhe, die Brombeerranken waren nur noch lästig. Gegen den Hunger nahm ich zwei Riegel Schokolade. Gegen die Sehnsucht nach Ricardas bettwarmem Körper hatte ich nichts dabei. Immer häufiger gerieten mir Felsen in den Weg, die ich umgehen mußte. Ich wollte endlich das Schloß sehen – zur Not auch nur den höchsten Turm.

»Tom«, rief ich. Das wunderte mich, denn ich hatte mir nicht vorgenommen zu rufen.

»Weitermachen!« brüllte er, und ich hörte ihn weiter vorn singen. Tom peitschte sich jetzt mit Wanderliedern voran. Ich schulterte das Stativ, trat gegen einen Stein, den ich vor lauter Farn nicht gesehen hatte. Lenden, Beine und Bauch taten mir weh, aber im Kopf war ich klar. Ein paar Sekunden packte mich Unruhe, weil ich nicht wußte, wo ich die Chronik gelassen hatte. Ich wähnte sie dann im BMW. Ich glaubte, schon wieder den Bach rauschen zu hören, aber die Befürchtung war sicher übertrieben. Ich wollte endlich Sonne auf den Körper kriegen.

»Tom!«

Seine Stimme kam von vorn auf gleicher Höhe. Er sang und sang, und ich fragte mich, woher dieser korpulente Mensch die Kraft nahm, nach einer solchen Nacht so dynamisch zu sein. Er war vielleicht noch wilder gewesen als ich, und ich hatte mich benommen, als wenn ich seit Monaten keinen Sex gehabt hatte. Dabei schlief ich regelmäßig mit Diana. Aber vielleicht ist eine Quote von einmal alle sechs Wochen für einen Mann von 38 doch etwas lachhaft.

»Tom, siehst du schon was?«

Er antwortete nicht, er sang auch nicht mehr. Ich quälte mich voran, sie hatten mir umgestürzte Baumstämme in den Weg gelegt. Ich mochte das Stativ nicht mehr. Tom war so zufrieden mit dem Gerät, aber es war unhandlich und wog mehrere Zentner. Beim Aufbruch hatte es höchstens 15 Pfund gewogen. Minutenlang war ich nur Gehen. Ich war Motorik, Muskeln und Sehnen.

»Tom, verdammt noch mal! Warte auf mich!«

Dann wurde die Sicht frei. Ich sah Neuschwanstein. Und die Sonne ging auf. Ich sah Neuschwanstein im Morgendunst, und die Sonne gab ihr Licht dazu. Unter mir die Pöllat, sie bekam von den Felsen eine Wespentaille verpaßt, mußte ihr Wasser durch einen winzigen Durchmesser drücken. Der Bach tobte, mein Herz lachte über den Anblick des Schlosses, und da war er ja, unser Trampelpfad. Ich sah ihn nur, weil ich sinnloserweise einige Farnblätter abschlug. Der Pfad war zwei Schuhlängen schmal, hüfthohes Gewächs verhüllte seinen Verlauf. Aber die Richtung klar zu erkennen.

»Tom! Huhu, Tom!«

Tom schwieg hartnäckig. Ich verlor mich in den Anblick des Schlosses. In dem Moment überkam mich eine Ahnung. Uns hatten Leute bedroht und bestohlen, uns hatten Leute gewarnt und informiert. Bis jetzt hatten diese Vorfälle für mich ohne Beziehung nebeneinander gestanden. Es gab eine Gruppe von Menschen, die etwas wußten oder etwas planten, vielleicht beides, vielleicht nur eines. Diese Gruppe war sich nicht einig, war sich vielleicht einmal einig gewesen, vielleicht zeitweise, jetzt jedenfalls nicht mehr. Es gab also zwei Fraktionen, darunter eine Minderheitsfraktion, diese Fraktion ging an die Öffentlichkeit. Vielleicht war das der einzige Grund, den sie hatten, um Tom und mich auszuwählen. Wir waren fremd wie tausend andere Besucher. Aber wir waren Journalisten, deshalb hatten sie uns genommen. Wenn ich recht hatte mit meiner Annahme, steckten Tom und ich zwischen den Fronten. Es gab keinen Ort, an dem ich mich weniger gern aufhielt. Man konnte nur verlieren. Ich blickte auf das Schloß und war gerade dabei, die Grüntöne der umgebenden Bäume zu zählen, als die Explosion passierte.

Eine Faust Luft schlug mich von hinten nieder, schleuderte mich Richtung Pöllat, ich überschlug mich, das herumwirbelnde Stativ knallte hart gegen den Oberschenkel, etwas pfiff heran, ich drückte den Kopf in die Blätter, dann trommelten Dutzende von kleinen, harten Geschossen auf mich herab. Sie sprangen von mir weg und kamen im Farn zur Ruhe. Ich wartete ab, es kam nichts mehr. Ich öffnete die Augen und starrte auf einen von Toms Filmen. Tom benutzte seit vielen Jahren dieselbe Filmsorte. In diesem Moment wußte ich, daß Tom tot war. Ich wußte nicht, was explodiert war. Aber die Explosion hatte dort stattgefunden, wo Tom sich aufgehalten haben mußte. Ich starrte diesen verdammten Film an und freute mich, wie klein und harmlos er war. Ich wußte, daß alles, was ich in den nächsten Minuten zu sehen bekam, ekelhaft aussehen würde. Das war mein Startschuß. Ich rappelte mich hoch, knickte wieder ein, der Schlag des Stativs hatte meinen rechten Oberschenkel gelähmt. Ich schrie wie ein Stier:

»Tom!« Ich stolperte bergauf, ließ das Stativ fallen, weil ich beide Hände brauchte, um mich festzukrallen, hochzuziehen an diesem verdammten Farn, und ich hatte solche Angst. Ich wollte keinen toten Tom sehen, und ich mußte doch, ich glitt aus, fing mich, riß Büsche aus, warf mich vorwärts, hörte neben mir die tonlosen Worte: »Wohin des Wegs?«

Ich weiß noch, daß ich Angst hatte, mich umzudrehen. Ich tat es trotzdem und starrte Tom an. Er saß im Grün wie ein Kind im Sandkasten: auf dem dicken Hintern, beide Beine von sich gestreckt, Oberkörper aufrecht, Haare verwüstet, Gesicht zerkratzt. Aber er war heil, an ihm war alles dran, ich sah kein Blut, bis auf die Kratzer im Gesicht und an den Händen. Er hätte ruhig etwas mehr bluten können, davor hätte ich doch keine Angst gehabt ... und ich stürzte auf ihn zu, klatschte ihm begeistert auf beide Wangen, rüttelte an seinen Armen und Beinen. Tom sah mich mit traurigen Augen an und sagte: »Aua.« Aber er war gesund, was man von seinen Kameras nicht sagen konnte. Wenigstens bei einer war das Objektiv zerplatzt. Ich sah Glassplitter, sah Toms Jacke in Fetzen hängen. Aber er war heil, das sagte ich ihm immer wieder.

»Ist ja gut«, murmelte er und wehrte meine fürsorglichen Hände ab. »Alles heil, alles dran. Jetzt müssen wir nur noch wissen, was das eben war.«

Ich half Tom auf die Beine. Er probierte zwei Kniebeugen, griff sich an die Nieren. Dann stiegen wir hoch. Wir wußten nicht, was geknallt hatte und ob es ein zweites Mal knallen würde. Aber wir mußten da jetzt hoch, darüber war keine Verständigung notwendig.

»Es war nicht viel weiter oben«, sagte Tom. Er versuchte, sich das Gesicht zu reinigen, danach sah er aus wie ein Schwein. Er spuckte mehrere Male aus, und immer kam etwas Dunkles dabei raus. Er testete seine Kameras durch, eine war funktionsfähig, mit ihr schoß er mitten in mein besorgtes Gesicht hinein. Wir stiegen weiter, nach zwei Minuten sah ich das Plateau zum ersten Mal. Es war von unserem jetzigen Standort mehr zu erahnen als sicher zu bestimmen. Aber es mußte stimmen, ein Blick aufs Schloß zeigte mir das. Wir waren fast auf der berühmten, klassischen Höhe.

»Wo hast du mein Stativ gelassen?« bellte Tom mich plötzlich an. »Kann man dir eigentlich gar nichts mehr anvertrauen?«

Ich starrte ihn an, Tom murmelte: »Immer diese Betroffenheitsfressen.« Dann wandte er sich ab. »Ich habe die ganze Scheiße voll ins Gesicht gekriegt. Ich habe mitten reingeguckt in den Bumms. Und ich habe ... ich hatte ...« Tom blickte mich aus Augen an, die vor Traurigkeit schwarz waren.

»Da oben hat's einen zerrissen.« Er sagte noch etwas, aber ich verstand nicht mehr, denn ich sprang sofort los.

Mein rechtes Bein und mein rechter Arm begannen sofort zu zittern. Unkontrolliert. Er lebte noch, das war das allerschlimmste. Dabei hatte die Explosion alles herausgerissen, was ein Mensch zum Leben braucht. Aber er war einfach nicht gestorben. Er hatte damit gewartet, bis ich das Plateau erreichte. Er hatte keine Hände mehr und nur noch einen Arm. Er trug keine Kleider mehr auf der Haut, aber er hatte auch kaum noch Haut. Daß Därme so weiß waren! Ich hatte sie mir immer dunkler vorgestellt, sie hingen aus dem zerfetzten Bauch heraus. Blut strömte aus den Armstümpfen und aus der Wunde im Kopf. Seltsamerweise waren seine Beine unversehrt. Er trug Schuhe, ausgetretene Turnschuhe. Ich hätte stundenlang diese beschissenen Turnschuhe anstarren können. Er hatte auch so schöne Schnürsenkel, blau und rot und weiß und dann kamen aus diesem Rest Mensch Worte heraus: »Überraschung«, flüsterte es aus dem Loch in der Wunde, »ich Überraschung. Machen. Weil Sie komm. Mich gefreu ... lernen, wollt lernen.« Pückler brach ab, starrte auf seinen Arm ohne Hand, starrte auf die Schulter, wo keine Hand mehr war und kein Arm, nur Blut, satt fließendes Blut. Mein Magen sprang wie ein Gummiball im Leib herum. Aber ich wollte nicht, und ich würde nicht, und Tom erschien, und der picklige Schloßführer lächelte ihn an. Ich schwöre, daß er Tom anlächelte. Und Tom kniete neben ihm, und ich konnte endlich an den Rand des Plateaus gehen. Ich erbrach, Tränen schossen mir in die Augen, und das Schloß war so schön und so sonnig, und es gab zwanzig oder dreißig verschiedene Grüns, und hinter mir versiegten die Worte. Der Stumpf Mensch röchelte, nur das Blut behielt den alten Schwung, und Tom legte dem Sterbenden eine Hand auf den Brustkorb. Ich sah es durch meine Tränen, denn ich mußte ja alles mitbekommen, durfte nichts verpassen. Ich verpaßte nicht, wie Toms Hand durch den Brustkorb brach, wie sie verschwand. Ich schrie.

Am Rand des Plateaus saß Tom, wischte sich die Hände an einem Stück Stoff ab. Im Hintergrund lag die Leiche von Pückler, der uns unbedingt aufs Plateau hatte führen wollen. Wir hatten ihn abgewimmelt, weil wir beide nichts mit Bewunderern anfangen können, da hatte er uns überraschen wollen. Ich wußte nicht, mit was. Aber die Überraschung war ihm gelungen. Pücklers Körper sah lachhaft aus. Ich wußte, daß ich das nicht denken durfte. Aber ich fand es so lächerlich, daß ein Mensch so aussehen kann, daß er sich so quälen muß, um zum Tode zu kommen. Dann war es so weit. Dann konnte ich endlich weinen. Kein Schluchzen, keine Dramatik, mir flossen nur still Tränen übers heiße Gesicht. Tom saß auf der Kante, starrte in die Tiefe, und ich sagte, wobei ich mich wunderte, wie klar meine Worte klangen: »Ich will hier sofort weg.«

»Quatsch.«

»Es geht nicht mehr. Der Spaß ist vorbei. Das hier.«

». . . ja, ja. Du hast ja recht. Aber du ziehst immer so komische Konsequenzen.«

»Tom, die wollten uns ermorden.«

»Oder den Jungen.«

»Nicht den Jungen. Uns.«

»Woher beziehst du deine Sicherheit?«

»Das war . . . das ist ein Kind. Niemand sprengt ein Kind in die Luft.«

»Manche ficken Kinder und zerreißen ihnen dabei den Darm bis zum Adamsapfel. Warum soll keiner mit Sprengstoff arbeiten? Für was hältst du uns Menschen eigentlich? Etwa nicht für Ungeheuer?«

»Sie wollen uns ermorden, Tom.«

»Einen haben sie in deinen Armen ermordet, das hat dich ziemlich kalt gelassen. Ich wollte dir das eigentlich nicht sagen.«

»Sieh dich vor. Sonst stoße ich dich den Berg runter.«

»Du? Du stößt zur Zeit nichts irgendwo runter, was stabiler ist als eine Stubenfliege.«

Wir blickten uns an, und Tom murmelte: »Ist doch wahr.« Dann blickte er wieder vom Berg und hatte keine Angst, daß ich hinter ihn treten, mich mit voller Wucht gegen seinen Rücken werfen und ihn ... plötzlich stand Tom auf und schwenkte die Arme wild hin und her.

»Mach Bewegung«, forderte er mich auf. »Die suchen da drüben jetzt garantiert die Wand ab, wo der Bumms hergekommen ist.«

Ich fand es absurd, aber ich stellte mich neben ihn, warf meine Arme und tanzte auf der Stelle.

»Wunderbar«, rief ich. »Jetzt zweimal peng, und sie haben uns ausgepustet.«

»Deine Diana wird nichts entbehren müssen. Du bist doch in der Pensionskasse für Journalisten. Oder?«

»In der Versorgungskasse auch«, knurrte ich deprimiert. Das Bewußtsein meiner vollendeten sozialen Absicherung raubte mir die Lust auf weitere Atemzüge.

Wir hampelten noch ein bißchen, dann schraubte Tom das größte Objektiv auf die Kamera und suchte das Schloß und die Straße nach Schwangau ab. Also war nicht seine gesamte Ausrüstung zerstört worden.

»Da sind welche«, sagte er. »Sie haben auch was vorm Gesicht. Einige winken.«

»Na wunderbar. Und was tun wir jetzt? Verdammt gute Erklärungen ausdenken am besten.«

»Wieso? Wenn dieser Tunichtgut von Kripomann auftaucht, kostet den das zwei Minuten maximal und er hakt den Bums als ›bedauerlicher Ausrutscher beim Blaubeerpflücken‹ ab.«

Toms Gehässigkeit tat mir gut. Sie wirkte auf meinen Magen wie Alka Seltzer. Tom nahm die Kamera vors Gesicht, schwenkte die Straße ab und fragte:

»Ist dir eigentlich schon aufgefallen, daß in dieser Gegend ständig umgezogen wird?«

»Was?«

»Ich sehe einen Umzugswagen. Gestern habe ich auch einen gesehen. Mehr als einen.«

»Stimmt. Als ich in Schwangau war, stand ein Wagen vor einem Haus. Ein professioneller, mit Aufschrift an der Seitenwand. Und auf einem normalen Lieferwagen mit offener Ladefläche haben sie Möbel transportiert.«

Dann sah ich zu, wie Tom das Schlachtfeld zu fotografieren begann. Ich führte den in der Luft liegenden Streit stumm im Kopf.

»Danke fürs Maulhalten«, sagte Tom, der schnell, fast hastig arbeitete. »Und jetzt überleg dir, was hier explodiert ist.«

Damit war ich längst beschäftigt. Zu meinem Glück lag die Leiche am hinteren Rand der vielleicht vier mal fünf Meter großen Fläche. Es war also leicht, sich so hinzustellen, daß man den Körper bei der Inspektion nicht anschauen mußte. Es sah aus wie das Gestänge eines Zelts, natürlich verbogen, teilweise auseinandergerissen. Es lag in Form von vielleicht 120 Zentimeter bis hinunter zu 40 Zentimeter langen Stücken auf dem Plateau, und einige Stäbe sah ich vor dem Plateau liegen. Genauer blickte ich nicht hin, weil ich nicht scharf darauf war, einen zerfetzten Arm mit freiliegenden Muskeln und Adern zu sehen.

»Und was soll das sein?« fragte ich hilflos.

»Kommt drauf an, was der Junge mit hochgebracht hat und was schon hier war«, sagte Tom und hörte auf zu fotografieren.

»Du meinst . . .«

»Sagen wir mal, er hat einen Fotoapparat mitgebracht«, sagte Tom. »Dann bleibt ganz schön viel, was wir hier sehen und was demnach schon oben war.«

»Vielleicht hatte irgendwer einen Grund, hier irgendwas hinzustellen.« Ich verabscheute es, im Angesicht eines zerfetzten Körpers Debatten zu führen. »Wehe, du gibst die Bilder zum Entwickeln wieder an jemanden, der danach spurlos verschwindet.«

Tom lächelte schwach und legte eine Hand aufs Herz. Dann begannen wir wie auf Kommando alles aufzuklauben, was wir an technischen Teilen fanden. Es war eine Menge, Tom stieg vom Plateau und kam mit blassem Gesicht wieder hoch. Ich fragte nicht, und er sagte nicht, was er dort gesehen hatte.

»Und jetzt weg«, forderte Tom mich auf.

»Wieso das denn?«

»Weil ich nicht einen halben Tag verlieren will.«

»Aber sie wissen doch, wer hier oben war.«

»So? Woher denn? Willst du's ihnen sagen?«

»Tom, denk nach. Sie haben uns gesehen. Es muß nur einer dabei sein, der uns kennt. Und unser Wagen steht unten am Berg.«

»Das erste kann sein, muß aber nicht sein. Das zweite wird nur dann wichtig, wenn wir in der nächsten Stunde einsteigen. Werden wir aber nicht.«

»Ja, meinst du denn . . .« Tom stieg schon vom Plateau. Ich beeilte mich, ihm zu folgen und warf keinen Blick zurück. Anfangs hatte Tom ernsthaft vor, so hoch zu klettern, daß wir an der Stelle herauskamen, von wo wir am ersten Tag die Marienbrücke mit den vier Strolchen fotografiert hatten. Das erwies sich jedoch als unmöglich, weil es eine Tour für Bergsteiger war. Also hielten wir uns dicht am Ufer der Pöllat und gingen Richtung Schloß. Ich hoffte, daß die Polizisten den Weg zum Plateau wählten, den auch Pückler gekannt hatte. Dann waren wir fürs erste vor ihnen sicher.

Unser Weg war anstrengend und dauerte lang.

»Guck sie dir an«, ich blickte zu den ersten Gleitfliegern des jungen Tages hoch. »Würden wir fliegen, wären wir längst am Ziel.«

»Oder abgestürzt«, murmelte Tom. Natürlich war er

nicht ohne sein Stativ vom Plateau fortgegangen; und natürlich hatte er vor dem Aufbruch auch noch das Schloß fotografiert. Ich fand Toms Methode, Streßabfuhr zu betreiben, etwas befremdlich. Plötzlich war Hubschrauberknattern in der Luft und kam sehr schnell näher. Wir sahen das schwarz-grüne Gefährt mit roten Kreuzen auf weißem Grund von Osten kommend über uns hinweg in Richtung Felswand sausen.

Tom war dabei, einen trockenen Weg über den immer schmaler, aber auch reißender werdenden Bach zu suchen. Wir waren fast unter der Marienbrücke, die ersten Touristen des neuen Tages musterten uns mit großer Neugier. Der Wasserfall sättigte die Luft mit glitzernden Perlen.

»Guck mal da«, sagte Tom und wies steil nach oben. Er hatte immer noch oder schon wieder seinen Stab dabei, aber heute keinen Koffer. Er stand am Brückengeländer. Er war 70 Meter über uns, aber ich hatte keinen Zweifel, daß er uns anschaute und erkannte.

2

Wir landeten zwei Stunden später in einem Café im Schloßdorf. Erst verschwand Tom in den Waschräumen, danach ich. Erst bestellte ich zwei Cappucchino, danach Tom. Wir tranken einen Cognac (ich) und Calvados (Tom) dazu. Ich mußte dringend Kuchen essen, egal welchen. Ich fühlte mich immer noch fahrig und zittrig. Wir saßen auf der Terrasse und schauten den Menschenmassen zu. Zehn Uhr und ein paar Minuten, es war heiß.

»Tom, es muß jetzt was passieren.«

»Vorschläge.«

»Entweder wir hauen sofort ab, was ich aber nicht gut finden würde.«

»Dein Glück. Weiter.«

»Oder wir versuchen's doch noch mal mit der Polizei.

Wenn wir wieder an Idioten geraten, gehen wir eine Etage höher.«

»Um am Ende festzustellen, daß auch der Innenminister ein Idiot ist. Weiter.«

»Oder wir machen das Naheliegende. Wir sprechen mit einem Kollegen von der hiesigen Tageszeitung und hängen's an die große Glocke.«

»Was hältst du von einer großen Zeitung? ›Bild‹ oder ›Süddeutsche?‹«

»Einverstanden.«

»Aber ich nicht. Weiter.«

»Machen wir hier Quiz, oder was?«

Tom lehnte sich zu mir herüber, im Bart hingen Erde und Blätter. Sein Hemd und seine Jacke waren mit dunklen Flecken gespickt.

»Ich denke mir das so«, sagte Tom und wartete, bis sich die neuen Gäste an unseren Stühlen vorbeigeschoben hatten. »Entweder steht morgen die Explosion groß in der Zeitung. Dann ist die Sache gelaufen.«

»Jetzt soll ich wahrscheinlich fragen: ›Oder?‹ Stimmt's?«

»Versuch's doch mal.«

»Oder?«

»Oder es steht nichts drin. Dann, mein Junge, haben wir den Beweis, den wir suchen. Dann wissen wir, daß hier ein großes Rad gedreht wird und daß die Polizei mitdreht. Bis dahin haben wir einen vollen Tag, um zu arbeiten und zu forschen. Wir stehen ganz am Anfang, mein Lieber.«

»Zwei Tote und wir stehen am Anfang. Wie viele Tote soll's denn am Ende geben?«

»Hast du doch gehört«, sagte er und blickte mich ernst an. »Tausende.«

Ich lehnte mich auf meinem schmutzig-weißen Plastikstuhl zurück und versuchte, die Anspannung aus Armen und Beinen zu bekommen.

»Vielleicht sind wir Ungeheuer, Tom, und wissen es nur nicht.«

»Wir sind hier nicht im Puppentheater. Wenn du Harmonie willst, arbeite für eine Häkelzeitschrift.«

»Aber Tote, Tom, Tote.« Wie sollte ich ihm klarmachen, daß für mich das Ende der Fahnenstange erreicht war? Er mußte es fühlen, oder wir brauchten gar nicht erst darüber zu sprechen.

»Manchmal kommt mir das vor wie eine geschlossene Gesellschaft«, murmelte ich.

»Was genau kommt dir so vor?«

»Alles, der Ort und die Bewohner.«

»Ist ein bißchen groß, Füssen, für eine geschlossene Gesellschaft. 10000 Einwohner, schätze ich. Dazu die Dörfer rings herum. Die leben vom Tourismus, die sind darauf angewiesen, freundlich zu sein.«

»Direkt unfreundlich ist ja auch keiner.«

»Stimmt«, sagte Tom. »Bis auf ein paar Überfälle, Einbrüche und Todesschüsse sind sie freundlich wie ein Kalbsbraten, der frisch aus dem Ofen kommt.«

»Hast du etwa schon wieder Hunger?«

»Woran merkst du das?«

»Das wird doch langsam peinlich.«

»Essen muß der Mensch. Das unterscheidet ihn von den Toten. Bei manchen Menschen ist es der einzige Unterschied überhaupt.«

Ich war satt, ich konnte mir nicht vorstellen, jemals wieder Appetit zu entwickeln.

»Wie geht's deinem Pinsel?« knallte Toms Frage dazwischen.

Ich starrte ihn an, begriff langsam, schüttelte den Kopf: »Mannomann, deine Kaltschnäuzigkeit möchte ich nicht geschenkt haben. Ich bin meilenweit von meinem Pinsel entfernt.«

»Das wäre aber unangenehm«, sagte Tom und stand auf. »Was meinen Pinsel betrifft, so gehe ich jetzt Nachschau halten.« Er verschwand Richtung Toiletten.

Vom Nebentisch lächelten mich mütterliche Damen an.

»Herrlich ist es hier«, behauptete die Damenhafteste von ihnen. Ich nickte. »Man kommt auf ganz andere Gedanken.« Ich nickte. »Wie neugeboren fühlt man sich.« Ich nickte. Noch so ein Merksatz, und ich würde aufstehen und sie würgen. Aber ihre Stuhlnachbarin entdeckte in dieser Sekunde etwas ganz außergewöhnlich Zauberhaftes neben ihrem Stuhl. Die Tischbesatzung mußte das Ereignis sofort bejubeln. Mir gingen gute Laune und Harmlosigkeit auf die Nerven. Ich wollte aufstehen und das alles hinter mir lassen. Aber ich wußte schon an diesem Freitag vormittag in diesem sonnigen Café in Hohenschwangau, daß ich es nicht durchstehen würde, mir für die Dauer meines restlichen Lebens Fragen zu stellen, auf die ich nur miserable Antworten geben konnte. Ich wollte wissen, wer so viel Energie aufbrachte, einen Menschen aus der Welt zu sprengen. Einen Irrtum, ein Unglück, eine Verkettung der berühmten unglücklichen Umstände hielt ich für eine lachhafte Verharmlosung. Ich glaubte an keinen Zufall mehr. Aber gleichzeitig fand ich es absurd, einen Anschlag auf uns ausgerechnet an einem unzugänglichen Ort in den Alpen durchzuführen. Wer konnte wissen, daß wir in die Wand einsteigen wollten? Erst dachte ich, daß es überhaupt niemand hatte wissen können. Dann fielen mir doch einige ein: Ricarda, die es seit gestern nacht wußte, der tote Schloßführer selbst, der es seit Tagen wußte, in denen er es tausend Leuten weitererzählt haben konnte.

»Wir müssen sofort zum Schloß«, sagte ich zum zurückkehrenden Tom, bevor er Gelegenheit erhielt, mich über den Zustand seines Pinsels zu informieren. Er hielt den vorbeiwieselnden Kellner am Arm fest, um unsere Rechnung zu begleichen. Mir fiel ein, daß wir immer noch nicht die geklauten Weinflaschen im Hotel bezahlt hatten. Ich nahm mir vor, eine weitere zu klauen, damit der Gewissensdruck größer wurde.

Wir erwischten gleich einen Bus und waren schnell am Schloß. Hauptkommissar Delius und seine Assistentin mit den vielen Zischlauten im Familiennamen hatten wohl einen früheren Bus genommen. Als wir kamen, wollten sie gerade gehen.

»So sieht man sich wieder«, begrüßte uns der Kriminalbeamte. Er trug sein treues Notizbuch bei sich, seine Kollegin schien mir etwas blaß um die Nase.

»Haben Sie was mit dem Magen?« fragte Tom. Die Assistentin schüttelte den Kopf, selbst das tat sie schwach.

»Manchmal hält der Dienst für unsereinen schwere Herausforderungen bereit«, sagte Delius. »Und Sie? Kommt die Arbeit gut voran?«

»Ach doch«, antwortete ich. »Alle Menschen sind ja so auskunftsfreudig hier.«

Der Kommissar freute sich ungeniert: »Wenn man erst mal ihr Vertrauen gewonnen hat, will man gar nicht mehr weg.«

Eine schreckliche Vorstellung. Wir wünschten uns dann gegenseitig einen schönen Tag, und Tom murmelte: »Die Kleine wartet darauf, jemandem ihr Herz ausschütten zu dürfen.«

»Du Sau.«

»Ich dachte an Recherche. An was dachtest du?«

Vor dem Eingang wartete die längste Menschenschlange, die wir bisher in Neuschwanstein gesehen hatten. Sie reichte über den gesamten unteren Innenhof bis unter das Eingangstor; auf den Anmarschwegen war der Teufel los. Wir kletterten über das Eisentor mit dem EINTRITT-VERBOTEN-Schild auf den menschenleeren oberen Innenhof und mußten uns einige aggressive Kommentare anhören. »Presse«, rief ich den Schreiern zu. »Das kann jeder sagen«, antwortete eine Frau. Und damit hatte sie ja recht.

Wir probierten es zuerst in der Kemenate mit den Büros der Verwaltung. Sekretärinnen pendelten zwischen Aktenablage und Kaffeemaschine. Sie strahlten die Souveränität erfahrener Brauereipferde aus. Der Verwalter war im Schloß unterwegs. Die Kunde von der Explosion war bis hierher offensichtlich noch nicht vorgedrungen. Wir verließen die Kemenate und stiegen die Stufen zum Eingangsportal des Hauptgebäudes hinauf. Die Tür war offen, von innen steckte ein Schlüssel. Ich zog den Schlüssel ab und ließ ihn in der Tasche verschwinden.

»Wacker«, sagte Tom. Eine Besuchergruppe drückte uns an den Rand. Deutsche mit kurzen Hosen und vielen Kindern. Wir schlugen uns zum Raum der Führer durch und trafen dabei die schöne Karin mit Gästen aus Frankreich. Karin lächelte uns zu, es war eine kalte Freundlichkeit.

»Sie weiß es«, sagte Tom.

Sie wußten es alle, im Aufenthaltsraum der Führer stand dick der Zigarettenrauch.

»Was hört man denn da?« Tom eröffnete unverzüglich die Lügenpartie.

»Tragisch«, sagte jemand, und ein anderer: »So jung und schon tot.«

»Wie ist es denn passiert?« fragte Tom nach.

»Die Polizei untersucht das noch«, antwortete ein Führer, der eine Zigarettenmarke rauchte, die ich nicht kannte. »Aber für mich ist die Sache klar.«

»Ach nee.«

»Jaja.«

Wir schwiegen uns an, dann platzte mir der Kragen: »Nun red doch endlich, Mann.«

»Er hat doch so gern fotografiert«, sagte ein anderer Führer. Im Hintergrund schneuzte sich jemand.

»Pückler hat also fotografiert. Na und?«

»Das Blitzlicht.«

»Das Blitzlicht«, wiederholte ich verdattert.

»Der Pickel hat vor ein paar Wochen im Wohnzimmer fast das Holz in Brand gesetzt. Im Wohnzimmer vom König oben.«

»Und wie hat er das angestellt?«

»Na, mit seinen Blitzen. Er benutzt uralte Blitzlichtgeräte. Da schwört er drauf. Von wegen der speziellen Anmutung. Also ich hab's ja immer für Quatsch gehalten.«

»Was es ja auch ist«, bestätigte Tom.

»Das sagen Sie. Und das sage ich. Das haben wir alle gesagt. Aber der Pickel schwörte halt auf diese Blitze.«

Tom sah so aus, als stünde er kurz davor, den Führer an die Wand zu klatschen. Aber der Mann war redlich, ich hatte keinen Zweifel.

»Ich hab' ihm gesagt ›Eines Tages fliegt dir dein Blitz noch mal um die Ohren‹«, fuhr der Führer fort. »Das habe ich damals natürlich nur scherzhaft gemeint.«

»Natürlich.«

»Natürlich. Aber daß es nun passiert ist . . .«

Ich blickte mich um. Keiner hatte rote Ohren oder wand sich vor Scham. Ich riß mich zusammen und formulierte sehr sorgfältig meine nächste Frage: »Woran ist er denn . . .? Ich meine die Verletzungen . . .«

»Ach, praktisch ist er unversehrt geblieben«, kam es von der Tür, durch die soeben Aloysius Mordelli eingetreten war. »Aber bei der Explosion ist ihm wohl die Kamera an den Kopf geflogen. Wie ein Ziegelstein stelle ich mir das vor. Schädelbruch.«

»Wer sagt das?« fragte ich scharf.

Mordelli blickte mich sehr aufmerksam an: »Die Polizei sagt das. Woher sollten wir das sonst wissen?«

»Es war ja zum Glück keiner dabei«, sagte einer der ganz jungen Führer.

»Wir hätten dem Pickel sein Blitzgerät wegnehmen müssen«, sagte ein anderer Mann. Ich war kurz davor zu schreien. Schon wieder wurden wir Zeugen, wie ein ungeheurer Todesfall in Minutenfrist zu den Akten gelegt wurde. Ich vermied es, Tom anzusehen. Der Mann kochte, und ich spürte, was mir am meisten fehlte. Mir fehlte ein Feind zum Anfassen, ein Wesen mit Hörnern und Pferdefuß. Die vier jungen Dreckskerle am ersten Abend hatten einen Körper besessen, Stimmen und hastigen Atem. Aber das war Fußvolk gewesen, gerade stark genug, um mit Hilfe des Überraschungsmoments fünf Minuten Schrekken zu verbreiten. Es gab eine Instanz, von der sich solche Wegelagerer die Befehle abholten. Von dieser Instanz wußten wir nichts, am vierten Tag immer noch nichts. Selbst das Wissen um die Existenz dieser unglaublichen Coalition half uns nichts, sie war ja nicht einmal eine Geheimpolizei. Jeder kannte sie, selbst die offizielle Ordnungsmacht.

»Es hilft nichts, Freunde«, sagte Mordelli und klatschte

in die Hände. »Das Leben geht weiter, ob wir's toll finden oder nicht.«

»Ich finde es nicht toll«, ertönte eine Stimme hinter seinem Rücken. Karins Freundin saß mißmutig auf einem der unbequemen Stühle. »Ich find's sogar beschissen, wie schnell wir alle wieder zur Tagesordnung übergehen.«

»Na endlich«, stieß Tom hervor. »Ein fühlendes Herz.«

»Also, ich muß doch wirklich bitten«, blies sich ein Führer auf. »Ich lasse mich von niemandem in meiner Betroffenheit übertreffen. Mir geht das verdammt nahe mit unserm Junior. Er hatte es schwer genug, das wissen wir doch alle.« Um ihn herum fand Kopfnicken statt.

»Was meinen Sie?« fragte ich.

»Na, Sie wissen doch, wie er aussah«, sagte sich der Führer. Mir wurde wieder bewußt, daß ich kaum einen mit Namen kannte. Für den gnadenlosen Gebrauch der Vergangenheitsform hätte ich dem Kerl am liebsten seine altmodischen Koteletten abgerissen.

»Er hatte keine besonders gute Haut«, erwiderte ich.

»So kann man's natürlich auch sagen«, höhnte Kotelette. »Ich würde sagen, er war ein Pickel auf Beinen. Guter Mann, wenn der in einen Raum kam, liefen alle Frauen auf der anderen Seite raus, und zwar schreiend. Der Junge hat kein Bein auf die Erde gekriegt bei Frauen. Und er hätte gern gewollt, das kann ich Ihnen sagen.«

»Und nicht nur ein Bein«, warf jemand ein, der hinter einem breiten Rücken stand. Immerhin lachte niemand. Doch meinen Groll konnte das nicht besänftigen. Ich fand diese Bande von Führern sehr gut geeignet, sich von mir anscheißen zu lassen. Physiognomisch boten sie sich hervorragend als Aggressionsobjekt an, diese Mischung aus Ohrfeigengesichtern und Schwiegermuttermörder-Visagen. Eine Bombe hatte ein armes Schwein gegen die Felswand geklatscht, und ein paar Stunden später ließen die trauernden Kollegen Sprüche vom Kaliber »Das Leben geht weiter« ab. Tom zog mich aus dem Aufenthaltsraum heraus.

»Was soll das?« blaffte ich ihn auf dem Flur an.

»Soll ich dich nicht daran hindern, dich zu prügeln?«
»Prügeln? Ich?«
»Wolltest du dem Kerl ans Leder, oder was?« Toms Gesicht wurde immer besorgter.
»Ich wollte einem ans Leder? Eben? Da drin?«
Er legte mir einen Arm um die Schultern und führte mich auf kameradschaftliche Weise ab. Immer wenn ich stehenbleiben wollte, verstärkte er den Druck. Tom durfte sich bei mir viel erlauben.
Er führte mich auf den oberen Innenhof. Dort erst lokkerte er den Griff.
»Sag mal, hast du sie nicht mehr ...« Sein Blick stoppte mich. Tom blickte über meine Schulter Richtung Kemenate, wo die Büros lagen. Irgendwer stand dort am Fenster und hatte uns im Visier.
»Tom«, flüsterte ich. »Ich weiß von nichts.«
»Das Gefühl hatte ich auch«, sagte er gehässig. »Spätestens als ich deine blutunterlaufenen Augen sah.«
Er lotste mich über den Hof zum Tor, das wir in bewährter Manier überklettern wollten, um uns danach von aggressiven Besuchern dumm anquatschen zu lassen. Plötzlich schoß der Verwalter aus dem Kemenatenbau. Er stand unter Strom. Ich mochte diesen Mann einfach.
Mit »Gott zum Gruße« wollte er an uns vorbeistürmen. Wir konnten ihn gerade noch stoppen, aber er trat während der folgenden Sätze wie ein Jogger auf der Stelle.
»Haben Sie schon gehört ...«, begann Tom und wurde sofort unterbrochen: »Ich höre immer als erster. Schöne Scheiße.«
»Die Kollegen nehmen das ja alles sehr gelassen hin«, sagte ich.
»Die wirken manchmal, als wenn sie über Leichen gingen. Aber das ist nur Show. Natürlich sind wir alle sehr mitgenommen von dem Unglück.«
»Aber für ein Unglück halten Sie es auch?«
»Für was sollte ich es sonst halten?«
»Für Mord.«

Der Verwalter blickte mich ausdruckslos an, lachte ohne Überzeugung.

»Sie sind gut«, sagte er dann. »Die Polizei sagt doch ...«

»Glauben Sie der Polizei eigentlich immer?«

»Ach doch. Sie nicht?«

»Es hat zwei Todesfälle gegeben. In wenigen Tagen. Beide am Schloß. Beide nicht besonders natürlich. Warum regt Sie das nicht mehr auf?«

Der Verwalter blickte zur Fensterfront der Büros, trat auf uns zu und sagte leiser als bisher: »Sie ahnen ja nicht, was hinter den Kulissen vorgeht.«

»Hinter welchen Kulissen bitte? Und was geht dort vor?«

»Natürlich sind die Vorfälle überall Thema Nummer eins. Ich wage noch gar nicht abzuschätzen, wie sich das Unglück unseres Kollegen von heute früh auswirken ... Aber der Betrieb muß natürlich weitergehen. Dafür werden Sie Verständnis haben. Ich sagte schon, daß uns das letzte Oktoberfest-Wochenende ins Haus steht. Dazu dieses Kaiserwetter. Wir rechnen heute, morgen und übermorgen mit 10000 Gästen. Täglich.«

»Sie meinen, da bleibt keine Zeit für Trauer.«

Er war der Typ Mann, der Antworten immer en gros in petto hat, sie nacheinander prüft und am Ende eine einzige ausspuckt.

»Lassen Sie uns jetzt Metaphysik vermeiden«, bat er freundlich. »Ich will nicht für den hartgesottensten meiner Mitarbeiter einen Fuß ins Feuer legen. Dafür haben Sie sicher Verständnis. Und nun entschuldigen Sie mich.«

Zack, weg war er.

»Er hatte von allen die netteste Art, nichts zu sagen«, sagte Tom.

Wir stiegen über das Eisengitter und ließen uns dumm anquatschen. Ein kiebiges Kind trat sogar nach Tom. Er reagierte so, daß er schweigend auf das Kind zuging. Das Kind wich zurück bis zur Steinwand am Rand der Treppen. Tom ging weiter, erschien wie ein Drache über dem

Kopf des Kindes, das kleiner wurde und immer kleiner, in den Knien einbrach, bis es auf dem Hintern saß und bitterlich zu weinen begann. Tom beugte sich zu dem Kind hinunter, zwang es, ihn anzuschauen und sagte nicht unfreundlich: »Wenn du das noch ein Mal machst . . .«

»So«, sagte Tom, als wir uns am Kiosk mit je einem Schokoladenriegel verproviantiert hatten, »und jetzt möchte ich, daß wir einen Plan machen. Ab jetzt wird keine Sekunde mehr verschenkt. Wenn eines Tages nach unserem Abenteuer ein Buch geschrieben werden sollte, möchte ich, daß ab jetzt jede Seite vor Action strotzt. Ich höre.«

»Wir müssen nach Schwangau auf den Campingplatz.«

»So ein Quatsch. Was sollen wir da?«

Ich erzählte ihm, was mir der farbige Amerikaner in seinem bayerischen Deutsch im Sängersaal und in der Schloßküche erzählt hatte.

»Respekt«, sagte Tom lobend auf halbem Fußweg vom Schloß hinunter zum Parkplatz. »Wie fühlst du dich, wenn du solche Informationen deinem besten Freund vorenthältst? Ich möchte darauf hinweisen, daß ich weit und breit dein einziger Freund bin.«

»Vergiß Ricarda nicht.«

»An Ricarda bindet dich nur das Körperliche.«

»Und an dich?«

»Das geistig-seelische Element, das Männer bisweilen brauchen, wenn sie für eine Viertelstunde wieder Hemd und Hose anhaben.«

Ich entschuldigte mich bei Tom hundertfach. Er bekam von Entschuldigung zu Entschuldigung bessere Laune. Dann standen wir auf dem Parkplatz und machten dumme Gesichter. Wir überlegten, wie riskant es wäre, den Wagen beim Sägewerk abzuholen. Tom hielt es für völlig ungefährlich, deshalb gingen wir weitere 15 Minuten zu Fuß. Im Gymnasium war Unterrichtsschluß, junge Menschen drängten aus dem Gebäude, um in der frischen Luft unverzüglich zu balzen, zu plaudern, zu rauchen und sich unglaublich erwachsen zu gebärden.

»Sieh dir die an«, sagte Tom. »So jung und schon so dumm.«

Wir gingen erst weiter, als die Schüler auf uns aufmerksam wurden und sich in männerfeindlichen Bemerkungen ergingen. Den Ausdruck »Lustgreise« hörte ich deutlich.

Je näher wir dem Parkplatz kamen, desto zögernder gingen wir weiter. Am Ende löste sich alles in Wohlgefallen auf. Der BMW war zugeparkt von einem Dutzend Mittelklassewagen; beim letzten summte noch der Ventilator unter der Motorhaube. Ein Paar in den Fünfzigern band, als wir eintrafen, gerade die Wanderschuhe zu.

»Schon zurück?« wunderte sich der Mann, und Tom erwiderte schneidig: »Der frühe Vogel fängt den Wurm.« Das Paar nickte beeindruckt, wir wechselten die Schuhe, ich schaute nach der Chronik, dann fuhren wir los, wobei ich um ein Haar einen plötzlich aus dem Wald schießenden Hund überfahren hätte.

3

Ich fuhr ins Hotel. Wir brauchten beide neue Klamotten. Die Dame am Empfang drückte mir die Notiz BITTE IHRE FRAU ANRUFEN in die Hand. Ich hatte Diana seit meiner Ankunft in Neuschwanstein noch nicht gesprochen. Die Empfangsdame machte keine Bemerkung über unser Aussehen, auch nicht über unsere Abwesenheit in der letzten Nacht. Wir verschwanden in unseren Zimmern, fünf Minuten später stand Tom mit einem Handtuch um seinen Hüftwulst vor meiner Tür und greinte: »Ich habe nichts mehr zum Anziehen.«

»Manchmal redest du wie eine Frau«, erwiderte ich unfreundlich, weil er mich unter der Dusche erwischt hatte.

»Wollen wir zusammen duschen?« fragte Tom und fletschte lüstern die Zähne. Ich schlug ihm die Tür vor der Nase zu und hüpfte unter die Dusche. Es klopfte Sturm an der Tür, ich öffnete, und Tom greinte: »Mein Haarwaschmittel ist alle.«

Ich drückte ihm einen Klacks auf seine Handschaufeln, schloß die Zimmertür ab und duschte zu Ende. Wäre der austauschbare Penis schon erfunden gewesen, hätte ich meinen alten leichten Herzens in den Eimer geworfen. Er war seit dem Morgen an der Spitze weiter geschwollen und schmerzte bei der leichtesten Berührung. An Trokkenrubbeln war nicht zu denken. Ich tupfte mich zart trocken. Dann wählte ich Dianas Nummer. Besetzt.

Ich wollte nur so lange liegen, bis Tom klopfte, aber als die Müdigkeit über mich herfiel wie der Handtaschenräuber über die alte Frau, stand ich sofort auf und rettete mich ans Fenster. Im Innenhof stand unser Wirt neben einem Mann in der Uniform der Coalition. Sie hatten sich viel zu erzählen, und mir wäre lieber gewesen, wenn der Wirt nicht alle zehn Sekunden die Hand gehoben hätte, um auf den ersten Stock zu weisen, wo unsere Zimmer lagen. Ich wollte das Fenster öffnen, doch machte der Hebel schon beim Umlegen so viel Geräusch, daß ich den Versuch einstellte. Die Tür war offen, ich trat ein. Tom stand am geöffneten Fenster und bedeutete mir zu schweigen.

»... voll im Griff. Die wissen nichts und kriegen auch nichts raus.«

»Mir wäre lieb, wenn das ständige Durchsuchen aufhören würde. Eines Tages geht das noch mal schief.«

»Keine Sorge. Was wir machen, machen wir richtig. Das kriegt keiner mit. Wir haben unsere Leute dafür.«

»Aber den Besten habt ihr nicht mehr.«

»Das war ein tragisches Versehen mit unserem Kuno.«

»Ein tragisches Versehen.«

»Siehst du. Und nun muß ich weiter. Elisabeth macht beim Packen mehr Chaos als Ordnung. Und du? Habt ihr euch alles noch mal überlegt?«

»Ich würd schon gern. Gute Wirte braucht's überall. Aber Mathilde ...«

»Dazu sag' ich nichts mehr. Aber eins sag' ich doch

noch: Du versündigst dich an unserm Auftrag. Und wenn du . . .«

Im Hof herrschte Stille, wir peilten die Lage, die beiden waren verschwunden.

»Was sind wir eigentlich?« fragte Tom. »Die Deppen der Nation?«

»Vielleicht sollten wir uns weniger auf Matratzen wälzen und mehr unsere weißen Zellen spielen lassen.«

»Erst die Hirnzellen, dann die Keimzellen«, knurrte Tom. Das war mir nicht unlieb. Ich hielt es für ausgeschlossen, daß mein Penis bis zum Abend im Zuge einer Spontanheilung wieder funktionsfähig werden könnte. Er sah jetzt nicht mehr nur gegrillt aus, sondern wirkte, als wenn er von Sommersprossen überzogen wäre. Wahrscheinlich würde er mir im Laufe des Tages abfallen, und ich hatte eine Sorge weniger im Leben.

»Das hörte sich ja eben an, als wenn . . .«

»Erzähl mir nichts.« Tom trat gegen den Sessel. »Ich hab's genauso gehört wie du. Sie spionieren uns aus, und offensichtlich tun sie das seit Tagen.«

»Haben eben ihre Gewohnheiten, die Leute in der Provinz.«

»Hast du irgendwo was aufgeschrieben?« fragte er gereizt. »Oder auf ein Diktiergerät gesprochen? Fang bloß nicht damit an. Schlimm genug, daß sie suchen. Noch schlimmer, wenn sie was finden würden.«

»Womit wir immer noch nicht wissen, was sie suchen. Irgendwie ist es ja ein Kompliment, daß sie uns für gefährlich halten. Leider sind wir's nicht.«

»Du vielleicht nicht, aber ich«, knurrte Tom. »Die machen mich wütend, das ist ganz schlecht.« Vor meinen erstaunten Augen begann er das Zimmer auf den Kopf zu stellen, drehte Sessel und Stuhl, öffnete gewaltsam den Telefonhörer, hob die Matratzen in die Höhe und fuhr mit der Hand am Gardinenbrett entlang. Danach kam der Schrank dran. Er schraubte die Rückwand des Fernsehgeräts ab, wobei er ein Teil aus seinem Reisenecessaire zum Schraubenzieher umfunktionierte. Es ist nicht schwer, ein

Hotelzimmer nach Wanzen zu durchsuchen. Auch mit dem Badezimmer bist du schnell fertig, wenn du dich nicht scheust, einen Blick in die Abflüsse zu werfen. Danach schien Tom sich wohler zu fühlen. Ich schlug ihm vor, auch bei mir zu suchen, aber er sagte: »Wenn bei einem nichts ist, ist beim anderen auch nichts.«

»Vielleicht nehmen sie dich nicht so ernst, weil du nur der Fotograf bist.«

Er bot mir Schläge an, ich lehnte dankend ab.

»Natürlich ziehen wir sofort aus«, sagte Tom und warf seinen edlen Koffer aufs Bett.

»Wieso das denn?«

»Weil ich es nicht ertrage, morgens von einem Wirt angegrinst zu werden, der mich heimlich für einen Idioten hält.«

»Überleg doch mal«, sagte ich und sah zu, wie er seine zwei, drei übriggebliebenen Habseligkeiten in den Koffer pfefferte. Tom hätte mit einer Plastiktüte umziehen können. »Sie haben uns ausgeforscht, das wissen wir nun. Wenn wir umziehen, sitzen wir in einem neuen Hotel und müssen alles erst wieder von vorn rauskriegen.«

Tom ließ sich auf die Matratze fallen. »Das gefällt mir nicht«, knurrte er. »Das gefällt mir ganz und gar nicht. Stell dir die Konsequenz deiner altklugen Bemerkung vor.«

»Tu ich. Wir beide spielen ›Allein gegen alle‹.«

Wir sahen uns lange an. »Jot We«, sagte Tom konzentriert, »wenn das heute morgen in der Wand ein Anschlag auf uns war, muß das nicht der letzte gewesen sein.«

»Vielleicht war es nicht mal der erste, und wir haben es nur nicht gemerkt.« Aber das glaubte ich nicht. Der Überfall am ersten Abend sollte uns nur ängstigen; und seitdem war alles, was uns zugestoßen war, kalkulierbar gewesen. Bis auf – in dieser Sekunde hielt ich es zum ersten Mal für möglich, daß die Schüsse auf den jungen Österreicher vor dem Schloß mir gegolten haben konnten. Es war nur ein kurzer Schreck, spitz und grell. Er glitt in mich hinein und aus mir heraus, aber danach war ich nicht mehr der gleiche wie vorher.

»Wir stören«, sagte ich und sah Tom beim Auspacken der Habseligkeiten zu. »Wir stören sie bei irgendwas. Wenn wir eine Woche früher gekommen wären oder 14 Tage später, wäre alles friedlich verlaufen. Aber wir sind jetzt gekommen. Es ist eine Frage des Zeitpunkts, Tom.«

»Und was ist so besonders an dem Zeitpunkt? Nirgends ist eine Revolution gescheitert. Keine Terroristen sind verhaftet oder verurteilt worden. Kein Staatsbesuch ist angesagt. Aber die Sonne scheint, vielleicht ist es das. Die Regenterroristen«, sagte Tom und kam mit verzerrtem Gesicht auf mich zu. »Sie haben zuviel Sonne auf den Wirsing bekommen. Sie scheuen das Tageslicht, sie brauchen Schatten, und deshalb bomben sie jetzt so lange, bis der atomare Staub die Sonne verdunkelt.«

»Jedenfalls zahlen wir den geklauten Wein jetzt natürlich nicht.«

»Okay. Wir klauen im Gegenteil weiter. Jede Nacht und immer nur die besten Tropfen. Wir saufen sie arm, die Kriminellen. Wie lange willst du hier eigentlich noch dumm herumsitzen? Auf zum Campingplatz.«

4

Der Campingplatz war womöglich noch besser belegt als gestern. Dafür waren noch weniger Menschen anwesend, was bei diesem wunderbaren Wetter auch nicht verwunderlich war.

»Warum sind wir bei dieser Pracht nicht auf den Almen und Matten unterwegs?« fragte ich beim Aussteigen.

»Weil uns, als wir das letzte Mal den Kontakt zur Natur suchten, ein Arm und eine Hand um die Ohren geflogen sind, deshalb. Ich möchte hier überhaupt nicht mehr spazierengehen oder klettern. Ich will nur noch arbeiten und endlich Informationen in die Hand kriegen. Gediegene, ehrliche Informationen, an denen ich mir Hände und Füße wärmen kann. Los jetzt.«

Tom hielt seine Kamera gut sichtbar, außerdem bemühten wir uns um ein wichtiges Auftreten. Ich war gestern erst hiergewesen, doch war ich schon jetzt an der ersten Gabelung unsicher, wohin wir uns wenden sollten.

Tom nahm das Heft in die Hand: »Die Schweizer«, rief er über einen kniehohen Jägerzaun einem Mann in babyblauem Trainingsanzug zu.

»Die Schweizer?« wiederholte der und trat – dankbar über so viel Abwechslung – an den Zaun, um dort wichtigtuerisch ins Grübeln zu verfallen.

»Wo die Fahne so geschickt festgemacht ist«, sagte ich im Bemühen, ihm auf die Sprünge zu helfen. Wir blickten alle auf das schlappe Stück Tuch, das an seinem Mast hing. Der Tip half, zwei Minuten später sahen wir von weitem das weiße Kreuz über dem tollen Wohnwagen. Tom mußte sofort das Gefährt abschreiten, vierzehn Meter.

Der Mann von gestern erschien unter dem Zeltvordach. Der Mann war älter als sechzig und ein Herr. Daran änderten auch die kurze Hose und das weiße Sporthemd nichts. Im Grunde verstärkte das sommerliche Outfit nur diesen Eindruck. So sah einer aus, der sein Berufsleben lang Entscheidungen getroffen und nachts immer gut geschlafen hat. Er erinnerte mich an meinen Onkel Egon, aber solche privaten Assoziationen behielt ich für mich, weil Tom mir schon vor langer Zeit sein prinzipielles Desinteresse daran gestanden hatte. Der Schweizer war eher klein und sehr kompakt, die Haut tief gebräunt, das weiße Haar trug er millimeterkurz. Wie gestern hielt er ein Sieb mit verschiedenen Gemüsesorten in Händen. Ich übernahm unsere Vorstellung, nannte die echten Namen, nannte unseren wahren Auftrag und fuhr fort: »Wir stellen nun fest, daß sich um Neuschwanstein die gesamte Welt trifft. Deshalb befragen wir nichtdeutsche Besucher und längerfristige Gäste, was sie von dem Schloß halten und von König Ludwig und von der Gegend hier. Wir erbitten also zehn Minuten Ihrer kostbaren Zeit.«

»Fünfzehn«, sagte Tom. Da lachte der Schweizer. Das

Gekabbele zwischen Tom und mir war einer unserer besten Coups. Er hieß Rey, Eduard Rey, und ich wunderte mich nicht, als er sich »gewesener Bankier« nannte. Ich glaubte ihm nur den »gewesenen« nicht und ließ das auch anklingen.

Er lächelte und sagte: »Ganz zur Ruhe kommen Sie nie mehr, wenn Sie 35 Jahre lang in Zürich und Genf Ihre Kontakte hatten. Ab einer gewissen Stufe der Verantwortlichkeit ist es ja doch mehr als ein Job. Aber wem sage ich das? Jemand mit Ihrem Beruf kennt doch auch keine festen Arbeitszeiten. Oder können Sie sich vorstellen, eines Tages für immer den Bleistift und die Kamera sinken zu lassen?«

»Den Bleistift ohne Probleme«, sagte Tom und sah mich mit gespielter Verächtlichkeit an.

»Ich bin also schon noch da und dort in beratender Funktion tätig«, gab Rey zu. »Man sucht meinen Rat, und ich versage ihn nicht. Darf ich Ihnen etwas anbieten?«

Wir wurden nun hoch erfreut Zeugen des hohen Standards schweizerischer Gastfreundschaft und hatten die Wahl zwischen Espresso, Cappucchino und kalten Getränken. Wir hatten keine Chance, die Pralinen abzulehnen, die Rey in einer Glasschüssel auf den von einem Sonnenschirm geschützten Tisch stellte. Es sah alles unwiderstehlich aus, und dabei hatten wir noch gar nicht die selbstgebackenen Krapfen und Kekse gesehen, die er danach herausbrachte.

Tom druckste herum, und ich fürchtete schon, er wollte den so gut begonnenen Kontakt mit seiner Bitte belasten, das Chemieklo des Wohnwagens vollscheißen zu dürfen. Aber Tom sagte: »Nehmen Sie mir die Bitte nicht übel, aber ich muß mir den Wohnwagen von innen ansehen. Wenn's Ihnen natürlich unangenehm ist ... «

Der Bankier blieb freundlich und führte uns nach innen. Der Luxus war ungeheuerlich, das 50er-Jahre-Ambiente der Karosserie dagegen pure Koketterie. Eine vergleichbar vollständige Küche hatte ich nur in Wohnungen von Chefredakteuren gesehen, der Wohntrakt kam mir geradezu weitläufig vor. Betten sahen wir keine, sie waren wohl tagsüber weggeklappt. Das Badezimmer war ein Badezimmer, nicht nur ein kümmerliches Waschbecken. Und dann zeigte uns Rey, wie man mit vier Handgriffen aus einer Art Einbauschrank ein Büro-Cockpit aus dem Jahre 2020 machte. Jetzt verstand ich, warum Antenne und Satellitenschüssel auf dem Dach waren. Rey besaß TV, Telefon, Fax, Telex und über Internet Zugang zu den Computern dieser Welt. Bei der Demonstration des Cockpits verlor er den letzten Rest Distanz und mutierte zu einem kleinen Jungen, der stolz sein neues Spielzeug präsentiert.

»Sagen Sie, was Sie kaufen wollen«, forderte er uns so lange auf, bis wir ihm den Gefallen taten. Tom wollte Kodak-Aktien kaufen, ich Villeroy & Boch. Rey gab die Daten ein, wartete, bestätigte und sagte: »Sie sind mit je 5000 Franken in der Warteschleife. Laufzeit neunzig Tage. Wenn Sie bis dahin wenigstens fünf Prozent Plus gemacht haben, wird der Auftrag aktiviert. Andernfalls verfällt er. Wie gefällt Ihnen das?« Ich fürchtete herbe Verluste, aber Rey erklärte mir geduldig den Trick mit dem Programm M7.

»Sie sind quasi Geist und schweben über allen Wassern. Erst wenn Sie die Option ausüben, realisieren Sie ihre Order rückwirkend und werden als Kunde quasi geboren.«

»Hört sich nach einem Trick zwischen Religion und Betriebswirtschaftslehre an.«

»Es ist dreistester Kapitalismus«, sagte Rey zufrieden und klappte das Cockpit zusammen. Danach war er wieder ganz ziviler Gastgeber und beantwortete unter dem Sonnenschirm unsere Fragen. Ich hakte die Themen ab, und weil ich gerade dabei war, notierte ich mir einige Antworten, um sie tatsächlich für meine Geschichte zu verwenden. Rey erwies sich als profunder Ludwig-Kenner, obwohl er bestritt, nur oder hauptsächlich aus diesem Grund seinen Wagen in Sichtweite des Schlosses aufgestellt zu haben. Es waren Gleitflieger in der Luft, und darunter lag Neuschwanstein. Spielzeug, beherrschbar, harmlos und garantiert unblutig.

»Bisweilen, wenn es ans Schlafengehen geht«, fuhr Rey fort, »stehen wir schon mal draußen und schauen hinüber. Bei klarem Wetter, noch mehr bei kaltem Wetter, wirkt das Schloß unter der Beleuchtung dann wie ausgeschnitten aus der Nacht. Das ist schon ein imposanter Anblick und . . .« Ich ließ ihn reden und dachte daran, daß er eben zum ersten Mal die zweite Person erwähnt hatte. Ich baute mir vor meinem geistigen Auge Frau Rey zusammen und kam auf eine selbstbewußte sportliche Frau, die ihren Eduard mit stiller Energie durch die Karriere gecoacht hatte. Ich gewann soviel Freude am Erzeugen von Reys Gattin, daß ich die Fragerei Tom überließ und erst wieder aufmerkte, als die Schritte näher kamen. Ich drehte mich um und sagte: »Ach nee.«

Der Mann mit der Bronzehaut lächelte uns an. Sein Begleiter lächelte nicht. Er hatte ein Gesicht, das nicht zum Lächeln gemacht war. Sein Kopf hätte in jedem Heimatfilm den Hackklotz doubeln können, auf dem das Brennholz für den strengen Winter zerkleinert wurde. Er war gekleidet wie ein britischer Offizier in Indien, bevor es dort für Kolonialisten zu heiß wurde. Alles an dem Mann war Härte und Durchsetzungsvermögen. Diana hätte diesen Mann attraktiv gefunden. Dann blickte ich Rey an und begriff. Es gab keine Frau Rey; Rey campierte hier mit dem Hackklotz; Rey war in den Hackklotz verliebt bis über beide sauber gewaschenen Schweizer Ohren.

»Darf ich vorstellen«, sagte Rey. »Otto von Osten, mein Lebensgefährte. Und dies ist Herr Rasani tu Hippo-Grypho, ein lieber Gast aus dem Pazifik. Herr Hippo-Grypho ist von den Weihnachtsinseln zu uns gekommen.«

Der bronzefarbene Mann verbeugte sich formvollendet, aber ich war immer noch nicht über Otto von Osten hinweggekommen. Konnte jemand, der so aussah, so passend heißen? »Zack zack« wäre vielleicht ein noch passenderer Name gewesen.

»Wir hatten bereits mehrfach das Vergnügen«, sagte ich, und Hippo-Grypho erwiderte: »Wer länger bleibt als wenige Stunden, wird sich wiedersehen.«

Ich starrte den Mann aus dem Pazifik an, dann starrte ich Tom an. Aber Tom hatte ja den Amerikaner mit dem niedlichen Töchterchen im Schloß nicht gehört; Tom wußte nichts von dem mysteriösen Mann, dessen Deutsch so hingebungsvoll in bayerischem Paniermehl gewälzt worden war. Genauso war es bei dem Gast von der anderen Seite der Erde. Ich wollte es sofort wissen und brachte den Pazifikmann mehrere Male ans Reden, indem ich ihm dußlige Fragen über Sehenswürdigkeiten und Ludwig stellte. Er antwortete höflich und bayerisch. Wir standen zu fünft unter dem Sonnenschirm. Rey löste das Zeremonielle der Situation auf, indem er Stühle herbeiholte. Osten machte sich um Trinkgefäße verdient, dann saßen wir im Kreis, und ich war froh, daß wir uns von Anfang an als Journalisten zu erkennen gegeben hatten. So durfte ich nach Herzenslust fragen und fragte also den Gast nach dem Grund seines Hierseins.

»Es ist die Liebe zu Ihrem Heimatland«, sagte er. »Bei mir zu Hause existiert eine große Hochachtung für die deutsche Kultur. Ihre Literatur, ihre Philosophie, nicht zuletzt ihr Bier ...«

Wir lachten pflichtgemäß. Hippo-Grypho zelebrierte den berühmten affirmativen Ausländermonolog mit Schwerpunkt Kultur. Danach gab er sich als Angestellter einer Getränkefabrik aus und betonte mehrere Male ungefragt seinen akademischen Hintergrund. Man habe ihn um die halbe Erde geschickt, um in Süddeutschland Gespräche über eine mögliche Zusammenarbeit beim Thema Bier zu führen. Es klang nicht unglaubwürdig, aber ich war doch ein wenig enttäuscht, daß ein Mann, den wir seit seiner Ankunft immer wieder getroffen hatten, nichts weiter wollte als Bier. Die Gespräche seien quasi abgeschlossen, und er habe einige Tage Freizeit drangehängt, um sich anzuschauen, was er seit seiner Jugend sehen wollte: Neuschwanstein, Rothenburg ob der Tauber, das Heidelberger Schloß, die Festspiele in Oberammergau. Aber die fänden ja leider Gottes nur alle zehn Jahre statt.

»Und natürlich Wagner«, mischte sich Rey ein. »Rasani

ist der ausgefuchsteste Wagner-Kenner, den ich je getroffen habe. Und ich selbst rühme mich einer gewissen Kennerschaft, nicht wahr, Otto?« Otto nickte. Er wirkte schlagartig mitgenommen und kränkelnd, so daß ich mich meiner spontanen Abneigung zu schämen begann. Denn jetzt folgte, womit bei Wagner-Kennern immer gerechnet werden muß. »Otto, sei doch so lieb«, sagte Rey, und Otto stand schwerfällig auf.

»Machen Sie sich auf etwas Schönes gefaßt«, sagte Rey und wirkte verschmitzt und erregt. Es dauerte aber noch fast zwei Minuten, ehe uns Flöten, Oboen, Fagotte, Posaunen und Geigen um die Ohren flogen. Rey verfiel in eine Art Starre, während wenig später Osten aus dem Wagen schlich, um sich wieder zu uns zu setzen. Eine Unterhaltung war bei dem Lärm unmöglich. Wir wappneten uns mit Geduld, Tom fotografierte den hingerissenen Rey, und ich besänftigte mit Hilfe meines charmanten Lächelns den plötzlich sehr aufmerksam wirkenden Osten. Nach zehn Minuten unter dem mit Hitze aufgeladenen Sonnenschirm brachte Osten die Pralinen in den Kühlschrank. Tom blickte auf seine Armbanduhr, nahm sie ab, hielt sie sich ans Ohr, und fast unmittelbar darauf endete die Musik. Rey schrak hoch und überzog uns mit einem ekstatischen Monolog zwischen f-Moll und C-Dur, Fortissimo und Pianissimo, Lohengrins Frageverbot und Elsas Tragik. Ich brach das rücksichtslos ab, indem ich Osten zu befragen begann. Er gab sich als Bundeswehr-Major a. D. aus, der mit achtundvierzig in den Ruhestand getreten sei und seine Talente danach in den Dienst eines deutschen Rüstungskonzerns gestellt habe. Er liebte wie Rey an dieser Gegend am meisten die Landschaft.

»Wissen Sie«, sagte er, »wir sitzen hier im wörtlichen Sinn am Anfang. Das Alpenvorland verabschiedet sich. Vor uns nicht nur die Ahnung, sondern die sehr konkrete Versprechung der Alpen. Das ist für einen Mann in meinem Alter, mit meinen Interessen eine pikante Ausgangslage.«

Ich verstand kein Wort und deutete es ihm an.

»Sehen Sie«, sagte er mit hauchzartem Tadel ob meiner Begriffsstutzigkeit, »ich betrachte das Leben als einen immerwährenden Anstieg. Ich halte aber gleichzeitig die gesellschaftliche Dynamik diesem Ziel für diametral entgegengesetzt. Wir sind eingebunden in Pflichten und Zwänge. Wir haben Familie, wir werden gelenkt. Vieles muß zurückgestellt werden. Erst der Ruhestand wird für immer mehr Menschen der eigentliche Startschuß. Und immer mehr Menschen sind am Beginn dieser Lebensphase nicht verbraucht und ausgelaugt, nicht krank und kaputt. Sie sind voller Saft und Kraft.« Rey lächelte den Redner selig an. »Und deshalb sage ich: Leben, ich komme. Nicht wahr, Eduard mein Lieber, die sollen sich alle vorsehen.« Er reichte Rey seine Hand, die dieser ergriff und nicht mehr losließ. Schlagartig hing eine Art Weihestimmung zwischen Wohnwagen und Sonnenschirm, und wir fühlten uns überflüssig.

Aber bevor wir aufbrachen, mußte ich es noch versuchen. Ich brachte das Gespräch auf das Bankengewerbe und den dort möglichen Verdienst.

»Hat man da ein monatliches Fixum, oder gibt es einen Festbetrag, und der große Rest hängt ab von den Umsätzen?

»So und so«, antwortete Rey. »Das hängt von dem Vertrag ab, den Sie . . .«

Jetzt war ich froh, daß ich vor kurzem geduscht hatte, denn so aufmerksam war ich lange nicht mehr angeschaut worden.

»Beim Stichwort ›Provision‹ fällt mir dieser legendäre Graf Holnstein ein. Der war ja damals ein wichtiger Mann für Ludwig.« Ich bot ihnen ein Lachen an, aber ich hatte schon leidenschaftlicheres Zurücklachen gehört.

»Ich glaube, ich erinnere mich«, sagte Rey zögernd. »Es ging da doch um das Geld, das Bayern seinerzeit über Bismarck erhalten hat. Wenn ich mich irre, müssen Sie mich korrigieren.« Es war das erste Mal, das mich jemand als Ludwig-Koryphäe ansprach.

»Ja, ja«, sagte ich. »Bismarck machte jedes Jahr eine

sechsstellige Summe locker, und dieser Graf Holnstein hat den Transport übernommen.«

»Was natürlich eine Ehre für jeden loyalen Untertanen war«, sagte Osten.

»Wie paßt diese Loyalität zu der Tatsache, daß Holnstein finanziell mit von der Partie gewesen sein soll?« fragte ich nach.

»Das ist nicht bewiesen«, behauptete Osten und gab sich damit ebenfalls als Eingeweihter zu erkennen.

»Ich bin kein Fachmann, aber wie ich gelesen habe, ist man sich in diesem Punkt doch weitgehend einig.«

»In welchem Punkt?«

»In der Frage der Provision. Ob's nun zehn Prozent waren oder fünf, will ich dahingestellt sein lassen.«

»Und was hat er gemacht mit dem Geld, Ihr Graf Holn...?«

»Holnstein. Darüber weiß ich nichts. Ein schönes Leben wird er sich gemacht haben.«

Osten ließ sich irgendwie zufrieden zurücksinken, und Rey sagte: »Er war ja damals schon klamm mit dem Geld, der König. Das muß man sich aber auch einmal vorstellen. Heute stöhnt jeder Eigenheimerbauer über die horrenden Kosten. Und Ludwig hat damals drei, zeitweise vier Schlösser gleichzeitig bauen lassen.«

»Vier?« fragte ich erstaunt. Ich kannte Neuschwanstein, Herrenchiemsee und Linderhof.

Rey kannte noch Falkenstein. Die Ruine einer Burg aus dem Mittelalter, zwölf Kilometer Luftlinie westlich von Neuschwanstein in der Nähe von Pfronten auf deutschem Gebiet, hart an der Grenze zu Österreich.

»Ein herrlicher Platz«, schwärmte Rey. »Ein Felsen wie aus dem Märchen, nur ein schmaler Zugang hinauf auf den Kegel. Traumhaft.«

»Davon wußte ich gar nichts«, sagte Tom. Mir war es recht, daß er den Part des Blinden übernahm.

»Der König hat spät mit dem Falkenstein angefangen«, sagte Hippo-Grypho. »Es war im Jahre 1883, und da sah es mit den Finanzen schon nicht mehr besonders gut aus.

Der Falkenstein ist bis auf den Ausbau der Straße auf den Berg hinauf nicht über das Planungsstadium hinausgekommen. Aber es existieren wunderschöne Zeichnungen.«

Die drei spielten sich die Falkenstein-Bälle zu, von der Provision war nicht mehr die Rede. Dafür von einem herrlichen Schlafzimmer, das Ludwig sich in der neuen Burg spendieren wollte. Ich schaute den Gast aus dem Pazifik an, ließ seine Sätze in mir nachhallen, erinnerte mich an den dunkelhäutigen Vater im Schloß und seinen Hinweis auf ein Paar auf dem Campingplatz von Schwangau. Ein Amerikaner, der Bayerisch sprach. Ein Pazifikbewohner, der Bayerisch sprach. Ich fand es immer unwahrscheinlicher, daß der schwarze Angehörige der Besuchergruppe aus dem Recreation-Center in Garmisch-Partenkirchen ein Mitglied der US-Streitkräfte war.

Rey, Osten und Hippo-Grypho plauderten über den Märchenkönig und seine Faszination auf die Lebenden. Tom erzählte Erlebnisse mit ausländischen Besuchern aus den letzten Tagen, und ich hätte jetzt getrost aufstehen und in Richtung Horizont davongehen können.

»Vor dem letzten Oktoberfestwochenende fürchten wir uns immer etwas«, sagte Rey. »Zumal wenn so ein fantastisches Wetter herrscht. Da strömt alle Welt nach Neuschwanstein. Natürlich auch nach Herrenchiemsee und Linderhof. Aber die haben's etwas besser. Linderhof besitzt ja diese entzückenden Brunnen und Kaskaden; und Herrenchiemsee liegt bekanntlich mitten im Chiemsee. Dort finden die Besucher Abkühlung, wenn ihnen danach ist.«

»Sie haben immerhin den Wasserfall unter der Marienbrücke«, sagte Tom. Ich rieb mir abwesend das stoppelige Kinn.

». . . ja ganz neu hier. Ich kannte niemanden«, sagte Hippo-Grypho.

Ich fuhr mir über den Hals, mein Bartwuchs reicht fast bis zum Schlüsselbein, und ich fragte: »Wo sind Sie eigentlich abgestiegen?«

»In Hohenschwangau.«

»Und wo da?«

»Im Lisl.«

»Woher sprechen Sie so hervorragend unsere Sprache?«

»Ich habe sie früh gelernt. Es war mir ein Anliegen, die Sprache von . . .«

»Klar. Und wo haben Sie Deutsch gelernt?«

»Im Goethe-Institut.«

Gerade jetzt erschien eine Frau von Ende vierzig, möglicherweise auch Ende sechzig. Diese drahtigen fettlosen und kalorienarmen Frauen hören ja irgendwann auf zu altern. Sie vertrocknen einfach. Die Frau trug einen Badeanzug und wandte sich aufgeregt an die beiden Männer, die sie anscheinend vom Campingplatz kannte.

»Haben Sie schon gehört? Es hat einen Unglücksfall gegeben. In der Steilwand gegenüber vom Schloß. Ein Fotoapparat ist explodiert.« Sie schilderte die Explosion in der offiziellen Version. Ein Unglück war zu beklagen, ein junger Mensch war von uns gegangen, traurig, traurig, bitte nächstes Thema. Die Frau kam vom Schwimmen und wollte noch vor dem Mittagessen den gesamten Campingplatz informieren. Man plauderte und plauderte, ich stand auf und rief Tom, um mit ihm eine bestimmte Bildkomposition zu besprechen, wie ich durch großrahmige Armbewegungen für die drei unter dem Sonnenschirm andeutete. Ich hatte Tom nie Bildvorschläge gemacht, von einigen hundert Versuchen in unserer Anfangszeit abgesehen. Er hatte sich alles stets lächelnd angehört und dann das gemacht, was er geplant hatte, bevor ich mit meinen Amateurideen auf ihn losgesprungen war.

»Hör zu«, sagte ich schnell und leise, »du sabbelst die Kerle jetzt voll, wie es deine Art ist.«

»Und du gehst Schwimmen, oder was?«

»Ich fahre nach Hohenschwangau und . . .«

»Läuft nicht, Freund. Zu Ricarda gehen wir nur gemei . . .«

». . . ich gucke mir das Zimmer von dem Eingeborenen an.«

»Wieso das denn?«

»Weil er fünf Kilometer vom Zimmer entfernt ist.«

»Habe ich richtig verstanden: Du willst einbrechen?«

»Bei Einbrüchen und anderen Gewalttaten liegen unsere Gegner zur Zeit ja wohl noch klar in Führung.«

»Aber was hast du gegen den Mann?«

»Gar nichts. Ich finde ihn ganz reizend. Und damit das so bleibt, gehe ich kurz gucken.«

»Du willst einbrechen.«

»Du weißt genau, daß ich nichts mitgehen lasse. Selbst wenn ich ein Bild von Ricarda auf seinem Nachttisch finden sollte. Mit Widmung.«

Tom hielt den Mund, obwohl er die nächste unqualifizierte Bemerkung bereits auf der Zunge liegen hatte. »Ich brauche nicht lange. Halt sie fest. Und wenn es nicht mehr geht, zettel eine Prügelei an oder mach sonstwas.«

»Dann mache ich lieber ›sonstwas‹. Ich erzähle ihnen, wie ich dich im Misthaufen gefun . . .«

»Tu das, Tom. Tu das. Aber denke bei allem, was du tust, daran: Du mußt mir danach wieder in die Augen schauen können.«

»Mach' ich. Solange ich dir nicht woandershin schauen muß.«

»Das war deine freie Entscheidung. Du hättest nicht am Fußende stehen müssen, als ich und Ricarda . . .«

Tom lächelte über meine Schulter hinweg die anderen an und rief: »Geh telefonieren. Aber beeil dich.«

Leider beharrte Rey darauf, daß ich das Telefon im Wohnwagen benutzen könnte, aber ich log mich auf das Telefon im BMW zu.

5

Ich bezweifle, daß mehr als drei Wagen in den letzten hundert Jahren die Strecke Schwangau–Hohenschwangau schneller als ich zurückgelegt haben. Aus den Augenwinkeln sah ich neben mir auf der Wiese einen Gleitflieger herunterkommen. Er blieb wohl heil dabei.

Diesmal fuhr ich in den Ort am Fuß des Schlosses hinein, weil ich keine Minute zu verlieren hatte. Meine Rettung parkte vor dem Lisl: zwei Reisebusse standen da mit geöffneten Gepäckklappen, und vor dem Hoteleingang zahlreiche Koffer, alle gut gefüllt. Die dazu passenden Japaner drumherum. Ich kam glatt durchs Foyer und unbeachtet in den ersten Stock. Hier lief der Aufbruch auf vollen Touren. Zweimal den Flur auf und ab, alle Türen waren geöffnet. Alles fest in japanischer Hand. Ich eilte eine Etage höher, begegnete einem männlichen Hotelbediensteten, der einen Werkzeugkasten dabeihatte. In den Fluren war es schummrig, nirgendwo brannte Licht. Auch hier zogen Japaner aus. Ich wollte weiter nach oben, da entdeckte ich einen kleinen Flur. Er war mit Koffern vollgebaut, so daß ich anfangs daran vorbeigelaufen war. In einer Art Sackgasse lagen drei Zimmer, alle Türen waren geschlossen. Ich kletterte über das Koffergebirge, klopfte überall. Eine Tür wurde geöffnet, mein Herz schlug bis zum Hals. Verdutzt sah ich zu, wie eine stark behaarte Hand das BITTE NICHT STÖREN-Schild an die Türklinke hängte und wieder im Raum verschwand. Blieben noch zwei Türen. Ich haßte fifty-fifty-Situationen, ich lebte mit der Legende, daß ich dabei immer die falsche Wahl treffe.

Es gab hier noch keine Sicherheitsschlösser, sondern die guten alten großen Schlüssellöcher, durch die hindurch man jemanden erschießen konnte. Ich ging in die Hocke und sah nichts, was mir einen Hinweis gab. Ich klopfte erneut, entschied mich dann für Nummer 27 und gegen die 28. Einen Dietrich hatte ich seit meinem ersten Grundsatzstreit mit Diana am Schlüsselbund. Ich war schnell drin – und ich blieb drin, denn das erste, was ich sah, war der Stab des Mannes von den Weihnachtsinseln. Ich schloß die Tür, ging zum Telefon und wählte eine Nummer in Stuttgart. Mein Gedächtnis für Zahlen war eine meiner bedeutendsten Eigenschaften. Ich hatte mehrere hundert Telefonnummern im Kopf. Das war eine Gnade. Eine Ungnade war meine Unfähigkeit, sinnlos gewordene Nummern zu vergessen. Daher schleppte ich neben den paar Dutzend Kombinationen, die ich mit einiger Regelmäßigkeit brauchte, die vielfache Zahl von Nummernleichen durchs Leben.

Meine spezielle Freundin im Institut für Auslandsbeziehungen hatte ihren Arbeitsplatz bereits ins Wochenende verlassen, aber die Stallwache im Haus war so nett, mir meine Frage zu beantworten. Auf den Weihnachtsinseln gab es kein Goethe-Institut, im gesamten Pazifischen Raum existierten nur auf den Philippinen und in Australien diese Leuchttürme deutscher Kulturarbeit im Ausland. Nachdenklich schüttelte ich die Schneekugel, die auf dem Nachttisch neben dem Telefon stand. Neuschwanstein wurde in einen Seifenflockensturm gehüllt. Früher hatte ich Schneekugeln gesammelt und war auf eine Sammlung von hundertzwanzig Stück gekommen, bevor ein Zimmerbrand die meisten zerschmolzen hatte. Danach hatte Diana entschieden, daß uns so etwas nicht mehr ins Haus kam.

Ich durchsuchte das Zimmer. Die Ausstattung war hier einfacher und unpersönlicher als in unserem Gasthof in Füssen. Das Lisl setzte offenbar auf ausländische Touristen, die nur eine Nacht blieben. Der Koffer war nicht da, das ärgerte mich; das Fehlen von jeglichen Kleidern wunderte mich. Im Badezimmer standen keinerlei persönliche Gegenstände. Vor dem Bett standen zwei Pantoffeln aus einem Naturprodukt, das ich nicht identifizieren konnte. Wo hatte der Mann von den Weihnachtsinseln seinen Koffer gelassen? Hatte er eine einheimische Schönheit mit seinem bronzefarbenen Teint becirct? Zuzutrauen war es ihm, vor allem aber den einheimischen Frauen.

Ich schnappte mir den Stab und setzte mich aufs Bett. Ich stieß ihn auf den Fußboden und schaute mir das Bild über dem Kopfende des Bettes an. Ein kleiner See, ein Wasserfahrzeug in der Form eines Schwans, darin Ludwig als imposanter Mann mit Supertolle und eine Frau mit weit gebauschtem Rock, zierlichem Schirm. Dritter im Kahn war ein Mohr, ein Kind. Es sah aus, wie bei uns auf Schokoladentafeln und in Opern Mohren aussehen. Der Mohr singt, kein Zweifel. Seine Haltung, sein Mund, die Hinwendung der beiden Erwachsenen zu ihm. Ich stieß den Stab auf den Boden, leise, aber hartnäckig. Dann wußte ich, was mich störte. Der Stab besaß keine Spitze. Ich hatte keine Waffe erwartet, nur die Spitzen, die man am Ende von Spazierstöcken findet. Ein Stück Eisen, um Abnutzung zu vermeiden. Obwohl ich den Stab schon bei der ersten Begegnung mit Hippo-Grypho gesehen hatte, begann er mich erst in dieser Sekunde zu interessieren. Das schwarze Band, das um den Stab gewickelt war, diente nicht der Verzierung und war auch kein Griff. Es hielt den Stab zusammen. Als ich erst einmal einen Anfang gefunden hatte, gelang es mir leicht, das Band abzuwickeln. Mir war, als wenn ich eine Leinwand in der Hand halten würde. Doch war sie weder innen noch außen weiß. Ich rollte sie auf dem Bett aus und stand vor einer Landkarte. Im Hintergrund polterten Menschen mit Gepäckstücken über den Flur.

Ich weiß noch, daß mir auf den ersten Blick alles plausibel vorkam. Den dicken Chiemsee erkennt jeder, der in seinem Autofahrerleben die Strecke München–Salzburg gefahren ist und sich den Verlauf auf einer Straßenkarte angeschaut hat. Allerdings war die Autobahn auf dieser Karte nicht eingezeichnet, weshalb ich sie für eine handgemalte Wanderkarte hielt. Der Chiemsee bildete die östliche Begrenzung, Traunstein wurde schon vom Kartenrand abgeschnitten. Links, also im Westen Richtung Rosenheim, Bad Aibling, war viel moorige Gegend, südlich davon Miesbach, Schliersee, der Tegernsee mit Rottach-Egern. München fand ich erst nicht, dafür den Ammersee und den Starnberger See, darunter Garmisch-Partenkirchen mit Oberammergau. Und Schloß Linderhof. Noch weiter westlich fühlte ich mich fast zu Hause: Neuschwanstein, Hohenschwangau, Füssen mit den Seen, links davon Pfronten.

Damit endete die Karte im Westen. Ich hatte also das südlichste Bayern und das nördlichste Österreich vor mir, ohne Autobahn, auch ohne Bundesstraßen, aber nicht ganz ohne Straßen. Einige waren eingezeichnet: rund um Herrenchiemsee, Linderhof, Neuschwanstein, Hohenschwangau. Und bei Pfronten fand ich ich zum erstenmal ein Bild der Burg Falkenstein, von der ich vor einer Stunde erfahren hatte.

Zu diesem Zeitpunkt kam mir die Karte immer noch vor wie die gezeichnete Liebeserklärung eines Wander- oder König-Ludwig-Fans. Warum sollte sich der Bronzemann auf seiner Weihnachtsinsel nicht eine deutsche Landkarte über sein Bambussofa hängen, wenn er in Pantoffeln aus Palmenblättern seiner Herzallerliebsten Wagnermusik vorspielte und ihr in den Pausen Anekdoten über Ludwig erzählte? Dann sah ich die Ränder.

Bayern lag im Wasser.

Ich weiß noch, daß ich eine plausible Erklärung dafür suchte. Ich tippte auf einen abstrusen Scherz. Dann sah ich mir an, was in der linken unteren Ecke der Karte abgebildet war: eine Gruppe von Inseln mit einem Stern auf einer bestimmten Insel. Die Umrisse dieser Insel fand ich als Begrenzung von Bayern und der Alpen auf dem großen Kartenstück wieder.

Ich stand vor dem Fußende des Bettes im Hohenschwangauer Hotel Lisl und lauschte den Rufen der Japaner auf den Fluren und draußen vor dem Eingang. Ich blickte auf den verkitschten Ludwig an der Wand, dann blickte ich wieder die Karte an.

Was sollte ich tun? Ich konnte schlecht mit dieser Zwei-Meter-Karte durchs Foyer marschieren. Ich konnte nur alles wieder zusammenrollen, das Band um die Rolle legen und ... ich rollte die Karte wieder aus und eilte aus dem Zimmer. Der erste Japaner, der mir über den Weg lief, war meiner. Ich sprach ihn auf englisch an. Er verstand kein Englisch. Aber er hatte eine alte Mutter, die Englisch verstand. Er führte mich zu ihr. Die Mutter verstand hervorragend Englisch, aber sie glaubte mir nicht, witterte einen Überfall, und plötzlich schwieg sie eisig, und ich wechselte den Raum. Ich schnappte mir einen unglaublich mageren japanischen Jüngling und ich bot ihm einen Fünfzigmarkschein für seinen Film. Der Knabe fakkelte nicht lange und bot mir die komplette Kamera für 300 Mark an. Ich zog ihn ins Zimmer mit der Karte und bat ihn, sie zu fotografieren. Er tat das mit Begeisterung und mehrfach. Wir handelten ein bißchen, er zog mit einem Hundertmarkschein ab und ließ mir den Film da. Ich wikkelte die Karte zusammen, stellte die Pantoffeln nebeneinander, dann verließ ich den Raum.

Im Foyer standen zwei Männer in den Uniformen der Coalition. Einer von ihnen grüßte mich, aber ich wußte nicht, wo ich ihn je gesehen hatte. Ich verließ das Hotel, hetzte zum BMW und raste nach Schwangau zurück. Ich überholte einen Umzugswagen mit Anhänger und erreichte vier Minuten später den silbernen Wohnwagen. Die letzten Meter zu Fuß trieben mir den Schweiß aus allen Poren. Ich entschuldigte mich für mein langes Fernbleiben.

»Ich mußte kurz in unser Hotel und eine Manuskriptseite durchtelefonieren. Beim Faxen hat's einen Papierstau gegeben. Fluch und Segen der Technik.«

Sie schmunzelten verständnisvoll, und Tom stand auf, um sich zu verabschieden. Ich blickte Hippo-Grypho an, zum ersten Mal interessierte mich die Schreibweise seines vollständigen Namens. Tom erklärte dann noch einmal seine Liebe zu diesem Trumm von Wohnwagen, und wir standen alle vor dem guten Stück, wobei ich beim Anblick des tief heruntergezogenen Bodens an die Busse vor dem Lisl und die offenstehenden Klappen für die japanischen Gepäckstücke dachte.

»Wo warst du bloß?« jammerte Tom auf dem Weg zum Wagen. »Auf einmal war der Saft raus. Ich habe geplappert und geplappert, und die drei haben mich angeguckt, als hätte ich nicht alle Tassen im Schrank.«

»Ich habe sein Zimmer gefunden. Ich war auch drin, und jetzt erzähle ich dir, was ich dort gefunden habe.«

Aber das tat ich erst, als der Wagen rollte. »Das war kein Wasser«, war Toms erster Kommentar.

»Das war Wasser.«

»Das ist doch idiotisch. Warum sollte einer das Allgäu ins Meer packen?«

»Das, lieber Tom, ist eine der vielen ungelösten Fragen. Ich finde es mysteriös. Aber ich finde es nicht viel abgedrehter als vieles andere, was wir bisher erlebt haben. Außerdem muß ich diesen Amerikaner finden. Er spricht wie der Südseemann.«

»Allgäu im Wasser«, murmelte Tom. »Vielleicht stellt der Hippo-Sowieso bei sich zu Hause Ulkpostkarten her.«

»Ich habe Durst.«

»Was?«

»Ich muß sofort was trinken.«

»Wir haben eigentlich keine Zeit, um tagsüber in Kneipen herumzusitzen«, sagte Tom. Wir stritten etwas und beschlossen dann, über die Grenze nach Innsbruck zu fahren, um mehr über den erschossenen Kuno Planer zu erfahren. Wir erwogen auch, uns zu trennen, um mit quasi doppelter Kopfzahl doppelt soviel zu erledigen. Doch waren uns beiden die letzten Ereignisse dermaßen in die Knochen gefahren, daß keiner leichtfertig auf den Schutz durch den Freund verzichten wollte.

6

Wir fuhren in Richtung Füssen und wollten von dort weiter Richtung Reutte, so heißt der Grenzübergang nach Österreich. Ein Wirtshaus am Ortsausgang von Füssen war unseres. Ich kaufte der Wirtin Wasser und Traubensaft ab und vermißte, als es ans Bezahlen ging, meinen Tom. Er steckte im hinteren, extrem düsteren Teil des Wirtshauses. Hier saß an einem einsamen, großen Ecktisch ein alter hagerer Mann mit Vollbart. Er trug im Lokal einen Hut, drehte permanent sein Glas Bier zwischen den Handflächen. Auf der hüfthohen Abgrenzung zu den Nebentischen stand ein ausgestopfter Auerhahn. Balzend präsentierte er sein herrliches Gefieder. An der Wand darüber hingen Schützenscheiben und ein Porträt von König Ludwig mit Trauerflor. Tom bat den Mann um die Erlaubnis, ihn fotografieren zu dürfen. Der Alte nickte und begann, zusätzlich zum Glasdrehen, von innen an der Partie zwischen Unterlippe und Kinn zu saugen.

Tom arbeitete und hielt den Alten durch dumme Fragen bei Laune. Tom konnte arbeiten, und gleichzeitig permanent reden. Ich kannte Fotografen, die mußten schweigen; ich kannte auch Fotografen, die verlangten, daß jeder in ihrer Nähe schwieg. Genau so gestalteten sich dann auch meine Reisen mit diesen Fotografen: Sie arbeiteten, und ich schwieg. Weil sich Toms Arbeit hinzog, ließ ich mir von der Wirtin ein eiskaltes Quellwasser einschenken. Sie hielt mir einen Monolog über Wasser als Ursprung allen Lebens, dann durfte ich endlich trinken. Aber ich konnte das Wasser nicht mehr genießen. Nachdem sie über den Ursprung des Lebens schwadroniert hatte, fürchtete ich, auf eine Kaulquappe zu beißen. Ich stellte mir zwangsläufig ein ganz bestimmtes Geräusch vor, das Kaulquappen produzieren würden, wenn man sie zerbiß. Ich redete mit der Wirtin über das Wetter und wunderte mich, daß sie nicht in das allgemeine Loblied einstimmte.

»Ach ja, Sommer«, sagte sie. »Aber haben Sie gesehen, wie die Bäume aussehen? Die sind viel zu weit für die Jahreszeit.«

»Vielleicht sind sie verbrannt.«

»Ach was. Hier scheint die Sonne ja immer mächtig, wenn sie scheint. Und in den höheren Lagen bekommen die Bäume noch viel mehr ab. Das ist es nicht.«

»Was ist es dann? Das Waldsterben?«

Sie blickte mich an, und ich wußte, daß eiswürfelkauende Männer nicht verführerisch aussehen.

»Das ist nicht das Waldsterben. Das kennen wir ja mittlerweile leidvoll. Das ist etwas anderes. Das war noch nicht da.«

»Was ist es denn genau?«

»Genau? Genaugenommen sehen die Bäume in einigen Abschnitten aus wie im November.«

»Aber dann müßten sie ja alle ihr Laub verloren haben.«

»Das sag' ich doch die ganze Zeit.«

»Aber wo denn bloß? Um Neuschwanstein herum ist doch alles . . .«

»Im Tannheimer Tal, da sieht es ganz schlimm aus. Und nördlich von Oberammergau soll es auch schon losgehen. Bis fast hinauf nach Peißenberg. Mein Mann sagt, es ist ein Anblick zum Weinen.«

»Ich bin fertig«, sagte Tom und trat neben mich an die Theke.

»Hast du was von kaputten Bäumen gesehen?« fragte ich ihn. Er hatte vor zwei Jahren eine Geschichte für den ›Stern‹ gemacht und war an den bösesten europäischen Orten gewesen. Tom wußte, woran man schadhafte Bäume erkennt, und ihm war in den letzten Tagen nichts aufgefallen.

»Vielleicht bleiben Sie ja verschont«, versuchte ich zu trösten. Die Wirtin lachte traurig.

»Immer wenn man das denkt, geht es schief. Unsere Sünden holen uns ein.«

Tom ließ sich einige Schokoladenriegel aus der Vitrine einpacken. Als wir die Gaststube verließen, saß der alte Mann mit Hut und Vollbart an seinem Tisch und drehte ein leeres Bierglas zwischen den Händen. Tom ging zur Wirtin zurück, schob ihr ein Geldstück hin und wies auf den alten Mann, dann folgte er mir zum Wagen.

Bis zum Grenzübergang waren es nur noch ein paar Meter, doch zwei Schokoriegel erlebten das gelangweilte Durchwinken der deutschen und österreichischen Zöllner bereits nicht mehr.

»Möge dies so bleiben«, murmelte ich, schlug mir auf

alle Hemdtaschen und fummelte während der Fahrt auf dem Rücksitz in der Innentasche meines Jacketts herum.

»Hast du meinen Paß gesehen?« fragte ich.

»Lächle. Dann brauchst du keinen Paß. Zur Not breche ich einfach mit dem Wagen durch.«

»Zöllner haben Pistolen.«

»He, sag mal!« rief Tom und stützte sich am Armaturenbrett ab. Ich hatte vielleicht etwas unvermittelt gebremst, aber dafür stand der Wagen auch endlich, und ich konnte im Rückspiegel überprüfen, ob ich richtig gesehen hatte.

»Der Mann neben dem Zöllner«, sagte ich, »der trägt die Uniform der Coalition.« Tom vergaß seinen angeblich schmerzenden Ellenbogen und klappte die Sonnenblende mit Spiegel herunter.

»Aber diese Privatpolizei ist hier doch weit verbreitet«, sagte er.

»Richtig. Nur wußten wir bis eben noch nicht, daß sie munter die Staaten wechselt. Und mir ist gerade klargeworden, daß so ein Privatpolizist ja auch einen Hauptberuf hat.«

»Donnerwetter. Und?«

»Kennst du den Zöllner, der neben dem Coalitionsmann steht?«

»Nee. Sollte ich?«

»Er war am Schloß dabei, als sie den Jungen erschossen haben. Und da trug er die Uniform der Coalition.«

Es war schön, für einige Zeit aus dem Schloßbetrieb herauszukommen. Wir fuhren durch eine Landschaft, die den Nerven gut tat. Die Augen hatten Auslauf. Aber Zeit hatten wir in diesem Stadium der Geschehnisse bereits nicht mehr. Tom war allein schon beruflich ausgewiesen als ein Mensch, der die Welt durch die Augen erlebte; und ich hatte halbe Urlaube auf der Bank vor dem Haus sitzend verbracht, um den Ausblick ins Tal der Rhone und darüber hinaus auf den Simplon in seiner Majestät zu begreifen. Einige Augenblicke dachte ich daran, den Wagen laufen zu lassen, irgendwann auf die Innsbrucker Autobahn zu fahren, nach Süden Richtung Brenner abzubiegen, Italien zu erreichen und immer weiter zu rollen, bis da ein Meer liegt und eine Trattoria mit wackligen Tischen, Wein, der berauscht, Kerzen, die stänkern und gegenüber ein Schuhladen, in dem ich mir eins meiner italienischen Katastrophenpaare kaufen konnte. Ich überlegte, ob Ricarda beim Einkaufen eine Domina war wie Diana, was ich für unmöglich hielt. Dann waren die Augenblicke vorüber.

Richtung Plansee wurde die Landschaft unaufgeräumter. Ich mußte einmal nach der Adresse fragen, es war nicht weit, aber sehr einsam.

Ich schaute mir das Gehöft erst von weitem an. Rechts zum See hin das Wohnhaus, grau, verwittert, schiefe Schindeln auf dem Dach, vier, fünf Nebengebäude, eines kleiner als die anderen und alle baufällig. Eine Ziege war angepflockt, ein Zicklein frei laufend. Der Traktor mit zwei Anhängern parkte zwischen Wohnhaus und Nebengebäuden. Menschen waren zwischen Haus und Anhänger unterwegs, zwei Männer und eine Frau. Wir ließen unseren Wagen stehen. Es mag albern klingen, aber ich wollte mit der glänzenden Pracht des fast fabrikneuen Wagens nicht in diese Bescheidenheit hineinplatzen.

Beim Näherkommen erkannte ich, daß der zweite Mann erst einer werden wollte. Er war dreizehn oder vierzehn, aber ein schön bemuskeltes Bürschchen mit einem Gesicht zwischen Patzigkeit und Weinerlichkeit. Die Frau war offenbar seine Mutter, der Schnitt des Gesichts ließ daran keinen Zweifel.

Der dritte Möbelpacker stand vor mir mit einem Umzugskarton auf der Schulter. Der Karton war zerschrammt, die Grifflöcher ausgerissen. Der Mann blickte mich an und sagte: »Das ist er.« Dann ging er zum Anhänger und wuchtete den Karton auf die Ladefläche. Sofort stand der Jugendliche vor mir, ich war glücklich, Tom an meiner Seite zu wissen. Tom war doppelt so schwer wie das Bürschchen, aber Tom hatte genausowenig wie ich ein

Messer dabei. So war der Junge der einzige von uns dreien, der bewaffnet war. Er stand so dicht vor mir, daß ein Schritt und eine Bewegung das Messer in meinen Leib getrieben hätten. Es war ein Jagdmesser, kurze Klinge und ein Griff aus Horn. Der Junge haßte mich. Dieses Gefühl kam wie ein körperlicher Angriff auf mich. Der Junge hatte feuchte Augen, ich wußte nicht, ob ich das beruhigend finden sollte. Aber daß der andere Mann mit einer Seelenruhe sondergleichen im Haus verschwand, fand ich äußerst beunruhigend. Ich stellte mir vor, mit welchen Waffen er wieder herauskommen könnte. Mir war klar, daß in diesem einsam gelegenen Haus wenigstens ein Gewehr vorhanden war. Und ich hatte keine Hoffnung, daß es eingerostet sein würde.

Die Sekunden zogen und dehnten sich. Dann sagte Tom: »Stich zu! Aber du stichst nur einmal zu. Und dann ist immer noch einer von uns da, um dich in Scheiben zu schlagen.«

Im Geiste sah ich alle schlechten Filme vorüberrasen, die sich Tom in schlaflosen Nächten zugemutet hatte. Dort reden sie ununterbrochen so, aber dort steht auch immer ein Regisseur hinter der Kamera und stoppt das Drama, bevor er einen Mimen durch Ausbluten verliert. Es war dann die Frau, die wortlos neben ihren Sohn trat, und das Messer sank herab.

»Sind Sie es?« fragte sie mich.

»Ich weiß nicht genau, was Sie meinen. Aber ich glaube, ich bin es.«

Die Augen des Jungen waren tränennaß. Die Soße lief ihm über die Wangen, aber er sah natürlich nicht lächerlich aus oder auch nur schwach. Er weinte um seinen Bruder, und er hatte alles Recht der Welt dazu.

»Es tut mir leid«, sagte ich. Es kam genauso verquer heraus, wie ich befürchtet hatte. In meinem ganzen Leben hatte ich noch kein einziges Mal Beileid in anständiger, würdiger Weise ausgesprochen. Tom zeigte es mir. Er trat vor die Frau und nahm sie einfach in die Arme. In diesem Moment wich jede Anspannung aus ihr. Sie lehnte sich an, ihre Augen waren geschlossen. Es sah aus, als wenn sie sich ausruhen würde. Der Junge mit dem Messer und ich guckten uns das an. Ich überlegte, ob ich ihn ebenfalls in die Arme nehmen sollte, aber ich hatte Angst, daß er mich vor Überraschung erstechen könnte. Tom ließ die Frau los, und ab dieser Sekunde herrschte zwischen uns eine andere Chemie. Während der Mann unverdrossen weiter das Haus leerräumte, setzten wir vier uns unter das vorspringende Dach des Wohnhauses in den Schatten, und ich berichtete. Ich bemühte mich, nur das zu schildern, was wirklich vorgefallen war. Ich wollte keine Interpretationen liefern, wie es die Polizei getan hatte. Und ich denke, was ich sagte, war das, was die Mutter von Kuno Planer hören wollte. Der Bruder hieß Stefan und fiel nicht weiter bedrohlich auf, nachdem er das Jagdmesser in einen Holzklotz gerammt hatte.

Als ich fertig war, schien die Frau auf merkwürdige Weise beruhigt.

»Danke«, sagte sie. »Danke, daß Sie noch gekommen sind. Ich mußte das von Ihnen hören und nicht nur von den ...« Sie blickte zu dem Mann am Anhänger, der in diesem Moment die Schubladen einer Kommode oder eines Schranks auf den Anhänger stellte.

»Sie meinen die Polizei?« fragte ich vorsichtig nach. Sie nickte, und Stefan spuckte das Wort »Polizei« verächtlich aus.

»Haben Sie denn Grund zu der Annahme, daß irgend etwas sich anders abgespielt hat, als Ihnen die Polizei erzählte?« fragte ich zögernd.

»Sie hat gesagt, Kuno und seine Freunde hätten nachts Autos geknackt«, sagte Frau Planer. »Ich kann das nicht glauben.«

»Sie lügen«, sagte Stefan.

»Erzählen Sie uns etwas über die Coalition, über diese Privatpolizei«, bat Tom. »Warum sehen wir an jeder zweiten Ecke diese Uniformen?«

Die Frau blickte zu dem Möbelpacker, wechselte einen Blick mit ihrem Sohn.

»Mir ist nichts Schlechtes bekannt«, sagte sie. Vor zwei Tagen war ihr Sohn von einem Mitglied der Coalition in die Hölle geschossen worden, aber ihr war nichts Schlechtes bekannt.

»Warum laufen diese Polizisten überall herum?« fragte Tom mit seinem sanftesten Beharrungsvermögen.

»Das sind Angeber«, platzte Stefan heraus. Ich begann mich zu fragen, ob ein Waldspaziergang mit Stefan ohne Mutter nicht vielleicht die sinnvollere Art der Recherche sein würde.

»Das darfst du nicht sagen«, sagte die Mutter. »Sie haben das Beste gewollt. Es ist alles ein ... Unglück.« Sie verstummte.

»Sind Sie denn nicht wütend auf die Leute von der Coalition?« fragte Tom und bemühte sich nicht, seine Verwunderung zu unterdrücken.

»Ein Unglück«, rief Frau Planer. Ihre Augen flehten uns an, ihr endlich Glauben zu schenken. Aber mit jedem ihrer Worte wuchs meine Abneigung gegen diese anmaßenden Hüter von Recht und Ordnung. Jetzt erschien es mir absurd, daß sie sich auf die gleichnamige Privatpolizei von König Ludwig beriefen. Ich sah keine Verbindung, die über einen Zeitraum von 100 Jahren reichen könnte.

»Was hat ... was macht Ihr Sohn denn beruflich?« fragte ich.

Stefan lachte traurig, und seine Mutter sagte: »Ach, unser Kuno hat uns manchen Kummer bereitet. Erst mit der Schule. Er war schon früh wild aufs Skifahren und später auf dieses neumodische Snowboard.«

»Skispringen hat er auch gemacht«, sagte Stefan.

»Aber das ist ja nichts fürs Leben«, sagte Frau Planer. »Wir waren so froh, daß er sich für das Hotelgewerbe zu interessieren begann. Aber Kuno fehlt die Stetigkeit. Die fehlte auch seinem Vater, doch, doch, Stefan. Du brauchst gar nicht den Kopf zu schütteln. Na ja, dann hat Kuno die Fotografie entdeckt. Und wir dachten alle ...« Sie begann zu schluchzen, fing sich gleich wieder. »Wir waren alle so froh, daß es nun Hand und Fuß zu bekommen schien. Und der Herr Kay hat auch überall für Kuno gutgesprochen. Bei Fotografen in Garmisch und sogar in Kempten hat er sich für Kuno verwandt.«

»Kay, der Fotograf aus Füssen?« fragte Tom.

Frau Planer nickte. »Er war so erschüttert.«

»Worüber?«

»Na über ... Er hat den ganzen Abend mit mir hier auf dieser Bank gesessen. Es war wie früher, als Kuno noch ...«

»Wann war Kay hier?«

»Wann? Na gestern. Gestern nachmittag und abend. Mir hat der Besuch sehr gutgetan. Er war so ...«

»Und danach? Wissen Sie, wohin Herr Kay danach gefahren ist?«

Sie sah Tom erstaunt an. »Wohin? Na, nach Hause natürlich.«

»Er wohnt doch in Füssen. In dieser kleinen Straße. Richtig?«

»In der Mauergasse. Ja, natürlich. Aber wieso? Was ist mit ...?«

Sie wirkte aufgescheucht, und wir logen ihr schnell etwas Beruhigendes vor.

»Herr Kay hat unseren Kuno ja damals an die Filmfirma vermittelt«, sagte Frau Planer, und Stefan verschwand im Haus. Eine Filmfirma war uns bisher noch nicht untergekommen. »Anfang dieses Jahres sind doch alle Schlösser vom Ludwig abgefilmt worden.«

»Wofür?«

Sie blickte uns verdutzt an. »Na für das Fernsehen, dachte ich. Oder nicht? Also, wo Sie mich jetzt so direkt ... Na jedenfalls ist eine Filmfirma angereist und hat sehr, sehr sorgfältig gearbeitet. Deshalb hat das ja so lange gedauert, weil sie jeden Raum einzeln ... Und als sie sich eines Tages den Magen verdorben haben – es sollen Germknödel mit Salmonellen gewesen sein –, da ist Kuno eingesprungen. Eigentlich nur, um nebenbei etwas Geld zu verdienen. Aber er hat Feuer gefangen, und danach war er ganz wild aufs Filmen und Fotografieren.«

Dann brach doch noch die Hausfrau in ihr durch, und sie wollte uns unbedingt Kaffee oder Tee kochen. Wir lehnten hartnäckig ab, und ich fragte: »Wohin ziehen Sie denn?«

Ich dachte eigentlich, es sei eine elegante Art, das Thema zu wechseln. Aber es war offensichtlich eine brutale Art, die Frau aus den Schuhen zu holen. Denn plötzlich begann sie zu schwimmen, stotterte, rang unkoordiniert die Hände und sagte dann: »Tapetenwechsel, nicht wahr. Gerade jetzt. Eine günstige Gelegenheit, wir mußten zugreifen.«

Es klang, als wenn sie ins unreine sprechen würde. Ich bin nicht gern dabei, wenn Menschen so verzweifelt lügen.

»Wo soll's denn hingehen?«

»Wohin? – Nach Innsbruck. Ja, wir ziehen nach Innsbruck.«

»Nach Innsbruck«, wiederholte Tom. Sie nickte eifrig.

»Wohin denn da?« fragte Tom freundlich nach. »Ich kenne mich ganz gut aus in Innsbruck. Hatte da mal eine kleine Freundin.«

Vielleicht hätte sie uns noch geantwortet, vielleicht sagte sie sogar etwas, aber wir waren plötzlich nicht mehr darauf konzentriert, uns ihre Antwort anzuhören, denn wir starrten beide auf das Gewehr in den Händen des Möbelpackers. Er hielt die Knarre so, als wenn er sie auch bedienen könnte. Und die Waffe war nicht verrostet.

»Genug geredet jetzt«, sagte er und vollführte mit dem Gewehrlauf eine wegscheuchende Bewegung.

»Halt mal«, protestierte Tom, alles noch im Sitzen. »Das entscheidet Frau Planer, wann wir ...«

»Frau Planer ist der Meinung, daß das Gespräch beendet ist«, behauptete der Mann. Dann schoß er. Die Kugel schlug eine Lineallänge vor meinen Füßen in den Boden ein. Die Erde spritzte, Tom und ich standen. Wir blickten Frau Planer an.

Sie schluckte und sagte leise: »Es ist besser, wenn Sie jetzt ...«

»Da hören Sie's«, sagte der Mann und scheuchte uns mit dem Gewehr Richtung Auto. Er hatte einen Tonfall, der mir wie intelligentes Bellen vorkam. Er trug ein dunkelblaues, kurzärmeliges Unterhemd, war an den Oberarmen verschwenderisch tätowiert, und er hatte dieses gewisse Etwas, das Diskutieren vollkommen sinnlos macht. Wir machten uns Richtung Wagen auf den Weg, und der Möbelpacker rief: »Schlaft nicht ein.«

»Den kauf' ich mir«, flüsterte Tom. »Nicht hier und nicht heute. Aber den kauf' ich mir. Dem tu' ich weh.«

Hinter uns knallte der Schuß. Ich zuckte stärker zusammen als Tom. Am BMW klirrte es. Frau Planer schrie auf.

»Weitergehen«, flüsterte ich und packte Tom am Handgelenk. Der Kerl wollte den Helden spielen, widersetzte sich meinem Ziehen. »Komm, Junge«, warb ich gurrend. »Erst bereden, dann Fehler machen.« Ich blickte zurück. Der Möbelpacker schob soeben neue Patronen in den Lauf. Wir gingen gemessenen Schritts zum BMW und sahen schon von weitem, daß wir eine neue Heckscheibe brauchen würden. Die Kugel hatte ein dichtes Spinnennetz von Haarrissen über die gesamte Glasfläche verteilt.

»Hast du eine Hausnummer gesehen?« fragte Tom. »Damit ich weiß, wohin die Rechnung geht.« Dann schnellte er herum und brüllte: »Du österreichischer Sauhund, du blöder.«

Der Möbelpacker hob die Flinte und winkte uns mit ihr zu. Dann verschwand er im Haus. Von Frau Planer und Stefan war nichts mehr zu sehen. Ich würgte den Wagen beim Anlassen ab.

Tom fauchte: »Besser als vor Angst in die Hose machen.« Ich startete, fuhr an, atmete tief durch, fuhr fünfzig Meter, bremste scharf. Wir waren beide nicht angeschnallt, schossen beide nach vorn. Tom war sofort draußen und hatte den Jungen am Schlafittchen:

»Das sage ich dir«, knirschte er. »Das sage ich dir.« Ich ging dazwischen, Stefan taumelte, als Tom ihn losließ.

»Ich muß Ihnen was sagen«, keuchte der Junge.

»Ich hoffe, du hast was verdammt Gutes zu erzählen«,

knirschte Tom. Alle Wut, die er nicht an den Möbelpacker mit dem Gewehr gebracht hatte, bekam jetzt der arme Stefan ab.

»Da läuft ein großes Ding«, stieß Stefan hervor. Tom blickte ihn verdutzt an. Dann lachte er, bog sich vor Lachen. Er lachte viel zu laut, gefährlich laut. So weit waren wir vom Haus und dem Gewehr noch nicht entfernt.

»Ich fasse's nicht«, rief Tom. »Noch eine dunkle Ankündigung. Erst war's ein 15jähriger, jetzt ist es ein 12jähriger. Man traut sich ja kaum mehr, an einem Kinderwagen vorbeizugehen, weil der Junior am Schnuller vorbeiquetscht ›Droße, droße Defahr‹.« Mir tat Stefan leid. Ich trat auf ihn zu, berührte ihn am Oberarm. Er zuckte zurück, nahm sofort so etwas wie Verteidigungsstellung ein. Aber er weinte fast schon wieder.

»Komm, spuck's aus, wenn du was zu sagen hast«, forderte Tom ihn auf. Er wirkte plötzlich ernüchtert. Plötzlich hielt Stefan einen Ninja-Stern in der Hand, eine dieser widerwärtigen Metallwaffen mit pfeilspitzen Enden, diese Todessterne, mit denen sich wunderbar protzen und einschüchtern läßt – aber auch verletzen und töten.

»Vorsicht«, sagte Stefan, hob uns die zitternde Hand mit dem Ninja-Stern entgegen und bemühte sich, sein Stimmchen zu stabilisieren. »Ich kann auch anders.«

»Das sehen wir«, sagte ich und stellte mich zwischen Tom und Stefan. Wenn Tom endgültig in Wut geriet, würde er den Knaben überrennen und in den Boden rammen.

»Hört ihr mir endlich zu!?« rief Stefan kläglich.

»Dein Bruder hat mir etwas gesagt, bevor sie . . . bevor sie gekommen sind«, sagte ich. »Dein Bruder hat gesagt, daß eine Gefahr droht. Etwas sehr Großes, hat er gesagt. Wobei viele Menschen ums Leben kommen können.«

Stefan hing an meinen Lippen und nickte verzweifelt.

»Ja, ja«, heulte er auf. »Aber wenn Sie das wissen, warum tun Sie dann nichts? Warum fahren Sie mit Ihrem Großkotzauto in der Gegend herum und jagen meiner Mutter Angst ein?«

»Du spinnst doch«, sagte Tom. »Deine Mutter hat doch wegen etwas ganz anderem Angst. Red endlich.«

»Ich kann nicht«, heulte Stefan.

»Warum kannst du nicht, verdammt noch mal? Wer kann denn hier? Und wann könnt ihr? Wenn sie euch das Gehirn rausgeschossen haben?«

Ich stoppte Toms Ausbruch, denn Stefan knickte vor Entsetzen in den Knien ein.

»Es ist doch wegen dem König«, flüsterte Stefan und blickte sich um, als wenn jeder Baum ein Spion wäre.

»Weiter«, sagte ich zart.

»Sie wollen ihn mitnehmen«, kam es immer leiser aus Stefans Mund.

»Wen wollen sie mitnehmen?«

»Den . . . Den König eben.«

»König Ludwig?«

Stefan blickte mich aus riesigen Augen an. Ich wußte nicht, wie Jungen in seinem Alter funktionierten. Für mich war es ein Blindflug durch seine Gefühlswelt. Stefan nickte, und immer wieder blickte er sich um.

»Aber Stefan«, sagte ich behutsam, »der König ist seit über hundert Jahren tot.«

»Ja, ja. Trotzdem.«

»Und der König liegt in München in der St.-Michaels-Kirche. Will da jemand die Leiche aus dem Sarg holen?«

Die Augen, diese Augen. »Nicht in München.«

»Wie? Du mußt lauter reden, Stefan. Du brauchst keine Angst zu haben.«

Tom mischte sich ein und packte Stefan an beiden Schultern. »Sieh mir in die Augen, Bursche. Du sollst nicht weggucken, du sollst mich angucken. Nimmst du irgendwelche Drogen? Hasch oder Schnaps, oder was ihr hier in Österreich so habt? Nicht, aha. Warum redest du dann solchen Scheiß? Leichen austauschen, das ist doch schlimmster Kintopp. In allen Filmen, die ich nicht leiden kann, werden Leichen ausgegraben.«

»Nicht ausgegraben«, flüsterte Stefan. »Sie haben alles vorher gemacht. Bevor sie ihn . . .«

»Gut, gut«, sagte ich ungeduldig. Weil Stefan flüsterte, mäßigten wir alle unwillkürlich die Stimme. Wir standen neben dem zerschossenen Wagen, und ich hatte Angst vor dem Auftauchen eines Möbelpackers mit Gewehr.

»Was ist mit der Gefahr, Stefan? Ludwig ist tot, aber was ist mit der Gefahr?«

»Ludwig ist nicht tot«, kam es flüsternd.

»Doch besoffen«, sagte Tom verächtlich.

»Was ist mit der Gefahr?« fragte ich unverdrossen. »Wo zieht ihr hin, Stefan? Warum zieht ihr überhaupt um? Warum ziehen so viele Leute um?«

»Das ist alles wegen Ludwig.« Es kam nur noch als Hauch. »Die Schlösser«, hauchte der Junge, dem Tränen über die Wangen liefen. »Wenn die Zahl erreicht ist . . .« Er warf die Arme in die Luft. Vor uns ertönte Motorengeräusch. Mit zwei, drei Sprüngen war er am Auto, und ehe wir wußten, was er vorhatte, war schon dieses schreckliche metallische Geräusch zu hören, bei dem sich mir jedesmal der Magen zusammenzieht.

»Hey!« rief Tom. »Dir dreh ich doch den . . .« Nun sprang auch er los, hinter Stefan wurde der Wagen sichtbar. Der Junge rief: »Der Falkenstein. Guckt euch den Falkenstein an.« Dann floh er mit großen Sätzen in den Wald. Als der Opel neben uns hielt, standen Tom und ich an der Motorhaube unseres BMW und starrten auf die Zerstörungen im Lack. Stefan hatte mit dem Ninja-Stern Striche hineingeritzt.

»Ist etwas passiert?« fragte der Fahrer des Opel und schaute noch besorgter als seine Beifahrerin. Urlauber aus Deutschland auf der Suche nach einem unberührten Fleckchen Natur.

»Ach was«, knurrte Tom. »Das machen wir jeden Tag. Zerschießen die erstbeste Scheibe, die uns vor die Knarre kommt. Und dann mit dem Schlüssel immer zack, zack über den Lack.« Er ging mit irren Augen auf den Opel zu, und wir erlebten einen Panikstart in Richtung Plansee und Planerhaus.

»Sauber«, knurrte Tom. »Die schießen ihm einen vor

den Bug und durchlöchern die Kühltasche. Dann fahren die nie mehr im Leben nach Österreich in den Urlaub. Man sollte das Tourismusministerium in Wien informieren. Das ist der Anfang vom Ende.«

Wir warteten, kein Schuß ertönte.

»Los jetzt«, rief Tom und sprang in den BMW. Der Motor lief bereits, als ich in den Wagen sprang.

Tom fuhr wie eine gesengte Sau. »Das war wirklich eine tolle Idee, diesen Kondolenzbesuch zu machen«, schrie er, als wenn ich meterweit von ihm entfernt gewesen wäre. »Seltsame Trauerrituale haben diese Österreicher.« Er schoß sich auf die Österreicher ein, aber besonders viel Glück hatte uns der Grenzübertritt wirklich nicht gebracht. Da war der erste Staatenwechsel in der letzten Nacht doch befriedigender verlaufen.

Ich spendierte uns während der Fahrt Mineralwasser, und Tom rief aufgebracht: »Geh mir mit dem Pißwasser weg! Ich brauche jetzt was Handfestes!«

Mir fiel unsere Bekannte von der hiesigen Polizei ein. Sogar ihr unaussprechlicher Name war mir präsent. Ich erfragte übers Autotelefon die Nummer der Füssener Kriminalpolizei und ließ mich mit der Kriminalobermeisterin Rospleszcz verbinden. Die Einladung zum Essen nahm sie schneller an, als ich sie aussprechen konnte.

»Gierig«, murmelte ich beeindruckt. Ich hatte selten erlebt, daß eine Frau so offen zu ihrer Verfressenheit stand.

»Wo sind wir hier?« fragte ich verdutzt. Auf dieser Straße waren wir nicht gekommem. Tom hatte eine Karte auf dem Schoß liegen und knurrte: »Wir nehmen einen anderen Weg zurück. Wenn man über den Gaichtpaß fährt, kommt man bei Pfronten nach Deutschland rein.«

»Aber wieso?«

»Falkenstein. Dieser Verrückte hat gesagt ›Guckt euch das an‹. Und deshalb gucken wir uns das jetzt an.«

Die Paßfahrt war genau das richtige für Tom. Es ging nur knapp über tausend Meter hinauf, doch er fuhr offensiv und beruhigte sich dabei. Der Verkehr war gering, die

Sonne brüllte, von Kurve zu Kurve wurde der Anblick der Bäume jämmerlicher.

»Weiter vorn liegt das Tannheimer Tal«, sagte Tom. »Wir kommen nicht ganz hin, weil wir den Schleichweg nach Pfronten nehmen. Aber hier sieht es auch schon nicht mehr schön aus. Und das liegt nicht an der vielen Sonne, wie mir dein Amateurblick nahelegen will.«

»Dann nicht«, sagte ich eingeschnappt. Ich haßte es, wenn Experten sich etwas auf ihr Expertentum einbildeten. Aber die Bäume waren im Moment nur das zweitwichtigste. Natürlich spukte uns beiden Stefan im Kopf herum. Wir wußten nichts über ihn und seine Familie. Eine Familie, die einen Sohn verloren hatte, soeben ein Haus aufgab, voller Angst steckte und von einem bewaffneten Cowboy bewacht wurde.

»Wir brauchen eine Waffe«, sagte ich.

»Solche Worte aus deinem Mund. Warst du nicht derjenige, der einst so friedliebend war, daß er nicht mal einen angespitzten Bleistift in die Hand nehmen wollte? Apropos angespitzt: Wie geht es den Körperteilen, die unser Geschlecht definieren? Wieder Land in Sicht?«

»Rot wie ein Pavianarsch«, knurrte ich.

Und dann waren wir wieder bei der mysteriösen Landkarte, auf der das Allgäu eine Insel war.

»Das ist kein Wasser«, behauptete Tom wieder. »Das ist was anderes. Wahrscheinlich ist es nicht mal ein Zeichen für Gebirge oder Wald und Wiesen, sondern es ist nichts. Der Zeichner hat einen Ausschnitt genommen, und wo Schluß war und noch Platz auf der Karte, da hat er schraffiert oder getüpfelt oder was auch immer. Ich hab's ja nicht gesehen.«

»Aber ich.«

»Das ist so gut wie nichts. Deine Augen sind nicht geschult.«

Ich erzählte ihm erneut die Geschichte mit der Inselgruppe links unten auf der Karte, und daß der Besitzer der Karten nach eigenen Aussagen von den Weihnachtsinseln stammte. Wir gestanden uns ein, keine Ahnung von Position, Größe und Geschichte dieser Inseln zu haben. Aber die nötigen Informationen ließen sich ja leicht beschaffen. Beide hielten wir Hippo-Grypho für einen glaubwürdigen Mann. Die Geschichte mit der Einführung deutschen Biers im Pazifik fand ich gut, sie wäre selbst dann noch gut gewesen, wenn sie gelogen gewesen wäre. Blieb die Sache mit dem Goethe-Institut.

»Kein Goethe-Institut in dieser Region, Tom. Warum lügt er uns bei diesem relativ nebensächlichen Punkt an? Er hätte Hunderte von Unwahrheiten ausspucken können, die wir geschluckt hätten.«

»Jeder macht mal einen Fehler«, sagte Tom. »Manche auch zwei, drei, hundert. Spätestens dann merken sogar wir den Schwindel, und schwupp haben wir den Bösewicht am Schlafittchen. Hier müssen wir rechts runter. Oder willst du, daß wir uns das Tannheimer Tal anschauen?«

Ich hatte keinen Nerv für kranke Bäume, Tom fuhr rechts ab, die Straße wurde schmal, die Bäume nicht gesünder.

»Jedenfalls ist unser Pazifikmann nicht ganz so unbeleckt hier angekommen, wie er tut«, sagte ich. »Im Schloß war er mit jemandem verabredet, das ist mal klar.«

»Was bedeuten würde, daß außer uns hier jeder lügt«, sagte Tom. »Wird Zeit, daß wir auch anfangen mit dem Lügen. Apropos: Ricarda hat mir im Vertrauen gesagt, daß sie's mit mir schöner fand.«

»Du mußt dein Käsefräulein anrufen«, hetzte ich. »Außerdem werde ich Ricarda verraten, daß du in festen Händen bist.«

»Dann verrate ich ihr, daß du verheiratet bist.«

»Das ist nicht so unmoralisch wie in festen Händen. Und wo haben der Bankier und sein Offizier gelogen?«

Tom wiegte den Kopf. »Das ist natürlich ein anderes Kaliber. Ich fand es bemerkenswert, wie schnell sie vom Reizwort ›Provision‹ abgelenkt haben. Oder hast du das nicht gemerkt?«

Hatte ich, aber ich hielt das nicht für verdächtig, eher

für den Ausfluß eines Solidaritätsgefühls zwischen dem früheren Offizier Osten und seinem Vorfahren im Geiste, dem Grafen Holnstein. Dann fiel mir etwas ein.

Ich rief die Verwaltung von Neuschwanstein an. Hier war noch niemand ins Wochenende enteilt, die Sekretärin sah den Verwalter über den Innenhof eilen und riß ein Fenster auf, um ihn zu rufen. Ich erlebte das live am Telefon mit, die Frau war außerordentlich gut bei Stimme. Der Verwalter hatte keine Zeit, weil er sich mit der Technikerin der CD-Firma herumärgern wollte.

»Nur eine Frage: Bei welcher Schweizer Bank hat Graf Holnstein seinerzeit die Gelder angelegt, die er jedes Jahr von Bismarck abgeholt hat?« Der Verwalter nölte und wußte nicht, wovon ich sprach. Ich bekam heraus, daß es ihm lieber gewesen wäre, wenn diese Affäre nicht bekanntwerden würde. Ich versprach ihm, dies nur als Hintergrundinformation zu benutzen. Das glaubte er mir zwar nicht, aber er sagte doch: »Soweit ich weiß, könnte es die Taxus-Bank gewesen sein. Taxus in Zürich. Warum fragen Sie mich nicht was Netteres?«

Ich fragte ihn, wann er die Privatvorstellung für das verrückte Königsdouble veranstalten wollte, und er sagte es mir. Danach legte ich auf.

Tom sagte: »Dieselbe Bank, bei der Rey beschäftigt war?«

Ich nickte, wir blickten beide nach vorn.

»Es kann was zu bedeuten haben«, sagte er.

»Aber es muß nichts zu bedeuten haben«, sagte ich.

Ich blickte auf die Autouhr, drückte Telefontasten und erwischte erst die Auskunft, dann die Taxus-Bank. Ich log mir ein historisches Thema zusammen und ließ mir die Dame geben, die im Haus dafür bekannt war, die wechselvolle Geschichte der Bank seit ihrer Gründung im Jahre 1823 bis zur Gegenwart jederzeit parat zu haben. Sie duftete, das roch ich durchs Telefon. Es gibt solche Frauen. Historisch versiert war sie obendrein, leider mit der Neigung geschlagen, vom Hundertsten ins Tausendste abzuschweifen. Ich mußte einige Male rüde dazwischengehen, um sie thematisch aufs Gleis zurückzuholen.

»Also, wir schreiben das Jahr 1873. Wer war damals Leiter Ihres Hauses?«

Ich schrieb den Namen auf, steigerte die Jahreszahlen, schrieb den immer gleichen Namen bald nicht mehr auf, langweilte mich ab 1880 und saß kerzengerade im Jahre 1886.

»Können Sie den Namen bitte buchstabieren?«

Der Name lautete Reimann. Xavier Reimann, Direktor der Taxus-Bank von Januar 1886 bis April 1892, wo er sich als eines der ersten Opfer des Wintersports mit Schneeschuhen auf einen Idiotenhügel wagte, der unvermittelt an der Rückwand eines massiven Wohnhauses endete, an der sich Reimann den Bankiersschädel brüchig schlug. Nun kam das Hauptproblem: Ich mußte der Taxus-Dame beibringen, daß mein Informationshunger gestillt war, daß der Redaktionsschluß lauerte, daß mir Entlassung drohte, wenn ich nicht rechtzeitig ... Am Ende drückte Tom die Taste und beendete das unwürdige Gerangel.

»Reimann«, sagte ich. »Reimann mit i, Rey mit y. Hat man ja oft, daß einer von Generation zu Generation vornehmer wird. Oder frankophiler. Rey. Tom, der Bursche mit dem Silberwohnwagen könnte der Enkel sein. Oder Urenkel.«

»Toll. Und was sagt uns das?«

»Das finden wir noch heraus. Erst einmal freut es mich unheimlich, daß ich das herausgekriegt habe.«

»Nun mußt du nur noch rauskriegen, wie du jemals Diana heiraten konntest, dann hast du alle Rätsel der Weltgeschichte gelöst.«

Kurz vor dem Grenzübergang begann ich rhythmisch meine Taschen abzuklopfen. Tom wollte mich rauslassen, damit ich mich durch den Wald über die Grenze schlagen konnte.

»Scheiße«, sagte ich mutlos. »So wie unser Wagen aussieht, filzen die uns jetzt. Da wette ich drauf.«

»Soll ich durchbrechen?« fragte Tom und schaltete hoch. Der Wagen sprang regelrecht nach vorn, das österreichische Grenzhäuschen kam in Sicht. Sie standen zu zweit davor und freuten sich darauf, daß sie etwas zu tun bekamen. Tom und ich stritten noch, wer das Reden übernehmen sollte, da hatten wir sie schon erreicht. Der eine winkte uns durch, der andere lachte uns zu. Tom beugte sich aus dem Fenster und rief: »Ein schönes Österreich habt ihr.« Die Grenzer lachten und wiesen sich gegenseitig auf die Motorhaube hin. »Na siehst du«, sagte Tom. »Mit Freundlichkeit kommt man immer weiter.«

»Aber nicht bei deutschen Zöllnern«, prophezeite ich finster und rutschte auf dem Sitz nach vorn, bis ich im Fußraum hockte. Ich sah, wie Tom den deutschen Beamten entgegengrinste, es sah entsetzlich aus. Er verlangsamte das Tempo, rief: »Heimkommen ist immer wieder schön«, und stoppte. Ein Beamtenoberkörper füllte Toms Seitenfenster aus. Er lächelte mich an, und ich fragte: »Tragen Sie etwa auch Kontaktlinsen?«

»Ich sehe wie ein Adler«, antwortete er und tippte an seine Mütze: »Schönen Tag noch. Und viel Durchblick, man weiß nicht, wo man ihn noch mal brauchen kann.« Tom gab Gas, ich krabbelte auf meinen Sitz zurück, griff auf den Rücksitz und holte meine Schätze nach vorn: die geklaute beziehungsweise ausgeliehene Chronik und den Bildband über Ludwigs Schlösser.

»Wahnsinn«, murmelte ich. »Dieser alte Dorfschullehrer war das, wofür wir heute einen Stall voller teurer Statistiker brauchen. Der hat nichts ausgelassen. Alle Namen von den Leuten, die auf der Baustelle beschäftigt waren. Alle Namen von den Leuten, die nach Abschluß der Bauarbeiten arbeitslos wurden und Geld von der Sozialkasse erhielten.«

»Ist ja nicht schwer«, sagte Tom. »Da alle in Neuschwanstein arbeitslos wurden, mußte er die Namen nur abschreiben.«

Aber ich fand in der zweiten Kategorie »Ohne Arbeit« nur eine Handvoll Namen. Dann fiel mir ein, daß ja auch bei dem nie begonnenen Burgprojekt Falkenstein Arbeit angefallen war. Sie hatten einen Weg auf den Felsen gebaut; sie hatten eine Wasserleitung verlegt. Die Baustelle

Neuschwanstein war demnach von der Baustelle Falkenstein abgelöst worden. Einige Sekunden war ich von dieser Erkenntnis zufriedengestellt. Dann genierte ich mich. Mit dem Tod Ludwigs waren ja alle Bauarbeiten zum Erliegen gekommen. Es war nur zu Ende gebaut worden, was unbedingt zu Ende gebracht werden mußte. Aber beim Falkenstein mußte nichts zu Ende gebracht werden; als ich nachschlug, fand ich, daß die dortigen Arbeiten ins Jahr 1885 fielen: alle Bauarbeiten, also Straße und Wasserleitung. Ich blätterte hin und her, verglich Daten und Zeitabläufe, und natürlich wurde mir wieder übel, weil ich Lesen während der Fahrt nicht vertrug. Aber ich wollte auch keinen Zwischenstopp riskieren, denn es war Freitag nachmittag, und wir hatten noch so viel vor. Hätte ich damals zwischen Grenze und Pfronten gewußt, wieviel wir noch vorhatten, wären wir nicht nur stehengeblieben, sondern hätten den Wagen verlassen und wären zu Fuß die 800 Kilometer nach Hause gegangen.

Mit leichtem Brechreiz las ich, was auf der Baustelle Neuschwanstein nach dem Tod Ludwigs im Juni 1886 noch alles gebaut worden war. Ich fand keine Antworten. Also das Autotelefon.

»Na bitte«, rief der Verwalter enthusiastisch. »Sachbezogen, objektiv und ohne Nachgeschmack. Solche Fragen habe ich am liebsten.« Ich hegte starke Zweifel, ob Objektivität und König Ludwig zusammenpaßten. Am Ende des Telefonats wußte ich, daß fünfzig bis sechzig Männer nach Ludwigs Tod noch einige Wochen auf der Baustelle Neuschwanstein tätig gewesen waren. Spätestens im Herbst des Jahres 1886 war jedoch das letzte Gerüst gefallen. Und bereits am 1. August 1886 war Neuschwanstein für Besucher geöffnet worden. Spätestens im August 1886 wäre also zu vermuten gewesen, daß die Sozialkasse neue Kunden bekommen hatte. Ich konnte mir nicht vorstellen, daß andere Baustellen sofort Anschlußarbeit geboten hatten. Ich erinnerte mich an die Bemerkung des Heimatforschers, daß diese Region vor 100 Jahren bettelarm gewesen sei.

»Wo zum Teufel sind unsere Handwerker abgeblieben?« fragte ich verdutzt.

»Vielleicht haben sie auf Unterstützung verzichtet, um dem Staat nicht zur Last zu fallen.«

Während Tom sich über seine Bemerkung freute, suchte ich in der Chronik weiter nach den verschwundenen Handwerkern und stellte die Suche erst ein, als mir wirklich schlecht war.

Wir schlugen uns über Bahnstrecken und Ausläufer von Pfronten zum Falkenstein durch. Die Ruine lag so, daß einem Mann wie Ludwig mit Sicherheit das Herz im Brustkorb gehüpft war. Sie lag hoch und einsam, war von unten nicht zu sehen. Da oben hätte Ludwig nichts mit niemandem teilen müssen: die Natur nicht und die Stille nicht.

»Keine Nachbarn weit und breit«, seufzte Tom. »Wo hat man das heute noch?«

»In einsamen Försterhütten.«

»So«, sagte Tom. »Da haben wir also den Ort, wo Ludwig bauen wollte, aber nicht mehr dazu kam, weil das Geld alle war und weil er starb. Warum schickt uns nun dieser österreichische Lackzerkratzer hierher? Den nächsten Informanten, der uns mit halbgaren Andeutungen abspeisen will, internieren wir, bis er alles rausläßt, was er weiß.«

»Vielleicht wußte er nicht mehr«, gab ich zu bedenken.

»Der wußte mehr. Ich verspreche dir: Auf den nächsten Kandidaten setze ich mich einfach drauf. Keine Mißhandlung, nichts. Ich setze mich nur freundlich auf ihn drauf. Du wirst sehen: der redet.«

»Wenn er dann noch reden kann.«

»Ich habe Idealgewicht.«

»Sicher. Wenn du zwei achtzig groß wärst, hättest du Idealgewicht.«

Der Aufstieg zur Burgruine hätte der Beginn vom Ende von Toms »Idealgewicht« sein können. Aber auch mir war der Hinweis von Stefan zu vage. Wenn ein Türmchen oder Häuschen dort oben gestanden hätte, irgend etwas noch so Banales, was auf Ludwig und seine Pläne zurückging, vielleicht hätte ich die Anstrengung auf mich genommen. Aber so?

Immerhin waren die letzten Stunden die bisher ergiebigsten unseres gesamten Aufenthalts gewesen: die mysteriöse Landkarte mit dem Allgäu im See; die wundersame Namensänderung eines Schweizer Bankiers; der nette, aber zum Flunkern neigende Pazifikmann. Ich war zufrieden. Wir hatten nicht viel und nichts Weltbewegendes, aber vorher hatten wir gar nichts gehabt. Und als plötzlich der zerstückelte Leichnam unseres armen Schloßführers vor mir auf der Motorhaube lag, wurde mir bewußt, daß ich das Massaker über Stunden erfolgreich verdrängt hatte.

»Okay, das war's«, sagte Tom und startete den Motor. Wir waren nicht einmal ausgestiegen. Er suchte den kürzesten Weg zur Bundesstraße, die uns nach vielleicht zwölf Kilometern nach Füssen bringen würde. Dazu mußten wir nun doch nach Pfronten hinein. Und dort geschah es: Tom schlug plötzlich gegen die Windschutzscheibe und rief: »Da! Das ist er!«

In der nächsten Sekunde war er aus dem Auto heraus, ich sah ihn durch den kapitalen Freitagnachmittagsverkehr hetzen. Hinter mir baute sich in Sekundenschnelle ein Stau auf, der kollektiv die Hupe drückte. Ich rutschte auf den Fahrersitz hinüber und rangierte den Wagen aus der Schußlinie, geriet dabei mit einem Lieferwagenfahrer ins Gehege, der vor einem Garten-Center Tontöpfe und Tonrehe auslud. Tom war verschwunden. Ich beruhigte mich, stieg aus und ging die paar Schritte zurück. Der Möbelwagen war mit großer Sorgfalt zwischen die Häuserreihen rangiert worden, an beiden Seiten blieben nicht mehr als 20 Zentimeter Luft. Es war mir nicht möglich, zwischen Haus und Wagen zum geöffneten Heck durchzudrängen.

»Wo soll's denn hingehen?« rief ich der Frau zu, die mit einem Wäschekorb voller Grünpflanzen aus dem Haus kam.

»Das werde ich dir doch nicht sagen«, rief sie mir zu. Immerhin schoß sie nicht auf mich, wahrscheinlich besaß sie nicht die österreichische Staatsangehörigkeit. Ich versuchte es gar nicht erst mit einer zweiten Frage, verrenkte mir nur den Hals und erblickte die zu den vier Unterschenkeln gehörenden Körper. Eine Frau im Jogginganzug und ein Mann in der Uniform der Coalition. Ich schlenderte zum BMW zurück, sah mir die Motorhaube an. Stefans Ninja-Stern hatte ganze Arbeit geleistet. Mir war schleierhaft, wie wir die Autoschäden über unseren amerikanischen Auftraggeber abrechnen sollten. Ich riß mich zusammen und zwang mich zu positiver Weltsicht. Immerhin besaß der Wagen noch vier Räder und auch einen Motor. Kein Zylinder fehlte.

Zwei Minuten lang sah ich mir Tonrehe und Tonfrösche sowie Schneewittchen aus Ton und sieben Zwerge aus Ton an. Dann stand Tom neben mir. Er dünstete Hitze und schlechte Laune aus.

»Laß mich raten«, sagte ich. »Du hattest ihn praktisch schon. Wen auch immer.«

Ich hatte es nett gemeint, aber er regte sich furchtbar auf: »Natürlich hatte ich ihn. Ich war wütend, und wenn ich wütend bin . . .«

»Ich weiß: dann ist nur das Licht schneller.«

»Richtig«, sagte er befriedigt und blaffte den Mann an, der unverdrossen Tonzwerge schleppte:

»Tut das nicht irgendwann mal weh im Kopf?« Der derart Angesprochene blieb stehen und wog unternehmungslustig einen Zwerg aus hartem Ton in der Wurfhand. Ich zog Tom zum Wagen, und der Tonmann rief uns hinterher:

»Keinen Geschmack haben und dann so eine Schrottkiste fahren.«

»Kay ist nicht in China«, sagte Tom, als er hinters Steuer plumpste.

»Ich denke, er sollte in Südamerika sein.«

»Da ist er auch nicht. Kay ist hier. In Pfronten. Mein hilfsbereiter Kollege schließt seine Bude ab und verabschiedet sich für eine lange Reise. Und wo reist er hin? In den Nachbarort. Zwölf Kilometer weit. Was will der hier? Kannst du mir das mal sagen? Hier ist doch nichts.«

»Eine Ruine auf dem Falkenstein ist hier«, sagte ich vorsichtig. Tom lachte unfroh. »Sah aus wie ein Schwein, der Kerl. Arbeitshose, schmutziges Hemd. Als wenn er die Kanalisation fotografiert.«

Wir blickten uns an und beschlossen ohne Worte, daß wir nicht in die Kanalisation absteigen würden. »Er ist mir in einer dieser häßlichen Passagen entkommen«, murmelte Tom enttäuscht. Dann lachte er in sich hinein. »So schnell gelaufen ist der seit Jahren nicht mehr. Der ist gehüpft vor Schreck. Wie im Zeichentrickfilm.«

»Also noch einer, der lügt.«

Tom lief der Schweiß in Sturzbächen übers Gesicht.

»Weißt du noch früher, Jot We? Diese Aufträge, bei denen einfach nichts passieren wollte? Auftrag kriegen, hinfahren, abknipsen, Ende. Weißt du noch?«

»Kann mich kaum erinnern.«

Ich blickte mich im Spiegel der Sonnenblende an. Hinter mir kam gerade der Tonfigurenentlader zu seinem Wagen, sah unser Auto und schüttelte den Kopf.

»Gut«, sagte Tom und schlug dynamisch auf das Lenkrad. »Ich habe einen Sprint verloren, aber noch lange nicht den Zehnkampf. Was machen wir jetzt?«

»Wir treffen uns mit der Kriminalassistentin Rospleszcz.«

7

Unterwegs verriet ich ihm, was er noch nicht wußte: »Heute Abend gibt der Verwalter dem verrückten Königsdarsteller die Privatvorstellung im Sängersaal des Schlosses.«

Das verbesserte Toms Laune schlagartig. »Da sind wir natürlich dabei. Wir müssen zwischendurch überhaupt mal wieder an die Arbeit denken. Was hältst du von folgender Idee.«

Auf der kurzen Fahrt von Pfronten nach Füssen entwikkelte er mir seinen Vorschlag.

»Wir haben ja nun schon von mehreren Seiten gehört, wie sehr die Bevölkerung rund um die Schlösser seinerzeit den König verehrt hat. Ich schlage vor, wir suchen eine Familie, die seit hundert Jahren hier ansässig ist und von der ein Vorfahr beim Bau von Neuschwanstein mitgewirkt hat. Wir besuchen die zu Hause; und wenn wir Glück haben, gehen die mit mir durchs Schloß und zeigen mir die Räume, an denen der Ur-Urgroßvater mitgemauert hat.«

»Fein«, sagte ich und schlug die Chronik auf. In Verbindung mit einem aktuellen Telefonbuch mußte es ein leichtes sein, zum Ziel zu kommen.

Wir hatten uns mit Kriminalassistentin Ingrid Rospleszcz um 15 Uhr in einem Restaurant am Forggensee in Füssen verabredet.

»Ein Unglück«, rief uns die leidenschaftliche Esserin entgegen, als wir ihr entgegenstürmten. Ein Schild WEGEN KRANKHEIT GESCHLOSSEN am Eingangstor, dahinter der See in der brütenden Nachmittagssonne.

»An so einem Tag geschlossen«, rief die Beamtin und rüttelte anklagend am Gitter des Eingangstors. »Ich habe extra seit unserem Telefonat nichts gegessen.« Sie war demnach bis an die Grenzen gegangen. Ich mochte die Frau. Sie war höchstens Ende Zwanzig, wirkte schlank, fast mager, und war von schwer zu bändigender Nervosität. Der klassische Kandidat für Magengeschwüre, Durchfälle und andere vegetative Gemeinheiten im Verdauungstrakt. Sie mußte dringend dickfelliger werden, oder sie würde in ihrem Job nicht alt werden.

»Ein Elend ist das«, rief sie und trat wütend gegen das Tor. Bevor sie ausfallend werden konnte, schleppten wir sie zum nächsten Restaurant ab.

Die Forelle lud zum Sitzen auf einem in den See gebauten Ponton ein, der gemütlich schwankte, was aber diverse

Besucher davon abhielt, an einem Tisch mit labilem Untergrund feste Nahrung zu sich zu nehmen. Das war unser Glück, wir ergatterten einen Tisch, an dem nur eine Frau saß, die zweifellos Amerikanerin war. Diesen Typ Mittfünfzigerin hatte ich bei allen Auslandsreisen getroffen. Sie waren immer den entscheidenden Lidstrich zu knallig geschminkt und zwei Locken zu offensiv frisiert. Ihre Garderobe hatte ein Farbenblinder zusammengestellt, und der Optiker, der ihnen einst diese Brille verpaßt hatte, war danach mit unbekanntem Ziel verzogen. Diese Frauen waren unkompliziert, wenn auch laut, großzügig, wenn auch leichtsinnig. Ich hatte stets schnell Kontakt zu solchen Menschen gefunden. Man durfte nur ihre Herzlichkeit nicht mit Verbindlichkeit verwechseln.

Die Forelle bot erst wieder ab 17 Uhr warmes Essen an. Unsere Polizistin begann fast zu weinen. Tom nahm den nicht frechen, aber auch nicht freundlichen Kellner zur Seite, und ich sah die beiden im Restaurant verschwinden.

»Warum tragen Sie so schwere Bücher mit sich rum?« fragte Ingrid.

»Weil unser Wagen im Moment schlecht abzuschließen ist.«

Tom kehrte zurück, die Küche wollte wahlweise einen Fisch aus dem Forggensee oder Schnitzel liefern. Zum ersten Mal merkte die Amerikanerin auf. Als der Kellner an unseren Tisch kam, bestellte sie Zander, genau wie ich.

»Du hast den Kellner bestochen«, sagte ich Tom auf den Kopf zu. Aber das stimmte nicht. Er hatte lediglich in Gegenwart des Geschäftsführers mit seinen vier oder fünf Presseausweisen herumgespielt und nicht laut, aber hörbar, von einer Testreise im Auftrag des größten US-Anbieters für Europatrips gesprochen.

»Ich bin ja so froh, daß ich mal wieder mit Normalen sprechen kann«, sagte Ingrid freimütig. Wir brachten sie mit wenigen Einwürfen ans Reden, den Rest besorgte sie selber.

»Ich kann Ihnen sagen«, sagte sie, »ich kenne die Provinz, ich stamme aus Hannover. Aber das hier . . .«

»Wie erklären Sie sich die affenartige Geschwindigkeit, mit der, sagen wir, der tödliche Vorfall vor dem Schloß von Ihren Kollegen zum Unfall erklärt wurde?«

»Das erkläre ich mir gar nicht, weil das nämlich unerklärlich ist. Und weil hier seit zwei Wochen andere das Sagen haben.«

»Nämlich?«

Aber jetzt kamen die Teller, Ingrid mußte Messer und Gabel wetzen. Der Zander war erstklassig. Ich genoß es, dem hintergründigen Geschmack des Fisches nachzulauschen. Ich spielte den Fisch gegen die heutigen Schrecken aus und wußte, daß sich für mich der Geschmack von Zander unlösbar mit den Ereignissen dieses Tages verbinden würde.

»Glauben Sie doch nicht, daß der Ritter zur Kur ist«, sagte Ingrid mampfend.

»Wer bitte ist Ritter?«

»Na, mein Kollege, Oberkommissar Ritter, von dem Ihnen Hauptkommissar Delius im Hotel erzählt hat, daß er zur Kur ist. Oder habe ich das erzählt? Ist ja egal, ich lüge schon genauso wie die.«

Tom und ich wechselten einen leicht alarmierten Blick. Noch eine Durchgeknallte?

»Was ich Ihnen jetzt sage, habe ich nie gesagt. Ist das klar?«

Wir bestätigten der Polizistin, daß dies sonnenklar wäre. Dann blickten wir alle wie auf Kommando die Amerikanerin an. Jetzt konnte kein Zweifel mehr bestehen: Sie verstand kein Deutsch.

»Ritter gehört zur Coalition. Was sagen Sie jetzt? Er ist irgendwo im Landkreis unterwegs. Ich weiß nur nicht, wegen was. Aber es hat nichts mit der angeblichen Fahndung nach dieser Jugendbande zu tun, die angeblich Touristenautos knackt. Oder ist Ihr Auto geknackt worden?«

Ich sagte, daß »geknackt« nicht ganz der richtige Ausdruck ist. Im nächsten Moment hatte Ingrid kauend unser Auto vergessen.

»Sie wollten mich überhaupt nicht haben. Ich habe gehört, daß sie einen Kollegen aus Garmisch-Partenkirchen haben wollten. Aber da ist wohl was schiefgegangen, und auf einmal hatten sie mich. Na, nicht mehr lange. Ich haue ab, so schnell ich kann.«

Wir fragten sie nach handfesten Anhaltspunkten für ihren Verdacht, daß man ihr ablehnend gegenüberstünde. Sie griff als Antwort sehr tief auf ihren Rücken, noch unter die Nieren, und ich fürchtete schon, daß sie eine Gräte verschluckt hatte und sich freihusten wollte. Aber sie holte nur einen Zettel aus dem Täschchen, das sie aus unerfindlichen Gründen dort am Gürtel trug, und warf uns den Zettel hin. Ich faltete das Stück Papier auseinander. Zwei zusammengeheftete DIN-A4-Blätter mit Statistiken, Aufstellungen, Kurven, ohne Ausnahme steil abstürzenden Kurven, die auf halber Höhe oder noch weiter oben an der vertikalen Achse begannen und im Verlauf weniger Wochen – denn die horizontale Achse beschrieb die Zeit – gegen null gingen.

»Kapieren Sie das, oder soll ich's Ihnen lieber erklären?« fragte Ingrid. Tom und die Amerikanerin machten einen langen Hals. Ich wandte mich an die farbenfrohe Frau und sagte ihr lächelnd auf den Kopf zu: »Wenn Sie hier heimlich zuhören und sich nur dumm stellen, sorge ich dafür, daß Sie nicht den Rückflug kriegen. Ist das klar?«

Wir musterten sie eingehend, aber sie verstand wirklich kein Deutsch, wenngleich zum ersten Mal leichte Wölkchen der Besorgnis über ihre Züge glitten.

»Ich erklär's wohl lieber«, sagte Ingrid. »Was Sie da haben, ist die Kriminalitätsstatistik in bezug auf einige ausgewählte Verbrechensarten im Landkreis Füssen, besser gesagt, in einem Teil des Landkreises, nämlich im südlichen Teil, also in dem, in dem wir hier sitzen.«

»Der Teil, in dem Neuschwanstein liegt.«

»In dem zum Beispiel die Schlösser liegen, richtig. Außerdem enthalten die Zettel noch die aktuellen Zahlen bezüglich Anmeldungen und Abmeldungen beim Einwohnermeldeamt. Weiter finden Sie darin Änderungen beim Katasteramt. Das ist die Behörde, die das Grundbuch führt, kennen Sie sicher.«

»Wo die Eigentumsverhältnisse bei Häusern und Grundstücken dokumentiert sind«, sagte Tom. Ingrid nickte kauend, Tom kaute natürlich ebenfalls, er war in der Zwischenzeit ja nicht gestorben. Plötzlich hob Ingrid den Kopf und blickte auf den See hinaus.

»Scheiße«, sagte sie überraschend ordinär und nickte in Richtung eines Motorboots, das parallel zum Ufer von Norden kommend uns passierte. »Das sind welche von uns.«

»Die? Das ist ein Privatboot.«

Ingrid blickte mich mitleidig an. Tom blickte mich mitleidig an.

»Passen Sie auf«, fuhr Ingrid fort. »Wenn es hier nachher turbulent werden sollte, nehmen Sie das Papier an sich. Lassen Sie's nicht liegen. Es gibt nur eine weitere Kopie davon.«

»Die liegt wo?«

»Das möchtet ihr gern wissen, was?« Ingrid lachte.

Das Motorboot tuckerte an uns vorbei. Am Heck stand ein junger Mann. Er trug keine Uniform.

»Toll«, sagte Ingrid und schob den Teller von sich. »Wenn das Essen hier nicht so gut wäre . . .« Sie versuchte es erst mit entsetzlichen Grimassen, nahm dann einen Zahnstocher und säuberte hinter vorgehaltener Hand die Zahnzwischenräume.

»Also um es kurz zu machen: Die Kriminalität in Füssen und um Füssen ist seit drei Wochen dramatisch zurückgegangen.« Sie sah uns an, sah den Zahnstocher an. Wir sahen sie an, sahen den Zahnstocher nicht an, und Ingrid fuhr fort: »Ich glaube, ihr kapiert nicht. Rückgang um knapp siebzig Prozent. Das war noch nie da. Der Himmel auf Erden. So was mag's vielleicht in Salt Lake City bei den Mormonen geben oder im Vatikanstaat. Aber nicht mitten in der Welt.«

»Das ist Quatsch«, sagte ich. »Es kommt immer was vor: Schlägereien, Diebstähle. Wir sind abends überfallen worden. Und ich darf vielleicht an einen gewissen Vorfall am Schloßtor erinnern.«

»Da komme ich noch zu«, sagte Ingrid geduldig. »Erstmal gilt das so, wie ich es sage. Bis vor drei Wochen war das hier so versaut und gewalttätig wie überall. Nicht wie in München und Hamburg und Köln. Aber wie in vergleichbaren ländlichen Bezirken. Vor drei Wochen – nicht von einem Tag auf den anderen, aber innerhalb weniger Tage – brach das zusammen. Wenn die Leute wüßten, daß sie seit drei Wochen nachts umsonst ihre Haustüren abschließen.« Ingrid lachte, wir wählten das Dessert. Die Amerikanerin nahm immer das, was wir bestellten. Wir orderten Germknödel, Kaiserschmarren und ein Eis. Sie bestellte einen Germknödel.

»Genaugenommen heißt das«, wandte ich ein, »daß nichts bei der Polizei angezeigt worden ist. Richtig?«

»Spitzfindig. Es sind ja ständig Streifenwagen draußen. Wir kennen die Lokale, in denen es nachts mit Sicherheit knallt. Wir haben unsere Obdachlosen in der Stadt, und an jedem Wochenende fahren jugendliche Idioten mit ihren Autos Rennen zwischen den Diskotheken aus. Seit drei Wochen keine Rennen mehr, meine Herren.«

»Darf hier im Landkreis noch Alkohol getrunken werden?«

»Selbstverständlich. Nur tun's die Leute nicht mehr. Oder um es genau zu sagen: Sie trinken sehr wohl, wir haben bei den Wirten nachgefragt –, aber sie tun es überlegt und in Maßen.«

»Unheimlich«, sagte Tom ergriffen.

»Das will ich meinen. Aber jetzt kommt der Hammer. Unsere Statistiken gehen ja raus an die übergeordneten Behörden – also zum Bezirk und hoch zum Land. Wie das so ist. Und jetzt raten Sie mal, was für Daten seit drei Wochen rausgehen?«

Ich riskierte es: »Normale.«

Ingrid nickte. »Exakt. Der Hauptkommissar nimmt den Stand der Zeit von vor drei Wochen, ändert hier was und dort was und gibt das raus. Und nun frage ich Sie: Warum tut der Mann das? Ich werd' euch sagen, warum: Hier stinkt's. Hier stinkt's ganz gewaltig.«

»Ja, aber was soll das?« fragte ich hilflos, während unser Nachtisch kam. Die Amerikanerin betrachtete verdutzt ihren kapitalen Germknödel. Wahrscheinlich kannte sie solche Formen nur als Silikonbusen aus der Praxis ihres kosmetischen Chirurgen.

»Das ist ja erst das eine«, sagte Ingrid kauend. »Das zweite sind die Zahlen über die Fluktuation der Bewohner. Da gibt es auch normale Werte und umgelogene. Die wahren stehen auf dem Papier hier. Sechshundertfünfzig Bewohner der Gegend haben sich abgemeldet, wollen also umziehen. Sechshundertfünfzig. Das sind so viele wie in den letzten fünf Jahren zusammen. Diese Zahl wurde in nicht einmal einem Monat erreicht. Drittens: die Grundbucheintragungen. Die Zahlen sehen Sie auf dem Papier. Hier findet derzeit ein Ausverkauf statt.«

»Das haben wir mitgekriegt«, sagte ich. »Der Schaukasten des Maklers in der Fußgängerzone wurde von Tag zu Tag voller. Jetzt hängen bereits zwei Kästen da.«

»Aber das ist absurd«, rief Tom und mäßigte sofort seine Lautstärke. »Das sind so ungewöhnliche Zahlen und Daten, die kann man nicht unter dem Teppich halten. Irgendwo im Einwohnermeldeamt oder im Grundbuchamt muß ein ordentlicher oder redlicher oder wahrheitsliebender Mensch sitzen, der diese Zahlen öffentlich macht.«

»Sitzt aber nicht«, sagte Ingrid und wirkte schlagartig deprimiert. »Die halten zusammen hier, so was habe ich noch nicht erlebt.«

»Moment mal«, sagte ich. »Wir reden hier über ungewöhnliche und meinetwegen sensationelle Ereignisse.«

»Also wenn die nicht sensationell sind ...«, begann Ingrid.

»Ja, gut. Aber wir reden doch über nichts Unrechtes oder? Über nichts Kriminelles. Erstens: In Füssen werden keine Verbrechen mehr begangen. Zweitens: In Füssen melden sich viele Menschen ab. Drittens: In Füssen werden viele Häuser zum Verkauf angeboten.«

»Der Immobilienmarkt bricht doch völlig zusammen«, sagte Ingrid.

»Schon möglich. Aber dann ist es doch höchstens Dummheit, wenn alle gleichzeitig ihre Häuser anbieten und die Preise kaputtmachen. Wo bitte ist das Kriminelle?«

»Mann«, sagte Tom, »hier gibt es nichts Kriminelles. Du bist auf der falschen Schiene. Hier steht etwas bevor. Hier bahnt sich etwas an. Das ist die Sensation.«

»Wo wollen die alle hin?« fragte ich. »Warum fragt man die nicht einfach?«

»Was meinen Sie, was ich getan habe?« sagte Ingrid. »Natürlich mit aller Vorsicht und Zurückhaltung. Die sind alle so freundlich und hilfsbereit, man faßt es nicht. Aber sie antworten einfach nicht auf meine Fragen. Und immer wieder geben sie mir zu erkennen, daß ich nicht von hier bin. Aber selbst das tun sie freundlich. Keiner wird ausfallend, keiner macht eine frauenfeindliche oder ausländerfeindliche oder einfach nur dusselige Bemerkung. Und ständig dieses Grinsen im Gesicht.«

»Bei Ihnen?«

»Bei denen. So was Sicheres, so was Siegessicheres.«

»Vielleicht stehen die alle unter Drogen.«

»Habe ich natürlich auch für möglich gehalten. Ist aber nicht der Fall. Ich war eineinhalb Jahre in Hannover bei der Drogenfahndung. Ich kenne die Anzeichen bei Rauschgift- oder Tablettenmißbrauch. Nichts. Die sind sauber. Sauber in einem sehr umfassenden Sinn, wenn Sie wissen, was ich meine.«

»Sie meinen so eine Heilsgewißheit?«

Sie blickte mich erfreut an und nickte.

»Komisch ist das schon«, murmelte Tom. »Daß die sich offenbar nicht bemühen, ihr Tun zu verheimlichen. Ich meine, wenn so viele Menschen in so kurzer Zeit das gleiche tun, ist das ja praktisch der Beweis, daß ihr Handeln gelenkt wird.«

»Wovon?«

»Moment. Also gelenkt wird. Man sollte annehmen,

daß es um einen hohen Einsatz geht. Menschenskind, wir reden hier Germknödel essend davon, daß mal eben inklusive Anhang vielleicht zweitausend Menschen ihr bisheriges Leben aufgeben. Sie verheimlichen es in gewisser Weise nicht. Aber sie schreien auch nicht öffentlich heraus, worum es geht. Da steckt also offenbar keine Sekte hinter. Darauf kommt man ja heutzutage immer als erstes. Sekten besitzen Heilsgewißheit, aber auf eine Art, die marktschreierisch ist, weil Sekten gleichzeitig immer auch Unternehmen sind. Beispiel Vatikan.«

»Aber wovon wird ihr Handeln gelenkt?« fragte ich. »Meistens gibt es bei so vielen Leuten ja eine Organisation, eine zentrale Instanz.«

»Einen Chef«, sagte Ingrid.

»Genau. Einen ideellen Gesamthauptkommissar. Gibt's den hier? Er oder sie tritt jedenfalls nicht in Erscheinung, oder?«

Ingrid schüttelte den Kopf.

»Und nun das Motiv«, fuhr ich fort und fühlte mich immer mutloser. »Mir fällt dazu einfach nichts ein. Wenn alles Akademiker wären oder alles Studenten oder Jugendliche oder Krebskranke und Depressive, wenn es irgendein Etikett gäbe, das man ihnen allen gemeinsam auf die Stirn klatschen könnte, dann hätten wir was. Haben Sie etwas in der Richtung festgestellt?«

»Nein«, sagte Ingrid, »die einzige Gemeinsamkeit ist der Wohnort. Von acht oder zehn Kilometer nördlich von Füssen bis runter zur Grenze.«

»Haben Sie Informationen über vergleichbare Bewegungen in Österreich?«

Sie blickte mich erstaunt an. »Das wäre ein Ding«, sagte sie, und wir erzählten ihr unser Erlebnis mit dem Umzug der Sippe Planer. Ingrid war begeistert und versprach, Erkundigungen einzuziehen.

»Gibt es denn Interessenten für die freiwerdenden Häuser? Wenn man Fähnchen in die Landkarte steckt für jedes Haus, gibt es irgendwo Nester und Schwerpunkte?«

»An was denkst du?« fragte Tom.

»Ich denke an einen Immobiliencoup. Oder ...« Ich genierte mich, aber es mußte heraus. »Oder Öl. An etwas unter uns, von dem jemand weiß, der daraufhin eine Kampagne anzettelt, die zum Ergebnis hat, daß Hunderte Eigenheimbesitzer ihr Eigentum verkaufen und der neue Besitzer nun im Besitz von dem ist, was nur er weiß.«

»Gold«, sagte Tom beeindruckt. »Gold und Edelsteine.« Mir war bekannt, daß in den Alpen Erz abgebaut worden war und Blei. Aber das war jedermann bekannt und hatte in früheren Jahrzehnten, in vergangenen Jahrhunderten stattgefunden. Abbau von Mineralien und Erzen findet in bergigem Gelände statt. Füssen selbst und alle Orte nördlich von Füssen lagen jedoch im flachen Alpenvorland. Gold und Edelsteine hielt ich für eine tote Spur und sagte Tom das auch.

»War ja nur eine Idee«, murmelte er. Er wirkte abwesend, druckste herum, dann sagte er: »Haltet mich für albern, haltet mich für blöd. Aber mich erinnert das ganze an Szenen aus einem Science-fiction-Film.« Er blickte uns für seine Verhältnisse extrem unsicher an und fuhr fort: »Auf der einen Seite ist die große weite Welt, die Regierung oder die Autorität, in einem Wort: die Macht. Auf der anderen Seite gibt es eine kleine Gruppe unbeugsamer Menschen ohne Angst, ohne Feigheit, ohne Geheimniskrämerei. Sie haben ein gemeinsames Ziel oder einen Plan oder beides. Das Ziel verfolgen sie in aller Seelenruhe, ohne Hektik, tagsüber, wenn die Sonne scheint. Versteht ihr, was ich sagen will? Das, was die vorhaben, muß etwas unglaublich Wichtiges sein. So was macht man nicht, wenn man einen Betriebsausflug vorbereitet oder das jährliche Schützenfest. Tausend oder zweitausend oder noch mehr Menschen sind vor unseren Augen dabei, ihr Leben radikal zu verändern. Das sind Menschen, die stinknormal sind: keine Revolutionäre, keine Dropouts, keine Wandervögel. Sie befürchten nichts, sie benehmen sich wie ...«

»Wir werden kitschig, Freunde. Wir lassen uns hinreißen«, sagte ich.

»Aber genau das ist es«, sagte Tom. Wir regen uns auf, wir zetern und sind unruhig. Die, um die es geht, strahlen eine Bierruhe sondergleichen aus.«

»Woher weißt du das denn?« sagte ich. »Wir kennen doch gar keinen. Hast du jemanden befragt?«

»Unruh gehört auch dazu.«

Wir starrten die Polizeibeamtin an.

»Bitte was?«

»Der alte Lehrer Unruh gehört auch dazu«, sagte Ingrid.

»Moment, Moment«, rief ich. »Erstens: Woher wissen Sie, daß wir mit Unruh geredet haben? Zweitens: Woher wissen Sie, daß Unruh zu . . . zu was auch immer gehört?«

Sie schien nicht zu begreifen, warum ich mich so echauffierte. »Na, woher wohl? Weil wir Sie natürlich beobachtet haben, deshalb. Was glauben Sie denn?«

»Das will ich Ihnen gern sagen. Ich glaube, daß ich als Bürger eines freien Landes in freier Weise meinem freien Beruf nachgehen kann, ohne von der Gestapo . . .«

»Na, na.«

». . . ohne von der Polizei bespitzelt zu werden.«

»Ich war dagegen«, sagte sie. »Aber Delius hat gemeint, wir müßten Bescheid wissen.«

»Bescheid wissen«, wiederholte ich fassungslos. Auf die Idee, neben vielen anderen unbekannten Augen auch von der Polizei bespitzelt worden zu sein, war ich noch keine Sekunde gekommen. Alle Antennen, die ich während vieler Berufsjahre entwickelt und die mich manches Mal vor bösen Überraschungen bewahrt hatten – in Neuschwanstein versagten sie. Woran lag das? Staunend saß ich vor meiner neu entdeckten Blauäugigkeit. War ich schon immer so gewesen, und es fiel mir nur heute erst auf? Oder wurde ich das Opfer eines Rückfalls in längst überwundene Jugendzeiten?

Ich sehnte mich plötzlich nach dem Söller des Thronsaals. Ich wollte beide Handflächen auf den Stein der Brüstung legen und spüren, wie die Kühle Körper und Stein verband. Ich wollte Alpsee und Schwansee sehen, ich wollte die Berge sehen.

Toms Kopf und der Kopf der Polizeibeamtin nickten sich fortgesetzt zu, möglicherweise krochen Wörter aus ihren Mündern heraus. Ich sah mich um. Alle Tische waren besetzt. Ich sah nach oben und begegnete der Sonne. Am Tegelberg waren Gleitflieger in der Luft, und auf dem Forggensee warf das Wasser hauchzarte Wellen. Boote schwammen, Vögel badeten, und ich dachte an Ricarda, mit der ich eine Nacht verlebt hatte, auf die ich nicht mehr gefaßt gewesen war. Ich kam mir nicht nur naiv vor in Neuschwanstein. Das mit Ricarda war nicht naiv. Die toten Menschen waren nicht naiv. Und dennoch schienen sie so weit weg. Dabei war kein Mensch auf der Welt dichter dran gewesen an den Sterbenden als ich. Einen hatte ich in meinen Armen gehalten, den anderen hatte ich sterben sehen. Ich wollte die Käseglocke abheben, wollte Luft und Wahrheit an meine Verletzungen lassen. Ich wollte auf den Söller, denn für unsere Reportage war auch morgen noch Zeit. Und ich wollte jetzt nicht aufstehen, wollte nicht so aufgeregt ans Wasser laufen wie Tom, wollte nicht Arme werfen, Köpfe recken, hinweisen, herweisen, an die eigene Brust klopfen, an fremde Männerbrüste schlagen, wollte nicht in aufgeregte Gesichter von Polizistinnen blicken, die mit Papier vor meinem Gesicht herumwedeln, die hinblicken, herblicken, die Papier in einen halb aufgegessenen Germknödel stopfen, die Tasche raffen, Blicke werfen. Und am Ufer macht ein Boot fest, hat festgemacht, liegt schon und läßt mich kalt; der laute Tom, Ausweis in der Hand, das kenne ich, wenn Tom zum Presseausweis griff, hatten alle Argumente versagt und Tom fuhr die formale Schiene, gern bei Beamten oder Beamtentypen, am liebsten bei Beamtentypen, die von Beruf Beamter sind. Die zwei im Hemd wischten Toms Presseausweis zur Seite und redeten gemeinsam auf unsere verfressene Polizistin ein. Eis am Kinn, Zorn im Auge. Und ständig wollte der eine vom Boot sie am Arm berühren. Sie wischte ihn weg, schüttelte ihn ab. Und es sah so aus, als wenn sie nach ihm treten würde.

»Nun hilf mir doch endlich, diese Mörder abzuschlachten!«

Diese Worte von Tom waren die ersten, die meine Ohren wieder erreichten. Ich wollte aufspringen, um ihm gegen die Polizisten von dem Zivilboot beizustehen. Aber ich kam nicht hoch, denn eine Stahlkralle packte meine rechte Schulter und drückte mich auf den Stuhl zurück. Die Hand war schwarz, hinter der Hand war eine Stimme: »Bleib sitzen, Mann. Bleib ganz cool.«

Ich wollte hoch, die als menschliche Hand getarnte Stahlkralle verstärkte den Druck. Ich blieb sitzen.

»Laß sie machen da vorn. Es sind Eingeweihte. Dein Freund soll sich nicht so aufregen. Sag ihm das. Nein, du redest jetzt nicht, du hörst zu. Wirst du zuhören?« Er hatte so eine Art zuzudrücken, die mir das Nicken erleichterte. »Wir brauchen euch.« Das waren seine Worte. Wenn ich mich an etwas wörtlich erinnere, dann an diese drei Worte.

»Warum lachst du? Bleib sitzen. Hör zu. Ihr sollt unsere Chronisten sein. Das ist eine ehrenvolle Aufgabe.«

»Chronisten von was, bitte schön?«

Am Ufer brüllten Tom und die Männer vom Boot aufeinander ein, und plötzlich blickte ich in die angstgeweiteten Augen der farbenfrohen Amerikanerin. Sie stand ein paar Schritte von dem Tisch entfernt, an dem sie mit uns gesessen hatte. Sie hielt den Teller mit dem halben Germknödel in der Hand.

»Ihr arbeitet für die amerikanische Presse«, sagte die schwarze Hand. »Ihr werdet die Welt informieren.«

»Wovon reden Sie?«

»Morgen nacht findet das Treffen statt, auf dem alles beschlossen wird. Morgen nacht sehen wir die neue Heimat. Ihr werdet dabeisein. Ihr werdet berichten.«

»Was?«

»Morgen Nacht. Das Treffen.«

»Wo?«

»Na, im Schloß.«

»In Neuschwanstein?«

»Wo sonst?«

»Warum tun Sie so nett zu mir, wenn Sie mich erst im Schloß beklauen?«

»Ich habe nicht gestohlen. Ich habe Ihnen einen Hinweis gegeben.«

»Den ich nicht verstanden habe.«

»Den Sie nicht verstehen konnten. Aber wir konnten in den folgenden Tagen hören, wie Sie und Ihr Freund darauf reagieren. Das war die Prüfung, die Sie bestehen mußten. Halt, bleiben Sie sitzen. Sie haben nichts zu befürchten, Sie müssen nur unseren Vorschlag annehmen. Unbedingt.«

»Aber die Fotos, ihr habt mir die Fotos weggenommen, wo die Gangster drauf waren, die uns am ersten Abend in Füssen bedroht haben.«

»Es ist möglich, daß jemand übereifrig war«, sagte die schwarze Hand beruhigend, während vor mir die Männer vom Boot ihrer Kollegin galant je einen Arm anboten. Sie kletterte auf das Boot. Tom stand daneben und sah sich das an. Dann boten sie ihm die Hand, und Tom stand auf dem Boot. Ich wollte hoch, wieder die Stahlkralle. Das Boot nahm Fahrt auf, Tom hatte nicht einen Blick zurückgeworfen.

»Wo fährt er hin?« fragte ich. Mittlerweile wollte ich der Kralle gar nicht mehr ins Gesicht sehen. Ich wußte ja, wie sie aussah. Ich wußte, daß er seine niedliche Tochter nicht dabeihaben würde.

»Überlegen Sie, ob er zuverlässig ist«, sagte der Schwarze mit der bayerischen Farbe in seinem perfekten Deutsch. »Wir würden ungern auf ihn verzichten. Aber er muß zuverlässig sein. Sie teilen der Welt mit, was die Welt wissen muß. Verspannen Sie sich nicht. Sehen Sie die Sache positiv. Viele waren berufen, Sie wurden auserwählt.«

»Haben Sie – habt ihr uns belauscht?«

»Wir mußten sichergehen.«

»Ich habe eine Frage gestellt.«

»Sie ist beantwortet worden.«

»Wie habt ihr das angestellt? Wir haben uns vorgesehen. Mit welcher Technik arbeitet ihr? Ihr Dreckskerle! Spielt euch wunder wie auf und benehmt euch wie ordinäre Spitzel.«

Und dann passierte, was ich heute noch manchmal auf

der Haut zu spüren vermeine: Die schwarze Hand streichelte mich. Erst meine Haare, dann meine Wange, meine rechte Wange. Dann wechselte sie wieder zur Daseinsform einer Stahlkralle über. »Laß mich los!« rief ich, während vor meinen Augen ein Kellner den Tisch abräumte. Die Amerikanerin war verschwunden.

»Ich werde bedroht«, rief ich dem Kellner zu. »Helfen Sie mir!«

Der Kellner richtete sich auf, als wenn er meine Stimme nicht exakt zu orten vermochte. Wir standen zwei Meter voneinander entfernt. Dann fand mich sein suchender Blick, und die ganze Zeit über hatte ich nicht das Gefühl, daß er sich dumm stellte. Ich hatte das Gefühl, daß er mich wirklich gesucht hatte und wirklich erst in diesem Moment fand.

»Mein Herr!« sagte er fragend und neigte leicht den Kopf.

»Befreien Sie mich von dem Kerl hier! Er belästigt mich. In Ihrem Lokal. Werfen Sie ihn hinaus. Er pöbelt Ihre Gäste an.«

Der Kellner lächelte. »Aber ich bitte Sie, mein Herr. Rustimo verhält sich untadelig.«

»Wer ist Rustimo?« fragte ich verdutzt. Der Kellner blickte mich besorgt an. Da wußte ich, wer Rustimo war.

»Darf ich sonst noch etwas für Sie tun?« fragte der Kellner und war schon dabei, den nunmehr freien Tisch mit geübten Bewegungen von Krümeln zu befreien. Dann ging er.

Ich saß mit dem Gesicht zum See, hinter mir – das sah ich nicht, aber ich hörte es – ging der Spätsommernachmittagsbetrieb weiter, als wenn nichts geschehen wäre. Und vielleicht war ja wirklich nichts geschehen. Außer mir sah ja niemand die Ordnung gestört. Nur ich – außer mir keiner – ich als einziger –

»Ich will aufstehen.«

»Sie bleiben sitzen«, sagte die schwarze Hand.

»Aber wie habt ihr uns ausgeforscht? Wie? Habt ihr etwa auch letzte Nacht . . . Ihr Dreckschweine! Ihr . . .«

»Ich bitte Sie. Enttäuschen Sie mich nicht. Wir wissen, wann wir uns zurückzuziehen haben. Sie waren gestern nacht in der Hütte ganz für sich.«

Ich glaubte es ihm. Es warf mich um, aber ich glaubte ihm. Da kam ein Schwarzer, der mich bestohlen hatte, brach mir fast das Schlüsselbein, erzählte mir Dinge, die ich zu achtzig Prozent nicht begriff und zu zwanzig Prozent als Bedrohung verstehen mußte, teilte mir ohne Aufregung mit, daß wir vier Tage lang unter Dauerbeobachtung gestanden hatten, und ich glaubte ihm. Während wir und Ricarda unsere Körpersäfte ausgetauscht hatten, hatten sich die Vasallen der schwarzen Hand im Wald die Beine vertreten.

»Warum schütteln Sie den Kopf?« fragte die Stimme. Ich spürte, wie er einen Stuhl neben meinen stellte und sich setzte. Ich sah ihn kurz von der Seite an. Er war der Mann, der mir im Schloß die Spur mit dem Campingplatz, dem Paar und der Provision zugeflüstert hatte. Ich fühlte mich benutzt, mißbraucht und ferngelenkt. Aber ich hatte Respekt vor ihm, und daran war nur dieses niedliche Kind schuld.

»Sie lächeln«, sagte er scharfsinnig, und ich sagte zu mir und nicht zu ihm: »Du bist ja so was von kitschig. Drück einem Schurken einen niedlichen kleinen Mohren in die Arme, und du schmilzt dahin.«

»Wie Schokolade.«

»Wie ein Gehirn, das zu lange in der Sonne gelegen hat.«

»Sie sind kokett wie alle Journalisten.«

»Aber ich bin dümmer als alle anderen Journalisten. Viel dümmer.«

»Ich kenne dümmere.«

»Das sind dann keine Journalisten.«

»Sie werden uns bald verstehen«, behauptete er. Er klang sicher, er spielte mir nichts vor. Er mußte keinen entlarvenden Beiklang, kein Zittern in der Stimme unterdrücken. Er gab sich, wie er war. Er war ein Fels. Ich war der Blätterhaufen, mit dem der Wind alles anstellen kann.

Er kann eine Windhose aus ihm bauen oder einen Blätterringelreihen, er kann die Blätter liegen und verrotten lassen, und er kann sie in alle Winkel der Welt auseinanderjagen. So sicher wie Rustimo hatte ich bisher nur zwei Bevölkerungsgruppen reden hören: Politiker und Verrückte. Und manchmal Diana.

»Was geht hier vor?« fragte ich leise.

»Etwas, was die Welt noch nicht gesehen hat.«

»Wird die Welt besser durch das, was sich hier abspielen soll?«

»Die Welt braucht Träume. Die Welt braucht den Beweis, daß Träume wahr werden können. Wir liefern den Beweis.«

»Das wäre eine große Tat.«

»Was hundert Jahre Vorbereitung braucht, wird eine große Tat. Oder es war die Vorbereitung nicht wert.«

»Mann, ist Ihnen eigentlich klar, daß in meinen Armen ein Jugendlicher erschossen worden ist?«

»Alle bedauern das. Wir bedauern auch den Blitz, der in das Haus einschlägt.«

»Es war also ein Unglück, häh?« Er beantwortete die Frage nicht. »Heute morgen ist drüben in der Steilwand ein Schloßführer explodiert.«

»Ihrem Freund wird in diesen Minuten gezeigt, was die wahren Hintergründe des Zwischenfalls waren.«

»Und? Was waren sie? Ein defektes Blitzlicht? Mann, wem wollen Sie das eigentlich erzählen? Vollidioten?«

»Warten Sie ab. Lassen Sie sich von Ihrem Freund berichten. Auf Sie kommt eine Reise zu. Ich muß nun gehen. Es gibt noch einiges vorzubereiten.«

»Wer hat bei euch das Sagen? Gibt es Häuptlinge?«

»Wir haben einen König, wir tragen sein Vermächtnis in uns. Wir brauchen keine Lenkung durch Menschen, die nur durch Machtausübung Befriedigung empfinden.«

»Und die Reise? Wie weit wird sie gehen? Ich muß Rücksichten nehmen, ich habe Familie.«

»Entschuldigen Sie, wenn ich Ihnen widerspreche, aber Sie haben keine Familie.«

Es war gut, daß ich saß, denn mir wurden die Beine weich. »Mann, Sie reden irre.«

»Pardon, ich muß erneut widersprechen. Aber Ihre häuslichen Verhältnisse stellen sich uns so dar, daß eine längere Abwesenheit keinen schwerwiegenden Eingriff in Ihre häuslichen Verhältnisse bedeuten würde.« Der schwarze Mann lächelte.

»Was tun Sie, wenn wir sofort abreisen?« fragte ich.

Er stand auf, blickte über den See, wo es nichts zu sehen gab, und sagte: »Wenn ich mich so geirrt haben sollte . . .« Er ging zum Ausgang des Restaurants.

Ich drehte mich um und rief laut: »Wie kommen Sie zu diesem komischen Namen?«

Die Tische waren gut besetzt. Das Essen, Trinken, Plaudern und Sonnenbaden nahm seinen ungestörten Fortgang.

»Den König im Herzen!« rief Rustimo. »Daraus ergibt sich alles weitere.« Dann ging er.

Ich schloß die Augen und faltete die Hände auf meinem Bauch.

Sonne, Wasser, Menschen, eine Atmosphäre der Gelöstheit und Harmlosigkeit – aber nur für die Gleitflieger, die von morgens bis abends am Himmel klebten. Wenn man dichter dran war, bekam die Fassade Risse; und wenn man noch dichter heranging, hatte man plötzlich selbst einen Riß.

Die Begegnung mit Rustimo hatte mir gerade noch gefehlt. Bisher war ich mir bei aller Unklarheit im Detail stets erfahren und weltläufig vorgekommen. Alle ungelösten Probleme hatte ich für prinzipiell lösbar gehalten. Alles war eine Frage der Zeit. In sechzehn Jahren Berufspraxis hatte ich noch alles herausgekriegt, was mir wichtig erschienen war. Und nun dies: Vier Tage lang war ich eine Marionette gewesen, von morgens bis abends unter Beobachtung. Was ich getan hatte, was ich gesprochen hatte, wo ich mich gekratzt hatte – sie hatten alles gesehen, gehört, gerochen, gewußt. Die Feder in mir war bis zum Anschlag aufgezogen. Ich zwang mich, bewußt zu atmen, ich konzentrierte mich auf mein gutes altes Herz. Ihm tat so viel Aufmerksamkeit nicht gut, es rumpelte und pumpelte. Es wollte in Ruhe gelassen werden.

»Entschuldigen Sie, ist hier noch frei?«

Ich öffnete die Augen, vor mir stand ein Urlauberpaar und strahlte Harmlosigkeit aus.

»Nein, hier ist alles besetzt!«

Sie blickten auf den leeren Tisch und die freien Stühle, sie sagten »Entschuldigen Sie« und verzogen sich. Ich wollte jetzt kein Spätsommergequatsche um mich haben, keine nervtötende Diskussion über die Wahl von Apfelkuchen oder Pflaumenkuchen. Ich wollte nachdenken und dabei klüger werden. Aber ich konnte nicht länger stillsitzen. Am liebsten wäre ich um den See gelaufen, so lange, bis ich Blut spucken würde. Ich dachte an Ricarda. Ricarda hatte ich glücklich gemacht, daran glaubte ich immer noch. Aber Tom hatte sie auch glücklich gemacht; vielleicht hätte sie in dieser Nacht jeder hergelaufene Studienrat glücklich gemacht.

»Immer mit der Ruhe«, sprach ich halblaut in Richtung See. »Immer schön der Reihe nach. Bitte alle Rätsel nach dem Alphabet aufstellen.«

»Mami, der Mann da redet mit sich selbst. Mami, ist der Mann betrunken?«

Ich sprang auf, der Stuhl stürzte um. Ich blickte zwischen Stuhl und Nachbartischen hin und her. Wie sie versuchten, so zu tun, als ob nichts geschehen wäre! Wie sie meinem Blick auswichen und sich in dummes Gequatsche flüchteten. Wie gern hätte ich jetzt einen Streit angezettelt, mit einem verdatterten Opfer, dem ich seine Durchschnittlichkeit in den feisten Hals stopfen konnte, damit es daran erstickte.

»Ist was?« rief ich in die Runde. Aber keiner ging auf das Angebot zum Kampf ein. Sie wollten Sonne und Kuchen und Ruhe. Sie wollten keine Wahrheit, wollten sich nicht kümmern, wollten weiterdösen, bis Freund Hein in drei, vier, fünf Jahrzehnten mit der Sense über der Knochenschulter vor ihrer wetterfesten Eigenheimtür stehen und die letzte Runde einläuten würde. Dann würden sie in Ruhe mitgehen, denn der Ehepartner wußte ja, daß die wichtigen Papiere im Ordner mit der Aufschrift »Verträge, Familie« abgeheftet waren.

»Ihr seht alle so was von daneben aus«, rief ich und registrierte zufrieden, wie die ersten an vorzeitiges Verlassen des Lokals dachten, indem sie Hunde und Kinder zu sich pfiffen. Und da stand er, der Kellner, der wußte, wer Rustimo war.

»Haben der Herr noch einen Wunsch?« fragte er und versuchte mich diskret abzudrängen.

»Haben der Herr!« äffte ich ihn nach. »Lern erst mal richtig Deutsch, du Furz. Und faß mich nicht an, sonst ertränke ich dich im See. Du sollst mich nicht anfassen!« brüllte ich.

»Ist ja gut«, flüsterte der Kellner und zwinkerte mir vertraulich zu. Aber zum Vertraulichwerden gehören immer zwei, und ich wollte nicht vertraulich werden, nicht mit einem Kellner. Ich mochte Kellner nicht, hatte mein Leben lang unter ihrer Dreistigkeit gelitten. Kein Berufsstand hat mich ähnlich oft betrogen wie Kellner. In keinem Berufsstand sieht jeder zweite aus wie ein Versicherungsaußendienstmitarbeiter, und die mochte ich auch nicht.

»Ich begleite den Herrn zum Parkplatz«, flüsterte er mir zu, und ich riß meinen Arm los. Er ließ es sich nicht nehmen, tatsächlich bis zum Parkplatz mitzukommen, und ich blaffte ihn an: »Wie sieht's mit Bezahlung aus? Willst du mich ins Auto setzen und dann als Zechpreller anzeigen, oder was?«

»Zechpreller?« Er riß seine dummen blauen Augen über dem unseriösen Schnurrbart bis zum Anschlag auf. »Aber die Rechnung ist beglichen.«

»Quatschkopf!«

»Für Rustimo war es eine Ehre.« Wir erreichten den BMW, der Kellner warf einen Blick darauf – und brach im nächsten Moment in den Knien ein. Ich hielt ihm unwillkürlich einen Arm hin, weil ich zu nett war, um ihn auf die Schnauze fallen zu lassen.

»Aber das habe ich ja nicht gewußt . . .«, stammelte er und gaffte den Wagen an. Ich hielt ihn für einen dieser wildgewordenen GTI-Fahrer, die davon träumen, BMW zu fahren, es sich aber nicht leisten können, weil zu Hause Ehefrau, Zwillinge und Fünfmeter-Schrankwand auf Abzahlung warten.

»Sie also auch«, sagte er und klebte mit den Augen an der Motorhaube.

»Die Kratzer hat uns ein Österreicher beigebracht«, sagte ich. Als er mir seine Augen zuwandte, war zum Bemühen um Korrektheit eine umwölkte Bewunderung hinzugekommen, die mir angesichts eines Mittelklassewagens abgeschmackt vorkam. Ich stieg ein, versuchte während des Startens und Wendens das ehrfürchtige Glotzen zu ignorieren. Aber ich mußte dicht an ihm vorbei, und er schickte mir mit erhobenem Daumen eine triumphierende Geste hinterher. Der Kerl liebte mich.

8

Ich fuhr auf das Ende einer Autoschlange auf und gewann so Zeit, mich zu sammeln. Ich griff nach hinten, packte Chronik und Schlösserbildband auf den Beifahrersitz. Etwas stand bevor, und ich war eingeladen, dabeizusein. Nur als was? »Als Chronist«, hatte Rustimo gesagt. Ich kannte die Mediengeilheit vieler Menschen. Ihre Eitelkeit ließ sie jedem Reporter auf den Arm springen. Solche Umarmungsversuche hatte ich hundertfach erlebt. »Ich hab' was für euch«, hieß es meist. Aber sie hatten nie etwas. Es lief nur jedesmal darauf hinaus, sie zu fotografieren oder eine Story über sie zu schreiben: Wie schön sie waren, wie einzigartig und einflußreich, potent und clever. Es war langweilig, aber die Menschen waren so. War auch Rustimo so?

»Schlaft nicht ein da vorn!« rief ich. Es war Freitagnachmittag. Mit Staus mußte man rechnen. Aber ich hatte keine Lust auf Staus. Staus waren so gewöhnlich, und mir stand Ungewöhnliches bevor. Mir und Tom.

Der Schauplatz war Neuschwanstein. Seit heute morgen war noch ein zweiter Name im Gespräch: Falkenstein, die Burg, die nie gebaut worden war. Stefan, der Bruder des Erschossenen, hatte den Namen Falkenstein als erster genannt. Oder war es ein anderer gewesen? Der Bankier? Es passierte zuviel in zu kurzer Zeit. Wir hatten uns den Felsen angeguckt und danach in Pfronten einen Mann entdeckt, der angeblich kurz vorher zu einer Weltreise gestartet war. Der Mann war Fotograf, Fotograf in Füssen. Damit war er für mich Teil der Geheimgesellschaft. Seine Anwesenheit in der Nähe des Falkenstein konnte Zufall sein oder nicht. Wenn nicht, hatte der Falkenstein etwas mit der Geheimgesellschaft zu tun. Dann hätten auch Falkenstein und Neuschwanstein etwas miteinander zu tun. Ich kannte nur eine Verbindung: König Ludwig II. Ich blickte mich um, wir verpesteten die Luft im neuen Teil Füssens: gediegen hingesetzter Wohlstand in Stein mit Vorgärten, ohne Waschbeton und Wagenräder. Es ging einfach nicht weiter, ich vertiefte mich in Bilder und Zeiten.

Falkenstein verhielt sich zu Herrenchiemsee und Neuschwanstein wie die Garage zum Eigenheim. Ein bescheidener Grundriß von 24 mal 15 Metern, der Hauptbau in drei Etagen, im Erdgeschoß die Küche und Räume für Diener. Ludwig hatte zu diesem Zeitpunkt, 1884 und 1885, längst jeden Gedanken an Repräsentation, an Strahlkraft nach außen aufgegeben. Er wollte nur noch für sich und seine Visionen leben.

Der Stil: Gotik. Das Schlafzimmer: Byzanz. Aber, Himmel, was für ein Schlafzimmer. Ich hatte in meinem Berufsleben einige Paläste von Neu- und Altreichen gesehen. Wer je in einem Mafia- oder Hollywood-Schlafzimmer gestanden hat, weiß, zu was menschliche Geilheit und geschmackliche Verirrung fähig sind. Ich hatte Schlafzimmer gesehen, in denen die Wände abwaschbar waren. Ich hatte romantische Kuschelecken erlebt, für die

Tausende von Angorakaninchen ihr Leben hatten lassen müssen. Workaholics hatten das Regiepult für die Mitarbeiterführung samt Telex, Fax und Satellitenfunk in die Bettkonsole einarbeiten lassen, so daß sie zeitgleich mit dem Unterleib die Menschheit und mit dem Oberleib den Mehrwert mehren konnten. Ich hatte Schlafzimmer erlebt, die eine überdimensionierte Bettwurst waren, und Schlafzimmer, in denen selbst die Matratzenauflage verspiegelt war. Aber ich hatte noch nie ein Schlafzimmer gesehen, das eine Kirche war.

Ludwigs Schlafzimmer auf Falkenstein war eine Kirche. Eine Kirche im byzantinischen Baustil mit einer Apsis, wie ich sie im Thronsaal von Neuschwanstein gesehen hatte. Dort sollte einst der Thron stehen. In Falkenstein stand dort das Bett mit Baldachin. Weißer Marmor, goldene Säulen, ein Falke aus Alabaster spielt Lampe. Die Wände getränkt mit Schmuck und Farbe, Goldtöne, bis das Auge sich abwendet oder das Licht verlöscht. Die Kuppel bemalt mit tiefblauer Nacht und güldenen Sternen. Höhe des Himmels: 14 Meter. Neben dem königlichen Bett auf der einen Seite ein Flügelaltar, auf der anderen Seite ein Waschtisch. Im Fußboden ein Mosaik aus Marmor nach dem Vorbild des Kaiserpalasts von Konstantinopel. In der Mitte des Mosaiks ein angeberischer Pfau. Grüne Bäche strömen in die vier Raumecken. Zwischen den Bächen: Adler in der Luft.

»Ja, was ist denn?« fragte ich erschrocken. Ein fliegender Händler war zwischen den wartenden Autos unterwegs. Erst dachte ich, er würde mir Popcorn oder Blumen andrehen wollen; auch Zeitungen und Eis hielt ich für möglich. Aber es war eine fliegende Händlerin von 17, 18 Jahren, und sie hielt mir lächelnd ein kleines Etwas vor die Frontscheibe. Es war von der Größe einer Votivtafel, DIN-A5-Format, Rahmen in Schnitzimitation, abbildend in vier Feldern Herrenchiemsee, Neuschwanstein und Falkenstein; Feld vier war dem Motto vorbehalten: *Was königliche Phantasie erdacht / wird ewig bleiben.*

»15 Mark«, lachte mich das frische Mädchengesicht an.

Ich fühlte mich da noch eher gestört als animiert und wollte sie abwimmeln, zumal in diesem Moment auch wieder etwas Bewegung in den Stau kam. Doch plötzlich fixierte das Mädchen meine Motorhaube, und wieder sah ich eine Verwandlung, netter als in der Visage des Kellners, aber im Ausmaß der Überraschung vergleichbar. Das Mädchen reichte mir das Bild in den Wagen, und als ich – mehr gerührt über ihre Hartnäckigkeit als überzeugt von der Qualität des Produkts – zu den Scheinen in meiner Brusttasche greifen wollte, legte sie mir das Bild in den Schoß, schenkte mir einen Blick, der wärmer war als die Sonne, und sprach dazu die Worte: »Das ist für dich. Für uns. Willkommen.«

Ich blickte im Außenspiegel auf ihren Rücken und sah sie auf meinen Hintermann zusteuern. Dann betrachtete ich das Bild in meinem Schoß. Es war noch nicht einmal kitschig, es war einfach nur Schrott. Fabrikneuer Schrott. Natürlich verstand ich wieder nichts. Was war das für ein Ort, in dem der Anblick ramponierter Autos kollektive Anfälle von Mitleid erzeugte? Ich entfernte die Ansichtskarte im Plastikrahmen aus meinem Gesichtskreis und kehrte in Ludwigs Schlafzimmer zurück.

Die Wände wimmelten von Liebespaaren: Lohengrin und Elsa, Siegfried und Brunhilde, Tristan und Isolde. Danach ins dritte Geschoß. Der Festsaal wartet schon: fünf Wandgemälde, fünfmal Orlando furioso, der legendäre rasende Roland, Ariosts Epos, 16. Jahrhundert. Zwischen Buch und Vordermann blickte ich in den Abgrund der Zeit, dorthin, wo die Reste meiner hochpubertären Jugend lagen, Sturm und Drang, eine scheue Julia, ein stürmischer Lyriker, der zur Klassik griff, um Julia mitzuteilen, wozu seine eigenen dramatischen Fähigkeiten damals nicht ausreichten – und später auch nie mehr.

Orlando war mein Mann. Orlando gehorchte Kaiser Karl. Kaiser Karl bekämpfte Agramante, der aus Afrika gekommen war, um in Frankreich blutige Ernte zu halten. Orlando hatte Freunde: andere Ritter, Freunde der Frauen wie er selbst. Ich beneidete Orlando, denn das hatte ich alles nicht, vor allem keine Frauen. Nicht einmal eine. Ich hätte eine häßliche genommen, eine, die übriggeblieben war beim globalen Gebalze. Ich hätte ihr gegeben, was ich vermochte. Daß es nicht viel sein würde, war mir klar und wäre auch ihr schnell klargeworden.

Häßlichkeit macht dankbar, so dachte ich mir das und folgte Orlando zu den Abenteuern im Schloß des Zauberers Atlante. Der ging mit den Rittern um wie das Leben mit mir: gemein, raffiniert, immer noch eine Täuschung im Ärmel. Das Schloß als Welt: lange Wege, verschlossene Türen, tote Ausgänge, die Hoffnung hinter der nächsten Biegung, dann wieder hinter der nächsten und so weiter ad infinitum. So lebte ich damals und beneidete Orlando und seine Jungs um Angelica, die schönste Frau der Welt. Ich hätte auch Olimpia und Alcina genommen, mit denen ich sprach, während ich mir im Badezimmer Pickel auf dem Rücken ausdrückte. Angelica wäre natürlich die Krönung gewesen. Sie nahm jeden Ritter, der nicht schnell genug fliehen konnte. Aber wer wollte schon fliehen, wenn Angelicas Elfenhand nach ihm griff? In ihren Händen wurden die toughen Ritter Wachs. Aber erst wurden sie überall hart und ganz besonders an einer Stelle, um die damals mein Bewußtsein kreiste, wenn es nicht gerade am Tisch saß und Endreime herbeizwingen wollte.

Manchmal gelangen mir Verse, dann ließ ich Orlando furios um Angelica werben. Sollte er sie weichklopfen, bevor dann Trompeten ertönten und Herolde sich heiser schrien, denn dann trat ich auf, der einzige Pubertierende auf der Welt mit einem funktionierenden Endreim. Sollte Angelica sich noch mal ordentlich ausleben und Orlando an der edlen Nase herumführen. Wenn ich ihr meine Verse vorgelesen hatte und sie sich von der Erschütterung erholt haben würde, war Schluß mit dem frivolen Rittervernaschen. Ich war nur für die Einehe geeignet. Angelica mußte sich entscheiden: das grobe Blech der Ritterrüstungen oder das zierlich gehämmerte Edelmetall meiner Endreime.

Astolfo hieß der Engländer, der den Christen zu Hilfe

kam. Von ihm wußte ich nichts mehr, außer daß er mächtig dreinschlagen konnte und natürlich, daß er dem rasenden Orlando half, als dieser an Angelica zu verzweifeln drohte. Fünf Gemälde im Festsaal von Falkenstein: Empfang Rogers in den Zaubergärten durch Alcine; Befreiung Angelicas; Flug Rogers (womit Orlando gemeint ist) mit Angelica auf dem Flügelpferde; Bradamante in der Grotte Merlins; Turnierkampf zwischen Roger und Mandricard. Wohlgefällig ruhte mein Blick auf der »Befreiung Angelicas«. Wie verlockend ihr nackter gefesselter Körper dem sich geil heranschlängelnden Ungeheuer dargeboten war. Solche Bilder hätte ich damals gebraucht, dann wären mir Endreime noch und noch zugeflogen. Ich hätte auf dem Bett liegend gedichtet, denn eine Hand hatte ich immer frei gehabt, wenn auch selten mehr als eine.

Verrückt war Orlando geworden, als er sah, welches Schindluder Angelica mit seinen Gefühlen getrieben hatte. Ein Ritter war ihr so gut gewesen wie der andere.

Mir fiel Ricarda ein. Vielleicht liebte sie einzelne Journalisten, weil sie den Berufsstand der Journalisten mochte. Glückliche Füssener Provinzredakteure, aber ein bißchen weite Welt mußte wohl schon sein, damit Malerin Ricarda die Pinsel wechselte. Verrückt geworden war Orlando, und weil er seinen Verstand nicht mehr brauchte, störte es ihn auch nicht, daß der Verstand auf dem Mond landete. Der verwegene Astolfo machte sich auf den weiten Weg und holte den Verstand zurück, denn Orlando mußte ja noch die entscheidende Schlacht gegen die Heiden schlagen. Mir dachte daran, wie Astolfo zum Mond gelangt war: Johannes, bekannt aus der Bibel, hatte ihn in einem Wagen mit sagenhaftem Antrieb dorthin befördert. Den Johannes hatte er auf dem Berg des Paradieses getroffen. Und dorthin war Astolfo gelangt auf dem Rücken des Pferdes mit den Flügeln, und der Name des Pferdes war Hippogryph.

»Nicht einschlafen, der Herr!«

Ich tauchte auf, blickte hoch. Auf der Kreuzung stand ein Mann und winkte uns einladend aus unserer erbärmlich verstopften Nebenstraße. Der Mann trug die Uniform der Coalition, und ich fuhr womöglich die Kurve etwas weit aus. Plötzlich stand der Polizist dem BMW sehr nahe. Er blickte auf meine Wagenschnauze, und ihm fiel vor Überraschung der Unterkiefer herunter. Das liest man oft, und es geschieht so selten. Bei dem Privatpolizisten geschah es. Ich winkte ihm entschuldigend zu und machte, daß ich wegkam.

Die Redaktion der Lokalzeitung fand ich sofort. Die Kartons in den Fluren der Lokalzeitung erkannte ich sofort, weil ich im Leben sechzehnmal umgezogen war.

»Wo soll's denn hingehen?« rief ich einer Endvierzigerin zu.

»Keine Zeit, keine Zeit!« rief sie im Laufen und eilte mit zwei Armen voller Aktenordner Richtung unbekanntes Ziel. Ich arbeitete mich durch die zugestellten Flure.

»Geschlossen!« rief eine Männerstimme, die hinter einem Gebirge von Umzugskartons versteckt war. Ich klopfte ein zweites Mal an den Türrahmen und trat an einen der drei Schreibtische. Die Zeitung sah ich sofort. Ich habe einen Blick für Papier. Das Blatt war dick, noch dicker als eine Wochenendausgabe, die zu zwei Dritteln aus Stellenanzeigen besteht. Das Trumm trug den Kopf der Lokalzeitung, aber die Seite eins kümmerte sich nicht um das aktuelle Weltgeschehen. Das Bild von Schloß Neuschwanstein war vierfarbig und stammte aus dem Herbst. Die Bäume brillierten in Grün-, Gelb- und Rottönen. GEDENKAUSGABE las ich klein im Zeitungskopf.

»Halt mal!« rief ich der Frau hinterher. Aber sie war nicht zu stoppen. Ich blickte hinter das Kartongebirge. Kniend schielte mich ein Männchen an, das ich sogleich als Kollegen erkannte.

»Wo soll's denn hingehen?« fragte ich noch mal.

Das Männchen kam in die Höhe, es sah mickrig aus. So hatte ich mir den ersten Einheimischen vorgestellt, den ich am Schlafittchen packen und so lange schütteln wollte, bis einige erhellende Wörter herausfallen würden. Das

Männchen wollte an mir vorbei, aber es kam nicht vorbei, weil ich im Weg stand. Sofort begannen die Augen des Männchens zu irrlichtern.

»Lassen Sie mich durch! Ich hab's eilig!«

»Wieso denn? Hier sieht mir nichts nach Redaktionsschluß aus. Wo stecken denn die Kollegen?«

Er drängelte ein bißchen, aber ich rempelte ihn problemlos zwischen die Kartons zurück. Er hatte nun bereits massiv Angst, das paßte mir gut ins Konzept. Im Hintergrund war Ruhe. Also griff ich zu.

»Sie!« rief das Männchen und schloß vor Angst die Augen. In dem Moment, in dem ich den Spiddel an den Aufschlägen seiner Sommerjacke gepackt hielt, kam mir die Szene schwach vor. Ich ließ ihn los, er hatte wohl nicht so schnell damit gerechnet, verlor den Halt und prallte gegen die Kartons.

»Sie! Sofort lassen Sie das!« bellte mich die Endvierzigerin an. Ihr Gesicht war gerötet vom Aktenschleppen, und ich fragte: »Warum arbeitet hier keiner?«

»Weil die Zeitung fertig ist, Sie Klugscheißer.«

»Wann wird hier denn wieder gearbeitet?«

»Sind Sie von der Gewerkschaft? Natürlich sind Sie nicht von der Gewerkschaft. Verlassen Sie bitte die Räume. Sie haben hier nichts zu suchen.«

»Stammen Sie von hier?«

Sie zögerte einen Moment, bevor sie sagte:

»Möglich. Nun also bitte.« Sie wedelte Richtung Ausgang. Ihre Bluse war unter dem Arm durchgeschwitzt, aber diese milde Form der Auflösung stand ihr nicht übel. Im Gesicht hielten die Make-up-Schichten Nase und Wange staubtrocken. Wir standen jetzt sehr dicht beieinander. In manchem Film hatte ich den männlichen Helden der weiblichen Heldin in solcher Situation um die Hüfte greifen und sie für einen Kuß nach hinten biegen sehen. Doch wir waren nicht allein, der Spiddel hockte zwischen den Kartons, und ich hielt es für möglich, daß er mir unerwartet auf den Rücken springen würde. Ich traute Männern nicht, die ein Männerleben lang unter den Unzulänglichkeiten ihrer Physis gelitten hatten. Da baut sich etwas auf, und das will eines Tages heraus.

»Ich bin ein Kollege«, sagte ich.

»Wer's glaubt«, sagte die Endvierzigerin.

Ich nannte ihr meinen Namen. Ich habe das in sechzehn Berufsjahren nicht mehr als zwanzig, dreißig Mal gemacht. Mit Sicherheit nicht häufiger als fünfzig Mal.

»Ist wahr?« fragte sie und mühte sich, aggressive Distanz in ihre Stimme zu legen. So hörten sich Stimmen an, die ums Verrecken nicht zugeben wollen, daß sie beeindruckt sind.

»Fragen Sie Ihre Kollegen«, sagte ich lässig. »Ich war schon mal hier. Vor zwei, drei Tagen. Da hat mir keiner was von einem Umzug erzählt.«

Ihr Blick wackelte. Ich hätte noch zwei Sätze gebraucht, und sie hätte mir etwas erzählt, ob bewußt oder aus Versehen. Aber ich erhielt keine Gelegenheit für die zwei Sätze.

»Können wir helfen?« ertönte eine dieser unangenehmen Stimmen, die hinten immer schon den Knüppel zieht, während sie vorn noch verbindlich tut. Eine Frau und ein Mann in den Jacken der Coalition standen im Büro.

»Sie gehen wohl mittlerweile in jedem Haus ein und aus«, begrüßte ich die Ordnungshüter.

»Wenn wir erscheinen, freut man sich«, sagte der Mann und faltete die Hände über seinem Bauchansatz.

»Der Herr wollte gerade gehen«, sagte die Endvierzigerin und wies auf mich.

»Reisende soll man nicht aufhalten.« Der Coalitionsmann trat mit seiner Kollegin so nett zur Seite, daß ich automatisch das Angebot annahm und mich auf den Ausgang zubewegte. In der Tür stehend, suchte ich den Blick der Coalitionsfrau. Dann sagte ich: »Ich hatte vor einer halben Stunde ein Gespräch mit Rustimo.«

Der Satz veränderte die Chemie im Raum.

»Ja und?« entgegnete die Uniformfrau.

»Rustimo hat mir ein Angebot gemacht«, sagte ich. »Mir und dem Fotografen.«

»Angebote kann man viele machen«, sagte die Frau gespannt. Sie hoffte wohl, daß ich weiterreden würde, und ich tat ihr den Gefallen.

»Es war ein Angebot, das man selten kriegt.«

»Einmal«, verbesserte mich die Frau ohne Besserwisserei. »Einmal im Leben. Und nicht in jedem Leben.«

»Ich muß weitermachen«, murmelte das Männchen und schlüpfte an mir vorbei in die Tiefen der Redaktion.

»Sie können stolz sein auf ein Angebot von Rustimo«, mischte sich der Uniformmann ein. »Das ist wie sechs Richtige im Lotto.«

Der Vergleich kam mir damals übertrieben vor, woran ich in der Rückschau erkenne, daß ich selbst an diesem Freitag nachmittag gegen 17 Uhr 30 noch blind gewesen sein muß.

»Sie nehmen das Angebot an?« sagte die Uniformfrau. Es war nicht herauszuhören, ob sie dies als Feststellung oder Frage meinte.

»Ja, wir nehmen das Angebot an.« Im nächsten Moment standen sie vor mir, die zwei Ordnungshüter, und drückten mir warm die Hand. Der Mann schwitzte stark, aber aus seinem Gesicht war alles Wichtigtuerische des Blockwarts gewichen.

»Willkommen«, sagte die Frau.

»Willkommen wo?« fragte ich und bereute es sofort. Die beiden zuckten ein wenig zurück, blieben mir aber wohlgesonnen. Die Endvierzigerin verließ den Raum, ich war mit den Polizisten allein. Ich mußte dringend etwas sagen, um nicht frisch besänftigtes Mißtrauen jäh wieder auflodern zu lassen. »Wir sind verwirrt«, sagte ich.

»Das ist nur natürlich.«

»Manchmal habe ich Angst, man wird mich für verrückt erklären.« Jedes meiner Worte saß in einer Schiffsschaukel.

»Das kenne ich«, freute sich der Polizist ungeniert. »Aber da mußt du dich gar nicht drum kümmern. Wer zuletzt lacht, lacht am besten.«

»Haben Sie auch schon Ihre Sachen gepackt?« Mir lief der Schweiß die Wirbelsäule hinunter.

»Was glauben Sie denn?« entgegnete die Frau. »Man muß bereit sein, wenn es soweit ist.«

»Und es hat schon lange genug gedauert«, sagte der Mann.

»Wie lange eigentlich genau?« Ich bemühte mich, das Lauernde in meiner Stimme zu verdecken.

»Ja, wie lange genau?« murmelte der Mann und kratzte sich am Arm.

»Unsere Zeitrechnung beginnt im Jahre 1886«, sagte die Frau mit heiligem Ernst. »Davor war nichts, seitdem ist alles Vorbereitung. Jetzt ist die Stunde nicht mehr fern.«

»Wie viele Stunden noch?« Zwei weitere Fragen, und ich würde mich vor Schwäche auf einen Karton setzen müssen.

»Das weiß doch keiner«, entgegnete der Mann lachend. »Das ist doch das Spannende.

Ich setzte mich auf einen Karton.

»Nicht alle mögen Sie«, teilte mir die Uniformfrau mit. »Manchem kam das zu schnell. Wenn es nicht Rustimo gewesen wäre, wer weiß . . .«

»Also haben wir es Rustimo zu verdanken«, sagte ich feierlich. Die beiden nickten, und ich riskierte es: »Was ist das besondere an Rustimo?«

»Seine Herkunft.« Mehr sagte die Frau nicht.

»Wir müssen«, sagte der Mann. »Einmal werden wir noch wach. Heißa, dann ist Feierabend.« Er lachte albern, seine Kollegin warf mir einen Blick zu, in dem ich viel Sympathie fand.

»Wir sehen uns«, sagte die Frau.

Dann war ich allein im Raum. Ich saß am Schreibtisch, suchte Papier und Filzschreiber und versuchte, das Gespräch originalgetreu aufzuschreiben, und wurde ärgerlich, weil ich schon nicht mehr wußte, was ich wörtlich zitierte und was nur meine Interpretation war. Wir mußten uns an Rustimo halten, Rustimo war unser Schutzschild, und er war im Besitz einer Herkunft, die ihn privilegierte. »Wird ja nicht gerade ein Nachkomme von Ludwig sein«, murmelte ich amüsiert, während der Filzschreiber übers Papier schmierte.

Neben mir fiel etwas schwer zu Boden. Ich blickte hoch, die Endvierzigerin bückte sich, zeigte Endvierzigerknie und klaubte zusammen, was ihr heruntergefallen war.

»Wer ist die Frau in der Uniformjacke?«

»Schott. Marie Schott. Die Tochter von Baustoffschott«. Ich blickte sie an, sie gab mir einen Informationsnachschlag: »Schott ist der Größte im Landkreis. Wer bauen will, baut mit Material von Schott.«

Ich schrieb alles auf.

»Haben Sie meinen Wagen gesehen?« fragte ich. Sie verstand nicht. Ich packte sie am Handgelenk und zog sie zum Fenster. »Da unten, der metallicfarbene BMW, das ist meiner.«

»Hatten Sie einen Unfall?«

»Zwei. Aber das tut nichts zur Sache. Fällt Ihnen sonst noch was auf?«

»An dem Wagen?«

»Davon reden wir doch gerade, oder?« Sie sah mich an, blickte den Wagen ausführlich an und schüttelte den Kopf.

»Die Kratzer vorn«, sagte ich.

Sie druckste herum und sagte dann: »Nur daß ich auch mal so eine Schramme fabriziert habe. In einen Volvo. Er hatte unseren Fahrradweg komplett zugeparkt.« So nett ihr kleines Geständnis war, so wenig interessierte mich jetzt die Militanz von Fahrradfahrern. Ich kannte ja Diana. Sie fuhr leidenschaftlich Fahrrad und hatte manchen Strauß mit Autolenkern ausgefochten. Hinterher hatten mir jedesmal die Autofahrer leid getan, weil in Dianas Argumentation regelmäßig zu kurz kam, daß sich Autofahrer und Massenmörder letztlich eben doch in Nuancen unterscheiden.

»Ich muß dann mal«, knurrte ich und ließ sie verwirrt stehen. Ich öffnete noch zwei Türen: einen Raum mit alten Zeitungen, ein leergeräumtes Büro mit nackten Regalen und verdreckter Kaffeemaschine.

Auf dem Parkplatz stehend, schaute ich am Haus hoch. Neben der Frau stand das Männchen. Das Fensterbrett schnitt ihre Unterkörper ab. Ich stellte mir vor, wie sie ihn zwischen Knie und Bauchnabel unzüchtig berührte. Dann fiel die Autotür ins Schloß und ich fädelte mich in die Hauptstraße ein.

Ich fuhr so dicht wie möglich an die Fußgängerzone heran, parkte saumäßig und beeilte mich.

Die beiden Kästen des Maklers reichten nicht mehr aus, alle Angebote zu fassen. Geschützt durch Plastiküberzüge, hingen zehn oder zwölf Karteikarten an der nackten Hauswand.

Ich schrieb Namen, Telefonnummern und Adressen sorgfältig auf. Erst als ich damit fertig war, wunderte ich mich darüber, daß im Kasten eines Maklers Klarnamen verwandt wurden. Normalerweise legten diese Halsabschneider ja Wert darauf, daß der Kunde in ihrem Büro erschien.

Ich betrat das Haus, der Makler residierte ganz oben. Ich stellte mir das Ganze als geschmackvoll ausgebauten Dachboden vor und stand vor verschlossener Tür. Es war Freitag nachmittag, deshalb mußte das nichts zu bedeuten haben. Dann entdeckte ich den kleinen Karton neben dem Klingelknopf. UMZUG! AB 1. OKTOBER SITZ 81545 MÜNCHEN, ULMENSTRASSE 2«.

Ich verließ das Haus, suchte und fand die Wohnung des Maklers im ersten Kasten. Ein ausgebauter Dachboden, für 550 000 würde er mir gehören. Zufrieden über meine Menschen- und Maklerkenntnis kehrte ich zum Wagen zurück.

Tom war von zwei erregt gestikulierenden Männern in braunen Kitteln umringt. Am Ausgang der Fußgängerzone stand ihr Lieferwagen, mit dem sie nicht auf die Straße kamen. Ich sprang hinters Steuer. Tom kam nicht sofort, sondern brachte erst seine Meinungsäußerung zum Abschluß, dann saß er neben mir und rief: »Sie wollen nach Hause. Sie spielen Hallenhandball. Sie sind Killer.«

9

Ich fuhr in Richtung Neuschwanstein. Auf halbem Weg bog ich rechts in einen Waldweg und stellte den Motor ab.

»Zwischenbilanz«, sagte ich und blickte nach vorn. Die Sonne stand schräg über dem Weg, der auf beiden Seiten von hohen Bäumen gesäumt war. Im Licht der Sonnenstrahlen tanzten oberbayerische Motten ihre abstrusen Tänze. Es war ein Bild des Friedens, der Wärme und des Zutrauens in den Sinn der Schöpfung.

»Ich habe unglaubliche Sachen erfahren«, sagte Tom. Wir öffneten beide Vordertüren, stiegen aber nicht aus. »Wie du ja gesehen hast, durfte ich auf dem Polizeiboot mitfahren.«

»Gemeinsam mit unserer auskunftsfreudigen Polizistin.«

»Und mit ihren Kollegen aus Füssen, die zwei Kollegen aus München eine Fahrt über den See spendiert haben, weil die Münchner so fix waren. Das sind Sprengstoffexperten. Was sagst du nun?«

»Gar nichts. Erst sagst du noch was.«

»Na gut, weil du's bist. Also, unser pickliger Schloßführer war ein Terrorist.«

»Klar doch.«

»Es sieht aber vieles danach aus. Sie haben die Reste in der Wand zusammengesammelt. Er hat offensichtlich eine Art Raketenwerfer installieren wollen. Nur ist er ihm um die Ohren geflogen.«

»Raketenwerfer. Wozu denn? Um das Schloß anzugreifen?«

»Davon gehen die Experten einstweilen aus. Von da oben kriegst du beim besten Willen kein anderes Ziel ins Visier.«

Wir blickten uns an, und Tom sagte: »Die Polizisten wirkten seriös.«

»Die wirken immer seriös. Das trainieren die, damit man nicht gleich beim ersten Hören merkt, was für eine Scheiße sie erzählen.«

»Das sind keine Cowboys, sondern Sprengstofftechniker. Sie haben sich über die Motive des Toten vornehm zurückgehalten und nur darüber geredet, was ihr Metier ist. Und ein Raketenwerfer ist nun mal ein Raketenwerfer. Den kannst du nicht zum Schaukelstuhl umbauen.«

»Tom, das war ein Jüngelchen.«

»Spricht alles dafür, daß er eines Tages ganz groß rauskommen wollte. Das gibt doch Schlagzeilen bis nach Grönland und Südafrika: VERRÜCKTER SCHIESST DEN TURM VON NEUSCHWANSTEIN IN KLUMP. Einmal ein Held sein. Kennst du doch. Wollen wir das nicht alle gern? Jedenfalls nehmen sie jetzt natürlich den Umkreis des Burschen unter die Lupe.«

»Was suchen sie? Eine Wehrsportgruppe?«

»Wart's ab, Jot We.«

»Du redest auf einmal so staatsmännisch, Tom. Sie haben dich mächtig beeindruckt, oder?«

»Das sind gute Leute. Gib Ihnen zwei Zentner Totalschrott und einen Tag Zeit. Und sie bauen dir daraus eine Kleinfamilie samt Hund, Katze und Mikrowelle zusammen – bevor die Mikrowelle alle in die Luft gejagt hat. Solche Fachleute machen ihren Job, sie machen ihn gut.«

»Und dienen der Gerechtigkeit, absolvo te und amen.«

Tom spürte wohl, wie gereizt ich war, und hielt endlich die Klappe. Ich erzählte vom schwarzen Rustimo am See, vom Bücherstudium im Stau und von der Verwandlung zweier Privatbullen in Freunde.

»Wahnsinn«, sagte Tom. »Kaum läßt man dich mal allein . . .«

»Tom, wir sind seit unserer Ankunft beobachtet worden. Flächendeckend. Ich weiß nicht wie, ich weiß nicht wer. Das bringt mich um. Warum hast du nichts gemerkt? Du hast doch nichts gemerkt?«

Er hatte nichts gemerkt und war beeindruckt, daß morgen nacht etwas geschehen sollte.

»Wahnsinn«, sagte er schwärmerisch. »Wir gehören zu den Auserwählten. Von irgendwas. Ich wollte schon immer mal ein Auserwählter sein. Egal von was.«

»Meinst du das ernst, oder sabberst du nur ein bißchen vor dich hin? Menschenskind, begreifst du nicht? Die ködern uns mit der Aussicht auf eine schöne Bescherung und reden vom Paradies auf Erden. Aber ich habe vor drei Tagen einen sterbenden Jungen in den Armen gehalten, Tom. Und er hat gesagt, daß eine Katastrophe bevorsteht. Von diesen Coalitionsleuten erwähnt keiner eine Katastrophe. Dieser Rustimo auch nicht.«

»Jedenfalls haben wir jetzt was, was wir noch nie hatten: einen konkreten Zeitpunkt. Morgen abend.«

»Morgen abend was?«

»Morgen abend irgendwas. Am Schloß oder im Schloß. Das ist doch was. Wir müssen nur etwas Geduld haben, alles kommt ganz von allein auf uns zu.«

»Ich habe aber keine Geduld!« rief ich. »Genau das kriege ich nicht fertig: rumsitzen und der Zeit beim Vergehen zuschauen. Wir machen jetzt was. Entweder wir fahren aufs Schloß oder . . .«

»Erst aufs Schloß.«

Ich verstand ihn gut. Auch ich wollte endlich Ricarda in die Arme nehmen.

»Nein, wir reden erst mit zwei oder drei Familien, die ihre Häuser anbieten. Ich will nicht morgen wie ein Kalb am Nasenring in eine Situation geführt werden, von der ich nichts weiß.« Während ich dies sagte, spielte Tom neben mir mit der Chronik herum. Er tat das schon länger. Mich regte das auf, wie nachlässig er mit der wertvollen Schrift umging. Immerhin war dies ein Original. Und in unserer Lage war es günstig, dem alten Lehrer seine Chronik ohne Bruchstellen zurückzugeben. Ich nahm Tom den Band weg und warf ihm die Namen aus den Maklerkästen in den Schoß:

»Ich lese dir Namen vor, und wenn du einen auf dem Zettel findest, rufst du ›Halt!‹.«

»Darf ich auch ›Stopp!‹ rufen?«

Ich verpaßte ihm eine herzliche Backpfeife, und er versuchte, mir mit einem zärtlichen Boxhieb den Arm aus der Schulter zu schlagen. Dann hatte ich die Seite gefunden, auf der Dorflehrer Left vor 110 Jahren die Namen der Neuschwanstein-Handwerker aufgeführt hatte. Ich wußte immer noch nicht, warum die Namen nicht auf der Liste für die Empfänger von Arbeitslosengeld auftauchten.

»Sexauer.«

»Haben wir. Endreihenhaus. Verhandlungsbasis . . .«

»Karton.«

»Karton? So einen Namen gibt's nicht. Karton, Karton, Kar . . . Haben wir.«

»Aufseß.«

»Hier.«

»Spoerri.«

»Hotel Garni mit 14 Betten.«

»Poppeler.«

»Kannst du mal einen nennen, der nicht auf dem Zettel steht?«

Vor uns im Sonnenlicht tanzten die Mücken, hinter uns brausten Autos zwischen Füssen und Neuschwanstein hin und her. Ich stieg aus, ging einige Schritte, kehrte zurück. Tom hatte die Chronik aufs Autodach gelegt und verglich beide Namenslisten – die von 1886 und die von heute. Minuten später hatten wir das Ergebnis. Von 32 Namen in den Maklerkästen fanden wir 29 in der Chronik aus dem 19. Jahrhundert wieder.

»Und das heißt was?«

»Es heißt, daß wir besuchen können, wen wir wollen.«

Wir besuchten zuerst Frau und Herrn Spoerri. Sie bestritten nicht, daß sie ihr Haus verkaufen wollten. Aber sie verrieten uns nicht, wohin sie ziehen wollten. Sie verrieten uns, daß Herr Spoerri Bademeister in einer Füssener Massagepraxis war und seine Frau als Verkäuferin in einem Süßwarengeschäft arbeitete.

»Ist es nicht riskant, solche sicheren Arbeitsplätze aufzugeben?« fragte Tom. Sie ließen sich von ihm fotografieren, aber nicht aufs Glatteis locken.

»Bademeister werden heutzutage überall gebraucht«,

sagte Herr Spoerri. Weder Tom noch ich kannten uns gut genug in der Bademeister-Szene aus, um das beurteilen zu können. Es war nichts zu machen: Die beiden antworteten nett bis zu einem bestimmten Punkt. Dort, wo ihre Zukunft begann, schwiegen sie. Wir bedankten uns für ihre Unterstützung bei unserer Neuschwansteinreportage und sagten adieu.

Auf dem Weg zum Hause Sexauer änderten wir die Taktik. Wir stellten uns als Reporter vor, die Neuschwanstein beschreiben wollten und auf der Suche nach Abkömmlingen derjenigen Männer waren, die am Bau des Schlosses mitgewirkt hatten. Da waren wir bei Frau Sexauer an der falschen Adresse. Die Endzwanzigerin wollte soeben mit einer Freundin im offenen Cabrio Richtung München starten, ihr Gatte machte angeblich als Dachdecker Überstunden. Ihre Stimme ließ erkennen, daß sie an den Überstunden ihre Zweifel hegte. Sexauers hatten aber Untermieter: die Eltern des Hausherrn, zwei putzmuntere Ruheständler, die in jede Werbung für gepflegtes Altwerden gepaßt hätten. Vater Sexauer stand mit der Familiengeschichte auf du und du.

»Der Bau des Schlosses war ja ein Segen für viele Handwerker«, sagte ich. »Was geschah denn, als es damit nach dem Tod des Königs vorbei war?«

Sexauer prüfte mich mit einem Blick. »Das war nicht leicht damals«, sagte er dann.

»Aber eine soziale Absicherung gab es doch schon, oder nicht? Ach nein, das war noch zu früh«, sagte Tom. Dieser Trick funktionierte meistens. Gib deinem Gegenüber die Chance, dich auf eine Fehleinschätzung hinzuweisen, und die meisten sind sofort dabei.

»So ist das nun auch nicht«, korrigierte Sexauer. »Wir hier in Bayern hatten schon eine Sozialkasse damals. Die sprang ein bei Krankheit und bei Arbeitslosigkeit. Das war etwas ganz Modernes. Schreiben Sie das, damit die Leute in Amerika sehen, wie weit wir vor 100 Jahren schon waren.«

»Dann hat Ihr Herr Urgroßvater also 1886 keine Not leiden müssen.« Da nickte Sexauer noch. »Und als es mit der Arbeit auf dem Schloß vorbei war, hat er sich einfach arbeitslos gemeldet.«

»So ist es.« Sexauer nickte.

»Weil in Deutschland ja alles seine Ordnung hat.«

»So sieht's aus.«

»Dann begreife ich nur nicht, warum er nicht auf der Liste der damaligen Arbeitslosen auftaucht.«

»Davon weiß ich nichts«, sagte er. Wie alle redlichen Menschen war er ein lausiger Lügner. Frau Sexauer konnte schlagartig nicht mehr stillstehen, und beide wünschten uns offensichtlich zum Teufel. Den Gefallen taten wir ihnen schnell, denn wir hatten ja genügend Namen auf unserer Liste.

»Man sollte die Telefonschnur durchschneiden«, sagte Tom, als wir im Wagen saßen. »Die informieren doch garantiert ihre Freunde und Genossen.«

Es sah so aus, denn die nächsten beiden Versuche endeten genau dort, wo auch bei Sexauers Schluß gewesen war.

»Ist ja ekelhaft«, murmelte ich. »Alles redliche Leute. Alles Leute, die ich hundertmal im Leben gelinkt habe. Aber die hier sind Spitze. An die kommst du nicht ran.«

»Armer Starreporter«, sagte Tom und tätschelte meinen Oberschenkel. Wir waren auf dem Weg nach Schwangau.

10

Die Sprechstundenhilfe sah uns und fing an zu weinen.

»Herr Doktor, Herr Doktor«, rief sie mit erstickter Stimme. »Da sind noch zwei. Ich mag nimmer. Ich kann nimmer.« Dann brach sie zusammen. Nicht dramatisch, denn es stand ein Stuhl bereit und ein Tisch, auf den sie ihren Oberkörper legen und schluchzend Seufzer produzieren konnte. Die Tür zum Sprechzimmer wurde aufgerissen, und es erschien ein Monument von Mann, ein kapitaler Kerl, wie geschaffen für Operationen ohne Betäubung. Er sah aus, als wenn er kleinere Eingriffe gern mit Messer und Gabel ausführen würde. Er trug einen Arztkittel und sagte: »Eigentlich ist die Sprechstunde vorüber. Anita, Sie können gehen.«

Die derart Angesprochene stand schluchzend auf und ging schluchzend ab.

»Herr Martell?« fragte ich, und er nickte. »Herr Martell, wir müssen Sie sprechen. Sofort. Es geht um Ludwig.«

Das Wort »Ludwig« brach den Bann. Bis zum »Ludwig« hatte auch er gewirkt, als wenn er gern Feierabend gemacht hätte. Der »Ludwig« rückte das Wochenende weit in den Hintergrund. Er wies einladend ins Ungefähre und führte uns durchs Erdgeschoß des mächtigen Bungalows erst in die Küche, von dort in die direkt sich anschließende Garage, in der ein wunderschöner Mercedes 170 in Braun und Cremegelb stand, dessen Anblick Tom und mich in höchstes Entzücken versetzte. Martell ließ uns die Zeit, die wir brauchten, mit der Hand über die Wagenhaut zu fahren und den herrlichen Schnitt der Karosserie aus der Zeit vor der Diktatur des Luftwiderstandbeiwerts auf uns wirken zu lassen. Dann führte er uns weiter und zog im Gehen seinen Arztkittel aus. Darunter trug er ein altes T-Shirt und eine Leinenhose, das Double von Toms Hose. Wir verließen die Garage, um nach wenigen Metern durch den Garten ein Holzhaus zu betreten. Ich war auf eine ordinäre, wenn auch zweigeschossige Laube gefaßt, aber wir standen auf dem Deck eines Schiffs. Stämmige Masten, üppige Segel, eine Treppe nach unten, über dem Achterdeck die gemalte Silhouette einer Burg.

»Einen Moment« sagte Martell eifrig, eilte zwischen zwei Segel, war unseren Blicken verborgen. Dann ertönte ein unterdrückter Fluch. Martell schlug oder trat irgendwo gegen. Er tat es jedenfalls mit voller Kraft, und über unseren Köpfen begann starker Wind zu wehen. Mächtig blähten sich die Segel, die Masten knarrten, und Tom fragte: »Fühlst du es auch?«

Ich fühlte es auch. Der Boden schwankte. Ich suchte

nach dem Trick, aber ich fand ihn nicht. Martell stand bei uns, rieb sich die Hände. Sein gesamter Körper befand sich im Stadium höchster Freude, er weidete sich an unserer Verblüffung.

»Tristan«, rief er gegen den Wind an. »Tristan und Isolde. Erster Aufzug. Das berühmte Modell von Quaglio.« Breitbeinig stampfte er übers Deck und stemmte sich gegen den Wind. »Letztes Jahr hatte ich die Venusgrotte aus Tannhäuser. Ich kann Ihnen sagen! Ständig fiel der verdammte Motor für den Wasserfall aus, bis ich gegen die Firma prozessiert habe. Da ging's auf einmal. Geht mir bloß mit den heutigen Handwerkern!«

Er stapfte hin, stapfte her, und wir begannen uns ebenfalls zu bewegen. Am meisten Spaß machte es, gegen die sich jeweils aufbäumende Seite des Schiffs anzugehen. Natürlich wurde mir übel, aber die Freude überwog bei weitem das übliche Lauschen auf meinen Magen. Martell war so nett, die steife Brise abzustellen, bevor wir ihn dazu auffordern mußten.

»Hier sind wir richtig«, flüsterte Tom, bevor er daran ging, den Winderzeuger an seinem Schaltpult abzulichten.

Martell zierte sich keine Sekunde und sagte gutgelaunt: »Ich habe Sie erwartet.«

Sein Wartezimmer war eine perfekt funktionierende Neuigkeitenbörse. Der Arzt wußte, daß wir für ein amerikanisches Magazin arbeiteten, aber er hätte uns auch empfangen, wenn wir für eine Schülerzeitung tätig gewesen wären.

»Sorgfalt beginnt im Kleinen«, sagte er und schleppte einen runden Tisch mit Stühlen aufs Schiffsdeck. Er forderte uns zum Platznehmen auf. Wir bekamen Kaffee serviert, schamlos gierte Martell auf eine Bemerkung über die ungewöhnlichen Porzellantassen. Die Farben waren Gold und Blau, der Rand gebogen, auf dem Tassenbauch in Fraktur der Name **Ludwig**.

»Wahnsinn«, sagte ich. Martell freute sich. Das Original stand angeblich im Ludwig-Museum in Herrenchiemsee. Bevor er abschweifen konnte, ging ich dazwischen:

»Herr Martell, was tut sich hier?«

Der Mediziner ließ die Schultern hängen, und dann jammerte er los. Wir erfuhren die tragische Geschichte eines großstädtischen Akademikers, der in die Provinz geht, um endlich einmal Vereinsvorsitzender zu werden. »Und was habe ich erreicht? Nichts habe ich erreicht. Gerade acht Hanseln nenne ich mein eigen, und sieben brauchen Sie allein schon, um in Deutschland einen Verein zu gründen.«

»Sind Sie wenigstens Erster Vorsitzender?« fragte Tom mitleidig.

Martell starrte ihn an. »Und Kassenwart«, kam es grimmig. »Das mag gegen das Vereinsrecht sein. Aber da scheiß' ich doch drauf. Pardon, die Herren. Die Zeiten sind hart. Alle sind so gemein zu mir.«

»Wissen Sie, warum Hunderte gleichzeitig ihre Existenz hier aufgeben?«

Er starrte uns trübsinnig an, so hatte ich bisher nur geprügelte Hunde dreinblicken sehen. Der Anblick ging mir ans Herz, aber ich mußte hart bleiben.

»Wie kommen Sie denn mit Ihrem Nachbarn klar?« fragte ich weiter. »Der alte Lehrer liebt doch den König ebenso wie Sie.«

»Der!?« rief er. Und noch mal viel schwächer: »Der.« Er schlürfte seinen Kaffee und murmelte: »Unruh ist gar nicht so schlimm. Er hat mich sogar schon einmal angelächelt. Im März. Schlimm sind die anderen Mitglieder seines Vereins.«

»Wir haben bereits mit Unruh gesprochen«, sagte ich vorsichtig.

»Das mußten Sie tun«, sagte er tapfer. »Sie sind zur Objektivität verpflichtet.«

»Ich mache Ihnen jetzt ein Geständnis, Herr Martell.«

Sein Kopf fuhr hoch: »Wollen Sie Mitglied werden?«

»Im Augenblick nicht. Also, ich habe mit Herrn Unruh über seinen Ludwig-Verein gesprochen und über Ihren Ludwig-Verein. Er hat mir erzählt, daß es Querelen gibt zwischen den beiden Vereinen. Er hat mir auch erzählt, welche Querelen. Und jetzt das Geständnis: Ich habe das nicht begriffen. Können Sie mir das erklären?«

Martell blickte mich verdutzt an.

»Ich verstehe nicht, wie man sich über Traditionspflege streiten kann. Sie verehren doch denselben Mann.«

Martell lachte höhnisch auf. »Denselben Mann? Unruhs Verein und wir? Das glauben Sie mal lieber nicht, wenn Sie der Wahrheit näherkommen wollen. Die sind ja so gemein, diese Einheimischen. Vor zwei Jahren haben wir den Antrag gestellt, vor dem Gemeinderat eine Statue unseres Königs aufzustellen.«

»Wie schön.«

»Fand ich auch. Aber der Gemeinderat hat's abgelehnt. Ohne Gegenstimme. Bis auf zwei sind alle Mitglieder des Rats Mitglied im anderen Ludwig-Verein. Ein Vierteljahr später haben sie ihre eigene Statue aufgestellt. Eine popelige Büste.«

»Ich habe in Ihrem Vorgarten so eine Art Sockel gesehen«, sagte Tom.

»Ach das. Da hat mein Ludwig gestanden. Aus Bronze. Ein befreundeter Bildhauer aus Stuttgart hat ihn mir gegossen. Nach der zweiten Nacht war der Kopf ab, nach einer Woche war Ludwig fort. Die Polizei hat sich geweigert, meine Anzeige aufzunehmen. Sie haben gesagt, für berechtigten Volkszorn müsse ich Verständnis haben, das würde ich schon noch lernen als Zugereister. Genauso war es mit der Schule.«

Tom begann zu fotografieren. Martell fuhr fort: »Ich habe angeboten, einen Vortrag zu halten. Über Ludwig, seine Kindheit und Jugend hier in Hohenschwangau. Alles ganz kindgemäß, mit Bildern und Fotografien. Aber die Nachfolgerin vom alten Unruh ist auch so eine. ›Kein Bedarf‹ hat sie mir ausrichten lassen. Man hätte seit vielen Jahren sehr zufriedenstellende Beziehungen zum örtlichen Ludwig-Verein. ›Zum örtlichen‹ hat sie geschrieben. Als wenn es immer noch nur einen einzigen gäbe. In den Kurverein kommen wir auch nicht rein. Da darf immer nur Unruh seine Vorträge für Touristen halten.«

»Was wissen Sie über die Coalition, diese Privatpolizei?«

»Daß es sie gibt und daß alle gut finden, daß es sie gibt. Aber wenn mir in einem Vierteljahr zweimal das Autoradio rausgeholt wird, dann sind sie nicht zur Stelle. So sieht das doch aus.« Der Mann verfiel immer mehr. Nichts mehr war übriggeblieben von seinem anfänglichen Enthusiasmus.

»Jetzt sind wir ja da. Jetzt erfährt die Welt, daß es Sie gibt.«

Martells Kopf kam hoch. »Ach ja«, sagte er matt. »Das wäre nett. Damit alles einen Sinn bekommt.«

»Was für ein Verhältnis haben Sie zum Verwalter von Neuschwanstein?«

»Der! Der hält sich für den Schlauesten von uns allen.«

»Ist er Mitglied in einem Ludwig-Verein?«

»Dafür ist er zu schlau. Er möchte lieber als Fachmann gebeten werden. Er besitzt eine Riesensammlung von Ludwig-Literatur. Und er wohnt im Schloß. Ich bitte Sie: in Neuschwanstein wohnen. Dafür würde ich 5000 Mark im Monat zahlen, um das zu dürfen.«

»Verdienen Sie so gut als Arzt?«

Das hätte ich nicht sagen sollen, und ich sagte auch schnell etwas anderes: »Kennen Sie niemanden, der sein Haus zum Verkauf anbietet?«

»Natürlich kenne ich welche. Ein paar Patienten habe ich ja noch. Sie hätten mal sehen sollen, wie schnell dieser Königsberg in Unruhs Ludwig-Verein eingetreten ist, als ich hierher zog.«

»Wer ist Königsberg?«

»Praktischer Arzt Franz Königsberg, Sprechstunden 8 bis 11 und 16 bis 18 Uhr. Mittwochs geschlossen. Mein direkter Konkurrent. Da bin ich eben auf die Kinder gegangen.«

»Wie bitte?«

»Ich meine, ich bin ja Facharzt. Kinderarzt. Nur hatte ich darauf keine Lust mehr. Ich kann nämlich Kinder im Grunde nicht leiden. Und kranke noch weniger. Das dürfen Sie aber nicht in Ihren Artikel reinschreiben. Was sollen die Amerikaner von uns denken?« Das begann ich mich langsam selbst zu fragen. »Wenn Kinder krank sind, kriegen die Eltern immer große Angst. Dann kommen sie selbst zu mir. Angst senkt die Schamschwelle. So sieht das aus, mein Lieber.«

»Aber Sie müssen doch Freunde hier haben. Das hält doch keiner auf Dauer aus, so ganz ohne Freunde.«

»Man gewöhnt sich dran. Seit meiner Scheidung habe ich gelernt, abends meist allein zu sein. Ich bastle viel. So ein Bühnenbild wie dieses, da sitze ich ein halbes Jahr dran.« Er wies mit unbestimmter Geste um sich. Dann blickte er mich an, und seine Augen funkelten: »Die alte Gräfin hat mich schon viermal zum Tee gebeten. Was sagen Sie nun?«

Ich sagte: »Wow!«

Er nickte zufrieden. »Das will ich meinen. Noch zehn Einladungen, und ich gewöhne mich sogar an den Tee. First Flush aus irgendeinem Himalayatal. Sie kann stundenlang über First Flush reden, die alte Dame. Aber manchmal – manchmal reden wir über Ludwig. Die Gräfin sagt, sie respektiert jeden Menschen, der Ludwig liebt – ohne Ansehen der Hautfarbe, Religion, Staats- und Vereinszugehörigkeit. Die Gräfin gibt mir Halt.«

»Und sonst? Ich meine richtige Freunde. Wenn Sie mal die Nase voll haben von der ewigen Teesauferei und was Ordentliches in Richtung Leber schicken wollen.«

»Der alte Brandl, solange der gelebt hat.«

»Der Bauunternehmer.«

»Sie kennen ihn?«

»Hat der nicht seinerzeit . . .?«

»Ohne Brandl gäbe es Neuschwanstein nicht. Herrenchiemsee auch nicht. Brandl war der Größte in dieser Gegend. Ludwig hat ihn sehr geschätzt.

Es gibt Leute, die arbeiten in der zweiten, dritten Generation bei ihm. Darauf war er immer sehr stolz. Ich bin schon froh, wenn ich eine Sprechstundenhilfe länger als zwei Jahre halten kann.« Ich begann, auf meiner Unterlippe zu kauen. Der Kaffee dröhnte in den Därmen. Ich mußte aufhören, mich bei dieser Hitze und meiner Unausgeschlafenheit mit Koffein vollzupumpen.

Martell, dieser einsame Mann, führte uns dann hinter das Bühnenbild und präsentierte seine Devotionaliensammlung: ein Bettbaldachin von Ludwigs königlichem Bett; eine Schreibmappe Ludwigs in Bronze; gegossen, ziseliert, vergoldet und graviert, eine Wasserpfeife aus Mahagoni, Meerschaum und Kristallglas, die mich merkwürdig anmutete.

»Ist was?« fragte Tom, als ich nachdenklich zwischen Martells Regalen stand und den Schlauch aus rotem Leder betrachtete.

»Nein, nein«, murmelte ich und legte die Wasserpfeife ins Regal zurück.

Martell hatte noch mehr zu bieten: Medaillen, ein Weihwassergefäß aus Ludwigs Schlafzimmer in der Münchner Residenz, Vasen, mythische Figuren aus Porzellan, eine Kaminuhr, Pläne und Fotografien von Neuschwanstein, Herrenchiemsee, Linderhof und dem Jagdhaus auf dem Schachen.

»Das sind ja Architektenpläne«, sagte ich verwundert, nachdem ich den zufällig herausgegriffenen Plan aufgeschlagen hatte.

»Ein Geschenk vom alten Brandl«, sagte Martell ergriffen. »Als er spürte, daß es mit ihm zu Ende ging, hat er seine Schätze katalogisiert. Dabei hat er die Pläne gefunden. Er wußte gar nicht, daß die jahrzehntelang in seinem Keller gelegen hatten.«

»Da sind doch bestimmt die Museen scharf drauf«, sagte Tom.

»Das will ich meinen«, sagte Martell hochzufrieden. »Aber ich verrate es ihnen nicht. Sie haben sich früher nie für mich interessiert. Mehr als einmal haben sie mich arrogant abblitzen lassen. Dabei habe ich lediglich fachliche Fragen an sie gerichtet. Dann sollen sie mir jetzt auch gestohlen bleiben.«

Ich schlug weitere Pläne auf und konnte Martells Befriedigung nicht recht nachvollziehen. So scharf dürften die Museen auf diese Pläne nun auch nicht gewesen sein. Immerhin handelte es sich bei allen Bauwerken Ludwigs um historisch gesehen fast zeitgenössische Projekte vom Ausgang des letzten Jahrhunderts. Plötzlich fand ich eine Zeichnung, die jünger war.

»Und wo haben Sie das her?«

Martell blickte flüchtig auf den Plan. »Ach das«, sagte er wenig interessiert. »Das braucht noch ein paar Jährchen, um Wert zu kriegen. Ich lagere das wie jungen Wein.«

»Aber wo haben Sie das her?«

Martell besah sich den Plan. »Das habe ich abgestaubt, als sie unter dem Thronsaal in Neuschwanstein den Brandschutz angebracht haben. Feuerhemmende Beschichtung, oder so was. Darauf sind die Baubehörden ja ganz scharf heutzutage.«

»Hier unten steht ›Landbauamt Kempten‹«, sagte Tom.

»Stimmt. Das war mein Glück. Ich kenne da jemanden, der mir zu Dank verpflichtet ist.« Er blickte uns an. »Nun ja, es gab da eine kleine Affäre um die Abrechnung von Krankenhauskosten für eine akute Gallenblase, wobei ich ihm behilflich sein konnte.« Er blickte uns an. »Meine Güte«, rief Martell, »er hat 25 000 Mark gespart, und dafür hat er mir ein paar lumpige Zeichnungen zukommen lassen. Finde ich netter als einen Kasten Pralinen.«

Tom und ich sahen die Pläne durch.

»Sie haben auch die Stahlkonstruktion über dem Thronsaal ausgebessert. Sie haben überhaupt viel gebaut in den letzten Jahren.«

»Zum Beispiel?«

»Zum Beispiel das Treppenhaus im Palas. Zum Beispiel eine Treppe neben dem Ritterhaus. Das geschah, um Fluchtwege für den Katastrophenfall zu haben.«

»Was für Katastrophen denn?«

»Feuer. Die Behörden denken immer an Feuer. Ich könnte mir auch noch was anderes vorstellen. Falls eine Decke herunterkommt oder aus anderen Gründen Panik entsteht, da würden sich die Flüchtenden bei den heutigen Menschenmengen gegenseitig tottreten. Da ist es schon besser, die Menschenströme auf mehrere Kanäle verteilen zu können. Den Stollen, den Sie ja kennengelernt haben, den haben sie aus Sicherheitsgründen gebaut. Man muß einfach die ankommenden und gehenden Besucher räumlich trennen. Sonst würde das ständig Chaos geben. Nehmen Sie nur mal dieses Wochenende: tolles Wetter, freie Tage und in München Oktoberfest. Absolute Hochkonjunktur. Wir werden morgen und übermorgen 10000 Besucher haben. Täglich. Eher mehr. Sie haben sich die richtigen Tage für Ihre Reportage ausgesucht.«

»Was ist denn noch so alles gebaut worden in den letzten Jahren?« fragte ich und wunderte mich über die Assoziation, die mich angesprungen hatte. Vor meinem geistigen Auge sah ich den kleinen Bagger vor Ricardas Hütte. Aber die stand 10 Kilometer von Neuschwanstein entfernt.

»Sie haben die Verbindung zur Feuerwehr in Füssen verbessert. Sie haben diese scheußliche Videoüberwachung angebracht, die Sie ja gesehen haben. Sie sind in den Dachstühlen herumgeklettert. Da waren die Holzwürmer aktiv, das ist bekämpft worden, wird – soweit ich weiß – immer noch bekämpft.«

Mir fielen die Glasplättchen ein, die ich an den langen Rissen in den Treppenhäusern gesehen hatte. Ich fragte Martell danach.

»Das sind praktisch Alarmanlagen. Fachleute nennen das Extensiometer. Das rührt aus der Zeit vor 20 Jahren her. Damals haben sie Teile der Felsen unterhalb des Schlosses saniert.«

»Wie geschieht denn so was?«

»Ich bin kein Fachmann. Aber ich habe mir sagen lassen, man spritzt Beton in die Risse. Jetzt beobachten sie, ob das Fundament wieder in Bewegung gerät. Die Extensiometer sind hauchdünne Glasplättchen. Wenn die reißen oder brechen, dann rücken die Fachleute mit ihren Betonpistolen an.«

»Die Marienbrücke ist ja auch saniert worden«, sagte Tom.

»Genau. Und in den achtziger Jahren wurde auch noch ein Abwasserkanal gebaut. Der verbindet das Schloß mit der Kanalisation am Fuß des Felsens. Irgendwer jammert dann immer herum, daß das alles zu teuer kommt. Ich halte das für selten dumm. Die Schlösser bringen Väterchen Staat jedes Jahr Millionen ein. Ganz abgesehen vom kulturhistorischen Wert der Schlösser. Nein, nein, jede Mark für Ludwig ist zu 100 Prozent Zinsen angelegt, sage ich immer.«

»Wenn Sie jemanden finden, der Ihnen zuhört.«

»Unruhs Verein läßt auch nicht nach mit den Gemeinheiten. Gestern haben sie mir diese Mädchen auf den Hals geschickt. Nachts. Die sahen knackig aus, sage ich Ihnen. Ich habe richtiggehend die versteckte Kamera gesehen. Jedenfalls waren die Teenies schnell wieder draußen.«

Ich hatte erst gar nicht zugehört. Tom hatte nämlich eine Idee: »Also der Plan aufgefaltet, und den hält eine Person, die für das Schloß von Bedeutung ist: der Verwalter, ein Führer, einer der Handwerker. Das Ensemble rechts oder links am Bildrand und ins Zentrum ein Aspekt des Schlosses: Theorie und Praxis. Gestern und heute. Menschlicher Planungsgeist und technische Lösung. So etwa. Dafür brauche ich ein paar Pläne. Ist das okay, Herr Martell? Kollege Jot We weist in seinem Text selbstredend auf den edlen Spender hin.«

»Tun Sie das wirklich?« fragte mich Martell. Ich fand es langsam kindisch, wie verzagt dieser Bär von Mann reagierte. Vielleicht war er für Ludwig wirklich zu zart besaitet.

»Was wollten die Teenies denn?«

»Rumgesponnen haben sie. Das merkte man gleich, daß die sich das nicht ausgedacht hatten. Das waren Unruhs Witzbolde, die den Kindern die Horrorstory eingebleut hatten. Wie bei Stephen King.«

»Nun sagen Sie doch endlich, was sie gesagt haben? Wie viele waren's denn? Etwa vier?«

»Vier? Wieso vier? Zwei, zwei Mädchen. So Halbwüchsige, nicht mehr Kind, noch nicht Frau . . .«

»Sie meinen also: extrem reizvolle Wesen?«

Martell sah mich scheu an und gewährte mir einen kurzen, aber tiefen Blick in das Unterleibsleben eines vereinsamten geschiedenen Mannes.

»Sie haben von einer Katastrophe geredet. Tote soll es geben. Tausende Tote.« Nun dachte ich nicht mehr, daß Unruhs Verein hinter dem Besuch der Mädchen steckte. Ich ließ mir von Martell wiederholen, was die Mädchen gesagt hatten, und wir zogen ihm eine Beschreibung der beiden aus der Nase. Es war mühsam, aber es schien möglich, daß Martell zwei Mitglieder der Bande beschrieb, die uns am ersten Abend Angst eingejagt hatte.

»Haben Sie keine Sekunde daran gedacht, daß die beiden die Wahrheit sagen könnten?« fragte Tom.

»Das war doch offensichtlich Quatsch, was die erzählt haben. Sind wir hier im Wilden Westen? Und warum kommen die zu mir mit solchen Geschichten?«

»Vielleicht, weil sie zuvor an anderer Stelle gescheitert sind.«

»Unsinn«, knirschte Martell, »die wollten mich hochnehmen.«

Wir gaben auf. Er hatte nicht erlebt, was wir erlebt hatten; er wußte nicht, was wir wußten. Und ich hatte keine Zeit und keine Lust, es ihm zu erzählen. Ich sah nicht, wie hilfreich Martell für uns sein könnte. Wir hatten nicht einmal Verletzte bei ihm abzuliefern. Wir hatten es ja nur mit Toten zu tun.

»Was gucken Sie denn auf einmal so finster?« fragte Martell.

»Haben Sie in der letzten Zeit irgendwelche Gerüchte gehört, die im Zusammenhang mit dem Besuch der Mädchen einen Sinn ergeben?« fragte ich.

»Wie reden Sie denn? Gehören Sie etwa auch zu diesem ...«

»Herr Martell! Bitte reißen Sie sich zusammen. Wir haben nichts gegen Sie. Wir haben nichts gegen Ihren Verein. Uns hat auch niemand geschickt, um uns in Ihr Vertrauen einzuschleichen. Die Sache ist leider viel komplizierter.«

Jetzt hielt er wenigstens den Mund, und ich konnte fortfahren:

»Wir sind erst vier Tage hier, wir kannten hier niemanden. Und uns sind in diesen wenigen Tagen mehr als einmal Gerüchte zu Ohren gekommen, die sich in die Richtung bewegen, in die sich Ihre nächtlichen, niedlichen Besucherinnen eingelassen haben. Was sagen Sie nun?«

Er sagte gar nichts, er verließ schweigend sein kleines Museum. Wir folgten ihm unter Mitnahme der Bauzeichnungen.

»Der Letzte macht das Licht aus«, murmelte Tom. Ich blickte mich noch einmal um. Es war ein trauriges Museum. Niemand interessierte sich für die Reliquien, und sie waren auch viel zu bescheiden, um das Interesse von Touristen erregen zu können. Nur eingefleischte Ludwig-Fans wären mit einer Brieftasche zur Aufbewahrung der Briefe Richard Wagners zu entzücken – oder eingefleischte Wagner-Fans.

Auf dem Deck des Opernschiffes trafen wir uns wieder. Martell öffnete unsichtbare Fenster oder Lüftungsklappen. Der Bühnenraum verlor das Hermetische, als von draußen banale Geräusche eines Rasenmähers hereindrangen.

»Besitzen Sie eigentlich Fotografien aus der frühen Zeit des Schlosses?« Ich glaubte nicht daran, weil er sie uns sonst bestimmt präsentiert hätte. Aber ich wollte sichergehen.

»Fotografien? Die sind begehrt. Da sind viele Sammler hinter her. Wenn Sie ein Bild von Joseph Albert haben, sind alle gleich viel netter zu Ihnen.«

»Und die Gräfin? Haben Sie sich zwischen zwei Tassen Himalajatee mal Familienfotos angeschaut?«

Er blickte mich traurig an. »Ach, das wäre schön. Aber so intim sind wir dann doch noch nicht. Die Gräfin steht mehr auf bildende Kunst. Ihre Sammlung von Aquarellen ist ja berühmt.« Ich sah Ricarda vor mir, Ricarda und die Gräfin und Tom.

»Es soll in Hohenschwangau ein Dienerehepaar gegeben haben«, fuhr Martell fort. »Kutscher und Köchin. Die haben in jeder freien Minute Farbe angerührt. Waren fast zwanzig Jahre auf dem Schloß, sollen praktisch zur Familie gehört haben, soweit das in königlichen Familien möglich ist. Das waren Zwangsmaler. Die haben fast jeden Tag ein Bild fertiggestellt.«

»Auch 1886?«

»1886? Natürlich auch 1886. Soweit ich mich entsinne, waren die Diener bis 1889 oder 1890 auf dem Schloß. Dann starb sie, und er hat sich von dem Schlag nie erholt.«

»Also gab es die Maler 1886 auf dem Schloß?«

»Ja. Übers Todesjahr unseres Königs hinaus, da bin ich ganz sicher. Ich erinnere mich an diese spezielle Serie. Die Bilder sind ja alle signiert. Beziehungsweise datiert. Beziehungsweise beides. Zwangsmaler eben. Zum Schluß haben sie manchmal Fotografien genommen und die übermalt. Richtig modern.«

»Glaube ich nicht«, sagte Tom. »Warum hat man von diesen Bildern nie etwas in der Öffentlichkeit gesehen?«

»Hat man ja«, sagte Martell. »Ein paar finden Sie in Büchern. Einiges ist katalogisiert, einiges hängt im Ludwig-Museum in Herrenchiemsee. Aber auf den meisten hat die alte Gräfin den Daumen drauf. Die gibt sie nicht her, sagt sie. Sie braucht das Gefühl von Exklusivität, sagt sie. Wo der Adel heutzutage doch sonst keine Vorrechte und Freuden mehr hat.«

»Sagt sie«, sagte ich.

Martell blickte hoch: »Wieso? Nein, das sage ich.«

Ich stand auf. »Wir fahren jetzt aufs Schloß und statten Ihrer Freundin einen Besuch ab.«

»Was? Das geht nicht! Da muß man sich anmelden. Und dann dauert das Wochen, wenigstens eine Woche.«

»Wollen Sie mir erzählen, daß eine steinalte Gräfin am Freitag abend einen vollen Terminkalender hat? Bei diesem Wetter? Die ist froh, wenn sie die Beine hochlegen kann und genug Luft kriegt. Ich habe eine Oma in diesem Alter. Ich weiß, wovon ich rede.«

»Ich habe so was noch nie gemacht«, murmelte Martell.

»Wenn ich mir die Sympathien der Gräfin verscherze. Ich glaube, ich tu' mir was an.«

»Wir nehmen alle Verantwortung auf unsere Schultern«, sagte Tom munter. »Meine Schultern sind breit genug. Außerdem hatte ich bereits das Vergnügen, die Gräfin kennenzulernen. Sie hatte damals Besuch von Ri ... Von der Malerin an der Marienbrücke.«

»Ach die«, sagte Martell. »Die immer so unnahbar tut, es aber in Wirklichkeit nicht ist.«

Der Mann wußte gar nicht, wie dicht er in dieser Sekunde davor stand, zum Notfall zu werden.

»Wir nehmen sie mit«, rief Tom. »Mit der Malerin und unserem Doktor stürmen wir den Laden.«

11

Hohenschwangau hatte ich bisher nur am Rande wahrgenommen. Ich fand das Schloß harmonisch, vom Gesamteindruck viel lieblicher als Neuschwanstein. Ich wußte, daß 14 Räume zur Besichtigung freigegeben waren und daß Ludwig auf diesem Schloß den größten Teil seines Lebens verbracht hatte.

»Ich weiß gar nicht, warum die Bilder Sie so interessieren«, sagte Martell, als wir ihn zum Wagen zogen. Dann stand er vor dem ramponierten BMW und sagte kategorisch: »Mit diesem Wagen können wir uns nicht bei einer Gräfin sehen lassen.«

»Mann, wir fahren mit dem Wagen nicht in ihr Wohnzimmer, sagte ich und stopfte den Zögerlichen auf die Rückbank. Drüben auf dem Grundstück des Lehrers Unruh glaubte ich eine Bewegung gesehen zu haben. Aber vielleicht hatte ich mich getäuscht. Es war nach 18 Uhr. Die Chance, Ricarda noch auf der Brücke anzutreffen, war nicht groß. Ich fuhr dementsprechend zügig, und Martell auf der Rückbank fragte während der kurzen Fahrt:

»Haben Sie einen Erste-Hilfe-Koffer an Bord?«

Es war eine Sache von Sekunden. Hätte ich auf Höhe des Internats den beiden Fahrradfahrern nicht die Vorfahrt genommen, hätten wir Ricarda verpaßt. Sie war auf dem Schloßparkplatz bereits mit einem Bein in den Pkw gestiegen, und ich parkte den Kleinwagen schnell zu. Eine Frau mit kiebigem Gesicht kam streitbereit in Sandalen auf mich zu. Ich wunderte mich, daß Ricarda dermaßen biedere Bekannte besaß. Dann standen wir uns alle gegenüber, und es erhob sich die Frage der Begrüßung. Ich wollte mich vordrängeln und Ricarda umarmen, bevor Tom ihr einen seiner speichelstarken, brüderlichen Küsse auf den Hals drücken konnte. Aber dann wurde ich von einer Hemmung befallen, Tom zu meiner Freude auch. So standen wir voreinander, ohne uns zu berühren, und erschöpften uns in zeremoniellen Verbeugungen. Ricarda stellte uns ihrer Bekannten vor. So schnell hatte ich selten einen Namen vergessen. Ich stellte Ricarda den Doktor vor. Sie kannte ihn vom Sehen. Tom brachte dann das Gespräch auf Touren, wir setzten die kiebige Freundin in ihren Wagen, obwohl sie gern mit uns gekommen wäre.
Auf dem kurzen Fußweg zum Schloß instruierte ich Ricarda, auf was es mir ankam. Der Doktor zeterte leise in zweiter Reihe und wurde von Tom getröstet. Uns kam eine Besuchergruppe entgegen, offenbar die letzte des Tages, denn man rief uns mehrfach schadenfroh die Worte »Zu spät. Zu spät« hinterher.

Ich erlaubte mir den Luxus stehenzubleiben, und dann sagte ich:

»Ich wohne hier, meine Herrschaften. Wehe, ich finde wieder Kaugummis unter den Tischplatten.«

Die Gräfin hatte einen Butler. Er war wetterfest und sah am Ende eines heißen Tages aus wie gesalbt und gepudert. Er war nicht direkt hochnäsig, doch er hielt uns wahrscheinlich für eine Abart von Küchenschaben. Ricarda wickelte den Schnösel mit ihrem Liebreiz ein. Da er nicht tot war, blieb ihm nichts anderes übrig, als sich beeindrucken zu lassen. Ich atmete heimlich Ricardas Duft ein und erwischte Tom dabei, wie er das gleiche tat.

»Ich will sehen, was ich tun kann«, behauptete der Butler und butlerte von dannen.

Wir standen im Flur von Hohenschwangau, falls es so etwas in einem Schloß gibt. Ich fühlte, daß ich beeindruckt war. Den Butler sahen wir nie wieder, dafür kam eine winzige Person in hoher Geschwindigkeit aus den Tiefen des Schlosses auf uns zugeeilt.

Ich erkannte die Gräfin kaum wieder, ich hatte sie ja nur am Rande beim Besuch der skandinavischen Verwandtschaft erlebt. Sie hatte im Alter von Mitte sechzig aufgehört zu altern und konnte ebensogut sechsundsechzig wie sechsundachtzig sein. Sie kehrte mächtig die Muntere heraus, obwohl sie hörbar kurzatmig war. Dafür trug sie ein wunderschönes Sommerkleid. Sie war eine kultivierte Frau, die gewohnt war, daß man ihr zuhörte, und die sich furchtbar über Abwechslung im Schloß freute. Ricarda war ihr Liebling. Daß sie den Doktor nicht für unseren Hund hielt, konnten wir nur daran erkennen, daß sie ihm keine Schale mit Wasser vor die Füße stellen ließ, sondern ihn genauso wie alle anderen mit einem Glas Eiswasser traktierte. Wir landeten in einem Raum, in dem ich dreiundzwanzig Häkeldeckchen verschiedener Größen zählte. Alles war Polster und Samt und Teppich und Vorhang. Unsere Stimmen versackten in dem schallschlukkenden Ambiente, klangen dumpf und blieben ohne Nachhall.

Tom erzählte noch einmal die Geschichte unseres Auftrags, aber die Gräfin unterbrach ihn und fragte kampfeslustig: »Wie oft wollen Sie mir das noch erzählen? Halten Sie mich für tatütata?«

Die Formulierung »Tatütata« war ihre Spezialität. Sie hatte es gern, wenn man darüber schmunzelte. Also schmunzelten wir in der Folge wie die Deppen.

»Wir müssen morgen wieder abreisen«, sagte ich, »und wir haben leider erst vor wenigen Minuten von Dr. Martell erfahren, daß es diese wunderbare Serie von Aquarellen gibt, die die Errichtung von Neuschwanstein dokumentiert.«

»Freilich«, rief die Gräfin und freute sich.

»Diese Aquarelle«, fuhr ich fort, »sind anscheinend kaum bekannt und wurden der Öffentlichkeit bisher nur sehr sporadisch präsentiert.«

»Freilich«, rief die Gräfin.

»Deshalb würde es für die optische Seite unserer Reportage ein besonderer Höhepunkt sein, wenn wir eine kleine Auswahl der Bilder präsentieren könnten.«

»Wie viele?« fragte sie lauernd.

»Sagen wir eine Doppelseite«, sagte ich schneidig und registrierte ihr zufriedenes Gesicht.

Die Gräfin schien anfangs einverstanden, aber als Tom eine Kamera hervorholte, rief sie alarmiert: »Zerstören die Strahlen der Kamera nicht die empfindlichen Farben der Bilder?« Sie hatte in einem Erzeugnis der Yellow Press eine haarsträubend dumme Geschichte über diese Frage gelesen und mußte von Tom und Ricarda zart, aber stetig, auf den Boden des Rationalismus zurückgeholt werden.

Endlich klingelte die Gräfin mit einer winzigen Glocke, und es erschien nicht der Butler oder eine Zofe, sondern Prinz Poldi, der grellblonde Strahlemann und Rallyefahrer. Er freute sich halb tot, uns erneut zu treffen, und die Wangen der Gräfin röteten sich vor Stolz auf den agilen Abkömmling. Sie erklärte uns den Grad der Verwandtschaft, aber ich weiß nur noch, daß Poldi nicht ihr Sohn und nicht ihr Enkel war. Er küßte der Gräfin, die er »Tante« nannte, ebenso die Hand wie Ricarda. Ich hatte bisher keine Sekunde daran gedacht, Ricarda auf den Handrücken zu küssen. Poldi war eine gnadenlose Plaudertasche. Wir verloren wertvolle Minuten, bevor er endlich ging, um aus den Tiefen des Schlosses die Mappen mit den Aquarellen zu holen. Er bestand darauf, daß Ricarda ihn begleitete, und die Gräfin sagte munter: »Ich weiß ja nicht, wer von den Herren mit unserer Malerin am engsten verbunden ist. Aber er möge beten, daß er's noch ist, wenn die beiden zurückkommen. Tatütata.«

Die beiden kamen zügig zurück. Jeder trug eine Mappe. Im Zimmer gab es einen gigantischen Eßtisch. Er war eher vier als zwei Tischtennisplatten groß. Den räumte Poldi von Pokalen, Obstschalen und Häkeldecken frei, was dem Tisch ästhetisch ausgezeichnet bekam. Dann entknotete die Gräfin beide Mappen, und Ricarda breitete die Blätter auf dem Tisch aus.

Die Aquarelle waren künstlerisch so nichtssagend, wie ich es erwartet hatte. Aber darum ging es nicht. Ich sah sofort, daß jedes Blatt entweder mit »E. N.« oder »W. N.« signiert war. Elisabeth Neumann und Willi Neumann. In jedem Fall stand das Datum dabei, Monat und Jahr: AUG 1878, SEP 1878 und so weiter. Dieses Schema hatten die malenden Diener über die Jahre beibehalten. Ricarda konnte sich nicht genug darüber wundern, wie ähnlich der Stil der Eheleute ausgefallen war. Ich gab ihr recht, aber auch darum ging es nicht. Die Neumanns hatten pro Monat rund vier Blätter gemalt, sie hatten dieses Tempo siebzehn Jahre lang durchgehalten und dabei zwischen 800 und 900 Aquarelle geschaffen. Das imponierte mir sehr. Ich wußte ja, zu welchen literarischen Leistungen ich es hätte bringen können, wenn ich mir beizeiten angewöhnt hätte, täglich nur eine einzige Seite zu schreiben – aber jeden Tag.

Während die anderen sich an einzelnen Blättern festsahen und die Gräfin immer wieder lautstark auf Details hinwies, die sich Martell mit hündischer Unterwürfigkeit zu Gemüte führte, drängte ich im Schweinsgalopp durch die Jahre. Das malende Ehepaar hatte sich keineswegs auf ideale Darstellungen von Berg und Tal und Schloß beschränkt, sie hatten den Fortgang der Bauarbeiten penibel festgehalten. Im Verlauf der siebziger und achtziger Jahre sahen wir das Schloß in die Höhe wachsen. Die Neumanns hatten auch andere Motive gemalt als das Schloß. Aber das Schloß hatten sie immer wieder gemalt.

»Nun hetz doch nicht so«, sagte Tom und nahm mir ein Blatt aus der Hand. Er ordnete die Blätter zu Rechtecken von zwei Blättern in der Breite und vier oder fünf in der

Höhe. Die Aquarelle waren bis etwa 1880 zwischen DIN A4 und A3 groß. Danach wurden sie kleiner und gefielen mir besser. Am meisten mochte ich die Blau-Grün-Kombinationen. Ab 1882 existierten Bleistiftskizzen. Mein Puls beschleunigte sich, als ich sah, wie akkurat sich die Künstler den technischen Details gewidmet hatten. Wir kamen der Sache näher. Die Baustelle Anfang 1886. Der Palas war von außen vollendet, ebenso der Torbau und der Viereckturm; das Ritterhaus unter Gerüsten nur zu ahnen; die Kemenate – wo heute die Verwaltungsräume untergebracht waren – noch nicht begonnen. Nach Südosten fiel der abgetragene Bergkegel steil zur Pöllatschlucht ab. Im Westen der Baustelle wurden die herangeschafften Materialien vor der Verarbeitung gelagert. Der Dampfmaschinenkran hatte es den Neumanns angetan. Eine Serie von kleinen, nur spielkartengroßen Skizzen zeigte, wie Quader aus Kalkstein auf das Baugerüst gezogen wurden: Feb 1886. Ich drängte zum Jun 1886. Die Gräfin bedeckte ihr Gesicht mit einer Hand, und Martell sagte mit nüchterner Stimme: »Der König ist tot, es lebe die Baustelle.«

Ich merkte, wie dicht Tom neben Ricarda stand. Ich beschloß, die Schurkerei zu ignorieren.

Jul 1886: Die Baustelle liegt still. Aug 1886: Die meisten Gerüste sind gefallen; Sep 1886: Der Dampfkran wird abgebaut; Okt 1886: Zwei Pferdegespanne am Lagerplatz, lange Hölzer werden aufgeladen.

»Wo kommen die Gespanne her?« fragte ich.

»Na, ist doch klar«, sagte Martell. »Das unverbaute Material lag ja nur herum, also hat man's auf andere Baustellen geschafft.«

»Stimmt gar nicht!« rief die Gräfin. »1886 war unser guter Ludwig doch bereits schrecklich pleite. Die ersten Firmen haben ja damals schon vor den Gerichten ihre Rechnungen eingeklagt. Was war das alles peinlich.« Ihr abschließendes »Tatütata« kam diesmal in Moll daher.

Jedenfalls reichten ihre Bemerkungen, um mir die Laune zu verderben. Ich hatte auf eine erhellende Information gehofft; und jetzt sah es so aus, als wenn besorgte

Eigentümer ihr Material in Sicherheit gebracht hätten, und sonst nichts.

»Quatsch«, sagte da plötzlich Martell. »Das weiß ich zufällig ganz genau. Es wurde doch nicht das gesamte Material bis ans Schloß geliefert. Die Kalksteinquader und der Marmor lagen auf dem Bahnhof von Biessenhofen.«

»Wo ist das denn?«

»Das ist ziemlich weit weg. Noch nördlich von Markt-Oberdorf.«

»Und wo liegt Markt-Oberdorf?«

Er starrte mich an, schockiert ob meiner Unwissenheit.

»Das liegt nördlich von Füssen, 15 Kilometer oder ein bißchen mehr. Als der König Probleme hatte, die Lieferanten zu bezahlen, haben sie tatsächlich ein paarmal die Notbremse gezogen. Aber wenn irgendwo Steine oder Hölzer abgeholt wurden, dann vom Bahnhof Biessenhofen. Was von da weiter bis ans Schloß transportiert wurde, war auch bezahlt.«

»Aber warum wurde überhaupt Material vom Schloß abtransportiert?« fragte ich nachdenklich. »Dort wurde doch Material gebraucht, weil ja bald damit begonnen wurde, die Kemenate zu errichten. Das stimmt doch, daß erst mit dem Bau der Kemenate die Bauarbeiten zum Abschluß kamen?« Martell und die Gräfin nickten und vertieften sich erneut in Zeichnungen. Ich stand am Fenster, schaute auf die hereinziehende Dämmerung und den Alpsee. Ich hörte, wie Tom auf leisen Sohlen neben mich trat, ebenfalls hinausblickte und leise fragte:

»Was beschäftigt dein Denkerhirn?«

»Ausnahmsweise nicht Ricarda.« Wir grinsten uns an, schauten auf den See. Er war so malerisch, er hätte eine Fotografie sein können. Er lag da, nicht für uns, nicht für Touristen in kurzen Hosen mit flüchtigem Blick. Er war schön nur für sich. Er hatte es nicht nötig, daß Großstädter in Hochrufe ausbrachen. Ich beneidete Ludwig für diese Aussicht. Wer in der Jugend diese Aussicht hat, hat nicht umsonst gelebt.

»Ich glaube, die Sache ist klar«, sagte ich leise. »Ich weiß nur nicht, was sie bedeutet. Erstens: Die Baustelle Neuschwanstein beschäftigt 200 Handwerker. Ab Juni 1886 wird keiner mehr benötigt, ganz sicher nicht ab August, denn wie wir sehen, ist zu diesem Zeitpunkt noch nicht mit dem Bau der Kemenate begonnen worden. Zweitens: Von 200 Handwerkern finden wir nur 15 auf der Liste derjenigen Handwerker wieder, die nach Juni ihr Recht auf Arbeitslosengeld anmelden. Drittens: Im Herbst desselben Jahres wird Material abtransportiert. Warum und wohin?«

»Na? Kleine Verschwörung?« rief lachend der blonde Poldi und zerstörte frohgemut unsere Klausur.

»Es tut uns leid, daß wir morgen oder übermorgen schon wieder aufbrechen müssen«, sagte ich.

Er hatte für meine Traurigkeit volles Verständnis. »Dies ist auch keine Gegend für einen Blitzbesuch. Das ist ja der tragische Irrtum, dem die Millionen Besucher erliegen. Rennen von einem Schloß ins nächste und dann weiter in den Bus oder den Privatwagen. Wer nicht spürt, wie sehr die Schlösser und die Natur zusammengehören, der kann genauso gut zu Hause bleiben.«

»Was bewohnen Sie eigentlich für ein Quartier?« fragte ich kampfeslustig. »Wahrscheinlich kein Doppelzimmer im Studentenheim.«

Er schilderte uns dermaßen bescheiden Lage, Ausmaße und Einrichtung seines Penthouses über den Dächern von München-Schwabing, daß ich mir die Frage ersparte, ob der Spaß zwei oder eher drei Milliönchen gekostet hatte.

»Hier ist wieder ein Pferdegespann«, rief Ricarda vom Tisch. Ich sah mir das an.

Die Gräfin erklärte netterweise:

»Hier ziehen die Hottehüs am schönen Weißensee entlang.«

Zwei Gespanne, beide satt bepackt mit Holz. Aber nicht nur mit Holz.

»Was liegt auf dem zweiten Wagen?« fragte ich und ging dicht ans Bild heran. Der zweite Wagen transportierte einen braunen Klacks Farbe.

»Vielleicht eine Wagenladung Aquarelle«, sagte Martell und sah sich – begeistert von seiner Schlagfertigkeit – nach der Gräfin um. Doch von dort kam kein Lob. Stattdessen war es wieder Ricarda, die mir ein neues Aquarell hinlegte. Hier war überhaupt nicht mehr zu erkennen, wo oder bei welcher Gelegenheit der Wagen aufs Bild gebannt worden war. Jedenfalls handelte es sich um den Anhänger eines Pferdegespanns. Der gesamte Bildraum wurde eingenommen vom Rahmen der Ladefläche und dem Ladegut. Die Holzmaserung war diesmal bis in feine Verästelungen ausgearbeitet. Dagegen wirkte die Oberfläche der vier Säulen auf der Ladefläche glatt und kühl. Es sah so aus, als wenn der Maler keine Zeit gehabt hätte, auch hier ins Detail zu gehen. Es konnte allerdings auch sein, daß . . .

»Das ist kein Holz«, sagte Tom kategorisch. »Das ist Marmor. Siehst du nicht die vergoldeten Enden?«

Natürlich sah ich die vergoldeten Enden. Jetzt, wo mich jemand darauf hingewiesen hatte, bestand für mich kein Zweifel mehr, daß auf dem Wagen Marmorsäulen lagen, wie wir sie in Neuschwanstein mehrfach gesehen hatten. Oder war es hier in Hohenschwangau gewesen? Ich blickte Ricarda an und wurde verwegen. Ich beugte mich zu ihr, küßte sie erst auf die Wange – da brach hinter uns schon eine Stimme ab. Ich küßte sie auf den Mund. Um uns war Schweigen. Einen winzigen Moment lang berührten sich unsere Zungen, und als ich mich danach zur Gräfin umwandte, drohte sie mir schelmisch mit dem Finger und sagte, ohne pikiert zu sein: »Tatütata, ja ja.«

»Wo lag dieses Bild?« fragte ich Ricarda, um die Atmosphäre zu versachlichen. »Kann man daraus eine Datierung ablesen?«

Man konnte nicht. Die Gräfin konnte nicht weiterhelfen und sah auch nicht ein, warum ich so hartnäckig auf diesem Detail beharrte.

»Wo stehen solche Säulen?« fragte ich streng.

»Junger Mann, wie kommen Sie mir vor«, entgegnete sie perplex.

Im Hintergrund läutete ein Glöckchen und kündigte Besuch oder aufgetragenes Essen an. Poldi verließ den Riesenraum, und ich überlegte mir, daß wir möglicherweise entsetzlich ungelegen gekommen waren. Tom baute sein Stativ auf, schraubte die Kamera fest. Die Gräfin wunderte sich, daß das Stativ nur drei Beine hatte. Sie hatte in der Zeitung gelesen, daß Bürostühle aus Sicherheitsgründen fünf Beine aufweisen müßten und wollte nun ständig Tom vom hohen Risiko seiner Arbeit überzeugen.

»Madame, ich fahre mit dem Ding nicht durch die Räume, ich fotografiere nur damit«, sagte Tom.

Ich lenkte die Gräfin ab. Sie ließ sich leidenschaftlich gern ablenken, erwies sich als ähnlich haltlose Plaudertasche wie ihr blonder Liebling Poldi. Ehe ich mich versah, hatte mich die alte Dame zur Seite genommen und flüsterte mir begeistert ins Ohr: »Küßt sie so gut, wie sie malt?«

Entgeistert blickte ich in die blitzenden Augen und entgegnete etwas hilflos: »Doppelt so gut.«

Die Gräfin klatschte begeistert in die Hände, doch bevor sie ein neues »Tatütata« in die Welt entlassen konnte, betrat Poldi mit zwei Frauen den Raum. Eine hatte ich schon einmal gesehen. »Man grüßt«, sagte ich, damit die kultivierte Reihenfolge der Begrüßereien sabotierend. Marie Schott trug immer noch die Uniform der Coalition, das halbwüchsige Mädchen, das mit ihr gekommen war, trug kurze Haare, ein zerlumptes T-Shirt und Jeans, die einen Schöngeist wie Ludwig mit Depressionen ins Bett getrieben hätten.

Die Privatpolizistin verbeugte sich vor der Gräfin. Es war eine sachliche Geste von gebremstem Respekt. Das Mädchen spuckte nicht vor der alten Dame auf den Teppich, das war das Positivste, was man über ihre Begrüßung sagen konnte. Dennoch war mir sofort klar, daß die Gräfin beide Besucherinnen nicht zum ersten Mal sah. Poldi strahlte und stellte neue und alte Anwesende mit einer Noblesse vor, die ich bis zu meiner letzten Stunde nicht erlangen würde.

Marie Schott wurde uns präsentiert als Musikerin mit erstem Wohnsitz in Füssen, zweitem Wohnsitz in München und Sommerresidenz in der Toskana. Ich hatte noch nie eine Geigerin getroffen, die in ihrer Freizeit für Recht und Ordnung sorgte. Plötzlich griff eine heiße Hand meinen Oberarm, und während hinter uns Tom mit seiner Bierruhe das Fotografieren besorgte, flüsterte mir Martell ins Ohr:

»Das ist sie. Das ist eine von den beiden.«

Ich war mir nicht sicher, ob das Mädchen verstand, was Martell flüsterte. Sie stand kaugummikauend als fleischgewordene Patzigkeit in ihren zur Außentemperatur wie die Faust aufs Auge passenden Fallschirmspringerstiefeln. Und sie war cool. O Mann, sie war so ungeheuer cool, sie stand jeden Tag vier Stunden vor dem Spiegel und übte dieses Zusammenspiel von Gestik und Mimik. Ich kam mir alt vor und verstand jetzt viel besser, warum Martell sie damals nicht ins Haus gelassen hatte. Mit solch herrlich jungen Leuten umgibt man sich nicht freiwillig, wenn man älter als fünfunddreißig ist und nicht gerade schwer an der Vaterschaft solcher Gören trägt. Jedenfalls durften wir dieses Mädchen keine Sekunde mehr aus den Augen lassen. Endlich hatten wir einen Menschen greifbar, der vor der Katastrophe warnte, von der wir nicht wußten, wie sie aussehen und wann sie sich ereignen würde. Nur daß sie sich hier ereignete, hier um die Ecke, hier, wo ich in dieser Sekunde stand, das war mir klar, und das regte mich auf.

Poldi schlug noch ein paar Sätze lang Schaum, dann war es die Gräfin, die in die Hände klatschte: »Wir haben Gäste. Hier wird gearbeitet ...« Tom grüßte nebenbei vom Tisch herüber, wo er gerade die Aquarelle zu einer neuen Ordnung zusammenlegte. »Vielleicht wollt ihr solange nach nebenan«, rief die Gräfin immer munterer.

»Wie geht's Rustimo?« fragte mich die Privatpolizistin. Die Erwähnung des Namens riß den Kopf der Gräfin zu mir herum.

Und dann öffnete das Gör den Mund: »Oma, du mußt jetzt endlich gehorchen.«

Ich trat zwei Schritte auf die Kleine zu.

»Hör mal«, knurrte ich. »Du kannst die Frau Gräfin doch nicht . . .« In diesem Moment blickten mich Gräfin und Gör gleichzeitig mit derselben winzigen Schrägstellung des Kopfes an. Und ich erkannte, daß das Mädchen sich nicht unverschämt verhalten hatte. Die Gräfin war ihre Großmutter.

»Arbeiten Sie in Ruhe weiter«, forderte uns die Gräfin auf, obwohl Tom sich keine Sekunde hatte stören lassen. »Wir ziehen uns nach nebenan zurück. Kommt, Kinder.« Sie lotste Enkelin und Privatpolizistin von uns fort.

Wir umstanden Tom und die Aquarelle, und Poldi sagte: »Ich zerspringe vor Neugier, warum Sie so scharf auf das Jahr 1886 sind.«

»Haben Sie oft Leute aus den Medien zu Gast?«

»Mein Ahn beschäftigt die Gemüter, auch weitab von der Realität. Wir könnten einen Verwandten allein dafür abstellen, die abartigsten Mißverständnisse aufzuklären.«

»Was kursiert da denn so?«

»Zuallererst die Frage des Todes. Wie starb Ludwig? Wurde er ermordet? Hat er Selbstmord begangen? Sie wissen ja, daß er gemeinsam mit dem Psychiater im Starnberger See gefunden wurde, der seine Entmündigung betrieben hatte.«

»Es soll ja sogar Leute geben, die an der Echtheit der Leiche zweifeln.«

Poldi lachte herzlich, wie es seine Art war: »Weiß ich doch. Da kursieren schauerliche Gerüchte, daß nicht Ludwig in der Michaels-Kirche liegt, sondern . . .«

». . . sondern?«

». . . na ja.«

»Na ja?«

Ein flinker Blick aus blauen Augen, rosafarbene Zunge an Zahnfleisch. Dann: »Ich habe läuten hören, daß es ein Doppelgängergerücht gibt. Und irgendein Amateurkriminalist will herausgefunden haben, daß der Sarkophag in Wirklichkeit leer sei.«

»Was sich ja leicht nachprüfen ließe«, sagte Tom.

»Damit fangen wir gar nicht erst an. Wenn jedes Gerücht dazu führt, daß wir uns bemühen, das Gerücht zu widerlegen, was meinen Sie, was dann für abstruse Theorien aus den Löchern kommen würden.« Ich mußte ihm recht geben, obwohl ich diesem Mann lieber widersprochen hätte.

»War er denn schwul?« fragte Tom und fotografierte. An die Frage hatte ich auch gedacht. Aber ich hätte sie Poldi nicht gestellt.

»Natürlich war er schwul. Ich begreife überhaupt nicht, wie jemand im Ernst daran zweifeln kann. Die arme Sau. Schwul in Bayern im 19. Jahrhundert.« Poldi war sehr ernst.

Ich fragte: »Warum kriegt die Gräfin Besuch von dieser Privatpolizistin?«

Poldi zuckte die Schultern. »Die alte Dame kennt zwanzigmal so viele Leute wie ich. Und ich kenne nicht wenige.«

Man konnte Poldi alles fragen, und er gab auch auf jede Frage eine Antwort, aber man war selten schlauer als vorher. Ich begann mich zu fragen, ob dieser strahlende Blaublütige nicht eine große Show veranstaltete.

»Sie sind nicht zufällig einem Geheimnis auf der Spur?« fragte er.

»Wie kommen Sie darauf?« entgegnete ich plump.

»Wenn sich jemand so hartnäckig im Jahre 1886 herumtreibt, dann sucht er etwas, was vor ihm noch niemand gefunden hat. Kennen Sie die Gerüchte von Ludwigs unehelichen Kindern?«

Nun gesellte sich auch Tom wieder zu uns. »Ach nee«, sagte er. »Das ist ja interessant. Erzähl doch mal.«

»Das ist ein uraltes Gerücht. Ludwig soll was mit einer amerikanischen Bildhauerin gehabt haben. Die Dame ist dann etwas überstürzt abgereist, und ein paar Monate später soll ein kleiner König aus ihrem Bauch gekommen sein. Ich halte das für Quatsch. Ich kann mir vorstellen, daß viele Frauen unheimlich scharf auf den König waren. Erst recht Künstlerinnen, und ganz besonders amerikanische Künstlerinnen. Guckt euch doch an, wie scharf die Amerikaner noch heute auf den König sind.«

»Auf diesen König.«

»Auf diesen König, genau. Dessen berühmtestes Schloß sie in ihrem Disneyland nachbauen.«

»Und es paßt rein ins Disneyland«, sagte Tom. »Neuschwanstein und Disneyland, da kriegst du kein Blatt Papier zwischengesteckt. Das atmet denselben Geist.«

»Na ja«, sagte Poldi und strich die glatten Häkeldecken glatt. »Und es gibt Gerüchte darüber, wo das Königskind – ein Junge übrigens – aufgewachsen sein soll. Und es soll feststehen, daß er im Alter von vier oder fünf an einer Kinderkrankheit gestorben ist. So was findet immer wieder irgendein Amateurforscher heraus, und dann berichten alle bayerischen Zeitungen darüber. Außerhalb von Bayern ist die Aufregung schon geringer. Und nach einer Woche ist die Sache erledigt, weil ein anderer Forscher herausfindet, daß diese angeblich so neue Entdeckung vor 80 Jahren schon ein anderer Amateurforscher herausgefunden hat. So dreht sich alles im Kreis.«

»Aber Ludwig, Ludwig bleibt bestehen.«

»Genau. Er schwebt über den Wassern. Sie sollten es endlich aufgeben, ihn so enttäuschend menschlich zu machen: uneheliche Kinder, heimliche Affären mit Frauen. Ich bitte euch. Das ist doch Boulevardtheater. Deshalb wird Ludwig doch nicht geliebt. Natürlich gibt es Herrscher, die werden beneidet, weil sie potent waren wie die Stiere und 450 Kinder hatten. Aber Ludwig doch nicht.«

Poldi sah vergeistigt aus. Vielleicht stellte er sich gerade vor, was man tun mußte, um Vater von 450 Kindern zu werden. Man mußte es vor allen Dingen oft tun.

»Hippogryph« sagte ich unvermittelt. Poldi blickte mich verdutzt an. »Sagt Ihnen das was?« fragte ich.

Poldi lachte. »Sie sind gut. Glauben Sie, man erreicht in meiner Sippe den zehnten Geburtstag, ohne den *Rasenden Roland* auswendig gelernt zu haben?«

»Keine Ahnung. In meiner Familie ging es ohne.« Poldi war so kultiviert, sich nicht in Mutmaßungen über das kulturelle Niveau meiner Familie zu ergehen. »Den Namen Hippogryph kennen Sie also aus dem *Rasenden Roland*. Sonst noch irgendwelche Erinnerungen?«

»Während ihr Geschichtsquiz spielt, kann ich ja weitermachen«, sagte Tom und ging arbeiten.

»Auf was wollen Sie hinaus?« fragte Poldi. »Sie wollen doch auf was hinaus. Die ganze Zeit gucken Sie mich schon so bedeutungsvoll an.«

In meinem Kopf brauste es. Mir wurde bewußt, daß ich ein Fremder unter Fremden war. Außer Tom und Ricarda hatte ich niemanden, dem ich trauen konnte. Deshalb wußte ich nie, wie weit ich gehen sollte. Ein Satz zuviel zum Falschen, und ich hatte die erfolgversprechendste Indizienkette zerstört. Die konnten mich doch alle anlügen, daß sich die Häkeldecken bogen. Ich war ja nur ein naseweiser Reporter, der in der großen weiten Welt vielleicht viel besser aufgehoben war als in Neuschwanstein. Aber es war natürlich längst zu spät, um die Brocken hinzuwerfen. Und ich war heiß auf die Lösung des Geheimnisses.

»Worauf wollen Sie hinaus?« fragte Poldi nochmals. Wenn er ernst war, sah er nicht mehr so blond aus.

»Wir haben einige Menschen getroffen«, antwortete ich. »Sie haben Andeutungen gemacht. Das ist das erste. Ich bin derjenige, in dessen Armen vor zwei Tagen der Jugendliche aus Österreich erschossen wurde. Das ist das zweite. Ist schon mal in Ihren Armen jemand erschossen worden?« Die Frage war gemein, aber ich gönnte sie mir und genoß Poldis Bestürzung. Der Mann besaß für jede Lage den passenden Gesichtsausdruck. Ich haßte ihn für seine Eleganz. Ich hatte das Gefühl, daß Poldi mich weniger mochte als Tom. Das sollte er zurückbekommen.

»Hängt das mit 1886 zusammen?« fragte der Prinz.

»Es hängt mit Hippogryph zusammen. Vielleicht. Sie kennen nicht zufällig jemanden, der so heißt? Oder sich so nennt, was nicht dasselbe wäre?«

Poldi schüttelte den Kopf, und ich bekam ungeheure Lust zum Campingplatz zu fahren und diesen bronzehäutigen Lügner so lange durchzuschütteln, bis er seine Lügen gestehen würde.

»Ich bin dann soweit«, meldete sich Tom aus dem Hintergrund. Seine Stimme löste die Spannung zwischen mir und dem Prinzen.

Tom packte zusammen.

Ricarda, die sich als seine Assistentin nützlich gemacht hatte, kam zu uns und sagte zu Poldi: »Sie wollten das Bild abholen. Vor drei Wochen schon.«

Poldi schlug sich affektiert vor die Stirn und lud alle Schuld der Welt auf seine Schultern: »Ich bin untröstlich«, behauptete er. »Ich werde am Wochenende kommen. Oder am Montag. Wenn sich die Aufregung gelegt hat.« Zu diesem Zeitpunkt dachte ich noch, er würde die Touristenmassen am Wochenende meinen.

»Sie hat mir ein Bild gemalt«, sagte Poldi und verdrehte verzückt die Augen. »Also wenn schon Wald und Berge, dann von dieser Künstlerin. Sie blickt quasi hinter die Rinde der Bäume. Das ist kein bloßes Abmalen der Natur, kein Heileweltkitsch, aber auch keine Warnung, keine Mahnung, nur ein Appell an unsere Intelligenz. So was gefällt mir. Gefällt Ihnen so was auch?«

»Mir gefällt diese Künstlerin sowieso«, sagte ich und lächelte Ricarda an. Ich hoffte, daß sie jetzt weiche Knie bekommen würde. Dann wandte ich mich noch einmal an Poldi: »Ob es wohl möglich wäre, daß ich kurz mit der Enkelin der Gräfin spreche?«

Poldi lud uns in die Tiefen des Schlosses ein. Ich wiegelte ab: »Zu nett, aber nicht nötig, wirklich nicht. Wenn es möglich wäre, daß ich die junge Dame draußen . . .«

»Ich warne Sie!« rief Poldi munter. »Sie hat keine Ahnung von 1886.«

»Von 1886 nicht«, sagte ich. »Von der Gegenwart auch nicht. Aber vielleicht hat sie Ahnung von der Zukunft.«

Poldi wartete auf eine Erklärung. Als keine kam, trollte er sich. Kaum war er draußen, stürzte ich mich auf Ricarda. Tom sah mit geschultertem Stativ zu, wie wir uns küßten. Sie faßte sich so gut an wie gestern nacht, wenn sie auch nicht so nackt war. Bei jedem Kuß sagte Tom »Schmatz«. Sonst nichts. Aber es reichte, um mich zu entnerven. Ich ließ von Ricarda ab. Sie trat auf Tom zu und küßte ihn. Sein Stativ wackelte.

Wir warteten vor dem Schloß. Ich wunderte mich, daß es schon dunkel war. Ich hatte die Dämmerung nicht mitbekommen. »Verdammt«, sagte ich, »hoffentlich kommen wir noch ins Schloß.«

»Tristan«, sagte Tom lächelnd.

Aber ich dachte auch an die Baupläne. Ich dachte an den herabstürzenden Kronleuchter, und durch meinen Kopf fuhr der kleine Bagger vor Ricardas Hütte.

»Ich werde euch nicht begleiten können«, sagte Ricarda, als ich sinnend vor einer der wunderschönen Rosenrabatten stand. Sie blickte in unsere bestürzten Gesichter und lachte. »Es ist wichtig für mich«, sagte sie.

»Bilder verkaufen?« tippte ich. Sie nickte, aber sie erklärte nichts.

Plötzlich war sie da, stand vor der Schloßtür, bestand aus Abwehr und Patzigkeit. Ihr Körper sagte »Nein«, obwohl keiner von uns ein einziges Wort an sie gerichtet hatte. Poldi war nicht zu sehen, Ricarda bald auch nicht mehr, denn sie verabschiedete sich von Tom und mir. Etwas zu brüderlich für meinen Geschmack.

Mit den Worten »Was wollt ihr denn noch?« eröffnete die Enkelin die Kampfhandlungen. Wir sollten sie Beatrix nennen. »Beatrix reicht«, sagte sie. Da nannte ich ihr zur Strafe auch nur unsere Vornamen. »Tom und Jerry«, sagte sie lachend. Auf den Scherz war ich seit Jahren gefaßt, deshalb ließ ich ihn ihr durchgehen, zumal Jerry ja bekanntlich der Pfiffigere des Tandems ist.

»Wollen wir einige Schritte gehen?« fragte ich nett.

Beatrix schüttelte den Kopf.

»Wir gehen einige Schritte«, ordnete ich an. Sie zuckte zusammen, aber ich hielt ihren Arm fest und zog sie mit mir. Tom gesellte sich an ihre andere Seite, da bewegte sie sich ohne Fisimatenten in die gewünschte Richtung.

»Hör zu, Beatrix«, begann ich. »Wir wissen Bescheid. Du weißt Bescheid. Du weißt, daß wir Bescheid wissen. Also können wir auf das übliche Dummstellen verzichten. Einverstanden?«

»Wovon redest du überhaupt?«

»Sie ist es«, sagte Tom an dieser Stelle. »Sie ist eine der vier vom ersten Abend. Sie war die Wortführerin.«

»Kein Zweifel?«

»Kein Zweifel.«

»Hast du gehört, Bea?«

»Bea dürfen mich nur meine Freunde nennen.«

»Wir sind unter uns. Red endlich.«

»Ich weiß gar nicht, was ihr wollt.«

Leider wirkte sie immer noch ziemlich uneingeschüchtert. Weder Tom noch ich waren der Typ, der halbwüchsige Mädchen bei Dunkelheit an einen Baum stellt und sie auf die miese Tour ängstigt. Also mußte es anders gehen.

»Ihr habt uns am Dienstag abend Angst eingejagt. Warum? Du warst mit einer Freundin bei Dr. Martell und wolltest ihn warnen. Wovor? Und warum gerade Dr. Martell und nicht die Polizei? Ich behaupte, daß du Kuno Planer kanntest.«

»Gar nicht.«

Treffer! Ich mußte die Leichenmasche reiten. Das war fast genauso unappetitlich wie sexuelle Nötigung, aber es diente einem guten Zweck. Und ich hatte darin auch viel mehr Übung.

»Was grinst du so schmierig?« fragte Bea.

»Du weißt etwas, was wir nicht wissen. Und du weißt nicht, wie du dich verhalten sollst. Denn es macht ja keinen Sinn, uns erst Angst einjagen und danach als Verbündete gewinnen zu wollen. Stimmst du mir zu?«

»Du redest zuviel, Mann. Dir geht einer ab, wenn du dich reden hörst.«

Tom lachte leise, und ich fuhr fort:

»In meinem Hotelzimmer liegen eine Jacke und ein Hemd, Bea. Die ziehe ich nicht mehr an, weil sie voller Blut sind.«

»Hör auf!« rief sie überraschend grell.

»Das Blut war nicht das Schlimmste«, sagte ich. Wir erreichten den Alpsee. »Ich hatte den Kuno im Arm, Bea. Er wollte mir ganz dringend etwas sagen. Und dann haben sie ihm die erste Kugel in den Rücken gejagt. Sie hat ihn in meine Arme geschleudert. Deshalb habe ich die zweite Kugel so deutlich gespürt, als wenn sie in meine Jacke einschlagen würde.«

Ich sah, daß Tom Beas Arm ergriffen hatte. Möglicherweise hätte ich meinen Monolog sonst schon lange vor einem Zuhörer weniger gehalten.

»Dieses Gefühl, Bea, daß du dabei bist, wenn ein Mensch stirbt, das kannst du nicht abwaschen. Kunos Körper hat gezuckt, Bea. Er war fünfzehn. Wie alt bist du? Sechzehn? Schade, daß du Kuno nicht gekannt hast, Bea. Sonst wüßtest du, wie sehr er . . .«

»Ich habe ihn ja gekannt«, schluchzte sie, riß sich von Tom los, lief ein paar Meter und blieb am Wasser stehen.

Tom und ich tauschten einen Blick. Ich sollte weitermachen, sagte er mir. Wir stellten uns neben Bea, nicht zu dicht. Tom fand zwei Steine und ließ sie übers Wasser titschen. Ich zählte mit. Der zweite Stein schlug achtzehn Mal auf, bevor er unterging.

»Dieser Arzt ist ein Idiot«, sagte Bea. Sie sagte es zum Wasser, nicht zu uns. »Er hat uns überhaupt nicht zugehört.«

»Er hat einen Fehler gemacht. Er bedauert das.«

»Der und was bedauern. Der ist doch genauso blöd wie alle anderen.«

»Verrat uns endlich, vor was ihr warnen wolltet.«

»Wer sagt euch denn, daß wir warnen wollten?« Wir mußten etwas unternehmen, sie war dabei, wieder trotzig zu werden. Tom war es, der etwas tat. Er begann zu sprechen, leise, normal, nicht so dramatisch wie ich.

»Du denkst nicht weit genug, Bea. Es ist zu viel passiert, um sich einreden zu können, daß darüber mit der Zeit Gras wächst.«

Bea spuckte ins Wasser. »Ich habe euch noch nie vorher

gesehen. Und das mit Kuno... Alle sagen, es war ein Unfall.«

»Und daß sich heute morgen der arme Pückler in die Luft gesprengt hat, das war auch ein Unfall, oder?«

Sie knickte in den Knien ein, als wenn jemand auf einen Schlag alle Energien aus ihr herausgesaugt hatte. Tom, der schnelle Tom fing sie auf, bevor sie sich weh tun konnte.

»Ich bin ausgerutscht«, sagte Bea schwach.

»Klar«, sagte Tom. »Wir rutschen alle mal aus, dann fallen wir auf die Schnauze. Aber dich fängt jemand auf. Diesmal ich. Vielleicht ist ja auch beim nächstenmal...«

»Ich kann nicht darüber reden«, sagte Bea und machte sich von Toms fürsorglichem Stützen frei.

»Warum nicht? Wirst du bedroht?«

»Bedroht! So funktioniert ihr. An was anderes könnt ihr nicht denken.«

»Doch, kann ich. Ich kann mir zum Beispiel denken, daß du dich halbwegs in Sicherheit fühlst. Aber in Wirklichkeit ist die Gefahr nicht vorüber. Kennst du den Schloßführer? Was wollte er in der Steilwand? Was uns die Polizei verkaufen will, ist doch kalter Kaffee.«

Beatrix stand auf wackligen Beinen. Sie weiter zu bedrängen, würde für sie eine Qual werden. Aber ich war sicher, daß jetzt der günstigste Zeitpunkt war.

»Kennst du einen Mann namens Rustimo?«

»Rustimo hat Kontakte zu den Amerikanern«, begann Bea. »Er wohnt in Garmisch, aber er ist oft in Füssen. Rustimo arbeitet mit Reisebüros in den USA zusammen, die die Europatrips für die Amerikaner verkaufen. Rustimo ist der Mann für München und die Schlösser. Viel mehr sehen die Amerikaner von Deutschland ja auch nicht.«

»Rustimo hat mich und Tom in den inneren Zirkel aufgenommen.«

»Warum sollte Rustimo das tun?« fragte Bea verdutzt. Endlich waren wir im Gespräch. Sie bluffte nicht länger.

»Rustimo verspricht sich von uns Vorteile«, antwortete ich. »Er weiß, daß wir im Auftrag eines amerikanischen

Magazins hier sind. Rustimo ist scharf darauf, daß wir der Welt berichten.«

»Reporter sind gefährlich«, sagte Beatrix.

»Reporter sind eine Chance«, sagte ich. »Deshalb solltest du ein wenig freundlicher zu uns sein.«

Sie rückte zwei Schritte von mir ab. Ich blickte über Bea hinaus auf den Alpsee und sah in der Höhe das Licht.

»Was ist das für ein Licht?«

»Ein Auto vielleicht«, sagte Tom.

»Quatsch«, sagte Bea. »Da können keine Autos fahren.« Das Licht bewegte sich auch nicht.

»Könnte es sein, daß da was brennt?« fragte ich.

»Wie eng bist du eigentlich mit Ludwig Zwo verwandt?« fragte pötzlich Tom.

»Das wollt ihr gern wissen. Aber ich sage euch das nicht.«

»Was hat es mit dieser Privatpolizei auf sich?« fragte ich.

»Es gibt sie eben.«

»Woanders gibt's sie eben nicht.«

»Was woanders ist, interessiert mich nicht. Hier gibt es sie. Wollt ihr noch was? Sonst gehe ich jetzt nämlich.«

Ich suchte nach einer Möglichkeit, sie aufzuhalten. Aber mir fiel nichts ein außer Festhalten, und Bea war genau der Typ Mädchen, der in Sekunden Hunderte von Helfern herbeischreit. »Geh«, sagte ich, und sie ging. Ging fünf, sechs Meter und blieb stehen. Drehte sich um und fragte: »Seid ihr die neuen Freunde der Malerin?«

»Was dagegen?«

Sie blickte uns lange an. Es war, als wenn sie größeren Abstand brauchte, um uns richtig wahrzunehmen.

»Ricarda mag euch«, sagte Bea. »Rustimo mag euch. Poldi ist hingerissen von euch.«

»Spricht das für oder gegen uns?« wollte Tom wissen. Sie antwortete nicht, aber es sprach für uns. Das spürte ich.

»Vielleicht sehen wir uns mal wieder«, sagte Bea und drehte sich um.

»Hoffentlich lebst du dann noch!« rief ich. Sie stockte kurz, dann ging sie weiter und verschwand in der Dunkelheit.

12

Während der Fahrt legte ich zufällig die linke Hand auf das Telefon. Im nächsten Moment hatte ich den Hörer am Ohr, und Tom sagte:

»Laß es.«

»Du weißt doch gar nicht, ob ich Diana anrufen will.«

»Laß es trotzdem, Jot We.«

Ich legte den Hörer zurück und sagte, während der Wagen den Felsen hochkletterte:

»Anrufen hat aber Vorteile. Manchmal nimmt einer am anderen Ende ab. Das würde mir jetzt Mut machen.«

»Stell dir vor, Jot We, alle Hinweise, die wir in vier Tagen gekriegt haben, erweisen sich als zutreffend. Weißt du, was das heißt?«

»Das heißt, daß hier jeden Moment ein ungeheures Ding hochfliegt, und wir sitzen mittendrin. Oder obendrauf.«

»Hast du Angst?«

»Natürlich nicht. Und du?«

»Natürlich nicht. Aber ich lüge manchmal.«

»Ich habe das Gefühl, daß ich hier in Neuschwanstein rede und rede, und ich komme keinen Zentimeter vom Fleck. Das kannte ich bisher nur aus Träumen. Wo ist unsere verfressene Freundin Rospleszcz abgeblieben? Warum sind wir nicht sofort losgefahren und haben unseren Gast aus dem Pazifik gesucht, als ich erfahren habe, daß er genauso heißt wie das Pferd im *Rasenden Roland?* Warum erzählt uns Strahlemann Poldi unaufgefordert irre Gerüchte über Ludwig? Und warum verdammt noch mal ziehen Hunderte von Menschen gleichzeitig um und keine Zeitung, kein Radio, kein Fernsehsender nimmt Notiz davon?«

»Wir erfahren Geheimnisse, und es sterben Menschen, und die Polizei überläßt Recht und Ordnung einer Privatschutztruppe in häßlichen Uniformen. Alles geschieht im Sonnenlicht. Tausende sehen es, aber niemand wundert sich. Keiner fragt.«

»Nur wir.«

»Aber niemand antwortet uns. Es ist soviel zusammengekommen. Am ersten Abend bedroht uns eine Bande. Ich lerne einen netten Fotografen kennen, der plötzlich auf Weltreise geht, wie uns die Nachbarin sagt. Ein paar Stunden später treffen wir ihn zehn Kilometer entfernt, und er flieht vor mir. Man klaut uns Bilder. Du lernst einen geheimnisvollen dunkelhäutigen Mann kennen. Und als Krönung von allem legst du dich auf einen Misthaufen und weißt nicht, wie du da reingekommen bist.«

»Da ist noch was, Tom.«

»Ja? Was denn noch? Red. Heh! Hallo! Junger Mann, wir hören!«

Er schlug mir auf den Oberschenkel.

»Ich wollte was sagen? Ich wollte nichts sagen.«

»Aber du hast eben gesagt . . .«

»Es war nur so ein Gedanke.«

»Was für ein Gedanke?«

»Ich hatte das Gefühl, so ein unbestimmtes Gefühl, als wenn ich . . .«

»Ah! Du erinnerst dich, wie du auf den Misthaufen gekommen bist.«

»Ja. Nein.«

»Und wo du gesteckt hast, gestern abend, als du angeblich bei der Hütte auf Ricarda gewartet hast.«

»Ja. Nein.«

Die Scheinwerfer tauchten das Schloß in fahles Weiß. Jetzt war es ein Gespensterschloß, die wuchtigen Türme, die kleinen Fensteröffnungen in der Fassadenlandschaft. Das Säuseln des seidenweichen Sechszylinders als einziges Geräusch. Als Tom den Motor abstellte, umgab uns dröhnende Ruhe.

»Wenn jetzt das Licht ausgeht, schreie ich.«

»Ganz ruhig«, sagte Tom und legte mir eine Hand auf die Schulter.

Ich schritt munter aus, um den Eingang zu erreichen, und warf keinen einzigen Blick hinüber zur Steilwand, wo es erst heute morgen geknallt hatte und uns beinahe die fleischwarmen Teile eines Menschen ins Gesicht geklatscht waren. Mir war nicht direkt übel, aber ich war inwendig sehr empfindlich, spürte den Puls im Magen. Mein Herz sprang über Stock und Stein, und entweder atmete ich seit zwei Tagen falsch, oder ich bekam ohne eigenes Verschulden weniger gut Luft.

»Scheiße«, sagte ich.

»Scheiße«, sagte Tom. Aber davon öffnete sich das Holztor auch nicht. Eine Klingel gab es nicht. Klopfen sparten wir uns, weil es nur Erfolg gehabt hätte, wenn jemand direkt hinterm Tor gestanden hätte.

Wir probierten den Touristenausgang. Dazu mußten wir durch den Stollen. Hier war mir unser Freund Hippo-Grypho aufgefallen.

»Dieser Pazifikmann ist nicht hier, um mit Brauereien zu verhandeln«, knurrte ich. »Er hat etwas mit der Katastrophe zu tun.«

»Was immer die Katastrophe sein mag.«

»Vielleicht ist Hippo-Grypho die Katastrophe.«

Ich war auf Komplikationen eingestellt, aber wir fanden am Schloß der ersten Tür einen Bund, an dem moderne Sicherheitsschlüssel sowie extrem große Schlüssel mit altmodischem Bart baumelten. Tom steckte die Schlüssel ein. Ich schaute mich nach einer Videokamera um.

Im Schloß war es so ruhig wie morgens vor der Öffnung. Dennoch war die Anmutung ganz anders. Im schwachen künstlichen Licht wirkten die über und über bemalten Wände nicht so aufdringlich. Die stämmigen Körper, die kitschigen Posen – alles kam manierlicher über, wurde erkennbar als Teil einer räumlichen Gesamtkomposition. Was sonst noch da war: Säulen, Schnitzwerk, Möbel, nahm ich jetzt nicht länger nur genervt wahr, das nahm ich ernst.

Im dritten Stockwerk war noch der Eindruck möglich, daß im Schloß lediglich Musik ertönte. Mit jeder Stufe, die wir uns dem vierten Geschoß näherten, wich diese Einschätzung. Es war Wagner! Musik, die auf der Stelle tritt: lauter Gefühl, lautes Gefühl, Wonne, Sehnsucht, Brunst, Enttäuschung, Kreuz, Tod, Gruft, Raserei, Qual und Erlösung, Sex kulturell.

Wir standen an der Stirnseite im Eingang zum Sängersaal, links die leicht erhöhte Laube. König Ludwig lag hingegossen in einem Stuhl mit gepolsterten Lehnen und halbhohem Rückenteil. Er trug den Krönungsmantel in Rotgold. Neben ihm ein zierliches Tischchen mit vielfach verziertem Bein, darauf eine Flasche Champagner im Kübel. Majestät hatte die Augen geschlossen und hielt einen Champagnerkelch gefährlich schräg in der Linken. Den vierten Finger zierte ein imposanter Siegelring. Majestät saß im ersten Drittel des Sängersaals, vielleicht fünf, sechs Meter von uns entfernt. Weitere fünf Meter entfernt standen zwei Lautsprecher. Sie waren so groß, daß sie unmöglich aus einer Privatwohnung stammen konnten. Mit solchen Kaventsmännern beschallt man Freiluftarenen und Fußballstadien, in denen Rockbands Open-air-Konzerte geben. Aus den Lautsprechertürmen quoll Wagner. Der Klang war ungeheuerlich und von kristalliner Klarheit. An meinen häuslichen Lautsprechern wären nach fünf Sekunden die Membranen zerfetzt.

Plötzlich eine Bewegung. Ein Mann betrat den Sängersaal von der Längsseite her. Er trug ein Handtuch über dem angewinkelten Arm, trat an den Beistelltisch, hob die Flasche aus dem Kübel, berührte Majestät zart am Pelzbesatz. Der Monarch schreckte hoch, orientierte sich und hielt sein Glas gerade. Der Ober schenkte Champagner nach, verbeugte sich. Majestät entließ ihn mit einer Geste, die wohl Leutseligkeit signalisieren sollte, aber viertklassiges Bauerntheater war. Dann trank Majestät und sackte zurück in den Stuhl.

»Mensch, das ist doch ...«, murmelte ich. In diesem Moment entdeckte uns der Verwalter. Er griff zur Flasche im Kübel, hob sie einladend in die Höhe, trat in die Laube und kam von dort mit zwei Gläsern zu uns. Wir ließen ihn einschenken.

Ich sagte: »Man dankt.«

Natürlich verstand er kein Wort.

Ich brüllte »DANKE!«, aber er tippte nur entschuldigend an seine Ohren. Dann brüllte uns der Verwalter etwas zu, ich vermeinte die Worte »Tristan« und »Liebestod« zu verstehen. Wir setzten uns bescheiden auf die Bänke am Fenster, der Verwalter nahm ebenfalls Platz. Schräg vor uns lagerte Majestät. Ich gönnte mir das Vergnügen, aufzustehen und sein Gesicht zu beobachten. Der Mensch stand unter Schock. Über seine Züge leckten Anspannung, Freude, Warten und Glück wie Wellen über den Strand. Die bisherige Aufgeblasenheit des Mannes, den der Verwalter Adam genannt hatte, war einer jünglingshaften Bereitschaft zur Erschütterung gewichen. Manchmal sah es aus wie banales Muskelzucken, aber es stand außer Zweifel, daß er den dritten Akt des *Tristan* innerlich durchlebte. Eine – wie selbst ich als Wagner-Banause wußte – respektable psychische Leistung. Wenn die Musik um sich kreiselte und nicht von der Stelle kam, wenn der Augenblick sich selbst genug war und kein Instrument nach irgendeiner Seite über die Stränge schlug, in die Zukunft wies, aus dem festgekochten Brei herausstechen konnte, dann bewegten sich nicht nur Nüstern, Mundwinkel, Augäpfel und Kieferknochen von Majestät. Wenn es wie im Alptraum nicht voranging, obwohl alles voran wollte, voran mußte, wenn die Dissonanzen regierten und die Menschlein ihr Sehnen nicht in Tat und Beischlaf umsetzen konnten, weil ihnen die Arme an den Körper gepreßt und die Beine in den Boden genagelt worden waren, dann hielt es Majestät kaum noch in der Haut. Ich sah, wie sich seine Hände in die Lehnen krallten, sah, wie Champagner das wertvolle Parkett näßte. Vorsichtig trat ich näher und nahm ihm das Glas ab, er schien es nicht zu spüren, sein Gesicht wetterleuchtete. Er kannte den Text zweifellos auswendig.

Zweimal schenkte uns der Verwalter nach, beim dritten Mal nahm ich mir selbst, fragte nicht, wo der neue Champagner hergekommen sein mochte. Er war da, als er gebraucht wurde. Das ist das Wesen des Champagners.

Majestät lebte *Tristan:* Tristan ruft den Tod, und es kommt Isolde, Tristan stirbt, Tristan siegt. Aber bis es soweit ist, spielt die Musik mit ihm das Jojo des Wahnsinns. Rastlos auftauchende, sich entwickelnde, verbindende, trennende, dann neu sich verschmelzende, wachsende, abnehmende, endlich sich bekämpfende, sich umschlingende, gegenseitig fast verschlingende musikalische Motive. Am Ende Liebestod. Versinken – unbewußt – höchste Lust. Majestät ging uns durch. Ich sah ihn auf allen vieren zu den Lautsprechern kriechen. Seine lange Schleppe brachte den Stuhl zum Umstürzen. Tom stand auf, der Verwalter zog ihn am Arm zurück auf die Bank. Majestät hatte den Lautsprecher erreicht. Majestät streichelte das Gehäuse, dankte ihm, liebte es. Dann zog er sich in die Höhe, wurde größer, bis er stand. Mit beiden Armen umfaßte er den Lautsprecher, dann griff er nach hinten, packte die Schleppe, warf sie mit großem Schwung um sich und den Lautsprecher. Die Schleppe deckte Seine Majestät und Lautsprecher zu. Wir sahen nur noch die Hände, die das Gehäuse hielten. So verharrte er bewegungslos, bedeckt von seinem königlichen Mantel. Wagner pulsierte gegen Brust und Unterleib, verebbte endlich.

»Geht es jedesmal so zu?« fragte ich leise. »Und warum ziehen Sie ständig einen Anzug an, wenn Sie Anzüge hassen?«

Der Verwalter lächelte. »Ihr Reporter.« Er sagte es nicht direkt verächtlich, aber ich spürte, daß er mit meinem Berufsstand vielleicht noch größere Probleme hatte als mit Anzügen. »Adam braucht das«, fuhr er fort. »Zweimal im Jahr ist er reif. Dann kommt er her. Ich verstehe meine Aufgabe so, daß ich ihn quasi abfackele.«

»Ist Ihnen schon mal der Gedanke gekommen, daß der Typ verrückt ist?«

»Mehr als einmal. Aber er ist nicht verrückt. Adam ist wie du und ich. Jedenfalls wie ich. Vielleicht haben Sie kein Gespür für diese ... diese Macht.«

»Geben Sie ihm jedesmal eine Privatvorstellung?«

»Klar. Mir macht das doch auch Freude.«

»Warum sieht man eigentlich Ihre Frau nie? Ist sie verreist?«

»Meine Frau? Nein, sie ist nicht ... Sie ist zu Hause. Sie ist nach Wagner nicht ganz so verrückt wie ich.«

König Adam hielt immer noch den Lautsprecher umarmt. Tom umkreiste ihn fotografierend. Adam hörte wohl den Motor oder spürte den Fremden. Jedenfalls hob er den Kopf, erblickte Tom. Und in einer von mir nie zuvor gesehenen Geste der Eitelkeit spreizte sich Adam, fuhr sich durch die Haare, raffte den Mantel um seine Schultern zusammen, stellte ein Bein aus und posierte.

»Wir bitten uns würdige Bilder aus«, sagte Adam. »Sollte Er uns beleidigen mit seiner Arbeit, wartet auf ihn Sibirien. Wir sagen ihm das in aller Freundschaft, Untertan. Und nun, wohlan. Tu Er wozu alles in ihm ihn treibt. Bilde Er uns ab, damit die Welt Kunde erhält von unserer Größe.«

Ich blickte den Verwalter an, der zuckte lächelnd die Schultern. »Adam wird eine traumhafte Nacht erleben«, sagte er. »Morgen faltet er seinen Mantel zusammen und reist zurück nach Hannover. Adam ist Lehrer.«

»Wissen seine Schüler, was er in seiner Freizeit treibt?«

»Das weiß niemand. Nur Adam und ich und ein paar Eingeweihte. Und ich werde ihn nie verraten.« Der Verwalter erzählte von der Generalswitwe aus England und dem Elektrikermeister aus Holland, bei denen die Spaltung der Persönlichkeit ähnlich weit fortgeschritten war wie bei Adam.

»Ich kann diese Menschen nicht verachten«, sagte er. »Ich verachte ja auch unseren König nicht. Was wir an ihm lieben, ist ja gerade, daß er so weit aus der Norm, aus dem Normalen herausragte. Er durfte das. Ich finde, jeder, der ihn für geisteskrank hielt, hat sich schrecklich an ihm versündigt. Diese Elle muß ich dann aber an alle Menschen anlegen. Da bin ich Demokrat, obwohl ich sonst natürlich Monarchist aus vollstem Herzen bin.« Er lächelte mich an. »Haben Sie jemals das Gutachten zu Gesicht bekommen, das die Grundlage für den Tod unseres Königs war?«

Wir setzten uns zu einem neuen Glas Champagner, während Tom den König in den Thronsaal bat. Der Verwalter stand noch einmal auf. Kurz darauf erfüllte Musik in manierlicher Lautstärke den Saal. »*Lohengrin*«, sagte er. »Ohne *Lohengrin* hätten sich der König und Richard Wagner nie kennengelernt. Trinken wir auf die Freundschaft zweier großer Geister.«

»Die ja wohl beide größenwahnsinnig waren.«

»Was Wagner angeht, will ich Ihnen nicht widersprechen. Wie dieser Mann mit Menschen umging, mit Gefühlen und mit Geld, das spricht für sich. Wenngleich ich als kleiner Beamter ja immer sage: Wenn ein Künstler nicht widerlich sein darf, wer denn dann? Warum immer nur mein Dienstvorgesetzter?« Er lachte, und plötzlich standen weitere Menschen im Saal.

Marie Schott sah ohne Uniformjacke bedeutend attraktiver aus, und Rustimo hätte Lumpen tragen können, er wäre immer noch ein kultivierter dunkelhäutiger Mann gewesen. Der Verwalter wollte die Vorstellung übernehmen und wunderte sich weniger, als ich gedacht hatte, als er erfuhr, daß wir uns nicht fremd waren.

»Reporter«, sagte er. »Neugieriger als junge Katzen.«

»Alles klar mit Recht und Ordnung in der Gegend?« fragte ich die Privatpolizistin.

Sie lächelte. »Die mit dem gutem Gewissen haben ja bekanntlich ein sanftes Ruhekissen.«

»Und die anderen?«

»Gibt es andere?«

Es ging schon wieder los mit den unglaublichen Antworten. Ich war noch nie so oft ins Leere gelaufen. Ich war allerdings auch selten so viel angelächelt worden. Wenn nicht gerade junge Menschen in ihre Einzelteile gerissen wurden, wurde um Neuschwanstein herum gelächelt, was das Zeug hielt.

Der Verwalter besorgte neuen Champagner. »Alles von Adam spendiert.« Der Korken knallte. Ich mußte mir immer wieder ins Gedächtnis zurückrufen, daß dieser Mann Beamter war und kein besonders hoher. Ich beneidete ihn um seine Wohnung im Schloß. Er würde von uns allen nachher den kürzesten Weg auf allen vieren ins Bett haben.

»Der Försterhof hat zugemacht«, sagte Marie Schott, als jeder sein Glas hatte.

»Ich denke, sie haben an diesem Wochenende Hochsaison«, sagte ich erstaunt. Ich erinnerte mich daran, daß der Försterhof einer der größten Betriebe in Hohenschwangau war.

»Wir sind ein freies Land«, sagte Rustimo. »Hier kann jeder zumachen, wann er will.«

»Ich habe heute nachmittag in Füssen schon ein anderes Lokal gesehen, das geschlossen hatte.«

»Wir sprachen gerade über Ludwig«, sagte der Verwalter.

Zu dritt saßen wir auf der Fensterbank, Rustimo hatte den schweren Königsstuhl herangeholt, es hatte ihm keine Mühe bereitet.

»Sie haben unserem König ja sogar zum Vorwurf gemacht, daß er die Berge liebt«, sagte der Verwalter.

»Das ist nicht ganz korrekt«, sagte Rustimo. »In dem Gutachten steht, daß der König länger in Hohenschwangau blieb, als für die hohe Aufgabe des Regierens gut war.«

»Er hat sich immer Mut angetrunken, wenn's in Richtung München ging.« Der Verwalter kicherte. »Acht bis zehn Gläser Champagner. Danach könnte ich gar nicht mehr unterscheiden, ob ich in München bin oder in Moskau.« Er nippte am Glas. »Sie haben ihm vorgeworfen, daß er Selbstgespräche geführt hat. Und daß er draußen ein Picknick gemacht hat, obwohl es schneite.«

»Haben Sie ihm von der Fliegerei erzählt?« mischte sich

die Schott ein. »Unser König hat in den achtziger Jahren den Auftrag erteilt, eine Flugmaschine zu bauen. Er wollte damit über den Alpsee fliegen, und die Maschine sollte die Gestalt eines Pfaus haben.«

»Nicht eines Schwans?« fragte ich erstaunt. Die Schott ging nicht darauf ein. Sie besaß die Konzentrationsfähigkeit von Diana. Ich hätte neben ihr eine Bombe zünden können, sie hätte weitererzählt, was sie sich vorgenommen hatte zu erzählen. Im Grunde ernüchterte mich diese Frau ungemein. Ich fragte mich, ob sie und Rustimo ein Paar waren.

Aus der Richtung des Thronsaals erklangen Rufe, die Schott blickte hoch.

»Adam ist mit dem Fotografen unterwegs«, teilte der Verwalter mit.

»Im Thronsaal etwa?« fragte die Schott. Der Verwalter blickte sie an; und weil ich zufällig in diesem Moment meinen schwer gewordenen Kopf hob, sah ich, wie auch Rustimo den Verwalter anblickte.

»Ist was?« fragte ich ohne Interesse. Sie achteten nicht auf mich, und der Verwalter sagte zu den anderen, nicht zu mir:

»Laßt ihm den Spaß, solange es noch geht.«

»Einmal Monarchist, immer Monarchist«, murmelte ich. Ich fühlte mich gut aufgehoben. Eine Kleinigkeit zu essen fehlte mir und ab und zu eine Antwort auf meine vielen Fragen. Aber ich hatte Ricarda im Kopf, wußte den guten, dicken Tom in Aktion; und ich saß im Sängersaal des berühmtesten Schlosses der Welt und ließ mich von netten Beamten, ungewöhnlichen Musikerinnen und charmanten Schwarzen mit Gratischampagner zuschütten. Es war einer der schönsten Momente der letzten Tage. Ich hatte solche Momente verdammt nötig. Immer wieder ertappte ich mich dabei, wie ich auf meine Unterarme schaute. Und jedesmal wenn ich sie frei von Blut fand, freute ich mich.

»Er war nicht verrückt«, sagte der Verwalter. »Was haben sie denn zusammengeschmiert in ihrem sogenannten

Gutachten? Menschliches, Allzumenschliches. Der König hat sich über seine Frau Mutter aufgeregt. Na und? Wenn ich aufschreiben würde, was ich schon alles über meine Schwiegermutter gesagt habe, müßte ich vielfach geisteskrank sein. Dabei ist sie es doch.«

In den Lautsprechern feierten Elsa und Lohengrin Hochzeit. Kaum waren sie allein, begannen sie eine Zweierbeziehungsdiskussion. Elsa hat Angst vor dem Altwerden, und Lohengrin gibt den Takt der Ehe an: »Ach, schweige, Elsa!« Aber dann:

»Doch dort – der Schwan – der Schwan!
Dort kommt er auf der Wasserflut geschwommen –
du rufest ihm – er zieht herbei den Kahn!«

Ich sah mich um, fand mich allein im Saal. Ich hatte sie nicht fortgehen hören. Ich betrat die Arkade zwischen Thronsaalboden und Thronsaalhimmel. Der Verwalter, die Schott und Rustimo beobachteten die beiden Männer unter uns. Tom hetzte den König die Stufen zur Apsis hinauf. Adam hatte die Kleider gewechselt. Er trug jetzt einen kapitalen Mantel aus graublauem Samt mit üppig hervorquellendem Pelz und kurzer Schleppe.

Der Verwalter war so freundlich, mich Banausen aufzuklären: »Sie sehen dort das Ornat von Ludwig als Großmeister des St.-Georg-Ordens. Das ist eine ehrwürdige Versammlung aus dem 18. Jahrhundert mit Ritterschlag, Sitzungen und Banketten. Ludwig liebte die Pracht. Sie kennen vielleicht das berühmte Gemälde von Schachinger. Ludwig imitiert die großen französischen Könige. Alles in Weiß und Blau ...«

»Bayern.«

»Auch, aber nicht nur. In Weiß und Blau war das Königsgewand der französischen Könige gehalten.«

»Also hat er sich wieder einmal im Jahrhundert geirrt.«

»Das sagen Sie. Ludwig hätte gesagt: Das Jahrhundert habe sich in ihm, Ludwig, geirrt. Ich stelle mir unseren König manchmal als eine Variante des tragischen, transsexuellen Menschen vor. Da lebt eine Seele im Körper des falschen Geschlechts und leidet entsetzlich darunter. Ludwig lebte im Gefäß der falschen Zeit und litt nicht minder. Was bleibt so einem anderes übrig, als zu resignieren oder sich der heroischen Aufgabe zu stellen, die Zeit anzuhalten, sie umzudrehen und zurückzumarschieren auf dem Zeitstrahl bis zum ersehnten Ziel? Wo der König noch absolut regierte und zwischen königlichem Traum und königlicher Realität kein Blatt Papier paßte.«

»Na ja, gut. Aber was trägt unser Freund Adam da für ein Beinkleid?«

»Eine Kniehose«, sagte der Verwalter. »Original dem Gemälde nachempfunden. Samt Strumpfhose aus lachsrosa Seide und Knöpfen aus Perlmutt.«

»Und wo hat er das Zeug her? Von einem Kostümverleih?«

Rustimo lachte auf. »Sie verstehen die Spielregeln immer noch nicht. Diesen Menschen ist es ernst mit Ludwig. Die holen sich nichts im Kostümverleih. Das ist für die kein Karneval, Mann. Die leben das, denen ist das heilig. Was Sie da unten sehen, ist eine Maßanfertigung für Herrn Adam aus Hannover. Er ist dafür fünf- oder sechsmal zu einem Edelschneider nach London geflogen. Der Spaß hat ihn – hören Sie genau hin – 84 000 Mark gekostet. Edles Leder, echtes Silber, Brüsseler Spitzen, Seide, der Pelz. Ich bin kein Fachmann. Ich kenne nicht alle Details. Aber ich weiß zufällig, daß Herr Adam das schuldenfreie Häuschen seiner Frau Mama vor den Toren Hannovers mit einer Hypothek belastet hat, um das Geld für den Zweck ausgeben zu können, der ihm am Herzen liegt.«

Rustimo blickte mich an, während unter uns Adam seinen St.-Georg-Mantel nach Toms Wünschen um die wertvollen Schuhe drapierte.

»Was immer man gegen Ludwig sagen mag, eins ist wohl unbestreitbar«, sagte Rustimo. »Der Mann war ein Segen für Bayerns Kunsthandwerker. Ludwig hat für seine Schlösser, aber auch für seinen Hof immer wieder Aufträge erteilt: große, kleine, vor allem regelmäßig. Maler, Bildhauer, Glasmaler, Architekten, Schreiner, Lithographen, Goldschmiede und Ziseleure, Juweliere, Kunststicker, Eisenhändler, Theatermechaniker, Schnitzer, Möbelfabrikanten, Vergolder, Zimmerleute, Medailleure, Graveure, Illustratoren, was haben wir noch? Einige der Firmen von damals gibt es bis zum heutigen Tag. Das ist die Langzeitwirkung Ludwigs. Das ist, wenn Sie so wollen, nicht besonders wichtig. Ich finde es wichtig. Es ist dieses Unterfutter der Kultur, Kultur der zweiten Reihe. Darüber schreiben die Zeitungen nicht in ihren Feuilletons, und diese Kultur geht bei Auktionen nicht über eine Million Mark hinaus. Aber ohne sie hätte es die andere Kunst schwerer.«

»Sie meinen, Kunst kommt eben doch von Können. Und Können kommt von Handwerk.«

Jetzt waren die drei mit mir zufrieden. Der kleine Dummkopf hatte einen Treffer gelandet. Leider spendierten sie mir zur Belohnung nichts Eßbares.

»Halt! Halt! Halt!« rief unter uns der König. Adam legte geziert einen Handrücken gegen die Stirn und streckte den anderen Arm in unsere Richtung aus. »Das geht aber nicht, daß das Fußvolk sich heimlich am Anblick des Königs labt. Fort mit Ihnen! Wir wollen Sie nicht mehr sehen. Sie dürfen warten, und vielleicht nehmen wir noch ein klitzekleines Gläschen Champagner von Ihnen an. Aber nur wenn Ihr uns in aller Form darum bittet. Und jetzt husch, husch!«

Wir ließen uns von der Witzfigur fortwedeln, und Tom rief: »Jotti, ich habe das alte Objektiv im Wagen liegenlassen. Könntest du im Kofferraum nachsehen und . . .?«

»Selbstredend!« rief ich. Zu meiner Überraschung bot die Schott an, für mich das Objektiv holen zu gehen: »Sie wollen doch bestimmt noch ein bißchen fragen und arbeiten.«

»O nein, danke, sehr nett. Aber wenn Sie vor unserem Wagen stehen, bricht in Ihnen die Ordnungshüterin durch und Sie verpassen uns ein Strafmandat.«

Die drei verzogen sich lachend in den Sängersaal, ich machte mich auf den Fußmarsch vier Stockwerke hinunter. Abends durch das Schloß zu gehen, gefiel mir immer mehr. Es war nicht unheimlich, dazu war alles zu gut ausgeleuchtet. Neuschwanstein hatte nichts von englischen Schlössern des Mittelalters, die kultivierte Verwesung ausströmen.

Aber der Stollen war nicht beleuchtet. Ich bog in den dunklen Schlauch ein, sah weit vor mir den Ausgang und das Licht, das die Außenbeleuchtung erzeugte. Meine Schritte hallten, mein Herz schlug, und ich freute mich, daß ich in wenigen Sekunden diesen niedrigen Gang durchmessen haben würde. Das Ende kam näher und näher, ich hatte es erreicht, tat den Schritt hinaus ins Freie – und sah nichts mehr. Sie hatten mir einen Sack oder eine Tüte über Kopf und Oberkörper gestülpt. Zwei, nein, vier Arme hielten meine Arme fest, und dann rissen sie mich zu Boden, bevor ich anfangen konnte, mit den Beinen zu treten. Sie drückten mich mit dem Bauch auf den Boden, mit dem Gesicht in den Staub, denn der Sack war nicht sauber. Sie rissen mir die Arme auf den Rücken. Sie taten mir nicht direkt weh, aber sie gingen in keiner Weise rücksichtsvoll vor.

»Gut so«, keuchte eine Stimme. Ich erwartete den Tritt in die Nieren. Ich wußte, daß man dann roten Urin pißt. Ich wußte über die Folgen von Verletzungen aller Art gut Bescheid.

Die Banditen stellten mich motorisch ruhig. Ich hatte das Gefühl, als wenn auf jedem Arm und jedem Bein einer sitzen würde. Diesmal war ich schlauer als am ersten Abend. Ich versuchte mich auf Hinweise zu konzentrieren: Stimmlagen, Gerüche, Eigentümlichkeiten im Verhalten.

»Gut so.« Es war die Stimme des Anführers. Und der Anführer war eine Frau. Jung, süddeutscher Tonfall, vielleicht österreichisch.

»Hör zu, Schreiber«, sagte die Stimme, »ihr seid verdammt neugierig, ihr habt einiges durcheinandergebracht mit eurer Neugier.« Und da kam er doch noch, der Tritt in die Nieren. Er traf zwar nur meine Seite, aber ich war nicht darauf gefaßt gewesen. Der Schmerz betäubte meine rechte Seite.

»Hat etwas lange gedauert«, fuhr die Stimme fort, »aber

jetzt ist unsere Linie klar. Ihr bleibt hier. Du schreibst alles auf, was ihr seht. Und der Dicke knipst, oder es ergeht ihm dreckig. Ihr seid die Augen der Welt, ihr haltet alles fest.«

»Ihr könnt uns keine Angst einjagen«, flüsterte ich. Ich mußte das allein schon sagen, um meine Würde zu wahren.

»Der Malerin kann man Angst einjagen«, sagte die Stimme, und mir wurde so übel wie am Morgen.

»Was habt ihr mit . . .?«

»Halt die Schnauze«, fuhr mich die Stimme an. Ein Tritt in die Seite, in dieselbe Seite. »Euch tut ja keiner was. Ihr sollt nur funktionieren. Die Schreibknechte hier aus der Gegend sind dumm wie Scheiße.«

»Wer seid ihr?« keuchte ich. Wir hörten uns an wie Beischlafstimmen, aber bei ihr war es Aufregung, bei mir Angst und Schmerz.

»Ihr bleibt hier, so lange es nötig ist. In zwei, drei Tagen ist alles vorbei.«

»Was ist vorbei?«

»Alles.«

»Was ist alles?«

»Paß auf! Der Schmierer will dich aushorchen«, zischte eine neue Stimme. Ebenfalls weiblich, ebenfalls jung. Jetzt mußten nur noch die restlichen Banditen den Mund aufmachen und sich als Frauen entpuppen, und ich wäre nicht länger um die Erkenntnis herumgekommen, daß mich eine Amazonengang auf den Bauch gelegt hatte. Aber besser auf den Bauch als auf den Rücken. Da hätten sie freien Zugang zu allen Weichteilen gehabt. Hier hatten sie nur freie Bahn Richtung . . . und wieder trat sie mich.

»Laß ihn«, sagte die erste Stimme. »Er hat verstanden.«

»Nichts habe ich verstanden.«

»Rede ich so undeutlich? Ihr habt das unverschämte Glück, dabeisein zu dürfen?«

»Aber wobei denn bloß?«

»Du wirst es merken, Mann. Das schwöre ich dir: Du wirst es merken. Ihr bleibt hier und haltet alles fest.«

»Moment mal, Sekunde. Könnt ihr mir nicht endlich

den Sack vom Kopf ...« Sie konnten nicht und wollten nicht. »Gut, dann so. Wenn wir die Story für euch produzieren sollen, was sollen wir mit der Story machen?«

»Na, was wohl? An die große Glocke hängen.«

»Wann? Wie schnell? Gleich wenn wir sie im Kasten haben?«

»Aber logo, Mann. Was glaubst du denn?«

»Ich weiß nicht, was ich glauben soll. Ich glaube, daß ihr Angst habt.« Dafür gab es einen Tritt gratis.

»Hört auf, so bringt das nichts.«

»Bringt doch was«, behauptete die zweite Stimme. »Gute Laune bringt mir das, wenn ich einem Kerl was zwischen die ...«

»Wir bleiben hier«, sagte ich schnell. »Was sollen wir tun? Normal weiterarbeiten, würde ich vorschlagen.«

»Würde er vorschlagen. Sieh mal an, der Kerl wird schon wieder frech.« Ich wollte mich endlich wieder rühren, doch sie hielten fest. Mein Nacken schmerzte, meine Nase juckte, ich mußte mich kratzen, jetzt sofort.

»Ihr arbeitet weiter«, befahl die Leitwölfin. »Wenn ihr versucht, Hilfe zu holen, ergeht es ihr schlecht.«

»Wem?«

»Du weißt, wem.«

»Ich will einen Beweis, daß ihr Ricarda in eurer Gewalt habt.«

»›In eurer Gewalt‹«, äffte sie mich nicht untalentiert nach. »Denk doch mal weiter, Mann. Was würdest du sagen, wenn Ricarda auf unserer Seite steht?«

»Freiwillig?«

»Stell dir vor: freiwillig.«

»Ich will einen Beweis.« Ich bekam einen Tritt.

»Du kannst einen Arsch voll kriegen, Schreibknecht. Und deinen fetten Freund setzen wir auf Diät.«

Um mich herum glucksendes Gelächter. So hörte es sich an, wenn in Dianas Frauengruppe männerfeindliche Witze erzählt wurden.

»Alles klar soweit?« fragte die Leitwölfin pro forma. »Wir haben euch unter Kontrolle. Tag und Nacht.«

»Hattet ihr uns etwa auch letzte Nacht . . .?«

»Mußt dich nicht genieren, Schreibknecht. Wir haben dir garantiert nicht deinen Ziesemann abgeguckt. Wir haben nachts Besseres zu tun.«

»Laß doch mal sehen«, erklang eine dritte Stimme. Auch weiblich, auch jung. Dann rissen sie meine Beine auseinander, und in einem fürchterlichen Moment der Angst spürte ich den Tritt in die Hoden, spürte den Schmerz in den Hoden, und ich würde mich nicht einmal zusammenkrampfen können. Es kam aber nur eine Hand, eher schüchtern als gewalttätig. Sie griff mir durch die dünne Leinenhose hindurch an alles, was ich zwischen den Beinen anzubieten hatte. Dann war die Hand wieder weg, und die erste Stimme sagte: »Du weißt jetzt Bescheid.«

»Halt!« rief ich. »Was ist, wenn wir etwas von euch wollen?«

»Was könnte das sein, Klugscheißer?«

»Was ist, wenn wir herausfinden, daß ihr beobachtet werdet?«

»Von wem denn, Klugscheißer?«

»Von anderen Reportern. Was ist, wenn sich andere Teams einschleichen, von denen ihr nichts wißt? Sollen wir das auch für uns behalten?«

Ich spürte das Zögern um mich herum. »Nennt mir einen Kontakt«, sagte ich. »Einen Ort, eine Person, einen Briefkasten, eine Telefonnummer, irgendwas, damit wir miteinander reden können.«

»Nein. Du willst nur das Ende des Fadens in die Hand kriegen.«

Das war die vierte und älteste Stimme. Weiblich.

»Fragt den Musiker.« Die erste Stimme. »Den Musiker vor dem Schloß. Er ist immer da.«

»Ja, gut. Aber wir sind nicht immer am Schloß. Und vielleicht haben wir nicht immer ein Auto. Und es ist dringend.« Zögern, Wispern, dann ließ der Druck auf meine Beine nach.

»Hebt die Hände«, sagte die erste Stimme, während der

Druck auf meine Arme nachließ. »Hebt die Hände und schlagt sie über euren Köpfen zusammen.«

»Was soll das denn?« fragte ich entgeistert.

»Wir sehen das«, sagte die Stimme. Ruhig, überzeugt. Ich hielt sie für verrückt.

»Und wie seht ihr das? Steht ihr mit den Meisen im Bunde?«

»Nicht mit den Meisen, Schreibknecht. Mit den Gleitfliegern. Sie haben euch seit Dienstag im Visier. Solange es hell ist. Danach holt ihr ja höchstens eure Schwänze raus. Wen interessiert das schon? Wir haben uns verstanden. Adieu.«

Die Schritte entfernten sich. Ich blieb gehorsam liegen. Jetzt konnte ich ja den Kopf auf die Unterarme legen, so lag es sich ganz gemütlich. Ich lag im Dreck von Neuschwanstein. Lag haargenau an der Stelle, über die im Verlauf des heißen Tages 10 000 Besucher gelatscht waren. Lag da, wo 20 000 Füße den Stein zu Staub zermahlen hatten, schmeckte den Gummiabrieb ihrer Schuhe auf der Zunge. In Wirklichkeit hatte ich immer noch den ekelhaften Sack über den Ohren und schmeckte Grillkohle oder fruchtbare Blumenerde oder was immer in diesem Sack gewesen sein mochte. Vier Tage hatte ich mich über den Himmel voller Gleitflieger gewundert, und jetzt erfuhr ich beiläufig, was die Gestalten dort oben trieben. Sie hatten leistungsfähige Ferngläser vor den Augen, und unter ihnen uns in unserem unübersehbaren BMW oder zu Fuß als Dick-und-Doof-Duo. Wunderbar. Wirklich wunderbar. Ich wußte im Augenblick keinen Grund, warum ich jemals wieder aufstehen sollte. Sie hatte mir auch so unnachahmlich zwischen die Beine gelangt. Hatte sie nachher schwerer geatmet? Nichts. Sie hatte den Griff wahrscheinlich längst vergessen. Oder sie sagte in dieser Sekunde zu ihren Spießgesellinnen: »Zuerst dachte ich, ich hätte was in der Hand. Aber dann merkte ich, daß ich nichts in der Hand hatte.« Ein Leben lang hatte ich Frauen geliebt. Und jetzt dies: ein Griff an meine Männlichkeit mit einer Beiläufigkeit, mit der man sich am Kopf kratzt.

Wenn ich einer Frau nicht gerade ein Kind machte, würde es mir wohl nie gelingen, bei ihr einen bleibenden Eindruck zu hinterlassen. Das Liegen tat weh, ich wechselte die Position, blieb aber liegen. Über mir erklang Musik. Sie kam bei mir nur leise an, aber ich wußte, daß es sich um Wagner handelte. Oben im Sängersaal machte Tom den falschen König selig, und das hiesige Trio trank in der Zwischenzeit dem Lehrer Adam aus Hannover den Schampus weg.

Ich lag so lange und lauschte, bis kein Zweifel mehr möglich war. Fanfaren! Trompeten oder Hörner, wie man sie aus Ritterfilmen kennt. Es war mehr als ein Instrument, und es kam keineswegs aus dem Schloß. Diese Musik wurde unter freiem Himmel gemacht, unter freiem, dunklem, warmem Himmel. Ich befreite mich endlich von dem Sack und betrachtete ernüchtert die Aufschrift. Es war ein Müllsack der Stadt Füssen, gemacht, um mit Abfällen gefüllt an die Straße gestellt zu werden. Unten in Hohenschwangau wurde Musik gemacht. Wir hatten keine Plakate gesehen, die ein abendliches Ständchen ankündigten. Aber vielleicht war Freitagabend ein traditioneller Zeitpunkt für den Auftritt eines Bläserensembles. Ich mußte es wissen.

13

Erst als ich lange daran vorbei war, fiel mir ein, daß ich losgegangen war, um Toms Objektiv aus dem Wagen zu holen. Ich blickte mich um, aber ich mußte in die andere Richtung. Vorn spielte die Musik, und ich wollte dort sein, wo die Musik spielte. Ein Sack überm Kopf, das war in den letzten Tagen meine bevorzugte Daseinsform gewesen. Sack überm Kopf und Gleitflieger in der Luft. Die Gleitflieger beeindruckten mich sehr. Ich hätte sie mir jeden Tag anschauen können, über Monate hinweg, und wäre nicht auf den Gedanken gekommen, daß von dort oben Beschattung stattfinden könnte. Daß ich so wichtig war! Und Tom erst! Wir waren doch nur Journalisten, die ihren Job machten. Wenn ich vor Antritt der Reise einen Auftrag für harmlos gehalten hätte, dann diesen. Neuschwanstein! Das berühmteste Schloß der Welt, erbaut von einem der prominentesten Könige der Welt, vielleicht vom beliebtesten, sicher von einem der machtlosesten. Wo war ich hier eigentlich? In der Bronx oder in Bayern, weltberühmt für Gemütlichkeit, Bier, Weißwürste und Oktoberfest?

Ich ging in den Wald, es gab nur diesen Weg. Er war breit und befestigt, mir konnte nichts passieren. Das bißchen Licht, das ich brauchte, spendierten mir die Außenbeleuchtung des Schlosses und der Mond. Der Mond? Es stand kein Mond am Himmel, aber der Himmel war hell. Der Himmel brannte.

»O mein Gott«, rief ich den Bäumen entgegen und begann zu laufen. Ein Hotel stand in Flammen! Oder zwei. Oder alle. Hohenschwangau brannte. Wo blieb die Feuerwehr? Hinter Hohenschwangau lag der Alpsee, sie konnten sich bedienen, und ich konnte endlich etwas sehen, hier, wo die Bäume dünn standen und der Blick hinunter auf das Örtchen möglich wurde. Es brannte! Es brannte lichterloh. Ich sah keine Flammen, mein Standort ließ keinen Blick bis hinunter in die Straßen zu. Aber es brannte, Trompeten oder Hörner bliesen dazu, und nirgends die Feuerwehr. Endlich erreichte ich die Stelle, wo sich der Blick hinunter zum Dorf und See öffnet, wo eine Bank stand und das Fernrohr, das nach dem Einwurf eines Groschens für 30 Sekunden den Blick freigab. Ich sprang auf die Bank. Es brannte. Aber kein Haus, kein Reisebus, kein Biergarten-Mobiliar. Der Alpsee brannte.

Der Ort mit den Hotels und Gaststätten lag ruhig und dunkel, viel zu dunkel für Freitag abend. Und es konnte unmöglich später sein als ... Aber vielleicht war es später als ... Ich fummelte in meinen Taschen nach Kleingeld. Der Groschen, hinein in den Schlitz, wo war der Schlitz? Dunkelheit, verdammte, mit blechernem Geräusch sprang die Sichtblende zur Seite. Ich hatte den Himmel nah. Der Himmel brannte. Hinunter zum See. Der See brannte. Das Ufer war mit brennenden Fackeln gesäumt. Ich konnte nicht erkennen, ob Menschen dort standen. Der Widerschein des Feuers war wie eine Glocke über den See gestülpt. Dazu immer noch die Fanfare der unsichtbaren Bläser. Ich mußte hin, ohne mich durften sie nicht anfangen.

Ich sprang von der Bank, stieß gegen einen Papierkorb, strauchelte, stürzte, hielt mich am Erstbesten fest und fiel – den Papierkorb mit mir reißend – auf den Boden. Ich lag mit dem Gesicht in leergefressenen Pommes-Pappschachteln, Butterbrotpapier und etwas Schmierigem, Schlierigem. Ich kam hoch und eilte weiter.

Der Bus stand am rechten Straßenrand, Fahrertür offen, Schlüssel im Schloß.

»Hallo! Ist dort jemand?« Aber ich saß bereits im Wagen, kuppelte aus, startete den Motor. Zylinder, Kolben, Benzinfluß. Keine zwei Minuten später war ich am Fuß des Berges. Ich ließ den Bus auf dem Wendeplatz stehen, eilte weiter, blieb erneut stehen.

»Hallo!« Um mich roter Himmel und Stille. Keine Trompeten mehr, alle Häuser finster. Kein einziges Licht in irgendeinem Fenster. In jedem Hotel der Welt gibt es Nachteulen, nächtliche Pisser oder Literatursüchtige, die kein halbgelesenes Buch aus der Hand legen. In Hohenschwangau gab es sie nicht. Stille, nicht einmal eine Lüftung, ein Kühlaggregat, ein Abzug, irgend etwas. Die Stühle gestapelt, die Sonnenschirme zusammengeklappt in Ständern mit Zementfuß. Kein Mensch, kein Tier. Ich mußte weiter. Ich lief und war gleich da.

Das Licht der Fackeln malte tanzende Schatten auf ihre Gesichter. Stumm standen sie in einem Abstand von zwei Metern. Mann neben Mann, vereinzelt Frauen. Alle Altersstufen, vom Jugendlichen bis zum Greis. Ich lief an der Fackelstafette entlang fort von den Häusern Hohenschwangaus, geriet tiefer in den Wald hinein, kein Licht, ich mußte zum Licht. Da standen sie wieder entlang der

Uferlinie, standen wie eine Eins. Ich blieb vor einem Mann von Ende zwanzig stehen. Er blickte an mir vorbei. Ich mußte weiter, stutzte, kehrte um. Der Nebenmann.

»Wo haben wir uns . . .« Er lächelte mich an, kurz, da wußte ich es. »Die Hundingshütte! Gestern!«

»Damals«, korrigierte er sanft.

»Wie ist es euch ergangen seitdem?«

»Einiges hat geklappt, einiges ist schiefgegangen. Man darf die Ordnungsmacht nicht unterschätzen.«

»Wo sind Ihre Brüder?«

»Xaver ist auf dem Friedhof, Frieder ist bei den Lebenden.«

»Und Sie? Auf was warten Sie hier?«

»Worauf alle warten.«

Er hatte so etwas im Blick. Ich wußte Bescheid. »Ihr wartet auf den König.«

»Heh! Sie da!« ertönte hinter mir eine harte Stimme. Der Coalitionsmann eilte energisch auf mich zu.

»Schöne Choreographie«, lobte ich und brachte ihn damit aus dem Konzept.

»Willst du frech werden?« Er legte dann den Kopf schief, als wenn er mir so unter die Haut kriechen könnte. Dann entspannte sich seine Haltung, und er sagte: »Ein Schreiber, der gern Künstler wäre.«

»Kennen wir uns?«

»Kennst du einen, kennst du Dutzende. Benimm dich ordentlich. Majestäts Nervenkostüm ist dünn wie Seide. Wir haben kaum noch eine Chance, es ihm recht zu machen.«

»Ist er immer noch so – so schwer?«

Der Polizist lachte unfroh. »Der Mann verbreitert sich, als wollte er sich zweiteilen.« Er blickte sich um und eilte davon.

Plötzlich stand der Knabe vor mir. Er trug den heiligen Ernst empfindsamer Jugendlicher im Gesicht und sagte kategorisch: »Ich behalte euch im Auge. Ihr habt keine Chance.«

Ich sah mir den Knaben genauer an. »Dich kenne ich.«

Der Knabe blies die Nüstern auf. »Ihr kennt meinen Vater. Es ist die Ähnlichkeit. Aber nur die äußere.«

»Genau«, sagte ich. »Graf Holnstein, der mächtigste Mann in Ludwigs Dunstkreis.«

»Holnstein war einmal«, verbesserte mich der Knabe. »Gestatten, Eduard Graf Holstein. Mit dem alten Namen wird man kein neuer Mensch.«

»Holnstein und Holstein – eine zarte Reform.«

»Das liegt in der Familie. Wir tasten uns vor. Erst wenn wir sicheren Boden unter den Füßen spüren, tun wir den Schritt. Ich führe euch. Aber wie gesagt ...«

»... ich habe keine Chance.« Er führte mich an weiteren Fackelträgern vorbei. Es mußten Hunderte sein. Plötzlich neben uns ein Blitz. Der Knabe sprang mich an, warf mich zu Boden, deckte mich mit seinem Körper ab. Er hatte einen schönen Körper, schlank und sehnig. Er hatte diese Haut, die manchen Menschen von einem gnädigen Schöpfer in die Wiege gelegt wird, eine Haut wie Samt und Pfirsich und ...

»Laß das bleiben«, sagte Eduard unwirsch und wehrte meine Hand ab. »Ich bin kein Lustknabe. Die Zeiten sind auch vorbei.«

Wir erhoben uns. Schräg hinter ihm stand Rauch in der Luft. Menschen umringten einen Mann, der neben einem Gestell stand. Ein Stativ mit aufgeschraubter Kamera. Ich erkannte den Fotografen anfangs nicht wieder. Joseph Albert war noch viel kränker geworden. Er war mehr tot als lebendig. Und die Krankheit hatte ihn nicht umgänglicher gemacht.

»Weg!« Er wehrte fürsorgliche Hände ab. »Faßt meine Kamera nicht an. Ihr bringt Unglück. Das war keine Explosion, das war eine Verpuffung. Immer diese Angst vor Attentaten. Weg! Du sollst meine Kamera ...« So ging es weiter. Der gebrechliche Mann wurde von einer inneren Spannkraft aufrecht gehalten. Aber die Feder war extrem stark aufgezogen, sie konnte jeden Moment zerspringen.

»Er bereitet immer noch alles vor, als ginge es um eine

Porträtsitzung«, sagte Eduard neben mir verächtlich mit der Härte der Jugend. »Er ist ein altmodischer Mann.«

»Was will er denn fotografieren? Den See bei Nacht?«

Der Knabe starrte mich an. »Mann«, sagte er bebend, »heute abend wird die Geschichte neu geschrieben.« Und viel leiser fügte er hinzu: »Wenn Albert wüßte . . .«

»Was wüßte?«

Da stand sie vor uns, funkelte Eduard an, küßte ihn auf die Wange und hielt mir eine Hand entgegen, der ich selbst bei der ungünstigen Beleuchtung ansah, daß sie schmutzig war.

»Marie«, sagte ich. »Marie aus der Hundingshütte.«

»Das war einmal«, sagte sie, und ihre Vitalität schüchterte mich ein, »jetzt bestimme ich selbst, welcher Brei gekocht wird.«

Eduard starrte die junge Frau ergriffen an und sagte mit einer Stimme, die so gar nicht zu seiner bisherigen Kaltschnäuzigkeit passen wollte: »Wenn der alte Albert wüßte, was sie vorhat, würde er tot umfallen.«

»Pfui, Edi«, sagte Marie und drohte ihm mit dem Finger.

»Was hat sie denn vor?« fragte ich. Eine Antwort erhielt ich nicht. Das wollte mich an etwas erinnern, aber ehe meine Gedanken Tiefe gewinnen konnten, erhielt ich einen Stoß in den Rücken. Zwei Männer trugen einen langen und sehr schmalen Tisch am Ufer entlang, den sie nicht ohne Mühe zwischen den Bäumen abstellten.

»Für die Geldsäcke«, knurrte Eduard.

»Beleidige unsere teuren Gäste nicht«, wies ihn Marie zurecht. Eduard verkniff sich eine Entgegnung und trat gegen ein Tischbein.

»Warum trittst du den armen Tisch?« Eine männliche Stimme aus dem Dunkel. Etwas glitzerte, und während ich mich noch über den sächsischen Akzent des Unbekannten wunderte, sah ich ihn in den Wald eintauchen.

»Was trägt er da in den Händen?« fragte ich.

»Was wohl«, knurrte Eduard. »Seine alberne Silberbüchse.«

»Moment, Moment«, sagte ich, obwohl mich niemand hetzte. »Willst du behaupten, der Mann da ist –?« Ich begegnete Eduards Blick und verstummte. Marie legte mir eine Hand auf die Schulter und lachte ihr mitreißendes Lachen. »Der Arme. Ist alles zuviel für ihn.«

»Wo kommt er her?« fragte ich schockiert.

»Der schleicht hier seit Monaten rum«, sagte Marie fröhlich. »Er hat was in Arbeit. Unser König spielt darin eine Hauptrolle. Und der Musiker Wagner ebenso. Aber auch einfache Menschen aus meiner Heimat. Das ist schön.«

Die Arbeiter erschienen mit einer weiteren Sitzbank. Marie zog mich in die Höhe. Ich ließ Eduard hinter mir und eilte mit ihr am Ufer entlang. Überall waren Vorbereitungen für ein Fest im Gange. Die Fackeln erleuchteten Tische, Bänke, Weinfässer, die zur Kühlung im See standen. Pferde schnaubten. Wir standen vor einem Gespann mächtiger Kaltblüter. Sie zogen den Wagen einer Brauerei aus Füssen. Den Wagen begleiteten Männer in den Uniformen der Coalition. Daneben wurde ein Ferkel am Spieß gebraten und in Abständen loderten weitere Feuer, über denen geduldige Einheimische Rindviecher und Ferkel drehten. Das Fett tropfte in die Flammen. Es krachten permanent kleine appetitliche Explosionen.

»Gib unserm Gast einen Bissen!« sagte Marie zu einer Frau, der Gutmütigkeit und Schweiß im Gesicht standen. Die Frau schnitt mit einem riesigen Schlachtermesser eine Scheibe vom Ferkel herunter und bot mir das dampfende Fleisch auf der Spitze des Messers dar. Mein Mund wurde von Speichel überflutet. Ich dankte, nahm die Scheibe, biß ab, lobte die Frau, die schon wieder den Spieß drehte. Ich bot Marie vom Schwein an, sie schnappte mir die Scheibe weg, und abwechselnd abbeißend vertilgten wir im Weitergehen den wunderbaren Braten. Wir kamen nicht weit, denn der Fels reichte bis unmittelbar ans Wasser. Ich gewöhnte mich einfach nicht an die stummen Fackelträger. Auf allen Gesichtern lag feierlicher Ernst, und neben mir Marie, die mich mit sicherem Schritt steil den Fels hinaufzog.

Der Ausblick auf den Lichtersee war ergreifend.

»Was findet hier statt?«

»Heute Nacht fliegt der Pfau.«

»Gibt es hier Pfauen? Warum nachts? Nachts fliegen Vögel nicht. Und was ist deine Aufgabe hier, Marie?«

»Ich führe sture Männer zusammen«, sagte sie und lachte schon wieder.

»Komm!« Es hatte etwas Geschwisterliches, wie wir Hand in Hand unterwegs waren. Sie fegte mit mir durch den Wald, vorbei an weiteren Feuern, über denen sich weitere Braten drehten, vorbei an Tischen und Bänken.

Und jetzt waren auch Feuer auf dem See.

»Die Boote fahren hinaus«, sagte Marie und stoppte, so daß ich gegen sie stieß. Sie roch nach etwas zwischen Blume und Gewürz. Ein fröhlicher Duft. Vierundzwanzig Lichtpunkte bedeckten den See, zwischen Booten und Ufer flogen Scherzworte hin und her und auf Marie stürmte ein kleiner Mann los. Er war sehr schmächtig und von abgehackten Bewegungen, wie man sie häufig bei kleinen Männern sieht, die durch übertriebene Zackigkeit fehlende Zentimeter kaschieren. Der Mann baute sich vor Marie auf und sprach sie in einem sprudelnden Französisch an, dem ich keine Sekunde zu folgen vermochte. Er redete mit Händen und Füßen, war nicht erbost, aber temperamentvoll und wichtig und ungeduldig. Während der Mann auf Marie einsprach, näherte sich ihm aus dem Dunkel ein Mann in der Tracht eines Arbeiters. Er schob eine Art Fahrrad und blieb geduldig hinter dem Franzosen stehen. Marie antwortete auf französisch. Ihr Charme nahm dem Problem des kleinen Mannes wohl die Spitze, denn er beruhigte sich, lächelte, wenn auch nur kurz und ging am Ende dienernd ab. Dabei bemerkte er den Mann mit dem Fahrrad, trat an das Gefährt, schwang sich hinauf und radelte flink ins Dunkel davon.

»Diese Erfinder«, sagte Marie lachend. Sie nannte den schnellen Mann Ader, Clément Ader, Konstrukteur des berühmten Zweirads, Inhaber von 80 Patenten. Sie wollte mir noch mehr sagen, da ereignete sich neben uns großer

Lärm. Es klang, als wäre ein Baum umgestürzt und hätte im Fallen kleinere Bäume oder auch Menschen mit sich gerissen. Doch was nun zwischen unserem Standort und Hohenschwangau ertönte, waren keine Schmerzensschreie, sondern Flüche. Man eilte in Richtung der Schimpfkanonaden und führte einen Mann in den Bereich der Fackeln, der sich gegen die Fürsorglichkeit mit Händen und Füßen wehrte.

»Laßt mich!« rief er und boxte die Helfer fort.

»Was sind das für Männer hinter ihm?« fragte ich flüsternd meine Marie. Denn das fiel auf, wie die vier sich zwar hinter dem Schimpfenden hielten, aber auch die Helferschar mieden.

»Das sind seine Söhne«, sagte Marie.

In diesem Moment entdeckte der Mann sie. Er trug einen Vollbart, der mir versengt oder verschmutzt vorkam. Der Mann – er mochte um die fünfzig sein – stürzte auf Marie zu und rief schon aus einiger Entfernung: »Gut Glück! Gut Glück und natürlich Wind!« Als er vor uns stand, spürte ich seine Vitalität und seine Begeisterung auf der Haut. Schon wieder ein Mann mit Charisma. Ich kam mir blaß vor, blaß und farblos.

»Und ich sage dir, daß es ohne Wind nicht geht«, brüllte der Vollbart Marie an. Er stand direkt vor uns, aber er mäßigte seine Lautstärke nicht, funkelte mich an und brüllte: »Und wer ist das? Wieder einer dieser Neunmalklugen, die den Wind für überflüssig halten und für jeden Unsinn eine Formel in der Tasche tragen?«

»Beruhigen Sie sich«, sagte Marie.

»Ich kann nicht ohne Wind«, brüllte der Vollbart. »Und ich werde dir noch etwas sagen, mein Kind: Ich will auch gar nicht ohne Wind. Und wenn es wider Erwarten ohne Wind gehen sollte, dann bleibe ich einfach auf dem Boden, basta. Das hat mir auch der Herr Kardinal bestätigt. Ich lasse mich von den Modernen nicht umzingeln. Anlauf, Sprung und ›Herr, ich komme!‹ So sieht's aus. Geht mir doch.« Er brach ab und starrte uns aufgebracht an. »Her mit euch Lumpen«, brüllte er die vier Söhne an, die mit fatalistisch hängenden Schultern auf die nächste Brüllerei gewartet hatten.

»Wir gehen zur Absturzstelle und reparieren das. Jeder Start ist ein Versuch auf gut Glück.« Er trat millimeterdicht an mich heran und brüllte: »Du hast keinen Bart! Du bist gar kein Mann!« Dann kicherte er erschreckend albern und stürmte auf die Kette seiner Söhne zu. Die mittleren sprangen zur Seite, und der Vollbart stürmte durch die entstandene Lücke in den Bereich, in dem es eben so schrecklich gekracht hatte. Die Stille nach dem Abgang des Vollbarts war frappierend.

»Das ist Böcklin«, sagte Marie.

»Welcher Böcklin? Ich kenne nur einen Maler Böcklin.«

Sie blickte mich an.

In diesem Moment erklangen rund um den See die Fanfaren, die mich herbeigelockt hatten. Ich sah, wie sich alle Menschen auf ein gemeinsames Ziel zubewegten. Marie nahm mich an die Hand, und ich ließ mich gern von ihr führen. In einem größer und größer werdenden Strom zogen wir zu dem unbekannten Ziel. Die Fanfaren wiesen uns den Weg.

Der Platz am See war nicht groß. Eine Bucht mit Strand. So weit ich erkennen konnte, waren die ersten Baumreihen abgeholzt worden. Davor ragte ein seltsames Gebilde in den Nachthimmel. Zuerst dachte ich, es würde sich um ein Bootshaus handeln. Aber das war ein dummer Gedanke. Die Entfernung zum Wasser war zu groß. Dann hielt ich es für eine Rednertribüne, allerdings für eine absonderlich gestaltete, wie ich sie noch nie gesehen hatte. Ich gab mich mit dieser Möglichkeit zufrieden, zumal das Augenmerk aller Menschen ganz offensichtlich auf diese Tribüne gerichtet war. Maries Gesicht strahlte vor Erwartung. Hinter uns trudelten immer noch mehr Menschen auf dem Platz ein. Die Fanfaren brachen ab. Schlagartig erstarben alle Gespräche. Wie still so viele Menschen sein konnten! Wie ruhig der See dalag. Nur die Flammen der Fackeln waren in Bewegung, brannten lautlos in erhobenen Armen.

Dann stand die Gestalt mit der Gesichtsmaske auf der Tribüne. Ich hatte sie nicht kommen sehen oder hören und war in keiner Weise auf sie vorbereitet gewesen. Deshalb ging mein Schreck besonders tief. Die Maske ließ nur die Nasenlöcher und den Mund frei.

Die Gestalt öffnete den Mund: »Untertanen! Bayern! Der König!«

Der Maskenmann trat zur Seite, und es erschien König Ludwig II. Rings um mich brandete Beifall von einer Inbrunst auf, wie ich sie noch nie erlebt hatte.

Ludwig trug das Kostüm des Schwanenritters Lohengrin: ein weißes Trikot mit schmalem Helm, an beiden Schläfen kleine Flügel, an der Hüfte ein meterlanges Schwert. Ludwig hatte, seitdem wir uns zum letzten Mal gesehen hatten, noch mal deutlich zugenommen. Er war ein Fleischberg, das Trikot spannte um Bauch und Hüften. Der König hob beide Arme. Er tat es, um den Beifall zu dämpfen, aber es war, als ob er uns segnen wollte, und die Begeisterung der Menschen nahm weiter zu. Sie gaben ihm ihre Liebe, Kinder, Erwachsene, Greise, Männer und Frauen, und Marie vielleicht am inbrünstigsten.

Das Händeklatschen und die Hochrufe gingen noch zwei Minuten so, dann brach der Jubel ab, herrschte Stille. Und aus unserem Kreis traten eine Frau und ein Mann. Die Frau war Marie, der Mann war der Anführer der räuberischen Geschwister aus der Hundingshütte. Beide trugen schwer an einer Kiste. Sie war aus Holz, schlicht, und sie stellten die Kiste unterhalb der Tribüne in den Sand. Der König trat an den Rand der Tribüne. Marie und der Räuber boten ihm je einen Arm, und unter dem Raunen der Menschen sprang Ludwig hinab in den Sand. Marie und der Räuber küßten ihm die Hand. Dann öffnete der Räuber den Deckel der Kiste, und ein erneutes Raunen ging durch die Menge. Die Kiste war randvoll gefüllt mit Gold- und Silbermünzen.

Ludwig starrte auf den Schatz. Dann sagte er: »Aber meine Kinder.« Marie und der Räuber knieten vor ihm hin. Der Räuber sagte: »Majestät, Ehre dem Tag, der Euch der Welt schenkte. Dank dem gnädigen Geschick, das Euch zu unserm Herrscher machte. Lob und Preis in vielen hundert Familien über Euern Entschluß, die Schlösser Eurer königlichen Träume in unserer Heimat zu erbauen. Verachtung für eine Gesinnung von Pfennigfuchsern, die im fernen München mit Buchhaltertricks versuchen, einem König Knüppel zwischen die Beine zu werfen. Unsere uneingeschränkte Liebe gehört seit vielen Jahren unserem verehrten Monarchen. Möge diese Liebe Eingang finden in die Gestalt der Schlösser.«

Ludwig wollte etwas sagen, ich sah es genau, doch der Räuber fuhr fort: »Schlösser sind Geist. Schlösser sind auch Stein, und Stein kostet. Wer nur das beste Material will, hat die richtige Entscheidung getroffen. Aber auch das Zweitbeste hat seinen Preis. Ein König, der aufs Geld schauen muß, regiert das falsche Volk. Nehmt, Majestät, deshalb als kleines Zeichen unserer Zuneigung diesen bescheidenen Obulus der Menschen aus Garmisch und Füssen. Nehmt, und tut Gutes damit. Zu etwas anderem seid Ihr ja gar nicht fähig.« Der Räuber senkte den Kopf und setzte leiser hinzu: »Wir haben die Banken das Fürchten gelehrt. Marie war stets die Tapferste dabei.«

»Meine Kinder«, begann Ludwig. Er hatte Mühe, sich zu fassen. In seinen Augen schimmerte es feucht. »Mein liebes, liebes Volk.«

Neben mir kreischte eine junge Frau los. Ihr männlicher Begleiter erhob die Hand gegen sie, da war sie ruhig.

»Ihr beschämt mich«, fuhr Ludwig fort. Er war schlecht zu verstehen. Er nuschelte. »Ich weiß nicht, ob ich euer Geschenk annehmen darf, und doch weiß ich schon, daß ich es annehmen werde.«

Jubel brandete auf und brach ab.

»Das Leben ist mit mir in der jüngeren Vergangenheit nicht immer rücksichtsvoll umgegangen. Aber vielleicht habe ich es dem Leben auch nicht immer leichtgemacht. Jedenfalls – gebaut werden muß, und gebaut werden soll. Auf dem Papier nehmen neue Projekte Gestalt an –«

»Falkenstein«, rief eine vorlaute Stimme dazwischen.

Aus den erstaunten Gesichtern der Umstehenden schloß ich, daß es meine eigene gewesen war.

»Falkenstein, ganz recht. Und einiges mehr«, fuhr Ludwig fort. »Eure silbernen und güldenen Gaben verschaffen dem Geschäft einen neuen Anschub.« Er zögerte und fragte dann leiser: »Darf ich mich erkundigen, welchen Verlauf der bewußte Nebenerwerbszweig genommen hat?«

»Er meint die Entführungen«, sagte neben mir eine Frau lachend zu ihrem Partner.

Ich sah, wie Marie sich erhob und ihren König entschuldigend anlächelte: »Es ist nicht die Zeit für hohe Lösegelder, Majestät. Die letzten Adeligen haben kaum die Unkosten gedeckt.«

»Bitter«, sagte Ludwig. »Wo sie doch so viel auf sich halten.«

»Wir danken Majestät für manchen hilfreichen Tip«, fuhr Marie fort. »Doch alle Entführten sind wieder frei. Alle sind gute Esser, es ist nicht leicht mit ihnen. Die Geiseln werden immer anspruchsvoller. Ich soll Majestät dahingehend informieren, daß uns eine nicht unbeträchtliche Summe für den Fall geboten wurde, daß wir beabsichtigen, den entführten Herrn Grafen nicht wieder freizugeben.«

»Empörend«, rief Ludwig. »War es der Landshuter Zweig?«

Marie nickte und Ludwig sagte: »Das tut weh. So trägt man familiäre Zwistigkeiten einfach nicht aus. Wie hoch war der Preis?«

»Fünftausend Taler für den Herrn Grafen«, antwortete Marie. »Wir mußten bis auf 750 Taler heruntergehen. Dann kam das Angebot auf Fortsetzung der Geiselhaft. Es erreichte uns über diskrete Kanäle. Die gräfliche Familie wollte sich das 2500 Taler kosten lassen. Es ist uns nicht mehr gelungen, die Kutsche mit der Garderobe und dem Toilettengeschirr des Grafen zurückzuschicken. Ich darf Majestät unterrichten, daß seine Förster jetzt so vornehm riechen wie die Förster in keinem zweiten Landstrich der

Erde.« Am Alpsee wurde herzhaft gelacht, Ludwig schloß sich nicht aus.

»Halt!« rief plötzlich eine männliche Stimme. Ein Mann mittleren Alters trat aus der Menge nach vorn. Er hielt Papier in einer Hand und eine Schreibfeder in der anderen. Seine Hände waren über und über mit Tinte bekleckst. »Halt«, rief er. »Das muß ich genau wissen.«

»Der wieder«, stöhnte neben mir ein Einheimischer.

Ludwig schien verwirrt, Marie flüsterte ihm etwas zu. Das Gesicht des Königs zeigte erst Ungläubigkeit, dann leidliches Interesse.

»Er trete vor«, forderte er den Mann mit der Schreibfeder auf. Er verbeugte sich nicht besonders tief. Vor 100 Jahren hätte ihn solche Begrüßung seines Königs den Hals gekostet. »Er ist der Dorfschullehrer Alois Left?« sagte Ludwig. »Er ist der Mann, der die Chronik dieser Region schreiben will?«

»Jawohl«, erwiderte Left wichtig. »Und dazu brauche ich korrekte Zahlen. Kein Wischiwaschi. Ich schreibe keine Gedichte, sondern eine Chronik, damit das klar ist. Ordnung muß sein.«

Der König schien fast körperlich an diesem Untertanen zu leiden. Er winkte ihn aus seinem Gesichtskreis, doch zuvor mußten zwei Männer in der Uniform der Coalition neben den Lehrer treten und ihn mit sanfter Gewalt fortleiten. Ich hörte noch, wie Left rief: »Ich schreibe alles auf, ich lasse mich nicht korrumpieren. Und wenn jemand die Wahrheit unterdrücken will, schreibe ich die Wahrheit eben in eine zweite Chronik.« Dann hörte man noch: »Meine Feder! Er hat mir meine Feder zerbrochen.« Danach hörte man ihn nicht mehr.

»Es gibt keinen Anlaß zu verzagen«, nahm Ludwig wieder das Wort. »Das große Werk muß gelingen, und es wird gelingen.« Der König hob einen Arm. Die Bewegung kam mir sinnlos vor. Aber plötzlich ging rings um mich die Sonne auf, zehn Sonnen, Hunderte von Sonnen. Die Fackeln brannten, aber sie waren jetzt nichts weiter als Verzierung. Die Helligkeit brach aus zahlreichen Lampen hervor. Sie waren rings um die merkwürdige Tribüne angebracht, sie standen im Wald und auf Felsen. Die Lichtkegel vereinigten sich in beträchtlicher Höhe über dem Alpsee zu einem Lichtdom. Unsere Gesichter erhielten eine neue Farbe. Sie sahen aus wie bepudert. Der König hob noch mal den Arm, und das Licht erlosch.

»Aah, ich liebe diese moderne Elektrizität«, ertönte es neben mir. Man sang das Loblied des neuen Lichts und nannte Kohlenstablampen mehrfach ein »Wunder«. Ich nutzte den Moment der nachlassenden Aufmerksamkeit, um mich zum König, zu Marie und dem Räuber zu gesellen. Aus den Augenwinkeln sah ich, daß die Coalitionäre mich im Blick hatten. Aber sie griffen nicht ein. Ludwig wirkte bedrückt.

»Ist Euer Majestät nicht wohl?«

Er sah mich verzagt an und antwortete: »Es könnte immerhin schiefgehen.«

»Was, Majestät?«

Mit einem Schulterzucken wies er zur Tribüne, auf der sich einige Männer zu schaffen machten. Einen Augenblick sah ich den sich im Licht der Fackeln spiegelnden Schaft der Silberbüchse. Dann war sie wieder in den Schatten der Bäume getaucht. Ein Paar trat auf uns zu. Sie war eine dieser stämmigen Frauen, die mit fortschreitendem Alter immer schwerer werden, ohne äußerlich Fett zuzulegen. Er ein Stiernacken, Erfolgsmensch, brutaler Typ.

»Die Brandls«, flüsterte mir Marie zu. Alle anderen wußten Bescheid. Die Frau vollführte einen plumpen Hofknicks, und ihr Mann nahm immerhin die Zigarre aus dem Mundwinkel, bevor er fragte: »Wo sind sie denn nun, die Irren?«

Ich sah, wie Ludwig vereiste. Ich wußte nicht, ob Brandl es bemerkte. Wenn ja, war es ihm egal. Der König machte eine Handbewegung, aus dem Nichts tauchte der Mann mit der Gesichtsmaske auf und nahm sofort das Wort: »Es kann sich nur noch um Minuten handeln.«

Brandl lachte schadenfroh: »Wer der erste in der Geschichte sein will, darf sich bei Verabredungen ruhig etwas

Zeit lassen. In der Geschichte geht's anders zu als auf einer Baustelle.« Er kaute auf der Zigarre und sagte zum König gewandt: »Aber ohne meine Baustellen bleibt alles im Kopf, was hinaus will ins Leben. Ist doch so, Meister. Ist doch so.« Ludwig war kurz davor, die Flucht zu ergreifen. In seinen Augen irrlichterte es.

Ich trat neben Brandl, der sich in seiner bräsigen Selbstzufriedenheit sonnte: »Sie sind unmöglich, Herr.«

Brandl blickte mich an.

»Wer bist du denn, du Sesselfurzer?«

»Sie sprechen mit einem gekrönten Haupt.«

»Schon möglich«, gab Brandl freimütig zu. »Aber wenn ich mein Geld nicht kriege, vergesse ich die Liebe meines Minchen zur Monarchie und werde zum Tier. Ist doch so, Minchen.«

Er hakte sich bei seiner strammen Gattin ein. Sie legte ihre Hand auf die Hand des Gatten. Brandl besaß ungeheure Schaufeln an der Stelle, wo bei mir die Hände saßen.

»Wer meinem Mann dumm kommt, kriegt es mit mir zu tun«, lauteten die ersten Worte, die ich die Frau sprechen hörte. »Wir müssen uns nichts bieten lassen. Wir sind im Recht.«

»Mein Reden«, sagte Brandl. »So schnell wie ich das Gelump von einem Bauplatz zum nächsten Bauplatz schaffen lasse, so schnell kannst du nicht furzen, mein Sohn. Pardon, Meister König, aber das ist nichts für königliche Ohren.«

Die plumpe Vertraulichkeit des Bauunternehmers war ungeheuerlich. Ich begriff nicht, warum man den Mann nicht in seine Schranken wies. Ich drängte mich durch den dichten Kreis der Menschen, die sich an den König herangeschoben hatten und ging auf den erstbesten Coalitionsmann zu: »Der König wird beleidigt«, sagte ich energisch und sah erfreut, wie der Mann sich straffte, an den Gürtel griff und ihn samt Jacke zurechtrückte. »Es ist dieser scheußliche Bauunternehmer und seine Frau auch. Tun Sie Ihre Pflicht!«

»Brandl darf das«, behauptete der Polizist.

»Was bitte darf Brandl?«

»Mit dem König Tacheles reden.«

»Das ist ungeheuerlich.«

»Das liegt daran, daß der König so klamm ist.«

»Würden Sie sich bitte etwas konkreter ausdrücken?«

Er machte mit Daumen und Zeigefinger die auf der ganzen Welt bekannte, reibende Bewegung.

»Ist es so schlimm?« fragte ich beeindruckt.

»Eher noch schlimmer«, sagte der Polizist. »Ludwig braucht Geld, und Brandl hat Geld. Viel Geld.«

»Ein König ist von einem Maurer abhängig«, sagte ich fassungslos.

»›Maurer‹ hört Brandl nicht gern. Jedenfalls nicht, seitdem er sich Generalunternehmer nennt. Die Zeiten ändern sich, Mann. In welcher Zeit leben Sie?«

Ich starrte den Polizisten an, als ich hinter mir mediterranes Sprachgewirr vernahm. Sie redeten Italienisch, Französisch und Spanisch. Sie steckten in teurem Tuch, das nach dem letzten Schnitt der Zeit geschneidert war. Sie bestanden aus drei Wortführern und einem Troß, der sich im Hintergrund hielt. Sie sahen aus wie Geschäftsleute. Nur der eine, der Blonde, sah aus wie ein Bauer. Wie er da stand auf stämmigen Beinen, in einer Sommerhose, die seine Korpulenz betonte, wie er sich ein Tuch um den Hals geschlungen hatte, das Eleganz ausströmen sollte, aber statt dessen wirkte wie der Strick, von dem man ihn vor einer Stunde geschnitten hatte; wie abgeschabt die Tasche war, wie rot der Teint und nachlässig die Rasur. Selbst sein Französisch hörte sich nicht echt an. Deshalb begriff ich gar nicht, warum sich alle Anwesenden ausgerechnet auf diesen Mann konzentrierten. Ihm selbst war das am unangenehmsten. Vor allem, als er sich gezwungen sah, den König zu begrüßen. Er wollte dienern und wirkte steif wie ein Ladestock. Der König übersah die Plumpheit des bäurischen Menschen und genoß die elegante Art der Südländer. Sie übertrieben es nicht mit dem schmierigen Heranwerfen, sie besaßen Kultiviertheit mit dem zarten Schmelz der Trickserei.

»Halt mal.« Ich stoppte den Maskenmann, der an mir vorüberstürmen wollte. Er blickte auf meine Hand, die ihn an der Jacke hielt. Ich nahm meine Hand fort. Besänftigend strich ich über die Seide. Er mußte furchtbar schwitzen hinter seiner Maske.

»Was geht hier vor?« fragte ich. »Und warum tragen Sie diese Maske?«

»Er hat gesagt, er will mich nicht sehen. Nie mehr.«

»Aber er braucht Ihre Dienste.«

»Die will er auch weiter in Anspruch nehmen. Es gehört zu den am wenigsten merkwürdigen Possen dieses königlichen Herrn, dem ich dienen werde, bis mich unser aller Herr abzuberufen gedenkt, damit ich dereinst ihm zur Hand gehe.« Und flüsternd fügte er hinzu: »Wenn es im Paradies Masken gibt, gehe ich freiwillig in die Hölle.«

»Und wenn es in der Hölle auch Masken gibt?«

»Ihr macht einem wirklich Mut. Ich muß weiter. Heute nacht ist die Nacht der Nächte. Wenn der Pfau hochkommt, ist unser König obenauf. Ihr entschuldigt mich.«

Beim König wurden Stimmen laut. Die Südländer und der Bäurische umringten Ludwig. Aber sie sprachen auf einen anderen Mann ein. Er war keine vierzig, blond, vollbärtig, bürgerlich gekleidet, und er strahlte eine immense Körperkraft aus, ohne das Akademische verbergen zu können. »Nein«, sagte der und immer wieder »Nein«. Zwischen den Neins überschütteten ihn die Mediterranen mit einer Flut von Sätzen. Er sagte »Nein«, kreuzte die Arme über der Brust und sagte mit großer Seelenruhe: »Nein«. Er wollte nicht provozieren. Er sagte nur nein, er meinte nein, und er schien nicht zu begreifen, warum er dies zehnmal hintereinander tun mußte. In einiger Entfernung sah ich einen jüngeren Mann, an dem mir sofort die Ähnlichkeit mit dem Neinsager auffiel. Ich wurde angerempelt.

»He!« rief ich erbost und erkannte erst in diesem Moment den König. »Pardon.« Ludwig wirkte wie durchs Wasser gezogen. Seine Stirn schwamm in Schweiß, die Flügel seines Helms mußten dringend aufgebügelt werden, und ständig zog er da und dort an einer kneifenden Stelle seines engen Kostüms.

»Ich halte das nicht mehr aus«, flüsterte der Regent.

»Aber worum geht's denn?« fragte ich.

»Ich gehe in die Luft«, sagte er in einem Tonfall, in dem man Sätze wie »Ich habe nur noch eine Viertelstunde zu leben« sagt.

»Aber Majestät«, rief ich enthusiastisch, »ist das Reich der Fantasie nicht das schönste Land, das wir auf Erden betreten können?«

»Nicht Fantasie«, sagte er tonlos. »Ich muß in die Luft.« Dabei fiel sein Blick auf die Tribüne. In diesem Moment erkannte ich die wahre Bestimmung des Bauwerks.

»O Gott«, sagte ich erschüttert.

Der König nickte beklommen und flüsterte: »Daß ich das noch erleben muß.« Dann schleppte er sich ins Dunkel, und ich starrte auf die Spuren, die die königlichen Füße im Sand hinterlassen hatten. Sie wurden sofort von hin und her eilenden Einheimischen unsichtbar gemacht.

»Weg da!« rief eine weibliche Stimme hinter mir. Ich sprang zur Seite, zwei halbwüchsige Mädchen schoben ein hölzernes Ruderboot über den Strand ins Wasser.

»Nein«, ertönte eine ruhige Stimme unter dem großen Holzbau. Einer der Südländer raufte sich die Haare und rief in gebrochenem Deutsch: »Aber Señor Lilienthal. Heute ist die Gelegenheit.«

»Nein.«

»Gelegenheit der Gelegenheiten.«

»Nein und nochmals nein.«

»Aber Señor Lilienthal. Warum denn nicht?«

»Weil die Zeit noch nicht reif ist.«

Der Südländer sah sich verzweifelt um. Dann wandte er sich an den Bäurischen und rief: »Señor Reimann, sagen Sie Ingenieur Lilienthal, wieviel Geld steht auf dem Spiel.«

»Gern«, erwiderte der derart Angesprochene und wandte sich an Lilienthal. »Fünf Millionen«, sagte er freundlich und trat ins Glied zurück.

»Mehr, mehr«, forderte der Spanier mit nervösen Bewegungen beider Hände. »Herr Ingenieur Lilienthal ist überzeugenden Argumenten zugänglich. Er ist doch Mensch und nicht Tier.«

»Gern«, sagte Reimann, trat erneut vor und sagte: »Der Pfau fliegt heute abend. Die Bilder von diesem Ereignis gehen in die Welt hinaus. Das gibt fünf Millionen bar in die königlichen Hände. Gleichzeitig beginnt die massenhafte Herstellung von Flugmaschinen. Nach einer Anlaufphase von zwei Jahren ist die Grenze zur Amortisation erreicht. Danach fallen Gewinne ab. Davon erhält König Ludwig jährlich zehn Prozent, ab einem Reingewinn von mehr als zehn Millionen jährlich 20 Prozent. Gleichzeitig gehen zwei Prozent des Gewinns an je einen Erfinder, respektive Ingenieur, respektive Techniker aus jedem Staat unseres Erdteils. Sie, Herr Lilienthal, sind unangefochten der Sieger der Vorausscheidung für Deutschland. Sie und Ihr Herr Bruder selbstredend, den ich hiermit grüße. Die einzige Voraussetzung zur Erlangung dieser Summe, die auf einen Schlag alle Ihre monetären Bedürfnisse befriedigen dürfte, ist Ihr Einverständnis, hier und heute, an diesem herrlichen Spätfrühlingstag des Jahres 1886 einen Ihrer Flugapparate vorzustellen und zu erproben.«

»Nein.«

Reimann wirkte erschöpft, fand aber noch die Kraft, hinzuzufügen: »Den Eindecker oder den Doppeldecker. Wir wissen zufällig, daß Sie sich derzeit auf einer Erprobungsfahrt entlang des Alpennordkamms befinden.«

»Das ist richtig«, bestätigte Lilienthal, der einfach seine Freundlichkeit nicht verlor. »Aber die Zeit ist noch nicht reif. Deshalb treten mein Bruder Gustav und ich zugunsten von Herrn Böcklin als Zweitem der nationalen Vorausscheidung zurück.«

»Böcklin«, rief ein anderer Südländer und verdrehte gequält die Augen. »Herr Böcklin ist ein großer Künstler. Seine Feen und Faune sind die saftigsten am Markt. Aber Herr Böcklin braucht für seine Flugapparate jedesmal einen Hügel, der ihm die nötige Höhe für den Start verschafft. Wollen Sie aus England eine alpine Landschaft machen? Wollen Sie in der Norddeutschen Tiefebene im Abstand von zwei Kilometern Hügel aufschütten? Was Herr Böcklin fordert, ist die geomorphische Neugestaltung der Welt.«

»Protest!« rief eine männliche Stimme. Ich erkannte einen von Böcklins Söhnen. Man ließ ihn allerdings nicht zu Wort kommen, und der Südländer murmelte: »Und diese Söhne. Wie kleine Armee. Überall sie treten zu fünft auf. Nein, nein, Herr Lilienthal, Ihre Kohlensäuremotor uns reizt viel mehr.«

Zum ersten Mal verlor Lilienthal seine Gelassenheit. »Woher wissen Sie ...«, stieß er hervor und suchte Blickkontakt mit seinem Bruder. »Hast du etwa ...«, fuhr er ihn an, brach ab, weil der Südländer eilig sagte: »Niemand Sie spioniert aus, Herr Lilienthal. Aber wir Sie bitten zu bedenken, daß wir mit Finanzierung Ihrer jüngsten Schrift nicht unbeträchtlich sind ins Risiko gegangen.«

»Die paar Taler«, sagte Lilienthal verächtlich. »Für euch muß sich alles immer gleich rechnen.«

»Nicht gleich«, rief der Südländer. »Nicht gleich. Aber ich möchte doch noch erleben vor Tag meiner Beisetzung.«

Der Scherz nahm etwas Spannung aus der Luft, und Lilienthal hörte sich halb versöhnt an, als er sagte: »Gebt euer Geld Langley. Gebt es Shukowski und Pilcher. Sie brauchen es nötiger als ich. Wir werden von unseren Patenten ernährt. Mein Schlangenrohr-Dampfkessel erzeugt nicht nur Energie und Qualm, sondern auch eine nette Rendite. Tut mir leid, Herr Reimann, so sehr ich die Dienste Ihres Bankhauses zu schätzen weiß ...«

Ich sah, wie sich die Herren in den teuren Anzügen anblickten. Und ich sah das Gesicht des Mannes, den sie Reimann nannten. Ich sah, wie einer von Ludwigs Dienern auf die Gruppe zutrat. Er teilte den Anzugträgern in wenigen Worten etwas mit, was diese in helle Aufregung versetzte. Einer stürmte sogleich davon, ein anderer begann sich hektisch auf alle Taschen zu klopfen. Zwei schüttelten sich die Hand. Und aus dem allgemeinen Eindruck von Durcheinander schritt würdig der Diener aus dem Zentrum des Tohuwabohus heraus.

»Er wird es tun!« rief jemand. »Der Pfau fliegt.«

Die Männer in den Uniformen der Coalition begannen unverzüglich, die Einheimischen aus dem Bereich vor der Tribüne abzudrängen. Dies geschah ohne Gewaltanwendung, die Bevölkerung fügte sich klaglos.

»Alle Fotografen hören auf mein Kommando«, ertönte Maries Stimme. Sie stand auf der Tribüne und sprach durch einen Trichter, der ihren Worten große Kraft verlieh.

Ein Blitz zuckte unterhalb von Marie, im nächsten Moment fluchte der alte Albert: »Hier fotografiere ich und sonst niemand.« Dann schwieg er.

Und verfolgte keinen Deut weniger erstaunt als ich den Aufmarsch der Fotografen: Aus dem Schatten der Bäume traten im Gänsemarsch Menschen in der regionalen Tracht. Jeder wirkte ländlich und erdverbunden. Und so wollte die Kamera, die jeder in den Händen hielt wie einen Schatz, nicht recht passen. Die Menschenkette nahm kein Ende. Es waren bereits über 50, und es kamen immer noch mehr. Ich wandte den Kopf vom Schwanz des Gänsemarschs zu seiner Spitze und erschrak bis ins Mark. Sie gingen ja ins Wasser! Ich war so fest davon überzeugt, daß ich unverzüglich »Notfall!« rief. Ein, zwei Menschen drehten sich auch tatsächlich um, taten aber nichts. »Notfall!« wiederholte ich verzweifelt. Da ertönte Maries Stimme durch den Trichter: »Aber! Aber! Wer wird denn gleich nervös werden?«

Eine Handvoll Fackelträger versammelte sich am Ufer. Sie lächelten mich an, wie Eltern ihre unwissenden Kinder anlächeln. Jetzt spendeten die Fackeln genügend Licht, um den Sinn des Aufmarschs zu erkennen. Sie hatten eine Reihe von Pontons gebaut. Zwei Meter breit und bestimmt vierzig Meter lang ragte der Wasserweg in den See hinein. Der erste Kameraträger erreichte die Spitze des Stegs. Die folgenden Kameraträger schlossen auf. Und als ich dachte, damit wäre das Defilee abgeschlossen, wiederholte sich das Schauspiel – diesmal um einige Meter Richtung Hohenschwangau versetzt. Dort lag demnach ein zweiter Ponton im Wasser. Beide Pontons füllten sich mit Menschen, immer abwechselnd ein Fackelträger und ein Fotograf. Mehr als zwei Dutzend Boote auf dem Wasser spendeten zusätzlich Licht.

Marie sagte zu mir: »Fünfzigmal je ein Bild. Auf dem rechten Ponton und auf dem linken Ponton. Und zwischen beiden Pontons fliegt der Pfau. Das wäre der Beweis. Für die Welt! Für die Ewigkeit.«

»Und für die Geldgeber«, teilte der Bankier freundlich mit. »Das Kapital ist ein scheues Reh. Es will gelockt werden.«

Plötzlich entstand allgemeines Raunen. Auf der Rampe stand ein Mann. Er war jung, er sah gut aus, er trug einen Anzug, der mir seltsam zeitlos erschien.

»Das ist er«, flüsterte es um uns. »Der neue Prinz vom König« – »Sieht er nicht herrlich aus?« – »Je häßlicher er wird, desto schöner werden seine Jünglinge« – »Ach, muß Liebe schön sein« – »Horch, er will etwas sagen.«

»Liebe Frauen!« rief der Mann mit volltönender, wohltuend unaffektierter Stimme. »Liebe Männer! Wir haben uns heute abend versammelt, um Zeuge eines Ereignisses zu werden, das die Welt noch nicht gesehen hat. Wir sind heute abend die Welt, unsere Augen schauen stellvertretend für viele Millionen Menschen. Ein Pfau wird fliegen.«

»Ihr müßt es verhindern!« rief eine Frauenstimme aus der Menge. »Er darf sein Leben nicht leichtfertig aufs Spiel setzen!«

»Leichtfertig ist gut«, sagte schmunzelnd der Bankier zu mir. »Er tut es beileibe nicht leichtfertig. Es ist die letzte Chance, die ihm bleibt. Und wenn er in die königliche Hose macht vor Angst. Hoch muß er, sonst geht alles den Bach runter.«

»Ihr werdet heute etwas erleben«, fuhr der Mann auf der Rampe fort. Er war wirklich außergewöhnlich appetitlich. Daß es so schöne Männer gab! »Ab morgen werdet ihr etwas besitzen, wovon ihr euern Kindern und Enkeln erzählen könnt.«

»Erst Kinder machen, dann mit ihnen reden!« rief ein Spaßvogel und umarmte seine Begleiterin. Man amüsierte sich. Der Mann auf der Rampe fuhr fort: »Uns wird das Glück zuteil, unseren König zu sehen. Ich hatte in den letzten Wochen mehrere Male die Ehre, ihn zu sehen.«

»Und wo er ihn überall gesehen hat!« wisperte es frivol um mich herum.

»Der König lebt in einer Zeit der Bedrängnis«, rief der schöne Mann. »Die Politik wirft ihm Knüppel zwischen die Beine, aus der königlichen Familie bleibt Beistand aus. Befreundete Regenten lassen ihn im Stich. Eine Ausnahme bildet nur und ausgerechnet Reichskanzler Bismarck, der ...«

Murren, Pfiffe, unzüchtige Rufe.

»Ich weiß, ich weiß. Doch bedenkt: Bismarck mag unseren König. Er kann kein ganz schlechter Mann sein.«

Gemurmel, halblaute Gemeinheiten.

»Aber auch ein Bismarck kann aus dem fernen Berlin nicht alles richten. Aber solange König Ludwig ein Volk hat, das zu ihm steht, das ihn liebt ...« Prasselnder Beifall, Juchhu und Juchhe.

»Danke, danke!« rief der Mann auf der Rampe und dämpfte mit beiden Armen den Aufruhr. »Ihr habt mir nur bestätigt, was ich seit langem weiß. Ein König hat es mir in mancher Nacht erzählt – ein König, der den Städten ein für allemal den Rücken gekehrt hat. An eine Rückkehr ist nicht zu denken, denn er hat ja eine neue Heimat gefunden, unser herrliches Alpenland. Der König weiß, daß hier die Treuesten der Treuen leben. Hier fühlt er sich wohl und aufgehoben. Hier will er leben und darf es in aller Ruhe tun. Denn – auch dies hat mir der König erzählt – die Verehrung geschieht in einer Manier, die das königliche Herz anrührt. Unsere Majestät hat in der Vergangenheit manch harten Strauß ausfechten müssen. Mit dem seelischen und körperlichen Gleichgewicht stand es nicht in jeder Sekunde zum allerbesten. Dann zog es ihn nach Hohenschwangau, wo seine Wiege stand. Dann streifte er zwischen Garmisch, Schachen und Pfronten hin und her, hinauf und hinab. Zwischen den Schlössern und den königlichen Jagdhütten ist ein Netz aus strahlenden Augen und brennenden Herzen aufgespannt, das unsern König weich aufgefangen hat und auch in Zukunft weich auffangen wird. Ist es so?«

Nach einer Minute der wärmsten Sympathiebezeugungen konnte an dem unbedingten Willen kein vernünftiger Zweifel mehr herrschen.

»Danke, liebe Landsleute. Es sind auch wieder einige aus Tirol herübergekommen, denn die Liebe zu einem König achtet Landesgrenzen gering. Freuen wir uns nun auf den Flug des Pfauen. Begleiten wir die Aktion mit der Zuversicht, daß sie gelingen wird. Angeblich ist die Luft wichtig für diese Art der Fortbewegungsweise. Wenn das so ist, laßt uns ein gasförmiges Netz der Sympathie weben, in das der Pfau zurückkehren kann.«

Er fiel auf die Knie und beugte den Oberkörper. Neben ihm erschien die mächtige Gestalt Ludwigs. Er trug immer noch den Helm mit den Flügeln. Das hautenge weiße Kostüm hatte er gegen eine farbenfrohe Kluft getauscht. Der bodenlange Mantel war tiefrot und schwarz, bestickt mit funkelnden Steinen, in denen sich das Licht der Fakkeln vieltausendfach spiegelte. An den Beinen trug er eine Hose, die unter dem langen Mantel kaum zu erkennen war. Die Gesichtshaut des Monarchen war fahlweiß. Die Augen saßen wie Kohlen über den fleischigen Wangen. Spannung griff um sich – erst recht, als nun seitlich Geräusch ertönte und sechs Männer das merkwürdigste Gefährt durch den Sand zogen, das ich jemals gesehen hatte: Der erste Eindruck einer Fledermaus. Die beiden steifen Flügel maßen sicher jeweils fünf Meter. Den Körper der Fledermaus bildete ein Wagen, wie derjenige, in dem die römischen Gladiatoren ihre Rennen austragen. Rechts und links von der hüfthohen Brüstung des Wagens waren zwei dicke Kästen angebracht, deren Funktion mir nicht klar war. Das Vorderteil des Wagens rief bei allen Entzükken hervor. Drei ausgewachsene, lebendige Pfauen waren dort angespannt. Der in der Mitte bildete die Spitze, die anderen Tiere waren schräg hinter dem Leitvogel fest gemacht. Ihre Schwanzfedern schlugen Räder. Die dominierende Farbe des Spitzenpfaus war Blau, die dahinter schimmerten rot und grün. Diesen Wagen trugen die sechs Männer auf die Rampe hinauf und dort an ihr hinteres Ende. Die Menge begleitete die Arbeit mit Schweigen. Der Pfauenwagen mußte sehr schwer sein, die Arbeiter mühten sich sichtbar.

Dann stand der Pfauenwagen auf seiner Position. Die Arbeiter zogen sich zurück. Über eine seitwärts stehende Leiter turnten nun wieselflink die Erfinder Ader und Böcklin auf die Rampe. Oben kamen sie sich sogleich in die Quere, und weil keiner dem anderen den Vortritt lassen wollte, bedurfte es des Eingreifens des schönen Mannes. Er stellte sich zwischen die Streithähne und sagte zur Menge:

»Die Herren Ader und Böcklin haben ihre Kunst und ihr Herzblut zusammengetan. Entstanden ist daraus ›Oberon eins‹, der Pfauenwagen, der durch die Lüfte fliegt.«

In der Menge entstand Unruhe. »Das kann er nicht machen« – »Wir müssen ihn daran hindern« – »Er versündigt sich.«

Dann fuhr der schöne Mann fort: »Wir danken den Herren Erfindern. Sie stehen stellvertretend für ein Dutzend hochkarätiger Forscher in mehreren Staaten unseres Erdteils. Eines Tages wird die Menschheit in die Luft gehen. Und heute fällt der Startschuß.«

»Ich bin schon geflogen!« rief Böcklin dazwischen. »Fünfzehn Meter. Eher sechzehn.«

Diese Sätze erzeugten massive Beunruhigung: »Fünfzehn Meter? Um Gottes willen! Rettet den König!«

Ader war, von den meisten unbeachtet, inzwischen zum Pfauenwagen getreten und machte sich an den Kästen zu schaffen. Kurz nacheinander sprang zweimal je ein Dampfmotor an. Als die Aggregate bollerten, verstand man sein eigenes Wort nicht mehr. Ludwig trat auf die Erfinder zu und schüttelte beiden die Hand. Danach nahm er Abschied von dem schönen Mann. Es war eine zu Herzen gehende Szene. Erst faßten sich die Männer nur an beiden Händen und tauschten einen langen Blick. Dann fielen sie sich in die Arme und verharrten so lange Sekunden. Sie lösten sich voneinander, und der schöne Mann geleitete Ludwig zum Pfauenwagen. Vor mir turnte der alte Fotograf Albert herum und schoß ein Bild nach dem anderen. Die Pausen zwischen den einzelnen Aufnahmen waren beträchtlich. Er hatte nicht häufiger als viermal auf den Auslöser gedrückt, als Ludwig schon längst im Pfauenwagen stand. Die beiden Motoren arbeiteten, Dampfwolken zogen weißlich in die Nacht. Die Pfauen blinzelten nervös mit glühenden Augen. Der schöne Mann stand mit den Erfindern am Rand der Rampe und half ihnen über die Leiter hinunter auf den Strand.

Und plötzlich standen die sechs Arbeiter am Pfauenwagen. Sie nahmen in einer Weise Aufstellung, daß jeder von ihnen einen Teil des Wagens mit beiden Händen packen konnte. Um mich herum herrschte Erstarrung. Die glühenden Pfauen, ihre farbenprächtigen Räder, die Arbeiter am Wagen und zwischen ihnen der Körper unseres Königs mit den unzähligen Straßsteinchen, die funkelten vom Licht der Fackeln. Dann hob der schöne Mann einen Arm.

Neue, unsichtbare Aggregate sprangen an, der Lichtdom baute sich auf, über dem See trafen sich alle Strahlen. Die Arbeiter standen mit nacktem Oberkörper am Wagen. Zwischen ihnen funkelte der König. Dann setzte sich der Wagen in Bewegung. Die Arbeiter schoben den Wagen schneller und schneller, dann stießen sie ihn ins Leere. Die Pfauen begannen mit den Flügeln zu schlagen, einen Herzschlag lang stand der Pfauenwagen vor der Rampe über dem Strand in der Luft still. Die Pfauenflügel schlugen, die Motoren bollerten, der König war besprenkelt mit Lichtblitzen. In der Menge schrie jemand auf, ein Mann, eine Frau, fünf Frauen, zehn Männer. Alles wurde hineingepreßt in das winzige Gefäß eines Augenblicks. Und dann geschah, was meinem Leben einen Sinn gab: Der Pfauenwagen zog nach oben, gewann in wenigen Sekunden fünfzehn, zwanzig Meter Höhe, dann dreißig Meter, fünfzig Meter. Als Schrei der Befreiung schlug die angehaltene Spannung aus Hunderten von Lungenflügeln in die Nachtluft. Der Pfauenwagen zog immer weiter nach oben, Flügel schlugen, der Wagen stieg in den Himmel und traf das Zentrum des Lichts. Jetzt gab es kein Halten mehr. Mützen wurden in die Luft geworfen, Menschen tanzten auf der Stelle, andere schlugen vor Erschütterung die Hände vors Gesicht. Ich sah Menschen, die vor seligem Schock weinten, und ich sah Menschen, die sich vor Begeisterung mit beiden Fäusten auf den Brustkorb trommelten. Männer umarmten Frauen, Frauen küßten Männer, mehrmals flogen Kleinkinder über die Köpfe der Erwachsenen hinweg. Ich griff Marie und drückte ihr zwei Küsse auf die brennenden Wangen.

»Ich gratuliere dir!« rief ich außer mir. Wann hatte ich je so glücklich sein dürfen? Marie in meinen Armen warf mir einen Blick aus lachenden Augen zu. Brennende Fakkeln wurden emporgeschleudert, und die zwei Mal fünfzig Fotografen auf den Pontons hatten ihre fotografischen Apparate am Auge. Als der Pfauenwagen den Lichtdom durchflog, brach neben mir ein älterer Mann zusammen. Man öffnete ihm sofort das Hemd über der Brust, aber ich konnte mich nicht darum kümmern, wurde nach vorn gestoßen, erhielt Schläge auf die Schulterblätter und teilte selbst munter Hiebe aus. Ich sah zwei Männer, die sich mit strahlenden Gesichtern fortgesetzt gegenseitig ohrfeigten; und ich sah einen Mann, der einer Frau die Bluse aufriß. Jetzt drängte alles ans Ufer.

Der König war verschwunden. Nach dem Durchstoßen des Lichts war er in blankes Schwarz hineingetaucht.

»Er stürzt, er stürzt!« rief mehr als einer. Der starke Lichtschein setzte sich in Bewegung, kreiste suchend durch die Nacht, tastete das Schwarz ab. »Wo ist der König?« fragte neben mir schüchtern ein kleines Mädchen, das der Vater auf dem Arm trug. Das Kind klammerte sich an den väterlichen Hals, und der Mann legte dem Kind beruhigend eine Hand auf den Kopf. Währenddessen suchte er den Himmel ab. Es war der Augenblick vor Eintritt des Unabweislichen. Die Katastrophe streckte ihre klebrigen Finger nach jedem einzelnen von uns aus. Der Lichtstrahl durchschnitt das Schwarz. Aber er war zu kurz, und nun erlosch er. Entsetzen machte sich breit.

Und dann sah ich den Pfauenwagen!

»Der König hat die Lichter eingeschaltet!« rief einer der Arbeiter mit nacktem Oberkörper. Beide Flügel des Pfauenwagens waren dicht an dicht mit Lämpchen besetzt. Auch Mantel und Helm des Königs mußten gespickt sein mit elektrischen Lichtern, die jetzt alle brannten. Der Pfauenwagen leuchtete hoch über uns aus eigener Kraft. Augenblicklich brach wieder ein Freudenfest aus. Ich feierte nicht mit, ich stand nun still abseits. Ich sah die Flügelschläge der Pfauen, die mächtige Spannweite der Flügel des Wagens. Und ich sah unseren König. Er schwebte über den Wassern und war dem Himmel nah. Er lebte seinen Traum. Er beschrieb Bögen und Achten, flog lange Geraden, entfernte sich so weit, daß er zum Lichtpunkt schrumpfte, um dann in einer weiten Kurve zu uns zurückzusteuern. Der Wagen flog westwärts Richtung Tirol, beschrieb einen Bogen und ging dann plötzlich tief hinunter. Sofort stürzte die Lautstärke der Feiernden ab. Bebende Erwartung verschloß den meisten den Mund. In höchstens fünf Metern Höhe über dem See dahinbrummend schoß der Pfauenwagen auf uns zu.

»Er stürzt ab!«

Aber er stürzte nicht ab. Ludwig passierte uns. Hoch aufgerichtet stand er und sicher, sein Gesicht uns zugewandt. Der König lachte, hob einen Arm und grüßte. Hunderte von Armen schossen in die Höhe. Beifall und Jubel. Ich hörte mich rufen und fühlte mich winken; ich fand mich in Maries Iris, und ich sah mich lange dort, weil unsere Gesichter lange dicht beieinander waren. Maries Wangen glühten.

Um uns brauste die Luft vor Erregung. Längst war die Rampe von Menschen besetzt. Eine Drei-Mann-Kapelle spielte auf Zither, Tuba und Kontrabaß, die ersten Paare tanzten. Klobige Schuhe knallten ihren mitreißenden Rhythmus auf den Holzboden der Rampe, über die vor fünf Minuten unser König in die Luft gegangen war.

»Marie«, flüsterte ich. Ich wollte noch viel mehr sagen, aber mein Mund blieb verschlossen, verschlossen von Maries Lippen. Ein Fotograf nach dem anderen präsentierte mit zufriedener Miene seinen fotografischen Apparat. Marie lobte jeden einzelnen. Nebenan stand quengelnd der alte Albert und fand an jeder Kamera etwas auszusetzen. Ich hob den Kopf, schaute weiter als nur bis zu Marie.

»Marie!« rief ich irgendwann bestürzt. »Sie gehen alle fort.« Es waren nur noch halb so viele Menschen am Strand. Der Platz vor der Rampe war nur noch locker gefüllt, und soeben zogen vier Männer mit ledernen Schürzen an uns vorbei. Sie trugen einen kapitalen Hammel am Spieß. Ihre Hände waren mit Handschuhen vor dem heißen Eisen geschützt.

»Marie!« rief ich. »Unser König fliegt durch die Luft, und sie gehen alle fort. Marie! Sie lassen ihn im Stich!«

Ich hielt einen Mann an der Joppe fest.

»Das könnt ihr nicht tun«, herrschte ich ihn an. Er befreite sich energisch von meinem Griff. »Der König!« stammelte ich und wies in den Himmel.

Unaufhaltsam zog der Menschenstrom Richtung Hohenschwangau. Sie rollten Fässer, trugen Bänke und Tische. Dann erblickte ich die Geschäftsleute in ihrem teuren Tuch und trat ihnen in den Weg.

»Nur über meine Leiche«, knurrte ich sie an. Alle lachten, sie wirkten trunken vor Glück.

»Er fliegt!« rief der wortführende Südländer. »Der Fettwanst hat hochgekriegt seinen Arsch!«

Mit Daumen und Zeigefinger packte er mein Wangenfleisch und kniff mich rücksichtslos. Dann zog er mit seinen Freunden weiter. Dem bäurischen Bankier strahlte stiller Stolz aus allen Knopflöchern. Er hielt seine Tasche fest unter den Arm geklemmt und rief mir im Vorübergehen zu: »Ein scheues Reh, das Kapital. Jetzt frißt es uns aus der Hand!«

»Ist denn die Dividende euer Gott?« rief ich ihm fassungslos zu.

»Aber natürlich«, antwortete er erstaunt. »Ihrer etwa nicht?«

Ich fischte der Frau ein Stück Fleisch aus der Schüssel. Die Schweinshaxe war köstlich kroß und heiß. Gierig biß ich hinein. Ich brauchte eine Grundlage, um wieder denken zu können. Mit gekreuzten Beinen ließ ich mich in den Sand sinken, lutschte auf der Kruste herum und blickte in den Himmel: »Ich bin bei dir«, rief ich. »Auch wenn alle dich im Stich lassen.«

»Was redet der Griffelwichser da?« Die Stimme von Brandl, dem Gewaltmenschen.

»Passen Sie auf, daß Sie nicht den Anschluß verpassen«, sagte ich kalt. Er lachte und hakte sich bei seiner strammen Frau ein.

»Bevor ich nicht da bin, wird nicht angefangen, was, Minchen?«

Sie lachte ihn verschwörerisch an.

»Schmeckt's?« fragte Brandl. Ich reichte ihm die Haxe hoch, er biß herzhaft hinein und wischte sich den Mund mit dem Unterarm. »Man dankt«, sagte er und wirkte wie verwandelt. Erstmals sah er mich mit Interesse an. »Komm mit uns. Wir haben einen Pferdewagen.«

»Ich will bei ihm sein, wenn er abstürzt«, sagte ich.

»Wie schön er aussieht, unser Kini«, sagte Frau Brandl.

»Und was das bringen wird«, stimmte ihr Mann zu. »Das ist bares Geld.«

»Sie reden von Geld, und vor unseren Augen ziehen die letzten Minuten unseres Königs vorbei«, sagte ich und schleuderte den Knochen in den See.

»Was redet der da für dummes Zeug?« fragte Brandl seine Frau.

Ich fühlte mich von zwei starken Armen nach oben gezogen: »Komm mit uns, Junge«, sagte Brandl. »Ich zeig' dir, wo er runterkommt.«

Und er zeigte es mir. Erst der Weg am Strand entlang bis zu den ersten Häusern Hohenschwangaus. Da stand eine Kutsche für zwei Personen. Einen Kutscher sah ich nirgends. Brandl ergriff die Zügel, seine Frau bestieg den Polstersitz. Ich fand mich neben Brandl auf dem Bock wieder. Er war nicht freundlich zu den Pferden und überholte Fußgänger ohne Rücksicht auf Verluste.

Im Ort waren die Häuser so dunkel, wie ich sie beim Hinweg vorgefunden hatte. Aber zwischen den Häusern wimmelte es von Gestalten. Die vielen Menschen vom Alpsee waren auf einem Marsch, dessen Ziel ich nicht kannte, weil es mir niemand genannt hatte. Brandl ließ die Pferde marschieren. Wer gegen das rüde Drängeln protestierte, bekam seine Peitsche zu spüren.

»Das ist die einzige Freude, die mir noch bleibt«, teilte er gutgelaunt mit. »Wenn ich einen Lumpen auf den Baustellen hart anfasse, erzählt er mir immer gleich die Geschichte von den Sozialdemokraten in Berlin und daß von dorther der sogenannte Fortschritt unterwegs ist. Na, bis der bei uns eingetroffen ist, wird mein Minchen täglich die Blumen auf meinem Grab gießen, nicht wahr, Minchen?«

Sie lächelte in den Polstern und bemühte sich, wie eine Dame von Welt auszusehen.

Dann erkannte ich, wohin Brandl den Wagen lenkte. »Wollen Sie mir die Baustelle zeigen?«

»Das täte euch Theoretikern nur gut«, sagte Brandl und ließ die Peitsche schnalzen. Dann reichte er mir eine kleine Glasflasche. Ich roch an der Öffnung. »Etwas Besseres kriegen wir von den Franzmännern nicht«, rief Brandl. »Luggi hat superbe Connections.«

»Wer ist Luggi?« fragte ich. Brandl lachte bloß. Ich drehte mich um. Über dem Alpsee kreiste ein winziger Lichtpunkt. Ich nahm einen Schluck. Der Cognac war so deutlich besser als das Beste, was ich bisher getrunken hatte, daß ich die Flasche am liebsten an Brandls Kopf zerschlagen hätte. Aber dieser Schädel war härter als Glas, und die Flasche steckte auch schon wieder in seiner Jackentasche.

Brandl griff die Zügel fester und rief den Pferden zu: »Nun mal hopp, hopp. Sonst kommt ihr in die Wurst.«

Der Weg zum Schloß war unbefestigt und kaum zu befahren.

»Nicht übel, der Komfort, wie?« rief Brandl. »Vollgummireifen. Auch so eine Erfindung dieses französischen Tüftlers. Sind keine großen Krieger, die Schneckenfresser. Aber wenn's um Genuß und Komfort geht, immer vorn mit dabei. Wir sollten viel mehr bei den Franzmännern bauen«, rief Brandl seinem Minchen zu.

Der Menschenwurm nahm bis hinauf zur Baustelle kein Ende.

»Alle gut zu Fuß«, rief Brandl. »Ja, ja. Muskeln und Sehnen sind in Ordnung bei meinen Bayern. Wie geboren zum Bauen. Platz da, du Wurzelsepp!« Brandl lenkte die Kutsche unverantwortlich dicht an einer Frau vorbei, die zwei kleine Kinder trug.

»Brandl!« rief ich entsetzt. »Das Schloß brennt!«

Der Berg leuchtete an seiner Spitze dunkelrotglühend. Brandl sah es, aber er lachte bloß. »Dein Nervenkostüm ist zu dünn, mein Junge. Du schreibst Lyrik. Gib's zu. Mir ist es ja egal. Ich lese nur Bücher, in denen es um handfeste Dinge geht. Statik und Bauzeichnungen. Das hält den Kopf frei von Gedankenkrebs. Ist doch so, Minchen.«

Der Berg brannte, und Brandl lachte. Sein Lachen beruhigte mich, so weit war es mit mir gekommen. Neuschwanstein brannte. Neuschwanstein brannte nicht. Fakkeln brannten. Schon weit vor der Fahrt durch den Torbogen standen sie, wie sie unten am Strand gestanden hatten, und leuchteten den Ankommenden den Weg.

Immer wieder verneigte ich mich, wenn Menschen angesichts der Kutsche einen Diener machten. Aber sie meinten nicht mich, sondern den mächtigen Mann neben mir. Sein Minchen winkte huldvoll nach allen Seiten. Zum Schluß ließ sie sich dazu hinreißen, eine erschöpfte Mutter und ihr Kind, das diese auf dem Arm trug, in die Kutsche zu laden. Das Bewußtsein ihrer eigenen Mildtätigkeit verbesserte Minchens Laune noch weiter.

Wir durchfuhren den Torbau von Neuschwanstein.

Der Eindruck war ungeheuer. Der Innenhof strotzte vor brennenden Fackeln. Sie bildeten eine Allee, aber wir konnten sie nicht durchfahren, denn die Allee öffnete sich zur Pöllatschlucht. Ohne Haus, ohne Mauer, ohne Holzzaun fiel der Hof nach Süden steil ins schwarze Nichts ab. Torbau, Viereckturm, Palas, alles war fertig und ohne Gerüst. In jedem Fenster zum Innenhof stand ein Fackelträger. Vom Balkon im vierten Obergeschoß regnete »Tristan« auf die Menschen im Hof. Ein Teil der Musiker stand auf dem Balkon des Sängersaals, der größere Teil hielt sich für uns unsichtbar im Innern des Saals auf. Hinter dem Torbau war für die Kutsche kein Durchkommen mehr, Brandl bot seinem Minchen beim Aussteigen galant den Arm und befreite sie von dem sabbernden Kleinkind. Ich sah sie alle wieder: die mit den nackten Oberkörpern, die tanzenden Paare, die Köche mit den umgebundenen Schürzen. Aber niemand jauchzte, niemand tanzte. Ihre Gesichter waren nach Süden gerichtet, sie suchten alle den Himmel ab. Da wußte ich, was geschehen würde.

Eine Gasse, die von zwei Fackelreihen gebildet wurde, war frei von Menschen. Am Ende der Gasse, an dem Punkt, der am weitesten von der Schlucht entfernt war, standen die Männer mit den nackten Oberkörpern. Bratenduft hing über dem Hof, und ich spürte das Netz der Liebe, das wir aufgespannt hatten, um ihn sanft aufzufangen.

Dann sah ich den Lichtpunkt, dann sahen mehrere den Lichtpunkt, dann sahen ihn alle. Die Musik brach ab wie mit der Schere zerschnitten. Einige Sekunden war es noch still, dann hörte ich das dünne Brummen der Dampfmaschinen. Er näherte sich rasch, flog südlich an uns vorbei, das Brummen wurde leiser, brach ab, kein Lichtpunkt mehr am Himmel. Und dann erschien er – plötzlich und unerwartet. Er materialisierte sich mitten in unserem Sichtfeld, verlor rasant an Höhe. Einen Wimpernschlag lang sah man ihn nicht, dann war er da. Gleichmäßig brummten die Maschinen und ungeheuer beruhigend. Aus einem Lichtpunkt wurden zwei, zehn, 500, 7000. Ich sah den Wagen, sah Ludwigs Gesicht hinter schlagenden Pfauenflügeln. Der Wagen berührte den Boden, war schnell, so schnell, die nackten Oberkörper stemmten sich ihm entgegen. Die Flügel hörten auf zu schlagen, der Wagen hörte auf zu rollen, die Dampfmotoren hörten auf zu arbeiten, und der König verließ den Wagen. Was dann geschah, war der reinste Ausdruck von Liebe. Der König reichte jedem von uns die Hand. Niemand warf sich ihm zu Füßen oder wollte das königliche Gewand berühren, küssen, an sich drücken, zu was der Mensch vor Begeisterung fähig ist. Es war eine lautlose Huldigung.

Ich stand dem kolossalen Mann gegenüber, die Lämpchen am Körper und am Helm glühten noch. Seine Augen waren freundlich, und er sagte zu mir in seinem angenehm nuschelnden Tonfall: »Vergessen Sie diesen Moment nie in Ihrem Leben.«

1

Es gibt einen Geruch aus meiner Kindheit, der mir nie aus der Nase gegangen ist. Mein Vater fuhr einmal in der Woche zu einem Getränkegroßhändler, ich durfte manchmal mit. Der Großhändler verfügte über immens viel Lagerraum, und in jedem seiner Keller roch es unverwechselbar. Im Bierkeller hing Hefe in der Luft, beim Wein war es die Säuernis. Der Brausekeller roch nach abgestandener Luft, im Schnapskeller roch es nach der Flasche, die der Großhändler als letzte geöffnet hatte, um sie mit einem Geschäftspartner zu verkosten. Besonders präsent ist mir der Geruch von Kräuterlikör, am intensivsten dieser sehr süße Likör namens Bärenfang, der auch bei uns zu Hause im Schrank stand. In den Kreisen, in denen ich seit meinem 17. Lebensjahr verkehrte, gab es keinen Bärenfang, nie. Ich wußte nicht einmal, ob dieser Likör überhaupt noch hergestellt wurde. Aber es kam der Moment, in dem ich wußte, daß Bärenfang noch existierte. Dieser Moment ereignete sich am Samstag vormittag gegen 11 Uhr 15.

Ich war noch nicht erwacht, trieb mich im Schattenreich herum, wo die Diktatur der Taten keine Macht besitzt, wo Gefühle regieren, Andeutungen. Und Gerüche. Der Geruch nach Bärenfang war so überraschend, daß ich die Augen öffnete. Den Keller kannte ich, hier hatte ich mehrfach Weinflaschen entwendet. Ich wollte mich bewegen, aber mein Körper war gelähmt.

Es stellte sich dann heraus, daß ich zwischen zwei Regalen auf einem mehrfach gefalteten Stück Stoff lag, möglicherweise war es Segeltuch. Ich quälte mich auf die Seite und zog mich am Regal in die Höhe. Sobald ich stand, ging es mir besser. Gegen den Durst köpfte ich eine Flasche Mineralwasser, die unmotiviert zwischen Weinflaschen und dem Schnapsregal stand. Das Wasser war nicht kühl genug, aber flüssig genug.

Erst als ich die Tür des Getränkekellers öffnete und dem Mann aus Japan gegenüberstand, wurde ich mir meiner Bekleidung bewußt. Ich trug am Oberkörper nichts als nackte Haut. Ich blickte dem davongehenden Japaner hinterher und überlegte, was ich auf die Frage des Hoteliers geantwortet hätte, falls er statt des Japaners vor mir gestanden hätte. Ich machte, daß ich nach oben kam. In meinem Zimmer traf ich zwei Hausmädchen. Sie wollten gerade anfangen, das Zimmer zu machen. Ich komplimentierte sie hinaus und startete den Versuch der Rekonstruktion. Jemand hatte in meinem Bett, wenn nicht geschlafen, so doch gelegen. Mein Hemd lag auf dem Sessel. Gestohlen worden war nichts. Im Badezimmer keine besonderen Vorkommnisse.

Toms Tür war verschlossen. Ich brachte die Zimmermädchen dazu, den Passepartout zu benutzen. Als die Tür aufschwang, verkrampfte sich alles in mir. Dann sah ich das akkurat gemachte Bett, und alles war für den Augenblick gut. Ich fand fünfzig Details, an denen ich Tom wiedererkannte. Für die Zimmermädchen war er »der Gast, der auf der Erde schläft«. Weil eines der Mädchen demonstrativ Wache hielt, tat ich so, als suchte ich auf dem Tisch nach etwas, was ich nicht fand, und ging mit leeren Händen hinaus. Ich floh in mein Zimmer und verschwand unter der Dusche. Kaum sah ich mich nackt im Spiegel, dachte ich an Ricarda. Kaum dachte ich an Ricarda, dachte ich an gestern abend. Ich war vom Sängersaal auf den Parkplatz gegangen, um für Tom das Objektiv zu holen, während er oben im Schloß mit dem falschen König Faxen machte. Die Mädchen vor dem Ausgang des Stollens, die Drohung mit Ricardas Entführung, die Verheißung des Chronistendaseins. Ricarda! Aber ich erinnerte mich nicht, das Objektiv auch geholt zu haben. Was war nach dem Überfall geschehen? Ich hatte sie verfolgt. Oder ich hatte es nicht getan. Ich hatte Ricarda anrufen wollen? Aber es gab kein Telefon in ihrer Hütte. Ich hatte sofort Tom alarmiert, wie es vernünftig gewesen wäre. Ich hatte Tom nicht informiert, aber ich hatte Tom gesehen. Hatte ich Tom noch gesehen?

»Habe ich dich nun gesehen, oder was?« fragte ich Toms Spiegelbild.

Das Original reichte mir die Seife unter die Dusche und sagte: »Was meinst du wohl, wer dich ins Bett gebracht hat?« Tom hatte eine Kamera dabei und nutzte die Gelegenheit, ein Bild seines nackten Freundes zu schießen. Ich bedrohte ihn mit der Klobürste, und er flüchtete. Die Klobürste war so sauber, daß ich ernstlich erwog, sie zum Rückenschrubben zu verwenden. Ich unterließ dies jedoch, weil mir Dianas Verhältnis zu Viren, Bakterien und Milben einfiel.

Ich duschte und unterzog bei dieser Gelegenheit Lenden und Geschlechtstrakt einer peniblen Prüfung. Auf der linken Seite des Körpers war die Haut gereizt, aber nicht stark. Ich hatte die Tritte viel nachdrücklicher in Erinnerung. Mein Penis blickte optimistischer in die Welt als gestern früh. Als ich ins Zimmer kam, lag Tom auf dem Bett und studierte eine dieser Fachzeitschriften für Fotografen, die er im Dutzend fraß. Neben ihm eine aufgerissene Tüte mit zehn Stücken Backwerk.

»Nett«, sagte ich und begann zu futtern. Das Telefon klingelte.

Tom nahm ab und sagte mit verstellter hoher Stimme: »Nein, hier ist Gaby. Jot We ist zu kaputt zum Reden. Kann ich ihm etwas ausrichten?« Dann legte er auf. »Nach dem empörten Atmen zu urteilen, könnte es Diana gewesen sein«, sagte er uninteressiert und las kauend weiter.

»Wenn du das noch mal machst, rufe ich deine Käsetheke an und öffne ihr die Augen über dich.«

»Sie wird dir kein Wort glauben. Sie ist mir hörig. Wie hast du geschlafen?«

Ich bekam heraus, daß Tom mich gestern abend auf der Rückbank des BMW gefunden hatte, während er sein Objektiv holen wollte. Er hatte mich schlafen lassen, war noch einmal ins Schloß zu dem falschen König, dem Verwalter, Rustimo und der Ordnungshüterin gegangen. Dann war er nach Hause gefahren und hatte mich ins Bett gebracht. In mein Bett, auf das er mich angeblich mit Hemd und Hose und in Schuhen gelegt hatte.

»Hattest du das Gefühl, daß ich ganz da bin?« fragte ich vorsichtig.

»Wenn du damit fragen willst, ob du nach Misthaufen gestunken hast: Nein, hast du nicht. Du hast nach nichts gerochen, außer nach Männerschweiß.« Er kicherte und fügte hinzu: »Und nach Fleisch. Nach Imbiß. Oder wie beim Grillen. Aber das habe ich mir nur eingebildet, weil ich so einen mörderischen Kohldampf hatte. Ich bin noch an den Imbiß gefahren, an dem wir schon ein paarmal vorbeigekommen sind.«

»Und ich? Was habe ich in der Zeit gemacht?«

»Im Wagen gelegen und geschlafen. Wie geht's deinem Dingdong? Sieht ja schon wieder ganz fidel aus.«

»Zum ›Ding‹ machen reicht's wieder. Vor dem ›Dong‹ würde ich noch zurückschrecken. Tom . . .«, sagte ich und zog mir endlich eine Unterhose an. »Tom, wir müssen sie suchen.«

»Deine Libido?«

»Ricarda.«

»Sag' ich doch, deine Libi . . .«

»Ich bin gestern überfallen worden. Da, die Wunde hier, die haben sie mir beigebracht.«

Tom bestritt, etwas Wundenähnliches zu sehen. Ich setzte mich aufs Bett und schilderte den Überfall. »Sie haben gesagt, sie hätten Ricarda in ihrer Gewalt. Und sie haben wieder gesagt, wir sollten für sie die Chronisten spielen. Das können wir doch machen, Tom, wenn sie wirklich Ricarda entführt haben. Sie haben gesagt, wir dürfen die Story an die Medien geben. Exklusiv. Und es gebe einen Verbindungsmann zu den Entführern.«

»Laß mich raten: den Mann im Mond.«

»Den Musiker im Schloß.«

»Ach, deshalb hat er mich vorhin so freundlich begrüßt. Ich habe ihn sogar fotografiert. Schönes Motiv. Der Kerl in seiner alten Kluft und davor ein kleiner Amibengel in Schokoladenbraun mit einem winzigen elektrischen Piano, so eine Miniorgel, wie du sie . . .«

»Tom! Sie haben Ricarda entführt.«

Er blickte mich besorgt an. Er war um mich besorgt, nicht um Ricarda.

»Hältst du mich für meschugge?« fragte ich verdutzt. »Ich sage dir, daß Ricarda böse in der Klemme steckt, und du . . .«

»Junge«, sagte Tom immer besorgter. Er stellte sogar den Verzehr des vierten Stücks Kuchen ein. »Junge, du sagst, dir hätten vier Amazonen einen Sack über den Kopf gestülpt und dir zwischen die Beine getreten.«

»Und in die Seite. Hier, sieh doch . . .«

»Okay, okay. Und in die Seite, die du jetzt brav mit Nivea-Creme einreiben mußt. Die Amazonen sagen dir, daß sie Ricarda hätten. Und was machst du anschließend? Legst dich ins Auto und schläfst ein Stündchen. Das ist doch – entschuldige bitte –, aber das ist doch nicht ganz normal. Oder?«

Ich biß in ein Stück Kuchen.

»Mir war auf einmal so . . . so . . .«

»So so.« Tom war drauf und dran, mir eine Hand auf die Stirn zu legen. »Unter Schock haben Leute bereits die komischsten Sachen gemacht.«

Ich sah ihn dankbar an. Schock! Daß ich da nicht von selbst draufgekommen war. »Vielleicht hast du auch an dem Abend mit dem Misthaufen unter Schock gestanden«, sagte Tom. »Bist du da zufälligerweise auch überfallen worden und hast nur vergessen, es mir zu erzählen?«

Ich riß die Schranktüren auf und kleidete mich für einen weiteren heißen Tag an. »Wir fahren hin«, sagte ich kategorisch. »Wir gucken, ob Ricarda an der Marienbrücke ist. Wenn nicht, fahren wir zur Hütte.«

»Findest du nicht, daß wir Wichtigeres zu tun haben?«

»Zum Beispiel?«

»Zum Beispiel sind wir einem Geheimnis auf der Spur.«

»Aber da gehört Ricarda doch mit dazu!« Je länger ich

mir vorstellte, daß sie verschleppt worden sein könnte, desto wahrscheinlicher kam es mir vor. Der wichtigste Grund für meine Angst war aber die Information, die ich Tom verschwiegen hatte. Die Amazonen hatten behauptet, daß Ricarda auf ihrer Seite stünde. Wie sollte ich diese Gemeinheit widerlegen? Ich kannte Ricarda doch überhaupt nicht. Tom kannte sie auch nicht. Wir konnten doch mehr sachdienliche Angaben über Ricardas körperliche Merkmale als über ihren Charakter machen.

»Warum verziehst du dein Gesicht?« fragte Tom.

»Ach nichts. Mir wird nur gerade schlecht von meinen Gedanken.«

»Dann solltest du nie im Leben die Politikerlaufbahn einschlagen.«

Tom hatte es eilig, aufzubrechen. Als er beim Hinausgehen noch ein Stück Kuchen in Angriff nahm, fragte ich: »Gab's nichts Anständiges zum Frühstück?«

»So kann man's auch nennen. Es gab gar nichts.«

»Wieso das denn?«

»Sie nennen es ›krankheitsbedingte Ausfälle‹.«

Als wir das Hotel verließen, prallte ich zurück. Es war noch heißer als an den Vortagen. Dies war keine spätsommerliche Wärme mehr. Es war quälende Hitze, die nur deshalb erträglich blieb, weil es trocken war. Höhere Luftfeuchtigkeit hätte jeden Atemzug zur Anstrengung gemacht.

2

Der Parkplatz am Ortseingang war überbelegt. Ein Parkwächter dirigierte soeben einen Abschleppwagen durch die engstehenden Pkw-Reihen. Tom war auf das Gelände gefahren, hinter uns standen sofort zwei, drei Pkw, und jetzt mußte die ganze Reihe rückwärts rangieren. Der Anführer der Karawane fuhr wie ein Anfänger, Tom trommelte auf das Lenkrad und stellte das Radio an. Wo gestern Musik gewesen war, kam heute Rauschen. Ich drückte den Suchlauf.

»Nun mal bitte etwas plötzlich«, schnaubte Tom und erzählte mir, daß er gegen 8 Uhr aufgestanden und bereits eineinhalb Stunden im Schloß gewesen war. Der Amateur am Anfang der Reihe bekam endlich die Kurve. Man sah von weitem, daß er stark schwitzte. Wir hatten fast schon den Parkplatz verlassen, als neben Tom der Parkwächter auftauchte und ihn zum Halten aufforderte. Der Mann beugte sich zum Fenster, legte eine Hand an die Stirn und wies nach vorn:

»Da geht's noch.«

»Aber das ist ein Behindertenparkplatz«, erwiderte Tom. Wir hatten beide schon böse Überraschungen mit verbotenem Parken auf Plätzen erlebt, die für Behinderte reserviert waren.

»No problem«, sagte der Parkwächter. Hinter uns wurde die Fahrertür aufgerissen. Ein Mann in Popelinejacke schoß heraus:

»Sie, das geht aber nicht«, bellte er den Parkwächter an. »Ich war zuerst da.«

»Und jetzt fahren Sie als erster wieder weg«, sagte der Parkwächter eisig. Irritiert verschwand der Mann in seinem Wagen, während Tom sich nicht zweimal auffordern ließ und den BMW auf den Behindertenparkplatz stellte.

»Wenn sie einen nicht gerade in die Luft sprengen, sind sie reizend, die Einheimischen«, sagte er frohgemut. Ich stellte das Radio ab. Der Suchlauf hatte keinen Sender gefunden.

Wir erwischten den nächsten Bus zum Schloß und erreichten um 12 Uhr 10 die Marienbrücke. Ricarda war nicht hier. Wir fragten herum, niemand hatte sie heute gesehen.

»Gut«, sagte ich mit falscher Munterkeit, »dann zur Hütte.«

Wir eilten los, um den Abwärtsbus zu bekommen. Ich stoppte und schlug die Gegenrichtung ein. Tom folgte, ohne Fragen zu stellen. Das liebte ich an ihm besonders.

Der Musiker spielte gerade Dudelsack und tanzte mit gemessenem Temperament auf der Stelle.

»Daß sie mit diesen Geräuschen früher die Frauen rumgekriegt haben ...«, sagte ich zu Tom, während wir darauf warteten, daß er mit dem Dudeln zum Ende kam. Vor ihm lag eine Mütze, in der es silbrig glänzte. Man ging nicht Neuschwanstein besichtigen, um Geld zu sparen. Wenn ihn Japaner fotografierten, hielt er während des Spielens die Hand auf und ließ sich dafür bezahlen. Er hörte auf zu spielen, man klatschte, warf Münzen in die Mütze und ging weiter. Tom und ich gingen auf den Musiker zu, aber er kam uns zuvor:

»Läuft nicht, Jungs. Solange nichts Wesentliches passiert, bin ich für euch gar nicht auf der Welt.«

»Na hören Sie mal!« blies ich mich auf. Ich wollte den Tag nicht schon wieder damit beginnen, auf Fragen keine Antwort zu erhalten. Diesmal erhielt ich ja sogar auf eine noch nicht einmal gestellte Frage keine Antwort.

»Ich höre eben nicht«, sagte uns der Musiker freundlich.

»Aber Sie sind uns genannt worden«, rief ich. Er zügelte meine Lautstärke nur mit der Kraft seines Blicks. »Sie wurden uns empfohlen«, wiederholte ich in Zimmerlautstärke. »Als Ansprechperson.«

»Das mag sein. Aber doch nicht für eine Plauderei am Samstagvormittag, sondern für Informationen, die die Bezeichnung ›Information‹ verdienen. Haben Sie was Wichtiges für mich? Nicht? Also bitte.«

»Eine Frau ist entführt worden«, mischte sich Tom ein. »Wenn wir sie nicht spätestens in, sagen wir, zwei Stunden von jetzt an gerechnet vor uns sehen, und zwar gesund, informieren wir die Polizei. Was sagen Sie dazu?«

Der Musiker lachte uns an. »Entführt? Starke Worte. Aber doch nur ein Verdacht. Der Hauch eines Verdachts. Bis Sie einen Polizisten gefunden haben, der Ihnen zuhört, ist das Wochenende vorbei. So, und nun Ende der Sprechstunde. Hatte die Ehre. Die Arbeit ruft. Ich muß doch etwas fürs verkitschte Deutschlandbild unserer ausländischen Gäste tun.« Er griff zum Dudelsack.

Tom sagte: »Ich wende mich direkt an die Kriminalpolizei in München. Wie würden Sie das finden?«

»Unklug«, sagte der Musiker mit Engelsgeduld. »Die werden Sie auf den Dienstweg verweisen. Zumal am Samstag. In München ist Oktoberfest. Die Bayern haben ein Heimspiel im Olympiastadion, das Wetter ist auch in München schön. Nein, ich glaube nicht, daß Sie mit Ihrem Anruf die Münchner aus der Ruhe bringen werden.«

Dann begann er zu spielen. Das Dudelsackgewimmer machte auf mich den gleichen Eindruck, als hätte er mich mit Hundekot beworfen.

Wir erwischten einen Bus hinunter ins Dorf. Beim Bezahlen fiel mir die schlechte Laune des Fahrers auf. Er merkte wohl, daß ich stutzte, und sagte: »Da ham S' mir den Ersatzbus aufs Auge gedrückt. Bei dem müssen S' die Gänge mit dem Hammer reinschlagen. Warum trifft immer mich so was, können S' mir das sagen?«

Das konnte ich nicht. Ich konnte jedoch etwas fragen: »Wo ist denn Ihr regulärer Bus abgeblieben?«

»Steht unten im Dorf. Ohne Schnauze. Den haben sich irgendwelche Vandalen heut nacht für eine Spritztour ausgeliehen und gleich die erste Mauer getroffen. Scheißkerle. Na, was soll ich mich noch damit rumärgern?«

»Urlaub, was?« fragte ich, während der Bus sich in Bewegung setzte. Er blickte mich an, unsere Blicke trafen sich im Rückspiegel.

»Ja, so in etwa«, sagte er. Mehr sprachen wir nicht miteinander.

Unten in Hohenschwangau gab es reservierte Parkbuchten für die abfahrenden und die ankommenden Busse. Unser Bus hatte keine, weil dort ein Umzugswagen stand. Der Fahrer ließ uns weiter vorn aussteigen. Wir hatten uns kaum aus dem Gewühl der Touristen gelöst und einige Schritte Richtung Parkplatz absolviert, als uns eine Reisegruppe entgegenkam. Sie sprach Italienisch und zwar laut und unwirsch, und alle Mitglieder taten es gleichzeitig. Tom sprach die Italiener an. Eine

Frau, die so aussah, als ob sie einem Mann mit bloßen Händen den letzten Tropfen Blut aus dem Körper pressen könnte, blieb stehen und antwortete. Als Tom ihr dankte und sich abwandte, redete sie weiter, als wenn sie nicht mitbekommen hätte, daß sie kein Gegenüber mehr hatte. »Die sind sauer, daß sie aus einem Lokal geworfen wurden«, teilte Tom mir beim Weitergehen mit.

»Haben sie ludwigfeindliche Lieder intoniert?«

»Sie hatten angeblich gerade bestellt, da sei die Wirtin gekommen und habe gesagt, man müsse leider sofort zumachen und sie sollten doch bitte Verständnis haben. Hatten sie aber nicht.«

»Warum macht denn ein Lokal am letzten Oktoberfest-Wochenende bei diesem Superwetter zu?«

»Krankheitsbedingte Ausfälle.«

»Habe ich heute schon irgendwo gehört.«

»Du auch?«

Mich kroch etwas an. Es war die Ahnung von etwas.

»Tom.«

»Sag's schon. Ich denke ja das gleiche.«

»Gut. Dann sag mir, was ich gegen meine Besorgnis tun soll.«

»Verdrängen. Ist seit Jahrhunderten eine bewährte Methode.«

»Sehr witzig. Hast du dir schon eine Sekunde lang klargemacht, daß das vielleicht alles kein Alptraum ist, sondern Realität? Daß es vielleicht wirklich heute knallt oder sich ein Loch im Erdboden auftut und ein Meteor auf die Erde fällt?«

Von weitem sahen wir den Souvenirladen, der seine Schaufenster mit Schwänen in allen Erscheinungsformen dekoriert hatte. Geschlossen. Das Schild hinter der Tür nannte keine weitere Begründung. Ich schaute nach oben und hielt Tom am Arm fest. So rot und gelb war das Laub gestern nicht gewesen. Plötzlich hatte ich es noch eiliger, zum Wagen zu kommen.

Ich sah den Strafzettel hinterm Scheibenwischer schon von weitem.

»Arschloch, bescheuertes«, murmelte ich und meinte den Parkwächter. Dann entfaltete ich den Zettel.

»Sucht mich nicht. Ricarda.«

Beim Rangieren fielen mir die vielen Gleitflieger auf. Ich hob die Faust. Aber keiner stürzte ab.

Tom sah meinen Gesichtsausdruck und schnallte sich an. Dann stützte er sich mit der rechten Hand am Wagenhimmel ab, so daß ich ihm den Gefallen eines Kavalierstarts tat. Aus Füssen kam uns eine durch nicht mehr als zwei Meter Luft zwischen den Wagen getrennte Schlange entgegen. Mittendrin steckte ein Umzugswagen, eine Spedition aus Stuttgart.

»Wahrscheinlich sind alle einheimischen Unternehmen ausgebucht«, sagte ich. Tom schwieg. Mir wäre es lieber gewesen, er hätte etwas gesagt. An der Ampel am Ortseingang war Schluß. Die Schlange reichte bis in den Wald.

»Und sie haben gesagt, wir würden die Story exklusiv kriegen?« fragte Tom plötzlich und warf mir einen für seine Verhältnisse erstaunlich unsicheren Blick zu.

»Haben sie gesagt, ja.«

»Und sie haben gesagt, wir kriegen alle Informationen, die wir brauchen?«

Ich dachte nach. »Das haben sie wörtlich so nicht gesagt. Aber darauf läuft es hinaus.«

»Wieso?«

»Weil sie so taten, als ob das, was passiert, an uns mit Sicherheit nicht vorbeigehen wird.«

»Aber warum kriegen wir es mit? Weil es alle Leute mitkriegen, oder weil wir eine Vorzugsbehandlung bekommen?«

»Eher das«, antwortete ich. »Es hörte sich so an, als ob sie sich uns regelrecht ausgesucht hätten.«

»Und wieso? Wegen unserer überragenden Qualitäten?«

»Das haben sie weniger gesagt. Sie haben gesagt, weil die einheimischen Journalisten Flaschen seien.«

»Also haben sie uns nicht ausgesucht, weil wir die Besten sind, sondern weil wir die Zweitschlechtesten sind.«

»So wie du das sagst, hört es sich furchtbar an.«
»Tut es das? Tut es wohl. So, wie es aussieht, sind wir Lückenbüßer.«
»Und? Wollen wir büßen?«
»Was guckst du mich dauernd so lauernd an?«
»Ich will Zeuge sein, wenn der Bazillus der Macht an dir zu nagen beginnt.«
»Ach, leck mich doch . . .« In Ermangelung eines anderen Gegenstands warf er mit einer Karte von Süddeutschland nach mir.

Der Coalitions-Mann fuhr Fahrrad, und zwar direkt auf uns zu. Ich sah Ärger voraus. Er war übereifrig, wie es nur 17jährige sein können, wenn sie nicht gerade cool sind, und er sagte: »Ich fahre voraus, und Sie folgen mir.«
»Über den Fahrradweg?«
»Klar über den Fahrradweg.«
»Und was werden die anderen Autofahrer sagen?«
»Keine Ahnung. Aber wenn Ihnen einer folgen sollte, nehmen wir ihn uns vor. Also los.«

Ich scherte aus der Reihe aus und folgte dem Halbwüchsigen über den Radweg. Auf diese Weise brachten wir die Ampel zügig hinter uns. Im Rückspiegel sah ich den schneidigen BMW-Kollegen, der sich sofort auf unsere Spur gesetzt hatte. Er diskutierte mit zwei Coalitions-Männern, die aus dem Nichts aufgetaucht waren. Als ich Richtung Österreich abbog, winkte uns der Radfahrerpolizist nach. Ich hielt einen Arm aus dem geöffneten Schiebedach.
»Jetzt müssen wir sie dazu bringen, daß sie alle zwei Kilometer Freßpakete an die Bäume hängen«, sagte Tom.

3

Über die grüne Grenze kamen wir ohne Probleme. Auch die folgenden Abzweigungen waren klar. Dann mußte der Wagen klettern, noch einmal abbiegen und – nichts.

»Warum hältst du?« fragte Tom.

»Wir sind vorbei. Die Hütte hätte schon links liegen müssen.«

»Meinst du?«

»Meinst du nicht?«

Er dachte nach und hielt es für möglich. Ich fuhr zurück bis zu der Abzweigung, die unzweifelhaft war. Dann nahm ich die zweite Möglichkeit. Keine Hütte.

»Ist doch absurd«, knurrte ich, wendete rüde und staubte den Wagen beim Rückstart zur Abzweigung ein. Nochmal rein in den Weg, den ich zuerst genommen hatte. Diesmal fuhr ich zwei Kilometer weiter als beim ersten Mal. Danach zurück und in den einzigen Waldweg, der auf der Strecke abzweigte. Aber er war so schmal, er konnte es unmöglich sein. Ich wurde saurer und saurer. Hier klappten ja selbst die einfachsten Übungen nicht. Plötzlich stand dieses rot-weiß karierte Ehepaar mitten auf dem Weg. Ich stieg in die Eisen, der Wagen machte einen tiefen Diener. Zwischen Stoßstange und Waden des Paars waren maximal zwanzig Zentimeter Luft. Die beiden erstarrten, dann drehten sie sich um und blickten in unsere grinsenden Mienen. Das versöhnte sie nicht. Es war der Anblick des gepeinigten BMW, der die menschliche Saite in den beiden zum Schwingen brachte. Während sie mitfühlend über die Kratzer im Lack fuhren, studierten Tom und ich die ausgeliehene Wanderkarte im Maßstab 1 : 20000. Wegen der zerklüfteten Höhenlage war das Wegenetz hier oben mager und absolut übersichtlich. Wenn wir systematisch vorgehen wollten, mußten wir noch zwei Wege abfahren und hatten dann alles absolviert, was theoretisch als Weg zu Ricardas Hütte in Frage kam. Doch lagen diese beiden Wege schon dermaßen abseits, daß sie für uns eigentlich nicht mehr ernsthaft in Betracht kamen.

»Was wird hier gespielt, Tom?«

Er zuckte die Schultern und fragte das Paar, ob sie beim Wandern einer Försterhütte begegnet waren. Die beiden turnten seit einer Woche im Grenzgebiet herum und berichteten in quälender Ausführlichkeit über allerlei Sehenswürdigkeiten. Außer einer simplen Schutzhütte, die an einer Seite offen war, fiel bei der Befragung des Paars kein einziges Gebäude an.

Eine Vierergruppe stieß zu uns. Nachdem wir das Mißverständnis mit der Autopanne ausgeräumt hatten, wurden wir Zeuge, wie sich das wandernde Paar und das wandernde Quartett auf den ersten Blick sympathisch waren und die Wanderung zu sechst fortsetzen wollten. Ich legte den Rückwärtsgang ein, und wir fuhren die beiden allein in Frage kommenden Wege ein weiteres Mal ab. Dann stoppten wir, und ich stieg aus, weil ich nicht mehr stillsitzen konnte.

»Wie lange braucht man, um eine Hütte auf- und wieder abzubauen?« fragte ich und kickte aggressiv Kienäpfel durch die Natur.

»Absoluter Quatsch«, rief Tom, der am Waldrand nach Spuren suchte: Hausteile, Schleifspuren, vergessene Abfälle, Reifenprofile. Wir trafen uns an einer Stelle, wo ein weiter Blick auf bewaldete Kuppen möglich war. Vögel produzierten Geräusche, die ich von zu Hause nicht kannte.

»Ich finde es rührend«, sagte ich. »Da gibt sich jemand ungeheure Mühe mit uns. Vielleicht haben sie Ricarda samt Hütte entführt.«

»Bitte etwas mehr Ernst, ja? Du sprichst über eine Intimpartnerin.« Schlagartig fingen wir an zu schwärmen wie zwei Lustgreise, die sich beim 90. Geburtstag an die Top-Rammeleien ihres aktiven Sexuallebens erinnerten. Mein Unterleib blieb von der Erinnerung nicht unbeeindruckt. Es schien alles wieder gut zu sein. Nun fehlte mir nur noch meine Intimpartnerin.

»Die Tendenz ist also, daß Ricarda wohl nicht unmittelbar gefährdet ist«, behauptete Tom.

»Aber Ricarda ist ungefähr die einzige Person, die uns in den letzten fünf Tagen Antworten auf Fragen gegeben hat.«

»Das waren aber meistens Fragen der Marke ›Kannst du noch auf dem Bauch liegen, Liebling‹?«

In diesem Moment sah ich die Bewegung. Ich dachte eine Sekunde, daß ich mich getäuscht hatte. Aber dann reflektierte die Sonne von den Scheiben, und ich konnte dem Lichtpunkt durch den lichten Wald leicht folgen. Es war ein doppelstöckiger Bus, er fuhr Richtung Westen, und er war gleich wieder hinter den Bäumen verschwunden. Das Bild baute sich Element für Element in meinem Kopf auf. Selten zuvor hatte ich so bewußt miterlebt, wie eine Erinnerung entsteht. Es war der Blick von oben in ein Tal, es war die Bewegung eines Transportmittels, und es war diese ungewöhnlich geformte Kuppe hinter der Straße: zwei busenrunde Hügelspitzen.

»Tom, sie haben die Marmorsäulen von Osten nach Westen transportiert. Auf dieser Straße da unten. Was sagst du nun?«

»Ich sage: Wovon redest du eigentlich?«

»Von den Aquarellen. Ich denke, du bist der mit dem fotografischen Gedächtnis. Erinnere dich gefälligst. Der Pferdewagen mit dem Baumaterial, von dem wir alle nicht wußten, bei welcher Gelegenheit das Aquarell entstanden ist.«

»Ach ja«, sagte Tom und zerbröselte versonnen ein Mooskissen. »Irgendwer hat gesagt, sie könnte beim Transport vom Bahnhof zum Platz am Schloß entstanden sein.«

»Genau«, sagte ich eifrig. »Ist sie aber nicht, weil sie von hier aus gemalt wurde. Ich erkenne das an den Höckern dort drüben wieder.«

»Ich sehe keine Straße«, sagte Tom. Ich blickte ihn nur an, und er sagte freiwillig: »Kann natürlich sein, daß in den letzten hundert Jahren einiges an freier Sicht zugewachsen ist.«

Ich klopfte ihm auf die Schulter und sagte: »Brav, Tommi, sehr brav. Und wenn wir groß sind, werden wir Privatdetektiv.«

Tom lachte gutmütig und ein bißchen beschränkt und sagte: »Ich habe Hunger.«

Nachdem wir derart das Funktionieren seiner Vitalfunktionen festgestellt hatten, schleppte ich ihn zum Wagen und fütterte ihn während der Weiterfahrt mit Schokolade.

»Das ist die falsche Richtung«, mäkelte Tom.

»In Pfronten gibt's auch was zu essen.«

»Wieso Pfronten? Wieso nicht Füssen? Bei unserer Beliebtheit haben wir da doch garantiert Freibier bis zum Abwinken und Essen gratis.«

Ich fand es etwas nervend, daß er jetzt albern wurde, während ich gerade konzentriert war. Es freute mich jedesmal, das Ende eines Fadens in die Hand zu bekommen. Zwischendurch dachte ich nur kurz daran, daß wir Ricarda per 2 : 0-Mehrheitsbeschluß als »ungefährdet« eingestuft hatten. Ich wußte nicht recht, ob das besonders realistisch oder besonders lieblos geschlußfolgert war.

»Wir fahren nicht zurück«, sagte ich und schrubbte den Wagen durch die sandige Kurve.

»Du fährst wie eine gesengte Sau.«

»Ich rase für einen guten Zweck. Ich rase für die Wahrheit.« Jeden Film im Fernsehen hätte ich exakt an dieser Stelle abgestellt, aber aus meinem Mund hörte sich der Sud nicht übel an. Für die Wahrheit! Für die Wahrheit schrammte ich haarscharf an dem Holzstoß vorbei. Für die Wahrheit jagte ich in die Großfamilie Vögel hinein, die auf dem Weg hockte und wohl nicht glauben wollte, daß jemand dermaßen durch die Alpen bretterte. Aber ich tat es. Für die Wahrheit! Und für Ricarda. Ich durfte so fahren, ich war Chronist! Ich fuhr nicht für mich privat. Ich fuhr für Diana und Tom, ich fuhr für Ricarda und König Ludwig. Ich fuhr für meinen Exarbeitgeber, eine Illustrierte aus Hamburg, der ich gern gezeigt hätte, wie elegant ich meine Existenz als Freelancer bewältigte. Wenn in den letzten Tagen nicht alle gelogen hatten, dann stand in Füssen und um Füssen, in Neuschwanstein und um Neuschwanstein ein dickes Ding bevor. Kaum jemand wußte davon. Und die wenigen, die Bescheid wußten, hatten mich als Chronisten auserwählt. Tom und mich.

Was immer das im einzelnen bedeuten mochte: Es war *auch* eine Chance; wenn das Geheimnis groß genug war, war es die Chance meines Lebens.

Ich hatte ja nicht mehr ernsthaft damit gerechnet, eines Tages noch die Chance meines Lebens serviert zu bekommen. Ich war achtunddreißig. Ich befand mich in der Mitte meines Privat- und Berufslebens. Die jungen Genies landen mit Ende zwanzig ihren großen Coup, um für den Rest ihrer großmäuligen Existenz davon zu zehren. Ich hatte mich bemüht, weiß Gott. Zur Hälfte war Ehrgeiz für meinen hohen Blutdruck verantwortlich; und Schlafprobleme hatte ich bis zum Beginn der harten Phase meines Reporterlebens nicht gekannt. Ich hatte einen kompletten Freundeskreis durch meinen Ehrgeiz verloren, möglicherweise hatte ich auch Diana verloren. Aber vielleicht hatte das andere Gründe. Vielleicht lag die Entfremdung daran, daß ich mir ihren Namen so schlecht merken konnte.

»Was grinst du so schmierig?« wollte Tom plötzlich wissen.

»Glaubst du wirklich, das war Diana, die heute morgen angerufen hat?«

»Es war Mittag und nicht Morgen. Ich weiß nicht – möglich wär's. Sehnsucht?«

»Nach Ricarda. Und du? Träumst du nachts von einer neonbeleuchteten Käsetheke und einer norddeutschen Schönheit, die in Holzpantinen auf dem Gorgonzola Flamenco tanzt?«

»Gegen Ricarda sieht sie natürlich ziemlich alt aus«, gab Tom zu. »Aber welche Frau sieht gegen Ricarda nicht alt aus?«

»Eigentlich schade, daß wir es so selten erzählen können.«

»Halt mal an«, sagte Tom. Ich sah sofort, was er mir zeigen wollte.

»Das ist doch nicht normal«, sagte ich. Ein Stück Tannenwald, begrenzt von zwei Wegen, mattgelb bis schwarzbraun hingen die Nadeln saft- und kraftlos an den Ästen. Ein Bild des Jammers.

»Nimmt das tatsächlich zu in den letzten Tagen, oder haben wir anfangs nur nicht darauf geachtet?« fragte ich und fuhr langsam weiter.

»Mir wäre das aufgefallen«, sagte Tom. »Es läuft ab wie im Zeitraffer.«

»Und es paßt so gut zu unserer Situation«, murmelte ich. »Im Menschenreich steht etwas auf der Kippe, die Natur gibt bereits den Löffel ab. Da! Guck!«

Vor uns erhob sich der Falkenstein.

»Quatsch«, sagte Tom.

»Warum nicht?«

»Also erstens: Was hat der Falkenstein mit Neuschwanstein zu tun? Das eine ist ein fertiges Schloß, das andere ist nie übers Planen hinausgekommen. Zweitens«, fuhr Tom fort. »Warum stehen wir hier in der Natur und sind nicht in Neuschwanstein, wo sich 10 000 Besucher auf die Füße treten, und wo mir in diesen Minuten Dutzende von todschicken Motiven durch die Lappen gehen? Ich bin gern an der Tafel, wenn's was zu spachteln gibt, und nicht im Schlafzimmer.«

Es war das Wort »Schlafzimmer«, das den Knoten bei mir durchschlug.

»Verhext! Verhext! Verhext!« rief ich und schlug mir bei jedem Wort vor die Stirn. »Ich bin so blöd. Oh, was bin ich blöd!«

»Junge, beruhige dich.«

»Ich hab's, Tom! Ich habe alles gewußt, aber ich habe es nicht zusammengebracht.«

»Ganz ruhig, ja? Erklär es mir in aller Ruhe.«

»Aber, kapierst du denn nicht? Natürlich kapierst du nicht. Wie solltest du auch? Du liest ja keine Bücher. Du knipst ja immer nur.«

»Gut, wir haben die Tatsache unseres Abiturs zum 5000. Mal erwähnt. Und jetzt red endlich Klartext.«

»Die Säulen! Die stehen im Schlafzimmer Ludwigs in der Burg Falkenstein. Beziehungsweise dort sollten sie stehen, weil die Burg ja nie gebaut . . . und weil deshalb auch das Schlafzimmer nie gebaut . . .« Ich wurde immer aufgeregter. »Ich hab's gestern in dem Buch gelesen. Ludwigs Schlafzimmer in Falkenstein. Das Schlafzimmer der Schlafzimmer. Ein Schlafzimmer als Kathedrale. Völlig verrückt und ungeheuer beeindruckend.«

»Ah ja«, sagte Tom mit seiner therapeutischen Ich-verstehe-dich-doch-so-gut-du-Geisteskranker-Stimme. »Ein ganz tolles Schlafzimmer. Aber das ist ja nun gar nicht mehr gebaut worden. Warum sollen also die Säulen für dieses Schlafzimmer durch die Gegend transportiert worden sein?«

»Und es wird ja noch toller! Erinnere dich an das Datum. Auf den meisten Bildern steht ein Datum. Wir wissen, daß noch einige Monate nach Ludwigs Tod Material verladen und irgendwohin transportiert wurde. Wir haben dieses kleine Bild mit den Marmorsäulen gesehen. Das trägt kein Datum. Aber da es andere Bilder vom Herbst 1886 gibt, kann auch dieses Bild vom Herbst 1886 stammen. Oder noch jünger sein.«

»Halt, halt«, rief Tom abwehrend. »Bitte zwischendurch eine Zusammenfassung.«

»Kapier doch! Der König stirbt. Die Bauarbeiten an Neuschwanstein werden bis auf einige Schlußarbeiten eingestellt. Höchstens zwanzig oder dreißig Arbeiter finden dabei noch Beschäftigung. Es waren vorher aber über zweihundert. Die müßten sich logischerweise arbeitslos melden. Tun sie aber nicht, wie uns die Chronik verraten hat. Frage: Warum haben sie sich nicht arbeitslos gemeldet? Wir sind immer davon ausgegangen, daß sie ohne Arbeit gewesen sein müssen. Richtig ist aber: Am Schloß Neuschwanstein gab es für die meisten in der Tat nichts mehr zu bauen. Aber vielleicht woanders.«

»Und wo?«

»Auf der Burg Falkenstein, da vorn.«

»Die doch aber nie gebaut worden ist!« rief Tom verzweifelt.

»Zu der aber Material geschafft wurde! Und nicht nur läppisches Holz oder ein Sack Zement. Sondern Marmorsäulen. Weshalb fährt man Marmorsäulen durch die Weltgeschichte, wenn man sie nicht verbauen will? Na? Sag's mir!«

In Tom arbeitete es. Ich wußte, daß sein Kopf klug genug war, zwei und zwei zusammenzuzählen. Wir blickten uns an.

»O Mann«, sagte Tom und stieß Luft aus wie eine Lokomotive den Dampf. »Du bist ja nur alle Schaltjahre einmal logisch, Jot We. Aber wenn's dich dann packt . . .«

»Gib's zu: Du bist von mir fasziniert.«

»Was du da zusammenknüpfst, muß absolut nichts miteinander zu tun haben. Halt jetzt den Mund! Es muß absolut nichts miteinander zu tun haben. Aber . . .«

»Aber?«

»Aber es kann. Wenn man erst mal anfängt, die Ereignisse miteinander zu verknüpfen, dann könnte das Ergebnis beispielsweise so aussehen, wie du sagst.«

»Also los«, sagte ich begeistert.

»Wo willst du hin?«

»Na wohin wohl? Zur Burg.«

Meine Hoffnung war, über die grüne Grenze zurück nach Deutschland zu kommen. Doch der Weg führte auf die Bundesstraße, und eine andere Route fand ich auf der Karte nicht. Auf uns wartete also erneut der Grenzübergang. Vor allem auf mich, der ich keine Papiere besaß. Während wir hinter einem Lieferwagen, der Tiefkühlkost ausfuhr, Richtung Grenzposten zockelten, fühlte ich mich trotzdem sicher. Vorhin noch waren wir in Füssen von einem Privatpolizisten am Stau vorbeigewinkt worden.

»Tom, wir sind die Chronisten!« rief ich enthusiastisch.

»Was schreist du so?«

»Ich wollte hören, wie es klingt. Wir sind die Chronisten. Tom und Jot We: die Chronisten des Unheils. Wie hört sich das an?«

»Bescheuert. ›Tom-ba la Bomba und sein kleiner Freund.‹ Das hört sich an.«

»Nicht halb so gut wie ›Die Tonne und das Wachstumshormon – Stetigkeit und Wandel als Chronisten eines der letzten Abenteuer der Menschheit‹.«

»Nicht schlecht«, sagte Tom. »›Viel Masse & heiße Luft – das Chronistenduo für die Ewigkeit.‹«

»›Der Schreiber und sein Stenograph – Der Weltgeschichte auf den Fersen.‹«

Tom war dran mit: »›Das Auge der Kamera und der Lyrik-Weichkeks – sie kriechen dem Weltgeist hinten rein.‹«

Hinter dem Kühlwagen rollten wir auf die Grenze zu. Ich ließ den Abstand größer werden, damit uns die Grenzer schon von weitem sehen konnten. Das war eine gute Idee, denn die Österreicher reagierten regelrecht ausgelassen, achteten nicht weiter auf den Kühlwagen, konzentrierten ihre ungebremste Aufmerksamkeit auf unseren BMW.

»Daß ich das noch erleben darf«, murmelte ich. »Staatsorgane geraten bei meinem Anblick in Raserei.«

»Laß das nicht Diana hören«, sagte Tom und nahm die Sonnenbrille ab. »Die wirft dir sonst wieder Kumpanei mit der Macht des Faktischen vor.« Das tat Diana in der Tat gerne und oft. Am Ende unserer diesbezüglichen Diskussionen stand ich immer als derjenige da, der sie einst betäubt und ihr in diesem wehrlosen Zustand ihre Unterschrift unter die Bausparverträge und die Lebensversicherungen abgenötigt hatte.

Die Grenzer winkten, wir winkten, nur der Wagen winkte nicht, er rollte schlicht am Grenzhäuschen vorbei, tat dies so leise, daß kein Laut den Ruf des Österreichers »Man sieht sich!« übertönte.

Der Kühlwagen rollte vor uns her zum deutschen Posten.

»Guck mal, der hat eine andere Winktechnik«, sagte Tom.

Der deutsche Grenzer stand breitbeinig auf der Straße und bedeutete uns zweifellos, sofort anzuhalten. Er schritt stramm und doof auf meine Seite und sagte mit dem Tonfall, der ihn als frisch eingemeindeten Ostdeutschen auswies: »Ihre Papiere, bitte. Und Motor abstellen!«

Ich sah das Gesicht im Innern des Grenzhäuschens. Es sah besorgt aus, war im nächsten Moment draußen und gehörte zu dem Körper eines Grenzers, den ich bereits einmal gesehen hatte. Er nahm den übereifrigen Kollegen zur Seite und redete auf ihn ein. Der Ostdeutsche war wohl schwer zu überzeugen, ständig warf er uns Blicke zu, in denen keinerlei Sympathie, viel Rechthaberei und noch mehr Vorfreude auf eine gründliche Durchsuchung schimmerten. Doch hatte der hiesige Kollege zwei Streifen mehr auf der Schulter und stellte dem Neunmalklugen wohl die Folgen seines Übereifers mit saftigen Beispielen vors geistige Auge. Ich vernahm den Satzfetzen: ». . . reiße dir den Arsch auf, wenn du nicht sofort . . .« Der Vorgesetzte war noch nicht fertig mit seiner Suada, da winkte er uns bereits durch. Ich stoppte auf Höhe der beiden und sagte: »Machen Sie's gnädig. Er ist noch jung.«

»Sag mir, was du siehst.«

»Einen Baum«, antwortete Tom mit dem Teleobjektiv vorm Auge.

»Und sonst?«

»Noch einen Baum.«

»Tom! Bitte!«

»Wenn's doch wahr ist. Und alle Bäume sehen aus, als wollten sie noch heute nachmittag vor Schwäche umfallen.«

Die Ruine lag auf dem Falkenstein wie das Nest eines Raubvogels: gegen Blicke verborgen, nur mit Mühe zu erreichen und mit einem sagenhaften Rundblick über das umliegende Land. Schmale helle Wege durchzogen den Falkenstein wie Fettadern das Fleisch. Sollten wir uns den Anstieg zumuten? Auf einen schwachen Verdacht hin? Es war doch noch nicht einmal ein Verdacht. Es war ein Ideensplitter. Wir umrundeten den Falkenstein, so gut es per Auto ging. Tom schaute unverdrossen durch die Kamera.

»Ich habe unseren speziellen Freund entdeckt.«

»Wen? Rustimo? Den Prinzen? Sag schon!«

»Den Tiefkühlwagen.«

Tom meinte den Wagen vom Grenzübergang.

»Und was tut der Wagen? Laß mich raten: Der Fahrer lädt Eis aus, leckeres Schokoladeneis mit Nuß.«

»Er steht. Der Wagen steht auf einem Waldweg.«

Ich brauchte so dringend Unterstützung, Tom konnte sie mir nicht geben. Wie sollte er auch? Wir wußten fast gleich viel oder gleich wenig, er noch etwas weniger als ich.

»Wir müssen hoch in die Ruine«, sagte ich. »Ist ja immerhin möglich, daß wir irgend etwas finden.« Ich begann mich für meine eigenen Vorschläge zu genieren. In einer kleinen Ruine herumstöbern! Ruinen gehören zu den am gründlichsten erforschten Plätzen der Welt. Was kann neugieriger sein als neugierige Touristen? Und hier ging es immerhin um einen Zeitraum von hundert Jahren, die seit Ludwigs Tod vergangen waren.

»Vielleicht sind diese Marmorsäulen schlicht und einfach geklaut worden«, gab Tom zu bedenken. Er bekam einfach die Kamera nicht von den Augen. »Vielleicht rahmen diese Säulen heute das Edelscheißhaus eines Architekten oder Designers ein.«

Das konnte ich mir leider nur zu gut vorstellen, meine Laune verdüsterte sich.

»Sieh mal an«, murmelte Teleobjektiv-Tom. »Da steht schon wieder so ein Bagger, wie er bei Ricardas Hütte steht.«

»Stand. Bagger weg, Hütte weg.«

»Dann trifft es sich ja gut, daß auch Ricarda weg ist. Wohin sollte sie sonst heute nacht ihren schönen Kopf betten?«

»Na, in meinen Schoß natürlich. Willst du ihr zumuten, auf der Erde zu schlafen?«

Dann ging durch Kamera und Mensch ein Ruck. Ich war gerade dabei, mein verschwitztes Hemd von der Haut zu ziehen, weil dies ein schönes Gefühl auf dem feuchten Körper erzeugte.

»Schleckermaul«, murmelte Tom.

»Red schon.« Aber Tom genoß erst noch eine Weile sein Wissen, bevor er sagte: »Unser Vereinsvorsitzender ißt auch gern Schokoladeneis mit Nüssen.« Ich schnappte mir die Kamera und achtete darauf, daß ich dabei nicht Toms wertvolle Augen beschädigte, sondern nur seine Nase.

Martell kaufte ein Eis. Der Kinderarzt stand am Heck des Wagens und sprach mit einem Mann, der vorher noch nicht dagewesen war, wohl dem Fahrer. Plötzlich waren sie zu dritt. Mir verrutschte vor Überraschung die Kamera. Ich war überzeugt, mich versehen zu haben. Die Entfernung war beträchtlich. Aber er war es: Unruh, der pensionierte Studienrat und praktizierende Heimatforscher, dem ich einen Band der Left-Chronik geklaut hatte, der immer noch im Wagen lag.

»Dafür, daß sich Martell so heftig über seinen Konkurrenten beklagt hat, stehen sie bemerkenswert friedlich nebeneinander«, sagte ich.

»Hat er nicht gesagt, daß die vom großen Ludwig-Verein mit Martell und seinen Parias nichts zu tun haben wollen?«

Ich setzte die Kamera ab, blickte Tom an, setzte die Kamera wieder ans Auge.

»Vielleicht ist es ein Wagen, der Tiefkühlgemüse und Pommes frites von Haus zu Haus liefert, damit die Leute ihre Kühltruhen vollstopfen können. Lies doch mal vor, was dransteht am Wagen.«

»Didl-Eis.« In großen Buchstaben. Daneben die Zeichnung: ein Ruderboot, in dem ein rudernder Eiszapfen saß. Ziemlich humorig, darunter in kaum lesbarer Schrift: »Didl – die eisige Spur von mir zu dir.«

Die drei Männer sprachen sehr angeregt miteinander. Es sah nicht so aus, als ob sie sich stritten. Der Fahrer deutete mehrmals in Richtung Ruine, was vieles bedeuten konnte: der Berg, die Ruine, die Stadt Pfronten. Es konnte auch »Österreich« bedeuten.

»Vielleicht hat er eine Autopanne, der Eismann«, sagte Tom und schnappte mir das Fernglas weg.

»Da ist jemand im Wald. Da, wo der Eismann hinzeigt,

steht jemand. Oder auch mehr als einer. – Da! Nein, doch nicht. – Da! Oder? War da nicht eben ...«

»Tom, du machst mich rasend.«

»Es ist eine Frau. Eine junge Frau. Ganz in ... Oha ... Willst du wissen, auf wen sie ständig zeigen?«

»Wenn du so nett sein möchtest.«

»Auf unsere Freundin Bea. Und weißt du, wen sie dabei hat?«

»Die alte Gräfin.«

»Woher weißt du das?«

Ich hatte einen Scherz machen wollen. Tom berichtete. Bea und die Gräfin befanden sich etwa 15 Meter von den Männern entfernt. Auf einer Lichtung oder einem Weg war ein Kleinwagen geparkt, gehörte wohl zu den Frauen. Frauengruppe und Männergruppe redeten miteinander, aber sie gingen nicht aufeinander zu. Ich übernahm das Fernglas, weil ich es nicht mehr aushielt. Ich verstand nichts. Dort drüben waren doch keine Kriminellen versammelt, sondern eine würdige Wittelsbacher Gräfin samt kiebiger Enkeltochter sowie ein Arzt, ein alter Lehrer und ein Eismann. Plötzlich öffnete sich die Wagentür, und eine Person stieg an der Fahrerseite aus, eine Frau. Also war sie die Fahrerin? Wer war aber dann der Eismann? Er trug doch einen hellblauen Kittel.

»So schrecklich geheim kann es nicht sein, was sie sich erzählen«, murmelte Tom. »Immerhin schreien sie ziemlich rum.«

In der letzten halben Stunde hatte sich der Himmel bezogen. Die Wolken wurden von Minute zu Minute grauer und dichter und schwerer. Ein Regenguß lauerte, vielleicht auch Blitz und Donner. Es war schwül geworden, ich spürte es beim Atmen. Ich stieg aus und verschaffte meiner Blase Erleichterung. Zu dem Zweck suchte ich einen Baum aus, der besonders marode wirkte. Vielleicht pißte ich ihn gerade ins Jenseits hinüber, als Tom hinter mir rief: »Los komm! Komm, komm, komm!«

Er war schon hinters Lenkrad gerutscht und startete den Wagen wie ein Verrückter. Das erste, was er danach sagte, war: »Danke für das Angebot, aber mach doch lieber den Reißverschluß zu.«

Ich zog den Reißverschluß hoch, und Tom fuhr wie ein Berserker.

Ich studierte die Karte, um herauszufinden, ob wir über eine Abkürzung Richtung Bea gelangen konnten. Bevor ich mit der Kartenfalterei zu Rande gekommen war, jagte Tom den Wagen schon in den besser befestigten Wirtschaftsweg. Neben dem Weg eilten Fußwanderer Richtung abgestellte Autos, andere zogen Regenhauben aus ihren Rucksäcken. Wir hatten die zerschossene Heckscheibe immer noch nicht abgedichtet, ich sah schwarz für die Rückbank.

Tom fuhr in die Nacht hinein, aber es konnte unmöglich später als 14 Uhr sein. Am Himmel gab es kein Fleckchen Blau. Es ging rasend schnell. Eben noch sah der Horizont aus wie mit grauem Sacktuch straff bezogen, im nächsten Moment türmten sich plastisch Wolken, wuchsen empor, wurden gestreckt und geprügelt von ziehenden und fliehenden Himmelskräften, die die Wolken ausrollten wie einen Teig. Kein Gedanke mehr an Sonne, und sie hatte uns doch tagelang von morgens bis abends jeden Weg erhitzt. Kein Atom Schwüle mehr in der Luft, ein giftiger, kalter Wind, zugig wie im April.

»Fahr, Tom, fahr!« rief ich, als wenn er fünfzig Meter von mir entfernt gewesen wäre. Wir waren die einzigen in dieser Richtung. Wanderer und Mountainbiker quollen aus Waldwegen und von den Höhen und strebten eilig einem Schutz zu. Mich wunderte ihre Umsichtigkeit. Seit Tagen Temperaturen von dreißig Grad, keine Wolke am Himmel, aber viele hatten eine Regenhaut dabei.

»Schneller, Tom!« Der Gedanke, zu spät zu kommen, machte mich rasend. Zum ersten Mal waren wir dicht dran, *bevor* etwas passierte.

»Warum bist du noch nicht da!« rief ich, und Tom sagte: »Ich spür' den Wind am Lenkrad.«

Ein Mountainbiker kariolte blind hinter Bäumen hervor, Tom verriß den Wagen und knurrte zufrieden. Er liebte Situationen, in denen er zeigen konnte, was für ein guter Fahrer er war. Dann ging er auf die Bremse, Schotter spritzte, wir standen an der Stelle, die wir durchs Fernglas gesehen hatten, und waren sofort draußen. Daß der Eiswagen fort war, enttäuschte mich, aber es entnervte mich nicht. Hier waren so viele Menschen gewesen, und Bea hatte ihren Kleinwagen dabeigehabt. Irgendeine Spur würden wir finden. Ich rannte gleich los zum Standort von Bea und der Gräfin, Tom kümmerte sich um die zweite Position. Dann stoppte ich. Der Wind war verschwunden, als hätte ihn jemand mit einem Schalter abgedreht. In der Luft ein Geräusch wie der Nachklang einer angeschlagenen Glocke zwischen kaum noch hörbar und außerhalb des Hörvermögens. Das Klingen hüllte mich ein, sonst war hier nichts. Ich spürte die Vibration nicht nur mit den Ohren, mit den Ohren vielleicht am wenigsten. Sie strich über die Härchen auf den Armen und drang in meine Nase. Etwas nahm Anlauf. Die Aussicht, im Weg zu stehen, versetzte mich in Panik. Die Angst kam wie ein Schuß: Sie war in meinen Körper eingeschlagen, bevor ich eine Chance hatte zu reagieren. Ich stand ohne Deckung. Der Weg war so breit, rechts stiegen Felsen in den Himmel, links hundert Bäume als Schutz für hundert Angreifer. Sie waren überall, und ich war allein. Sie agierten, und ich stand starr. Die Vibration verebbte nicht, alles blieb, wie es war, wurde zur neuen Normalität. Ich würde lernen müssen, mit dem Klingen zu leben – wenn ich leben würde. Aber ich wollte leben, würde leben. Ich wollte Gleichheit der Waffen, sie sollten sich zeigen, sollten mir mit hochgeklapptem Visier gegenübertreten. Mein Körper wurde immer klobiger, der Kopf schwer, die Arme wie Blei, Schuhsohlen schon im Boden verschwunden, Versinken des Körpers.

»Tom!«

Das Klingen nahm zu, es griff mich an, umspannte mich wie ein Krake mit Armen und Armen und Armen. Das Klingen blies meinen Schädel auf, soviel Platz war nicht unter den Haaren, es pfiff in den Ohren und drückte von innen gegen die Schädelknochen. Ich hatte Migräneanfälle erlebt, hatte zwei Tage in abgedunkelten Zimmern ohne Essen und Trinken, ohne Geräusche und Menschen und besorgtes Nachfragen überstanden. Diese Attacken waren nur Probeläufe gewesen, jetzt begann der Ernstfall. Ich wurde aufgeblasen, versank gleichzeitig im Boden, meine Knöchel würden im nächsten Moment verschwunden sein. Arme und Beine wie Röhren aus Kupfer, der Kopf steif auf den Rumpf montiert, mühsam das geröchelte: »Tom!«

Vielleicht rief ich nicht nach Tom, vielleicht kam nur ein Geräusch heraus, das ich für »Tom« hielt. Das Klingen war in der Welt, die Felsen und Berge, die Almen und Wiesen. In mir das einzige schlagende Herz, ich war der Wirt für einen Taktgeber, der aus dem Rhythmus kommen, der hetzen konnte, stolpern, flach schlagen, aussetzen, in den Hals und in die Magengrube fliehen. Mein Herz war heute hier, morgen dort. Mein Herz redete in einer Sprache zu mir, die mir unbekannt war und bleiben würde. Das Klingen war in allem und über allem. Das Klingen nahm mich zur Brust, und ich fürchtete mich sehr. Jahrzehntelang war ich nicht Kind gewesen, das Klingen katapultierte mich in der Zeit zurück. Nie hatte ich gesehen, wie aufmerksam Bäume sein können. Aus dem Schotter wurden Steinchen, an den Zweigen Nadel an Nadel. Der Wald war Bäume, der Wegrand Blumen, Gräser, Moos und Krüppelholz. Mein altes Herz schlug so langsam, und ich konnte ihm nicht helfen. Arme, Beine und Rumpf schwer wie Beton, nie mehr würde ich einen Schritt tun.

»Tom!«

»Was flüsterst du so? Hast du Angst allein im Wald?«

»Tom!«

Und dann brach der Himmel auf. Es regnete nicht, sondern Wasser stürzte auf uns nieder. Wie aus Wannen. Etwas kam von oben, war zu Ende. Tom und ich blickten uns an.

»Die Natur macht, was sie will«, sagte er, fuhr sich

durch die nassen Haare und schlug die Feuchtigkeit von seinen Händen.

»Da ist die Spur.« Tom wies in eine unbestimmte Ferne.

»Wie kannst du etwas sehen?« fragte ich. »Es ist dunkel.«

»Das wird sich gleich verzogen haben.«

»Aber du siehst etwas?«

»Ja natürlich. Du nicht?« Schon stand er neben mir. »Alles okay?« Von seinem Bart tropfte es, von seinen Haaren tropfte es. Er deutete auf meine Schuhe:

»Du siehst aus, als wenn du mit den Tretern auf einer Baustelle gearbeitet hättest.«

»Ich bin versunken, Tom.«

»Was?«

»Wo, sagst du, ist die Spur?«

Er ging los, ich ging mit. Auf dem Weg stand zentimeterhoch das Wasser. Tom schritt voran, ich folgte ihm. Tom war groß und stark, ich war sein Begleiter. Ein Waldweg bog ab, eine Schneise in den Wald hinein. Es gab eine Fahrspur, dazwischen wuchsen hüfthoch Gräser. Der Boden schwang elastisch mit. Meine Füße quietschten in nassen Schuhen. Unsere Hosen waren bestaubt mit Rispen und Gräsersamen. Es war so dunkel, und ich konnte das graue Tuch über mir nicht zerschneiden. Ich war Tom so zutraulich hinterhergetrottet, daß ich nicht hätte sagen können, wo wir uns befanden. Aber der Felsen vor mir, das war der Falkenstein.

»Das macht Sinn«, rief Tom. »Wären sie Richtung Stadt gefahren, wären wir ihnen begegnet, sie müssen hierhin abgebogen sein.«

»Der Kühlwagen in diesen Weg? Wozu denn?«

Wasser stand auf den Wegen und tränkte die Moosteppiche. Ein Geruch zum Hineinbeißen. Die Luft schmeckte auf eine Weise sauber, die nichts mit Dianas übertriebener Reinlichkeit zu tun hatte.

»Das ist Luxus«, rief ich, »diese Luft zu atmen.«

»Werden wir ein ganz klein wenig kitschig?«

»Vielleicht ein ganz klein wenig. Ist das okay?«

»Ist okay. Und nun guck dir dies an.«

Die in großem Abstand stehenden Kiefern wurden von Lärchen abgelöst. Ich liebte Lärchenwälder, nicht nur weil man sie so selten sieht, sondern weil ich sie stets mit der richtigen Frau in der richtigen Stimmung durchwandert hatte, im ersten Fünftel der Beziehung. Beim zweiten Hinsehen wurde mir klar, daß dies kein Wald war, sondern nur eine Erbengemeinschaft Lärchen, vielleicht ein halbes Fußballfeld. Aber es war schön genug, um meinen Blick so nachhaltig abzulenken, daß ich übersehen hätte, was Tom entdeckte. Die Spur bog vom Weg ab und schlug sich seitwärts in die Büsche. Reifenprofile bildeten sich hier natürlich nicht ab, es war niedergepreßtes Gras, an dem wir uns orientierten. Die Spur führte links quer über den Waldboden auf die Felsen zu.

»Die fahren mit Vierradantrieb«, murmelte Tom. »Ich habe bisher keine Stelle gesehen, wo die Reifen durchgedreht sind und sie sich aus einem Schlammloch herausarbeiten mußten.«

»Sieht so aus, als wenn die sieben Zwerge hinter den sieben Bergen sich eine Familienpackung Fürst-Pückler-Eis bestellt haben.«

Tom lachte. So gefiel ich ihm. Aber ich erkannte mich immer noch nicht wieder. Mein Vater hatte sich eines Tages beim Pilzesuchen verirrt. Ich – um die elf Jahre alt – war besorgt das Revier abgelaufen, das meine Familie während der Pilzsaison zweimal pro Woche ansteuerte. Zwei Stunden lang hatte mich die wachsende Angst zerquirlt. Dann hatte ich meinen verirrten und verwirrten Vater aufgespürt. Er stand unter einer Art Schock, als er mir erzählte, wie er plötzlich blind gewesen sei und wie dieser Zustand eine halbe Stunde angehalten habe, bevor sein Sehvermögen wiederhergestellt war: schnell und in alter Qualität. Aber in dieser halben Stunde sei er hilflos durch den Wald gestolpert. Das kleinste Hindernis sei eine Katastrophe für ihn gewesen, aber er habe auch nicht stillstehen oder sich setzen können, weil ihn ein unwiderstehlicher Bewegungsdrang befallen habe.

Tom war weit vor mir, ich beeilte mich, nicht noch mehr zurückzubleiben. Die Wolken wirkten starr wie gefroren, kein Wind schob sie an, kein Gekräusel an ihren Rändern, das Veränderung signalisiert hätte.

Nach den Lärchen wieder Kiefern, dunkel im Grün und dichtstehend. Die Bäume wirkten wie eine Wand. Wer hindurch wollte, würde dabei Haut, Haare und Kleidung ruinieren. Wenn er Pech hatte, auch die Augen.

»Es kann nicht sein«, behauptete ich. Tom hatte die Augen am Boden:

»Es muß so sein.«

»Aber warum? Wollen die den Wagen verstecken?«

»Was fragst du dauernd? Du geilst dich ja regelrecht auf an deinen Fragen.«

»Willst du da etwa durch?«

»Wenn ein Lieferwagen durchkommt, komme ich auch durch. Oder willst du behaupten, daß ich breiter bin als ein Lieferwagen?«

»Empfindlicher, Tom. Wir zerkratzen uns die Weichteile.«

»Dann gehst du vor. Ich will nicht, daß Ricarda um mich weinen muß.«

Die Erwähnung ihres Namens gab den Ausschlag. Schon war ich drin im Inferno der Nadeln. Zweige und Äste peitschten meinen Körper. Nadeln durchstachen die dünne Hose, das dünne Hemd. Stoff zerriß, aber ich hatte eine Hand vor den Augen, stocherte mit der anderen nach vorn, um die Hindernisse wegzubiegen.

»Tom!« rief ich und hatte einen Zweig im Mund. Ich wandte den Kopf zur Seite, hatte Nadeln in den Ohren, unterdrückte das Gefühl leichter Panik, sah mich in einem Kosmos von Nadeln herumirren, immer im Kreis, nie wieder im Freien. Neben mir riefen Bäume um Hilfe. Ich konnte spüren, wie Tom durch die Hindernisse brach. Hier konnte unmöglich ein Lieferwagen durchgefahren sein. Ich sah meine Unterarme an. Sie waren hellrot gereizt und vielfach geritzt, die Haut juckte stark. Das Hemd an beiden Ärmeln eingerissen, Hose und Hemd waren grünverschmiert. Und ich kam nicht voran, ich kam einfach nicht voran. An jedem anderen Ort hätte ich jetzt ausgeruht. Aber hier war Stillstehen eine Erhöhung der Qual. Keine Pause jetzt, keine Pause ... ich teilte mächtig aus, sie sollten es wissen, ich zeigte es ihnen, schob, drängte, drückte ... und taumelte ins Freie. Ich war nicht darauf gefaßt gewesen, plötzlich keinen Widerstand mehr zu haben. Und so fand ich mich auf den Knien wieder, leise stöhnend, weil ich auf felsigen Untergrund gestürzt war. Hinter mir bebte der Wald, die Bäume spuckten aus, was für sie ungenießbar war: meinen Tom. Im Unterschied zu mir fiel er nicht hin, sondern stemmte beide Hände in die Seiten und starrte aufgebracht das durchkämpfte Hindernis an. Dann half er mir auf die Beine.

»Du bist der Typ, der die einzige Banane in der Wüste zum Ausrutschen erwischen würde«, behauptete er. Aber er schnaufte genauso wie ich. Und als ich sagte:

»Du meinst also, hier ist ein Auto durchgekommen«, schwieg er und öffnete den Mund nur, um Luft zu holen. Dann öffnete sich der Blick, und ich erkannte, daß wir auf einem schmalen Band zwischen Baumwand und Felsen standen. Niemandsland, nicht Wald, nicht Fels, und von beiden dermaßen eingekesselt, daß wohl kaum jemals Sonnenlicht bis auf den Boden gelangte. Farn wuchs hier, Moos, nichts kam richtig hoch, alles sah leidend aus. Selbst die Wurzeln kamen nicht weit, überall schimmerte schieres Gestein hindurch. Während ich meine schmerzenden Kniescheiben rieb, war Tom schon unterwegs, studierte den Boden zwischen Wald und Fels, und ohne daß wir uns abgesprochen hätten, blickten wir beide auf die bewußte Stelle. Der Fels ragte hier auf bestimmt 15 Meter Länge lotrecht in die Höhe. Nackter Fels, nackt bis auf eine Stelle. Sie maß vielleicht drei Meter in der Breite und weniger in der Höhe und war überwuchert von einem Gewächs, das ich kannte: Efeu. Efeu hatte mein Elternhaus eingewickelt und die Turnhalle meiner Volksschule. Efeu hatte im Zusammenspiel mit dem noch schneller wachsenden Knöterich die Fassade meiner Dichterstube damals auf dem Land bedeckt. Efeu und wilder Wein wuchsen auf Sonnenseite und Schattenseite des Hauses, in dem ich wohnte, bevor ich Diana kennenlernte. Ich wußte also, welche unbezähmbare Neigung Efeu besitzt: zu klettern und sich wie ein Vorhang über seine Nachbarschaft zu legen. Ein Felsen wie dieser, mit Rissen und Furchen, übersät mit narbigen Unebenheiten, war für Efeu das ideale Klettergerüst. Aber der Efeu vor uns wuchs in strengster Disziplin vielleicht drei Meter in die Breite und weniger in die Höhe.

»Alles klar?« fragte Tom. Ich blickte in ein Gesicht, das vor Wonne die Haut zum Platzen bringen wollte.

»Das glaube ich erst, wenn ich's sehe«, erwiderte ich, und Tom stiefelte los, um es mir zu zeigen. Er quietschte beim Gehen in seinen nassen Schuhen.

Ich half ihm, das Tor zur Seite zu schieben. Es war ein Skelett aus Eisen, darauf eine Bespannung aus Draht, darüber ordinäre Dachpappe, in die Löcher gebracht worden waren, damit der Efeu Halt fand. Anheben konnten wir das Tor nicht, aber zur Seite schoben wir es zu zweit problemlos. Ich stolperte beim Rückwärtsgehen erst über einen, dann über mehrere Steine. Sie hatten Formate zwischen Golf- und Medizinball. Gut möglich, daß diese Steine im Normalfall vor dem Tor lagen, um das Ambiente authentischer zu gestalten. Ich wußte nur nicht, für wen. Wer sollte die Tortur auf sich nehmen, diesen Wald zu durchqueren? Und wozu? Toms Arme und sein Gesicht sahen aus wie nach einer Fangokur: optimal durchblutet. An der rechten Wange hatte ihn ein Ast voll erwischt. Das Blut trocknete jetzt, aber Tom hatte im Gesicht herumgewischt und sah erschreckend aus. Über dem rechten Knie hatte seine Hose einen Riß. Das Hosenbein hing so weit herunter, daß er beim Torschieben mehrmals auf den Stoff trat und seine Hose damit immer weiter zerstörte.

Solange wir das Tor noch nicht verschoben hatten, konnte man bezweifeln, ob Gras und Farn vor kurzem von Reifen niedergedrückt worden waren. Als wir das Tor verschoben hatten, als es an der Felswand lehnte und wir in der Öffnung standen, war kein Zweifel mehr möglich.

»Wahnsinn«, sagte ich. Gegen diesen Stollen war der Stollen im Schloß ein Kinderspielzeug, und der Schloßstollen war imposant. Dieser Stollen war höher, so hoch, daß ein Kühlwagen ihn befahren konnte, ohne zuvor das Dach abbauen zu müssen. Die Seitenwände roher Fels. Im Stollen war es dunkel. Aber daß die Stollendecke blau war, und daß sie Stern an Stern schmückte, das sah ich.

»Hast du die Kamera dabei?« fragte ich leise. Tom klopfte auf seine Herzgegend. Noch standen wir lediglich zwei Meter tief im Stollen. Ein Ende oder auch nur den weiteren Verlauf konnten wir von unserem Standort aus nicht erkennen. Wir mußten weiter, oder wir mußten umkehren. Ich weiß nicht mehr, wer von uns den ersten Schritt tat. Jedenfalls war dies definitiv der letzte Moment, in dem ein Rückzug möglich gewesen wäre. Danach lag in allem, was passierte, Unausweichlichkeit.

»Riechst du das?« fragte Tom leise. »Diesel.«

Ich roch nichts. Vielleicht war es die Anspannung, die mir die Nase unempfindlich machte. Ich hatte keine Angst, daß auf uns eine Gefahr lauerte. Aber ich wußte, daß das, was wir jetzt entdeckten, uns Antwort auf Fragen geben würde, die wir bis zu dieser Sekunde noch nicht einmal gedacht hatten.

Jeder Meter, den wir tiefer in den Stollen eindrangen, führte uns weiter ins Dunkel. Ich hätte so gern ein Geräusch im Bauch des Berges vernommen. Aber es war still, absolut still. Ich blickte zurück.

»Nicht umdrehen«, flüsterte Tom, und ich blickte nicht mehr zurück. Es ging ganz leicht bergab, wir hatten 18 oder 20 Meter zurückgelegt. Schritt vor Schritt, Schritt vor Schritt. Und dann der Schlamm! Das Eintauchen in Sumpf und Ersticken. Ich würgte und stieß einen Schrei aus. Tom packte zu, riß mich mit, daß ich beinahe wieder stürzte, dann sagte er flüsternd:

»Ein Vorhang. Aus Plastik oder Gummi. Wie man's in Kühlhallen hat. Kennst du das nicht?«

»Bildungslücke«, krächzte ich und faßte den Vorhang an. Er bestand aus schmalen Plastikstreifen, sie waren höher, als ich reichen konnte. Von hier bis zur etwas helleren Öffnung des Stollens war ein Blick nicht mehr möglich. Wir befanden uns jetzt im Stockfinsteren.

»O Gott, o Gott«, stöhnte ich. Tom lachte. Aber er stand genauso unter Strom wie ich. Meine Nieren schmorten in einer Soße aus Adrenalin und Noradrenalin. Vielleicht war ein Spritzer Bangigkeitsurin darunter.

»Tom.« Sehr, sehr leise. »Tom, das ist riskant.«

»Weiß ich.« Noch leiser, fast unhörbar. »Aber wir müssen das jetzt machen.« Wir faßten uns an der Hand und gingen weiter. Ich hob die Schuhe kaum noch vom Boden. Die freie Hand streckte ich nach rechts. Manchmal spürte ich die Wand, manchmal nicht. Dann wurde es kälter. Oder wärmer? Ich wußte es nicht, aber die Luft veränderte sich. Es zog nicht, es schmeckte nach nichts, aber die Luft war anders. Vielleicht war auch nur das stumpfe Echo unserer Schritte ein anderes. Wir steckten 68 Schritte tief im Berg, und ich hatte seit elf Schritten nicht mehr die rechte Wand gespürt. Dann wurde der Untergrund glatter. Ich bückte mich. Gekachelt, wenigstens zementiert. Meine Sohlen scharrten über den Untergrund. Tom räusperte sich.

»Das ist eine Höhle.«

134 Schritte, 182 Schritte, ich hatte den Verdacht, daß meine Schritte immer kürzer wurden. Ich wünschte mir, gegen eine Wand zu laufen und am Ende des Weges angelangt zu sein. Dann der Kreis vor uns. Wir sahen ihn wohl beide im selben Moment, denn wir blieben gleichzeitig stehen. Ein Licht! Keine Lampe, dazu war der Schein zu dunkelgrau-milchig. Irgendwo mochte helleres Licht sein, und dies hier war der Rest, der auf einem langen Weg übriggeblieben war. Tom zog mich weiter, dann stieß er ein Geräusch der Überraschung aus. Ich hob den Kopf. Weit über uns war eine Öffnung im Berg. Über der Öffnung war der Himmel, dunkelblau mit goldenen Sternen. Ich sah es, ich bestaunte es, und ich wußte, daß mein erster

Gedanke falsch gewesen war. Dies war ein künstlicher Himmel. Dies war das gleiche Dunkelblau wie in Neuschwanstein, waren die gleichen goldenen Sterne wie in Neuschwanstein.

»Das sind zehn Meter Höhe oder mehr«, flüsterte ich. »Kein Wunder, daß jetzt alles so hallt.«

Wir sahen uns den Boden an. Was ich für ordinäre Fliesen oder noch ordinäreren Zement gehalten hatte, war ein Ornament voller Details. Vielleicht rot und blau, aber das Licht von oben war wirklich sehr schwach.

Tom zog mich mit sich. Ich merkte nach einigen Schritten, daß ich vergessen hatte zu zählen. Ich riß mich von Tom los, eilte zum Lichtkreis zurück und zählte von dort weiter: 197, 198. »Tom? Tom, wo bist du?« 212. Tom hatte mich allein gelassen. Ich fand mich unter dem fahlen Lichtkreis wieder. Hier wollte ich bleiben und warten, bis sich in der Nacht um mich herum etwas tun würde. Irgendwo mußten Menschen sein, hier war vor wenigen Minuten ein kompletter Lieferwagen hineingefahren. Oder? Oder wir hatten den Irrtum unseres Lebens begangen, und in dieser Sekunde wuchteten 50 Meter von uns entfernt sechs Muskelmänner die künstliche Wand vor die Stollenöffnung, drapierten Steine davor und wanderten nach Hohenschwangau, um halbe Hähnchen und Weißbier zu vertilgen und sich dabei über das Verwesungstempo von menschlichem Fleisch zu unterhalten. Ich wußte, daß ein Mensch nur wenige Stunden ohne Flüssigkeit leben kann. Ich hatte den dringenden Verdacht, daß es bei mir nur halb so viele Stunden dauern würde. Da sprang sie mich an, die spitze Angst, die sich ins Herz verbeißt, daß dein Brustkorb von innen her dunkelrotblau anläuft wie der Ornamentboden unter dem Licht . . . Weg! Ich sprang in die Dunkelheit, ich mußte an der Öffnung sein, bevor sie die Wand vor den Stollen geschoben hatten. Nicht gefangen sein, nicht eingesperrt, schon gar nicht in Dunkelheit, in einer Höhle im Berg, die ich keine Sekunde bei Licht gese . . . Ich stolperte zum ersten Mal. Das Hindernis war nicht groß, nicht hoch. Es war sogar winzig, aber ich fiel. Es gelang mir, mein Gesicht vor dem Aufprall zu schützen. Knie und Ellenbogen, selbst meine Hüftknochen bezahlten dafür, daß ich mir nicht die Nase brach. Ich sofort wieder hoch, bloß weiter. Bluten konnte ich, wenn ich keinen Berg mehr über mir hatte.

»Tom!« gellte es hallig und wie nicht von mir durch die Nacht. Ich wollte schneller werden . . . dann der zweite Sturz. Diesmal war das Hindernis höher, fast so hoch wie mein malträtiertes Knie. Ich klappte durch den Schwung nach vorn, Hände vors Gesicht. Aber ich fiel weich, märchenhaft weich. Ich fiel nicht einmal tief. Ich war über zwei Beine gefallen. Ich hatte jemandem weh getan, hatte jemanden erschreckt. Ich mußte mich bei ihm entschuldigen, ich brauchte vorher nur Licht.

Und sie gaben es mir.

Ein Knall, dann war der Raum hell. Kein Raum, eine Halle, eine Raumlandschaft, eine Welt im Berg. Ich hatte Licht, um zu sehen und sah, daß ich auf einem Bett lag, hingestreckt über zwei Beine. Ich kam auf die Knie, ich blickte ihm ins Gesicht, auf seine gefalteten Hände, auf das lange Schwert an seiner Seite. Ich blickte in sein Gesicht, auf das Jasminsträußchen in seiner Hand, die Lilien neben seinen Beinen. Ich blickte in sein Gesicht, ich blickte in das Gesicht von König Ludwig II. von Bayern.

Und ich schrie.

Grell und ohne Ende, wie Tom mir hinterher erzählte. Ich halte das für möglich, obwohl ich eine halbe Stunde später nicht mehr fähig war, mich an dieses Entsetzen zu erinnern. Alle für mein Weiterleben wichtigen Systeme hatten nur ein Ziel: mich von diesem Alp zu befreien.

Wohl noch während ich schrie, sah ich die Gesichter von Ricarda und Bea. Sie erschienen neben dem Kopf des Königs und strahlten Besorgnis aus. Es war die kleine kühle Hand der Gräfin, die sich auf meine Stirn legte. Ich weiß noch, daß mir die Hand wunderbar erfrischend vorkam. Dann war auch Tom da, und sie hoben mich endlich von diesem entsetzlichen Bett, stellten mich auf meine lächerlichen Beine, die die Elastizität eines Gummibandes besaßen. Als nächstes erinnere ich mich daran, daß ich wieder gehen lernte, wobei mich die Herren Unruh und Martell an je einem Arm stabilisierten. Platz genug zum Gehen hatte ich ja: 22 Meter in der Länge, 13 Meter in der Breite. Um den Anblick der Leiche kam ich herum, weil das Bett in einem separaten Teil der Halle stand: ein Traum von Bett, Matratze auf einer Empore, darüber wölbte sich ein wuchtiger Himmel, blaue Samtvorhänge, alles getragen von Marmorsäulen, weißen Säulen mit goldenen Abschlüssen. Immer wieder flog mein Blick zu den Säulen. Marmorsäulen auf den Aquarellen, Säulen auf den Pferdegespannen, Säulen, die auf dem Materialplatz am Schloß Neuschwanstein angeliefert worden waren, bevor sie den Weg hierher angetreten hatten.

Welch gigantische Ausmaße dieser Raum besaß! Wie ungeheuer die Vorstellung, daß sich alles im Innern eines Berges befand. Der herrliche Mosaikboden, noch prächtiger als der im Neuschwansteiner Thronsaal. Der radschlagende Pfau, die stolzen Raubvögel; die Landschaft der hohen Wände, aufgeteilt in drei Zonen mit reichem Schmuck, Reliefs, Fresken. Eine Orgie in Gold, darüber der Nachthimmel mit Sternen sich wölbend. Auf der rechten Seite der Thronsessel. In Neuschwanstein war die für ihn vorgesehene Stelle immer leer geblieben, hier stand unter dem Baldachin ein Thron mit sinnenbetörendem Reichtum an Verzierungen. In der Bettapsis Leuchter samt Waschtisch und Hausaltar. Ich hatte gestern erst darüber gelesen, hatte Zeichnungen gesehen. Ich hatte Ludwigs Träume angeschaut, und mir war klar gewesen, daß eine Fantasie, die solche Schlafräume hervorbringt, in dieser Welt keine Chance hat.

»Es geht wieder, danke«, sagte ich und ärgerte mich, daß ich mir Martells und Unruhs Unterstützung so unduldsam verbeten hatte. Als ich mich umdrehte, saß Tom auf dem Thron. Als ich mich zurückdrehte, trat der Fahrer des Kühlwagens ans Bett und beugte sich zur Leiche hinunter. Als ich – nun bereits etwas taumelig – mich erneut umdrehte, schoben Ricarda und Bea eine Bahre auf Rollen durch die ganze Länge der Schlafhalle auf das Bett zu. Ich war Martell und Unruh dankbar, daß sie mich erneut stützten.

»Sie müssen ihn jetzt loslassen«, rief Tom. »Sonst gewöhnt er sich daran.« Ich machte mich frei, jetzt zog es mich zum Bett. Dort trafen wir uns alle wieder, und es war an der Zeit, daß einer der Eingeweihten zu sprechen begann. Den Anfang machte der einzige, den ich nicht kannte: der Fahrer des Kühlwagens. Er ergriff den rechten Arm des Königs, schob den Stoff seines Mantels nach oben, betastete den bleichen Unterarm und sagte:

»Er muß ins Eis. Oder ich garantiere für nichts.«

Da kam ich das erste Mal auf den Gedanken, daß dieser Mann im Hauptberuf vielleicht kein Speiseeis durchs Land chauffierte.

»Ricarda«, sagte ich leise. Sie war gesund, keine Spur von Folter und Mißhandlung. Endlich kam sie auf mich zu und nahm mich in die Arme. Es hatte viel zu lange gedauert, bis es dazu gekommen war. Ich hielt sie fest und spürte, daß uns alle anblickten.

»War es so schlimm, mein Lieber?« fragte Ricarda und griff mit beiden Händen zart in meine Haare.

»Schlimm«, sagte ich. Ich löste mich von meiner Geliebten und trat ans königliche Bett.

»Mein Gott«, murmelte ich. Tom trat neben mich und sagte:

»Du mußt lauter reden. Er hört nicht mehr so gut.« Ich boxte ihm gegen den Oberarm. Es war gut zu wissen, daß Tom auf der Welt herumstolperte. Es wäre mir nicht unlieb gewesen, wenn ich an ihm einige Zeichen von Irritation festgestellt hätte. Aber er hielt seine Kamera in der Hand. Aus der Maschine bezog er seine Sicherheit. Sie war seine Verbindung zur Welt – mochte die Welt ihm bieten, was sie wollte, zum Beispiel diese Sensation.

»Gut, Leute«, sagte ich laut und munter. »Kommen wir zum informativen Teil. Wir als Chronisten hätten gern einige Brocken zum Beißen. Ich schätze ja, daß dies alles unter die Chronistenpflicht fällt. Unterbrecht mich ruhig, falls ich mich irren sollte.«

Bea geriet mir ins Blickfeld. Sie wirkte für ihre Verhältnisse überdurchschnittlich beeindruckt, fast weihevoll.

»Schönen Gruß an deine Schwestern«, knurrte ich. »Sag ihnen, ich habe den Tritt verdaut.«

»Welchen Tritt?« fragte neugierig die Gräfin. Ich war unsicher, was ich erwidern sollte, weil ich nicht wußte, ob zu ihrem Weltbild der männliche Unterleib gehörte.

»Haben Sie gut auf meine Chronik achtgegeben, junger Mann?« fragte da unerwartet Unruh. Ich lächelte ihn an, und er drohte schelmisch mit aufgerichtetem Zeigefinger, wie er es wahrscheinlich 40 Jahre lang in der Schule getan hatte.

»Ich kann das alles noch gar nicht glauben«, sagte Martell. Er war nach mir am meisten beeindruckt.

»Wann waren Sie denn zum ersten Mal hier drin?« fragte ich den Arzt und Anführer des kleinen Ludwig-Gedenkvereins.

»Gestern«, erwiderte er scheu. »Ich habe in der Nacht kein Auge zugetan. Ich habe das alles doch zuerst für eine optische Täuschung gehalten.«

»Bißchen groß für einen Taschenspielertrick«, sagte Tom.

»Es gibt ja auch große Taschenspielertricks«, entgegnete Martell. Aber er mußte wirklich nicht um Verständnis für seine Skepsis werben. Er hatte jedes Recht der Welt, diese Halle im Berg für unmöglich zu halten. »Ich habe gegen die Wände geschlagen«, sagte er verschämt. »Ich habe Farbe abgekratzt. Hier, sehen Sie.« Er hielt mir seinen Handrücken entgegen. Ich sah schmutzige Fingernägel. »Erst als ich die Farbe unter meinen Nägeln sah, begann ich daran zu glauben«, fuhr Martell fort. »Aber es ist alles so . . . so viel auf einmal. Finden Sie nicht auch?«

»Ich warte«, ertönte vom königlichen Bett die Stimme des Kühlwagenfahrers, oder was immer er war.

»Tatütata«, rief die Gräfin frohgemut und patschte ihre kleinen, so angenehm kühlen Hände gegeneinander.

»Hinauf mit dem Lausbuben auf die Bahre. Und dann im Sauseschritt ins Eisfach!«

»Wo steht der Wagen?« fragte ich, und Ricarda antwortete: »Es gibt einen Vorplatz zwischen dem Schlafzimmer und dem Stollen. Dort kannst du parken. Es paßt noch ein zweiter Wagen daneben.«

»Wo wollt ihr ihn hinbringen?« fragte ich. Und dann viel lauter: »Und was ist das überhaupt? Ist das eine Puppe? Und warum muß sie kühl gehalten werden? Ihr tut so, als wenn das da der echte ... der richtige ... der wirkliche ...« Tom legte mir einen Arm um die Schulter und sagte unaufgeregt: »Warum mußt du immer so eine Performance machen, wenn sich bei dir während des Redens die Gedanken bilden?«

»Aber das kann nicht sein. Der Echte liegt doch in München. St. Michael. Und das Herz in ... in Altötting, weil ihr Wittelsbacher Bräuche habt wie die Kannibalen.« Bea nahm die Attacke mit Gelassenheit hin. Nur die Gräfin konterte:

»Junger Mann. Ich frage Sie ja auch nicht, wie in Ihrer Familie die Geburtstage oder Weihnachtsfeste verbracht werden, obwohl ich sicher bin, daß dabei einige höchst absonderliche Bräuche zum Vorschein kommen würden.«

Wie recht sie hatte. Das Aufbewahren eines Herzens in einem Tupper-Topf auf dem Regal über dem Fernsehgerät wäre dabei noch einer der weniger absonderlichen Bräuche gewesen.

»Und noch eins«, fuhr die Gräfin fort, »unser Haus ist es gewohnt, die Realität nur insoweit zu beachten, wie sie unsere Interessen tangiert. Jenseits und diesseits von diesen Rücksichten haben wir uns immer frei gefühlt. Wissen Sie, was ich damit sagen will?«

»Seien Sie so lieb und verraten Sie's mir dummem Bürgerlichen.«

»Ich will damit sagen, daß die Welt ihren toten König in der Michaelskirche in München vermutet und verehrt, basta. Wir interessieren uns dafür, wo sich der echte

Ludwig befindet. Der wahre, der einzige, mit einem Wort: mein guter, lieber Junge. Tatütata, und jetzt ins Eis mit ihm.«

Ich blickte ins lächelnde Gesicht Unruhs und sagte:

»Ich weiß mehr, als Sie glauben. Wir haben in den paar Tagen ziemlich viel zusammengekriegt.«

»Mit unserer freundlichen Hilfe«, entgegnete Unruh lächelnd.

»Möglich. Aber die meisten Menschen hätten mit Ihrer Hilfe gar nichts anfangen können. Soll ich's mal versuchen?«

Bea gesellte sich zu uns, hielt aber so großen Abstand, daß sie jederzeit behaupten konnte, in Wirklichkeit gar nicht zuzuhören.

»Dies hier ist das Schlafzimmer von Burg Falkenstein«, begann ich.

Unruh nickte: »Das ist der leichteste Teil. Sie haben die richtigen Bücher im Wagen liegen.«

»Weiter. Die Arbeiten an diesem Raum haben sofort oder ziemlich bald nach Ludwigs Tod begonnen.«

»Beweis?«

»Die fehlenden Arbeitslosennamen in der Chronik.«

»Die gefälscht sein könnte.«

»Was sie aber nicht ist, zumindest nicht in diesem Teil, weil Sie uns dann nämlich nicht ausgerechnet diesen Teil in die Hände gespielt hätten. Denn merke: Du sollst den Chronisten, der für dich schreibt, nicht hinters Licht führen.«

»Zuerst wollten sie Sie ja gar nicht als Chronisten«, mischte sich Martell ein.

»Sondern als was?«

»Als Leichen.«

Es folgte ein Moment vollkommener Stille. Nacheinander blickte ich in alle Gesichter. Beas war pampig, Toms nachdenklich. Ich räusperte mich und fuhr fort: »Ein paar Handwerker blieben 1886 in Neuschwanstein und beendeten die Arbeiten am Schloß, die beendet werden mußten. Die meisten wechselten ihren Arbeitsplatz. Das Material, das in Neuschwanstein übrig war, wurde hierhergeschafft.«

»Und das übrige Material, das beim Bau dieses Schlafzimmers der ganz überwiegende Teil war?« fragte Unruh freundlich.

»Haben die Firmen hergestellt, die für die übrigen Schloßbauten geliefert haben, weil sie ihren Schnitt gemacht haben, und weil sie den König verehrten. Richtig?«

Unruh nickte, ich hatte also nicht meilenweit danebengetroffen. Und den Rest würde mir der alte Geheimnistuer auch noch verraten, denn das war nicht mehr Angst, die mich lähmte. Das wurde immer mehr ein Gefühl der Freude, der gigantomanischen Erwartung. Hier bahnte sich eine Story an, die wir meistbietend an jedes Magazin der Welt verkaufen konnten. Wenn wir den Kopf oben behielten und die Sache bis an die Ränder ausrecherchierten, wenn Tom ordentlich arbeitete und ich meine Subjekte, Prädikate und Objekte lesbar arrangiert bekam, würden wir für die nächsten 30 Jahre in der Medienwelt als absolute Topstars dastehen. Bernstein und Woodward waren untrennbar mit Watergate verbunden, Tom und Jot We würden untrennbar mit Neuschwanstein verbunden sein, mit Falkenstein und Ludwig.

Ich räusperte mich und fuhr fort: »Die Arbeit erstreckte sich über mehrere Jahre.«

»Ja? Warum denn?«

»Weil sie aufwendig war und geheim bleiben mußte, darum.«

»Geheim vor wem?« fragte Unruh in seiner freundlichen Beharrlichkeit, die einem ganz schön auf die Nerven gehen konnte. »Glauben Sie denn, daß hier vor 100 Jahren Touristen herumliefen oder neugierige Reporter? Junger Mann, dies war einmal eine Idylle. Es gab einmal eine Gebirgslandschaft, die befand sich im Gleichgewicht, und die Einheimischen liebten die Natur und erkannten sie als Grundlage ihres Lebens und des Lebens ihrer Kinder und Enkel an. Ludwig war ihr König. In einem Ausmaß und einer Ausschließlichkeit, von der Sie sich als Mensch, der fern von jedem monarchischen Gedanken lebt, keine Vorstellung machen können. Der Tod Ludwigs hat Oberbayern erschüttert. Das war kein kitschiges Gefühl. Das ist nicht so, als wenn heutzutage ein Filmstar stirbt oder ein Musiker. Ludwigs Tod war eine Seelenkatastrophe. Und da glauben Sie, daß zu Bauarbeiten im Geist Ludwigs Geheimnistuerei nötig gewesen sein soll?« Er blickte mich milde an, und ich kam mir vor wie ein Idiot.

»Dann eben nicht«, sagte ich eingeschnappt. »Sie sind dran. Wir hören.« Tom streunte durch die Halle. Er fotografierte nicht, aber er nahm zweifellos Maß. Ich entdeckte jetzt erst, daß neben Ludwigs Bett eine Staffelei mit einer Leinwand stand. Davor Ricarda.

»Kommen Sie«, forderte Unruh mich auf. Wir gingen zum Bett, Martell folgte uns. »Dies«, sagte der alte Heimatforscher, »dies ist König Ludwig II. von Bayern. Dies ist sein Körper. Er wurde nicht einbalsamiert, beziehungsweise unsere Freunde beseitigten seinerzeit sofort die Spuren der Balsamierung und setzten unseren König in den Zustand, den Sie hier bewundern können.«

»Erstklassige Arbeit«, mischte sich der Mann ein, der offensichtlich kein Kühlwagenfahrer war. »Wir sind heute natürlich besser. Aber die damals waren nicht schlecht. Ein Vakuumverfahren, wie es erst Jahre später zum Patent angemeldet wurde. Respekt.«

»Was lächeln Sie so selig?« fragte ich Unruh.

»Wollen Sie die Wahrheit wissen?« fragte er zurück. »Die ganze Wahrheit? Oder reicht Ihnen dies bereits?«

Ich zuckte hilflos mit den Schultern, und dieses Eingeständnis von Überforderung ließ die Waage sich auf meine Seite senken.

»Dies ist Ludwig«, sagte Unruh. »Der tote Ludwig.«

»Ja. Ich hab's begriffen.«

»Ludwig ist im Jahre 1886 gestorben. Richtig?«

»Ja natürlich«, sagte ich ungeduldig. »Weiter, Mann, weiter.«

»Ludwig ist 1886 nicht gestorben.«

Martell stieß einen dumpfen Laut aus. Es hörte sich an,

als würde er durch den Mund furzen. Mühsam fand er Halt an einer Marmorsäule am Fußende, und Unruh fuhr fort:

»Ludwig ist erst 1889 gestorben. Übrigens an einem Kreuzotternbiß.«

Unruh ließ mir die Zeit, die ich brauchte. Ich spürte, daß Tom neben mir stand.

»Das ist nicht wahr«, sagte er zu Unruh. »Sie sollten uns nicht belügen. Es sind schon genug Legenden auf der Welt.«

»Ich lüge nicht«, sagte Unruh. »Nicht wenn es um Ludwig geht.« Und nach einem Blick zu Martell: »Und nicht in dieser Lage.«

»Aber nach allem, was man weiß«, rief ich, »ist es doch 1886 zu dem Drama am Starnberger See gekommen. Ludwig wird entmündigt, treibende Kraft dabei ist dieser Psychiater von Gudden. Sie bringen Ludwig auf Schloß Berg am Starnberger See. Ludwig und Gudden unternehmen einen Spaziergang, kehren nicht zurück. Die Diener suchen und finden Ludwig und Gudden im Wasser, beide tot.«

»Es gibt Dutzende Theorien über den Verlauf dieses Abends«, sagte Unruh.

»Aber keine einzige hat bestritten, daß Ludwig ums Leben kam«, rief ich. Ricarda blickte von der Staffelei hoch, malte dann weiter. »Es ging immer nur um die Frage, ob er vielleicht ermordet wurde. Das müssen Sie zugeben, Unruh.«

Die Gräfin trippelte herbei, hakte sich bei dem Heimatforscher unter und fragte vergnügt:

»Da staunen Sie, was?«

»Und die Leiche!?« rief ich. Endlich hatte ich den alten Schwindler. »Was ist mit der Leiche? Was schwamm denn da im Wasser, bitte sehr? Das war doch der tote König.«

»Sagen Sie ihm, was da im Wasser schwamm«, forderte Unruh den unbekannten Mann im Kühlwagenfahrerkittel auf. Der trat zu uns und sagte:

»Das mit dem Wasser ist ein Schmarren. Ludwig hat

keinen Fuß ins Wasser gesetzt. Diese Version hat sich nur als die plausibelste erwiesen. Deshalb haben wir sie gestützt.«

»Sie?« fragte ich entgeistert.

»Wir haben den König natürlich auf dem Trockenen ausgetauscht«, fuhr der Unbekannte fort. »Gudden ebenso. Das war bedeutend schwieriger, weil er natürlich gezetert und protestiert hat, der Herr Nervenarzt.«

»Wovon reden Sie?« fragte Tom. Endlich, endlich hörte sich seine Stimme ähnlich fassungslos an wie meine.

»Wir mußten den König aus dem Verkehr ziehen«, antwortete der Unbekannte. Jetzt erst sah ich, daß er Plastikhandschuhe trug. »Die Lage war brisant. Sie hatten Schloß Berg als Gefängnis hergerichtet. Gitter vor den Fenstern, keine Drücker an den Türen, Wächter. Er hätte das alles verhindern können, wenn er auf Bismarck gehört hätte. Einfach nach München fahren, sich dem Volk und dem Landtag erklären, und es wäre unmöglich gewesen, sich an ihm zu vergreifen. Aber unser König war nicht mehr gesund und nicht mehr kräftig. Traurig, aber wahr. Es konnte im Juni 1886 nicht mehr darum gehen, ihn als König an der Macht zu halten. Er hatte hervorragende Souffleure und Berater, aber er wollte nicht mehr. Deshalb ging es für uns nur darum, sein Leben zu retten, seine Würde als Mensch zu bewahren. Ludwig in einem Schloß mit vergitterten Fenstern – das, meine Herren, das ist bei uns in Oberbayern Grund für eine Revolution. Ich weiß keinen zweiten Grund für eine solche Unordnung.«

Ich stellte mich neben Ricarda und traf auf der Leinwand nur bekannte Gesichter. Eins davon gehörte Ludwig. Eins Tom. Eins mir.

»Sie haben den König entführt?« fragte Tom entgeistert.

Der Unbekannte nickte ohne Wichtigtuerei. »Ihn und Gudden. Und dann haben wir die Puppen ins Spiel gebracht. Damit begann das Volksstück mit großer Besetzung. Insgesamt hatten 26 Menschen eine Sprechrolle darin: Bauern, Diener, Fischer, Polizisten, Ärzte, nicht zuletzt Ärzte, Hofbeamte, Menschen, die Ludwig liebten.

Sechsundzwanzig Menschen logen, wie es ihnen der Text und ihr Herz vorschrieben.« Der Unbekannte lächelte, Unruh schmunzelte, die Gräfin rief ausgelassen »Tatütata« und hing schwer an Unruhs Arm.

»Aber Mann«, sagte ich fassungslos. »Es fand immerhin eine Obduktion statt.«

Der Unbekannte lächelte ohne Triumph: »Ich behaupte nicht, daß es leicht war. Aber es ist gelungen.«

»Deshalb dauerten die Bauarbeiten nicht so lange, wie Sie annehmen«, fuhr Unruh fort. »Denn der König mußte ja standesgemäß leben. Nach vier Monaten war sein Schlafgemach bezugsfertig. In diesem Bett hat er sein Haupt zur Ruhe gebettet. In diesem Bett ist er gestorben. Und in diesem Bett schläft er heute.« Unruh legte eine Hand auf den linken Oberarm des Königs, und der Unbekannte fuhr fort:

»Die vier Monate verbrachte er bei treuen Untertanen.«

»Das war eine Gaudi!« rief die Gräfin. »Sie haben nicht mehr Staub gewischt, die Ferkel. Wo der Lorbaß gesessen hat, haben sie einen Altar draus gemacht. Die Teller, aus denen er seine scheußlichen Haferbreie gelöffelt hat, wurden nicht mehr abgewaschen. Es wurde hohe Zeit, daß er in den Berg kam, sonst hätten unsere Untertanen bald keine sauberen Teller und Gläser mehr gehabt.«

»Er hat bei Bauern gelebt?« fragte ich.

»Bei einem Förster. Und bei Waldarbeitern«, antwortete Unruh. »Vier Monate. Er hat die Zeit genossen, obwohl er nicht mehr der alte war.«

»Ich glaube das nicht.« Tom sagte dies ruhig und abgewogen, nicht ungläubig oder aggressiv.

»Es tut nichts zur Sache«, sagte Unruh. »Ich weiß, daß alles wahr ist, was wir Ihnen berichtet haben. Ich lüge nicht. Nicht, wenn es um Ludwig geht.«

»Wichtig ist jetzt nur, daß wir den König in Sicherheit bringen«, meldete sich Ricarda zu Wort.

»Wieso?« fragte ich. »Warum kann der König nicht hierbleiben? Er ist doch schon 100 Jahre hier.«

»Das sollen wir erst heute nacht erfahren«, sagte Martell

mit leiser Stimme. Er lehnte an der Marmorsäule und versuchte zu verarbeiten, was ihm so sichtbar schwer fiel.

»Was passiert heute abend?« fragte ich scharf. Immerhin war eine Katastrophe angesagt, und ich hatte nicht gehört, daß sie abgesagt worden wäre. In diesem Moment füllte sich die Schlafhalle mit Blondheit und einem herrlichen Gebiß über sehnigem Hals.

»Unser Prinz«, sagte ich verdutzt. Poldi freute sich in seiner unnachahmlichen Art, uns zu sehen. Noch 250 solcher Begrüßungen, und ich hätte angefangen, an die Aufrichtigkeit seines Wesens zu glauben.

»Sie also auch«, empfing ihn Tom, und Poldi sagte lachend:

»So neugierig wie ich bin, wäre ich früher oder später auch ohne Eingeweihtsein draufgekommen.«

»Warum sehen Sie eigentlich nicht so aus wie wir?« fragte ich angesichts des wie aus dem Ei gepellten Wittelsbachers.

»Sind Sie etwa durch den Urwald gegangen?« fragte er erstaunt zurück.

Das schienen alle furchtbar komisch zu finden, und es stellte sich heraus, daß es einen Schleichweg gab, der ohne Machete und Totalverlust der Kleidung zu bewältigen war. Ich blickte Tom an, und er sagte: »So war es spannender, und du kannst viel fetziger drüber schreiben.«

»Was passiert heute abend?« fragte ich Poldi. Er guckte einmal flink in die Runde und sagte: »So fragt man Leute aus.«

Kaum einer hatte eine nettere Art als Poldi, Fragen unbeantwortet zu lassen.

»Lieber Prinz, ich bin Ihr Chronist.« Ich genoß Poldis verdutztes Blondsein. »Wenn Sie uns die Informationen weiter in homöopathischen Dosen zuteilen, brauchen wir fünf Jahre, um Ihre Story an die große Glocke zu hängen. Und da soll sie doch hin, an die große Glocke, oder?«

»Für die kleine Glocke hätten wir andere ausgesucht«, entgegnete Poldi. Wenn man hartgesotten war, konnte man seinen letzten Satz als Kompliment abheften. Hartgesotten war ich, solange mich das Schicksal nicht auf Leichen stürzen ließ, mir blutsprudelnde Jünglinge in den Arm legte oder eine leidenschaftliche Geliebte wie Ricarda.

»Was findet heute abend statt?« fragte ich erneut. »Und was hat das mit der Leiche des Königs zu tun?«

»Würde es Ihnen Mühe bereiten, das Wort ›Leiche‹ nicht mehr zu benutzen?« sagte Unruh freundlich. »Der Ausdruck quält mich. ›Leiche‹ hört sich so an, als hätten wir es mit einem Toten zu tun.« Ich starrte Unruh an, starrte den König an, ich trat neben das Bett. Er hatte abgenommen in seinen letzten drei Lebensjahren. Die Totenmaske, die ich kannte, die die Welt kannte, zeigte ein volles, aufgeschwemmtes Gesicht. Die Gemälde und Fotografien, die ich kannte, zeigten einen schwammigen Körper. Ludwig war nicht schlank, das nicht, aber er schien mir gestreckter. Vielleicht war er eingetrocknet. Ich wagte nicht, einen diesbezüglichen Verdacht gegenüber dem Mann mit den Plastikhandschuhen zu äußern. Er sah aus, als könnte er Zweifel an der Konservierkunst mit tätlichen Angriffen beantworten.

»Packen Sie mit an!« forderte mich der Behandschuhte auf und rollte die Trage dicht ans Bett. Tom machte seine Kamera klar, ich wurde plötzlich zur Seite gedrängt. Verdutzt sah ich zu, wie sich Unruh und Martell darum balgten, von Tom fotografiert zu werden. Sie glichen Kötern, die um einen Knochen rauften, und es bedurfte eines tadelnden »Aber, meine Herren« von seiten der Gräfin, um die Männer zu mäßigen. Sie teilten sich die königlichen Beine, aber Tom mußte sie mehrfach auffordern, nicht in die Kamera zu lächeln. Dann betteten sie mit Hilfe des Behandschuhten den König auf die Bahre um.

»Was würde denn mit ihm geschehen, wenn er zuviel Sonne abbekäme?« fragte ich den Behandschuhten.

Er sah mich an, als hätte ich ihm einen unzüchtigen Antrag gemacht. Dann ernannte er sich zum Lenker der Bahre, und sie rollten Ludwig durch die Halle auf den Ausgang zu. Unter der Kuppel verharrten sie, Unruh, die

Gräfin und Ricarda nahmen eine andachtsvolle Haltung ein. Bea tat dies nicht, sie wandte sich im Gegenteil ab. Martell schien unschlüssig, wie er sich verhalten sollte, und faltete die Hände vor dem Unterleib.

»Jammerschade, daß jetzt alles so schnell gehen muß«, sagte die Gräfin. Plötzlich hörte ich leise Musik und hielt sie so lange für real, bis sich die Körper aus der weihevollen Erstarrung lösten und der König aus dem Schlafsaal gerollt wurde. Da wußte ich, daß außer mir niemand die Musik gehört hatte. Ich war allein, fühlte mich gleichzeitig privilegiert und einsam. Ich eilte an die nächste Wand, fuhr mit flacher Hand über die Muster, und dann schlug ich mit beiden Fäusten dagegen. Ich holte aus und trat gegen die Wand, trat und schlug und trat und schlug, wanderte zwei Meter weiter, trat, schlug, trat. Es war alles echt, hart und massiv. Nichts Hohles, das die Mimikry entlarvte, kein Gemälde auf Sperrholz gezogen, das bei Belastung krachend zusammenbricht, keine Motive auf Stoff, die du wie eine Gardine herunterreißen kannst. Ich stand hellwach inmitten eines Raum gewordenen Traums. Ich war ein Eingeweihter. Menschen, die ich nicht kannte, hatten sich entschlossen, mich zu ihrem Chronisten zu machen. Das rührte mich und feuerte mich an. Sie hatten eine gute Wahl getroffen. Ich mußte nur zitieren, was zig Kollegen, Chefredakteure, Verlagsleiter und Leser in Hunderten von Briefen geäußert hatten. Sie hatten einen der Besten ausgesucht. Ich fühlte mich ausgeschlafen. Nichts tat mehr weh. Ich stand vor der größten Story meines Lebens, und ich konnte mit beiden Fäusten auf die Story einschlagen und schlagen und schlagen und ...

»Hat's dich erwischt?« ertönte Toms Stimme vom Eingang her. Ich kniete vor Ludwigs Thron, beide Fäuste über der Polstersitzfläche, gönnte mir zwei letzte Schläge, dann federte ich in die Senkrechte und eilte zu Tom hinüber.

Der brachte, als er sah, was ich vorhatte, seine Kamera in Sicherheit, und ich trommelte auf seine Brust: »Das ist es!« rief ich leise und eindringlich. »Das wird das Ding. Ist dir das klar? Ludwig und Neuschwanstein und drei Lebensjahre, von denen niemand weiß, nett garniert mit Todesfällen und 1000 Menschen, die seit 100 Jahren ihrem König ergeben sind. Rings herum herrliches Oberbayern, lächelnde Japaner und Amerikaner in kurzen Hosen. Wahnsinn, Tom! Die Geschichte werden wir meistbietend versteigern. Und den Endkampf werden ›Time‹ und der ›Stern‹ austragen.«

Er schwieg. Aber so gut kannte ich meinen Tom ja nun, daß ich den stillen Glanz in seinen Augen zu deuten verstand.

»Das ist unsere Altersversorgung«, sagte ich. »Nach dieser Story werden wir uns unsere Aufträge aussuchen können – falls wir überhaupt noch arbeiten.«

»Vielleicht kannst du dann endlich deinen ersten Roman schreiben.« Ich blickte Tom ernüchtert an. Dafür, daß er so viel Zeit gehabt hatte, sich einen ersten Satz zu überlegen, kam mir das Ergebnis bemerkenswert polemisch vor.

»Man wird sehen«, wimmelte ich ab und zog Tom mit mir unter die Kuppel mit dem Nachthimmel und den Sternen. »Das alles gehört uns!« sagte ich.

Auf diese Masche hatte Tom immer gut gekonnt. Er hakte sich auch sofort bei mir ein, wies in eine Ecke und sagte: »Dahin kommen die Schrankwand und die Anrichte. Und gegenüber stellen wir den Couchtisch.« Wir juxten und kalberten, wie sich erwachsene Männer eben benehmen, die soeben das Glück ihres Berufslebens gelandet haben.

»Wann willst du mit dem Fotografieren anfangen?« fragte ich.

»So schnell wie möglich. Das Verpacken der Leiche ins Eis habe ich drauf. Nur das Licht ist schlecht.«

»Zeig's mir!« rief ich und zog ihn mit mir. Ich wollte Ricarda sehen. Sie durfte mir nicht wieder verlorengehen. Am Ausgang von Ludwigs Schlafhalle drehte ich mich noch einmal um. Dieser Raum war schiere Majestät. Ich mußte mich gegen ein Gefühl der Mickrigkeit wehren.

Hoch wie eine Kirche, weit wie eine Kirche, Altar und Säulen, Madonna an der Wand und das Christenprogramm in den Szenen der Reliefs: Ludwig lümmelt sich im Bett, Christus ersteht auf. Die Verquickung von Irdischem und Himmlischem war sehr weit getrieben. Tom tippte mir auf die Schulter, ich ging mit.

Der Lieferwagen stand keine zehn Meter vom Eingang zur Schlafkirche entfernt auf dem Vorplatz. Die Struktur des roh bearbeiteten Felsens verlieh dem Raum die Anmutung einer Grotte. Ludwig hatte Grotten geliebt. Und ich liebte Ludwig, wie er da im Laderaum auf der Bahre lag. Sie hatten die Liegestatt fixiert und den Körper mit Gurten an die Bahre gefesselt. Die Lilien hatten sie ihm gelassen und den Jasminstrauß auch. Mir wurde jetzt erst bewußt, daß es sich um echte Blumen handelte.

Ich hätte es schön gefunden, wenn Ludwig zwischen mächtigen Eisstücken gelegen hätte, wie sie zu seiner Zeit üblich gewesen waren. Aber Eis war natürlich nirgends sichtbar. Ein Aggregat kühlte den Wagen auf plus vier Grad Celsius herunter, wie uns der Behandschuhte mitteilte, »ideale Temperatur« für den König. Die Türhälften wurden sehr sorgfältig verschlossen, und der Wagen rollte rückwärts durch den Stollen Richtung Tageslicht. Wir folgten ihm, im Vorübergehen sah ich im Licht der Scheinwerfer auf beiden Seiten des Stollens Türen abgehen, deren Sinn mir verborgen blieb. Ich hätte nachschauen können, aber es war selbstverständlich, den König zu begleiten. Der Lieferwagen rangierte problemlos durch den Stollen und stand schnell auf dem Grünstreifen zwischen Felswand und Urwald.

»Wo soll's jetzt hingehen?« fragte ich.

»An einen sicheren Ort«, antwortete Unruh. Der Mann war zweifellos aufgewühlt; auch die Gräfin schien mir hinter einem Schwall oberflächlicher Reden beträchtliche Ergriffenheit verbergen zu müssen.

»Was hat der Umzug des Königs mit den vielen anderen Umzügen zu tun?« fragte Tom. Er versuchte es soherum und anders herum, aber er schaffte es auch nicht.

Unterdessen warf ich einen Blick ins Führerhaus des Lieferwagens. Sein Aussehen gibt meist überraschend zutreffende Hinweise auf die Mentalität des Fahrzeuglenkers. Dieser hörte für sein Leben gern Kassetten: Peter Maffay, Status Quo, Bruce Springsteen. Er wollte wissen, warum er schwitzte oder fror, zwei Thermometer klebten auf der Plastikkonsole. Er rauchte Zigaretten und hatte herausgefunden, daß, wenn man ordentlich drückt, doppelt so viele Kippen in den Aschenbecher passen. Und er hatte beruflich oder privat mit Zügen zu tun, ich sah einige »Fahrplanauszüge« im Vokabelheftformat – Verbindungen von Stadt zu Stadt, wie sie die Bundesbahn ausgibt. Ausgangsbahnhof war immer München, von dort ging es nach Stuttgart, Frankfurt, Leipzig, Hamburg. Mich interessierte nichts davon besonders, aber Hamburg noch am meisten, weil ich aus Norddeutschland kam. Die schnellsten Züge in Deutschland besitzen einen Namen: Jakob Fugger oder Lessing oder Hölderlin. Ich verdrehte den Kopf, um die übrigen Zugnamen zu erkennen. Nach Herrenchiemsee, Nymphenburg und Linderhof hatte ich genug gesehen.

»Hey!« rief Tom. »Was soll das?« Aber ich zog ihn nur rüde am Arm und rief den anderen die Worte »Wir sehen uns später!« zu.

»Rechts herum!« rief uns Poldi hinterher, der stets hilfsbereite Poldi. Er hätte uns sicher auch vorgestern nacht bei Ricarda geholfen, wenn wir allein nicht klargekommen wären. Aber das waren wir ja, Poldi hatte seine adeligen Hosen oben lassen können.

Wir rannten ein Stück an der Felswand entlang. Plötzlich standen die Bäume weiter und luftig, wie geschaffen, um in Windeseile hindurchzuwetzen. Im Laufen sah ich mehrere Nester von Maronen und Kremplingen, vielleicht waren Steinpilze darunter.

»Ich hoffe, du hast einen guten Grund für die Rennerei«, schnaufte Tom. Aber ich mußte mich nicht entschuldigen. Dafür lief er viel zu gern, wenn einer von uns zu laufen anfing, lief der andere immer mit. Die einzige Ausnahme, an die ich mich erinnerte, war der Vorfall in den Vogesen, als der tollwütige Fuchs Tom angriff und ich darauf verzichtete, in dem daraus entstehenden Wettlauf den dritten Mann abzugeben. Dafür hielt ich Tom später bei den Tetanusspritzen die verschwitzte Hand.

Jeder konzentrierte sich auf Zweige, Wurzeln und andere Gemeinheiten des Waldes. Einmal geriet Tom gefährlich ins Schlingern, denn der Boden war immer noch naß und das Moos rutschig wie Seife.

4

»Sauber«, sagte Tom. Wir waren dem Totalschaden wieder ein Stück näher gekommen. Der Regenschauer hatte sich durch die zerstörte Heckscheibe auf die Rückbank des BMW ergossen. Auf den Sitzflächen stand das Wasser.

»Das verdunstet«, behauptete ich, federte hinters Lenkrad und jagte den Wagen über den Schotter. Das Licht war märchenhaft. Das Grün leuchtete von tief innen heraus. Ich hatte das Gefühl, besser zu sehen. Die Ränder der Bäume, Felsen, Weiden wirkten gestochen scharf. Dabei war es nicht viel heller geworden. Aber das Licht mutete an, als wenn ganz knapp hinterm Horizont die Sonne am Himmel stehen und ihre Strahlen indirekt, doch mit unverminderter Kraft, zu uns schicken würde.

»Hast du gesehen, wie traurig Ricarda war, als ich sie verlassen mußte?« Mit diesem Satz eröffnete Tom die Kampfhandlungen.

»Hast du die Träne gesehen, die über die wächserne Wange Ludwigs lief, als er spürte, daß er seine Schlafkirche verlassen muß?«

»Ich hab's sogar fotografiert. Ich denke mir, das Bild wird der Aufmacher: das Gesicht eines Mannes, der nicht sterben kann, und der im Alter von 150 Jahren seine Heimat verliert.«

»Klingt gut.«

»Danke für das Lob. Wenn du mir jetzt noch verrätst, auf dem Weg zu welchem Ziel du uns ins Jenseits schießen willst, wäre ich dir wirklich sehr zugetan.«

»Wir fahren zum Bahnhof.«

»Ach ja? Der liegt links von uns.«

»Da liegt der Bahnhof von Pfronten. Wir fahren nach Füssen.«

Darauf schwieg Tom dermaßen demonstrativ, daß ich's ihm erzählte. »Sie wollen einen Zug entgleisen lassen oder in die Luft sprengen. Das ist die Katastrophe, die geheimnisvolle.«

»Wie kommst du darauf?«

»Die großen Züge haben alle einen Namen. Hamlet, Hölderlin, Lessing.«

»Stimmt. Im Max Planck ist mir mal schlecht geworden von diesem Käseteller im Speisewagen.«

»Es gibt einen Zug, der heißt Herrenchiemsee.«

»Ach nee.«

»Ein anderer heißt Linderhof.«

»Sieh mal an.«

»Deshalb will ich jetzt wissen, welche Namen es noch gibt. Was hältst du davon? Wehe, du sagst was Gemeines.«

Er verzog abwägend Gesicht und Bart.

»Das wäre dann ein terroristischer Akt«, sagte ich. »Wie viele Menschen passen in einen Zug? Die ICEs sind 400 Meter lang. 500 Menschen? 800? 1000?«

»Freitags und sonntags sind die Züge immer überfüllt.«

»Freitag war gestern, da ist nichts passiert. Oder?« Ich verriß den Wagen. »Seitdem ich hier bin, komme ich nicht mehr dazu, Zeitung zu lesen. Ich habe kein einziges Mal im Fernsehen Nachrichten gesehen.«

Tom schaltete das Radio an. Eine Männerstimme sagte zu Hintergrundrauschen: »Hochfrequenztest B. Freihalten ab 22 Uhr plus x. Ich wiederhole plus x. Plus x.«

»Dreh den Schulfunk raus«, sagte ich, und Tom drückte den Suchlauf. Die Frequenz jagte die Skala hoch, sprang zurück, jagte die Skala hoch und kriegte keine Sender zu fassen. Tom schaltete das Radio ab, und ich sagte:

»Als ich gestern oder vorgestern den Suchlauf gedrückt habe, hat er auch keinen Sender gefunden.«

Der Füssener Bahnhof war ein Sackbahnhof.

Ich hatte eine bestimmte Erwartung gehabt, wie der Bahnhof aussehen würde. Ein schmuckloser, grau und schwarz gewordener Backsteinbau mit kleinem Vorplatz, auf dem Taxis stehen und Busse abfahren. So ist das vor jedem Bahnhof in Deutschland. In Füssen war es nicht so. Kein Taxi, kein Mensch, der sich an der Bushaltestelle die Beine in den Bauch stand. Seit Jahren hatte ich nicht mehr dermaßen leicht einen Parkplatz im Dunstkreis eines Bahnhofs ergattert. Ich hielt direkt vor dem Eingang.

Tom war zuerst draußen, wollte die Tür zum Bahnhof aufstoßen. Es knallte, und Tom hielt sich die Nase. Der Bahnhof war verschlossen. Es war Samstag nachmittag, ich hielt es für möglich, daß heute kein Zug mehr ankam oder abfuhr. Ich entdeckte die Schaukästen mit den Fahrplänen. Für den Rest des Samstags waren noch vier Abfahrten und zwei Ankünfte eingetragen.

»Geht's?«

»Geht«, sagte Tom und bog vor meinen Augen seine Nase nach allen Himmelsrichtungen. Ich schaute weg. Zu zweit studierten wir den Fahrplan und waren danach so schlau wie vorher. Da Füssen nicht von Schnellzügen angefahren wird, enthielt der Fahrplan keine Informationen über die Namen der übrigen Fernzüge.

Wir umrundeten das Gebäude. Auch hier kein Fahrgast, kein Beamter, niemand. Auch hier war die zweiflügelige Tür verschlossen.

»Nun ist aber genug«, knirschte ich, zog einen Schuh aus und hatte die Scheibe der Tür so gut wie eingeschlagen, als Tom mir in den Arm griff:

»Was wollen wir hier eigentlich?«

»Die Namen herauskriegen.«

Tom nahm mir meinen Schuh aus der Hand und ging an den Fenstern entlang. Er holte aus und zerschlug eine

Scheibe. Er boxte Splitter aus dem Rahmen, öffnete das Fenster, stellte den Schuh auf die Fensterbank und kletterte hinein. Während ich draußen den Schuh anzog, sah ich Tom drinnen bereits in Fahrplänen wühlen. Er hatte den Informationsraum ausgesucht. Hätte ich wie geplant das Türglas zerschmettert, hätte ich in der Bahnhofshalle noch eine zweite Tür in Angriff nehmen müssen.

»Ich bewundere dein strategisches Genie«, sagte ich und kroch durchs Fenster.

Der Rollschrank war ein Dinosaurier aus den fünfziger Jahren. Die Papiere darin waren jüngeren Datums, der Computer auf dem Schreibtisch noch neuer. In diesem Zimmer waren auf kleinstem Raum fünf Jahrzehnte Bürotechnik versammelt. Alte Lampen, neues Telefon, alte Schreibmaschine, neue Kalender. Ich schaltete den Computer an.

»Optimist«, sagte Tom. Ich wartete, bis das Gerät Betriebstemperatur hatte, gab als Paßwort ›FÜS‹ für Füssen ein und spazierte ins Programm hinein. Ich war kein Computer-Freak. Doch mit etwas *trial and error* kam ich voran. Es war auch alles so idiotensicher auf Angehörige der mittleren Beamtenlaufbahn abgestellt, und als die Maschine eine 1.-Klasse-Rückfahrkarte Füssen–Hamburg in den Ausgabeschlitz spuckte, begann mir die Sache Spaß zu machen. Leider fand ich nicht heraus, ob die Maschine auch die reizvollen Jahreskarten ausspuckt, die für das gesamte Bahnnetz gültig sind und bei regulärem Kauf eine fünfstellige Summe kosten. Schon gar nicht fand ich Zugang zu abgespeicherten Fahrplänen. Aber der Tanz über die Tasten war gut geeignet, mich abzulenken. Denn ich stand ja immer noch in Ludwigs Schlafsaal und trat gegen die Wände, weil alles so echt war und Tom und ich die einzigen Medienmenschen waren, die davon wußten. Der Schreck kam aus dem Nichts.

»Sag mal Tom, meinst du, daß einer der hiesigen Journalisten Wind von der Sache gekriegt hat?« Er brummte nur. »Wenn das nämlich so wäre, sollten wir einen Zahn zulegen. Dann sitzt womöglich ein paar Meter Luftlinie von uns entfernt ein junger hungriger Reporter und hämmert den Beginn seiner Weltkarriere in den Computer.«

»Hier.« Tom hatte einige Hauptstrecken ausgegraben: Hamburg–München, Ruhrgebiet–München, Rhein-Main–München, Hamburg–Berlin. Es wimmelte von ICEs und ICs, es wimmelte von Namen: Kommodore bis Meistersinger, Diamant bis Albrecht Dürer. Alles sehr nett, alles sehr männlich.

Und dann: Herrenchiemsee.

Tom fand auch Nymphenburg, ich sah im Geist die Gleise bersten, Waggons abheben, Notärzte an der Unfallstelle Amputationen vornehmen. Tom fand auch Linderhof, den ich schon im Kühlwagen gesehen hatte. Wir brauchten Neuschwanstein, den Zug mit dem Namen Neuschwanstein. Wenn wir ihn hatten, mußten wir prüfen, ob es Verbindungen gab, bei denen sich Neuschwanstein und beispielsweise Linderhof entgegenkamen. Eines dieser mathematischen Rätsel für Schlaumeier, bei denen es herauszufinden gilt, an welchem Punkt der Strecke sich die Züge begegnen, wenn Rahmenbedingungen wie Länge der Strecke, Startzeitpunkt der Züge und Geschwindigkeit bekannt sind.

»Tom, wenn das stimmt, wenn das stimmt ...«

»... dann werden wir telefonieren.« Er hob den Hörer ab. In den letzten Monaten hatten einige Anschläge auf Bahnstrecken stattgefunden. Die Täter hatten Betonbrokken auf die Gleise gelegt, sie hatten eineinhalb Meter Gleis herausgesägt und die Oberleitungen zerstört. Einen Zusammenstoß zweier Züge hatte noch niemand provoziert.

»Tom, hältst du es für möglich?«

»Daß jemand Züge entgleisen läßt? Warum nicht? Ich halte ja auch für möglich, daß eine Fabrik Panzer herstellt oder daß die Kirchen Abtreibungen verbieten.«

»Aber was hat so ein Attentat mit Neuschwanstein und Ludwig zu tun?«

»Erst müssen wir Neuschwanstein finden«, sagte Tom und suchte weiter. Finger fuhren Spalten hinunter und hinauf, der zweite las Kontrolle. Neuschwanstein fanden wir nicht.

»Und was bedeutet das nun?« fragte ich. »Bricht mein Verdacht ohne Neuschwanstein zusammen?«

»Du hast die Warnungen immer im Zusammenhang mit dem Schloß bekommen.«

»Aber wir haben drei Züge mit richtigen Namen gefunden.«

»Zwei richtigen. Nymphenburg hat nur indirekt mit Ludwig zu tun. Er hat es nicht erbauen lassen. Nymphenburg ist viel älter.«

Die »richtigen« Züge »Herrenchiemsee« und »Linderhof« verkehrten auf der Strecke Hamburg–München. Beide gehörten nicht zur jüngsten Zuggeneration. Aber es war unwesentlich, ob zwei Züge mit 250 Kilometern oder mit 160 aufeinanderrasen. Für ein Blutbad würde es reichen. Allerdings bedurfte es für eine solche Katastrophe technischer Vorbereitungen, und dies irgendwo zwischen Hamburg und München, also 400 Kilometer nördlich von uns. Daran glaubte ich nicht. Es war nur ein Gefühl, aber wir hatten ja nichts anderes als Gefühle und Befürchtungen. Wir waren seit Dienstag hier, in diesen fünf Tagen – und vielleicht schon Monate oder Jahre vorher – hatte um Neuschwanstein herum die staatliche Polizei den Löffel abgegeben und eine Privatpolizei das Ruder übernommen – verantwortungsvoll, wie es aussah. Jedenfalls wußten wir von keiner Schikane, wie ich sie Privatpolizei gern unterstellte. Privatpolizisten paßten viel besser nach Haiti als in das deutsche Bundesland Bayern.

In den letzten fünf Tagen hatten zwei Menschen ihr Leben verloren; alles, was passierte, hatte mit König Ludwig und Neuschwanstein zu tun. Ich hielt es deshalb für viel wahrscheinlicher, daß sich die Katastrophe in unserer unmittelbaren Nachbarschaft ereignen würde.

»Soll ich dir mal sagen, was ich beschissen finde?« fragte Tom plötzlich, ohne von den Papieren aufzuschauen. Sein Tonfall überraschte mich. »Ich finde es beschissen, daß wir so wenig miteinander reden.«

»Was soll das denn? Wir reden pausenlos miteinander.«

»Tun wir nicht. Wir albern herum. Aber wir sprechen nicht über die Rätsel, nicht über die Hintermänner, vor allem nicht darüber, was es bedeutet, wenn wir wirklich an einer Gigantostory dran sind.« Jetzt sah er mich endlich an, aber diesen Blick wollte ich nicht sehen. »Ich habe dich im Verdacht, daß du Feuer gefangen hast, Jot We. Ich glaube, du träumst tatsächlich vom ganz großen Durchbruch. Ich glaube, du vergißt, daß es hier Tote gegeben hat.«

»Also, nun hör auf!« rief ich und sprang auf. »Ich war doch der, der immer millimeterdicht dran war.«

»Eben. Deshalb finde ich es ja so bedauerlich, wie schnell für dich klar war, daß wir nicht mal den Versuch unternehmen, herauszufinden, ob es in unserem Land nicht vielleicht doch die eine oder andere funktionsfähige Polizeistation gibt. Du arrangierst dich zu schnell mit diesen neuen Verhältnissen, die mir nicht in den Kopf wollen. Ich bin der letzte, der für einen kleinen Rechtsbruch nicht volles Verständnis aufbringt. Aber wir haben immerhin erlebt, wie die gesamte Polizei ausgehebelt wurde. Nein, nein, jetzt rede ich. Ich liebe die Polizei auch nicht, aber darum geht's nicht. Polizei verhindert immerhin das Schlimmste. Polizei ist staatlich, das gefällt mir gut. Wenn Privatleute anfangen, ihre Leibwächter mitzubringen, wird mir angst und bange.«

»Hier gibt's keine skrupellosen Kapitalisten und Drogenbosse, Tom. Hier gibt's Gastwirte und Hoteliers, alles biedere Leute, die vom Fremdenverkehr leben.«

»Wir wissen viel zu wenig über die Verhältnisse hier. Wer sagt dir, daß nicht hinter allem ein großer Geldgeber steht, der das Tourismusgeschäft in seine Gewalt bringen will?«

»Aber davon hätte uns Ricarda doch sofort . . .«

»Wer sagt dir, daß Ricarda ihren göttlichen Arsch nicht bis vor zwei Tagen für diesen großen Geldgeber gesalbt und gepudert hat?«

»Manchmal bist du einfach widerlich.«

»Besser, als naiv. Und viel besser, als korrupt.«

»Moment, Moment.« Das wollte ich nun doch genau wissen, obwohl Tom so tat, als müßte er jetzt unbedingt weitersuchen. Ich legte eine Hand auf seine Fahrplanunterlagen; und als das nicht half, setzte ich mich auf die Unterlagen.

»Wer ist hier korrupt?«

»Ich habe nicht behauptet, daß du korrupt bist.«

»Hörte sich aber ganz danach an.«

»Ich habe gesagt, wir müssen vorsichtiger sein. Jedenfalls habe ich das gemeint. Da kommen Leute an, die wir nicht kennen, und kitzeln uns an der richtigen Stelle, an unserer Eitelkeit und unserem Ehrgeiz. Und was machen wir? Wir glauben ihnen und akzeptieren alles, was um uns herum geschieht: Morde, Entführungen, Drohungen.«

»Bin ich denn die Polizei oder was? Ich bin Journalist. – Was hast du denn im Libanon gemacht und in Rumänien? Hast du den Soldaten die Waffen aus der Hand geschlagen, oder hast du auf den Auslöser gedrückt?«

»Junge, wir sind hier nicht in der dritten Welt. Wir sind in einem der zivilisiertesten Staaten der Erde.« Tom sah sich im Raum um und sagte etwas leiser: »Im Libanon bin ich nie irgendwo eingebrochen.«

Ich nutzte die Gelegenheit, die Distanz zwischen uns zu verringern, und sagte: »Ich bin nicht korrupt. Oder nein, ich will's anders sagen. Vielleicht bin ich sogar korrupt. Was weiß ich, wie ich reagiere, wenn die Verlockung eines Tages so saftig wird, daß mir das Wasser im Mund zusammenläuft? Aber sie haben nichts von uns verlangt, Tom. Wir müssen keine Bedingung erfüllen.«

»Müssen wir doch. Wir müssen den Mund halten.«

»Das finde ich normal. Jeder Journalist hat täglich mit Sperrfristen zu tun, die er einhalten muß, oder er kriegt nie wieder eine Information gesteckt. Das ist eine Spielregel, ohne die der ganze Medienladen nicht laufen würde.«

»Junge, hier geht es um Todesfälle. Zwei. Bisher zwei. Und alle paar Stunden wispert jemand von einer Katastrophe.«

»Aber Unruh und seine Leute scheinen davon doch nichts zu wissen! Die bewachen Ludwigs Geheimnis. Darum geht es denen. Um die Schlafkirche im Berg. Wenn es nur das wäre, Tom, dann wäre es schon viel. Aber sie haben gesagt, daß heute abend noch was komme. Wir sind regelrecht eingeladen worden. Dann kann das doch keine Blutorgie werden. Ein pensionierter Lehrer, ein Arzt, unsere geliebte Künstlerin und auf Wittelsbacher Seite eine nette alte Gräfin, ein Prinz und eine pubertierende Bea. Findest du das besonders militant?«

»Eichmann war auch ein unauffälliger Mann.«

Ich ließ mich krachend in den Stuhl vor dem Computer fallen. »Das ist doch Scheiße, was du redest. Soll ich jetzt Eichmann verteidigen, oder was?«

»Du sollst dir klarmachen, wie wenig wir wissen. Du und ich. Das Team. Wir sind doch noch ein Team, oder?«

Ich starrte ihn an. Diese Frage hatte er mir noch nie gestellt. Auf einer Liste mit 1000 Sätzen, die Tom unmöglich sagen würde, hätte ich diesen Satz als einen der ersten drei angekreuzt. Was passierte hier? Wie hatte ich in den letzten Tagen auf Tom gewirkt? Ich fragte ihn danach.

»In dir arbeitet es«, antwortete er. »Du bist manchmal weit weg. So weit wie sonst nicht. Wie noch nie. Und es gibt da immerhin noch das Misthaufengeheimnis. Du hast mir nie befriedigend erklärt, was an dem Abend passiert ist.«

»Wenn ich's doch nicht weiß! Was glaubst du denn, was an dem Abend passiert ist? Du hast doch einen Verdacht. Sag ihn. Du bist es doch, der Sachen verschweigt.«

»Ich weiß es nicht«, antwortete Tom. »Aber du bist nicht der Typ, der am Ende eines Abends auf einem Misthaufen liegt. Auf einer kleinen Serviererin, bitte sehr. Wir sind ja nachts auch schon in Swimmingpools, Eislöcher und Weinkeller eingestiegen.«

»Vergiß den Imbiß nicht, den wir damals in Duisburg auf den Haken genommen haben.«

Tom schmunzelte. Wir hatten damals in gehörig alkoholisiertem Gesamtzustand den Wagen in einen Park gefahren, den Grill angeworfen, Würste drauf, und in dieser Nacht hatten alle Stadtstreicher Duisburgs eine ganz, ganz heiße Adresse weitergesagt.

»Ich verschweige dir nichts«, sagte ich und wußte, daß es wie ein pflichtschuldiges Statement klang. »Ich hatte einfach zu wenig geschlafen, der Schock mit der Schießerei vor dem Schloßtor, und dann dieser Vortrag des Heimatforschers. Mir fällt ein, ich habe einen Tomatensaft getrunken. Vielleicht war da was drin.« Ich sah Tom an. »Klingt nicht überzeugend, wie?«

»Wir müssen uns jedenfalls absprechen«, sagte Tom. »Mehr reden. Ich will nicht das Gefühl haben, daß irgendwas gärt. Das macht mich rasend.«

»Ich verstehe. Du willst einen Freund an deiner Seite haben, der direkt aus Robin Hoods Mannschaft stammen könnte. Ist es so?«

»Warum nicht Robin Hood persönlich?«

»Dieses Unglück muß etwas sein, was hier passiert«, sagte ich zum Computerbildschirm. »Vielleicht hat es doch etwas mit dem Oktoberfest zu tun. München gehört ja sicher noch zum Dunstkreis mit dazu.«

»Gegen wen spielen die Bayern heute eigentlich?«

Toms Frage war ganz beiläufig gekommen. Aber im nächsten Moment knickten die vier Masten der Flutlichtanlage um, rissen knirschend die Stahlseile des Stadiondachs, und 20000 Sportfreunden fiel der Himmel auf den Kopf. Vielleicht auch 70000. Wer nicht sofort k.o. ging, hatte gute Karten, in der folgenden Panik totgetrampelt zu werden.

»Gegen wen spielen die Bayern heute?« fragte Tom noch einmal.

»Egal«, antwortete ich leise. »Es ist 17 Uhr. In einer Viertelstunde ist das Spiel vorbei – falls es nicht schon längst vorbei ist. Abpfiff.«

Tom blickte hoch. »Laß das sein«, sagte er sanft. »Wenn du so denkst, lauert die Katastrophe überall. Das macht dich kaputt.«

»Hoffentlich nur mich«, sagte ich und suchte gereizt

nach einer Möglichkeit, den verdammten Computer auszuschalten. Es gelang mir nicht. Warum fand ich den Schalter nicht?

Tom sprang vor Schreck auf. Ich wog den Stuhl in beiden Händen und tat so, als hätte ich nicht soeben das Fußteil in den Bildschirm gestoßen.

»So geht's natürlich auch«, murmelte er. »Wie schaltest du bei euch zu Hause eigentlich den Fernseher aus? Mit einer Kalaschnikow?«

Tom betrachtete neugierig das Computerleben hinter der zerschlagenen Maske.

»Ich bin sauer.«

»Das merkt man. Komm, wir gehen. Oder möchtest du noch was kaputtschlagen? Den Rollschrank vielleicht?«

Ich betrachtete den Kandidaten. Er war schon so alt, vielleicht älter als ich. Also praktisch eine Antiquität.

»Vor 20 Jahren hätte ich jetzt gesagt: Ich brauche eine Frau«, knurrte ich.

»Und was sagst du im fortgeschrittenen Alter?«

»Zwei Frauen.«

Lachend kletterten wir auf den Bahnsteig zurück. Ich sah sofort die beiden Frauen, die hinten über die Schienen liefen. Sie waren zwischen den Güterwagen und den Personenzugwaggons unterwegs.

»Da sind welche«, rief ich. »Und die fragen wir jetzt.«

»Was denn?« rief Tom, denn ich war bereits gestartet.

»Das überlege ich mir unterwegs.«

Ich hörte, wie er hinter mir Fahrt aufnahm.

»Halt! Wartet!« rief ich der Frau nach, die kurz auftauchte, wieder verschwand. Sie wartete auf mich und sagte zur Begrüßung:

»Warum soll ich nicht warten? Ich habe ja hier zu tun.«

»Ach ja? Und was?«

Sie wies stumm zur Seite. Der offene Pkw-Anhänger stand dicht an den Schienen. Er war mit Möbeln und Kartons bestapelt. Zwischen dem Anhänger und einem Güterwagen pendelten drei Menschen, eine Frau, zwei Männer. Sie kümmerten sich nicht um uns, trugen mit gleichbleibender Geschwindigkeit Stühle und Kartons in den Güterwagen. Es war ein Waggon in einer Reihe von 15 oder 18 gleich aussehenden Waggons, diese dunkelrotbraunen Wagen mit dem gerundeten Dach, die seit Jahrzehnten durch Europa rollen.

»Wo soll's denn hingehen?« fragte ich. Tom stand neben mir, als die Frau antwortete:

»Sind Sie die Chronisten?«

»Gut, also keine Antwort«, resümierte ich und lachte bitter. »Wieder keine Antwort. Ist auch besser so. Wahrscheinlich kriege ich vor Schreck einen Schluckauf, wenn ich eines Tages eine Antwort kriegen sollte.«

»Gegen Schluckauf hilft ein Eßlöffel Zucker«, sagte die Frau freundlich. Das war ein weiterer Grund für meine Gereiztheit: Diese Menschen waren ja so bieder und nett. Sie heuchelten nicht und logen nicht, sie antworteten lediglich nicht auf bestimmte Fragen.

»Fehlt Ihrem Freund was?« erkundigte sich die Frau mit freundlicher Besorgtheit bei Tom.

»Und Ihr Haus?« fragte er. »Haben Sie einen guten Preis dafür gekriegt?«

»Wehe, Sie beantworten die Frage«, knirschte ich. »Wenn Sie mir nicht antworten, brauchen Sie ihm auch nicht zu antworten.«

»Dann ist es ja gut«, sagte sie lachend und wollte sich schon ihren Leuten zuwenden, als Tom noch fragte:

»Der Bahnhof, warum ist er geschlossen?«

»Weil von diesem Bahnhof nur noch ein einziger Zug abfährt.«

»Was für ein Satz«, sagte ich. »›Weil von diesem Bahnhof nur noch ein einziger Zug abfährt.‹ Wie gemeißelt steht er da, der Satz, und keinen Sinn enthüllt er uns.«

Tom klopfte mir lachend auf die Schulter. Die Euphorie kehrte zurück, ich spürte sie in den Lenden. Es war nicht die Sehnsucht nach Ricarda, es waren Lust und Vorfreude auf Ruhm. Ich mußte lernen, die Dinge positiv zu sehen. Jede Begegnung mit Einheimischen war für meine Story Gold wert. Diese lakonischen Dialoge hätte ich nie erfinden können. Hätte ich es, wäre ich nicht Reporter geworden, sondern Schriftsteller. Die Wortwechsel bauten Spannung auf, eine herrlich nervtötende Vorlust. In den Hoden der Leser mußte es kochen, wenigstens bei den männlichen Lesern. Ich überlegte noch, wo ich weibliche Leser packen könnte, als vor dem Bahnhof Stimmenlärm ertönte. Eine Frau regte sich auf, ein Männerbaß gab die zweite Stimme, dazu brummte ein Motor, ein unkultivierter Diesel. Wir verließen die Gleise.

Ich erblickte die Frau und wußte sofort, daß sie beim Fernsehen oder in einer Zeitungsredaktion arbeitete. Sie war dieser Typ, der sich im Alter von Mitte dreißig entscheidet, nie vierzig zu werden, nie mehr als fünfzig Kilo zu wiegen und nie einem Mann das letzte Wort zu lassen. Sie sah aus, als wäre sie in einem früheren Leben eine Mumie gewesen: viel zu mager, viel zu hager, kein Arsch im Rock und die Gesichtshaut entsetzlich straff über die Knochen gespannt. Die Frau stand vor einem VW-Bus und erzählte einem Mann, was sie von ihm hielt. Der Mann hörte ihr geduldig zu, während eine zweite Frau dem VW-Bus eine Reisetasche entnahm. Sie wollte an uns vorbei Richtung Innenstadt, und ich fragte:

»Wo kommen Sie denn her?«

»Na, der Zug fährt doch nur noch bis Kaufbeuren. Da müssen wir in den Bus umsteigen.« Die Frau wies auf die Hagere und sagte:

»Sie hat sich die ganze Fahrt über aufgeregt.« Dann verließ sie uns. Ich ging zum Bus. Die Hagere war mit einer Nagra unterwegs. Eine bessere Tonbandmaschine findet man schwer. Ich nahm Nagra und türkisfarbene Reisetasche sowie eine kleinere Tasche aus dem Bus. Die Hagere rief gerade dem Einheimischen zu:

»Als wenn man hier nicht willkommen ist. Ich denke, Sie sind so wild auf Touristen.«

Der Einheimische blickte mich über die hagere Schulter hinweg an, und in seinen gutmütigen Augen las ich eine Bitte. Sie lautete: Befreie mich von diesem Drachen. Ich wandte mich an die Frau:

»Können wir Sie in der Stadt absetzen?« Der Fahrer nutzte die Gelegenheit, um mit seinem Wagen zu flüchten. Die Hagere schaute mich aufgebracht an, registrierte dann, daß ich ein ganz charmanter Bursche war, und verfiel schlagartig in eine Kleinmädchenattitüde, für die sie 30 Jahre zu alt war.

»Daß es hier noch nette Männer gibt«, sülzte sie.

Ich bat sie in den BMW, die Hagere stutzte.

»Kleiner Unfall«, sagte ich leichthin. Keiner wollte freiwillig hinten sitzen, alles glänzte vor Nässe. Tom war dann so nett, weil ich fixer hinters Lenkrad kam. Die Hagere hatte auch hagere Knie, dafür war sie ungemein gepflegt, hatte sich wahrscheinlich alle Schweißdrüsen herausoperieren lassen. Sie nannte uns den Namen ihres Gasthofs, es war unser Quartier. Beim Verlassen des Bahnhofsgeländes kam uns wieder ein kleiner Lkw entgegen, den ich für einen Umzugswagen hielt.

Die ersten beiden Lokale, die wir passierten, hatten geschlossen. Auf den Straßen waren Touristen unterwegs. Ich verstand keine Worte und Sätze, doch der Tonfall war über jeden Zweifel erhaben: Sie waren schlechtgelaunt, und es hatte etwas mit Füssen zu tun. Die Hagere roch gleich den Braten mit den geschlossenen Lokalen und fragte aufgebracht:

»Spinnen die hier alle? Wenn sie keinen Wert auf Touristen legen, können sie's laut sagen. Dann kommen wir einfach nicht mehr her.«

»Sie sind aber doch beruflich hier«, sagte ich ihr auf den Kopf zu. Angesichts des Tonbands war Leugnen sinnlos. Sie hieß Sylvia Pellegrino. Ihr Vater sei Sizilianer gewesen, ihre Mutter eine Norddeutsche, die genau einmal zuviel Urlaub in Italien gemacht habe. Mehr erfuhren wir über ihren Vater nicht, aber das reichte ja auch. Die Pellegrino arbeitete beim Hörfunk in Hannover »und zwar beim richtigen«, wie sie betonte, womit sie uns sagen wollte, daß sie beim öffentlich-rechtlichen Staatssender beschäftigt war und nicht bei der privaten Konkurrenz. Ihre Abteilung war das Feature, und nach Füssen sei sie gekommen, um sich mit einem jungen Mitarbeiter zu treffen. Ich machte eine Bemerkung über den Segen von Dienstreisen, sie stellte sofort klar, daß sie lediglich berufliche Interessen hergeführt hatten und keineswegs die Aussicht auf ein schönes Wochenende.

»Warum kommen Sie dann am Wochenende?« fragte Tom von hinten. Wenn er sich bewegte, gluckste es.

»Mein Gesprächspartner hatte vorher keine Zeit«, antwortete sie wichtig. Wir erreichten den Gasthof, ließen die Pellegrino aussteigen. Das letzte, was ich von ihr hörte, waren die Worte:

»Ich muß mich erst etwas frisch machen.« Die Frau war nicht ohne Reiz. Hätte es Ricarda nicht gegeben, hätten wir ihr vielleicht hinterhergeschaut.

5

»Eine Rundfunkjournalistin«, sagte ich nachdenklich.

»Warum soll sich unter 10000 Besuchern am Tag keine Journalistin befinden?« fragte Tom. Er stand neben dem Wagen und ließ seine feuchte Rückseite von der Abendsonne bescheinen. »Da finden sich sogar Schlachter und Berufspolitiker drunter.« Er sah mich an und lachte: »Der Herr wittert die Konkurrenz.«

Er bestand dann darauf, mit mir die Hauptstraße einmal hinauf- und hinabzugehen, um wieder trocken zu werden. Die Stimmung in den Straßen war schlecht. Überall wurde über mangelhaften Service in den Lokalen und über kurzfristige Schließungen geschimpft. Die Straßen wimmelten von Menschen, aber es war nicht die ausgelassene Stimmung eines lässigen Herbsttages. Dazu wurde zu oft und lautstark räsoniert. Tom und ich sprachen auf diesem Rundgang nicht viel. Uns sprang die Größe des geheimen Unternehmens an. Um uns herum wurden massiv Zelte abgebrochen. Dabei wäre es ein leichtes gewesen, den Umsatz dieses schönen Wochenendes noch mitzunehmen und erst danach die Klamotten zu packen.

»Guck dir das an«, sagte ich. Die jungen Bäume in der Fußgängerzone waren über Nacht gelb und fleckig geworden. Büsche und Sträucher in den Waschbetonkübeln wirkten schlapp und krank.

Ich hatte schon längere Zeit das Knattern gehört, doch Tom mußte mich darauf hinweisen, wer mit dem Mofa Slalom durch die Fußgängerzone fuhr. Es war die patzige Bea, wie üblich ganz in Schwarz, wie üblich sehr reizvoll, wie üblich sehr radikal, auch in der Fahrweise. Sie sah uns nicht, das gab den Ausschlag. Endlich erhielten wir Gelegenheit, ins Sozialleben der jungen Frau einzusteigen, die zu den Eingeweihten gehörte, die ich aber für die Opposition innerhalb der Eingeweihten hielt. Wir eilten zum Wagen zurück, verloren währenddessen Bea natürlich aus den Augen. Aber die Zahl der Ausfallstraßen war beschränkt. Tom hatte ein moralisches Anrecht auf den Fahrersitz erworben. Im Wagen roch es nicht nur nach Feuchtigkeit, sondern auch nach dem säuerlichen Parfüm der Pellegrino, die sich mit einem jungen Mann treffen wollte, der nur am Wochenende konnte.

»Vielleicht, daß wir mal wieder etwas Benzin in den Tank gießen«, sagte Tom, als er Richtung östliche Ortsausfahrt jagte. Die Straßen waren dicht, viel dichter als für einen Verfolger gut war. Doch hatte das Erlebnis vom Vormittag Toms Skrupel wohl endgültig beseitigt, denn er ging rüde mitten auf die Gegenfahrbahn, um an der Ampel der erste zu sein. Rechts von uns herrschte geballte Aggressivität, ein Mittelklassewagen scherte wütend aus und versuchte uns am Heck zu erwischen. Dann waren wir aus dem Schlimmsten raus, Tom wählte die Straße Richtung Neuschwanstein. Das hätte ich auch getan, so brauchten wir uns nichts vorzuwerfen, falls es die falsche Wahl gewesen sein sollte.

Aber es war die richtige. Bea knatterte Richtung Schlösser und fuhr so weit in der Mitte, daß sich hinter ihr ein Pkw-Pulk aufbaute. Tom hielt Abstand, unser Wagen war für eine unauffällige Beschattung so gut geeignet wie ein goldener Ferrari.

Unterhalb von Neuschwanstein bog Bea links ab, das war die Richtung nach Schwangau.

»Vielleicht hat sie einen kleinen Freund«, vermutete Tom.

»Heißt Hasso und ist von Beruf Kampfhund.«

»Ist doch niedlich, so ein widerborstiges Wesen bei einer Frau.«

»Aber nur im Kino, Tom«, sagte ich. »Nur im Kino.« Ich lauschte dem Klang meiner Worte und kam mir so alt vor, wie ich war. Nicht mal mehr zu ordinärer Lüsternheit wollte es reichen. Meine nächste Lüsternheit mit Ricarda mußte ich unbedingt in der Schlafkirche Ludwigs zelebrieren. Ricarda würde vor Lust mit beiden Fäusten gegen meine stahlharte Brust schlagen, und ich würde zwischendurch immer wieder aufspringen, um mich durch Faustschläge an die Wände davon zu überzeugen, daß wir es nicht in einem Pappkarton trieben.

»Menschenskind, Menschenskind.« Tom meinte die Bäume an der Straße. Ich hielt den Mund, mir fiel dazu nichts mehr ein. Der Virus oder Pilz hatte mit Sicherheit schon länger in den Bäumen gesteckt, wir waren nur zufällig Augenzeugen, wie die Krankheit ihr Erscheinungsbild veränderte.

»Fotografier das«, sagte ich.

»Ich werde mich hüten«, entgegnete Tom. »Dann glaubt doch jeder, daß ich ein Vierteljahr an der Story gearbeitet habe. Auf den ersten Bildern sind die Bäume nämlich noch alle sattgrün.«

In Schwangau bog Bea rechts ab, das hatte ich nicht auf der Rechnung gehabt.

»Jetzt kassiert sie vom Campingplatzpächter Schutzgelder«, behauptete Tom. Er ließ den Wagen auf dem Parkplatz stehen, fischte Fernglas und Kamera vom Wagenboden und war bereit. Einen Anhaltspunkt, zu wem Bea wollte, besaßen wir nicht.

»Wenn man weiß, daß du keinen Dachschaden hast, kommt man leichter auf die Idee, daß dein Gesichtsausdruck Nachdenken symbolisieren soll«, sagte Tom neben mir. Ich schreckte auf und erkannte, daß ich sekundenlang abgedriftet war.

»Sie will zu Reimann«, behauptete ich.

»Woher weißt du das, und wer ist Reimann? Unser Bankier heißt Rey.«

»Ich dachte, das wäre geklärt.«

Wir hatten uns links, also nördlich, gehalten und befanden uns oberhalb des silberfarbenen Wohnwagens. Auf den Parzellen herrschte feierabendliches Treiben. Wer nicht faul auf zusammenklappbaren Stühlen saß und Zeitung las, war mit der Zubereitung des Abendessens beschäftigt. Wir erkannten schnell, daß wir nicht dicht genug an den silbernen Wagen herankommen würden. Wir sahen auch, daß Bea vor dem Eingang des Wagens eifrig oder aggressiv mit dem weißhaarigen Besitzer sprach. Es war gut, das zu wissen. Es wäre schöner gewesen, etwas mehr zu wissen. Ich überlegte noch, ob wir wieder die Tour mit unserer Chronisteneigenschaft probieren sollten, da schritt Tom bereits auf einen verdutzten Camper zu, dem er die Fabel von unserer Story für ein großes deutsches Boulevardblatt erzählte, das auf jedem zweiten Campingtisch lag. »Wir testen Campingplätze«, behauptete Tom, »die schönsten fotografieren wir. Natürlich besonders gern die liebevoll gepflegten Grundstücke.« Damit meinte er das schwer erträgliche kleinbürgerliche Ambiente dieses Campers mit elektrisch betriebenem Kleinstspringbrunnen und einem Rudel Terrakottarehe. Der Camper war entzückt und ging gleich seine Frau holen. Tom und ich schlichen über die Parzelle dichter zum Bankier aus Zürich. Die Springbrunnenparzelle war an drei Seiten mit serbischen Fichten bepflanzt. Sie lieferten uns den Schutz, den wir brauchten.

». . . könnt ihr nicht machen«, sagte Bea.

»Es ist beschlossen«, entgegnete Rey mit der gelassenen Schweizer Beimischung im Tonfall, die einen aufgebrachten Menschen zuverlässig weiter hochbringt.

»Aber es ist rücksichtslos.«

»Es ist beschlossen.«

»Ich finde das nicht gut.«

»Das, entschuldigen Sie, liebes Fräulein, ist Ihre private Meinung. Das ist nicht die Meinung des . . .«

»Weiß ich ja. Einer versteckt sich hinter dem anderen, und am Ende ist alles kaputt.«

»Das ist das falsche Wort. Wo das Neue entstanden ist, darf das Alte absterben. Wir machen den sauberen Schnitt. Das ist auch die Meinung des . . .«

»Aber es ist keine Zeit mehr, das alles zu diskutieren. Jeden Moment kann es soweit sein.«

»Liebes Fräulein . . .«

»Ich bin nicht Ihr liebes Fräulein.«

»Ich beginne mich zu fragen, ob es richtig war, Sie einzuweihen.«

Bea lachte. »Das hättet ihr euch eher überlegen müssen. Aber ich hätte es sowieso rausgekriegt. Oma kann den Mund nicht halten. Und ohne Oma hättet ihr es nicht geschafft.«

Rey schwieg, und Bea fuhr fort, wobei mir ihre Stimme weniger aggressiv, dafür werbend vorkam: »Was wir wollen, ändert doch nichts am Plan. Die neue Heimat ist auch meine Heimat. Wir wollen nur nicht, daß die Schätze . . .«

»Fräulein Beatrice, ich weiß nicht, warum Sie mit Ihren Einwänden zu mir kommen.«

»Weil Sie das Geld . . .«

»Bitte nicht in diesem Ton und nicht dieses Thema«, unterbrach Rey eindringlich. »Haben wir uns verstanden?« fragte er, und seine Stimme war nicht nur eindringlich, sondern gefährlich ruhig.

In diesem Moment näherten sich Schritte. Tom und ich gingen in volle Deckung, indem wir uns dergestalt hinter die Fichten hockten, daß wir von Rey durch das vordere Ende des Wohnwagens getrennt waren. Schon an seiner Art, die Füße zu setzen, erkannte ich Osten, den Lebensgeführten des Exbankiers. Hippo-Grypho ging anders, flacher, leise, unmilitärisch.

Osten: »Sieh mal an. Der Gegner schickt seinen Abgesandten.«

Bea: »Wenn Sie mich anfassen, zerkratze ich ihr Gesicht.«

Rey: »Freunde, ich bitte euch sehr. In den letzten Stunden ... Es tut mir leid, daß Sie dies miterleben müssen, Rasani.«

Hippo-Grypho: »Ich wundere mich nicht. Bei der Größe unseres Unternehmens wären auch weitergehende Irritationen nur normal zu nennen.«

Bea: »Ihr sollt nicht alles kaputtmachen.«

Osten: »Misch dich nicht in Dinge ein, die Erwachsene beschlossen haben.«

Bea: »Was wollt ihr denn ohne uns Kinder machen? Euch Nachwuchs aus den Rippen schneiden?«

Osten: »Nun, für die Verantwortung der Mutterschaft bist du ja wohl noch nicht reif.«

Bea: »Versuch's doch mal. So wie du mich ständig anguckst ...«

Rey: »Nun hört aber auf.«

Osten: »Das ist eine absurde Unterstellung. Ich versichere als Offizier und Ehrenmann ...«

Rey: »Fräulein Beatrice meinte, das sensible Thema Geld ansprechen zu müssen.«

Hippo-Grypho (höchst alarmiert): »Wieso? Was ist mit dem Geld? Ist irgendwas mit ...?«

Rey: »Beruhigen Sie sich, lieber Rasani. Ich versichere Ihnen, es ist alles wohl vorbereitet.«

Hippo-Grypho: »Es darf nichts mit dem Geld schiefgehen. Das wäre eine Katastrophe.«

Rey: »Aber wenn ich Ihnen doch sage ...«

Osten: »Zeig's ihm. Diese Naturmenschen müssen Dinge anfassen können, ehe sie überzeugt sind.«

Rey: »Das werde ich nicht tun.«

Bea: »Warum denn nicht? Heute abend müßt ihr doch sowieso beweisen, daß ihr ...«

Rey: »Schluß jetzt!«

Bea: »Dann mache ich das eben selbst. Das ist ja nicht sch . . .«

Drüben wurde gerangelt. Bea quiekte, Osten grunzte, und hinter uns erklang eine stolze Männerstimme:

»Guck, Mutti, hier sind die beiden Herren von der Bildzeitung.«

Wir sprangen auf, lernten Mutti kennen, die gleich ihre Freundin zu Hause anrufen wollte, um sie aufzufordern, die Bildzeitung zu kaufen. Sie begriff nur nicht, daß wir ihr nicht verbindlich sagen wollten, an welchem Tag der Artikel über ihre Parzelle erscheinen würde. Während dieser quälend verlogenen Dialoge drängten wir das Paar von Reys Grundstück ab. Wir mußten dann nur noch die Einladung zum gemeinsamen Abendessen ablehnen. Tom hielt seine Kamera wahllos auf alle Scheußlichkeiten, nicht einmal beim Ablichten der häßlichen Rehe zitterten ihm die Hände. Zum Abschluß vergatterte ich unsere stolzen Camper zu unbedingtem Stillschweigen:

»Es ist wegen der Exklusivität, Sie verstehen?« Sie nickten, ergriffen von heiligem Ernst. Zum Abschied horchte ich sie noch ein wenig aus. Der Nachbar aus der Schweiz wurde wegen seines Fahnenmasts von allen bewundert. Allerdings hätten die meisten lieber eine deutsche Fahne dort flattern sehen.

»Aber Schweiz und Deutschland, das ist ja einerlei«, behauptete der Camper und bewies lächelnd, daß alle Ängste des Auslands vor großdeutschen Gelüsten eher noch untertrieben waren. Rey hatte den Platz schon bewohnt, bevor unsere Camper vor acht Jahren mit der Umwandlung ihres Stückchens Natur in einen Campingplatz begonnen hatten. Sie kannten einen Mitcamper, der seit 18 Jahren auf diesem Platz lebte. Der hatte zu berichten gewußt, daß Rey bereits damals seinen silbernen Wagen aufgebockt hatte.

»Aufgebockt!« rief der Camper. »Diese Rakete von Wagen ist seit 20 Jahren keinen Meter mehr gefahren. Eine Sünde und Schande ist das, wenn Sie mich fragen. Aber das hört ja nun auf. Er ist endlich schlau geworden.«

Es fiel mir schwer, Camperlogik und Camperwelt auf die Schnelle mitzubekommen. Tom fiel es leichter, er war fähig, sachdienliche Zwischenfragen zu stellen:

»Was tut er denn, der Schweizer?«

»Er will fahren«, behauptete der Camper, während seine Frau schon zum fünften Mal »Unser Wagen ist völlig ausreichend« murmelte. Ihr Wagen war, wiewohl nicht mickrig, gegen Reys Koloß ein Fliegenschiß. »Ich habe ihm geholfen, die Stützen wegzuschlagen«, fuhr der Camper fort. »Waren völlig eingerostet im Lauf der Zeit. Ohne Hammer ging da nichts mehr.«

»Wo will er denn hin, der Schweizer?«

»Das sagt er nicht. Die Schweizer reden ja nicht viel. Und wenn sie viel reden, ist es dummes Zeug. Aber ich glaube, er hat eine größere Tour vor sich. Die Schwuchtel hat auch gesagt ...«

»Die was bitte?«

»Die Schwu... also, der andere ältere Herr mit der andersgearteten sexuellen, also einer, der lieber ...«

»Ach, die Schwuchtel«, half ich weiter. Er nickte erleichtert und sagte:

»Also der Freund, der kein Schweizer ist, das nur am Rande, der packt wohl auch. Aber die haben es ja einfacher als wir. Bei uns fehlt es immer an Stauraum. Nicht wahr, Mutti, ist doch so.«

Und während Mutti erneut ihr »Ich finde unsern Wagen groß genug« murmelte, sagte ihr Gatte: »Was die allein unten drunter an Reserve haben, ich kann Ihnen sagen ...«

»Wo drunter?«

»Wo drunter? Na unter dem Wagen, haben Sie das nicht gesehen? Diese Wanne auf ganzer Länge, das hat der sich nachträglich einbauen lassen. Beim Weghauen der Stützen habe ich die Schweißnaht gesehen. Sauber, Schweizer Wertarbeit. Das sollte sich mal meine Werkstatt angukken.« Beim Gedanken an seine Kfz-Werkstatt überfiel ihn Grimm. Er schwieg verbittert. Mir war auch aufgefallen, wie tief Reys Wohnwagen lag. Kurz vorher hatte ich ja in

Hohenschwangau den Reisebus gesehen, dessen Laderaumklappen fürs Bunkern der japanischen Koffer offengestanden hatten.

Wir schlugen eine letzte Einladung zum Abendessen aus und flohen. Da wir aus der anderen Richtung kamen, wäre ein Treffen mit Bea nicht besonders peinlich gewesen.

Tom fuhr vom Platz auf die Bundesstraße Richtung Neuschwanstein. Er nahm den ersten Wiesenweg links, fuhr einige Meter ins Grüne und stellte den Motor ab. Vor uns lag in der schnell hereinbrechenden Dämmerung das Schloß.

»Was wollte uns dieser Streit nun sagen?« fragte Tom. Ich war schon dabei, das Wichtigste schriftlich festzuhalten, denn in den ersten zehn Minuten vergesse ich immer am meisten. Danach kaum noch etwas, aber der Rest ist dann auch nicht mehr groß.

»Der Offizier hat Bea als Gegnerin bezeichnet.«

»Das meinte der als Spaß. Militaristenhumor ist doch das kaputteste in dieser Richtung.«

»Bea stand auch eben wieder allein gegen alle. Das kann nicht nur daran liegen, daß sie sich in der Rolle der Minderheit gefällt.«

»Und sie warten alle auf etwas. Auf X.«

»Und sie sind sicher, daß es sie selbst nicht das Leben kosten wird. Auch Bea ist sicher. Jedenfalls hat sie das eben nicht als Argument benutzt, während die letzten Worte von Kuno vor dem Schloß . . .«

»Sag sie nicht«, bat ich. »Nichts ist mir gegenwärtiger.«

»Also lernen wir daraus folgendes: Bea ist eine Eingeweihte, die mit einem Teil des Geheimnisses konform geht, mit einem anderen Teil nicht. Dieser andere Teil hat mit Zerstörung zu tun.«

»Wieso?«

»Sie hat sinngemäß gesagt: ›Ihr dürft nicht alles kaputtmachen.‹«

»Aber sie hat in dem Zusammenhang nichts von Toten gesagt.«

»Hat sie nicht. Was lernen wir daraus?«

Ich rieb mir die Schläfen. »Es gibt also ein Geheimnis. Das ist komplex, besteht aus mehr als einem Stück, zum Beispiel aus zwei. Eines akzeptiert Bea, eines nicht.«

»Ja, ja. Aber wie passen die Toten da rein? Die Katastrophe?«

»Das könnte ein weiterer Teil sein. Nicht das eigentliche Geheimnis, sondern die ... die Vorspeise. Eine Randerscheinung.«

»Und warum erwähnt Bea das nicht, wenn sie doch so hochmoralisch ist?«

»Erwähnen kann man nur, wovon man weiß.«

»Macht Sinn. Es gäbe dann die Eingeweihten und innerhalb dieses Kreises einen kleinen Zirkel, der mehr weiß als die anderen.«

»Einige sind gleicher als die Gleichen.«

»Genau. Das wäre dann wie im normalen Leben. Guck!«

Die Schloßbeleuchtung tauchte Neuschwanstein in weißes Licht. Plötzlich hatte die Dämmerung ein strahlendes Zentrum, das den Blick ansaugte.

»Was hat der Verwalter gesagt, wie viele Familien auf dem Schloß wohnen?«

»Drei«, sagte Tom. »Alle vorn im Tortrakt. Die muß ich natürlich auch noch fotografieren. Wenigstens eine.«

»Was tut man abends, wenn man im Schloß wohnt?«

»Man guckt sich Gruselfilme im Fernsehen an, die in alten englischen Schlössern spielen.«

Plötzlich erlosch die Schloßbeleuchtung. Sie erlosch so lange, wie wir brauchten, um uns gegenseitig darauf hinzuweisen. Dann sprang sie wieder an.

»Was war das?« fragte ich.

»Vielleicht ist die Beleuchtung mit einem Dämmerungsmelder verbunden. Dann kann es schon mal vorkommen, daß das Abendlicht praktisch auf der Kippe steht, so daß es für Sekunden eine Winzigkeit heller wird, bevor es wieder dunkler wird.«

Ich wußte, was er meinte. Ich war dabeigewesen, als Tom in der Dämmerung eine Autobahntankstelle fotografieren wollte. Wir hatten auf einer 30 Meter entfernten Brücke gestanden und auf das Einschalten der Beleuchtung gewartet. Die linksseitige, östliche Tankstelle schaltete sich ein, doch die Schwestertankstelle auf der anderen Autobahnseite folgte ihr nicht. Sie tat es einfach nicht, und auf uns wartete in Frankfurt das Flugzeug, das wir unbedingt kriegen mußten. Damals war das östliche Licht wieder ausgegangen und angegangen, die Dämmerung war einfach nicht über die sechsspurige Autobahn gesprungen.

»Steck dir heute abend genügend Filme ein.«

»Ich stecke immer genügend Filme ein. Aber ich habe das Gefühl, daß du sehr wenig schriftlich festhältst.«

Ich zog sofort wieder meinen Block aus der Hemdtasche, um Tom das Gegenteil zu beweisen. Es war nun schon fast finster, und ich mußte den Block schräg halten. »Guck her«, sagte ich, »der Reporter in Aktion. Rednertribüne und Startrampe. Herrscher hebt ab, die Lichter am Körper, Hunderte. Drei Pfauen, Flügel gefesselt, Flügel bereit.«

»Du sollst mir nicht vorlesen, was du vorm Einschlafen an Lyrik verzapfst, sondern harte Facts.«

»Ja, ich weiß auch nicht«, sagte ich hilflos und wendete den Block hin und her. Nun schaltete ich doch die Innenbeleuchtung an und hielt die Seite dicht an die Lampe. Die Schrift sah aus, als wäre ... aber das konnte nicht sein, ich besaß seit 20 Jahren keinen Füller mehr. Und doch ...

»Und was war das nun?« fragte Tom. Mir wäre bedeutend lieber gewesen, er hätte das Thema nicht mehr angesprochen.

»Das war Unterfutter«, murmelte ich. »Wenn die Gedanken abfliegen.«

»Dann paß bloß auf, daß du oben nicht mit deinen Pfauen zusammenstößt.« Ich blätterte weiter. Auch die nächste und übernächste Seite in dieser blauen Schrift, die nicht von mir sein konnte. Es ging um Fotoapparate, um viele Fotoapparate, viel mehr, als Tom dabeihatte. Und wer war Albert? Kein Schloßführer hieß Albert, kein Mitglied der Privatpolizei oder Hotellerie hieß Albert. Ich steckte den Block ins Hemd zurück, und Tom sagte, wobei er fortgesetzt auf das Schloß blickte:

»Eins Komma vier Millionen Besucher jedes Jahr. Das muß man sich mal vorstellen. Das ist eine Institution. National, international. Ich glaube, ich kapiere jetzt erst, was dieses geschmacklose Schloß eigentlich ist.«

»Geschmacklos hast du gesagt.«

»Neuschwanstein ist etwas, wo man nicht zu genau nachfragen darf. Neuschwanstein kann Fragen nicht vertragen, Antworten demnach auch nicht, Wissen überhaupt ungern. Neuschwanstein ist Gefühl. Gefühl pur. Ein Reservat für all das, was wir seit Jahrzehnten aus unserem Alltag wegrationalisieren; weg aus der Erziehung, weg aus der Familie, weg aus dem Arbeitsleben. All das Zeug, das wir im weitesten Sinn unter ›modern‹ zusammenfassen, das alles ist Neuschwanstein nicht. Deshalb ist es so beliebt.«

»Wenn Augenmenschen philosophisch werden. Hast du's nicht ne Nummer kleiner? Oma muß am Sonntag bewegt werden, also raus nach Neuschwanstein: Mutti und Vati buchen 14 Tage Bayern mit Vollpension, da gehört Neuschwanstein dazu. Das hat keinen Inhalt, keine tiefere Bedeutung, das ist einfach eine Adresse, zu der müssen sie fahren, weil alle hinfahren.«

Tom blickte mich nur an, und ich sagte: »Ich mußte das eben so sagen, um zu hören, wie es sich anhört.«

»Und wie hört es sich an?«

»Bescheuert.«

Tom startete den Motor. »Wo mag Ludwig jetzt sein?« fragte ich.

»Keine Ahnung. So einen Eiswagen kannst du bei diesem Wetter überall abstellen, und kein Mensch ahnt irgendwas.«

»Wir hätten mitfahren sollen. Das wäre das definitive Bild: der Eiswagen in der Fußgängerzone von Füssen. Wir bringen die beiden verfeindeten Ludwig-Vereinsvorsitzenden dazu, je eine Heckklappe aufzumachen, und dann losfotografiert: Ludwig im Eis, die Gesichter der Ludwig-Fans und Ausschnitt Fußgängerzone voller Touristen und kommerziellem Schwachsinn. Wir stellen den Wagen vor so ein Devotionaliengeschäft mit Ludwig-Plakaten und Schwänen und Bierkrügen.«

»Aber das geht nun nicht«, sagte Tom, »weil der Herr Reporter unbedingt den Bahnhof knacken mußte, um einen Stuhl in den Computer zu schleudern.«

Wir hatten inzwischen Hohenschwangau erreicht, wo die Straße scharf rechts nach Füssen abbiegt. Es war 20 Uhr oder wenig später. Es war fast dunkel, der kleine Ort touristenfrei, der Parkplatz leer bis auf eine Handvoll Pkw. Wir hingen unseren Gedanken nach, und ich freute mich darauf, eine Viertelstunde auf meinem Hotelbett liegen zu dürfen. Worauf Tom sich freute, erfuhr ich nie, denn er bremste plötzlich ab und schlug, als ich mich noch fing, schon den Rückwärtsgang rein.

»Ein Schleudertrauma hat man sich schnell eingefangen«, sagte ich erbost, da bremste Tom erneut, ein hinter uns fahrender Pkw kam schnell näher, erkannte erst spät, daß wir rückwärts fuhren und wich hupend nach links aus. Möglicherweise hatten auch die weißen Rückleuchten ihren Geist aufgegeben.

»Willst du uns ...?« Aber da war Tom schon aus dem Wagen, und ich sah jetzt auch die einsame Gestalt auf dem Parkplatz. Als ich dazukam, war Sylvia Pellegrino schon dabei, sich über die Unzuverlässigkeit der Männerwelt im allgemeinen und ihres jungen Mannes im besonderen zu beklagen. Sie hatte die Nagra bei sich. Mir wäre lieber gewesen, sie hätte Ricarda bei sich gehabt, denn angesichts dieser verkniffenen Karrierefrau sehnte ich mich nach meiner weichen, warmen Geliebten.

»Eine geschlagene Dreiviertelstunde warte ich«, rief die Pellegrino.

»Weshalb verabreden Sie sich auch an so einem bekloppten Ort?«

»Er hat den Treffpunkt vorgeschlagen. Ich dachte, er kennt sich aus.«

»Männer«, sagte Tom, und sie hatte schon genickt, bevor sie die Ironie auf der Haut spürte.

»Können wir Sie irgendwohin fahren, oder wollen Sie noch ein Dreiviertelstündchen warten?« fragte ich. Sie ergriff die Bandmaschine und war reisefertig. Genau in diesem Moment, als die Pellegrino das Tonband hob und ich anbot, es ihr zum Wagen zu tragen, bog ein Mofa, von Schwangau kommend, am Parkplatz um die Ecke und fuhr in Richtung Füssen weiter. Ihm folgte ein zweites Mofa. Auf dem ersten saß Bea, auf dem zweiten saß ein Junge. Ich hätte keine Unsummen gewettet, aber ich hatte doch das Gefühl, Stefan erkannt zu haben, Stefan Planer, den unglücklichen Bruder von Kuno, der in meinen Armen gestorben war.

»Tom, wir sollten sofort ...«, sagte ich, als ebenfalls von Schwangau kommend, ein Passat um die Kurve bog. Äußerlich der Inbegriff von Durchschnittlichkeit, aber die Besatzung war vom Feinsten: Rechts vorn saß Hippo-Grypho, rechts hinten saß Bankier Rey. Wer am Steuer saß, konnte ich nicht erkennen. Aber daß der Passat langsamer fuhr, als es von den Straßenverhältnissen her nötig war, das erkannte ich. Kein Zweifel: Sie folgten den beiden Mofas.

»Tom!« rief ich. Tom kapierte. Die Pellegrino stand zwischen uns und wunderte sich. Leider war sie wegen ihres Berufs exakt die Person, in deren Anwesenheit ich keine Silbe herauslassen konnte. Keine Silbe, der Preis war zu hoch.

So schnell war die Pellegrino wohl in ihrem ganzen Leben noch nicht nach Hause gebracht worden. Sie sagte nur einmal »Hui«. Das war nach 20 Metern, als sie Toms Beschleunigung kennenlernte. Doch suchte sie schnell festen Halt auf dem Beifahrersitz und sprach bis zum Gasthof nur noch die Worte »Vorsicht! Da vorne« sowie »Aber Sie können doch nicht ...« Wir überholten Passat und Mofas und luden die Pellegrino am Gasthof aus.

Tom wendete so rasend, daß ich es gerade schaffte, vom nassen Rücksitz nach vorn zu kommen.

6

Auf dem Weg aus Füssen heraus hielt uns keine Ampel mehr auf, obwohl eine es versuchte und bei allen anderen Wagen auch schaffte. Draußen ließ Tom den Wagen richtig rollen.

Wir erreichten den Campingplatz nach weniger als fünf Minuten. In fast allen Wohnwagen lief der Fernsehapparat. An den Stimmen erkannte ich, daß die meisten Apparate auf eine Show mit dem derzeit beliebtesten Clown der Republik eingestellt waren.

Einer von uns nahm die direkte Route, der andere schlug den Umweg über den nördlichen Teil des Platzes ein. Dies geschah für den Fall, daß sich später jemand daran erinnern sollte, wer alles am Abend auf den Wegen unterwegs gewesen war. Als ich das Ungetüm von Wohnwagen sah, wurde ich langsam, sehr langsam, schließlich blieb ich stehen. Exakt vor dem Wagen hielt sich ein Paar umarmt. Ich hätte Zigaretten gebraucht, um mit ihnen hantieren und glaubwürdig wirken zu können. Zum Glück hatten die beiden einen Hund dabei, und der wollte nach dem Scheißen weitergehen. An der Längsseite des Wohnwagens traf ich Tom. Jetzt erwies es sich als Segen, daß Rey eine Doppelparzelle bewohnte, wir hatten keine direkten Nachbarn. Die serbischen Fichten schützten zusätzlich.

»Wie eine Wanne«, sagte Tom, als wir vor dem Unterboden knieten. Der Wagen lag erstaunlich tief. Jetzt, wo er nicht mehr aufgebockt war, wurde beim ersten Blick klar, daß Rey über keinen Bordstein kommen würde. So wie der Wagen aussah, war er zum Stehen gebaut und nicht zum Fahren.

»Oder zum Aufbewahren«, flüsterte ich und fuhr mit einem Finger über die Schweißnaht. Sie lief in ganzer Länge um den Bauch des Wagens. Ich klopfte gegen die Wanne und war so schlau wie vorher.

»Irgendwo muß eine Öffnung sein«, behauptete ich.

»Wenn er schlau ist, ist die Öffnung innen.« Die Eingangstür war verschlossen, ich hatte nichts anderes erwartet. Aber ein Fenster war offen, zwar nur gekippt, aber besser als nichts, zumal es das Fenster an der Schmalseite war, das sich am dichtesten bei den Fichten befand.

»Wir gehen rein«, flüsterte Tom. »Ich will das jetzt wissen.«

»Da willst du durch?«

Aufgeklappt hatten wir das Fenster schnell, ich bildete aus meinen Händen eine Stufe, in die Tom stieg. Als er mit Kopf und Armen durch war, steckten die Schultern fest. Das Gequetsche begann. Tom zog sich drinnen an irgend etwas hinein, und ich drückte von außen, wobei ich ihn mehrmals an pikanten Stellen erwischte. Am unempfindlichsten war er am Hintern. Also kriegte er dort den meisten Druck von mir. Nach den Schultern bildeten die Hüften noch einmal einen Stopp. Aber Tom konnte sich nach innen ziehen. Es polterte drinnen, er war verschwunden.

»Wo bist du?« flüsterte ich.

»Im Scheißhaus.« Tom zog mich in das Wunderwerk der Sanitärtechnik auf minimaler Grundfläche. Ich öffnete die Tür zum Bürotrakt. Hier befanden sich auch die tagsüber unsichtbaren Betten. Wir wagten nicht, eine Lampe einzuschalten. Jeder Schritt war ein Vorwärtstasten. Von draußen fiel kein Tropfen Licht herein. Nur der Eingang zum Campingplatz war von Laternen erhellt, hier hinten herrschte Finsternis, eine Finsternis, die niemand kennt, der jahrelang nicht aus der Großstadt herausgekommen ist.

»Wir brauchen Licht«, flüsterte ich, nachdem wir zum zwanzigsten Mal gegen einen harten Gegenstand gestoßen waren. »Wir müssen den Zugang suchen.«

»Und finden«, flüsterte Tom. Dann brach jemand von draußen die Tür auf. Ich ließ mich vor Schreck fallen, und genau dort stand eine Sitzgelegenheit, ein Sessel. Es brauste in meinem Kopf, und das Geräusch hörte nicht auf. Fluchtimpulse, Enge, Angst vor der Enge, dann gnädiges Erkennen: Ein Aggregat war neben uns angesprungen.

Es war das Faxgerät. Als ich den roten Leuchtpunkt sah,

konnte ich das Geräusch einordnen, und alles wurde leicht. Tom tappte herum, stieß gegen Schränke oder öffnete sie. Das Fax hörte auf zu arbeiten, und plötzlich war Licht um mich. Mattes, zurückhaltendes Licht fiel aus einer Öffnung, und ich sah, daß Rey sich eine Bar leistete: mit edlen Alkoholika, Schwerpunkt Obstschnäpse und Cognac, sowie Gläsern, Knabbergebäck und Licht, einer warmen Beleuchtung des Schrankraums. Jetzt besaßen die schweren Schatten um uns Gestalt. Der voluminöseste Schatten war Tom, der am Faxgerät stand.

»Gib her«, sagte ich, weil ich mich für den Spezialisten in Sachen Fax hielt. Nach einem Blick auf die Seite war ich nicht mehr so überzeugt. Es begann damit, daß ich die Sprache nicht verstand: keine der Weltsprachen, kein Deutsch, kein deutscher Dialekt. Angefaxt worden war ein »Herr Rey«, das brachte auch keine neuen Erkenntnisse. Aber der Kopf der Seite! Nein, es war kein Briefkopf, es war eine Karte, eine Landkarte.

»Sieht aus, als wenn der Banker mit jemandem Fernschach spielt.«

»Nee, nee, Tom. Das ist was anderes. Das ist die Karte von Bayern, die ich schon gesehen habe. Die Karte, die im Speer von unserem Freund Hippo-Grypho versteckt war. Dies hier ist ein Teil davon.«

»Ach ja?« flüsterte Tom interessiert. »Also je länger ich draufgucke, desto bekannter kommt mir das vor.«

»Das soll's geben, wenn man sich was anguckt.«

»Erkennst du denn nichts?«

»Mach's nicht so spannend. Ich hasse das.«

»Hier«, er tippte auf den oberen Teil der Karte. »Wenn da Wasser wäre, weißt du, was das dann wäre?«

»Naß.«

»Füssen.«

Als er es ausgesprochen hatte, war es mir klar. Links lag Füssen, umgeben von Schwansee und Alpsee im Osten und dem größeren Weißensee im Westen. Nördlich der Hopfensee, aber das mit Abstand größte Gewässer, der Forggensee, fehlte. An seiner Stelle eine unterbrochene Linie. Vielleicht waren es Punkte oder Striche oder beides abwechselnd. Die Qualität des Fax war nicht gut. Jedenfalls hatte Tom recht: Wenn dies als Wasser, als See gedacht wurde ...

»Tom, was ist das für eine Sprache?«

»Das soll eine Sprache sein? Wo siehst du denn eine Sprache?«

Er wußte es auch nicht. Aber dann fand er etwas. Er sagte kein Wort, tippte nur mit dem Zeigefinger fortgesetzt auf die Stellen, die er meinte. Es waren die Wörter Herrenchiemsee, Linderhof und Neue Burg Hohenschwangau. Alle standen im letzten Drittel des Textes. »Nur Neuschwanstein fehlt«, flüsterte Tom.

»Das da ist Neuschwanstein«, flüsterte ich und tippte auf Neue Burg Hohenschwangau. »Neuschwanstein hieß es doch erst später. Jedenfalls nicht mehr zu Ludwigs Lebenszeit, beziehungsweise ...« Falsch, alles war falsch, die Geschichte mußte umgeschrieben werden. Ludwig war ja drei Jahre älter geworden als die Welt wußte. War er es tatsächlich? Was hatten wir heute gesehen? Die echte Leiche, den authentischen Bayernkönig oder eine Puppenshow? Spielte irgend jemand ein tolles Theater mit uns?

»Tom«, flüsterte ich. »Wie wichtig sind wir? Sind wir so bedeutend, daß die letzten Tage nur inszeniert wurden, um uns in die Blamage unseres Lebens zu treiben?«

»Das würde Diana nie machen.«

»Weiter. Jetzt kommt der Fußboden dran.«

Leider hatte Rey seine Räderwohnung mit Teppichboden geschmückt. Dicker Teppichboden, verlegt von Wand zu Wand und offensichtlich geklebt. Ich kannte solche Böden. Du mußt sie in die Luft sprengen, mit manierlichen Mitteln kriegst du keinen Spachtel zwischen Teppich und Untergrund. Zuerst versuchten wir es mit kräftigen Schritten. Irgendwo mußte der Boden anders klingen, weniger massiv. Fehlanzeige. Dann versuchten wir es durch Klopfen, erst mit der Hand, dann mit einer Flasche Marillenschnaps aus der Bar. Das tat ich so lange, bis ich zum vierten oder fünften Mal gegen den niedrigen Sessel gestoßen war.

»Hast du den Sessel wieder hingestellt?« fragte ich flüsternd. Tom war beschäftigt, und ich wunderte mich, daß der Sessel immer noch an derselben Stelle stand, obwohl ich mehrere Male ... Ich versuchte den Sessel zu verrücken, er bewegte sich nicht. Ich drückte mit großer Macht, er war unverrückbar, wie verschweißt mit dem Boden. Dann standen wir beide vor dem Sessel, Tom wollte ihn aus dem Boden reißen, aber ich untersuchte vorher den Boden und ahnte die dünne Naht im Teppich.

»Irgendwo muß ein Hebel sein, der ihn lockert«, behauptete ich. »Oder ein Knopf. Irgendwas. Los, such. Wir haben keine Zeit.«

Aber da war kein Hebel, kein Knopf, kein Schalter, nichts zum Drehen, nichts zum Drücken, keine Tastatur, keine Dioden, keine Buchsen, keine Kabelstränge, deren Verlauf man folgen konnte. Was das schrecklichste war: Natürlich wimmelte es von Hebeln und Knöpfen, aber sie erfüllten alle einen anderen Zweck in Reys durchorganisierter Wohnwagenlandschaft. Entmutigt ließ ich mich auf den Sessel fallen.

»Vielleicht ist es gar nicht der Sessel.« Wir flüsterten beide bereits ziemlich laut. Das Gefühl, sich vorsehen zu müssen, rückte immer stärker in den Hintergrund.

»Aber es wäre schön«, rief ich hilflos und ließ mich gegen die Rückenlehne fallen. Es knackte unter mir, und mein erster Gedanke war: Du hast den Sessel kaputt gemacht. Der zweite Gedanke war der schlauere: Du hast den Mechanismus betätigt.

Es war die Verbindung von erstens Sitzen und zweitens Belastung der Lehne, die eine Feder oder Hydraulik im Wagenboden dazu brachte, den Sessel um wenige Zentimeter in die Höhe zu stemmen. Danach konnte man ihn leicht zur Seite stellen, ein Stück Teppichboden – groß wie das Unterteil des Sessels blieb mit den Beinen des Möbelstücks verbunden. Wir standen vor der vielleicht 60 mal 60 Zentimeter messenden Öffnung im Boden.

»Du greifst als erster rein«, kommandierte Tom. »Nur für den Fall, daß er da unten Aale als Frischfutter hält.«

Die Beleuchtung war so schwach, daß ein Blick in die Tiefe nicht möglich war. Ich ging auf die Knie, atmete tief ein und griff hinein. Ich dachte, ich wäre auf alles gefaßt. Aber als ich dann nur hartes Plastik spürte, war ich enttäuscht. Das Gefäß sah aus wie Stapelgut aus der Tiefkühltruhe. Es waren bestimmt 40 mal 40 Zentimeter, nicht leicht, nicht schwer, eher leicht. Der Deckel saß fest, ich riß ihn herunter.

»Aber hallo«, flüsterte Tom. »Ist das voller Geld, oder ist das nur die oberste Schicht?«

Der Plastikkasten war voller Geldscheine. D-Mark, gültige Scheine. Ohne Ausnahme 100-, 200-, 500- und 1000-Mark-Scheine. Tom machte sich die Mühe, das Geld zu zählen, ich griff erneut in die Tiefe und holte den zweiten Kasten heraus. Dann den dritten, vierten, fünften, danach rückte Tom die beleuchtete Bar heran und ich ließ mich mit dem Oberkörper in die Öffnung sinken.

»Was siehst du?« fragte er.

»Kasten an Kasten, jeweils drei, nein, vier Kästen hoch gestapelt.« Ich baute einen Haufen ab, dahinter stand der nächste. Alle, die ich anhob, fühlten sich gefüllt an. Und alle, die ich öffnete, waren gestrichen voll mit Geldscheinen. Nicht nur D-Mark, auch Schweizer Franken. Eine dritte Währung fand ich nicht. Ich wollte es wissen, stellte drei Kästen raus, verschwand noch weiter in der Öffnung, baute ab und auf, stellte um und kam zum Schluß auf sechs mal sechs Kästen – so viele konnte ich sehen. Aber es gab keinen Hinweis, daß es dahinter nicht noch weiterging mit immer mehr Kästen.

»Zwei Millionen«, sagte Tom. »Ein Kasten enthält zwei Millionen. Plus minus ein paar Zerquetschte.«

»Also habe ich soeben 70 Millionen umgestapelt.« Ich lachte, Tom sah mich verwundert an, und ich sagte:

»Tut mir leid. Staatstragend gucken mußt du jetzt

allein. Ich kann das alles nicht mehr ernst nehmen. Zwei Millionen, bitte sehr, so weit reicht meine Fantasie noch. Aber 70 Millionen, nein danke.«

Dann sprang ich ins Loch und riß allen Kästen den Deckel ab. Alle waren mit Geldscheinen gefüllt. D-Mark und Schweizer Franken.

»Sofort wieder einräumen«, sagte Tom mit einer Stimme, die mir überraschend ängstlich vorkam. »Beeil dich, Jot We. Das hat Dimensionen, das ist ja . . .«

»Was hast du denn?«

»Pack das Zeug wieder rein. Stapel es auf. Akkurat. Das ist ja ungeheuerlich.«

»Was hast du denn? Hast du etwa Angst?«

»70 Millionen oder mehr. Da hat einer ganz schön was zu verlieren. Schätze, er wird einiges tun, um sein Geheimnis trocken zu halten.«

Da befiel es auch mich: »Meinst du, das ist Drogengeld?«

»An was denkst du denn, wenn du solche Summen siehst? Mit Currywürsten verdienst du nicht soviel.«

Die Möglichkeit, auf Drogengeld gestoßen zu sein, verdoppelte die Geschwindigkeit, mit der ich die Kästen wieder stapelte. Allerdings verdoppelte sic auch meine Fahrigkeit. Die Haufen fielen um, verkeilten sich ineinander, und Tom stand über mir und drängelte. Plötzlich war das dürftige Licht der Schnapsbar zu hell; plötzlich hatten wir beim Anschleichen hundert Fehler begangen, und im Chemieklo prangten lupenreine Fingerabdrücke und Schuhsohlenreliefs.

»Beeil dich«, forderte Tom. »Steck bloß nichts ein.« Ich beeilte mich und steckte auch nichts ein. Massive Probleme gab es mit dem Sessel, weil wir nicht kapierten, was wir tun mußten, um ihn wieder im Boden zu verankern. Zum Schluß saßen wir verzweifelt zu zweit auf dem Sessel. Die Lösung brachte dann Toms Fußtritt, der den anhängenden Teppichboden exakt in die Öffnung rutschen ließ. Es knackte, der Sessel war verankert.

Der Rückweg vollzog sich in aufgelöster Marschordnung. Ich machte den Vordermann, damit ich Tom von draußen besser ziehen konnte.

»So mußt du dir eine Hausgeburt vorstellen«, sagte er, nachdem wir uns aufgerappelt hatten. Den schnellen Abmarsch erledigten wir gemeinsam über die nördliche Wegschleife.

Ich freute mich, den BMW zu sehen. Er war ein Stückchen Heimat, zwar ramponiert, aber sein Zustand war momentan nur das acht- oder neuntwichtigste Problem. Tom fuhr vom Parkplatz aus in Richtung Neuschwanstein.

»Da macht man was mit«, flüsterte er. »Ich habe nicht einmal fotografiert. Ist das nicht hervorragend? 70 Milliönchen oder auch 100 auf einem Haufen, und der Fotograf fotografiert nicht. Ich werde alt. Wunderbar. Käsetheke, ich komme.«

»Laß gut sein. Wenn dich der Gedanke so anmacht, daß das Mafiageld ist . . .«

»Was soll das sonst sein? Winterhilfe für Rußland?«

Ich fand, daß er übertrieb. Aber ich erinnerte mich gut, wie hibbelig ich bei der ersten Erwähnung von »Drogengeld« geworden war. Natürlich paßte der solide Schweizer Bankier nicht dazu. Aber jeder weiß ja, zu was solide Schweizer Bankiers in diesem Jahrhundert schon fähig waren.

»Scheißschloß«, sagte Tom. Links von uns lag in mehr weißem als gelbem Licht Neuschwanstein: ein Schloß, das von ferne aussah, als könnten zwischen den Türmen und Zinnen Spinnweben gespannt sein.

»Was machen wir jetzt?« fragte einer von uns. In dieser Sekunde erlosch das Schloßlicht, um gleich darauf wieder aufzuflammen. Neuschwanstein war jetzt in ein blasses Blau gehüllt.

»Was . . .« Das Licht erlosch, das Licht flammte auf, Neuschwanstein lag in Pfirsichrosa links vor uns. Dann dunkelte das Rosa, wurde dicker und saftiger, wurde rot, satt rot, blaurot, violett. So blieb es. Tom trat das Gaspedal durch.

7

Bis Hohenschwangau begegneten wir niemand: keinem Auto, keinem Menschen. Der Wagen sauste durch ein schweigendes Hoteldorf und schoß die Serpentinenstraße hinauf.

»Die Kamera, Tom. Vergiß die Kamera nicht. Damit wir alles beweisen können.«

Die Scheinwerfer schnitten Lichtschneisen durch den Wald. Tom fuhr mitten auf der Straße.

»Da!« rief ich, er stieg in die Eisen. ABS hielt den Wagen in der Spur, der Gurt hielt mich im Sitz. Immer noch violett das Licht, aber wir näherten uns dem Schloß von Westen. Von hier war es ein Gegenstand aus einer anderen Welt: blutig, saftig und weit oben vier oder fünf Fensteröffnungen voller Licht: gutes, gelbes Licht.

»Der Thronsaal«, murmelte Tom und fuhr mit durchdrehenden Reifen weiter. Er ließ den Wagen einen Meter vor dem Stollen zum Halten kommen. Wir hetzten ins vierte Obergeschoß und über den Vorplatz nach hinten rechts auf die Galerie des Thronsaals.

Er war leer. Aber irgendwo waren Menschen. Mehr als einer. Ich hatte dieses Gefühl im Nacken, wie ich es bisweilen gespürt hatte, wenn mich Diana anblickte, während ich so tat, als wenn ich schlafen würde. Ich rannte zum Sängersaal hinüber, betrat ihn an der Schmalseite neben der Laube, rannte durch den Saal, rannte auf den Balkon, Tom immer einen Schritt hinter mir.

Sie standen auf dem Hof so dicht gedrängt, daß ich im ersten Moment gar nicht den Eindruck von vielen Menschen hatte. Erst als die amorphe Masse unter uns Struktur gewann, Köpfe, Schultern, Oberkörper, erkannte ich, daß der Schloßhof gesteckt voll mit Menschen war. Tom zog seine Kamera aus der Jackentasche. Ich legte ihm eine Hand auf den Arm:

»Erst schauen.«

Sie waren ruhig und gefaßt. Aber sie warteten auf etwas, eine Glocke aus Hochspannung wölbte sich über den

Hof. Es war nicht das nervöse, aufgekratzte Warten auf Fußballspieler oder Musiker. Keine Hysterie. Sie freuten sich still, freuten sich auf eine so intensive Weise, daß ich mir wünschte, ein Teil von ihnen zu sein.

»Sie sprechen nicht«, flüsterte Tom. »Keiner.«

Ein Geräusch lag in der Luft. Es summte vor Erwartung, und das Geräusch war überall.

Dann erst sah ich die rechteckige, weiße Fläche an der Stirnseite des Hofs, da, wo er zum unteren Hof hin abfiel. Eine Leinwand von beträchtlichen Ausmaßen, bestimmt fünf mal sieben Meter. Im ersten Moment wollte mich ihr Anblick ernüchtern. Mir war klar, daß hier nichts Besseres zu erwarten stand als ein Ludwig-Gedächtnisabend, vielleicht ein Film über ein Stadtfest in Füssen oder eine Prozession in Schwangau. Vielleicht stand die Open-air-Vorführung einer der zahlreichen Ludwig-Verfilmungen auf dem Programm. Natürlich gehörten auch die Verfilmungen von Ludwigs Leben zum Thema Neuschwanstein. Aber hatten wir soviel Zeit, um uns heute abend mit dem Anschauen eines ...? In diesem Moment wechselte das Licht. War der Hof bisher in Violett getunkt, schaltete das Rot plötzlich mehrere Stufen hinauf, wurde heller und kampflustiger. Die Leinwand bekam weißgelbes Licht von hinten, und vor ihr stand winzig die Wittelsbacher Gräfin in schwarzer Spitze mit taufrischer Frisur. Mir war, als würde sich das Summen intensivieren. Es schlug sich nicht in Dezibel nieder, sondern in einem Gefühl in den Eingeweiden.

»Meine Freunde«, begann die Gräfin. Ihre Stimme füllte, obwohl nicht verstärkt, mühelos den Hof. »Meine Freunde, es ist soweit.«

Schlagartig schwoll das Summen so rapide an, daß es sich mir wie ein Schlag mitteilte. Tom war unruhig, er hatte bisher kein Foto geschossen.

»Nur noch wenige Stunden trennen uns von dem Augenblick, der das Ende unseres alten Lebens bedeutet.« Die Gräfin hatte nichts mehr von der putzmunteren Alten, die ungeniert mit dem Seniorenrabatt hausieren geht und sich in seinem Schutz manche Narretei erlauben darf.

»Wann?« rief ein Mann. Es war die erste Stimme aus der Menge, seitdem wir auf dem Balkon standen.

»Zählt die Zeit nicht mehr in Monaten. Nicht mehr in Tagen.«

»Wann?« fragte der Mann erneut. Die Gräfin sah sich aufmerksam um und rief: »Den kommenden Montag abend werden wir alle nicht mehr an diesem Ort erleben.«

Ich blickte Tom an. Das traf sich gut, weil Tom auch gerade mich ansah. In die Innenflächen meiner Hände schoß der Schweiß, ich preßte beide Hände auf die steinerne Brüstung.

»Nehmt Abschied«, fuhr die Gräfin fort. »Aber dies ist bereits geschehen. Oder?«

Die Menschenmasse schickte eine stumme Antwort. Mich machte dieses Klima schweigenden Einverständnisses aggressiv. Immerhin war ich ein Chronist, neben mir stand der zweite. Im Grunde hätten wir da unten neben der Gräfin stehen müssen.

»Wir haben eine Reise vor uns«, fuhr die Gräfin fort. »Die Kilometer sind nicht das Entscheidende. Was lange währt, wird endlich gut.«

Warum lachte keiner? Warum klatschte keiner? Warum hustete keiner oder bohrte in der Nase? Noch nie war ich Zeuge einer solch massenhaften Konzentration gewesen.

»Meine Sachen sind gepackt«, sagte die Gräfin. »Ich habe gemerkt, wie wenig der Mensch braucht und mit wieviel unnützem Zeug wir uns im Lauf der Jahre beschweren. Glaubt aber nicht, daß ich wegen dieser klugen Erkenntnis etwas fortgeworfen hätte. Die Verkäufe sind getätigt, und wo dies noch nicht geschehen ist, wird es in den nächsten Tagen passieren. Unsere Vertrauensleute vor Ort tun, was in ihrer Macht steht. Niemand muß Angst haben, daß er leer ausgeht. Die Würfel sind gefallen. Nicht gestern oder im letzten Jahr. Seit drei Generationen arbeiten wir auf das große Ziel hin. Unser König – Gott hab' ihn selig, und Gott hat ihn selig, weil Gott sonst der Teufel holen soll –, unser König hat uns in dieser langen Zeit zur Seite gestanden. Wir sind erfüllt von unserem Monarchen, wir haben gelernt, daß Zeit ihren Schrecken verliert, wenn man weiß, daß man alle Zeit der Welt besitzt. Wir wußten, daß das große Werk nicht in einem Jahrzehnt zu vollbringen ist. Weitsichtige unter uns haben früh von 30 Jahren oder mehr gesprochen, mit denen wir rechnen müßten. Es sind 100 Jahre geworden, sogar einige Jahre darüber.«

»Die Alte bringt mich um«, knirschte Tom. Hunderte von Menschen wußten, um was es der Gräfin ging. Auf dem Balkon standen die Blinden.

»Viele von uns haben in den letzten Jahren die Nähe der Dinge gesucht«, fuhr die Gräfin fort. »Die wenigsten von uns waren noch nie dort, wo unsere Musik spielt. Für sie und für uns alle sind die Bilder gedacht, die wir jetzt sehen werden. Ihr wißt, daß wir vor einigen Tagen lieben Besuch bekommen haben.« Sie streckte die Hand aus, und Hippo-Grypho, unser sympathischer, aber manchmal lügender Freund aus der Südsee, löste sich aus der Menge. Er trat neben die Gräfin, beugte sich über ihren Handrücken, lächelte mit getragenem Ernst, und einen Moment war ich sicher, daß er nun anfangen würde zu singen.

»Meine Freunde«, sagte Hippo-Grypho und verneigte sich leicht, »ich entbiete euch die Grüße meines Volkes. Seit vielen Jahren verbindet uns ein gemeinsames Ziel. Unsere Freundschaft wurde vieltausendfach vertieft in der engen Zusammenarbeit, die uns auf eine Weise verbindet, wie kaum jemals zwei Völker in der Menschheitsgeschichte verbunden waren: mein Volk und meine lieben Oberbayern.«

»Der Kerl regt mich auch auf.« Tom dampfte vor Ungeduld, und auch ich verspürte nur einen einzigen Wunsch: daß der bronzefarbene Schönling da unten endlich zum Thema kommen möge.

»Am 14. Mai des Jahres 1889 kam ein großes Unglück über uns«, fuhr Hippo-Grypho fort. »Unser König ließ eine Welt hinter sich, die ihm manches Mal übel mitgespielt hatte. In den Jahren nach seiner Thronbesteigung im Jahre 1864 kehrte er schnell dem kalten politischen München den Rücken und fand seine Heimat in der Region, in der wir uns jetzt befinden. In den letzten drei Jahren seines Lebens wählte unser König das Exil im Berg. Einige Monate fand er Unterschlupf in den Häusern königstreuer Untertanen, dann bezog er sein herrliches Gemach, das ihm zum Lebenstraum wurde. In diesen drei Jahren, meine Freunde, nahm der Plan Gestalt an, der in wenigen Stunden einerseits seinen Abschluß, andererseits seinen Anfang nehmen wird. Ein gewaltiges Werk hat seine Gestalt gefunden. Fleißige und verschwiegene Menschen haben es in die Welt gestellt, in eine Welt, von der uns 16 000 Kilometer trennen. Das ist eine stolze und für manchen einschüchternde Zahl. Aber was dort entstanden ist, ist das Gegenteil von Fremdheit, deshalb liegen die 16 000 Kilometer direkt vor unserer Haustür und mitten in unseren Herzen. Wenige Wochen nach dem Tod unseres Königs begannen die Arbeiten, jetzt wollen wir uns das Ergebnis anschauen.«

Ich spürte, wie Tom seine Kamera ans Auge hob. Der Kameraverschluß knackte. Tom hatte König Ludwig von Bayern auf dem Film, wie er in seinem Prachtbett sitzend in die Kamera lacht, während vor ihm auf einem übers Bett geschwenkten Tisch ein opulentes Frühstück auf Verzehr wartet. Die Menge unter uns klatschte, sie tat es mit heißem Herzen, aber ohne Überschwang. Ich fand es rührend, daß sie für den Beginn nicht ein staatstragendes Bild gewählt hatten, sondern eines, das Ludwig lachend zeigte. Hatte ich ihn je auf einem Bild lachen sehen? Oder auch nur lächeln? Ich erinnerte mich nicht.

Der Diaprojektor schaltete weiter, er mußte direkt unter uns stehen.

»Vorn«, flüsterte Tom. Er hatte recht. Die Bilder wurden vom Torbau, also vom Eingang des Schlosses auf die Leinwand geworfen. Der Projektor mußte demnach im Fenster einer Wohnung stehen, einer der drei Wohnungen, in denen der Verwalter und zwei Schloßführer lebten; einer Wohnung, in der Tom und ich bisher noch nicht gewesen waren.

Das zweite Bild zeigte Ludwig auf dem Thron, hier war er ganz entrückter Herrscher, aber schon das dritte Bild war wieder von erfrischender Volksnähe. Ludwig in der Küche, einer Köchin über die Schulter schauend, und danach Ludwig aus einem großen Topf mit Hilfe einer Schöpfkelle eine Suppe probierend. Das Volk unter uns war hingerissen:

»Diese Bilder sind noch nie gezeigt worden«, sagte Hippo-Grypho. »Ich gestehe, es gab Stimmen, die davor warnten, sie öffentlich zu präsentieren. Aber eure Reaktion zeigt mir, daß ihr die Bilder versteht. Danke und weiter.«

Ludwig in verschiedenen Kleidungen zu verschiedenen Anlässen, darunter prächtig mit Krönungsmantel. Meistens trug er bürgerliche Kleidung, einmal stand er an einer Staffelei, und dann sahen wir ihn außerhalb des Falkenstein-Verstecks. Ludwig am Holztisch vor einem Forsthaus, ein kapitales Geweih über dem Eingang und eine Familie am Tisch. Alle gut gelaunt, weder Unterwürfigkeit noch affirmatives Geschmeicheltsein; Ludwig im Wald, Ludwig am Waldrand; Ludwig auf dem Berg; Ludwig als Schnappschuß von hinten, wie er mit auf dem Rükken verschränkten Händen hoch oben steht und den Blick in die Ebene schweifen läßt.

»Die sind was wert, die Bilder«, murmelte Tom.

Ludwig in einem Viehstall, Ludwig, kaum zu erkennen hinter Gesichtsnetz und mächtig qualmender Pfeife, vor Bienenstöcken; Ludwig beim Forsthaus, immer wieder beim Forsthaus. Es war jedesmal dasselbe, und wenn die Familie oder Verwandtschaft oder Nachbarschaft auch wechselten, eine Person war immer dabei: das Mädchen. Dunkelhaarig, hoch angesetzte Wangenknochen, kräftige Statur. Nie drängte sie in den Vordergrund, aber immer war sie bei Ludwig. Oder Ludwig bei ihr. Einmal berührten sie sich, das war das zeremoniellste Bild: Untergehakt standen sie hinter einem betagten Paar, das auf einer Bank im Freien saß. Ich zählte nicht mit, aber es waren sicher 40 Bilder. Ludwig mit einer merkwürdigen Brille, lachend. Eine Pilotenbrille? Wenn das alles Bilder aus der Zeit waren, in der er offiziell als tot galt, hatte der Mann sein Totsein offensichtlich genossen. Und dann das Bild, das ich zuerst nicht glauben wollte.

»Mensch, den kenne ich!« stieß ich hervor. »Das ist ... das ist ... aber das geht doch nicht ...«

»Danke für die klare Information«, sagte Tom spöttisch.

Professor Bernhard von Gudden, Psychiater, der Mann, der mit Ludwig im Starnberger See gefunden worden war. Ertrunken, alle beide. Und dann das Bild: Gudden, gekleidet wie ein Handwerker, verschmutzt wie ein Mann der Arbeit, in die Kamera mehr drohend als blickend, eine Hand in der Bewegung halb erhoben, als wollte er sich abwenden. Rechts im Anschnitt das Forsthaus.

»Das gibt's doch nicht«, sagte ich leise.

»Das hat er sich auch gewünscht.« Wir fuhren herum. Ricarda lächelte uns an, sie war schön wie der Sinn des Lebens, und sie sagte: »Gudden war natürlich auch nicht gestorben. Was glaubt ihr denn?«

»Das ist mir gerade entfallen, was ich eigentlich glaube«, stammelte ich.

»Sie haben Gudden entführt, er wollte leider nicht freiwillig mitkommen. Aber er ist dann geblieben, nur die ersten Monate sollen etwas mühsam gewesen sein.«

»Laß mich raten«, sagte Tom, »sie haben diesen Irrenarzt gefoltert.«

»In gewisser Weise. Sie haben ihn zum ersten Diener Ludwigs gemacht, und Ludwig hat es sich wohl nicht verkneifen können, bisweilen skurrile Befehle zu erteilen. Die Männer der Coalition hatten ein Auge auf Gudden; sie haben ihn erst dann aus dem Berg gelassen, als er gehorsam war.«

»Das war nicht besonders nett«, sagte ich.

Ricarda zuckte die Schultern und sagte mit einer Härte, die ich bisher nie bei ihr gehört hatte: »Möglich. Aber dieser Gudden hatte zahlreiche Menschen auf dem Gewissen. Er hat einen Teil seiner Schuld abarbeiten dürfen. Es war der kleinere Teil.«

»Und wie ist Gudden ... gestorben?«

»Er wollte eines Tages ein niedliches Rehkitz streicheln. Das Rehkitz biß zu. Tollwut. Gudden ist mit Schaum vor dem Mund gestorben.«

»Und wo ist er beerdigt?«

»Im Berg«, antwortete Ricarda, während auf der Leinwand die letzten Bilder vorüberzogen. »Er ist nicht der einzige. Es hat sich eingebürgert, die Bediensteten im Berg zu bestatten. Ein Grab in Stein. Ein Grab, in dem sie stehend bestattet sind. Neun Menschen sind es am Ende gewesen. Der letzte von ihnen ist schon in unserem Jahrhundert gestorben.«

Die Leinwand wurde weiß, und Hippo-Grypho sagte im Hof:

»Nehmt diese Bilder als Appetitanreger. Wir kommen nun zu dem Grund, der uns heute abend hier vereint.« Er blickte auf seine Armbanduhr: »Wir liegen blendend in der Zeit. Mein letzter Kontakt vor einer halben Stunde ergab, daß wir pünktlich anfangen können.« Die Leinwand wurde schwarz, dann war Schnee auf der Leinwand: schwarzweißes Gekrissel wie bei einem gestörten Fernsehbild. Es knallte aus einem Lautsprecher, das Bild verdünnte sich zu einem senkrechten Strich. Mehrmals wechselten Schnee und Strich, plötzlich ein Bild: farbig und bewegt, aus einem Flugzeug heraus aufgenommen. Grün, nur Grün, Wald. Schnee, Bildstörung, der Lautsprecher knallte.

»Ricarda, was bedeutet das?«

Der Lautsprecher würgte, noch ein Knall, und deutlich, wenn auch hallig kam eine Männerstimme zu uns: »Neuschwanstein in Bayern! Neuschwanstein in Bayern! Könnt ihr mich hören?«

Die Menge brüllte ein begeistertes »Ja«, und ein Flugzeug flog über tropische Wälder. Die Stimme mußte aus dem Flugzeug kommen, das Geräusch des Motors lag als Dauerbrummen unter der Stimme.

»Rustimo«, flüsterte ich. Zwei Lippen berührten meine Wange, und ein lächelnder Mund sagte: »Treffer.«

»Euer Rustimo meldet sich aus einer Cessna. Sie ist nicht das allerneueste Modell. Sie stammt, im Vertrauen gesagt, aus Tagen, die auch unser geliebter König noch hätte erleben können, wenn es das Schicksal etwas besser mit ihm gemeint hätte.« Jetzt lachten sie unter uns im Hof, und Ricarda sagte: »Rustimo ist einer unserer Klügsten. Aber das Fliegen gehört nicht zu seinen Lieblingsbeschäftigungen.«

»Liebe Freunde in der alten Heimat. Wir haben einen traumhaften Sonnenaufgang genossen und befinden uns in dieser Minute auf der Reise vom Flugplatz in Richtung Osten. Die Sicht ist gut, der letzte Dunst löst sich auf, wir erwarten einen milden Tag mit 22 Grad Mittagstemperatur. Soeben weist mich unser Pilot ...« Seine Stimme änderte sich. »Liebe Freunde, der Pilot weist mich darauf hin, daß wir ... nun sehe ich es auch!« Jetzt war es die Stimme eines Mannes in Euphorie. »Freunde! Da ist es! Ich bete, daß das Bild gut bei euch ankommt.«

Die Kamera schwenkte in Flugrichtung. Ein Teppich in Grün, ein weißer Fleck, ein blauer Fleck, dann gleißend, je nach Einfallswinkel der Sonne: Wasser, ein See. Er war schmal und lang. Das Flugzeug überflog den See, im Hintergrund tauchte eine Stadt auf. Die Kamera beschrieb einen Schwenk nach links, dort war wieder Wasser, bedeutend größer, Meer vielleicht oder ein See, dessen Ende im Ungefähren verlief. Rustimos Stimme sagte schwach vor Erschütterung:

»Freunde! Es ist ... es ist alles so ...«

Ein großes Gebäude kam auf uns zu. Es war weiß, nein, grau. Es mußte von enormen Ausmaßen sein, und es war auf einem Felsen erbaut. Das Gebäude besaß Türme und Erker, am Rand nahm ich die beiden kleinen Seen wahr, hatte sie gleich vergessen, denn das Gebäude kam näher und näher. Es sah aus wie ein Schloß. Es war ein Schloß.

Es war Neuschwanstein.

Unter uns löste sich ein Schrei aus vielen hundert Kehlen. Ein Aufschrei der Freude, der Befreiung, des Stolzes. Das Flugzeug flog auf meinen geliebten Söller zu, beschrieb eine Rechtskurve, und ich sah die Marienbrücke. Die Marienbrücke über der Pöllatschlucht. Wasser stürzte zu Tal, das Flugzeug flog an der südlichen Längswand Neuschwansteins vorbei. Alle Türme waren geflaggt, die Fahnen weiß und blau, seltener gold und blau, aus den am höchsten gelegenen Fenstern der Türme lehnten Menschen heraus und winkten. Die Menge unter uns winkte zurück, Ricarda neben mir winkte zurück. Das Flugzeug schwenkte, oder die Kamera schwenkte, und ich sah die Steilwand, wo wir ... Linkskurve, und das Flugzeug nahm Kurs auf den Torbau. Einen Wimpernschlag lang zeigte uns die Leinwand das Bild Neuschwansteins, das die Welt kennt: von Osten her fotografiert, mit dem Alpsee im Hintergrund. Das Flugzeug unternahm einen neuen Anflug. Ich sah alles zum zweiten Mal: Söller, Türme, Fahnen, winkende Menschen, Pöllatschlucht, Marienbrücke, Steilwand. Ich suchte den Fehler, suchte den Punkt, den die Fälscher übersehen hatten. Ich stand auf dem Balkon des Originals, es war Nacht, über uns kreiste kein Flugzeug. Auf der Leinwand war Tag, Neuschwanstein bei Tag, und ringsherum der Regenwald.

»Mein Gott«, murmelte ich. Ich wollte den Fehler finden, der alles entlarvte. Keine technische Manipulation konnte so perfekt sein, daß sie ... Da meldete sich Rustimo, seine Stimme war tränenerstickt:

»Ich höre, daß die Bildqualität befriedigend ist. Ich kann also schweigen. Aber eins will ich euch sagen, und dann halte ich garantiert meinen Mund ...« Er schniefte oder schneuzte sich, dann sagte er:

»Das ist der schönste Tag in meinem Leben. Und ihr wißt, daß ich manch schönen Tag erlebt habe, weil ich viele Tage mit euch zusammen erleben durfte. Dies war Rustimo für Neuschwanstein in Bayern. Alles ist bereit und wartet auf euch. Kommt und erfüllt unsere neue Heimat mit Leben. Ich lasse euch jetzt mit den Bildern allein. Was soll ich auch sagen? Seht, fühlt, kommt, lebt. Ich liebe euch alle.«

Das Flugzeug umflog Neuschwanstein, nahm Kurs in Richtung Westen, wenn ich den Stand der Sonne richtig deutete. Die Kamera schwenkte zurück, vielleicht gab es auch zwei Kameras. Das Schloß lag im dunstigen Glanz einer frühen Sonne. Es wurde kleiner und kleiner, das Grün der Wälder begann das Schloß zu schlucken. Dann war alles nur noch grün. Ein Flüßchen da, ein Flüßchen dort und unter uns eine erregte Menge. Ich sah Menschen, die sich umarmten, sich ihre Begeisterung ins Gesicht schrien.

»Ricarda, sag uns, was das zu bedeuten hat.«

»Schau«, sagte Ricarda statt einer Antwort. In der Ferne tauchte wieder eine Unterbrechung des Regenwalds auf. Ein riesiges Stück gestaltete Landschaft. Ein Garten, ein Park, geometrisch, symmetrisch, ordentlich, das Gegenteil von wild wuchernder Natur. Dann das Schloß. Wunderbar kleingliedrig, menschliches Maß. Vor dem Schloß ein Teich oder großer Brunnen, aus dem eine Fontäne hoch emporschoß. Mir war, als würde ich im Park goldene Figuren sehen; und ich war sicher, Kaskaden zu sehen, über die das Wasser in Stufen hinabsprang. Bauwerke im Park. Als ich den Maurischen Kiosk sah, wurde ich am ganzen Körper von Gänsehaut überflutet. Das war Linderhof, Ludwigs kleinstes und schönstes Schloß. Linderhof, 20 Kilometer östlich von Neuschwanstein, kurz vor Oberammergau. Königshäuschen, St.-Anna-Kapelle, Maurischer Kiosk – ich hatte meine Schulaufgaben gemacht. Ich starrte auf den Park, auf das Wasserbassin, auf das kleine Wasser mit der haushohen Fontäne. Menschen winzig, Menschen, die heraufwinkten. Zwei Runden, dann blieb Schloß Linderhof zurück. 30 Sekunden Flug, vielleicht eine Minute, Anflug auf ein Haus, kein Schloß, ein Haus. Ein Haus auf felsiger Erhebung, rings herum der Wald wegrasiert.

»Das Schachenhaus«, sagte Ricarda leise.

Das Königshaus Schachen stand südlich von Garmisch-

Partenkirchen, 25 Kilometer südöstlich von Linderhof. Ludwig pflegte, wenn er in den Bergen unterwegs war, verschiedene Hütten anzulaufen. Ich hatte Bilder vom orientalischen Hauptraum gesehen: die Nachbildung aus einem Palast in Istanbul. In dieser Residenz hatte Ludwig stets seinen Geburtstag gefeiert. Ungestört von Motorflugzeugen, die brummend sein Reservat überflogen und gestochen scharfe Bilder auf unsere Leinwand zauberten. Bilder, die von der deutsch-österreichischen Grenze kamen, wo das Jagdhaus stand, 40 Kilometer von Neuschwanstein entfernt oder 16000 Kilometer von uns entfernt, aber 40 Kilometer von Neuschwanstein ent...?

Als sich nun das Flugzeug mit großer Linkskehre vom Schachenhaus verabschiedete, hatte ich eine kristallklare Empfindung, was ich als nächstes zu sehen bekommen würde – jenseits des Regenwaldes, jenseits der Palmen, die wir ohne Zweifel sahen. Der Hof unter uns feierte ein Fest. Niemand wandte den Blick von der Leinwand ab, aber nur noch vorn standen die Menschen still. Hinten wurde getanzt, gestikuliert, gelacht, gerufen. Rechts neben mir Ricarda, links Tom. Ricarda würde mir keine Frage beantworten. Ich sollte schauen, das tat ich. Den Chiemsee erkannte ich sofort, weil ich seine Form schon gekannt hatte, bevor ich mich mit Ludwig und Neuschwanstein zu beschäftigen begann.

Am Chiemsee war ich Dutzende Male vorbeigefahren, an ihm entlang verlief die Autobahn von München nach Salzburg und über den Brenner-Paß nach Italien. Im Chiemsee liegen drei Inseln: Herreninsel, Fraueninsel, Krautinsel. Auf der Herreninsel hatte Ludwig das Schloß der Schlösser bauen lassen: geplant als Kopie von Versailles und am Ende ein Original: Herrenchiemsee.

»Wo ist die Autobahn, verdammt noch mal?« hörte ich mich flüstern.

»Unter dem Laub«, flüsterte Tom. »Unter dem vielen Laub.«

Gleichzeitig blickten wir beide Ricarda an.

»Keine Autobahn«, murmelte ich, »nie dagewesen.« Ricarda lächelte, wir hatten mildernde Umstände, wir waren in dieser Minute die mit Abstand Dümmsten – die Dümmsten von einigen hundert Menschen. Das Flugzeug näherte sich dem Chiemsee von der Seite, auf der die Inseln liegen, soweit ich mich erinnerte also von Westen. Herrenchiemsee war gigantisch, die Flügel der Anlage, der Park, viele Menschen im Park zwischen den Brunnen. Herrenchiemsee grüßte zu uns herauf, Neuschwanstein winkte zurück. Sie waren so dumm, die Hunderte unter uns. Wie sollten uns die in Herrenchiemsee sehen können? Warum winkten sie? Was sahen sie? Wirklich ein Flugzeug? Oder hielt ihnen der Regieassistent eine Tafel mit der Aufschrift »Beifall« hin?

»Ein Trick«, murmelte ich, »wir müssen den Trick herausfinden.«

Wieder zwei Lippen auf meiner Wange. Zwei warme Lippen und die Worte:

»Ihr müßt noch viel lernen. Lernt schnell.«

Sonne! Das Flugzeug hatte einen Bogen beschrieben, die Sonne spiegelte sich in den Fenstern der langen Fassade. Fontänen aus den Brunnen, erhobene Arme, tanzende Menschen und unter unserem Balkon stets die Antwort. Plötzlich ging das Flugzeug hinunter, verlor schnell an Höhe, und als ob er davon geweckt worden wäre, stand plötzlich der populäre Showmaster auf der Leinwand. Er hatte wieder eine seiner gewagten Textilkombinationen um den langen Körper schlottern, ein schnurloses Mikrophon in der Hand und stellte einen weltberühmten Popmusiker vor. Das dauerte keine zehn Sekunden, dann Schwarzbild, Krisseln, Schnee, ein Knall, und auf der Leinwand ging über Herrenchiemsee die Sonne auf. So abrupt es unter uns still geworden war, so krachend brach sich nun der Jubelschrei Bahn. Das Flugzeug war tief hinuntergegangen, es konnte unmöglich höher als zehn Meter fliegen.

Menschlein wurden zu Menschen, Stecknadelköpfe zu Gesichtern, und unter mir erklang begeistert die Frauenstimme: »Sepp! Sepp! Hier bin ich!« Dies war die Sekunde, in der ich zu glauben begann. Ab jetzt war alles möglich, denn die Gesichter sahen in der Tat aus, als ob sie Sepp heißen könnten. Nicht alle, alle nicht, aber jedes vierte mit Sicherheit. Drei Viertel der Winkenden auf der Leinwand waren enger mit unserem speziellen Freund Rasani verwandt als mit mir. Aber der Rest stammte nicht aus dem Teil der Welt, in dem Regenwälder wachsen. Diese Männergesichter waren mit Bier groß geworden, nicht mit Kokosmilch. Kurzbehost und in Turnhemden standen sie unter den Einheimischen. Sie waren tiefbraun gebrannt und wirkten keine Sekunde wie Urlauber, obwohl sie nichts anderes taten als zu winken, auf der Stelle zu springen und Richtung Flugzeug zu lachen. Alle europäischen Gesichter waren männlich, und alle Körper sahen aus, als verstünden sie, zuzupacken, körperlich zu arbeiten. Es waren keine Muskelprotze, aber zähe, lederne Typen. Das Flugzeug zog hoch, flog eine Kurve und nahm dasselbe Ziel aus umgekehrter Richtung in Angriff. Wie sie winkten, dort und unter unserem Balkon. Die Sepps und Josefs und Heinrichs grüßten von Herrenchiemsee herüber, die Rasanis grüßten ebenfalls, und ich spürte, wie sich auf Höhe meines Magens eine dicht gepackte feuchtheiße Wolke ballte, die zügig nach oben stieg, erst mein Herz, dann meine Kehle und am Ende mein Gesicht überflutete.

»Ricarda! Ricarda, verdammt noch mal, hilf uns.«

»Braucht ihr denn Hilfe?« Nur der Druck ihrer Hand machte die Worte erträglich. Wann hatte ich Hilfe nötiger gehabt? Sollte sie doch Tom anschauen, wenn sie mir nicht glaubte. Ich erinnerte mich nicht, ihn jemals so erlebt zu haben. Tom wirkte unentschieden, das war der Begriff, der ihn präzise beschrieb. Auch Tom wußte nichts, durchschaute nichts, ahnte höchstens. Wir hier oben hungerten nach Klarheit, unter uns feierten die Menschen. Es war ein gleichsam gemessenes Toben. Keine Hysterie, da unten machte sich keiner vor Begeisterung die Hosen naß. Es war Ergriffenheit, die Worte fand, kollektive Freude von Menschen, die eins waren.

»Mein lieber Schwan«, stieß Tom hervor. Etwas in mir

wollte anfangen, sich an etwas zu erinnern. Es war sofort vorüber. Ich mußte ja schauen schauen schauen, ich hatte viel zu wenige Augen. Tom sollte für mich mitschauen, er war der geübtere Seher, er hatte eine Kamera dabei. Warum ließ er sie dumm im schlaffen Arm hängen? Warum schoß er nicht Bilder, daß der Motor wimmerte?

Das Flugzeug gewann an Höhe, überflog die Schloßanlage, kehrte zurück, fand einen zweiten Anflugweg. Jetzt sah ich Fahnen wehen, weiß und blau, und es gab ein zweites Motiv, das war schwarz und grün und gelb. 50 Masten, 50 Flaggen, da unten liefen auch Tiere herum. Ziegen oder Schweine, ganz bestimmt Hunde. Es ging alles viel zu schnell.

Das Flugzeug gewann erneut an Höhe, kehrte nun aber nicht mehr zurück. Herrenchiemsee blieb im dunstigen Licht des jungen Tages zurück, dann knackten die Lautsprecher:

»Rustimo hier. Wir fliegen jetzt zu den Häusern.« Mir war, als würden die unter uns auf dem Hof bei diesem Satz in eine bisher nicht dagewesene Erregung verfallen. Die Luft fühlte sich elektrisch aufgeladen an, und ich flüsterte:

»Sie haben ein Museum gebaut.«

»Museum«, Ricarda spuckte das Wort aus. »In einem Museum leben keine Menschen.«

»Ihr habt ein Disneyland gebaut.« Ricarda blickte mich an, und ich hatte sie verloren. Der Schreck war so mächtig wie ein Messerstich in den Bauch.

»Entschuldige«, haspelte ich, während das Flugzeug über Wälder flog. »Aber wenn ich das sehe, da muß ich doch denken . . .«

»So häßlich mußt du nicht denken«, sagte Ricarda und würdigte mich keines Blickes mehr. »Etwas nicht verstehen, ist eine Sache. So zu reden, eine ganz andere.«

»Aber er hat doch recht«, mischte sich Tom ein. »Ob das nun Modelle sind oder ein Trick . . .«

»Wartet es ab«, forderte uns Ricarda auf, und ich hätte mich nicht gewundert, wenn sie jetzt den Balkon verlassen hätte. Wir hatten nichts gemeinsam, sie gehörte zu denen da unten.

»Da!« rief Ricarda und wies auf die Leinwand. Es war also doch Bayern, es mußte Bayern sein. Vielleicht auch Tirol. Jedenfalls waren es Häuser aus den Alpen in der Art, wie Touristen sie lieben, mächtige Solitäre mit weit heruntergezogenen Dächern, Geranien vor den Fenstern, die Hauswände weiß verputzt oder aus Holz. Kapitale Stücke, die selbst über die Entfernung Gediegenheit ausstrahlten. Hinter den Häusern Gärten, Grünflächen, Obstbäume mit... Bevor ich das Wort Bananen denken konnte, rastete schon der nächste Eindruck ein.

»Warum sind da keine Leute?« fragte Tom.

»Warum sind da keine Garagen?« fragte ich.

»Was finde ich nur an euch?« fragte Ricarda. Sie lachte mir ein Friedensangebot zu, und ich stimmte freudig ein. Es war eine Siedlung, bestimmt 50, 80 Gebäude. Dann ein Streifen Grün, dann der Fluß, der Teich oder See, dann neue Häuser, wieder 30, 50, sicher mehr.

»Das hat Dimensionen«, murmelte Tom, und unter uns rief jubelnd eine Frauenstimme:

»Da! Unser Haus!«

Bevor einer von uns Gelegenheit erhielt, sich zu blamieren, kam uns Ricarda zuvor:

»Nein, das ist keine Ferienhaussiedlung.«

Ich schluckte, was ich hatte sagen wollen, hinunter.

»Hier steckt ihr Lumpen!« rief überraschend Prinz Poldi und schlug mit zwei Armen gleichzeitig auf drei Schultern. In seiner Begleitung befand sich ein verhungert aussehendes Mädchen, an dem jeder Knochen lächelte.

»Wie sind sie drauf?« fragte Poldi, und Ricarda antwortete:

»Sie tun sich schwer.« Poldi ließ Lachbläschen aufsteigen, selten hatte ich einen Menschen sich dermaßen kultiviert freuen hören. Dann drängten immer mehr auf den Balkon hinaus, im Handumdrehen steckten wir in einer Menschentraube, waren Teil kollektiven Frohsinns. Sie hatten mich eingekesselt, so etwas vertrug ich sonst ganz schlecht. An diesem Abend auf dem Balkon von Schloß Neuschwanstein vertrug ich es. Ja, die gutgelaunten Körper sorgten dafür, daß ich mir wie ein Misanthrop vorkam, wie ein humorloser Lehrer. Ich! Ausgerechnet ich! Ich war nicht so, ich mußte mich nicht verbiegen, um mich mitzufreuen, wenn um mich herum alle Mundwinkel zum Himmel strebten. Lachen macht Gesichter schön, und Tom war bereits dabei, einer vollschlanken Hausfrau die Wangen wundzuküssen. Das hatte nichts Anzügliches, nichts Verklemmtes, nirgendwo eine Stirn, die sich bewölkte. Jetzt tauchten auch die ersten Flaschen auf, Wein und Bier, nichts Härteres, dann Sekt, Champagner, und nur noch Champagner.

Schon stieß ich mit dem Strahlemann an, er rief mir zu: »So verdattert kommen wir nie wieder zusammen!« Dann Lachbläschen. Ein Mann, der aussah, als würde er seit Jahren von so einer Gelegenheit träumen, trank mit Ricarda Brüderschaft und brach ihr beim Versuch, sich einzuhaken, fast die Knochen.

»Guck dir das an!« rief mir Tom zu und wies auf die Leinwand. Der Marktplatz war ein Traum, das Verhältnis von Häusern zu freier Fläche von menschlichem Maß. Kirche, Brunnen und die Pflastersteine; Rathaus, Biergärten, Obstbäume mit ... Obwohl ich wieder die Bananen sah, wollte ich sie nicht wahrhaben. Aber ich sah den Maibaum vor dem Rathaus und die Läden.

»Hast du die Bananen gesehen?« rief Tom vom anderen Ende des Balkons.

»Da! Da oben ziehen wir ein!« rief eine Frau und sprang ihrem Mann fast auf den Arm.

»Habt ihr denn an dieses Arztpaar aus Augsburg verkauft?« rief fragend ein Mann, und aus einer anderen Ecke ertönte der Ruf:

»Ich scheiß doch auf das Geld. Was brauch ich Geld da unten?!« Ich fing Toms Blick ein, streifte Ricardas Augen, schnappte Poldi den Kelch weg.

»Man muß den Adel schädigen, wo man ihn trifft!« rief ich. Was tat Poldi? Er lachte. Er hätte noch unter der

Guillotine gelacht. Das Kirchlein war kleiner als die Wies'n-Kirche, aber es besaß ihre Gestalt. Und nun läuteten die Glocken! Aus Jubel, Küssen und Champagnergelage erwuchs heiliger Ernst, plötzlich waren Tom und ich die einzigen, die noch standen. Verdutzt blickte ich auf die Nacken der knienden Menschen. Sie knieten im Hof, sie knieten auf dem Balkon. Ricarda kniete, der Prinz kniete, und es war reiner Zufall, daß ich vorn an der Leinwand die Gräfin erblickte. Auch sie hatte die Demutshaltung eingenommen. Plötzlich die Glocken doppelt so laut, kein Motorengeräusch mehr, nur noch Geläut und ein kreisendes Kameraauge. Vielleicht hatte mir Ricarda die Hand schon länger hingehalten. Ich erblickte sie erst jetzt, ergriff die Hand, und sie zog mich mit süßer Nachdringlichkeit neben sich auf den Steinboden des Balkons.

Dies war nicht meine natürliche Haltung beim Hören von Kirchenglocken, war es nie gewesen. Aber ich kniete auch nicht nur für Ricarda. Heute war nicht der Tag, sich auszuschließen. Tom dachte und handelte wie ich. Ich beugte den Kopf, schloß die Augen, nahm die Vitalität und Inbrunst der Menschen in mich auf. Ricarda war der stärkste Eindruck, aber es waren so viele, und ihre Gradlinigkeit hatte nichts von der Verbohrtheit platter Fanatiker. Ich folgte ihnen in eine Tiefe, in der ich nie gewesen war. Mir kam mein altes Leben in diesen Momenten auf dem Balkon nicht etwa flach vor. Ich hatte nicht ernsthaft das Gefühl, falsch gelebt zu haben. Aber etwas war an mir vorbeigegangen. Offensichtlich gab es Welten, neben denen ich hergelebt hatte. Ich fuhr meine Bahn, andere fuhren eine andere Bahn, und ich hielt es für möglich, daß ein Wechsel der Bahn mir neue Einsichten bescheren könnte. Um mich waren die Glocken und die anderen. Ich wußte nicht, vor wem sie sich verneigten. Ich jedenfalls tat es nicht für einen Gott; ich betete nichts mehr an. Die Jahre, in denen mich mein Spiegelbild mit Begeisterung erfüllt hatte, lagen lange zurück, und meine Skepsis gegen Ideologien, Religionen, Fraktionen und andere besserwisserische Grüppchen eilte mir seit Jahren im Freundeskreis voraus. Ich galt als »der, der nichts glaubt. Aber daran glaubt er«. Ich konnte mich also ohne Verbiegungen verbeugen. Ricarda würde mir nachher schon mitteilen, worum es ging. Ich fühlte mich wohl in diesen Sekunden unter der Geräuschglocke. Es zwickte nur da und dort. Nerven auf dem Rücken und unter den Fußsohlen wollten gekratzt werden, bei mir das sichere Zeichen für Neugier.

Wie hatten sie Neuschwanstein, Linderhof und Herrenchiemsee auf die Leinwand bekommen? Warum hingen Bananen an diesen verdammten Bäumen? Glocken läuteten, es war ein schönes Geläut, es schiß einen nicht zu mit Wucht und Zermalmung. Ich lauschte gern diesen Glocken.

Und solchermaßen beschützt von einer Haube Geräusch wagte ich den Gedanken zu denken: Es ist alles wahr. Ich durfte den Gedanken denken und tat es erneut: Es ist alles wahr.

Einer der Männer vor der Fassade von Herrenchiemsee, das tieffliegende Flugzeug, das Winken des Mannes und sein alberner Ziegenbart, wie man ihn heutzutage kaum noch sieht. Aber ich hatte ihn wenige Stunden zuvor gesehen: auf einem der Fotos im Wohnzimmer des alten Dachdeckers. Nicht nur auf einem Foto, Ziegenbart war der Typ, der auf Bildern immer in der ersten Reihe steht. Ich kannte solche Typen, ich selbst war der, der immer außen stand. Die Urlaubsbilder aus Mallorca oder Teneriffa waren keine Urlaubsbilder aus Mallorca oder Teneriffa gewesen. Regenwald hatten sie dort nicht. Und die Mallorquiner sahen nicht aus wie Schwestern und Brüder unseres Freundes Rasani, der mit dem Goethe-Institut log und so tat, als wäre er wegen Bier nach Deutschland gekommen. Ein Wohnwagen voll Geld, der Vorfahr eines freundlichen Bankiers mit leckeren Pralinen. Die Provision des von Holnstein, 300000 Mark pro Jahr – zehn Jahre lang oder länger. Wenn sie es geschafft hatten, das Geld an allen Inflationen vorbeizulotsen ... Ich war nicht gut im Kopfrechnen, und ich hatte in meinem erfolgreichsten Jahr immerhin 380000 Mark Umsatz in die Scheuern gefahren, in meinem zweitbesten schon nur noch 295000, und der Durchschnitt lag viel tiefer. Zinseszins war der Freund der Sparer, die Verdoppelung des eingesetzten Kapitals in elf Jahren erreicht.

Plötzlich Stille – Rustimos Stimme ohne Bild: »Ich höre soeben von einem Freund, daß wir zum Ende kommen müssen.«

»Nicht zum Ende«, rief eine Stimme. »Nicht zum Ende. Wir sind ganz am Anfang.«

»Rustimo verabschiedet sich. Wir ziehen sorgfältig wieder die Vorhänge zu und warten auf euch. Nehmt euch die Zeit, die ihr braucht. Aber keine Sekunde darüber hinaus. Adieu und Grüß Gott.«

Der Kirchturm, stumm nunmehr, der Marktplatz, die Läden, Kopfsteinpflaster, Bäume. Dann kollabierte das Bild, schmolz zusammen auf einen Punkt, dann nichts mehr. Ich gehörte zu den ersten, die standen, Tom war fast gleichzeitig oben. Alle sahen sich mit einem Ernst an, der mich beklommen machte und ausschloß. Unbeachtet standen die Gläser auf der Balkonbrüstung.

»Endlich durfte ich es sehen«, sagte eine Frau ergriffen zu ihrem männlichen Begleiter. »Es ist also wahr.«

»Sie haben Fernsehen gesehen.« Alle blickten mich an. Daran erkannte ich, daß diese Worte möglicherweise ich ausgesprochen hatte.

»Ist er das?« fragte dieselbe Frau, ohne den Blick von mir abzuwenden, und eine andere Frau, die ich noch nie gesehen hatte, sagte:

»Das sieht man doch gleich.«

»Sie werden uns helfen«, sagte Ricarda.

Die 20 oder 25 Gesichter, die mich ansahen, sagten mir, daß ich ein Fremder war. Nähe fand ich nur in einem Gesicht, es war mir das wichtigste.

»Wie habt ihr das mit der Übertragung hingekriegt?« fragte ich. Einen Verdacht besaß ich schon. Die Erdefunkstelle der Post in Raisting war höchstens 30 Kilometer von Neuschwanstein entfernt. Mehr als einmal war ich in der

Vergangenheit an den riesigen Antennenschüsseln vorbeigefahren. Raisting war einer der größten Knotenpunkte für elektronische Medien. Sie schickten Fernsehprogramme und Telefongespräche ins All und fingen die ankommenden Signale von den Satelliten ein, um sie auf Mutter Erde zum Verbraucher weiterzuleiten.

»Ihr habt einen Kontaktmann in Raisting sitzen«, sagte Tom. Das war auch meine Theorie, und mir war egal, ob uns das jemand bestätigen würde oder nicht. Wir mußten endlich aufhören, auf Antworten zu warten. Aber dann sagte unser blonder Prinz:

»Ja, es ging über Raisting. Samstagabends sind sie nicht ausgelastet. Da geht schon einiges.«

»Kontakte sind alles auf der Welt«, sagte ich.

»So sehe ich das auch. Menschliche Kontakte, technische Kontakte.«

»Doppelstecker«, rief jemand aus der Balkonmenge, ich hätte gern gewußt, ob er damit auf unsere Nacht mit Ricarda anspielen wollte. Bewegung vor der Leinwand, die Gräfin stand neben Rasani, sie hatte seinen rechten Arm ergriffen.

»Wir freuen uns«, sagte sie. »Wir sind dankbar, daß eine Begegnung, die nicht in diesem Jahrhundert stattgefunden hat, dermaßen fruchtbare Ergebnisse zeitigt.«

»Auch wir freuen uns«, sagte Rasani und entzog seinen Arm mit großer Grazie dem gräflichen Klammergriff. »Seit 108 Jahren haben wir das Glück, Gäste aus dieser begnadeten Region begrüßen zu dürfen. Nie ist es zu Momenten der Irritation, des Undanks oder gar zu Zwistigkeiten gekommen. Im Grunde muß ich nichts weiter sagen«, fuhr Rasani fort, und ich flüsterte:

»Rede, Kerl. 100 Mark für jedes Wort.«

Er tat mir den Gefallen: »Ich will sagen, zu was mich der Rat der Ältesten ermächtigt hat. Ihr seid willkommen, es gibt kein einziges Mitglied meines Volkes, das in eurer Entscheidung eine Bedrohung sieht. Ich glaube fest daran, daß wir eine perfekte Nachbarschaft zweier Kulturkreise erleben werden.«

»Das sagt er so einfach!« rief die Gräfin dazwischen. »Aber jetzt müssen wir endlich von Geld reden.«

Ich war von Rasani sicher 25 oder 30 Meter entfernt, und er besaß eine dunkle Hautfarbe. Aber daß er nach der Erwähnung des Wortes »Geld« tiefrot anlief, sahen wir alle.

»Nein, nein«, sagte die Gräfin, als Rasani ihr ins Wort fallen wollte. »Wir reden einmal von Geld, und dann nie wieder. Warum sollten wir auch über etwas reden, was in ausreichender Menge vorhanden ist? Wir reden ja auch nicht über den Sauerstoff in der Luft und die Dunkelheit in der Nacht. Aber einmal muß es sein. Bitte sehr!«

Die letzten beide Worte hatte sie in erhöhter Lautstärke gesprochen. Prompt ertönte ein Geräusch, von einer Maschine erzeugt. Hinter der Leinwand schwebte plötzlich ein riesiger silberner Brocken in der Luft, schälte sich aus dem Dunkel, stieg höher und höher. Ich sah die Trossen oder Seile, an denen das Silber hing, sah auch, daß es sich um den Schweizer Wohnwagen handelte, sah endlich den höher und höher sich ausfahrenden Arm des hydraulischen Krans. Alle Fenster des Wohnwagens waren illuminiert. Es sah aus wie Kerzenlicht oder andere Flammen. Der Wohnwagen wurde über den oberen Teil des Hofs geschwenkt. Schweigend verfolgte die Menge die Aktion.

»Hier kommt unsere Spardose!« rief die Gräfin. Dann stand Rey neben ihr und Rasani, zwei Schritte hinter Rey dessen Lebensgefährte Osten. Und dort im Hintergrund blieb er auch.

»Wir begrüßen unseren langjährigen Freund Reimann«, sagte die Gräfin und schaute zu, wie Rey ihr die Hand küßte.

»Reimann«, flüsterte ich selig, »Treffer«. Ich fühlte mich kannibalisch wohl. So mußte das gehen, so wollte ich's haben. So sollte sich jede einzelne unserer Vermutungen bestätigen. Jetzt wollte ich nur noch Volltreffer in der Wahrheitslotterie landen.

Rey hatte sich feingemacht, sein Borstenhaar wirkte im Fackellicht wie gestriegelt, das Weiß seines Hemds war augenbetörend. Er war sichtlich ergriffen und begann erst zu sprechen, als er sicher war, seine Stimme unter Kontrolle zu haben.

»Freunde, Freunde und Kupferstecher.« Sie schmunzelten, und über ihren Köpfen stand der gigantische Silberfisch in der Nacht. »Ich hatte eine Aufgabe«, fuhr Rey fort. »Ich durfte sie von meinem Herrn Vater übernehmen, der sie von seinem Herrn Vater mit großer Freude übernommen hatte. Heute abend darf ich Vollzugsmeldung erstatten.« Die Abendluft summte vor Spannung. »Unsere Bank übernahm 300 000 Goldmark zu treuen Händen und wirtschaftete mit diesem Kapital in der Folgezeit mit der angemessenen Mischung aus Bewahren und Wagnis. Ihr wißt, daß es bei Geld keine absolute Sicherheit gibt. Doch kann man einiges dafür tun, Risiken zu verkleinern. Wir haben das getan, das Ergebnis kennt ihr.«

»100 Mark für jedes Wort«, murmelte ich noch mal. Aber er tat mir den Gefallen nicht.

»Rasani, ihr habt eine märchenhafte Geduld mit uns bewiesen. Ich weiß, ich weiß«, sagte er schnell, als Rasani ihm ins Wort fallen wollte. »Ich weiß, daß ihr zur Zeit ein anderes, ein erwachseneres Verhältnis habt als wir armseligen termingeplagten Mitteleuropäer. Ich sehe noch dein Gesicht vor mir, als du bei deinem ersten Besuch den Terminkalender auf dem Schreibtisch meiner Sekretärinnen liegen sahst. Dennoch ist es ein Unterschied, ob man Geduld aufbringt oder ob man 108 Jahre Geduld aufbringt.«

Tom hatte die Kamera vorm Gesicht. Niemand hinderte ihn an der Arbeit.

»Ihr habt euch lange dagegen gewehrt, Geld anzunehmen«, fuhr Rey fort. »Ich weiß, daß ihr bis heute nicht vollends überzeugt seid, daß notwendig ist, was jetzt stattfinden wird. Wir haben also einen zweiten Grund, euch zu danken. Wir danken euch dafür, daß ihr uns Kleinmütigen erlaubt, mit Geld eine Schuld wenn nicht abzutragen, so doch zu verkleinern, von der ihr nicht das Gefühl habt, daß es sich um eine Schuld handelt.«

»Wir besitzen genug Land«, warf Rasani nun doch ein.

»Es ist wunderschönes Land«, sagte Rey. »Wir vom

Geld geprägten Zeitgenossen sind es gewohnt, daß Land einen Wert besitzt, der mit Geld beziffert wird. Über den anderen Wert müssen wir nicht sprechen. Wir haben über einen Zeitraum Unruhe in deine Heimat getragen, der jede vielleicht noch duldbare Dauer um Jahrzehnte übersteigt. Auch diese Zumutung fließt mit im großen Schuldstrom, der heute abend der Mündung zustrebt. Hier oben wartet der ... ich will es nicht ›Schatz‹ nennen, aber ich will es auch nicht karikieren. Das dürft ihr nicht von einem alten Mann verlangen, der seit 45 Jahren sein Leben dem schnöden Mammon verschrieben hat.« Sie schmunzelten ihm Absolution zu, und Rey hob den Kopf zum silbernen Wohnwagen. »Nehmt von uns an, was in diesem Gefährt steckt. Es mag manchem immer noch befremdlich erscheinen, daß wir ausgerechnet auf solch ein Fahrzeug verfallen sind. Es hatte praktische Vorteile, und ich versichere euch: Es gibt viele ästhetisch unbefriedigendere Weisen, Kapital aufzubewahren. Dank für alles, und falls ihr es noch nicht gemerkt haben solltet: Jetzt geht die Chose erst richtig los.«

Rasani und Rey umarmten sich. Die Gräfin trat solange zappelig auf der Stelle, schnappte sich dann den Rey und umarmte ihn auch. Danach trat Osten in den Kreis, aber erst nachdem ihn Rey und Rasani mehrfach aufgefordert hatten. Steif und zeremoniell wirkte der Exoffizier, und zum erstenmal empfand ich für ihn Sympathie.

»Wieviel steckt in dem Wagen?« fragte ich die Bevölkerung des Balkons.

»Genug«, antwortete eine Frauenstimme, in diesem Moment wurde mir bewußt, daß ich bisher weder den alten Heimatforscher Unruh noch seinen Widerpart Martell auf dem Schloßhof entdeckt hatte.

»Wieviel ist genug?« bohrte Tom nach. Wir waren beide von dieser Welt, für uns gab es einen Zusammenhang zwischen Geld und dem Zweck, für den es ausgegeben wird.

»Genug ist genug«, sagte die unbekannte Stimme. »Sie haben 108 Jahre unsere Männer durchgefüttert und dafür nie etwas als Dank angenommen. Wenn ich allein an meinen Hermann denke, wieviel der verdrückt, wenn er von der Baustelle kommt, ich kann euch sagen: Unsere Männer müssen denen die Haare vom Kopf gefressen haben.«

»108 Jahre Bananen«, murmelte Tom. Ich sah, wie er sich schüttelte.

»Ach was«, lachte die Frau, »das hat keine 20 Jahre gedauert, dann haben die alles gekonnt, was unsere Männer gern essen. Mein Hermann sagt immer, sie machen die besten Maultaschen östlich von Garmisch-Partenkirchen.«

Rasani war vor die Leinwand getreten, und obwohl er bereits von allen Seiten bedrängt wurde, gelang es ihm noch zu rufen:

»Ihr habt es euch einfach nicht ausreden lassen, nur deshalb haben wir am Ende um des lieben Friedens willen unseren Widerstand aufgegeben. Mein Volk dankt euch. Aber mein Volk kündigt euch an: Es gibt so viele Menschen auf der Erde, die sich in Not befinden. Manchmal kann Not mit Geld verringert werden. Nicht immer und nicht so oft, wie ihr im Westen glaubt. Aber manchmal geht es. Darüber werden wir nachdenken.« Nun brachen sie über ihn herein, schüttelten seine Hände.

»Kneif mich«, sagte Tom. Sein schmerzerfülltes Gesicht tat mir gut. Wir waren demnach beide wach, und während um uns wieder Korken knallten, fragte ich Ricarda:

»Wie gehörst du dazu? Bist du die Hauskünstlerin?«

»Ich lebe hier«, erwiderte sie lächelnd.

»Aber nicht lange genug, um eine Einheimische zu sein.«

Ricarda stutzte.

Ich setzte sofort nach. »Alle, die wir bisher gesprochen haben, sind in der dritten oder vierten oder sechsten Generation hier ansässig. Du hast davon bisher nichts erzählt. Sag es lieber auch jetzt nicht, ich würde dir nämlich kein Wort glauben.«

Ich hielt einen Mann an den Schultern fest. Bevor ich ihn daran hindern konnte, hatte er mich auf die Wangen geküßt. Er roch nach einem Gewürz, dessen Name mir nicht einfiel. »Was ist Ricarda für eine?« Er war überrascht, blickte Ricarda an, blickte mich an, dann Tom.

Ein Jugendlicher kariolte dazwischen, und wir wurden in den Sängersaal gespült, wo die ersten Paare tanzten. Sie bewegten sich zu einer Musik, die nur in ihren Köpfen war. Doch nahm in der Laube schon ein Musiker Aufstellung.

»Ach nee«, begrüßte ich den Dudelsackpfeifer. Er nickte uns zu und stimmte seine Fidel. Einen Dudelsack hatte er nicht dabei, das rechnete ich ihm hoch an. Dann hatte er die Fidel am Kinn, den Rhythmus im Fuß, und die Paare stampften den Holzfußboden, daß es eine Freude war. Ich sah die groben Schuhe auf dem Parkett und dachte an den Verwalter. Auch ihn hatte ich heute abend noch nicht gesehen. Die Abwesenheit von Heimatforschern und Verwalter waren Widerhaken in meinem Hirn. Doch sie waren klein angesichts der ausgelassenen Menschen. Sie hakten sich bei Tom ein, drückten mir eine drahtige Endzwanzigerin in die Armbeugen, und so bewegte ich mich wie noch nie in Neuschwanstein. Im Hintergrund machte sich Poldi an Ricarda zu schaffen, natürlich in allen Ehren, wie es seine Art war, wenn Zeugen anwesend waren. Der Musikant fiedelte Weisen, die mich an irische Volksmusik erinnerten. Ich hielt der Drahtigen stand, ihre Augäpfel schwammen in Lachen, und ich rief ihr durch den Lärm zu:

»Dann hat sich das lange Warten ja gelohnt.«

Ihre Augen leuchteten auf, und sie tanzte und tanzte, und ich schrie ihr zu:

»Haben Sie denn zwischendurch mal damit gerechnet, daß alles schiefgehen könnte?«

Sie lachte mich an, vielleicht lachte sie mich auch aus. Der Sängersaal füllte sich mit Menschen, Korken sprangen, Gläser klangen. Sie beglückwünschten sich, lachten weinend, weinten lachend, Körper suchten und fanden Nähe, und als ich zwischendurch auf den Balkon sprang, tanzten sie auch unten im Hof.

»Wollen wir runter?« rief ich Tom zu. Der strebte soeben solo tanzend aus dem Saal und winkte mir mit einer Geste zu, die möglicherweise beruhigend wirken sollte. Manchmal war Ricarda in meiner Nähe, manchmal nicht. Es war unmöglich, in diesem Trubel die Fährte eines anderen aufzunehmen. Als ich sie sah, stand sie neben einem der Leuchter, und zwei junge Männer wechselten die noch lange nicht heruntergebrannten Kerzen aus. Ich sah Ricarda im Profil, hinter ihr die im Fensterrahmen gefangene Nacht, und wie ich sie da stehen sah in diesem Augenblick, befiel mich die Gewißheit, daß ich sie so bereits einmal gesehen hatte.

Im Innenhof stand die Luft warm und stickig. Überall brennende Kerzen und transpirierende Menschen. Seit wann wurde es denn nachts nicht mehr kühler? Ich entdeckte Tom. Er fotografierte. Um den Hals eine zweite Kamera. Ich drängte mich zu ihm durch, lehnte mehrere Gläser ab, zog an der Kamera vor seinem Bauch.

»Wo hast du die her?« Ich erinnerte mich, daß er mit nur einer Kamera das Schloß betreten hatte.

»Denke dran, schaff Vorrat an!« rief Tom.

Er hatte ein Depot geplündert. Das war eine Angewohnheit seiner späten Jahre. Ständig buddelte er Stauraum in Regalen frei oder rückte Möbel von der Wand, um dahinter frische Filme und Ersatzkameras zu bunkern.

»Wir müssen reden.«

»Wozu denn? Ist dir immer noch nicht alles klar?«

Ich blickte ihn streng an: »Kerl, Kerl, du bist vom Ehrgeiz zerfressen.« Er strahlte, sein Bart strahlte mit: »Stell dir vor, die haben in ihrer Filmvorführung nicht mit Faller-Häusern gearbeitet, sondern alles ist echt. Warum stehst du dann hier dumm rum und bohrst in der Nase? Setz dich hin und schreibe, bevor's ein anderer tut. Solch eine Story kriegst du nie wieder.«

Sie hatten Neuschwanstein nachgebaut, Linderhof und Herrenchiemsee. Sie hatten ein komplettes Dorf nachgebaut, und sie hatten es auf der anderen Seite der Erdkugel getan. Sie hatten dazu 108 Jahre benötigt, und nie war auch nur ein Hauch von Information an die Öffentlichkeit gelangt. Jetzt stand der Umzug bevor. Mehrere hundert Menschen brachen ihre oberbayerischen Zelte ab. Sie luden Umzugswagen voll und stapelten ihre Habe in Bahnwaggons. Es war der heißeste Herbst seit vielen Jahren, die Gegend wurde von Touristen überrannt. Jeder von ihnen war ein potentieller Überbringer der mysteriösen Ereignisse, und keinem fiel etwas auf. Das Land um Neuschwanstein wurde wie von einem unsichtbaren Vorhang vom Rest der Welt abgetrennt – durchlässig für Menschen, Fahrzeuge und Waren, aber nicht für diese Idee, für die Wahrnehmung dieser Idee.

»Tom, wo steht das neue Neuschwanstein?«

»Zwischen Hamburg und Haiti.«

»Nun mal ernsthaft.«

»Philippinen, Indonesien oder eine dieser Inselrepubliken, die aus Hunderten von Atollen bestehen.« Rasani sah uns kommen und versuchte gar nicht erst auszuweichen. Er breitete die Hände aus, als wollte er uns segnen, und ich sagte:

»Nun mal die Hosen runter, Meister. Hosen runter ist ein Begriff aus meiner Muttersprache, den Sie garantiert nicht im Goethe-Institut gelernt haben.« Wie gründlich er alle Winkel meines Gesichts ausforschte.

»Wir haben noch viel mehr Sprüche in unserer Muttersprache«, sagte Tom. »Einer der schönsten lautet: Du sollst deinen Chronisten nicht hinters Licht führen, oder dir fällt der silberne Geldschrank auf den Scheitel.« Wir blickten alle nach oben, der Wohnwagen hing da, wie sich ein Kapitalist in seinen Träumen vielleicht den Mond vorstellt.

»Ich mußte vorsichtig sein«, begann Rasani. »Seinerzeit wußte ich noch nicht, wie ich Sie einzuschätzen hatte.«

»Jetzt wissen Sie's«, sagte ich eifrig. Wir nahmen ihn in die Mitte. »Erzählen Sie, Rasani. Der Name stimmt doch?« Er lächelte nur. »Erzählen Sie uns endlich, woher Sie kommen.«

»Sonst noch Fragen?«

»Massenhaft. Aber mit der Antwort auf diese wäre der erste Hunger gestillt.«

»Der Pazifische Ozean ist groß«, lautete Rasanis erster Satz. Er mußte es meinem Gesicht angesehen haben, denn er fügte schnell hinzu: »Siedeln Sie uns nicht zu dicht am Äquator an. Es war unseren Freunden sehr darum zu tun, ein verwandtes Klima vorzufinden.«

»Und wie ist man auf Sie gekommen?« fragte Tom. »Und was ist mit den 108 Jahren? Müssen wir die Zahl wörtlich nehmen?«

»Ich bitte doch darum. Vielleicht wissen Sie, daß der König seinerzeit in allen Himmelsrichtungen nach einer neuen Heimat Ausschau halten ließ.«

Ich war erstaunt. »Ich dachte, das waren nur Gedankenspiele am Kamin.«

»Unterschätzen Sie Ludwigs Verbitterung über die herrschenden Zustände nicht. Das politische Klima hat ihn niedergedrückt, das Ausweichen in die Berge mußte doch jedesmal mit der Rückkehr enden. Und auch in den Bergen war der Abstand zu München beklagenswert gering. Kutschen und Eisenbahnen fraßen die Kilometer auf, und die politische Sphäre fand ja immer wieder Wege, sich dem König zu nähern. Es mußte einfach mehr Raum zwischen ihn und sie. Geistig lagen schon Welten zwischen ihnen. Warum sollten dann nicht auch faktisch Erdteile zwischen die Parteien gepackt werden?«

»Daraus wurde zu seinen Lebzeiten ja nun nichts«, sagte ich.

»Aber es gab Kontakte. Kontakte kann man pflegen. Und als er tot war, hatte er endlich Zeit, sich um dieses Projekt zu kümmern.«

Ich brauchte einen Moment, um zu begreifen. »Also ist die Sache zwischen 1886 und 1889 akut geworden?«

Rasani nickte, wir nahmen einem euphorischen Mädchen drei Gläser vom Tablett, weil wir die Schöne anders nicht losgeworden wären. Rasani nippte.

»Sie haben recht. Erst als er tot war, hatte er die Ruhe,

die es braucht, um Entschlüsse von solcher Tragweite zu fassen.«

»Entschuldigung«, unterbrach ich ihn, »aber es konnte doch nicht zweifelhaft sein, daß dieses Projekt um einige Jahre über seine Lebenszeit hinausreichen wird.«

»Meinen Sie?«

»Und wer soll das bezahlen? Wer hat soviel Geld?«

»Geld«, Rasani spuckte die Buchstaben aus wie Tom Pflaumenkerne. An der Leinwand entstand Bewegung, unverzüglich setzte ein starker Sog dorthin ein, der uns mit sich zog.

»Sehen Sie sich das an!« sagte Rasani. »Es ist die Antwort auf Ihre Fragen.«

»Mann, Sie wissen ja gar nicht, was ich noch fragen wollte«, rief ich.

»Sie wissen ja nicht, was Sie sehen werden«, entgegnete Rasani ruhig.

8

Eine Stunde später war mir klar, daß Rasani eher noch untertrieben hatte. Sie zeigten uns Fotografien und bewegte Bilder: von der Grundsteinlegung, vom Rohbau, von den Innenarbeiten, Neuschwanstein, Linderhof, Herrenchiemsee, das Dorf – zehneinhalb Jahrzehnte in einer Stunde. Wir sahen die Bauten wachsen, das war imponierend. Wir sahen Handwerker altern, verfolgten, wie aus ungelenken 16jährigen Jungen stattliche Mannsbilder wurden, die sich 20 Jahre lang körperlich untadelig hielten, bis sie begannen, abzubauen. Fotografien, bis etwa 1920 nur Fotografien, danach immer häufiger Filmaufnahmen, fast nur noch bewegte Bilder, gegen Ende Videotechnik. Aber die Fotografien hörten nie auf. Wir sahen Menschen arbeiten und feiern, trinken und schlafen. Wir sahen sie diskutieren und Verunglückte versorgen. Wir sahen Beerdigungen, und immer wieder sahen wir unsere Oberbayern im Kontakt mit den Ureinwohnern: Rasanis Leuten, schlanken, ernsten, schönen Menschen. Ihre Zurückhaltung sprach aus jedem Bild zu uns. Auf der Insel lebten Affen, keine Primaten, kleine Arten, deren Namen ich nicht kannte, die jedoch auf Schweinshaxe und Bier ansprachen und dann betrunken über die Baustelle torkelten, bevor sie sich im Zementbottich schlafen legten und morgens bei Arbeitsantritt herausgehoben und auf Lederhosen umgebettet wurden. Die Bayern besaßen die Körper hart arbeitender Männer, dennoch sah ich sie kein einziges Mal mit Tieren herumrasen. Stets gingen sie liebevoll mit Affen, Hängebauchschweinen und Federvieh um. Auf einigen Bildern sah es aus, als wäre ein zoologischer Garten im Entstehen begriffen. Einmal posierte ein Mann mit nackter Brust und drei oder vier um den Hals gelegten Schlangen.

Wir sahen die Hütten, in denen die Bayern in der ersten Zeit schliefen. Wir sahen die Holzhäuser, die sie sich dann bauten, erhielten Einblick in sanitäre Probleme, und das Bild einer Tür mit Herz zwischen tropischen Bäumen war so ungeheuer komisch, daß Tom in die Hände klatschte. Dann wurden die ersten Kinder geboren, an denen die Gastarbeiter einen guten Tropfen Verantwortung trugen. Die Einheimischen blieben stolz und zurückhaltend, die Mütter mütterlich, und die Väter legten die Verlegenheit an den Tag, an der es ihnen neun Monate vorher gefehlt hatte. Und ständig erkannte jemand unter uns jemand auf der Leinwand wieder. Jetzt war das Familienfest perfekt. Enkel, Tanten, Onkel, Gatten, Söhne und Töchter beklatschten ihre Favoriten. Viele standen noch leibhaftig unter uns, wurden abwechselnd Anlaß für Bewunderung, Häme und gutmütigen Spott. Die pazifischen Kinder waren offensichtlich kein Geheimnis, keinmal kreischte eine Frau los und wollte Genaueres wissen.

»Wie habt ihr es geschafft, das alles so lange unter Verschluß zu halten?« fragte ich meine Nachbarn. Sie amüsierten sich, ich wiederholte meine Frage. Da war einer so nett: »Wir sehen das heute auch alles zum ersten Mal.« Ich war gleich bei Rasani.

»Wir durften nichts riskieren. Kein einziges Bild ist jemals von der Insel gegangen.«

»Und was sehen wir hier?«

Ich sprach die Worte aus und wußte die Antwort. »Sie haben das alles vor ein paar Tagen mitgebracht.« Rasani nickte anerkennend, und ich sagte: »Aber das ist unmöglich. Das funktioniert nicht über Jahrzehnte. Irgend jemand wird doch mal heimlich Bilder gemacht haben.«

»Sie gehen immer von sich aus.«

»Stimmt. Von was sollte ich sonst ausgehen?«

»Von der Idee. Von der Idee, die Träume unseres Königs in die Welt zu setzen.«

»Aber die standen doch schon, Mann! Das da links ist Neuschwanstein.«

»Das richtige Schloß. Aber im falschen Teil der Welt.«

»Wäre es dann nicht vernünftiger gewesen, die verdammte Ministerialbürokratie in München in die Luft zu sprengen, anstatt im Pazifik mal eben drei Schlösser zu bauen?«

Die Weise, wie Rasani mich anschwieg, gefiel mir nicht. Ich kam nur nicht dazu nachzuhaken, weil auf der Leinwand jetzt ein Kostümfest stattfand. Eine Leinwand voller Ludwigs, ein Eingeborener als Ludwig, sie hatten es mit der Verehrung nicht übertrieben und sich die Freiheit genommen, Spaß zu haben. Und plötzlich tanzte unsere Gräfin als Kaiserin Elisabeth mit dem Eingeborenen-Ludwig. Ich sah, wie die Gräfin vor der Leinwand die Hände vors Gesicht schlug und die Szene dann durch die geöffneten Finger verfolgte. Sie war vor 40 Jahren ein flotter Feger gewesen.

»Wie lange sind die Handwerker denn jeweils auf der Baustelle gewesen?« fragte ich Rasani.

»Zwei, drei Monate.« Während auf der Leinwand die Maschinen immer moderner wurden und die Einheimischen ihre Zurückhaltung über Jahrzehnte hinweg beibehielten, allerdings offenbar nie selbst auf den Baustellen tätig wurden, blieb ich an Rasani dran:

»Wer hat die Reisen bezahlt? Wie hat man die ja doch

recht lange Abwesenheit erklärt? Waren denn über die Jahrzehnte immer alle Familien mit dieser Wanderarbeit einverstanden?«

»Geld, mein Freund, war das geringste Problem. Die Abwesenheiten waren ein Problem. Sie haben dazu geführt, daß meine Freunde die Kontakte zu Nichteingeweihten auf das unablässige Maß reduzierten. Und zu Ihrer letzten Frage: Ja, es waren in allen Jahren stets alle Familienangehörigen einverstanden.« Ich dachte, das wär's gewesen, aber es kam noch etwas: »Sonst wären sie keine Familienangehörigen gewesen.«

»Was heißt das? Haben Sie Kritiker ausgegrenzt?«

»Sie werden mit Ihren Fragen dem Thema einfach nicht gerecht. Wir sprechen hier nicht über Fünfjahrespläne. Wir sprechen über Projekte, die das Lebensalter eines Menschen weit übertreffen.«

»Wie viele Leute waren denn auf den Baustellen jeweils tätig?« fragte Tom.

»Da müßten Sie diejenigen fragen, die sich mehr mit der statistischen Seite des Unternehmens beschäftigt haben.«

»Gern«, rief ich, froh, endlich weiterzukommen. »Wo stecken diese Leute? Wie heißen sie?«

»Sie sind heute leider nicht hier«, antwortete Rasani.

»Gut«, sagte ich, mühsam meine Enttäuschung zügelnd, »nächste Frage: Wann geht's los?«

Alle blickten mich an, danach blickten alle Rasani an, und der antwortete: »Man packt. Wenn der letzte damit fertig ist, wird es schnell gehen.«

»Und Sie glauben ernsthaft, Sie kommen ungesehen raus aus Deutschland? Über tausend Leute mit einem Güterzug voller Möbel entvölkern mal eben eine Stadt und ein paar Dörfer, in denen sich ständig Touristenhorden aus aller Welt aufhalten. Sie glauben wirklich, das klappt?«

»Glauben Sie das nicht?« fragte Rasani zurück. »Was haben Sie denn für eine hohe Meinung vom Anteil, den heutige Menschen am Schicksal ihres Nächsten nehmen? Jedes Jahr verschwinden in diesem Land Tausende von

Menschen. Ohne eine Spur zu hinterlassen. Wie erklären Sie sich das?«

»Jetzt werden Sie etwas moralisch«, sagte Tom, und Rasani entgegnete lächelnd: »Es ist ein Problem der Wahrnehmung. Und Wahrnehmung hat mit Interesse zu tun. Möglich, daß sich der eine oder andere über die Veränderung in seiner Nachbarschaft wundern wird. Aber es ist weniger wahrscheinlich, wenn Sie sich vor Augen führen, daß ja komplette Nachbarschaften aufbrechen.«

»Warum? Haben die Eingeweihten alle zusammengewohnt?«

»Ist daran etwas erstaunlich?«

Auf der Leinwand wanderte die Kamera durch das Innere Neuschwansteins. Alles, was wir in den letzten fünf Tagen gesehen hatten, zog an uns vorbei. Aber vor den Fenstern wuchs ein Dschungel. Wir sahen den Thronsaal und den Sängersaal, die Küche und die Grotte mit dem Wintergarten. Ich war nicht Fachmann genug, um eventuelle Abweichungen im Detail zu erkennen. Aber an was ich mich erinnerte: der monströse Leuchter, das Blau des Deckenhimmels, die Bodenleuchter im Sängersaal, der moderne Herd in der Küche – alles war da, wir sahen es entstehen. Die Grotte aus Gips war erst Draht, der Mosaikboden im Thronsaal anfangs ein hoffnungsloses bißchen Struktur in einer Ecke. Sie hatten die Schlösser in der historisch exakten Reihenfolge gebaut: erst Neuschwanstein, am Ende Herrenchiemsee. Sie hatten sich nach dem Baubeginn gerichtet, nicht nach dem Datum der Fertigstellung, denn Neuschwanstein war ja nie beendet worden.

»Ist es diesmal fertig geworden?« fragte Tom, und Rasani antwortete: »Man baut nicht hundert Jahre, um am Ende Stückwerk zu haben.«

»Dann müßte ja auch Falkenstein entstanden sein«, rief ich lachend.

»Das mit den Bauarbeiten kann ich nachvollziehen«, sagte Tom nachdenklich. »Maurer, Dachdecker, Maler, Fliesenleger und so weiter. Aber wer hat die Wände bemalt? Woher stammt der Gold- und Silberschmuck? Die Möbel? Die Schnitzereien?«

Ich stieß Tom an, er entdeckte Mordelli sofort. Der Schloßführer stand auch nach Feierabend so gemütlich in der Welt wie tagsüber. Frau Mordelli war eine Schlanke, Fixe. Flinke Augen, flinke Motorik, dabei liebevoll ihren Aloysius im Auge behaltend. Er lief ihr ja nicht weg, das garantiert nicht. Mordelli entdeckte uns nun auch. Er schlenderte ohne Eile heran, ich empfing ihn mit den Worten:

»Sie also auch.«

»Freilich«, freute sich Mordelli, »ein Ziel braucht der Mensch.«

Er erklärte seiner Frau, wer wir waren, und nannte uns »die Herren Künstler aus dem Norden«. Er war einfach ein netter Zeitgenosse. Was machte es, daß er uns belogen hatte wie alle anderen auch, und dies sogar permanent lächelnd? Immerhin hatte er nicht auf uns geschossen. Ich schnappte einer vorübersegelnden Frau zwei Gläser vom Tablett, und es war plötzlich, als hätte jemand den Korken aus der Flasche gezogen. Frauen und Männer umringten uns, ließen sich von uns Glück wünschen, ließen sich von uns loben und preisen, prosteten uns zu, Gläser klirrten, Champagner ging den Weg alles Irdischen. Er war eiskalt, das tat in der stickigen Abendluft doppelt gut. Die Leinwand wurde nicht dunkel, ich bekam nicht mit, ob sie immer noch neue Bilder zeigten oder ob bereits die Wiederholung lief. Man traf sich bei den Champagner- und Bierquellen. Ein Junge von höchstens fünfzehn zapfte wie ein Alter. Ich erhielt eine der herrlichsten Blumen der letzten Jahre kredenzt. Attraktive Frauen und gewinnende Männer erwiderten meinen Trinkgruß. Es war ein staatsmännisches Zechen. Niemand fiel aus der Rolle, alle waren durchglüht von einer Hitze, die nicht vom Thermometer abzulesen war. Ich machte meine Runde und befragte Feiernde; wie leicht ihnen der Abschied falle; ob das Haus verkauft sei; ob auf die Kinder in der neuen Heimat eine Schule warte. Statt einer Antwort führte man mich zu einer Frau, der die Pädagogin ins Gesicht geschrieben stand. Ich hatte immer Probleme gehabt, diese auch im Privatleben quälend übermotivierten Menschen auszuhalten. Dennoch waren sie zweifellos Gold wert für formbare Kinderseelen. Sie verstanden es, Begeisterung zu wecken, kümmerten sich um Nachzügler, ohne die Besten zu frustrieren. So erzählte mir die Lehrerin ihre erzieherischen Leitlinien, und ich wurde weitergereicht zu einem Mann, den ich bereits gesehen hatte: dem Spiddel aus der Zeitungsredaktion. Auf dem dunklen Hof wirkte er noch dürftiger, aber er hatte Champagner getrunken oder trug Plateausohlen oder beides. Jedenfalls reichte er mir fast schon bis zum Schlüsselbein und teilte bereitwillig mit, daß er in der neuen Heimat der Chefredakteur der neuen Tageszeitung sein werde. »Und alle, alle anderen sind die Redakteure«, jubelte er.

»Dann sind Sie ja der Chef von tausend Redakteuren«, sagte ich staunend. Das war genau das, was ihn in Hochstimmung versetzte. Wahrscheinlich dachte er sich bereits Schikanen aus, mit denen er sie schurigeln konnte. Tom fotografierte, ich traf auf Mordelli und stänkerte freundlich: »Wem wollen Sie denn in Zukunft das Schloß zeigen?«

»Niemandem. Wie ich mich darauf freue.«

Mir ging Mordellis Grinsen auf die Nerven. Aber ich blieb freundlich, denn ich wollte mir ihre Wohnung ansehen.

Das Portal des Schlosses wirkte nachts massiver als am Tag. Wahrscheinlich lag es daran, daß man sich tagsüber dem Haupteingang parallel zur Längsseite näherte, bei Erreichen der Schmalseite eine scharfe Rechtskurve absolvierte und aus lauter Lust aufs Schloß zügig dem Durchgang zustrebte, also den Torbau kaum wahrnahm. Dabei war er so hoch wie ein Dreifamilienhaus.

In der Wohnung herrschte die Diktatur der Häkeldekken. Sie lagen nicht auf dem Boden, sonst waren sie überall. Die Mordellis führten uns in die Küche. Auf den vier

Flammen des Elektroherdes lag jeweils eine Schonhaube und darauf eine Häkeldecke. Der Wahnsinn hatte Methode. Tom stand sofort am Tisch und war begeistert. Eine Insel, sie bedeckte die gesamte Oberfläche des Tischs. Das Wasser war echtes Wasser, Mordelli oder wer immer hatte den Inselkörper mit einer Art Burggraben umsäumt, in dem echte Wasserpflanzen wucherten.

»Alles klar«, sagte Tom. »Neuschwanstein, Herrenchiemsee, Linderhof, die Jagdhütte, und was ist das hier? Weitere Jagdhütten, sieh an. Dann haben wir das Dorf, den Marktplatz, die Kirche . . .« Frau Mordelli griff unter den Tisch, und die Küche war erfüllt mit dem Bimmeln zarter Glöckchen. Ich war gerührt. Dann griff Mordelli unter den Tisch, das Bimmeln erstarb, dafür war der Raum im nächsten Moment von solch mörderischem Läuten erfüllt, daß ich mich impulsiv zur Küchentür rettete. Die Lautsprecher hingen unter der Decke, ihre Membranen pulsierten wie Adern. Wir baten Mordelli, ein Ende zu machen.

Tom fotografierte dann das Inselmodell.

»Wie finden Sie es eigentlich, daß Ihr Unternehmen jetzt Chronisten hat?« fragte ich Mordelli.

»Es ist nur wegen unserem König, daß Sie darüber schreiben dürfen. Und fotografieren. Es ist deswegen, weil die Welt wissen soll, daß der König recht gehabt hat. Das ist wichtig. Dieser Eindruck muß weg, daß er ein Spinner war. Da sind wir uns alle einig.«

»Es soll ein Triumph sein.«

Beide nickten, der eine gemütlich, die andere fix.

»Aber wen wollen Sie denn überzeugen?« fragte Tom, während er weiterfotografierte. »Die meisten Menschen sind doch längst Fans von Ludwig geworden.«

»Das ändert nichts«, sagte Mordelli. »Die, die damals die Macht hatten, haben es ihm schwergemacht. Die Beamten, die Mittelmäßigen, die, für die immer alles seine Ordnung haben muß, die, die mit Außenseitern nichts anfangen können.«

»So ein Artikel sichert Ihnen aber die Aufmerksamkeit der ganzen Welt.«

»Das Risiko gehen wir ein. Wegen unserem König. Es gibt keine halben Sachen. Dann wären wir ja wie die anderen. Wir wollen nahe am König sein. Nicht nahe an dieser Welt.«

»Und was tun Sie, wenn Ihnen die Welt auf den Pelz rückt?«

»Sie meinen, wenn die Touristen kommen? Die kommen nicht.«

»Aber Herr Mordelli . . .«

»Die kommen nicht. Es gibt eine Abmachung mit unseren Gastgebern.«

Schlagartig fiel meine schöne Beweisführung in sich zusammen. Die Gastgeber, Rasanis Leute, die Regierung der Inselrepublik, deren Namen sie uns hartnäckig verschwiegen. Die Regierung war der Souverän, der bestimmt, wer den Fuß auf das Staatsgebiet setzen darf und wer nicht.

»Es macht Spaß, Ihnen beim Nachdenken zuzusehen«, sagte Mordelli schmunzelnd.

»Sie haben an alles gedacht.«

»Wir hatten Zeit genug dafür.«

»Und sie fürchten nicht, daß Rasani und seine Leute eines Tages den Verlockungen erliegen könnten? Der Tourismus bringt Geld ins Land.«

»Ach Gott, Geld. Ich bitte Sie. Was ist schon Geld?«

Zwei Minuten später stand ich mit Tom auf dem unteren Schloßhof und schaute nach oben, wo das Fest auf vollen Touren lief.

»Wahnsinn«, sagte Tom. »Eine Weltsensation. Eine Geschichte, die dieses Jahrhundert überdauern wird. Vielleicht wird man sich an dieses Jahr später als an das Jahr erinnern, in dem die 1000 von Füssen spurlos in ihr neues Oberbayern verschwunden sind.« Als er dies sagte, waren wir an der Stelle der Treppe angelangt, wo Tom damals das freche Kind erzogen hatte. Ich fühlte mich so sehr beeindruckt, daß mir ganz schwer zumute war. Ich hatte in meinem Berufsleben einige Geheimnisse aus Leuten und

Akten herausgekitzelt. Ich hatte einen Minister gestürzt, und möglicherweise hatte sich wegen mir der Finanzchef einer deutschen Großbank vor Ibiza auf den Grund des Mittelmeeres sinken lassen. Ich hatte zwei kleine Anfragen im Bundestag ausgelöst, und die Polizei hatte mir zwei Wochen lang einen Rund-um-die-Uhr-Personenschutz spendiert.

Ich hatte also einiges ermittelt in den letzten Jahren. Aber alles zusammengenommen war etwa soviel wert wie der unbedeutendste Mosaikstein im Thronsaal von Neuschwanstein.

»Es ist alles so groß«, murmelte ich. »Daß es Menschen gibt, die zu solchen Träumen noch fähig sind.«

Der Wohnwagen hing am Kran, auf halber Höhe des Auslegers hing jetzt eine weiß-blaue Fahne. Feuer brannten, über denen sich Schweine und Rinder drehten. Es wurde getrunken und gegessen, gelacht und getanzt. Eine Drei-Mann-Kapelle spielte auf Akkordeon, Violine und Saxophon. Eine schräge Zusammenstellung der Instrumente, aber die Musik ging direkt in die Extremitäten. Viele Menschen im Hof, aber viele mußten auch im Schloß unterwegs sein. Die Tür am Ende der Außentreppe stand offen, fast alle Fenster waren erleuchtet, der Balkon des Sängersaals bebte von Tanzenden, dort war wohl noch immer unser Fidelspieler aktiv.

»Ich kann nicht, Tom.«

»Was kannst du nicht?«

»So glücklich sein wie die.«

»Trauerkloß! Ist doch ganz einfach, glücklich zu sein. Paß auf, ich mach's dir vor, du brauchst mir nur alles nachzumachen.«

»Und dann?«

»Dann bist du glücklich, du Trauerkloß!«

Mit diesen Worten sprang er auf ein höchstens 14jähriges Mädchen los, klemmte sich die Kleine vor den Bauch und schob mit der wie unter Schock Stehenden weit ausgreifend los, dabei den gesamten Hof als Tanzfläche nutzend. Das Mädchen fing sich schnell und machte begeistert mit. Ich hielt Ausschau nach einer Partnerin und wurde, während ich noch auf der Suche war, von einer Vierzigerin zum Tanzen verurteilt. Sie hatte Oberarme wie Oktoberfestbedienungen, aber sie war leicht zur Musik, ich konnte gar nichts falsch machen, und als wir uns aufeinander eingestellt hatten, machte ich mich an die Verfolgung von Tom. Die anderen betrachteten das Rennen einige Momente, dann waren neue Paare dabei, und was vor unserem Erscheinen ein Tanzboden gewesen war, verwandelten wir flugs in ein Sechstagerennen, wobei wir die Rennräder gleich mitdoubelten. Nach 30 Sekunden klebten mir Hemd und Hose an der nassen Haut. Meine Partnerin zwang mir einen Rhythmus auf, von dem sie immer wieder behauptete: »Das liegt in der Luft. Fühlst du das nicht?« Ich versuchte, in fünf Minuten zu lernen, was ich in Jahrzehnten nicht fertiggebracht hatte: tanzen. Aber ohne Diana als Oberschiedsrichterin und ohne den Drang aus der Prä-Diana-Ära, jede Party nach beischlafgeeigneten Frauen zu durchkämmen, ging es viel leichter. Was noch an Ungeschick übrigblieb, log ich meiner Partnerin gegenüber um: »So tanzen wir in der Stadt.«

»O, bin ich froh, daß ich auf dem Land wohne«, rief sie. Tom agierte seine Mittelpunktsprobleme aus, indem er sich zum Anführer einer Rotte Paare ernannte und die Synthese von Polonaise, Quadrille und Bodenturnen versuchte. Man jauchzte und ordnete sich bereitwillig den schwachsinnigen Anordnungen des schweren Fotografen unter. Ich sah Toms Kameras nicht mehr und hoffte, daß er sie sicher gelagert hatte. Die drei Musiker legten an Tempo zu, wir tanzten knallend wie die »Kinder des Olymp«, aber ich sah meine Herzensdame Ricarda nirgendwo. Die Paare wechselten durch Erschöpfung und Lust auf neue Körper. Ich kriegte eine magere Alterslose ab, die von mir nicht begeistert war. »Sie schwitzen so«, behauptete sie, und mir war nicht gleich klar, daß das als Vorwurf gemeint war. Ich tauschte sie gegen eine propere Blondine aus, deren Brüste so sehr hüpften, daß ich ihr beim Unterhalten immer auf den Busen guckte und nicht ins Gesicht. Aber sie ließ es mir durchgehen, denn ich war nicht der einzige, der guckte. Frauen kamen, Frauen gingen, zwischendurch imitierte eine Männerriege mit Tom als Mittelpunkt einen Lederhosen-Sirtaki mit anschließendem Säbeltanz und eingesprungener Biellmann-Pirouette nach gehechtetem Mehrfachpurzelbaum. Wir johlten alle nur noch, der Schweiß lief, längst trugen die Männer Unterhemden oder nackte Oberkörper. Auch ich zog das Hemd aus, weiche Luft schmeichelte der Haut. Aber dann fraßen wir wieder Meter um Meter. Keiner tanzte mehr nach traditionellen Regeln, engtanzen und Austausch von Zärtlichkeiten waren verpönt. Wir wollten uns alle verausgaben und nicht küssen, ich wollte hinterher erschöpft im Gras liegen, ohne Müllsack über dem Kopf und Frauenfuß zwischen den Beinen. Champagner auf der Brust und kein Blut, das Knacken der Kruste beim Biß in die Schweinshaxe und nicht das Krachen, das entsteht, wenn Sprengstoff einen Menschen zerreißt. Ich tanzte meine Vergangenheit fort, ich spürte Energie und langen Atem, eine Lust, alle beweglichen Körperteile zu rühren, fortzukommen aus den Sumpflöchern, in denen ich seit Jahren steckte.

»Und rechts herum! Und links herum! Und nun das ganze um und um!« Toms Hemd war aufgeknöpft bis zum Bauchnabel.

»Guck dir den Schreibhengst an!« rief neben mir eine Stimme, die möglicherweise die eines Schloßführers war.

»Ja, guckt euch den Schreibhengst an!« forderte ich sie auf. Dann zeigte ich ihnen, wie sie in der Stadt tanzten. Meine Kondition war märchenhaft, ich mußte nur über die erste halbe Stunde kommen. Jenseits dieser Grenze bekam ich die zweite Luft, und die reichte lange. Wir tranken alle wie Vieh. Wer klug war, nahm Wasser, ich nahm diesen herrlichen eiskalten Champagner, der einfach nicht alle werden wollte und den emsige Geister ständig neu herbeischafften. Korken knallten, Menschen klatschten, die Einheimischen mußten kerngesund sein. Ich sah keinen einzigen kollabieren oder auch nur innehalten.

»Habt ihr wenigstens ordentliche Ärzte dabei?« rief ich einer Frau zu, von der ich nicht wußte, ob sie meine Partnerin war.

»Wir haben alles, was wir brauchen.« Sie machte beim Tanzen alles aus der Taille und Hüfte heraus und wollte mich animieren, es ihr gleichzutun. Aber ich mußte hopsen und springen, das ging wunderbar.

»Und! Und! Und!« Tom war heiser vom vielen Kommandieren, aber er hörte nicht auf. Er brüllte immer weiter und er machte Schule. Dichter am Schloß entstand eine Zweigstelle. Ein Halbwüchsiger mit runder Nickelbrille und altklugem Gehabe wollte wohl zum ersten Mal in seinem 17jährigen Oberschüler-Leben auch etwas zu melden haben. Er dirigierte, wies zurecht, schrie »Ja« und »Nein« und »Nicht so«. Tom hörte sich das zwei Minuten an, kariolte dann hinüber und stellte den Knaben ruhig.

»Was hast du ihm angetan?« rief ich Tom zu.

In dem Moment fiel Regen! Sekundenlang schwiegen wir alle, erstarrt in der Bewegung. Dann entdeckte ich die Regenmacher. Sie hielten Schläuche aus Kemenate, Palas und Ritterhaus. Jeder wendete sein Gesicht dem Wasser zu, japste nach der Frische, verrieb sich die Erholung im Gesicht, auf Armen und Bäuchen. Zum ersten Mal sah ich zwei Nackte durch die Menge flitzen. Beide blutjung, beide Jungen. Der eine wollte dem anderen irgendwohin fassen, der andere wollte sich nicht dorthin fassen lassen. Eine Punktladung Wasser sollte die beiden abkühlen, juchzend wälzten sie sich im Naß und ließen sich einander überallhin fassen.

»Wer will noch mal? Wer hat noch nicht?« Tom schritt mit ausgebreiteten Armen durch die Menge und fischte nach Tanzpartnern. Es entstand ein fünf- oder sechsköpfiger Menscheneintopf. Die Musik machte Pause, aber die Wahnsinnigen brauchten längst keine Musik mehr. Es war ein Toben und Treiben, wie ich es in schlimmsten Wohngemeinschaftszeiten nicht erlebt hatte. Und uns hatten Nachbarn das Sondereinsatzkommando der Polizei in die Altbauwohnung geschickt, eine Truppe, die im Normalfall gegen Geiselgangster und Terroristen eingesetzt wird. Und dann hielt ich endlich Ricarda in den Armen. Sie schwitzte kaum, ihr Haar befand sich in leidlicher Ordnung, und ich rief ihr lachend zu:

»Was guckst du so ernst? Gibt es irgendwas, was man ernst nehmen müßte?« Ich faßte sie um die Hüften und wirbelte sie in die Runde. Sie ließ es mit sich geschehen, aber eine Antwort erhielt ich nicht oder hatte sie überhört. Ricarda machte sich frei, aber ich forderte erst einen Kuß ein, und weil er so gut schmeckte, noch einen und noch einen; und hätte mich nicht plötzlich eine bärenstarke Hand nach hinten gestellt, ich hätte Tom nicht dabei zugesehen, wie er formvollendet Hand an Ricarda legte und mit ihr walzermäßig losdrehte. Die Musiker stellten ihre Gläser ab, und das Walzerpaar kriegte die Musik, nach der es bereits munter tanzte. Ricarda trug einen blutroten Rock und keine Schuhe, das weiße T-Shirt oder Turnhemd hatte ich noch nicht an ihr gesehen. Vielleicht waren es die vielen Menschen, die zwei Stunden Vorsprung an Euphorie besaßen, vielleicht war es die fettwarme Luft, aber vielleicht brauchte Ricarda auch keinen Grund, um nicht zu den 20 Lustigsten zu gehören.

Ich hielt mein Gesicht in die Höhe und genoß jeden Tropfen, der aus den Schläuchen kam. Als ich die Augen öffnete, fand ich mich direkt unter dem Geldwohnwagen wieder. Wind mußte aufgekommen sein, behäbig drehte sich der Trumm am Kran. Wind war gut, und wenn er so stark war, daß er den tonnenschweren Wagen bewegte, würde er bald auch uns Menschlein unten auf dem Schloßhof erquicken. Regentropfen sprühten, der Wagen kreiste, ich wusch mir das Gesicht, beugte den Kopf, um das Wasser ins Genick rinnen zu lassen. Der Wagen kreiste, ich wartete auf die Ankunft des Windes, Wagen, Regen, Champagner, heißer Nacken, nasser Nacken, ein Geräusch irgendwo, der Schatten links von mir, eine Gestalt leicht und stumm flog heran und rempelte so rücksichtslos gegen meine Schulter, daß ich hart zu Boden stürzte. Ich fand Ricardas Gesicht entsetzt wie noch nie, dann brach der Himmel zusammen, Tonnen stürzten neben mir auf den Hof, die Erde bebte, hob mich auf, ließ mich fallen, das Stück Himmel neben mir ächzte, schwang und war still. Tom stellte mich auf die Beine, aber ich hatte keine Beine mehr, hatte nur noch Gummi da unten, nichts mit Knochen und Stabilität. Tom hielt mich aufrecht, andere Hände stabilisierten mich, klopften mich ab, als wäre ich bewußtlos.

»Ist heil geblieben«, behauptete Tom, während im Hintergrund eine Männerstimme rief:

»Wer war für den Kran eingeteilt, verdammt noch mal?« Er rief es in wütendem Bayerisch, dadurch klang es noch unheilvoller. Aber Reys silbriger Wohnwagen, der neben mir auf sechs Rädern und drei Achsen stand, war unheilvoll genug. Zart klopfte ich gegen die Längswand, trat gegen die Bodenwanne, war umringt von erhitzten, bestürzten Menschen. Jemand reichte mir ein Glas, ich trank es aus, es war kein Champagner, nein, Champagner war es nicht.

»Laß das doch«, ich wehrte Tom ab, der im Verlauf des Jot-We-Checks beim Kopf angelangt war und mir fortgesetzt auf beide Wangen patschte.

»Er ist heil! Dankt dem Himmel!« Einige klatschten, Tom griff in die Menge hinein, zog Ricarda am Arm in den Kreis. »Da«, sagte er und schob die sich schwach Wehrende vor mich, »sag gefälligst danke, wie sich das gehört.«

»Du hast mich gerettet«, krächzte ich.

»Ach hör doch auf«, Ricarda knurrte geradezu vor Verlegenheit. Sie hatte mich gerempelt wie ein Footballprofi. Mir war unbegreiflich, woher dieser zarte Körper diese Brutalität genommen hatte.

»Mensch, sie hat dich regelrecht durch die Luft geworfen«, schwärmte Tom. Dann drehte er sich um, ich sah, wie er einatmete, dann brach er durch den Kreis nach außen.

»Haltet ihn!« rief ich. »Er geht den Verantwortlichen für den Kran verhauen.«

Exakt dies hatte Tom vor. Wir eilten alle hinterher und fanden Tom in einer intensiven Diskussion mit drei Männern. Es stellte sich heraus, daß natürlich niemand um diese Zeit den Kran im Auge gehabt hatte. Der Kranwagen stand auf dem unteren Teil des Hofs, und einer der Fachleute sagte gerade: »Technische Pannen gibt's sogar in der Weltraumfahrt.«

»Hat der Kran schon mal versagt?« fragte Tom.

Alle schüttelten die Köpfe, und der Fachmann sagte unglücklicherweise noch: »Einmal ist immer das erste Mal.«

Im nächsten Moment hatte Tom ihn am Kragen: »Falsch, Freundchen. Ganz falsch. Einmal ist einmal zuviel. Und dafür kriegst du jetzt . . .«

Es hechteten genügend Leute dazwischen, ich konnte mich darauf konzentrieren, endlich mit dem Zittern zu beginnen. Wo war Ricarda? Warum war sie nicht an meiner Seite? Ich wackelte zurück auf den oberen Hof. Noch ein Glas, immer noch keine Ricarda. Ich bemerkte, daß mich alle anstarrten, drängte mich zu den Musikern durch und forderte sie auf, weiterzuspielen:

»Bißchen was Munteres. Nichts, was auch auf eine Beerdigung passen würde.«

Leider fingen sie dann an, »So ein Tag, so wunderschön wie heute« zu Gehör zu bringen, das war schlimmer als anständige Begräbnismusik. Ich flüchtete in Richtung Treppe zum Hauptgebäude, eilte hinauf, blieb in der Tür stehen. Sie hatten mir alle hinterhergeblickt. Ich machte eine unschlüssige Bewegung zwischen bischöflicher Segensgeste und unwirschem Abwinken, dann befand ich mich im Schloß.

9

Es war so herrlich kühl hier, warum hatte ich nicht drinnen getanzt, allein mit Ricarda, und Tom hätte die passende Musik aufgelegt? Ich stand nicht unter Schock, ich war so froh, daß mir nicht wieder ein blutbesudeltes Opfer in die Arme gefallen war. Ich wanderte ohne Ziel und kam an Türen, die ich noch nie gesehen habe. Möglicherweise befand ich mich im zweiten Stock. Hinter einer Tür ein roher Flur, der nur geweißelt, nicht bemalt war. Rechts und links gingen Räume ab: ein Lager für Kartons der eine, voller Stühle der andere, der dritte gänzlich leer, die Decke nicht verkleidet. Ich blickte auf Stahlträger, die mir überraschend neu vorkamen. In allen Räumen schwaches elektrisches Licht, das schon brannte, als ich kam. Lang der Flur, rechts die Tür, ein Treppenhaus, in dem ich nie gewesen war. Aber die Glasplättchen im meterlangen Wandspalt hatte ich bereits gesehen. Oder hatte ich über sie gelesen? Dünnes Glas, das feinste Bewegungen des Schlosses signalisieren würde. Plötzlich Schritte unter mir, über mir, leise, schnell, viele Füße.

»Bea!« Füße, die erstarrten, dann weiterhuschten, leiser. »Bea, verdammt!« Ich rannte los. »Bea! Lauft nicht weg! Wir gehören jetzt zusammen.« Bea war nicht allein gewesen. Vielleicht war es nicht einmal Bea gewesen.

So gelangte ich in den dritten Stock. Ich war sicher, Vibrationen, Stimmen, Musik aus dem über mir liegenden Sängersaal zu hören. Aber es war still und blieb still. Es war Zeit für meinen Söller. Ich betrat den Thronsaal, schaute aus Gewohnheit zum Leuchter hoch, ging über den Mosaikboden Richtung Balkon. Nach rechts schaute ich erst im letzten Moment, denn was sollte es schon rechts zu sehen geben in diesem Schloß ohne Thron? Da stand der Thron, und da saß Ludwig. Auf dem Thron. In den letzten Stunden war der König älter geworden. Zwischen uns lagen neun Marmorstufen und 100 Jahre. Ich hatte einmal gedacht, daß Zeit Abstand bedeutete. Aber Zeit schloß Nähe nicht aus.

»Kommen Sie schon raus aus Ihrem Versteck«, sagte ich. In der Wand rechts wurde eine Tür geöffnet, heraus trat Dr. Martell, hatte beide Hände am Hosenbund und sagte mit ehrfürchtiger Stimme:

»Ich durfte urinieren, wo er es getan hat.«

Hinter ihm trat Unruh aus dem Kabäuschen.

»Haben Sie ihm etwa beim Pinkeln zugesehen?«

»Junger Mann«, entgegnete Unruh mit väterlicher Strenge, »Sie gehen zu weit.«

»Wo er es getan hat«, wiederholte Martell mit verdrehten Augen.

»Warum sind Sie plötzlich so nett zu ihm?« fragte ich Unruh.

»Warum nicht großzügig sein zum Abschied?«

Martell sprang auf mich zu, daß ich zusammenzuckte, packte mich und stieß mit heißem Atem hervor: »Sie wollen mich mitnehmen.«

Obwohl ich keinen Alkohol roch, wirkte er wie sturzbetrunken. Unruh stand daneben, nüchtern und abgeklärt.

»Wo kommt der Thron her?« fragte ich den alten Heimatforscher.

»Er ist spät fertig geworden, aber am Ende hat es doch noch geklappt.«

»Wollen Sie ihn etwa mitnehmen?«

»Wen meinen Sie mit ›ihn‹? Ihn oder ihn?«

Er wies auf den König und auf den Thron, und ich erkannte, daß sie beide mitnehmen würden.

»Es gefällt ihm«, sagte Unruh und legte eine Hand auf des Königs Unterarm. »Der Thron ist nach seinen Maßgaben gefertigt worden.«

»Und wer hat ihn gefertigt?«

»Welche Frage.«

»Seien Sie so nett und beantworten Sie sie mir.«

Unruh schien ernsthaft verdutzt: »Selbstverständlich die Firmen.«

»Welche Firmen?«

Nun mischte Martell sich ein:

»Ist doch klar, Mann. Alle Firmen, die seinerzeit die Schlösser ausgestattet haben, haben auch die neuen Schlösser ausgestattet.«

»Ja, gibt's die denn noch?«

»Klar«, antwortete Martell eifrig, während Unruh dem

König zärtlich übers volle schwarze Haar strich. »Die meisten Firmen bestehen noch. Und sie sind zu großer Verschwiegenheit fähig.«

»Es gibt Ehrenpflichten«, sagte Unruh. »Wenn die auf einen Bildhauer, Zimmermann oder Goldschmied zukommen, weiß er, wofür er sein Handwerk gelernt hat.« Er berührte Ludwigs Wangen und sagte leise, fast gurrend: »Mein König.«

In dieser Sekunde ertönte ein Wispern. Es saß direkt über meinem Kopf. Dort befanden sich der Leuchter und die Kuppel des Thronsaals. Ich hätte meinen Eindruck deshalb gewiß für eine Täuschung gehalten, wenn ich mich nicht vor einigen Tagen an der Stelle befunden hätte, wo das Wispern seine Heimat hatte.

»Unglaublich«, murmelte ich bewundernd. Unruh war mir dankbar, daß ich so beeindruckt war, und wunderte sich nicht, als ich mich beiläufig auf den Ausgang zuplauderte. Er hatte ja Martell, mit dem er weiterschwärmen konnte. Ich verließ den Thronsaal und fing sofort an zu laufen, fand die Tür ohne Fehlversuch, eilte die Treppe hinauf. Oben die rohe Tür, sie war angelehnt. Ich hörte Stimmen, wenigstens zwei, möglicherweise mehr. Jetzt hätte ich gern eine Waffe bei mir gehabt, keine Pistole oder Messer, nur etwas zum Schlagen, das hätte mich beruhigt.

Ich drückte mich hinein, bekam sofort Panik, weil es dunkel war und ich so hilflos. Doch meine Augen gewöhnten sich schnell. Sie knieten an der Stelle, wo die Kette des Leuchters die Decke durchstieß.

»Ich laß ihn abstürzen«, knurrte Bea.

»Das hat beim ersten Mal nichts gebracht. Was soll es diesmal bringen?«

Eine weibliche Stimme, älter als Bea, ich hatte sie bereits einmal gehört. Die dritte Person war ein Kind, Stefan, der Bruder des erschossenen Kuno.

Auch wenn zwei der drei Jugendliche waren und die dritte Person eine Frau, fürchtete ich mich vor ihnen. Nicht vor ihren Muskeln, und Waffen sah ich nicht, hatte sie bei Bea nie gesehen und bei Stefan ... ich schluckte, sein Messer hatte ich perfekt verdrängt. Aber mehr als Waffen beeindruckte mich ihre Zielstrebigkeit. Wer sich selbst durch die Feierstimmung im Schloß nicht von seinem Tun abhalten ließ, mußte etwas haben, das er verdammt ernst ... der Schlag in den Rücken war furchtbar. Ich war in keiner Weise auf ihn gefaßt gewesen und knallte der Länge nach mit Bauch, Brust und Gesicht auf den Boden. Alles sprang auf, wollte sich verteidigen, aber da lag nur ein schwitzender Halbnackter in der Taubenscheiße. Die Messerspitze drückte meine Schlagader tief in den Hals. Hinter der Spitze ein Gesicht voller Ruhe.

»Nimm das weg«, hauchte ich. Die Messerspitze drückte noch tiefer in meinen Hals. Ich hörte die Ader knorpelig einreißen, ich war tot, das war's also gewesen. »Holt ihn weg!« rief ich flüsternd Bea und ihren Leuten zu. Ich durfte nicht schreien. Ich wußte, daß er dann zustechen würde. Und kein Muskel in seinem Gesicht gab mir ein Zeichen, ob er mich verstand. Dann war Bea endlich da, legte ihre Hand auf den Messerarm, und die Spitze zog sich zurück. Der Dreck des Dachbodens klebte auf meiner Haut. Ich wollte die Taubenscheiße abstreifen, danach hing sie auch noch an meinen Händen.

»Wo kommt der her?« Ich starrte den Japaner an. Er war keine zwanzig, groß wie ein Basketballer. Und er übertrieb es nicht mit der Redseligkeit.

»Keine Ahnung«, antwortete Bea. »Er war plötzlich da.«

»Du scherzt doch.«

»So? Dann scherze ich eben. Kannst ja lachen, wenn dir danach ist.« Sie wandte sich ab, ich griff ihren Arm, ließ sofort los, denn ein Messer mit japanischer Hand stand keine 20 Zentimeter vor meinen Augen.

»Bea hat recht«, sagte Marie Schott und brachte Beruhigung in die Szene. »Er war plötzlich einfach da.«

»Ich kenne den Kerl«, murmelte ich. Dann packte ich ihn an den Oberarmen. »Du bist doch der Bursche, mit dem ich den Kameradeal gemacht habe. Gib's zu!«

Die Schott ging dazwischen.

»Lassen Sie ihn. Er redet nicht. Er versteht nicht.«

»Und ob der versteht. Er spricht Englisch. Nicht toll, aber ...« Ich sprach ihn wie rasend auf Englisch an, deckte ihn zu mit Vorwürfen, Fragen, Beleidigungen. Ich wechselte immer stärker ins Pidgin und wurde immer unsicherer, ob das der Junge aus dem Gasthof war, mit dessen Kamera ich die Landkarte des Pazifikmannes fotografiert hatte. In seinem Gesicht bewegte sich nichts. Sein hartnäkkiges Schweigen raubte mir den letzten Nerv. Marie Schott nahm mich zur Seite, und Bea sagte:

»Ich habe noch nie einen Kerl gesehen, der pausenlos auf die Schnauze fällt. Unfähig so was.«

»Meint die mich?« fragte ich verdutzt, und Stefan, der bisher ängstlich am Rand gestanden hatte, sagte:

»Als die beiden Reporter bei uns draußen waren, haben sie sich gar nicht so schlecht benommen.« Ich hoffte, daß jetzt so etwas wie ein Gespräch zustande kommen würde.

»Ihr habt euch verraten, als ihr uns im Thronsaal beobachtet habt«, sagte ich.

»Und warum haben dann die anderen nichts gehört?« fragte Bea patzig.

»Weil die von ihrem König hingerissen sind.« Das akzeptierten sie als Erklärung, ich legte schnell Kohlen nach: »Was ist mit der Katastrophe, vor der ihr Angst habt? Ist die jetzt erledigt?«

Ich blickte in fassungslose Gesichter. Mit einem einzigen Satz hatte ich alle Punktvorteile verspielt.

»Mann, Mann«, sagte Bea. »Was glaubst du eigentlich? Nur weil die da unten feiern, ist Friede, Freude, Eierkuchen, was?«

»Na ja, ich habe gedacht, jetzt ist das Geheimnis quasi offiziell, und da ...«

»Und da was? Und da sind wir alle Brüder und Schwestern?« Bea wandte sich ab. Mein Anblick bereitete ihr Übelkeit. Ich roch unwillkürlich an meinem linken Unterarm, und Bea knirschte:

»Stinkt nach Schnaps wie eine halbe Brennerei, Brustkorb wie ein TB-Veteran aus Davos, aber immer die Betroffenheitssülze auf der Zunge. Mir wird schlecht.«

Ich hätte Bea jetzt eigentlich gern eine gescheuert. Nur die Angst vor Massenkeile hielt mich davon zurück. Hier oben war die Luft zum Schneiden, es war, als enthielte sie keinen Sauerstoff, als drängte sie sich nur noch heiß und quallig in die Lungen.

»Ach Gott, nun hustet er auch noch«, höhnte Bea und begann wieder, den unter uns liegenden Thronsaal zu beobachten. »Sie tragen den König raus.«

»Dann geht es gleich los«, sagte Marie Schott.

»Helfen Sie mir weiter«, bettelte ich.

»Sie sind gut«, entgegnete die Schott. »Wenn hier einer Hilfe braucht, dann wir.«

»Aber nicht von dem Nackten«, sagte Bea.

»Es ist ja gut«, sagte die Schott mit erhobener Stimme, und Bea hielt die Klappe. Dann wieder an mich gerichtet: »Die Zeit läuft uns weg, und wir sind keinen Schritt weitergekommen.«

Ich riskierte es: »Die Katastrophe. Die Gefahr ist nicht gebändigt.«

Bea klatschte höhnisch Beifall: »Weshalb sollte sie gebändigt sein?«

»Na, weil ... weil ... es ist alles so friedlich heute abend. Ich kann nicht glauben, daß Menschen, die sich so auf etwas freuen, daß die fünf Minuten vor Toresschluß noch ein Blutbad anrichten.«

»Sie sind ein Fremder, Sie können das eben nicht verstehen.«

»Nun hören Sie aber auf! Ich komme aus demselben Land wie Sie. Hier unten im Süden gibt es doch keine eigene Moral.«

»Gibt es sehr wohl«, entgegnete die Schott ohne Aufregung. »Und solange Sie diesen Satz nicht unterschreiben, werden Sie uns nicht verstehen.«

»Okay, okay«, wiegelte ich ab. »Hört mir zu. Verbessert mich, wenn ich mich irre. Es gibt also doch zwei Fraktionen. Die da unten, das ist die Mehrheit. Und ihr hier und eure Mitstreiter, ihr kommt gegen die anderen nicht an.«

»Die anderen«, sagte Stefan verzweifelt. Ihm stand immer noch das Unglück ins Gesicht geschrieben. Man wollte den Kerl am liebsten in den Arm nehmen. »Die anderen haben doch nur noch ihren Umzug im Sinn.«

Das 14jährige Kerlchen öffnete den Mund, und ich war glücklich. Betrunken und glücklich. Denn das, was sich jetzt in meinen Beinen breitmachte, konnten nach Lage der Dinge nichts anderes sein als zwei bis drei Flaschen Champagner. In jedem Bein eine und im Bauch eine Pfütze. Ich hatte stundenlang Champagner getrunken und nicht den Anflug von Benommenheit gespürt. Aber fünf Minuten unter dem Dach von Neuschwanstein ... Schon bekam ich Appetit auf einen Eimer gepfefferten, eiskalten Tomatensaft.

Der baumlange Japaner hielt sich im Hintergrund. Ich kannte seinen Namen nicht, wußte nichts von ihm.

»Wer hat die Macht?«

Sie starrten mich alle an.

»Du bist gut«, sagte Bea. »Ludwig hat die Macht, und das ist auch ganz richtig so.«

»Warum verhindert Ludwig dann die Katastrophe nicht?«

»Weil Ludwig die anderen überhaupt erst auf die Idee gebracht hat.«

»Aber sie wollen doch schon morgen los. Nein, übermorgen«, stammelte ich.

»Sag bloß.«

»Das hieße dann ja ...« Ich wartete, ob mir jemand zu Hilfe kommen würde. Aber sie starrten mich nur an, Stefan mit dem Tränenblick, Bea mit der Feuermeldervisage, die Privatpolizistin hellwach und der Japaner schweigend. Eine Kellerlampe klebte am Holzbalken und spendete kümmerliche 25 Watt. Das Licht reichte gerade aus, um mir meine ungeheure Dreckigkeit zu zeigen.

»Das heißt, die Katastrophe passiert morgen. Oder übermorgen. Oder? Warum soll sie nicht nach dem Umzug passieren? Eine Stunde später, ein Jahr später, eine Generation später. Ihr seht doch, was für einen langen Atem die anderen haben.«

»Nee, nee«, sagte Bea, »daraus wird nichts.«

»Woraus wird nichts?«

»Das passiert jetzt. In dem Moment, in dem sie mit Ludwig Richtung neue Heimat losfahren. Eher fahren sie nicht los.«

Ich begriff nicht, warum Beas Leute einerseits nichts Genaues zu wissen vorgaben, aber immer wieder gerade so viel rausließen, um mir meine schönen Theorien zu zerschlagen. Bea kehrte auf ihren Beobachtungsposten zurück und sagte:

»Sie fangen bestimmt gleich an.«

»Worum geht's?«

»Theater.«

»Gut«, sagte ich eingeschnappt. »Dann verratet mir wenigstens, was ihr hier oben sucht. Verratet mir auch gleich noch, wie der Leuchter abstürzen konnte.«

Bea antwortete für ihre Verhältnisse überraschend sachdienlich:

»Das war ein Versehen, verdammte Scheiße. Einer unserer großen Spezialisten mußte unbedingt zeigen, wie gut er die Winde im Griff hat.«

Ein Schluchzen, Stefan hatte sich abgewendet, und Marie Schott sagte kopfschüttelnd zu Bea:

»Manchmal finde ich deine Härte einfach nur rücksichtslos.«

Zum ersten Mal seit Minuten drangen Geräusche von außen an mein Ohr. Fanfaren, nah und laut.

»Ich gehe dann mal«, bot ich zögernd an. Ich hätte es nett gefunden, wenn mich jemand zurückgehalten hätte. »Seid ihr alle dabei, wenn es Richtung Regenwald losgeht?«

»Was dachtest du denn?« keifte Bea. »Das steht doch gar nicht zur Debatte.«

»Und wie ist einem so, wenn man alles hinter sich läßt? Die Freunde?«

»Ich lasse überhaupt nichts hinter mir. Alles, was mir was bedeutet, kommt mit.«

»Zum Beispiel?«

»Zum Beispiel der König.«

10

Als ich den Sängersaal betrat, dampfte der Raum vor Schweiß und Alkohol. Zwei Drittel der Männer waren nackt bis hinunter zur Hüfte. Aber keine einzige Frau, die ihre nackten Brüste zeigte. Einige Kinder, wieselflink, aufgekratzt und kaum zu bändigen. Alle waren vom Hof heraufgeströmt. Die Getränke hatten sie nicht vergessen. Zum ersten Mal sah ich die Kuchentafel: ein Buffet von bestimmt zwölf Metern Länge. Tom stand mit nassem Hemd und riesigen Messern hinter dem Buffet und teilte den Kuchen zu. Von jedem Stück, das er ausgab, schnitt er eine Ecke ab, die er auf einem Teller stapelte.

»Das ist der Zehnte«, blökte er. Toms Bart, seine Haare, seine Brust und das Bauchfett – alles schwamm in Schweiß. Er strahlte eine ungeheuere Vitalität aus. Als er mich entdeckte, stach er mit grausigem Schrei ein Messer aufs Buffet und offerierte mir auf der Spitze ein Stück.

»Donauwellen«, sagte ich gerührt. Donauwellen waren seit einigen Jahren mein definitiver Lieblingskuchen. Für Donauwellen war ich kriminell geworden, damals im Ruhrgebiet, als ich Schmiere gestanden hatte, während Tom, beschützt von Dunkelheit und einigen Pils, die Tür des Bäckerladens geknackt hatte, worauf wir das in der Auslage vergessene Blech Donauwellen abgeschleppt und dafür einen 50-Mark-Schein zurückgelassen hatten. Beim Verzehr der Köstlichkeit in einem Park waren wir von einer Zivilstreife der Polizei überrascht worden. Mit einer Donauwelle waren sie nicht zu bestechen gewesen, aber mit zwei; und sie hatten uns in die Hand versprochen, am nächsten Vormittag das leere Blech beim Bäcker vorbeizufahren, und zwar gereinigt.

Das erste Stück aß sich von allein, das zweite stürzte sich in meine Mundhöhle, als wenn ihm eine eigene Kraft innewohnen würde. Nach der Abfackelung der schlimmsten Gier nahm ich wahr, was rechts und links von den Donauwellen war. Vor allem Lilien. Sie hatten den Sängersaal mit weißen und gelbroten Blüten übergossen. Die mächtigen Standleuchter brannten mit jeweils bestimmt 25 Kerzen.

Die Menschen schauten Richtung Laube. Zwischen den Säulenarkaden der Bühne hingen blaugoldene Vorhänge, die ich dort nie zuvor gesehen hatte. Man erkannte mich als den Mann wieder, der nur knapp dem herabstürzenden Wohnwagen entkommen war, und befragte mich zu meinem Wohlergehen. Die meisten bemühten sich, meinen Aufzug zu übersehen. Nur Tom war frei von dieser Rücksicht:

»Wie oft soll ich dir noch sagen: Bei Paarungen auf Natur-Untergrund immer Oberlage anstreben. Nur der Untermann wird dreckig.« Er kaute, lachte, schluckte, vor allem kaute er, und ich bemerkte, daß sich ein Mädchen von vielleicht 17 Jahren auffällig in Toms Nähe herumtrieb. Leute waren unterwegs und löschten die meisten Kerzen. Ich hatte den Eindruck, als würde es im Saal kühler werden. Man lagerte sich zwanglos vor der Bühne, dann ertönten wieder Fanfaren. Gleichzeitig öffnete sich der Vorhang. Auf der leeren Bühne saß König Ludwig auf seinem Thron. Der Anblick war so überraschend, daß mir der Mund offenstand. Ich merkte es daran, daß Tom mir ans Kinn faßte und den Unterkiefer nach oben klappte. Auf die Einheimischen übte der Anblick des Königs eine seltsame Wirkung aus. Erst blieb es vollkommen ruhig. Aber sie rückten alle nach vorn, wurden unwiderstehlich angezogen von dem nicht Erwarteten. Sekunden später standen sie dicht gedrängt vor der Bühne und starrten Ludwig an. Ich hatte einiges von der Schwerblütigkeit der

Oberbayern gehört und wußte, daß dieser Menschenschlag nicht vorschnell zu leidenschaftlichen Ausbrüchen neigt. Jedoch bei 300 Menschen oder 500 hätte einer dabeisein müssen, der laut wurde – zumal bei den geflossenen Alkoholmengen. Es blieb ruhig, auch betrat niemand die Bühne, obwohl sie nicht abgesperrt war. Aus heißen Augen starrten sie ihren König an, dann stand der alte Heimatforscher neben Ludwig, bei ihm war seine Haushälterin. Sie trat neben den König, legte eine Hand auf seinen Unterarm. In dieser Sekunde erkannte ich, daß Unruh und die Frau ein Paar waren.

»Freunde«, begann die Frau, die ein geblümtes Kleid mit langen Ärmeln trug, »wir haben uns in dieser Nacht versammelt, um nie mehr auseinanderzugehen. Wir sind eine nicht gerade kümmerliche Zahl. Aber wir wären einsam, wenn der wichtigste Mensch fehlen würde. Unser geliebter König, er weilt unter uns heute nacht und von nun an immerdar. Über drei Generationen trugen wir ihn in unseren Herzen, das wird so bleiben. Doch von heute an wird er seinen Platz auch körperlich in unserer Mitte finden. Ich weiß, er hätte es so gewollt. Er hat die kannibalistischen Gebräuche seiner Familie stets mit Abscheu kommentiert. Wer dem Menschen nach seinem Tod das Herz aus dem Körper reißt, braucht eine gute Erklärung für diesen absonderlichen Akt. Bei unserem König hat kein scharfes Messer Herz und Körper voneinander getrennt. Unser König ist aus einem Stück ...«

»... womit wir beim Thema wären«, mischte sich Unruh ein. Die Hitze schien den beiden nichts auszumachen. Ich blickte an mir hinunter. Hätte ich 60 Pfund mehr Muskelmasse besessen, ein Gesicht wie Sylvester Stallone und 20 Kilo MG-Munition um den Hals, wäre ich gut für einen Auftritt in *Rambo XXV* gewesen. Aber ich war nur ein schmächtiger Schreiberling, der in Vogelscheiße gefallen war.

»Kurz vor unserem Ausstand findet noch eine Premiere statt«, fuhr Unruh fort. »Sie geschieht keineswegs nur, um uns die Zeit zu vertreiben. Sie geschieht, weil ja auch für uns, die wir ohne Zweifel zu den besser Informierten gehören, der Alltag und die Träume unseres Königs noch das eine und andere ungelöste Rätsel bereithalten. So ist uns zwar seine Leidenschaft für die Welt des Theaters bekannt, und jeder von uns kann im Schlaf aufsagen, daß Ludwig sich über 200 Separatvorstellungen im Residenztheater sowie im Hof- und Nationaltheater angeschaut hat. Er wollte mit der Welt seiner Ideale, der Welt des 17. und 18. Jahrhunderts im großen Frankreich, eins sein. Wir wissen vielleicht noch, daß er sich bisweilen auch Stücke mit zeitgenössischem Inhalt angeschaut hat. Doch selten, sehr selten, und genossen hat er diese Stunden nur in engen Grenzen. Vor diesem Hintergrund bedeutet es für die meisten sicher eine echte Überraschung, daß sich der König gegen Ende seines Lebens doch noch unerwartet für ein zeitgenössisches Stück erwärmen konnte. Ein Stück, angesiedelt im Jahre 1886, ein Stück, das in unserer Heimat spielt, das sogar von einem gebürtigen Schwangauer stammt . . .«

An dieser Stelle entstand unter den Zuhörern Bewegung. Unruh bedachte den König mit einem liebevollen Blick. »Das Stück blieb zu seinen Lebzeiten unaufgeführt – ihr wißt, welche Zeitspanne ich damit meine.«

»Die kurze«, rief eine Stimme aus der Menge.

»So ist es. In den drei Jahren, die ihm nach dem Ende der offiziellen Laufbahn noch blieben, kam es im August des Jahres 1886 zu der ersten und einzigen denkwürdigen Aufführung. Die Besucherschaft war klein, sieben oder acht Personen. Dies waren seine Gastgeber, der Förster Rummel, dessen Nachfahren ich in unserer Mitte weiß und grüße.«

Einige Augenblicke stand ein Paar im Mittelpunkt liebevollen Interesses, und ich registrierte, daß Ricarda neben diesem älteren Paar stand. Dann sprach Unruh auch schon weiter.

»Die Familie Rummel hat uns die näheren Umstände dieser Premiere überliefert, nicht zuletzt, daß sie am 23. August stattfand. Nach seinem Ableben durfte Ludwig endlich den Tag als Geburtstag begehen, der in Wahrheit das Datum seiner Ankunft auf dem Erdball bezeichnet.« Neben mir dampfte Tom aus allen Poren. Man konnte seinem Schweiß beim Fließen zuschauen, am intensivsten tat dies seine blutjunge Anhängerin. Ich hörte schon ihren Entsetzens-, wahlweise Entzückensschrei, wenn er mit ihr die legendäre Drei-Eier-Wette zelebrieren würde.

»Wir wissen«, fuhr Unruh fort, »daß die Aufführung vorm Haus der Rummels von den Familienmitgliedern und einer Handvoll Eingeweihter mit verteilten Rollen gelesen wurde. Wir wissen, daß einige sich eng an den Text hielten, während andere den Mut aufbrachten, ins Spielen zu verfallen. Unser König hat das alles sehr genossen, weil er auch hinter der mehr schlechten als rechten Leistung die Haltung spürte.«

»Liebe«, rief eine weibliche Stimme.

»So wollen wir es auch heute halten«, sagte Unruh. »Setzt nicht die armselige Brille des Kritikers auf. Erlebt mit, ohne einen Bypass um eure Seele zu legen.«

Auf der Bühne fahles Licht, wie Dämmerung. Kein Ludwigsthron mehr, dafür eine gemalte Bergsilhouette und der Rücken eines Mannes. Zweifellos handelte es sich um Ludwig. Er saß dicht an der Abbruchkante, schaute in die Weite, und er sprach: über die Natur, seine Minister, die Lumpenhunde, Pläne für das kleine Schloß auf dem Falkenstein; er sprach über den Ärger mit Dienern, die Nacht und den Tag, und er fragte sich, warum die Zeit nicht rückwärts laufe. Minutenlang zeigte er uns seinen Rükken. Dann trat eine junge Frau auf, ein Mädchen noch. Sie stand auf der Bühne – mit dem Rücken zu uns – und sprach den König an. Mit Respekt, aber ohne Unterwürfigkeit, meldete sie die Ankunft ihrer Brüder. Angeblich würden sie die Kisten bei sich haben. Das Mädchen setzte sich neben Ludwig, mit dem Rücken zu uns.

»Umdrehen!« rief endlich ein Zuschauer. Augenblicklich stand das Mädchen auf, drehte sich um – wir starrten auf Rücken und Hinterkopf. Der Eindruck war so überraschend, daß man sich gruselte, aber schnell gab es Beifall.

Das Mädchen saß neben dem König. Es ging um das Bauen, die Angst vor Tageslicht und vor Zahnärzten.

Die Zuschauer raunten, und ich flüsterte in Toms Richtung: »Wenn der Autor sich das getraut hat, hat er das Stück nicht überlebt.«

»Vielleicht hatte er Mut«, flüsterte Tom zurück.

Das Mädchen sprach von der Liebe des Königs zu einem jungen Mann, der sich der Kirche verschrieben hatte. Schlagartig stand der Mann auf der Bühne, demonstrierte, was jeweils die Frau dem König erzählte: Studieren, Predigen, Gehorchen, den Sexualtrieb mit beiden Händen aus dem Körper pressend. Priester ab, Auftritt Wilderer, ein verwegener Geselle, Typ Zigeuner oder Sizilianer, der sich sofort an dem Mädchen zu schaffen machte, aber sie liebte ihn nicht und wehrte ihn ab. Der König kam ihr zu Hilfe, der Wilderer war drauf und dran, die Hand gegen seinen König zu erheben. Empörung unter den Zuschauern, dann knickte der Dunkelhäutige ein, trat vor Wut gegen einen Baum, und der Baum stürzte tatsächlich. Jetzt standen nur noch zwei Arkaden der Bühne. Erstaunen rechts und links von mir, und der König empfing Abgesandte von den Baustellen: Architekten, Bauführer, Kunsthandwerker. Einer nach dem anderen kam mit Problemen zu ihm, die er sachkundig diskutierte. Ludwig lebte auf, aber es wurde heller und heller, er hatte Angst vor dem Licht, verschränkte seine Hände vor dem Gesicht.

»Wunderbar«, sagte ich, als der Monarch in den Bühnenhintergrund trat und an etwas zog, wohl an einem Seil. Der Blick vom Berg verschwand, auf der Bühne stand sein prächtiges Bett aus Neuschwanstein.

Der König verschlief den gesamten zweiten Akt. Während vorn die junge Frau und ihre Mutter sich mit pausenlos auftretenden Abgesandten der Münchner Ministerien herumstritten, träumte Ludwig Träume aus der Vergangenheit. Wir kriegten sie zu sehen! Nicht in bewegten Bildern, doch wurden bestimmt fünfundzwanzigmal Gemälde über das königliche Bett gehängt, die Ludwigs

Sehnsüchte illustrierten: Frankreich, Versailles, Spiegel, Wagners Opern. Die Wandgemälde aus Neuschwanstein zogen an uns vorüber, und vorn verhandelte die Försterfamilie versiert mit den Beamten. Ein roher Holztisch, schön verwittert, zwei Bänke davor. Eisenbahnbau, Elektrifizierung, Stadtentwicklung, Schulreform, Bewaffnung des Heers, Bettelbriefe der Wagner-Witwe, um die Geldnot in Bayreuth zu mildern, Unterdrückung der Sozialdemokraten, uneheliche Kinder geiler Wittelsbacher und ihre diskrete finanzielle Alimentierung – alles kam auf den Tisch, die Förstersfrau wußte für alles eine Lösung. Hinten Ludwigs Träumereien, vorn wurde bei Brot, Käse, frischem Wasser und kaltem Bier Politik betrieben. Kein Beamter zweifelte die Kompetenz der Försterfrau an. Jeder Besucher warf zum Abschied einen Blick ins königliche Schlafzimmer; und jeweils in diesem Moment fielen Ludwigs Träume in sich zusammen: keine Farben mehr, keine Schönheit mehr, statt dessen skelettierte Traumprosa, Hungergestalten, Karikaturen von Bürokraten, bis der Beamte die Tür leise schloß und Ludwigs Träume sich im Handumdrehen zu alter Dreidimensionalität ausdehnten. Die Sonne wanderte von links nach rechts über den Bühnenhimmel, der letzte Beamte ab, die Tochter molk eine Ziege und verarbeitete die Milch zu Käse. Aus dem Wald trat der Förster, ein Mann, der Natur in einem Ausmaß verfallen, daß er für die Menschen verloren war, selbst zu seiner Familie betrug die Distanz viele Klafter Holz. Gesprochen wurde nur das Nötigste. Der Förster lieb, aber linkisch. Er machte, daß er wieder in die Wälder kam. Die Zweige schlugen über ihm zusammen wie Wasser über dem Taucher. Die Sonne sackte ab, der Schlaf des Königs wird unruhig. Ein Diener betritt sein Schlafzimmer, läßt etwas fallen, Geräusch, der König springt auf den Diener zu wie der Luchs auf das Kaninchen. Der König zerfleischt den Diener. Unruhe im Saal, Lachen, das Besorgnis wegwischen will. Doch der Diener blutet, seine Arme fallen ab, die Beine. Schreie.

Ich war entsetzt, wie konnte ein zivilisierter Mensch ...?

Der König reißt dem Diener den Kopf ab, und aus dem Hals des Verstümmelten quellen handtellergroße Buchstaben wie Wurst aus der Pelle. Erleichterung um mich herum und ein Ruf: »Aber der Diener hat doch wirklich gesprochen.«

Sie hatten Tricks dafür, es war wie im Leben, und es ging auch schon weiter. Denn der König blickt den Himmel an, springt auf die Sonne zu und pflückt sie vom Himmel. Nun weiß er nicht wohin mit dem heißen Ball, am Ende stopft er ihn ins königliche Bett, und alles lacht.

Nacht am Himmel, Ludwig beginnt zu leben. Tritt hinaus aus seinem Schlafzimmer, umgeht die Schloßdiener, schleicht durch lange Gänge, Nebel wallt, der König und ein Schloßgespenst, er lauert ihm auf, springt aus der Dekkung, zieht eine entsetzliche Grimasse, das Gespenst flieht in wehendem Laken. Der König verläßt das Schloß, taucht ein in den Wald, begegnet Hase, Hirsch und Luchs. Der König spricht mit den Tieren. Der König will Hase und Luchs versöhnen, Gevatter Uhu fliegt heran und redet Majestät den Plan aus. Uhu und König steigen tief in die Naturphilosophie ein, Hase und Luchs langweilen sich und spielen erst Mühle, danach Fangen. Der Hase schlägt Haken, aber er vergißt, daß er sich im Wald befindet. Baum im Weg, Hase gegen Baum, Hase tot. Uhu ab, König weiter, und plötzlich steht Ludwig dem Braunbären gegenüber. Der geht sofort auf die Hinterbeine, Geifer im Maul, die Tatzen zerreißen die Luft. »Vorsicht« und »In die Augen, in die Augen!« Ludwig zieht das Messer, aber es ist nur ein Brieföffner. Ludwig singt eine Arie, der Bär singt die zweite Stimme: Sopran. Der Saal birst vor Lachen.

Wie absurd es war, solch zarte Stimme aus einem Faß von Brustkorb sprudeln zu hören.

Ludwig und Bär kommen sich näher. Ludwig schwärmt für die Natur, die Berge als Reservat; der Bär beklagt sich über den Bau der Eisenbahnlinie, die ihm die Heimat zerschneidet. Ein Schicksalslied, die Bäume bilden den Chor, Ludwig teilt mit dem Bären südliche

Früchte. Der Bär revanchiert sich mit einer Rehkeule. Ludwig beißt hinein und fragt den Bären, warum er geschmorte Keule bevorzuge. Der Bär ist peinlich berührt, weist vielsagend auf sein Maul. Der König versteht ihn ohne Worte, in einer tragikomischen Parodie sondergleichen gestehen sich beide ihre verfaulten Gebisse.

»Au weia«, sagte neben mir ein Mann zu seinem Begleiter, und auch ich konnte mir nicht vorstellen, wie das Stück in Ludwigs Gegenwart über diese Stelle hinausgelangt sein sollte. Und doch war es ja offensichtlich geschehen.

Abschied von Bär und Mensch, und während sich der Petz in eindeutig onanistischer Absicht am nächsten Baum zu schaffen macht, marschiert Ludwig auf der Stelle tretend, Richtung Försterhaus. Schlendernd erreicht er das Försterhaus, läßt sich nicht länger als 30 Sekunden die politischen Probleme des Tages referieren und wirft sich vor dem Haus mit den Försterleuten und einem Waldarbeiter in eine leidenschaftliche Runde Schafkopf. Es ist finster, da greift der König unter den Tisch, klebt den Mond an die Wolken, und aus München trifft ein in verstaubter Kutsche ein Mann namens Holnstein, seines Zeichens engster Vertrauter des Königs.

Ich verstand anfangs immer Holnstein, und es war mir natürlich so. Aber der Mann hieß Holstein, als er aus der Kutsche stieg, und Holsten als er in ihr das Försterhaus wieder verließ.

Holstein schildert die Stimmung in München, starken Wunsch nach Ausschaltung des Königs, diskrete Anfragen bei Nervenärzten, ob auf der medizinischen Schiene etwas laufen könne. Da wirft sich mit Schreckensschrei das Mädchen an des Königs Brust, und erst jetzt erkannte ich sie.

»Was spielt Ricarda für eine Rolle?« entfuhr es mir.

Man schmunzelte gutmütig und meinte: »Sie spielt die weibliche Hauptrolle. In jeder Weise.«

Vorn ging es munter weiter, aber ich kam nicht über Ricarda hinweg. Ich hatte sie schon gesehen – bevor ich Ricarda kennenlernte. Nein: Nachdem ich Ricarda kennengelernt hatte, hatte ich Ricarda vorher getroffen.

»Was guckst du so doof?« schleuderte mir mein bester Freund ins Gesicht.

»Tom, ist das Ricarda da vorn?«

»Da vorn? Nein, das ist doch Marilyn Monroe.«

Ich schaute zu, wie sie freundlich war zum König, schäkerte mit dem König, Kellnerin war für den König, mit dem König litt, denn Holstein schilderte gerade, was sich in München zusammenbraue. Da öffnet sich die Tür der Försterhütte, und in dem Lichtschein ist München. Minister, Staatssekretäre, Staatsrechtslehrer, Polizeidirektoren, Bürgermeister knüpfen an der Schlinge für den königlichen Hals. Sie planen Ludwigs Untergang. Dann tritt der Förster in die Türöffnung und zerstört München, steht eingeschüchtert da in seinem weißen Unterhemd und seinen breiten Hosenträgern. In einem zu Herzen gehenden Dialog treffen sich mit dem Förster und Ludwig am Tisch vor der Hütte zwei Menschen auf dem absteigenden Ast. Faszinierend, wie der einfache Mann in jeder Sekunde bereit ist, von der Sitzbank aufzuspringen, Haltung anzunehmen, dem König die Ehre zu bezeugen. Doch der Monarch pfeift auf Konventionen. Er will sprechen, sehnt sich nach der verwandten Seele.

Holstein verläßt mundabwischend die Hütte, die Frau des Försters hat seinen Hunger gestillt, und Ricarda trägt für Ludwig eine Süßspeise auf den Tisch. Auftritt von Ricardas Brüdern. Drei Männer, alle sehr traurig. Schwer tragen sie an Kisten und Kästen, aber zu Boden zieht sie nicht nur das Gewicht der Behältnisse. Die Mutter liest es aus ihren Augen, ihr Schrei, großes Unglück, die Familie liegt sich weinend in den Armen. Der vierte Bruder überlebte den letzten Überfall nicht. Der Sohn des Kohle-Barons aus dem Ruhrgebiet hat ein Messer gezogen, hinein ins Fleisch, die Klinge ist auf dem Rücken wieder ausgetreten, was für ein Tod, was für ein Unglück. Marie steht auf dem Tisch neben der Süßspeise und schwört dem Täter blutige Rache. Eine kleine Bewegung von einem der

Brüder, die Rache ist schon erledigt, die Kisten sind schwer. Randvoll mit Goldmünzen, es ist wie im Märchen, und Ludwig freut sich wie ein Schneekönig.

Marie überbringt dem Vater die Nachricht vom Tod des Sohnes. Der Vater versteht nicht gleich, dann schickt er einen Schrei in die Nacht, daß der Mond vom Himmel fällt. Das ist kein Versehen der Bühnentechnik, es ist der angemessene Ausdruck für das Leid des Vaters. Danach spricht der Förster bis zum Ende des Stücks kein Wort mehr. Aber sein Gewehr sitzt ihm gefährlich locker, mehr als einmal steht er vor dem Mündungsloch. Die Familie flüchtet sich in Aktivität. In einer Welt, in der Tote nicht aufgeweckt werden können, kann nur die Zukunft Trost spenden. Neues muß Gestalt annehmen. Was ist dafür besser geeignet als ein Schloß? Modelle kommen auf den Tisch, Ricarda, nein, Marie hat sie aus Brotteig gebacken und mit Zuckerglasur farbig bemalt. Marie besitzt Talent, und sie steht so dicht beim König. Ludwig spricht über Neuschwanstein und Falkenstein, das eine im Bau, das andere ein Plan, nur ein Plan. Aber uns allen ist, als spräche Ludwig über Pläne noch enthusiastischer als über das, was man anfassen kann. Die Nacht ist weit vorangekommen, als Pferdegetrappel ertönt. Ein Kunstschreiner stolpert übermüdet ins Licht, seit Stunden unterwegs, ein Dorf bei München, wo Vaters Werkstatt in den Ruin schlingert. Der Sohn hofft auf Rettung durch den König. Er hat den Wandschrank für das Arbeitszimmer in Neuschwanstein entworfen, eine sinnreiche Konstruktion, mit Fächern und Schreibunterlagen, ihrer Zeit voraus, denn er hat weitergedacht, dem König alle Worte und Floskeln, die er dienstlich zu Papier bringen muß, in einen Stempel geschnitzt: Grüße, Anweisungen, Euer und Ihr, Deutsch und Französisch. Ludwig entdeckt einen reizenden Lapsus in der fremden Sprache. Damit ist der Bund geschlossen, der Jüngling darf präsentieren: das Modell des Schranks. Der Jüngling brennt, Ludwig genießt den guten Fanatismus. Wie nahe sie sich kommen in dieser Nacht; wie verschämt Ludwig dem Schreiner gesteht, daß er ihn an einen Schauspieler erinnert, einen, der der Vergangenheit auf der Bühne Odem einhauchte. Und während der Schreiner zusammenzuckt, als der König ihm einen Arm um die Schulter legt, färbt sich über ihnen der Mond blutrot, und aus dem Hintergrund treten die Verschwörer auf: Münchner allesamt, Bürgerliche bis auf den Wittelsbacher, der mit Ludwig ein Hühnchen zu rupfen hat. Kapuzen tragen sie, weite Gewänder, Ku-Klux-Klan, an der freien Seite des Tisches nehmen sie Platz, und ein abstoßendes Geschöpf, ein Henker mit nacktem Oberkörper, serviert den Kapuzen Speise, die ekelhaft anzuschauen ist: Schweineköpfe, Geschlinge, wie frisch aus dem Tierleib gerissen, mit Blut und Leber und Nieren dran, eine Schüssel, in der Fischköpfe schwimmen, Kuhaugen, Fehlgeburten, sie essen alles auf, während sie über Ludwig herziehen, lutschen lautstark an Babyspeichen, Babyellen, während sie Vor- und Nachteile eines inszenierten Kutschunglücks erwägen. Ludwig als Opfer eines Jagdunfalls, als Opfer einer Steinlawine und eines Schneebretts. Sie lassen den königlichen Zug entgleisen und machen sein Lieblingspferd durch Wespenstiche wild. Sie schütten Gift ins Essen und finden am Ende noch was Böseres: »Laßt uns sein Herz zerbrechen.«

All dies, während einen Meter daneben Ludwig und der Schreiner in die Betrachtung der Nacht sich verlieren, pfundweise Süßspeise löffeln und den Augenblick genießen. Gestalten der Nacht versammeln sich zu königlichen Füßen: Kobolde, Füchse und der kleine Mohr, der ein Mädchen ist. Niemand exaltiert sich oder führt Kunststückchen vor. Sie sind alle einfach nur beim König, lauschen seinen Erzählungen. Daneben die Verschwörer, die nun das Herz des Königs brechen. Sie wollen ihn bei seiner Mutter verleumden, Falschinformationen in die Presse lancieren, die Baustellen sabotieren, Ludwigs sexuelle Vorlieben denunzieren, ihm Kinder unterschieben, Blutschande, tödliche Krankheiten, bayernfeindliche Bestrebungen. Das ist der Gipfel: Sie wollen ihn als schlechten Bayern hinstellen, das erscheint ihnen am infamsten.

Sie kommen zu keinem Entschluß, auf den Platten Fischmäuler und Kinderköpfe. Sie tauchen ein ins Schwarze, der Sängersaal atmete auf, als die Verschwörer gegangen waren.

Ludwig löst sich vom Schreiner, Marie hilft ihm dabei, der Jüngling ist rechtschaffen müde, legt sich ins Gras. Die Schatztruhen im Mittelpunkt jetzt, aus ihnen heraus leuchtet es, Förstersfrau und alle Kinder sitzen mit Ludwig um das Gold herum. Die Förstersfrau hat alle Zahlen im Kopf, auch wenn Ludwig sie so genau nicht hören will. Wird regelrecht bockig, der Mann, fordert Respekt vor seiner Stellung, aber man schlägt ihm nur lachend auf die Schultern, und er hört auch gleich mit dem Gehabe auf, hört die Zahlen an: Die Überschuldung ist hoffnungslos. Was tun? Eine neue Währung; ein Regen, der das Bewußtsein der Bayern verändern soll; und zwischendurch der König mit radikalsten Vorschlägen: Abschaffung aller Gefängnisse, Einsatz der Spitzbuben auf den Schloßbaustellen. Es gibt so vieles, was noch nicht ausprobiert ist. Während sie sprechen, verwerfen, sich kugeln vor Lachen, schleichen die Verschwörer Richtung Neuschwanstein, die Kapuzen beziehen Posten im Schlafzimmer, sie beherrschen die Kunst, sich unsichtbar zu machen. Kopf nach rechts, und ich sah sie; Kopf nach links, und der Raum war menschenleer. Vor der Försterhütte derweil Ringen um Geld, aus dem Kopf des Königs wächst ein Gedanke und nimmt Gestalt an: Ludwig XIV. Im Krönungsmantel, mit hüftlangen Locken, Seide, Gold und Edelsteinen; der Sonnenkönig, glänzend wie die Schatztruhen. Mit dem Vetter im Geist verabschiedet sich Ludwig von der Familie. Marie bittet den König ins Innere der Hütte, draußen betört der Franzose mit seinem Glanz die einfachen Menschen. Auftritt Ludwig und Marie, im Schlafzimmer warten die Verschwörer.

»Wir sehen uns gewißlich wieder«, sagt Ludwig zum Abschied. »Wenn nicht, laßt meine Schlösser nicht in unbefugte Hände fallen.« Er greift zum Messer, das vom Essen auf dem Tisch liegt, und tut mit ihm etwas, das ich im ersten Moment nicht erkennen konnte, denn es fand auf der Tischplatte statt. Dann packt Ludwig den Tisch, hebt ihn an, und als wir alle dachten, daß es nun mit dem Geschirr zu Ende geht, blieben Teller, Schüsseln und Bestecke an der schiefen Platte kleben. Auf der Platte Kratzer, Kratzer im Holz.

»Neun«, murmelte ich.

»Zehn«, murmelte neben mir eine Stimme.

»Wenn's drunter bleibt«, sagt Ludwig, »will ich's dulden. Was drüber geht, raubt mir den Schlaf. Weg damit dann. Weg von dieser Erde. Sie haben die Wahl. Wenn sie falsch wählen, entscheide ich. Im Himmel ist es auch ganz schön.«

Er geht zu seinem glänzenden Bruder im Geist, beide Ludwigs betreten den Wald. Wo sie gehen, ist Leuchten. Die Frau des Försters blickt Marie an, Marie faltet die Hände über ihrem Bauch. Vorhang.

Schweigen, dann Beifall, nachdenklich, nicht ekstatisch. Es blieb dunkel, der Beifall wurde leiser, er wurde ...

Und dann hatte ich's! Neun Striche, zehn Striche. Zehn Striche auf dem Tisch, den Ludwig uns entgegengehalten. Zehn Striche auf der Kühlerhaube unseres BMW, die der kleine Stefan hineingeritzt hatte. Zehn Striche, die uns alle Schlagbäume geöffnet, uns um alle Staus herumgeleitet, die uns Ehrfurcht und Bewunderung eingetragen hatten.

»Tom!«

Wenn's drunter bleibt, wollte er's dulden; was drüber ging – weg damit, weg von dieser Erde.

»Tom, ich hab's.«

Neben mir schmatzte es, Stoff knitterte, und eine Mädchenstimme sagte heiser: »Aber du bist so naß.«

»Tom, sie gehen alle weg!«

Stoff knitterte. »Was ist daran so schrecklich?« Stoff knitterte, und es wurde heftig geatmet. Ich ging dazwischen, hielt Frauenbrüste in der Hand, griff woanders hin, hielt Frauenbrüste in der Hand. Mit wie vielen Damen trieb's dieses Schwein in aller Öffentlichkeit gleichzei... Ich griff in bekanntes Bauchfett, hoch zum Hals, zu den Wangen. »Tom, sie sprengen die Schlösser in die Luft!«

Endlich sah ich etwas. Toms großen Kopf, die wirren Haare seines Gspusis, das damit beschäftigt war, seine Brüste unter das T-Shirt zu stecken, und an uns vorbei strömten die Menschen aus dem Sängersaal. Wir standen ihnen wie Wellenbrecher im Weg.

»Tom, das ist die Katastrophe, von der sie geredet haben. Daß die Schlösser besichtigt werden, das ist die Sünde, die wir alle an Ludwig begehen.«

»Sag an, sag an. Aber das tun wir doch schon ein paar Jährchen.«

»Was?«

»Das Schloßbesichtigen. Seit über 100 Jahren, um genau zu sein.«

»Aber jetzt ist genug.«

»Wieso jetzt? Wieso nicht, sagen wir, am 2. November 1935?«

Ich ließ Tom los. Mit dem war kein Reden, ich schnappte mir den Erstbesten, den ich zu packen kriegte, baute mich vor dem Mann auf und schrie ihn an:

»Raus mit der Sprache! Es passiert. In nächster Zukunft.«

Er war erst verdutzt, dann lachte er und sagte lachend: »Freilich.«

Tom war neben mir, griff sich einen zweiten Mann, sah ihn an, ließ ihn los, daß der andere taumelte, und hielt eine Frau von Mitte fünfzig am Arm fest:

»Helfen Sie uns«, sagte Tom eindringlich. »Sie warten auf den Startschuß für die Abreise in die neue Heimat. Richtig?«

»Richtig. Sonst noch was?«

»Was ist der Startschuß?«

»Na was wohl? Wenn wir Bescheid kriegen.«

»Bescheid? Von wem?«

»Na, von der Gräfin.«

»Sonst noch von jemand?«

»Freilich. Von Fräulein Ricarda.«

»Weiter, weiter. Lassen Sie sich nicht jeden Namen einzeln aus der Nase ziehen.«

»Der Heimatforscher, Herr Unruh. Und seine liebe Frau.«

Das brachte nichts. Ich zog Tom von den Leuten weg, schob ihn gegen die Wand und sagte:

»Die zehn Striche auf dem Tisch, die der König hineingeritzt hat. Und die zehn Striche auf unserem Wagen. Das ist das Zeichen.«

»Zeichen? Wofür?«

»Ricarda! Warte!« Sie wartete nicht nur, sie kam sogar zu uns, schwamm gegen den Menschenstrom, der den Sängersaal verließ. »Warum gehen jetzt alle?«

Ricarda hatte Schminke im Gesicht, sie trug noch die Kleidung von Marie und hatte das Distanzierte im Gesicht, das ich von Schauspielern kannte. Das Ende der einen Existenz und der Beginn der alten Existenz, das war ein Übergang, mit dem sie Probleme bekamen.

»Ricarda, wo gehen die jetzt hin?«

»Nach Hause.«

»Warum feiern sie nicht weiter?«

»Aber die Feier ist zu Ende. Nach diesem Stück geht man nach Hause.«

»Wir wissen jetzt, was die Striche sollen.« Ricardas Blick! Höchst alarmiert, sofort wieder unter Kontrolle. Es war, als wäre ein Zündfunken durch ihre Züge geschossen. »Die Striche sind das Zeichen für die Katastrophe«, sagte ich eindringlich. »Die Schlösser sollen in die Luft fliegen.«

»Aber wie kommst du darauf?« Sanft, sanft wie ein milder Sommerwind. Die Sanftheit der Irrenärzte gegenüber den Irren.

»Das Theaterstück sagt es doch, verdammt noch mal. Ludwig hat nicht gewollt, daß die Schlösser besichtigt werden. Jetzt weiß ich auch wieder, daß ich das gelesen habe. Gleich am Anfang, am ersten Abend. Da hat mir das noch nichts bedeutet. Aber jetzt.« Je länger ich redete, desto mehr fiel mir ein. »Sprengt alles in die Luft, wenn ich nicht mehr bin, so etwa hat er gesagt. Oder hinterlassen.«

»Ist das wahr?« Ich war dabei, Tom auf meine Seite zu ziehen. Ich durfte nur nicht lockerlassen. Aber es war dann Tom, der nicht lockerließ. »Vielleicht ist das kein Zeichen, sondern eine Zahl. Also ich meine, eine Zahl ist natürlich auch ein Zei . . .«

»Einsen. Es sind alles Einsen. Eine Millioneinhundertelftausendeinhundertelf.«

Tom sah mich vorwurfsvoll an. »Mein lieber Mann, das sind *zehn* Einsen. Das ist eine Milliardeeinhundertelfmillioneneinhundertelftausendundeinhundertelf. Oder?« Er dachte nach.

»Was redet ihr denn?« warf Ricarda ein. Aber wie sie es sagte! Warum sagte sie es so! Mir paßte ihre Richtung nicht. Sie wußte doch, was geschehen war. Was wußte sie? Und was wußten wir? Wieviel vom Geheimnis?

»So eine große Zahl. So viele Leute waren doch selbst in 100 Jahren nicht hier.«

Tom rannte zur Bühne, Ricarda fragte mit einer Stimme, die mir Gänsehaut verursachte:

»Wie war ich?«

Schon hielt ich sie in den Armen.

»Du warst wundervoll. Was für Talente hast du denn noch?«

Sie lächelte ihr Lächeln, lächelte es ganz für mich allein, und ich hatte Angst, daß ich vor Seligkeit sabbern könnte.

»Kommt her!« rief Tom von vorn. »Warum ist die Säule hier umgefallen?« »Warum laßt ihr das zu? Es ist Ludwigs Säule. Warum regt das keinen von euch auf?«

»Er soll damit aufhören«, sagte Ricarda und blickte mich auffordernd an.

»Er ist stärker als ich.«

»Nein«, verbesserte mich Ricarda, ich spürte ihre Lippen und Zähne an meinem Ohr. »Du bist der Stärkere von euch beiden. Ich weiß das.« Sie wußte es. Ich war glücklich, und Tom rief:

»Seht euch das an.« Er stellte den Tisch schräg. »Zehn Striche. Eine Zahl. Eine Milliarde und und und. Was sagt euch das?« Er schaffte es tatsächlich, die letzten Zuschauer zu stoppen. Alle verschwitzt, viele vom Ruß der Lagerfeuer gezeichnet. Doch alle strahlten diese Gelassenheit aus, diese Sicherheit, die mich an die Souveränität unseres blonden Prinzen erinnerte. Bei ihm war es die Herkunft. Was war es bei denen da? Die Zukunft?

»Ricarda.«

»Was ist, mein Lieber?«

»Du gehörst zu den Eingeweihten. Gib es zu.«

»Wie kommst du darauf, mein Lieber?«

Jetzt konnte ich es nicht mehr ganz so gut ab, daß sie versuchte, mich zu berühren. Tagelang hatte sie Gelegenheit dazu gehabt. Im Grunde hatte sie es nur einmal gemacht, eine Nacht lang. Aber davor und danach ...

»Was ist?« rief Tom. »Keine Antwort? Keine Vermutung?«

Ein Mund an meinem Ohr, ich liebte sie dafür, daß sie vor meiner Dreckigkeit nicht zurückschreckte.

»Mein Schatz, hast du bei mir eingebrochen?«

»Eingebrochen? Ich? Wann? Wie denn?« rief ich immer verzweifelter. »Zum Einbrechen muß man erst die Hütte finden, in die man einbricht. Was ist dir gestohlen worden?«

»Oh, nichts, gar nichts. Ich bin nur ... es hat mich nur ...«

»Ja, geht nur! Geht!« rief Tom, als die letzten Einheimischen sich zum Gehen anschickten. Er hob den Tisch in die Höhe und schleuderte ihn von der Bühne in den Saal hinein. Der Tisch schlug auf dem Parkettboden auf, zwei Beine brachen ab. Spätestens jetzt hätte einer stehenbleiben müssen und Tom für diese Freveltat zur Rechenschaft ziehen. Aber sie gingen alle, und jetzt verlor ich auch noch Ricarda. Sie eilte hinaus, den anderen hinterher und warf mir über die Schulter einen Blick zu, den ich nie vergessen werde. Vieles will ich vergessen, diesen Blick nicht.

»Arschlöcher!« rief Tom in den leeren Saal: »Gigantische Arschlöcher! Laßt euch doch einsargen, ihr Ignoranten!« Er sah sich mit wilden Augen um, schnappte eine der Sitzbänke und erledigte sie mit einem Hieb.

»Fühlst du dich jetzt besser?«

»Stell dir vor, ja.« Er blickte sich um. »Wo sind die Kisten abgeblieben?« bellte er in alter Lautstärke los. »Warum stehen die nicht mehr hier, wenn alles andere noch hier steht?«

In diesem Moment entdeckte ich die schlafende Frau. Sie hatte es sich mit einem Pullover oder Hemd bequem gemacht, der Kopf lag weich, der Körper auf dem harten Boden unter der Fensterfront. Dieser Anblick beruhigte mich. Ich hielt die vom Alkohol oder von der Hitze überwältigte Frau für ein Stück Normalität. Ich blickte an mir hinunter, Diana hätte sich übergeben. Ich mußte unbedingt Diana anrufen.

»Was ist los, Junge? Der Kreislauf?« Tom stand vor mir, ich hatte ihn nicht kommen hören.

»Nein, nein«, sagte ich und wehrte seine fürsorgliche Hand ab. »Es ist nur . . .«

»Ja? Rede, Mann.«

»Tom, kannst du mir meine Telefonnummer sagen? Ich habe sie vergessen.« Er führte mich zu einer der Bänke an der fensterlosen Längsfront. Mit meinen Augen stimmte etwas nicht. Ich sah doppelt, ich konzentrierte mich, aber es wollte mir nicht gelingen, die Augen auf einen Punkt zu zwingen. Ich sah das offene Fenster, sah die schlafende Frau. Mir war so heiß, ich hatte so viel Durst, niemand konnte mir verdenken, daß ich ohne Zögern zugriff, als mir die Hand am langen Arm das Glas darbot. Im Glas kollerten Eiswürfel in Tomatensaft. Sie waren so gut zu mir, ich schmiegte das Glas gegen meine Wange, rollte es hin, rollte es her. Ich spülte meine Mundhöhle mit dem Himmelstrunk aus, schluckte, schüttete nach, schluckte. Ich hielt das leere Glas nach hinten, und der Arm nahm es mir ab, ich gluckste zufrieden, der Streich war gelungen, der Arm kehrte zurück, ich griff zum Glas, aber die Hand war leer. Sie patschte mir ins Gesicht, noch mal, noch mal, noch mal, und der Arm sagte:

»Besoffen, das arme Schwein. Da geht nichts mehr.«

Das konnte ich nicht auf mir sitzen lassen. Ich fuhr hoch, drehte mich um, staunte.

»Guten Morgen«, sagte Bea. Sie war jung, schwarz, spöttisch. Neben ihr Stefan, jung, grau und so verzagt, daß ich ihn packte und ... Aber da war die Wand, so Steine bis unter Hüfthöhe, da stieß ich gegen, da kam ich nicht drüber weg, und während ich noch überlegte, wie das funktionierte: Rufen, waren sie bei mir, Bea, Stefan, ein deckenhoher Asiate und die Frau, die Erwachsene, die wußte, daß man mich auf den Balkon führen mußte. Im Hof lagen die Feuer in den letzten Zügen, linsten einäugig mit stumpfroter Iris zu uns empor.

»Geht's wieder?« fragte die Dings, die ... mit der Familie ... Bau, Bauen, immer Bauen, das Hobby von der da, Polen, Polizei.

»Polizei.« Ich war so stolz. Es hatte mit Zunge und Lippen und Zähnen zu tun, dann ging das, dann ging das wunderbar.

»Ich weiß jetzt Bescheid. Ha! Ha! Ha!«

»Wie er lacht«, sagte Bea mitleidig.

»Also, ich finde ihn witzig«, behauptete die ... Schott behauptete das. Schott. Was ich alles konnte. Das machte die viele Schulbildung bei mir.

»Wie spät ist es?« Sie starrten mich an. Ich beugte mich nach vorn, Bea lehnte sich zurück.

»Er stinkt«, behauptete sie. »Und er ist fast nackt.«

Ich begann sofort, diesem Zustand abzuhelfen. Die Hose war bereits unten, da fielen sie alle zugleich in den Arm und zogen meine Hose wieder hoch. Ich reckte mich, ich hatte Brustmuskeln, hatte Argumente, und sie waren Frauen. Ich mußte mich vorher nur schnell ...

»Wo kann man denn hier mal?«

»Piß doch vom Balkon«, forderte mich Bea auf.

Endlich kam Tom. Er war mein Verstärker, und ich sagte:

»Wir wissen jetzt Bescheid. Es sind die neun Einsen.«

»Zehn«, sagte Tom.

»Genau«, sagte ich. »Zehn. Zehn Einsen. Im Stück und auf dem . . . dem . . .«

»BMW heißt das Auto.«

Ich strahlte Tom an, ich hatte ja einen dermaßen schlauen Freund. Mir konnte nichts geschehen.

»BMW, da hat er die Striche draufgekratzt, der Kleine hier«, bestätigte ich, und Grimm auf den Jungen stieg in mir auf.

»Aber ihr kapiert ja nichts«, heulte Stefan gleich wieder los.

»Werd nicht frech«, befahl Tom und musterte den Japaner. »Wir haben etwas lange gebraucht, aber jetzt sind wir soweit.«

»Dir hängen Haare im Mundwinkel«, erkannte ich messerscharf. »Blonde. Du alte Sau.«

Tom entfernte die Haare nebenbei und fuhr fort: »Wie hängt diese Zahl mit der Katastrophe zusammen? Wir können uns keinen Reim darauf machen. Geht es um Neuschwanstein? Warum redet ihr nicht endlich?«

Das fand ich auch, mir waren nur gerade die passenden . . . die Dings . . . die Worte, die waren weg.

»Wir haben das Stück mitgehört«, sagte Bea eifrig. »Wir waren draußen . . .«, sie zeigte nach links, »auf dem Tribünengang.«

»Bißchen geknutscht, wie?« fragte ich keckernd. Bea wandte sich erschüttert ab, Tom boxte mir gegen die Rippen.

»Ich habe mitgelesen«, rief Bea. »Sie haben gelogen. Am Ende haben sie doch gelogen. Als ich dachte, sie würden sich trauen. Aber sie sind viel zu fei . . .«

»Sekunde«, sagte Tom abwehrend, »langsam. Was heißt mitgelesen? Hier gab's nichts mitzulesen. Sie haben das Theaterstück aufgeführt.« Bea zog das T-Shirt aus der Hose und würgte Papiere hervor, bestimmt 40 oder 60 Blätter. Handschriftlich alles.

»Ihr habt bei Ricarda eingebrochen.«

»Na und? Sie hat den Text in der Hütte gehabt. Sie weiß viel mehr, als sie zugibt. Ihr kommt ihr nur nicht auf die Schliche, weil sie so toll aussieht und ihr immer nur daran denkt, ihr euern ...«

»Ich muß doch sehr bitten!« unterbrach ich sie, bevor sie auf ihre direkte Weise womöglich sachlich zutreffende körperliche Verrichtungen in den Gossenjargon hinunterziehen konnte.

»Der Text von dem Theaterstück?« fragte Tom. »Das wundert mich. Aber es wird einen Grund dafür geben. Wir werden Ricarda einfach fra ...«

»... das ist doch nicht das Problem«, unterbrach Bea. »Das Problem ist der Schluß.«

»Was für ein Schluß?«

»Der vom Stück. Sie haben ihn umgelogen.«

»Allerdings«, mischte sich die Privatpolizistin ein. »Sie haben das Stück einwandfrei vom Blatt gespielt. Bis auf den Schluß. Genau gesagt, bis auf die letzten Einlassungen des Königs.«

»Ist ja 'n Ding«, sagte Tom freudestrahlend. »Gib her.« Er schnappte Bea den Papierstapel aus der Hand, suchte, las vor: »›Wir sehen uns gewißlich wieder. Wenn nicht, laßt meine Schlösser nicht in unbefugte Hände fallen.‹«

»Ja, ja«, sagte Bea ungeduldig. »Bis dahin stimmt es ja noch.«

»Jetzt folgen die Regieanweisungen. ›Er kehrt also impulsiv zum Tisch zurück, ergreift ein Messer und‹ – ich kann diese Schrift so schwer lesen – ›ergreift das Messer, schiebt mit großer Geste alles Geschirr vom Tisch, Entsetzensschreie bei den Anwesenden. Dann ritzt er mit schnellen Bewegungen Stücker zehn Striche in die Tischplatte.‹ Nun wieder Text Ludwig: ›Wenn's drunter bleibt, will ich's dulden. Was drüber geht, raubt mir den Schlaf. Die Schlösser sind des Königs und sollen's ewig bleiben. Wenn der König nicht von dieser Erde ist, sollen ihm seine Schlösser folgen. So modern‹ – diese verdammte Schrift – ›so modern will ich gerne sein, daß ich die Segnungen moderner Sprengmeisterkunst nicht verachte. Erweist mir einen letzten Gefallen, wenn ich selbst es nicht mehr kann. Nehmt die Schlösser von der Erde, wenn das Zählwerk zehnmal die Eins anzeigt. Sie haben die Wahl. Niemand kann sagen, er habe nichts gewußt. Wer sich in Gefahr begibt, kann in ihr umkommen. Schritt für Schritt kommt man sich näher, Schritt für Schritt ist freie Wahl. Wählt, Untertanen. Wählt.‹ Danach folgen nur noch Regieanweisungen.«

Tom ließ das Blatt sinken, und zum ersten Mal, seitdem Bea damals am See ihre Erschütterung über den Tod ihres Freundes Kuno eingestanden hatte, herrschte zwischen uns wieder eine Atmosphäre ohne Pampigkeit.

»Und von diesem Autor hat man danach nie mehr etwas gehört«, murmelte ich beeindruckt.

»Habt ihr's jetzt kapiert?« rief Bea erregt.

»Seit wann kennt ihr den Text?«

»Seit drei Tagen. Wir wollten schon eher, aber ihr mußtet ja vorher unbedingt bei Ricarda eure Rohre verlegen. Männer.«

Tom und ich blickten uns an. Ich hatte das bestimmte Gefühl, daß alle 11 000 Bewohner Füssens in dieser Nacht vor den Fenstern gestanden hatten. Wenn sie pro Blick eine Mark in den Topf geworfen hatten, konnten sie mit dem Erlös viele gute Taten tun.

»Haben Sie begriffen, worum es geht?« fragte die Schott mit eindringlicher Stimme.

»Laß sehen«, antwortete ich und nahm Tom den Zettel ab. »Er will nicht, daß seine Schlösser für die Allgemeinheit geöffnet werden, wenn er mal nicht mehr ist. Er will, daß ihm die Schlösser in den Himmel folgen. Woher diese Könige nur immer die Gewißheit nehmen, daß sie im Himmel landen? Er spricht von Sprengmeisterkunst, auch bekannt als Dynamit. Ein Zählwerk zählt was auch immer. Und wenn es zehnmal Eins anzeigt, also . . .«

»Über eine Milliarde«, kam mir Tom zu Hilfe.

». . . mein Reden. Wenn diese Zahl erreicht ist, dann . . . ja was dann?«

»Puff«, sagte Stefan und war blaß wie Kreide. »In die Luft. Alles explodiert.«

Wir hörten das Geräusch alle gleichzeitig. Nicht das Geräusch der Explosion, sondern Schritte, keine Schritte, sondern etwas, was über den Boden schleift. Ich war als erster im Tribünengang. Von hinten sah die Pellegrino noch magerer aus als von vorn. Die Nagra-Bandmaschine war zu schwer für ihre paar Gramm Muskulatur. Außerdem hatte sich der Klappendeckel für den Netzanschluß gelöst, das Kabel schlenkerte ihr um die Beine. Da war die Pellegrino schon fast auf dem Vorplatz und damit in Sichtweite der rettenden Treppe. Hätte sie einen anderen Beruf gehabt, ich wäre vielleicht in gemächlichem Zockeltrab hinter ihr her. Aber sie war Journalistin, sie hatte einen kompletten Rundfunksender im Rücken, und die Fernsehabteilung lag gleich nebenan. Ich flog also der Flüchtenden hinterher und packte sie da, wo ich sie eben zu pakken kriegte. Sie kreischte, wehrte sich und zeterte etwas in Richtung »Einschränkung der Informationsfreiheit«. Damit hatte sie vollkommen recht, aber das nutzte ihr ja nun alles nichts. Sie fing dann auch noch an zu treten, und weil mir das ständige Ausweichen zu albern wurde, trat ich zurück. Ihr Schienbein konnte das ab, und sie war immerhin still. Ich führte die Journalistin zu den anderen, die sich unseren Kampf angesehen hatten.

»Toll«, empfing mich Tom, »und wie besiegst du Frauen oberhalb von Papiergewicht?«

»Denen drohe ich, daß ich sie küsse«, sagte ich finster und registrierte zufrieden, wie die Pellegrino mein dreckiges Gesicht anstarrte. Ich fühlte mich topfit ohne Hemd. Das war überhaupt die Kleidung der Wahl.

»Habt ihr hier einen abschließbaren Schrank?« fragte ich Bea. Und Tom dolmetschte:

»Die Dame ist vom Rundfunk aus Hannover.«

Das brachte die Sache auf Trab. Wir marschierten zu einer der unscheinbaren Türen und kletterten ein schmuckloses Treppenhaus hinunter, ich kriegte nicht mit, ob in den zweiten Stock oder den dritten. Bea kannte sich hervorragend aus, eine Abbiegung, ein Gang, möglich, daß ich hier schon gewesen war, hinein in einen Lagerraum, dahinter, halb zugestellt, eine Tür, dahinter ein Raum, halb so groß, aber immer noch von Ausmaßen, die eines Schlosses würdig waren.

»Hier bleibe ich nicht!« behauptete kategorisch die Pellegrino und blieb doch. Wir ließen ihr auch die Nagra, sie konnte ihre Lebenserinnerungen auf Band sprechen.

11

»Nicht schlecht«, sagte Bea, »ihr könnt also, wenn ihr wollt.«

»Mich macht es nervös, wenn andere Medienfritzen in der Nähe sind«, sagte ich angeberisch auf dem Rückweg. Wann, wenn nicht jetzt, war Gelegenheit für den Größenwahn, den dreistere Kollegen als ich zehnmal am Tag absonderten?

»Das rechne ich euch hoch an«, sagte Tom auf dem Weg durchs Treppenhaus.

»Was?« bellte Bea mit alter Kiebigkeit.

»Daß ihr nicht auf jede hergelaufene Medienfrau losspringt, sondern nur die echten Cracks um Hilfe angeht.«

Tom blickte mich an, ich machte ein optimistisches Handzeichen, er boxte mir gegen die Rippen und fragte leise:

»Wo kommt der Japaner her?«

Ich erzählte ihm das bißchen, was ich wußte.

Die Einheimischen führten uns in den Thronsaal. Es zog mich unwiderstehlich zum Söller, aber ich war nicht der erste, der auf diesen Gedanken gekommen war.

»Hallo, Majestät«, grüßte ich die stille Gestalt auf dem Thron.

»Hält er das Klima aus?« fragte Tom hinter mir.

Dämmerung war noch nirgendwo zu spüren, doch was mußte ich die Berge und Seen sehen, wenn ich wußte, daß es sie gab? Die Luft war so weich, als könnte man sie kauen. Aber die Wärme.

»Wenn ihr diesen Theatertext erst seit drei Tagen besitzt, woher wußtet ihr dann von der Katastrophe?« Tom war vielleicht abgekämpft und voller Champagner, aber er war darüber nicht dumm geworden.

»Zusammengereimt«, antwortete Bea. »Auf einmal hatten sie so wenig Lust, sich noch zu kümmern.«

»Worum?«

»Um das Schloß.«

»Sie saugen jeden Morgen Staub.«

»Aber wie.«

»Moment, Moment. Willst du behaupten, daß du aus der Tatsache, daß einer beim Saubermachen keinen Orgasmus kriegt, auf eine drohende Katastrophe schließt?«

»Saubermachen ist ja nur das eine. Wir haben gemerkt, daß die Gruppe um meine Oma und Unruh etwas weiß, was alle anderen nicht wissen.«

»Woran habt ihr das gemerkt?«

»Da fanden Treffen statt, von denen keiner was wissen sollte. Und vor vier Wochen fingen sie auf einmal an, wunder wie eilig zu tun. Vorher hat es nie einen Termin für die Abreise gegeben, und wir dachten natürlich, wir brechen dann auf, wenn die neue Heimat fertig ist. Auf einen Tag kommt's ja wohl nicht an. Aber vor vier Wochen, da muß etwas passiert sein. Da haben sie etwas erfahren, und auf einmal haben sie mächtig auf die Tube gedrückt.«

»Gibt es denn nun einen Termin oder nicht?«

»Morgen«, das war Stefans dünne Stimme. Ich berührte den König. Er hatte es gut, er mußte nicht schwitzen. Aber dafür hatte er keinen Champagner abbekommen.

»Also heute«, sagte Bea.

»Am Sonntag?«

»Am Sonntag. Exakt.«

»O Gott«, sagte ich. Wir hatten keine Zeit mehr, und wir standen seelenruhig auf dem Söller. Sekundenlang fand ich es nicht mehr so schlau, daß wir die Reporterin interniert hatten. Wir hatten damit auf zwei Arme und Beine verzichtet, die im Schloß herumlaufen und Entdeckungen machen konnten. Aber dann waren die Sekunden vorbei, und Bea sagte:

»Das mit dem Theaterstück, das ist immer in der Familie rumgegeistert. Ich wußte, daß es dieses Stück gibt und daß der König es kennt. Ich wußte nicht, daß es einmal so eine Art Aufführung gegeben hat. Aber der König hat's gekannt.«

»Und dann hat er den Autor im Affekt erschlagen.«

»Ach was. Er soll gerührt gewesen sein. Und der Schluß soll ihm mächtig imponiert haben. Wenn der König nicht mehr ist, soll das Schloß auch nicht mehr sein. Wer ahnte denn, daß er das wörtlich gemeint haben könnte?«

»Bea, wie viele seid ihr? Wer hat alles Angst vor diesem Unglück?«

»Red nicht drum rum«, murmelte Tom. »Sie wollen Neuschwanstein in die Luft sprengen. Das berühmteste Schloß der Welt – peng. Danke sehr, das war's.«

Ich schreckte immer noch davor zurück, den Zeitdruck zu akzeptieren, unter dem wir standen. »Zehn Einsen. Zehn Einsen sind erreicht, und ein Funke springt über.«

»Der Funke der Begeisterung«, sagte Tom trocken.

»Aber was zählt das Ding?« rief unsere Polizistin. »Die Besucher können's doch nicht sein.«

»Wieso denn nicht?« fragte Tom.

»Weil ... eine Milliarde ... ich bitte Sie ...«

»Haben wir gleich«, sagte Tom. »Seit wann darf man Neuschwanstein besichtigen? Seit 1886, richtig? Richtig. Heute haben wir ... also knapp 110 Jahre später. Wie viele Nasen pro Jahr?«

»1,4 Millionen«, antwortete ich unwillig. »Aber am Anfang waren es natürlich viel weniger. 20000. Ich weiß, daß es selbst vor 20 Jahren noch weniger als eine Million waren.«

»Na gut«, gestand Tom zu. »Sagen wir eine halbe Million pro Jahr im Schnitt.«

»Zuviel, viel zuviel. 80 Jahre lang waren es weniger.«

»Sagen wir eine viertel Million. 108 Jahre mal eine viertel Million. Macht wieviel? Bitte, Schüler.«

Stefan hatte tatsächlich einen Arm gehoben und ratterte los:

»Siebenundzwanzig Millionen.«

»Super, der Knabe«, sagte Tom, und ich sagte:

»27 Millionen sind etwas weniger als eine Milliarde.«

Plötzlich klangen Gläser auf dem Balkon. Hinter uns stand die Gräfin. Neben ihr stand Rasani Hippo-Grypho und hielt das silberne Tablett mit Gläsern und der Magnumflasche im Eiskübel. Wir bedienten uns, und ich betrachtete neiderfüllt die Gräfin. Wie konnte man nach einer solch stickigen Nacht dermaßen proper aussehen? Sie wirkte, als hätte sie 100 Jahre neben Ludwig auf Eis gelegen.

»Auf Ihr Wohl«, sagte die Gräfin und prostete Tom und mir zu.

»Was wollen Sie damit sagen?«

»Ich möchte Sie einladen, mit uns geduldig abzuwarten und nicht in letzter Sekunde in unziemliche Hektik zu verfallen.«

»Oma, du mußt uns sagen, was du weißt«, forderte Bea drängend, und ich nahm am Rande wahr, mit welchen Augen Stefan die alte Frau anblickte. Es war keine Freundschaft, die ich dort las.

»Tatütata«, sagte die Greisin und nippte am Schampus. Die Anwesenheit des Japaners ließ sie gleichgültig.

»Was treiben Sie hier?« bellte ich Rasani an. »Gucken, daß alles seinen ordentlichen Verlauf nimmt?«

Er lächelte staatstragend oder pazifisch. Vielleicht lächelten in seiner Heimat alle so. Es mußte die Hölle sein auf dieser Insel.

»Stefan, wieviel ist eine Milliarde geteilt durch 27 Millionen und ein paar Zerquetschte?« fragte Tom.

Stefan wirkte kaum überrascht: »37 und ein paar Zerquetschte.«

Tom blickte mich an und begann dann, obwohl der Söller mit Menschen gefüllt war, hin- und herzugehen.

»Wir kriegen das natürlich raus, Gräfin. Das ist Ihnen hoffentlich klar.«

»Und wenn schon«, rief sie perlend. »Schritt für Schritt kommt man sich näher, Schritt für Schritt ist freie Wahl.«

Ich schaute auf die letzte Seite des Theatertextes, schaute die Gräfin an, schaute Tom an.

»Schritte. Das Zählwerk zählt Schritte.« Kuno hat von einem Zählwerk gesprochen«, sagte ich. »Das Zählwerk zählt zehn Einsen, danach peng. Es ist kurz davor. Es wird heute passieren. Heute ist Sonntag.«

Tom unterbrach mich: »Sonntags ziehen 10 000 Leute durchs Schloß. Bei diesem Superwetter vielleicht auch mehr. Natürlich sind nicht alle gleichzeitig hier. Aber wenn es knallt, dann . . .«

». . . dann kann es mehr als tausend Tote geben«, murmelte ich. Im nächsten Moment polterte das Tablett auf den Steinboden. Ich packte Rasani an den Schultern:

»Das wird ein Massaker. Das darf nicht sein. Ihr stellt sofort das Zählwerk ab.«

Während sich Rasani ohne Aggressivität von meinen Händen befreite, sagte die Gräfin mehr verwundert als tadelnd:

»Da braucht etwas mehr als 100 Jahre, um zu reifen. Und wir sollen zehn Sekunden vorher eingreifen? Aber meine Herren. Das hätte ich nicht von Ihnen gedacht. Haben Sie kein Gefühl für Stil?«

»Sie sind verrückt«, sagte ich. »Sie sind alt und meschugge.«

»Geben Sie sich keine Mühe«, sagte Rasani auf unverdrossen freundliche Art. »Es ist wie Natur. Es ist kein Menschenwerk, das man – wie Sie ganz richtig einwenden – stoppen könnte, sogar noch in der letzten Sekunde. Aber damit haben wir es hier nicht zu tun.«

Er hielt inne, es lag wohl an meinem Gesicht. Aber ich wollte ihn nicht umbringen, noch nicht, und er fuhr fort: »Alles, was geschieht, geschieht im Interesse des Königs. Das Interesse des Königs aber ist gleichzusetzen mit dem Interesse jedes Menschen, der noch träumen kann. Verstehen Sie mich? Träumen können. Eine der edelsten Eigenschaften des Menschen. Eine der am meisten gefährdeten

Möglichkeiten des Menschen. Wer uns die Träume nimmt, nimmt uns die Würde. Ohne Würde aber sind wir nicht mehr Mensch.«

»Mann, du bist doch gaga«, sagte Tom. »Du gehörst dringend in psychiatrische Behandlung.«

Ich wußte schon vorher, daß Rasani wieder lächeln würde.

»Wir sollten die Zeit nicht damit vertun, uns gegenseitig zu beleidigen. Wir streifen eine alte Hülle ab.«

»Aber es wird Tote geben!« rief Bea.

Rasani blickte sie an, als würde er plötzlich Probleme mit der deutschen Sprache bekommen.

»Unser König hat sich so deutlich geäußert, wie es nur möglich war. Die Schlösser sind des Königs und sollen's ewig bleiben. Was ist daran unklar?«

»Tote«, wiederholte ich, weil er es ja offensichtlich beim ersten Mal nicht kapiert hatte.

»Richtig«, sagte Rasani. »Möglicherweise Tote. Und Träume. Ein Wert und ein anderer Wert. Sie wollen doch nicht behaupten, daß das Leben auf diesem Planeten in besonders hohem Ansehen steht, so welterfahren wie Sie sind. Eine Milliarde Menschen hungert dem Tod entgegen, eine weitere Milliarde führt eine Existenz, die uns aufschreien lassen sollte. Die Vernichtung der Natur hat Formen angenommen, die irreparabel sind. Wir taumeln, Freunde, wir taumeln, wir werden fallen. Wer sich retten kann, soll dies tun.«

»Sie sind natürlich eingeladen«, quakte die Gräfin frohgemut dazwischen. Ich trank mein Glas leer und warf es über die Brüstung in die Schlucht.

»Eingeladen«, wiederholte ich verdutzt.

»Ja natürlich«, rief die Gräfin. »Erst dokumentieren Sie, wie es Ihre Aufgabe ist, die Sie ohne zu zögern übernommen haben. Und natürlich sollen Sie auch ein Honorar bekommen.«

»Das Paradies auf Erden«, sagte Rasani. »Das ist ein guter Lohn.«

Tom und ich packten gleichzeitig zu, und Rasani saß

auf der Brüstung des Söllers, vor sich zwei erhitzte Gesichter, die keine Lust hatten, sich veralbern zu lassen; hinter sich mehrere Dutzend Meter freien Fall.

»Meine Herren«, rief die Gräfin mehr verärgert als ängstlich. »Das nutzt doch nichts.«

Vielleicht hatte sie recht, aber ich wollte sehen, wie die provozierende Lächelmaske des Pazifikmannes zerbrach.

»Überreich es den Herren hier, mein Schatz«, sagte die Gräfin. Als wir uns umwandten, stand der Mohr vor uns. Der Mohr aus dem Theater. Rustimos Tochter. Das Mädchen hielt etwas in der Hand, Hefte, und drückte nun erst mir, dann Tom je eines dieser Hefte in die Hand. Während hinter uns Rasani wieder festen Stand unter die Füße bekam, schlugen wir die Ausweise auf.

Ludwigsland. Ausweis für einen Vollbürger. Statt des Lichtbildes mein gezeichnetes Gesicht. Gezeichnet von Ricarda.

»Beachten Sie die Laufnummer«, forderte uns die Gräfin auf.

»Ich habe die Fünf«, sagte ich. »Und du?«

Tom hielt mir seinen Ausweis hin. Ich blickte erst auf die Vier, dann in sein triumphierendes Gesicht.

»Einer mußte die höhere Zahl bekommen«, sagte die Gräfin und lächelte. Sie hielt mich für weniger wichtig als Tom, ich haßte sie.

»Wer ist die Eins?« fragte Tom. Bevor jemand antworten konnte, deutete er auf den König und sagte: »Schon klar.«

»Was sagen Sie nun?« fragte Rasani in für seine Verhältnisse geradezu lüsterner Manier.

»Ich gebe zu, das ist der ungewöhnlichste Bestechungsversuch meines Lebens«, sagte ich langsam, um Zeit zu gewinnen. »Aber auch der unverfrorenste. Blut gegen ein Häuschen im Grünen. Ihr habt euch in der Adresse geirrt. Ich bin nicht scharf auf einen Lebensabend mit achtunddreißig. Und Hitze kann ich auch nicht besonders gut ab.«

»Das Klima ist genau wie hier«, jubelte die Gräfin. »Nur etwas wärmer.«

»Genug gescherzt«, sagte Tom energisch. »Ich werde euch sagen, was wir jetzt machen. Wir stoppen die Aktion.« Sie blickten uns aufmerksam an, und Rasani sagte:

»Die jungen Leute gehen von der gleichen irrigen Annahme aus.«

»Welcher Annahme?«

»Daß es möglich sein könnte, zu stoppen. Der Mond zieht seine Bahn, wenn Sie mir den etwas banalen Vergleich nachsehen wollen.«

»Gut«, sagte Tom, »dann alarmieren wir die Öffentlichkeit.«

»Ach, meine Herren«, seufzte Rasani. Er litt an uns, es war rührend. »Die Öffentlichkeit, das sind doch wir. Wir wissen alle längst alles.«

»Ich meine die Medien«, stellte Tom klar. »Die Massenmedien. Fernsehen, Hörfunk, Presse. Die hauen Sondersendungen raus, werfen Sonderblätter auf den Markt, und morgen früh bleiben die Parkplätze in Neuschwanstein leer.«

»Wie wollen Sie diese Öffentlichkeit erreichen?« fragte Rasani mäßig interessiert. »Ich will Ihnen gleich sagen: Telefon gibt es nicht mehr, Fax oder Telex gibt es ebenfalls nicht mehr. Funkgeräte existieren hier nicht. Und die Kommunikationstechnik im Wohnwagen ist defekt.«

»Dann fahren wir hin«, sagte ich. Rasani schaute nur, und ich setzte hinzu: »Sie meinen wahrscheinlich, wir fahren nicht, wie?« Er war zufrieden mit mir. »Sie glauben, das Auto ist nicht mehr da oder es würde jedenfalls nicht fahren. Sie übersehen, daß wir im Kurzschließen geklauter Wagen nicht die Schlechtesten sind.«

»Jedes Auto braucht eine Straße«, sagte Rasani. »Oder einen Weg, wenigstens einen schlechten Weg. Ich darf Ihnen in aller Bescheidenheit versichern, daß Sie mit dem Auto – ob mit Ihrem oder einem fremden – auf keiner Route durchkommen.«

»Sie würden uns hindern? Gewalt anwenden? Traktoren querstellen? Schießen? Gut, wer zu Fuß geht, braucht keine Straße.«

»Aber er braucht Sauerstoff zum Atmen. Und zwei gesunde Beine.« Wir starrten Rasani an. So kühl war ich noch nie bedroht worden. Und so freundlich.

»Wie wäre es denn, wenn gleichzeitig, sagen wir, zehn Leute in zehn verschiedene Richtungen loslaufen würden? Einer von denen kommt durch, da wette ich.«

»Aber wir würden ihm den Wettkampf unvergeßlich machen. Und wer weiß, wo er rauskommt? Und ob er dann einen Menschen finden wird, der ihm zuhört? Der uns nicht unverzüglich informiert, damit wir kommen und den jungen Abenteurer unter unsere Fittiche nehmen.«

»Okay, okay«, sagte Tom, er war extrem genervt. »Wir tun nichts. Wenn wir es nicht schaffen, in die Welt rauszukommen, warten wir ab, bis morgen früh die Welt zu uns kommt. Die Touristen. Sie haben Autos mit Telefonen, sie sind neugierig, und sie lassen sich für ihr Leben gern in Panik versetzen.«

»Ihr seid doch nur so wenige«, rief die Gräfin mit ihrem unerschütterlichen Frohsinn. »Jeder von euch hat 20 von uns an seiner Seite.«

»Also sind wir Geiseln«, sagte Tom, ich fand seine nüchterne Art bewundernswert. »Ihr habt uns unter falschen Voraussetzungen eingekauft.«

»Aber wo denkt ihr hin?« rief die Gräfin. »Ihr sollt eure Reportage doch verkaufen. Nur nicht an die dumme Welt da draußen, sondern an uns. Wir sind das beste Publikum der Welt. Das da draußen ist doch nur Welt, begreift das doch endlich, ihr sturen Hirsche. Das da draußen ist dumpf und blind.«

»Und ihr? Was seid ihr?«

»Wir sind die mit dem langen Atem. Wir sind die, die ihr Ziel nicht aus den Augen verlieren. Wir leben für unseren Traum, und in naher Zukunft leben wir *in* unserem Traum. Ist das nichts?«

»Doch, das ist was. Irrsinn ist das. Ihr müßt doch anderen Leuten die Freiheit lassen ...«

»Das tun wir«, behauptete Rasani.

»Aber uns wollt ihr verschleppen!« rief ich aufgebracht. Ich glaubte das nicht, ich glaubte das alles nicht.

»Wenn Sie in Ruhe überlegen, werden Sie zugeben, daß Sie übertreiben«, sagte Rasani. »Wir haben Sie nicht zufällig ausgewählt.«

»Ich weiß, ich weiß. Das hat uns schon mal jemand erzählt. Ausspioniert habt ihr uns.«

»Ich nenne das eine verantwortliche Handlungsweise. Wie hätten Sie es gefunden, wenn wir Familienväter oder Menschen mit hilfsbedürftigen Angehörigen ausgewählt hätten?«

»Sie sind ein wahrer Freund der Menschen«, höhnte ich.

»Sie sind erregt«, erkannte Rasani messerscharf. »Ich verstehe das. Ich würde nicht anders reagieren. Aber ich will noch einmal betonen: Sie beide hinterlassen in Ihrem privaten Umfeld keine Löcher.«

»Aua, aua«, murmelte Tom. »Wer nicht mit einem Rollstuhlfahrer verheiratet ist und 13 Kinder hat, der darf jederzeit verschleppt werden.«

»Bitte greifen Sie mich nicht körperlich an«, sagte Rasani freundlich.

»Lassen Sie sich doch überraschen«, schlug Tom vor.

»In diesem Fall ungern. Ich kann Sie nur bitten, meine Friedensbereitschaft zwar nicht zu unterschätzen, aber auch nicht zu strapazieren. Sie werden erkannt haben, daß es um viel geht. Das darf nicht gefährdet werden. Und es wird auch nicht gefährdet werden. Alles ist wasserdicht. Und nun entschuldigen Sie mich bitte.«

»Halt mal eben, Bronzemann!« rief ich und schnappte Rasanis Arm. Er entzog ihn mir nicht, aber seine Augen sagten mir, daß ich nicht mehr viele solcher Handlungen bei ihm guthatte. »Wo steckt das Zählwerk?« fauchte ich.

»Bitte?«

»Heute soll es passieren, heute wird die Zahl erreicht. Wir wissen das, also wißt ihr es schon lange. Das Schloß wird in ein paar Stunden aufgehört haben zu existieren. Es fehlt nur noch eine Winzigkeit. Aber ihr wißt, daß sie fehlt, und ihr wißt, wieviel noch fehlt.«

»Und woran wollen Sie das erkannt haben, bitte schön?«

»An der Tatsache, daß ihr in dieser Minute hier mit uns Schampus schlürft.« Ich hatte Rasanis kluge Augen, ich hatte sie ganz. Treffer! Sieg! Ich saugte Nektar aus Augenblicken. »Das Zählwerk arbeitet in kleinen Schritten, und ihr habt den Überblick, wie weit es ist.«

Rasani ließ mich stehen, die Gräfin nahm den ihr angebotenen Arm, warf uns einen ermunternden Blick zu. Dann marschierten sie ab. Nur Rustimos Tochter blieb bei uns stehen und durchbohrte mich mit Blicken. Ich hatte stets Probleme gehabt, Kinderaugen auszuhalten. Aber die hier trieb es besonders schlimm, sie pulverisierte mich regelrecht.

»Elisabeth«, rief die Gräfin, und Elisabeth lief mit eiligen Schritten in den Thronsaal.

Erst war Schweigen, dann sagte Bea:

»Jetzt haben sie euch also auch gekauft.«

»Was redest du denn da?« fuhr ich sie an.

»Ihr müßtet euch sehen«, sagte Bea, und die Polizistin behauptete:

»Sie haben Dollarzeichen in den Augen.«

»Ach Quatsch«, rief Tom. »Das war doch nur, weil ich den Paß Numero vier gekriegt habe, und weil ich wußte, daß Jot We sich darüber ärgert.«

»Ich? Ich weiß gar nicht, was Neid ist«, behauptete ich, und zum erstenmal lachten alle. Nur Ludwig und ich lachten nicht.

Es war dann Stefan, der den Bann brach. Er schniefte plötzlich, ich fuhr zusammen, und Stefan sagte:

»Daß Kuno tot ist, interessiert keinen.«

Plötzlich schämte ich mich, daß ich immer noch diesen Paß in der Hand hielt. Ludwigsland, Paß Numero fünf.

»Schmeiß den Lappen weg«, forderte mich Tom auf und schleuderte das Papier über die Brüstung in die schwarze Tiefe. Alle sahen mich an, ich tat es Tom nach. »Gut«, sagte er mit grimmiger Zufriedenheit, »das war das. Nun kommt das nächste.« Er stürmte in den Thronsaal, auf dem Söller war viel mehr Platz.

»Und Sie«, fragte ich die Polizistin. »Haben Sie wenigstens eine Waffe?«

Sie blickte mich erstaunt an.

»Wozu wollen Sie das wissen?«

»Wäre doch nett, einen kleinen Ballermann auf seiner Seite zu wissen, finden Sie nicht? Mir kommen unsere Schlachtreihen etwas schwächlich vor. Wie sieht's aus, Bea, wo sind deine tollen Tanten abgeblieben, die mich vor dem Schloß überfallen haben?«

»Übergelaufen«, sagte Bea unlustig, und ich sah verdutzt zu, wie sie auf den Kopf des Königs griff, eine Haartolle um ihren Finger wickelte und dann an den Haaren zog. Sie saßen fest. Der König war in ausgezeichneter Form.

»Wo bleibt ihr denn?« bellte drinnen Tom. Ich hatte keine Lust hineinzugehen. Ich wollte hier draußen bleiben, nachdenken, älter werden, der Zeit beim Vergehen zuschauen, meinen Frieden mit den Dingen schließen, vielleicht sogar mit Diana. Und der japanische Schweigekünstler sollte mir Schweigen beibringen.

»Das können sie nicht machen«, murmelte ich, trat an die Brüstung und schaute ins schwarze Paradies. Hinter mir leerte sich der Balkon. Toms Aktionismus war das Motto der Stunde. Ein Zählwerk, das bis zu einer Milliarde zählte und noch ein paar Millionen darüber. Wie zählte ein Zählwerk? Ich gestand mir ein, daß ich keine Ahnung hatte. Irgendwo saß ein Kontakt und wurde durch irgend etwas ausgelöst: optisch, akustisch, durch Erschütterung oder sonstwie. Durch Gewicht? Seit wann zählte das Zählwerk? Seit Öffnung des Schlosses im August 1886? Wie sollten wir es dann aufspüren? In 100 Jahren waren das Zählwerk und seine Kontakte Teil des Schlosses geworden, hatten die Farbe des Schlosses angenommen, waren eingewachsen, zugemauert, lagen unter Putz. Aber nicht alles konnte versteckt sein. Das Zählwerk selbst mußte an einem Ort stehen, der ohne große Turnereien zu erreichen und abzulesen war. Wenn das so war, dann mußten Kabel verlaufen: vom Ort, an dem gezählt wurde, zum Ort, an dem abgelesen wurde. Wir konnten sie vielleicht finden. Und dann der Sprengstoff! Wie schön, eine steinerne Brüstung zu haben, an der ich Halt finden konnte. Sprengstoff! Ich wußte nichts über den Umgang damit, hatte mein Leben lang immer nur die Folgen von Dynamit und TNT besichtigt. Ich wußte nicht, wieviel sie brauchten, um einen Koloß wie Neuschwanstein in die Luft zu jagen. Ich hatte die Mauern gesehen, sie waren meterdick. Irgendwo in meiner Nähe klebte mehr als ein Viertelpfund Dynamit. Konnte Sprengstoff 100 Jahre überstehen? Ich hatte von Granaten aus dem Ersten Weltkrieg gehört, die noch heutzutage hochgingen. Ich begann breitflächig zu schwitzen, vielleicht hatte ich nie damit aufgehört. Und dann das Geräusch vor mir mitten im Schwarzen! Ich prallte zurück, stolperte über die Beine des Königs, strauchelte, fing mich, prallte gegen Stein, bloß nicht liegenbleiben jetzt, nicht mit der Schulterniederlage beginnen. Ich war oben, unten krachte es. Krachte, stürzte, brach.

»Wieder ein Baum«, sagte neben mir Marie Schott. Ich hatte sie nicht kommen hören, ich hatte ja genug damit zu tun gehabt, nicht umzufallen. Ich war der optimale Typ, um das Ende Neuschwansteins zu verhindern. Ein Wunder, daß das Schloß vor Trauer nicht jetzt schon begann, die ersten Ziegel abzuwerfen. »Seit zwei, drei Tagen fallen nachts Bäume in die Schlucht«, sagte die Schott. Ich glotzte sie von der Seite an, sie war attraktiv, aber sehr angestrengt, Falten an Stellen, wo Frauen am vehementesten dagegen ankämpfen. Dadurch wirkte die Frau auf mich vertrauenerweckend. »Das Holz ist trocken wie jahrelang abgelagert«, fuhr die Schott fort. »Es ist, als würde sich auch die Natur verabschieden.«

»Nun machen Sie aber mal einen Punkt.«

»Sie haben doch keine Ahnung. Sie kommen nicht von hier. Sie leben in der Großstadt. Was wissen Sie denn von Holz?«

»Ich habe in meinem Leben bestimmt 50 Holzbleistifte abgekaut. Ich bin quasi ein Biber.«

Sie lächelte und akzeptierte mein Friedensangebot. Ich hatte immer gute Erfahrungen damit gemacht, den Narren zu spielen. Narren mochten die Frauen. Noch lieber mochten sie häßliche Narren, am allerliebsten häßliche Narren mit vier monströsen psychischen Defekten, an denen sie jahrelang herumtherapieren konnten.

»Wird Zeit, daß wir hier wegkommen«, sagte die Musikerin.

»Wollen Sie etwa mit?« Sie verstand die Frage nicht. »Wollen Sie etwa mit solchen Leuten leben, die... die...?«

»... selbstverständlich will ich das. Dafür bin ich auf der Welt. Haben Sie keine Ziele?«

Ich hatte mich oft im Leben einsam gefühlt, meistens grundlos. Aber dies hier war der Gipfel. Sie hatten den Sack zugebunden, und wir steckten drin. Wir waren wie nicht mehr von dieser Welt. Ein ganzer Landstrich schloß mit dem alten Leben ab, und alle, alle spielten mit: die Menschen, die Polizei, und offenbar packte selbst die Natur ein.

»Was ist, wenn wir partout nicht mit wollen?« fragte ich die Nacht, während ein paar Steine dem abgestürzten Baum hinterherkollerten.

»Keiner schließt sich aus«, antwortete die Marie Schott. »Keiner, dessen Herz schlägt.«

Ich dachte über die Konsequenzen ihrer letzten Äußerung nach, und mir begann alles gleichzeitig weh zu tun: Magen, Luftröhre, Herz, Lunge. Sie sollten einen Grund bekommen zu schmerzen. Ich stürzte los, die Musikerin rief mir etwas hinterher, aber ich rannte schneller als der Schall, durchquerte den Thronsaal, rannte direkt auf die Wendeltreppe in Richtung Küche zu, und dann stürzte ich mich immer in die Runde in die Runde in die Runde. Ich war schnell unten, aber ich ließ mich mit dem letzten Schwung nur in die Küche fallen, um sofort wieder kehrtzumachen und die vielen Stufen emporzuhetzen. Das ging in die Waden, ich war gleich übersäuert, lief weiter und weiter, genoß das Stechen in den Seiten, kostete wohlig den Geschmack von Blut in der Lunge, rannte, rannte immer höher, drittes Geschoß, viertes Geschoß, raus aus dem Treppenhaus, über den Vorplatz sprintend zum Treppenturm und hinab und hinab bis nach unten, bis nach unten, bis nach unten war ich, taumelte von der Treppe, mußte mich gegen die Wand lehnen, es pumpte und pfiff aus mir, die Beine zitterten, und der Druck auf den Ohren war enorm. Poltern dicht hinter mir, Tom drehte mich an der Schulter herum, und eine Hundertstelsekunde, bevor ich ihm sagen konnte:

»Komm, wir fliehen«, sagte Tom zu mir:

»Würdest du bitte deine Morgengymnastik auf später verschieben? Wir suchen jetzt das Zählwerk.«

Ich starrte ihn an, schluckte, verlagerte mein Gewicht auf die weniger schmerzende Seite und sagte:

»Klar suchen wir das Zählwerk. Was denn sonst?«

12

Wir versammelten uns alle im zweiten Geschoß. Anwesend waren außer Tom und mir Bea, Stefan, Marie Schott und mein spezieller Freund aus Japan. Der hohe Raum war durchzogen von nackten stählernen Stützpfeilern. Ich stand vor der Wand und betrachtete das unvollendete Gemälde.

»Schade, daß jetzt nicht die Zeit zum Fotografieren ist«, sagte Tom bedauernd. Marie Schott spielte Fremdenführerin:

»Das ist aus der Zeit, als Visconti hier seinen Ludwig-Film gedreht hat.«

»Ach. Wo der Helmut Berger den König gespielt hat?«

»Quatsch«, mischte sich Bea ein, »meine Oma hat erzählt, das ist von der Serie über Richard Wagner übriggeblieben.«

»Ach. Wo Richard Burton den Wagner gespielt hat?«

»Ich glaube ja.«

»Davon hat doch der Verwalter erzählt«, fiel mir wieder ein. »Wie der Burton immer nachts los ist, um eine neue Pulle Stroh Rum aufzutreiben.« Kein Wunder, daß Burton in der Serie so beseelt geguckt hatte.

»Und warum sind sie mit dem Malen nicht fertig geworden?« wollte ich wissen.

»Weil sie's nur so weit ausgemalt haben, wie sie's für die Einstellung gebraucht haben.«

»Los jetzt«, feuerte Tom uns an. »Irgendwo im Schloß sitzt ein Zählwerk und zählt. Das suchen wir.«

»Einspruch, hohes Gericht. Das Zählwerk kann prinzipiell auch in Berlin sitzen. Was sicher hier ist, ist der Kontakt oder die Lichtschranke, die etwas zählt. Im Schloß oder vor dem Schloß.«

»Mach es nicht so kompliziert«, stöhnte Tom.

»Außerdem wissen wir nicht, was gezählt wird. Schritte würden allerdings Sinn machen. Wenn wir die Zahl von 27 Millionen Besuchern ernst nehmen oder meinetwegen 20 Millionen, dann haben die in der Regel zwei Beine, macht 40 Millionen Kontakte. Die sehen sich das Schloß an. So. Und was nun?«

»Na ja«, sagte die Schott versonnen, »auf dem Weg, den die Besucher nehmen, gibt's Stellen, wo sie nur einmal durchkommen. Und es gibt Stellen, wo sie mehrmals vorbeikommen.«

»Genau«, rief Bea, »es gibt Stellen, da laufen sie hin und her. Im Thronsaal, im Sängersaal, in der Küche, in Ludwigs Wohnung. Überall dort, wo die Führer ihre Schäfchen sammeln, um ihnen was zu erzählen. Dabei guckt man sich dies und das an und geht dabei hin und her.«

»Bleiben wir bei 20 Millionen Besuchern«, sagte ich. »Oder 15 Millionen. Eine Zahl mit zehn Einsen geteilt durch 15 Millionen ist wieviel?«

»Knapp unter 70«, vermeldete Stefan. Was Zahlen betraf, verließ ich mich blind auf den Knaben.

»Zuviel«, sagte Tom. »Die rennen nicht siebzigmal über dieselbe Stelle. Schon gar nicht im Durchschnitt.«

»Es kommen ja noch die dazu, die saubermachen«, sagte Stefan. Wir starrten ihn an, er wurde tiefrot.

»Scheiße«, murmelte ich. »Das ist alles nicht seriös.«

»Gebt nicht zu schnell auf«, bat Tom. »Wenn es eine Anlage ist, die seit den ersten Tagen im Schloß sitzt, kann es nichts Modernes sein, keine Lichtschranke, nichts, was den Schall mißt.«

»Wieso Schall?«

»Na, vielleicht war Ludwig sauer, daß die Stille seiner heiligen Hallen gestört wurde.«

Ich fand, daß wir haarscharf am Nonsens vorbeischlidderten. Vielleicht war die Lage nicht nur ernst, sondern verzweifelt. Vielleicht sollte ich mich ein Stündchen aufs Ohr legen, um danach gestärkt . . .

»Komm hoch, du Dussel!« Wie kam Toms Gesicht auf einmal so dicht an mein Gesicht? »Legt sich hin und pennt ein. Gibt's hier irgendwo kaltes Wasser?«

Bea und Marie Schott wußten, wo. Ich riß mich zusammen und tat so seriös, wie es mit nacktem, von Tauben beschissenem Oberkörper möglich war.

»Wir sind immerhin sechs Leute. Wenn wir uns verteilen, müßten wir eine Spur finden.«

Die Frauen und Stefan lachten höhnisch oder verzweifelt, und Bea sagte:

»Klar finden wir eine Spur. Ist ja auch nur 130 Meter lang, das Schlößchen. Nutzfläche 6000 Quadratmeter, aber wir schaffen das.«

»Wir müssen doch nicht alles absuchen«, rief ich. »Ihr wißt das doch besser als wir: Das zweite Geschoß fällt aus, weil nichts fertig geworden ist. Nix fertig, nix Besichtigung. Im ersten Geschoß ist die Hälfte Baustelle. Und im Erdgeschoß . . .«

». . . ebenso«, sagte Stefan und strahlte plötzlich. Es war gut, dieses zerquälte Gesicht wieder fröhlich zu sehen, auch wenn es nur für Sekunden war.

»Hier rennen jeden Tag tausend Leute durch«, sagte Marie Schott eindringlich. »Es kann nichts sein, was durch bloßen Augenschein auffällt. Dann würden das jeden Tag zehn Besucher erkennen und Fragen stellen. Es muß an einem sehr gut gesicherten Ort liegen . . .«

». . . gleichzeitig an einem der zentralen Orte«, beharrte ich.

». . . aber nur, wenn unsere Annahme stimmt, daß Schritte gezählt werden. Oder Menschen«, gab Tom zu bedenken.

»So kriegen wir eine Reihenfolge zustande«, sagte ich eifrig. »Wir untersuchen den Sängersaal, den Thronsaal, Ludwigs Wohnung, aber nur da, wo wirklich die Massen durchziehen. Und dann die Treppen.«

Es kamen noch die Küche dazu, der Kiosk, der untere Hof. Wir verteilten Zuständigkeiten und zogen los. Ohne daß wir darüber gesprochen hätten, gingen wir davon aus, daß der Japaner uns verstand. Ich erzählte ihm sicherheitshalber noch einmal in Englisch, daß er die Königswohnung durchsuchen sollte. Der Junge blieb ernst und stumm. Ich hatte keinen Zweifel, daß er so gut suchen würde wie ich.

Es war abgemacht, daß jeder, der fertig war, den anderen bei der Suche helfen sollte. Ich hatte die Küche abbekommen, der Fußboden bestand aus massiven Kacheln. Ich hätte sie alle einzeln herausreißen müssen, um den Boden seriös abzusuchen. Wir hatten keine Chance. Wir suchten nach etwas, von dem wir nicht sicher sein konnten, daß es überhaupt existierte. Und wir taten es mit unzulänglichen Methoden, solange wir nicht Preßlufthämmer einsetzten.

Verdrossen trat ich an mehreren Stellen auf den Boden. Er war deprimierend hart und versiegelt. Dann bestaunte ich den Herd: eines der schönsten Stücke, die ich je gesehen hatte. Und ich war bei Küchen stets besonders aufmerksam gewesen, weil ich eine schöne Küche für das Herz der Wohnung hielt. Sie hatten vor 100 Jahren über fließend kaltes und warmes Wasser verfügt. Sie hatten mit der Abwärme der Herde den Bratspieß befeuert. Im Hintergrund entdeckte ich Brennkammern, penibel gereinigt. Ich hatte die Zentralheizung vor mir. Von hier aus waren die Säle und Ludwigs Wohnung geheizt worden. Ich blickte in die Ofenöffnung. Was war alles zentral in diesem Schloß? Außer der Heizung die Wasserleitung, denn es gab ja auch in den oberen Etagen fließendes Wasser. Ich verließ die Küche, bevor sie mich noch mehr deprimieren konnte, und sah mir die Wendeltreppe an. Ich prüfte Geländer und Wand des Treppenhauses. Am meisten interessierte mich die Lage der Lampen. Vielleicht waren die elektrischen Leitungen eine Spur. Ich verfolgte das Licht die Wendeltreppe hinauf. Eine hoffnungslos glatte Wand, und die Lampen sahen aus wie normale Lampen. Zehnmal ließ ich mir das bieten, die elfte mußte dran glauben. Ich zerdrückte die Lampe mit dem Ellenbogen, nahm dabei eine Duftwolke wahr. Ich roch wie ein Taubenscheißhaufen auf Beinen. Im Innern der Lampe hielt sich eine Birne auf, sonst nichts. Kein Kontakt, kein Fühler. Ich wagte nicht, die Leitung genauer zu untersuchen. Ich kannte mich mit Elektrizität nicht aus, hatte Angst vor einem Schlag und einem Kurzschluß. Wir durften nicht riskieren, stundenlang in einem finsteren Schloß herumzuirren. Wir durften keine Sekunde mehr stillstehen, bis wir . . .

»Beeilt euch!« brüllte ich und genoß den Nachhall im engen, hohen Treppenschacht. Hier mußte viel mehr Lautstärke hinein, wir mußten uns anfeuern, wie sich Volleyballer und Tennisdoppel anfeuerten. Wir brauchten uns nicht zu verstecken, sie hatten uns sowieso unter Beobachtung. Sie konnten uns doch jederzeit stoppen, wenn sie wollten. Sie wußten doch alles, sie wußten nicht alles. Ich erkannte, daß Rasani und die Gräfin geblufft haben mußten. Von wegen »hinter jedem von euch stehen 20 von uns«. Die meisten der Auswanderer waren doch nur Fußvolk. Das Wissen, über das Rasani verfügte, teilte er mit einer Handvoll Mitwisser. Von wem wußte ich's denn zuverlässig? Von Unruh und seiner Frau, von der Gräfin – allesamt nicht von der Statur, mich zu stoppen.

»Schlaft nicht ein!« Ich genoß es, schreien zu können. »Wir sind die Retter des Abendlandes!« Das Treppenhaus war mein Freund, das Treppenhaus machte mich stark, aus dieser Schallröhre kam ich ganz groß raus. Aber ich fand kein Zählwerk, erreichte das vierte Geschoß, hatte nichts gefunden. Ich war nicht enttäuscht, sondern freute mich, daß wir die ersten Quadratmeter nachgeprüft hatten und abhaken konnten. Wir mußten in Bewegung bleiben, Bewegung war Leben, nur Leichen waren starr.

Im Sängersaal stand hilflos und verloren Stefan. Als er mich sah, fuhr er sich über die Augen. Die kleine Heulsuse war unser schwächstes Glied. Ich schlug ihm auf die Schulter, er wich zurück, er mochte mich nicht.

»Eine Spur?« fragte ich gespannt. Aber wem Tränen den Blick trübten, der würde kaum einen Panzer erkennen, falls ein Panzer im Sängersaal stehen sollte. Hier standen nur die Leuchter mit den heruntergebrannten Kerzen und die hinterlassenen Fressalien der Feiernden. Und die Frau lag immer noch schlafend unter dem Fenster.

»Wir finden nichts«, jammerte Stefan. »Das ist alles viel zu groß. Ich weiß auch gar nicht, wonach ich suchen soll.«

»Du bist gut. Wer hat dir denn die Geschichte mit den zehn Einsen gesteckt? Die hast du uns doch auf den Kühler geritzt.«

»Das war doch nur, weil Rustimo uns das gesagt hat.« Er brach ab, wich zurück.

»Was hast du denn?« fragte ich gereizt. »Paßt dir irgendwas nicht an mir?«

»Doch, doch . . . es ist nur, weil . . .«

»Weil?«

»Sie riechen so.«

Ich lachte lauthals, trat auf den verdutzten Knaben zu und schloß ihn fest in meine Arme. Er sollte kotzen oder mich akzeptieren. Er ekelte sich vor meinem verschwitzten Körper, ich ließ los.

»Rustimo also. Er hat euch ins Vertrauen gezogen. Warum?«

»Warum nicht? Wir gehören doch zu den anderen. Meine Mutter und Kuno . . .«

»Also wart ihr damals noch ein Herz und eine Seele?«

»Wer?«

»Wer? Wer? Du und alle anderen Eingeweihten.«

»Aber natürlich«, stammelte er mit großen Augen. »Wir haben doch immer zusammengehört. Seit vielen Jahren. Meine Großeltern . . .«

»Gut, gut. Ihr wart alle eine große Familie. Aber warum seid ihr dann ausgeschert aus der großen Familie? Warum gibt es nur so wenige Zartbesaitete unter euch?«

Darauf wußte Stefan nichts zu antworten. Und er war dankbar, als von der Laube eine Stimme erklang:

»Die anderen haben doch nur Augen und Ohren für ihren Umzug.« Bea kam zu uns, strich Stefan rauh, aber zärtlich über die Haare und sagte: »Das sind eben alles Spießbürger. Die gucken nicht über den Zaun. Was haben Sie denn geglaubt, was das für welche sind? Bessere Menschen?«

»Es sind deine Leute, Bea«, gab ich zu bedenken.

»Ach, hör auf. Ich bin doch doppelt blöd dran. Soll ich dir mal sagen, wie ich eigentlich heiße? Was in meinem Taufzeugnis steht?« Ich blickte sie aufmunternd an, aber sie winkte ab. »Da wird mir schlecht von. In diese Familie reingeboren werden, das ist wie lebenslänglich. Nur schlimmer.« Ich versuchte mir vorzustellen, wie es wäre, mit Prinz Poldi verwandt zu sein. Es wollte mir nicht gelingen, ihn mir auf dem Sofa meiner Eltern vorzustellen, gegen 15 Uhr Schwarzwälder Kirschtorte gabelnd, auf die wir nach dem Mittagessen um 13 Uhr noch keinen Appetit hatten, die aber jetzt gegessen werden mußte, weil um 18 Uhr schon das Abendbrot auf den Tisch kommen würde.

»Hast du was im Thronsaal gefunden?« Wir lachten beide hilflos. Ich trat auf sie zu, streckte die Hand aus und sagte: »Frieden.« Sie zögerte, aber nicht lange, dann fühlte ich ihre zarte Hand. »Wir schaffen das«, behauptete ich und zog sie in Richtung Thronsaal.

»Wartet auf mich«, rief Stefan. Zu dritt suchten wir den Thronsaal ab. Das schöne war, daß man sich für keine Handlung zu entschuldigen brauchte. Weil wir keinen

Anhaltspunkt besaßen, war alles möglich. Jeder noch so absonderliche Schritt konnte zur Entdeckung des Geheimnisses führen. Wir schritten den Boden ab, lagen auf den Knien und fuhren mit Handflächen und Fingern die Tiere und Bäume und Ranken des Mosaiks nach. Ich hoffte auf eine Naht, eine Fuge, eine Unregelmäßigkeit. Wir schritten die Säulen ab, überprüften sie vom Boden bis zu einer Höhe von zwei Metern. Stefan nahm sich die Fenster vor und hing sich in riskanter Weise hinaus. Ich schritt die Wandgemälde ab, mir fielen dußlige Krimis ein, die ich gesehen hatte. In diesen Filmen waren die Gemälde lebendig gewesen. Gemalte Augen wurden durch reale Augen ersetzt, die Figuren hielten plötzlich reale Waffen in Händen, und aus den Wänden zischten Giftpfeile und Laserwaffen durch die Luft. Dann stand ich vor den Stufen zum Standort des Throns.

»Da kann nichts sein«, rief Bea. »Da kommt kein Besucher hin.«

»Aber vielleicht sitzt hier trotzdem das, was auch immer, und zählt.«

Ich mochte mir bald nicht mehr zuhören. Auf den Söller schaute ich nur kurz, der König bewachte die Nacht. Dann stürmten wir über den Vorplatz in die Wohnräume. Im Speisezimmer kam uns Marie Schott entgegengelaufen.

»Ihr müßt mir helfen. Er dreht durch.« Sie eilte zum Ankleidezimmer voran. Tom kniete auf dem Waschtisch und machte sich am dahinter hängenden Spiegel zu schaffen.

»Du bist schön genug!« rief ich. Aber er schien uns nicht zu bemerken, sprang vom Waschtisch, ergriff den Wasserkrug, holte aus, Marie Schott rief noch »Nein!«, aber da klirrte der Spiegel bereits. Tom schlug mit dem Krug die größten Splitter aus dem Rahmen und studierte mit wilden Augen den Spiegelhintergrund. Es war Holzvertäfelung, nirgendwo eine versteckte Kamera oder ein Hinweis auf versteckte menschliche Beobachter.

»Und diese Bilder, die kommen auch ab«, rief Tom. Ich

wußte nicht, woher er das Stemmeisen hatte, mit dem er sich jetzt den Darstellungen Walthers von der Vogelweide näherte.

»Aber er macht alles kaputt!« rief Stefan. Tom zog das Eisen zweimal auf ganzer Länge durch das Bild, dann drehte er sich um, faßte Stefan ins Auge und sagte:

»Kommt her und haltet mich davon ab, wenn sich einer traut.«

»Habt ihr alle Zimmer durch?« fragte ich die Marie Schott.

Sie zuckte die Schultern. »Ich fühle mich so hilflos. Was ist, wenn das Zählwerk draußen steckt?«

»Möglich, alles möglich«, knurrte ich. »Aber solange es draußen dunkel ist, suchen wir drinnen. Ist doch klar, oder nicht?« Sie stimmten mir ohne Begeisterung zu, während Tom den singenden Hans Sachs von der Wand holte. Mir tat die Zerstörung der Bilder nicht weh, jeder Theatermaler würde solche Schinken in zwei Tagen neu gemalt haben. Wir sorgten dafür, daß der Maler noch eine Wand vorfand, auf die er seine Werke auftragen konnte.

»Wo steckt unser japanischer Freund?« fragte ich die Frauen.

»Er wollte im Hof suchen.«

»Bei Dunkelheit?«

Tom war nicht ansprechbar, wir ließen ihn gewähren. Die Frauen zogen mit Stefan in den Sängersaal, um dort noch einmal systematisch vorzugehen, ich folgte ihnen eine Minute später. Auf der Treppe kamen mir Gestalten entgegen, ausschließlich Männer. Sie waren wohl von der Feier übriggeblieben, aber sie wirkten nicht feierlich. Sie hatten es eilig und antworteten nicht auf meinen Gruß und meine Frage.

Die Frau im Sängersaal schlief, sie hatte sich nicht einmal bewegt. Ich ging zu ihr. Sie lebte, sie atmete hörbar, und neben ihr stand diese Flasche. Ich roch an der Öffnung, es war Tomatensaft. Ich nahm einen kleinen Schluck, aber vorher wischte ich die Öffnung ab. Ein zweiter Schluck, vor den Fenstern brach Holz, stürzte Stein ab.

Ich goß mir ein wenig Saft in die Hand und rieb mit ihm die schlimmste Stelle auf meiner Brust ab. Dann die Treppe. Tom glänzte vor Schweiß, er war auf dem Weg nach unten und trug diese Zange.

»Hast du die Verkleideten gesehen?« rief ich ihm nach.

»Welche Verkleideten?« knurrte er und eilte davon.

Ich durchquerte den Thronsaal, schaute im Gehen hinauf zum Leuchter, betrat den Söller, – blickte in die Nacht. Nirgendwo Licht, das mir einen Anhaltspunkt gab. Ich drehte mich zum König um, drehte mich um mich selbst, denn der König stand nun links vom Durchgang zum Thronsaal.

»Hallo«, sagte ich überrascht und blickte ihn an, blickte weg, blickte wieder hin. Ich ging vor ihm in die Knie, hielt mein Gleichgewicht, indem ich mich an den Lehnen des Throns festhielt.

Seine Augen waren natürlich geschlossen, ich mußte mir das immer wieder klarmachen, denn weil alles so naturalistisch wirkte, dachte ich mir den Rest, der dem König zum Leben fehlte, automatisch mit dazu. Sie hatten ihn fantastisch konserviert. Dennoch strahlte der Körper für mich die Würde eines Toten aus. Es war ein Abstand zwischen ihm und mir. Aber der Abstand wurde mit jeder Minute geringer. Ich zögerte und berührte dann Ludwigs Hand. Sie war trocken und fest und überraschend kühl. Aber es war Haut. Es war doch Haut?

»Wir schlagen uns für dich«, sagte ich. Drinnen Lärm, ich eilte hinein, Tom breitete auf dem Mosaikboden ein großes Papier aus, alle waren bei ihm. »Das ist doch der Plan von Martell«, sagte ich verwundert. »Wo hast du den her? Ich dachte, ich hätte ihn.«

»Jot We denkt, Tom lenkt«, murmelte er und strich den Plan glatt. »Guckt euch das an«, sagte er zufrieden. »Ein Plan vom Schloß. Er ist etwa 25 Jahre alt. Sie haben ihn gebraucht, als damals die Sanierungsarbeiten stattfanden.«

»Was muß denn hier saniert werden?« fragte erstaunt die Polizistin. »Das Schloß ist doch so jung.«

Tom deutete in die linke untere Ecke des Plans. »Die arbeiten hier ohne Pause. Da steht's. Sie haben den Stollen gebaut und eine Verbindungstreppe, um die vielen Besucher zu kanalisieren. Sie haben die Decke unterm Thronsaal neu beschichtet, Stichwort Feuerschutz. Und die Decke überm Thronsaal auch. Sie haben im Erdgeschoß Toiletten eingebaut, und in dem Bereich, wo die Leute vor der Führung warten, dort haben sie mehr Platz geschaffen. Sie haben . . . hört euch das an: Sie haben Feuermelder eingebaut, die sind an die örtliche Feuerwehr angeschlossen.«

»Füssen«, sagte Marie Schott.

Tom blickte mich erregt an: »Damit können wir aus dem Schloß rauskommen.«

»Klar. Bis Füssen.«

»Richtig«, sagte er ernüchtert. »Füssen ist Feindesland. Nun hört euch das an: Das Dach haben sie auch behandelt. Gegen Schädlinge.«

»Weiß ich«, unterbrach ich ihn. »Hat uns irgend jemand erzählt. Der Verwalter oder einer der Führer.«

»Meine Oma hat gesagt, vor 20 Jahren oder vor 15, da haben sie in den Felsen unterhalb vom Schloß zentnerweise Beton gedrückt, um alles zu stabilisieren.«

Ich starrte Bea an. »Das wußte ich auch. Das hat uns ebenfalls irgend jemand erzählt.«

»Und warum fällt dir so was nicht ein?« brüllte Tom los.

»Reg dich ab. Du warst dabei.«

»War ich nicht.«

»Warst du . . .«

»Hört auf!« rief Marie Schott. »Verschiebt das alles auf nachher.«

»Wenn's ein Nachher gibt«, murmelte Tom. »Los jetzt, mit diesem Plan finden wir die Stellen, wo wir an die tragende Konstruktion kommen.«

»Was soll das?« »Da sitzt das Zählwerk bestimmt nicht.«

»Aber das Dynamit.«

Wir starrten alle Tom an. »Ist doch wahr«, verteidigte er sich. »Du klatschst den Sprengstoff doch nicht auf den

Schornstein, sondern deponierst ihn an Orten, die für die Statik des Ganzen pikant sind.«

»Hast ja recht«, sagte ich besänftigend. »Doch wenn man solche Wahrheit plötzlich ausgesprochen hört . . .«

»Also los«, kommandierte Tom. »Wenn wir den Sprengstoff haben, haben wir das Zählwerk.«

»Und wenn es doch ganz modern ist? Wenn die Zündung drahtlos stattfindet?«

»Ich wüßte zwar nicht, wie. Aber dann muß es eben einen Sender geben. Und den kann man zerschlagen. Los!«

Wir fingen im Dachboden an, weil wir den Weg dorthin kannten. Ich war wieder dicht bei meiner Taubenscheiße, die sich mittlerweile mit den Brusthaaren zu einer gipsartigen Schale verbunden hatte.

»Ist doch toll«, sagte Tom. »Falls du draufgehst, müssen sie bei dir nicht mehr die Totenmaske abnehmen. Sie müssen deinen Luxuskörper lediglich aus der Taubenscheiße klopfen.« Es war die dreckige Durchsuchung des Dachbodens, die uns Marie Schott näherbrachte. Hier oben fingen wir an, uns zu duzen, ohne daß es besprochen worden wäre. Die Frauen rissen sich Löcher in Bluse und T-Shirt, und die Musikerin sah reizvoller aus als vorher. Der Staub lag fingerdick, mit unserer klebrigen Haut sahen wir bald aus wie paniert. Auf dem Boden über dem Thronsaal fanden wir nichts, Bea führte uns dann alle ins zweite Obergeschoß. Mit Hilfe des Plans, den ich bei Martell abgestaubt hatte, arbeiteten wir uns direkt unter den Thronsaal vor. Die Frauen ließen uns allein, sie wollten sich, wie Bea sagte, »durchs Schloß treiben lassen«, um auf diese Weise eventuell eine uns bisher entgangene Möglichkeit zu finden. Wir anderen studierten die nackte Stahlkonstruktion. Tom jammerte über das schlechte Licht, ich war froh, daß wir noch über Elektrizität verfügten.

Es war eine entmutigende Aktion. Wir fanden nichts und wurden doch den Verdacht nicht los, daß uns die Lösung vor der Nase herumbaumelte, wir sie nur nicht zu deuten verstanden. Anhand des Plans arbeiteten wir uns durch alle tragenden Konstruktionen, an die wir herankamen. Ich wurde immer müder und gereizter, bekam Nachdurst und auch Hunger. Obwohl es bestimmt schon drei Uhr war, wollte es einfach nicht kühler werden. Ich schwitzte auch in den kühleren Teilen des Schlosses, und als ich das erste Mal nieste, nachdem es vorher schon zweimal Stefan passiert war, sagte Tom:

»Werdet mir ja nicht krank, Kinder. Man soll gesund sterben.«

Und dann die ständige Lauferei. Wir legten lange Wege zurück, und zumindest ich fand nicht jeden angepeilten Raum beim ersten Versuch.

Um vom Dachboden über dem Thronsaal bis über den Sängersaal zu gelangen, brauchte ich deprimierend lange. Die starke Müdigkeit zerbröselte meine Konzentration, ich war fahrig und meine Hände zitterten.

»Vergiß das Dach«, hörte ich hinter mir Tom Stefan zurufen. Mir ging seine Besserwisserei gegen den Strich, ich schleppte mich unter den steil in die Höhe ragenden Dachbalken in die Richtung, in der ich den Sängersaal vermutete. Es war staubig, und ich entdeckte Ecken, in denen Kartons, Balken und Spanplatten gestapelt waren. Im großen und ganzen herrschte auf dem Dachboden Neuschwansteins jedoch Ordnung. Ich entdeckte keinen einzigen verwunschenen Winkel, nichts strahlte Chaos oder nur schöne Schlamperei aus.

Es war nicht schwer, den Sängersaal zu treffen, östlich vom Thronsaal gab es ja nichts anderes. Der Blick durch eine Auslassung im Boden zeigte mir, daß ich die Mitte des Saals erreicht hatte. Ich begann zu suchen. Das elektrische Licht war auch hier oben dürftig, aber ich kam damit zurecht, und ich hielt ja auch nach etwas Ausschau, das größer war als eine Schachtel Streichhölzer. Wieviel Sprengstoff war nötig, um das Schloß zu vernichten? Und wo war er angebracht? Wahrscheinlich nicht die gesamte Ladung an einem Ort, das erhöhte unsere Chance, wenigstens einen Teil zu finden. Ich freute mich bestimmt fünf

Sekunden, dann folgte die Erkenntnis, daß wir auf diese Weise kaum eine Chance besaßen, *alle* Stellen zu entdekken. Weil ich gerade so günstig vor einem Dachbalken stand, stieß ich meine Stirn mehrere Male gegen das Holz.

Ich genoß es, in Stummfilmmanier den Verzweifelten zu spielen, auch wenn ich keine Zuschauer hatte. Es sah nicht gut aus für uns, und nichts wollte geschehen, was uns Punkte verschaffte. Ich ergriff zwei Balken, genoß ihren kernigen Widerstand, und mir wurde bewußt, was es war, das den Ausbruch von nackter Panik bei mir verhinderte. Dieses Schloß war so groß, so schwer, so kolossal, daß ich es mir nicht als Ruine vorstellen konnte. So ein Schloß sprengte man nicht einfach mal eben ins Nichts. Man riß vielleicht einen Turm auf oder fetzte ein Loch ins Dach. Aber bis auf die Grundmauern ...? Vor meinem Auge erschienen die Gräfin, Unruh und seine angeheiratete Haushälterin. Sie hatten den nervösen Martell im Schlepptau, der in Ludwigs Becken gepinkelt hatte und jetzt ein glücklicher Mensch war. Zu diesen Gesichtern fielen mir nur gemütliche Dinge ein: Patiencen, Häkeldeckchen, Schälchen mit Keksen, Tassen mit dem Wittelsbacher Wappen, eine Locke vom König unter Glas in kitschigem Rahmen. Aber Sprengstoff? Und die kaltblütige Opferung von Menschen? Das würden nur Fanatiker fertigbringen, und die Fanatiker, denen ich begegnet war, hatten mit diesen Menschen nichts gemein. Sie waren jünger, sie waren politisch, ihr Reden war immer gleich donnernde Klageschrift, sie waren Asketen und Waffennarren. Unsere Freunde aber waren der Inbegriff biederer – nicht spießiger – Privatheit. Ihnen ging alles ab, was Menschen scharf und militant machte. Ich bekam es nicht zusammen: die ungeheuerliche Drohung und die harmlose Schar.

Und dann hörte ich das Weinen!

Ich weiß noch, daß mich das Geräusch spontan in Begeisterung versetzte. Es war nicht die Freude über jemandes Leid. Aber dieses Geräusch lenkte mich von der Bedrohung ab, es war so herrlich privat. Ganz in meiner Nähe nahm sich jemand die Zeit, Gefühl zu zeigen und nicht wie wir zwischen tierischen Exkrementen und überheizten Dachböden einem Phantom nachzujagen. Ich sah niemanden auf dem Dachboden. Ich stand still, lauschte. Das Weinen kam von draußen. Als es danach sekundenlang still blieb, war ich schnell geneigt, an einen Irrtum zu glauben. Ich hatte mich in den letzten Tagen pausenlos geirrt, warum nicht auch bei . . . da war es wieder, ich stand an einer der vier oder fünf Gauben, die in gleichem Abstand auf beiden Längsseiten nach draußen führten. Das Fenster war geschlossen, ich spürte große Scheu, es jetzt aufzustoßen. Aber das Weinen zog mich magisch an, denn ich ahnte ja schon, wer sich so anhören konnte.

Ricarda trug einen langen Rock und das weiße Hemd, in dem ich sie zuletzt gese. . . nein, sie trug den langen Rock und die dunkle Bluse, in der ich sie als Marie gese. . .

»Vorsicht, du Dummer!« rief sie, aber da war ich bereits aus dem Fenster geklettert und robbte über das steile Dach auf sie zu. Ricarda saß am Treppenturm. Erst war sie nur ein Körper wie jeder andere. Aber mit jeder Handspanne, die ich ihr näher kam, wurde sie mehr meine Ricarda. Es war ein Hauch von Dämmerung in der Luft, und möglicherweise drang aus dem Treppenturm das bißchen Licht, das ich brauchte, um mich in dieser Sekunde endgültig in sie zu verlieben. Es war ganz sicher der Ruß auf ihren Wangen, es waren die Tränenbahnen im Ruß, und auch unter der Nase war es etwas naß. Keine Schnodderspur wie bei Kindern, es war das heimliche Unglück einer jungen Schönheit, die mich beim Näherrobben angstvoll beobachtete, mir einen Arm entgegenstreckte. Sie sagte: »Vorsicht«, ich entgegnete schneidig etwas, das nie die erste Silbe erreichen sollte, denn mein Schuh rutschte nach unten weg, plötzlich trat ich in die Luft, es ging abwärts abwärts meterlang, im Rutschen sah ich den Treppenturm, den ich tagsüber von der Marienbrücke betrachtet hatte, und ich wußte, daß es fünf extrem hohe Geschosse abwärts ging, und dann die Schlucht, freier Fall, Felsen, 40 Meter oder 50, und ich würde quicklebendig sein bis zum letzten Zentimeter. Nur noch Schmierseife auf dem Dach, der letzte Fehltritt meines Lebens, und ich krallte mich fest, Handflächen wurden heiß und blutig, rutschten weiter und weiter, ich hob die eine Hand, und da war die andere Hand, sie war Eisen, ich war Gummi. Das Eisen packte das Gummi, und das Gummi fühlte irrsinnigen Schmerz im Schultergelenk. »Halt dich mit der anderen Hand fest«, rief Ricarda, und in ihrer Stimme war nichts mehr weinerlich oder schwach. Ich packte ihren Unterarm, fand wieder Halt unter den Schuhsohlen, und so zitterte und hangelte ich mich zu meiner Frau hinauf.

»Geht es, mein Lieber?« Dies waren ihre Worte, ich schwöre es. Eine Antwort war mir nicht möglich, ich brauchte meine Kraft, um den Puls wieder unter 300 zu drücken. Sie fuhr mir mit der Hand über Stirn und Haare und auch über meine nackte Brust. Der Angstschweiß spritzte aus den Poren, ich war sicher, daß man kleine Fontänen erkennen würde, wenn man mich im Profil betrachtet hätte. Aber Ricardas Gesicht war vor meinen Augen. Sie war aus allem zusammengebacken, was ich an meinen Frauen bisher immer nur in Teilen erfahren hatte. Sie war schön, jung, sinnlich, stark, klug, sie war ein Traum im Bett. Aber sie war nicht nur im Bett gut, sondern auch auf dem Dach.

»Was machst du sonst abends, wenn du nicht alle zwei Stunden mein Leben rettest?« flüsterte ich krächzend. Sie lächelte, strich über meine Wangen, ich hielt ihre Hand fest, drückte sie gegen meine naßheiße Haut, drückte meine Lippen auf die Hand.

»Zum Retten gehören zwei«, kam es dann. »Einer, der rettet. Und einer, der sich retten läßt.«

Ich lachte bitter. »Dann weiß ich, für welchen Part ich mich besser eigne.« Ich rückte – vorsichtig, vorsichtig – auf sie zu, versuchte zu ignorieren, wie fahrlässig sie auf dem Dach saß, drückte mich an sie, einen schrecklichen Moment dachte ich, sie würde das Rutschen kriegen, dann saßen wir nebeneinander auf dem Dach von Neuschwanstein, blickten über die Schlucht auf die Berge und über die Seen auf die Berge. Ich legte einen Arm um Ricarda, und sie ließ es zu.

»Geht es wieder?« fragte sie mich. Ihr Körper war auf eine ungemein beruhigende Weise kompakt, ich hatte schon beim Absturz des Wohnwagens im Hof nicht begriffen, woher sie die Härte nahm und die Kraft. An ihr wirkte nichts trainiert. Sie holte die Energie aus Schichten, die unter den Muskeln lagen. Ich beugte mich zu ihr hinüber und küßte sie auf die Wange. Es mochte ihr so erscheinen, als hielte ich sie währenddessen zärtlich umarmt. Aber in Wirklichkeit hielt ich mich an Ricarda fest.

»Es geht also wieder«, sagte sie und lachte leise. Dann fuhr sie mit einem Finger an den Nasenlöchern entlang. Dies war gleichzeitig verlegen und energisch und weckte in mir alle Beschützerinstinkte, die ich noch besaß, also vielleicht eineinhalb. Ich war hingerissen von dieser Frau. Es war schon ein Gewinn, sich in ihrer Nähe aufhalten und sie anschauen zu dürfen.

»Komm mit.« Mehr sagte sie nicht, aber die zwei Worte reichten vollkommen aus, um alles in mir ins Wanken zu bringen. Wie konnte ein Mann, der nicht hauptberuflich damit beschäftigt war zu verwesen, es ablehnen, mit dieser Frau in jeder Minute des Tages zu jedem Ort der Welt aufzubrechen? Was hatte ich schon hinter mir zu lassen außer meiner Altersversorgung, meinen angefangenen Romanmanuskripten und Diana? Tom hatte ich hinter mir zu lassen. Ich mußte einen Trick finden, um ihn in unser neues Leben einzuschleusen. Tom sollte unser Butler werden, Vorkoster sollte er spielen und Flaschenöffner. Er sollte unsere Kinder auf dem Eisbärfell fotografieren, und wir würden jeden Tag pfundweise Käse essen, damit sein Käsefräulein eine Freude hatte.

»Kommst du mit?« Ihr Gesicht war so dicht an meinem. Ricarda besaß Hitze, mir war heiß.

»Willst du denn, daß ich mit dir komme?« Als Antwort küßte sie mich. Auf den Mund, mit Lippen und Zähnen und Zunge. Ich suchte mit beiden Händen nach Halt und fand ihn in Ermangelung eines auch nur dürftigen Dachvorsprungs ausschließlich an Ricarda. Es konnte nicht ausbleiben, daß ich dabei ihre Brüste berührte, ihre Hüfte, ihre Oberschenkel. Mein Blutstau blieb Ricarda nicht verborgen. Sie legte eine Hand auf meinen Unterleib, wo eine Berührung am brisantesten war. Und sie sagte:

»Möglich, daß ich dich da unten brauche.« Geil wie ich war, brauchte ich lange Sekunden, bevor ich begriff, daß sie »da unten« geographisch gemeint hatte. Aber sie brauchte mich, nach Jahren gab eine Frau zu, daß ich hilfreich für sie sein könnte, und diese Frau war Ricarda. Ich hatte in der Lotterie gewonnen.

»Laß es uns machen«, krächzte ich. »Sofort. Hier draußen.« Ich ertrug, daß Ricarda nach meinen Worten lachte. Daran erkannte ich, daß ich sie liebte.

»Was sollen die Vögel denken?« Und wieder brauchte Jot We Dummkopf lange, bevor er begriff. Dann folgte ich Ricardas Augen. Vier glühende Stifte, keine zwei Meter von mir entfernt.

»Verjag sie nicht«, flüsterte Ricarda.

Die Dämmerung rang der schwarzen Nacht Lichtpunkt um Lichtpunkt ab. Ich sah die Umrisse, und ich flüsterte:

»Ich habe nicht gewußt, daß Falken so groß sind.«

»Es sind Adler. Steinadler.«

Es waren herrliche Tiere. Ich liebte sie dafür, daß sie mir erlaubten, ihnen so nahe sein zu dürfen. Daß Lebewesen mit dermaßen vitalen Instinkten und perfekten Sinnen meine Gegenwart ertrugen! Die Adler hatten Flammen in den Augen.

»Ist Licht da im Treppenturm?« flüsterte ich, und Ricarda drückte meine Hand. Ihre andere Hand lag auf meiner Erregung, in spätestens zwei Minuten würde ich wahnsinnig geworden sein. »Warum sind sie so zahm?«

»Sie sind nicht zahm.«

»Aber sie sitzen da. Und wir sitzen hier.«

»Es ist ihr Platz.«

»Also sind sie zahm.«

»Aber nein, mein Lieber. Sie dulden uns bestenfalls.«

In diesem Moment machte die Helligkeit einen Sprung. Es war, als hätte der im Schoß der Nacht heranwachsende Morgen einige Entwicklungsstufen übersprungen. Plötzlich konnte ich viel besser sehen, sah die Körper der Adler, sah, wie imponierend sie auch mit angelegten Flügeln waren, sah die Krallen ihrer Füße, sah ihre abgerundeten Köpfe, ihren tödlichen Schnabel, diese immer leicht aufgebracht wirkenden, weil von höchster Aufmerksamkeit geprägten, Gesichter. Sie hatten uns flügellose tumbe Gesellen im Blick.

»Ricarda, warum hast du geweint?«

»Kommst du mit mir?«

»Ich weiß zuwenig.«

»Komm mit, und du wirst alles erfahren.«

»Das glaube ich. Aber ich wüßte es gern früher. Jetzt. Sagst du es mir?«

»Was willst du hören?«

»Zu welcher Fraktion gehörst du? Zur Mehrheit oder zu Bea?«

»Was glaubst du?«

»Ich glaube, daß du zur Mehrheit gehörst. Sie halten alle so viel von dir. Aber auch Bea hält viel von dir. Und sie bedauert, daß sie nicht auf dich zählen können.«

Ich spürte ihre Hände an meinen Wangen, ich hatte gar nicht bemerkt, daß sie mich in meiner Geschlechtsnot allein gelassen hatte. Aber ich spürte keine Not mehr. Ich spürte die Anwesenheit der Adler, von denen jetzt einer seine Flügel ausbreitete, zwei-, dreimal schlug, um danach die Flügel wieder einzupacken. Ich war noch nie im Leben so dicht an Adlern gewesen. Sie waren frei. Was sie taten, taten sie freiwillig, und sie blieben freiwillig in meiner Nähe. »Sieh mich an, mein Lieber. Weich mir nicht aus. Laß jetzt bitte die Vögel. Sieh mich an. Danke. Ich glaube, die Antwort ist ganz einfach. Es ist die Antwort auf die Frage, was wir von uns erwarten, was wir für möglich halten, ob wir überhaupt noch Großes für möglich halten.«

»Ricarda . . .«

»Sei still jetzt, Lieber. Ich will's dir ja sagen. Hör mir genau zu jetzt. Ich sehe, du bist müde. Du bist erschöpft. Aber du darfst jetzt nicht schlafen. Nein, auch keine Viertelstunde. Du mußt suchen, ihr müßt suchen. Tut das, tut das. Aber hört rechtzeitig damit auf. Sonst ...«

»... sonst? Rede, Ricarda!«

»Ach, mein Lieber.« Es war ein großer Seufzer, und ich sagte ihr das. »Nein, ich bin nicht traurig, das ist es nicht. Ich habe dich lieb, weißt du das?«

Da war er, der Satz der Sätze, das Bekenntnis des Jahres. Ich war so stolz und hätte so gern ein Klavier von Kerl neben mir gewußt, dem ich meine Freude gegen die Rippen hätte boxen können. Wir küßten uns natürlich, und vier glühende Punkte waren unsere Augenzeugen.

»Ricarda ...« Ein Kuß, ich kann euch sagen: ein Kuß. Wer einmal im Leben so geküßt hat, der kann beruhigt sterben. Es war ein gewalttätiger Kuß. Sie hielt währenddessen meine Wangen fest, sie tat mir weh dabei, aber sie spürte es nicht, oder es war ihr egal. Und so spürte ich es auch nicht, oder es war mir egal.

»Ricarda, ich will bei dir sein.«

»Sonst nichts?«

Sie konnte mein Zögern unmöglich gespürt haben. »Sonst nichts.«

»Dann komm. Sei nicht dumm. Komm. Du kannst mich haben. Willst du mich haben?«

Weil ich wußte, daß ich ein Idiot war, wunderte mich das Gefühl, ein Idiot zu sein, nur wenig. Nach Ricardas Sätzen konnte man nur noch handeln oder es lassen. Aber nicht reden, nicht so viel reden wie ich auf dem Dach von Neuschwanstein, während die Dämmerung die Nacht in den Schwitzkasten nahm. Natürlich wollte ich sie haben. Wer diese Frau nicht haben wollte, war stockdumm oder stockschwul. Und auch ein Stockschwuler hätte sich seine Entscheidung in dieser Sekunde noch einmal überlegen müssen. Ihre Hände waren überall, ihr Mund war überall, und dazu ihre Worte: »Willst du mich haben? Willst du mich haben? Dann nimm mich. Laß uns gehen. Jetzt. Du wirst es nicht bereuen.«

Sie küßte mir die Knochen aus dem Leib. Sie küßte mich weich und formbar, küßte mich zu Wachs und Knetgummi. Ich wollte mich ihr ergeben. So lustvoll würde ich nie mehr unterliegen. Mit Ricarda zu sein, war das höchste der Gefühle. Aller Gefühle, zu denen ich fähig war und jemals fähig sein würde. Ricarda war keine Affäre, sie war der Sinn. Ich hatte die Freiheit, auf Ricarda zu verzichten. Dann hatte ich aber die Konsequenzen zu tragen. Und sie würden sein: Alltag, Lustlosigkeit, Routine, Diana, Durchschnitt, Feigheit. Ricarda hatte mich gefragt, ob ich mir in Zukunft noch einmal im Spiegel begegnen wollte. Ricarda küßte mich auf die andere Seite der Erdkugel.

»Laß uns gehen«, hauchte sie zwischen dem letzten und dem nächsten Kuß. Ich hing nicht an meiner Vergangenheit, kaum an meiner Gegenwart. Ich war mir nur nicht sicher, wie ich Tom diesen Sachverhalt klarmachen sollte. Er stand unten an der Schiffstreppe und ich oben an der Reling. Er weinte bittere Tränen, und ich schluckte dicke Klöße hinunter. Der Luxusliner machte die Leinen los, vom Steuer grüßte Kapitän Rasani. Neben mir stand Ricarda und trug schon das luftige Kleid, das sie auf der anderen Seite der Erde zur Königin der Salons machen würde.

»Du mußt nicht um dieses Schloß kämpfen«, flüsterte es in mein Ohr. »Neuschwanstein wird nicht untergehen.«

»Aber ihr wollt es in die Luft sprengen.«

»Wir werden dort leben, wo Neuschwanstein steht.«

»Aber die Explo...«

»Ein Schloß ist nicht nur ein Gebäude. Es ist auch der Geist seines Erbauers und die Aura seiner Umgebung. Dieses Neuschwanstein ist das falsche. Es war ein Versuch, ein wunderschöner Versuch. Jetzt ist ein neuer Versuch entstanden, er ist vollendet. Er atmet Ludwigs Geist und ist umgeben von Menschen, die für Ludwig leben. Diese Atmosphäre braucht das Schloß. Ohne sie steht es in feindlichem Land.«

»Aber es hat Tote gegeben. Die Coalition, wer von euch ist auf die Idee gekommen, daß ihr eine eigene Polizei braucht?«

»Du hast recht. Wir brauchen keine eigene Polizei.«

»Weil euch auch die reguläre gehört. Die staatliche.«

»Wir konnten nicht wissen, wie sehr sie alle am König hängen.«

»Und die Toten? Darf die Coalition das?«

Ich wartete verzweifelt darauf, daß sie mir jetzt nicht die falsche Antwort geben möge. Ich wollte eine Antwort hören, die es mir ermöglichte, Ricarda weiter zu lieben.

»Nein, mein Liebster, das hätten sie nicht tun dürfen. Die Coalition ist entstanden, weil Ludwig solch eine geheime Polizei hatte. Viele von uns sind nur glücklich, wenn sie so weit wie möglich original werden können. Aber . . .«

»Ja?«

Ricarda war so schön, und wenn sie sich ereiferte, war diese Spannung in ihrem Körper, die sie von mir entfernte und die mir gleichzeitig befahl, sie nicht gehen zu lassen.

»Kommst du mit?«

Ricarda und die Adler schauten mich an. Und dann war da der Aufruhr unter uns. Ich zuckte zusammen, Ricarda nahm mich fest in beide Arme, und es war gut, wie es war. Eine Stimme schrie, und ich konnte mir keine Sekunde einbilden, Tom zu überhören.

»Ich muß da jetzt runter«, flüsterte ich. »Komm mit. Wir brauchen dich.« Sie schüttelte den Kopf, und unten brüllte Tom so laut, daß die Adler nervös mit den Köpfen ruckten.

»Durch den Turm ist es nicht so gefährlich«, rief mir Ricarda hinterher. Aber ich war durch das Bodenfenster gekommen, und ich würde durch das Bodenfenster wieder verschwinden. Es war eine einzige Eierei, meine Hände waren naß, die Schuhe glatt, und ich hatte meinen Körper nicht unter Kontrolle. Die Koordination stimmte nicht, mehrere Male wollte ich mit Händen und Beinen gleichzeitig ausgreifen. Ricarda warnte mich noch zweimal, dann sagte sie nichts mehr, verfolgte meinen Weg mit alarmiertem Gesicht. Meins war noch alarmierter. »Du Schwachkopf«, rief ich mir zu und »Spastiker«. Ich war lange nicht mehr so unqualifiziert gewesen, aber ich war auch lange nicht mehr über ein steiles, glattes Dach geklettert. Ich war immer ein vorsichtiger Mensch gewesen, ich hatte mir noch nie im Leben einen Knochen gebrochen, und dieser Choleriker hörte einfach nicht auf, unten herumzuschreien. Auf dem letzten Meter trat ich noch einmal so richtig schön blutdruckfördernd ins Leere. Aus Ricardas Richtung kam ein leiser Ruf, dann drückte ich mich durchs Fenster ins Innere.

Als ich versuchte mich aufzurichten, bekam ich die Kniegelenke nicht durchgedrückt. Ich zog mich an der Fensteröffnung hoch und winkte Ricarda zu. »Ich mache schnell«, behauptete ich. Ich hätte gern noch viel mehr zu ihr gesagt, aber Tom brüllte so, und jetzt hörte ich eine zweite Stimme, ebenfalls männlich. Ich hetzte über den schwach beleuchteten Dachboden, fand die Tür, ohne einmal in die Irre zu laufen.

Über die Freitreppe gelangte ich auf den oberen Hof. Kein Tom – aber dankenswerterweise brüllte er in diesem Moment vorn los. Ich erreichte das steinerne Geländer und erstarrte. Tom schrie König Ludwig an. Mein bester Freund hatte sich in ganz und gar unmonarchistischer Haltung vor dem Potentaten aufgebaut und erklärte ihn abwechselnd für verrückt, übergeschnappt, meschugge sowie gemeingefährlich. Ludwig hatte seinen rotweinroten Schleppenmantel um sich gerafft und bemühte sich, Toms Angriffen durch würdiges Stehen die Stirn zu bieten. Zwischen den beiden stand der baumlange Japaner und versuchte Tom zu besänftigen. Ich eilte hinunter, das erste, was ich hörte, waren Worte aus dem Mund des Japaners:

»Beruhigen Sie sich«, sagte er auf Deutsch. Ich hatte den Kerl sofort am Schlafittchen:

»Was sollte die Show mit dem verschlossenen Mund? Kannst du mir das mal erzählen? Kannst du mir das mal erzählen?«

Ich drehte mich um. Eine Lineallänge neben mir stand

Tom in exakt derselben Haltung wie ich und hielt den König am Mantel gepackt. Uns wurde gleichzeitig die Duplizität bewußt, und wir begannen beide zu lachen. Der König ordnete seine Garderobe, der Japaner trug ein T-Shirt und hatte nichts zu ordnen. Er hieß Tamenaga, Tamenaga Samba. Wie unser Ludwig hieß, wußte ich ja: Er hieß Adam und war Lehrer in Hannover, wenn er sich nicht gerade auf dem Ludwig-Trip befand.

»Wie kommen Sie hierher?« blaffte ich Adam an. Statt dessen antwortete Tamenaga:

»Meine Eltern haben ihre Hochzeitsreise nach Neuschwanstein gemacht.«

»Nur Neuschwanstein?«

»Und in Rothenburg ob der Tauber und das Hofbräuhaus. Ich habe am Goethe-Institut Deutsch gelernt. Und in der Schule. Und natürlich studiere ich Deutsch.« Sein Vater fuhr Audi, und Familie Samba benutzte zu Hause nur Küchengeräte der Firma Braun. Tamenaga war dem König auf dem Hof über den Weg gelaufen, und Tom war dazugestoßen. Adam tat trotz des frühen Morgens wunder wie wichtig und tönte:

»Man muß sich kümmern. Man hat mir etwas hinterbracht.«

»Wer?«

»Ein König antwortet nicht auf bürgerliche Fragen.«

Im nächsten Moment sprangen Tamenaga und ich auf Tom zu und lösten seine Hände vom Hals des Königs.

»Laßt mich«, rief er. »Ich knips den aus. Es ist alles schon verrückt genug. Ich ertrage keine Verrückten.«

Tamenaga, der ein sehr ordentliches Deutsch sprach, redete auf Tom ein. Ich konnte mich darauf beschränken, das weiße und blaue und goldene Etwas zu studieren, das unter dem voluminösen Mantel Adams hervorblickte. Ich griff ihm an die Hose. Er quiekte, und ich hielt die Ausweise in der Hand. Ludwigsland. Die Pässe Numero vier und fünf.

»Sie sind mir direkt vor die Füße gefallen«, behauptete Adam.

»Sind Sie ums Schloß geschlichen?«

»Ich bin hier zu Hause. Ich muß mich nicht für meine Wege rechtfertigen. Merk dir das, Untertan!«

Tom schnaufte, ich versuchte die Situation zu entschärfen: »Hast du etwas gefunden, Tamenaga?«

Er hatte den Innenhof abgesucht, den Tordurchgang und den kleinen Platz vor dem Haupteingang, von dem aus man freie Sicht auf die gegenüberliegende Steilwand besitzt. Er hatte nichts gefunden, was ihn stutzig gemacht hätte.

»Such weiter«, forderte ich ihn auf. »Vielleicht gewährt dir der König die Gunst seiner Gegenwart.«

Man mußte Adam bloß erwähnen, schon nahm er an Körpergröße zu und wirkte doppelt so vital. »Ich bin der letzte, der sich einer Aufgabe verschließt«, behauptete er, und als ich sagte:

»Dann ist es ja gut. Sicher wissen Sie längst, daß das Schloß heute in die Luft fliegen soll«, brach der König in den Knien ein.

»Das kann nicht sein«, stammelte er, und immer wieder »Das ist alles nur ein grausamer Scherz«. Am Ende der Litanei streckte er sich zu ehemaliger Größe, reckte eine Hand beschwörend gen Himmel und rief:

»Ich befehle, daß das aufhört. Auf der Stelle.«

Tamenaga faßte Adam am Arm und führte ihn vom Hof vor das Schloß.

»Man faßt es nicht!« rief Tom. »Und für solche Marken schwitze ich mein bestes Hemd durch.« Ich lenkte ihn ins Schloß hinein und blieb an einem Feuermelder stehen: ein Alarmknopf hinter Glas in einem viereckigen Kasten.

»Was würde wohl passieren, wenn Neuschwanstein Feueralarm geben würde?«

»Gib Alarm«, forderte Tom mich auf, »das will ich wissen.«

Ich zögerte, Toms Arm war unterwegs, ich kriegte ihn gerade noch zu packen:

»Erst überlegen. Was kann passieren? Entweder kommt die Feuerwehr, dann war es ein Fehlalarm. Sie ist sauer, zieht wieder ab, und wer weiß, ob sie ein zweites Mal kommt, wenn es ein paar Stunden später einen neuen – den echten – Alarm gibt. Oder sie kommt nicht. Dann wissen wir, daß nichts mehr geht um Neuschwanstein herum.«

»Hast recht«, sagte Tom trübe. »Damit verhindern wir nicht das, was droht.«

»Eine Möglichkeit gibt's.«

»Sag an.«

»Wir legen Feuer.«

»Toll. Und was bringt das?«

»Druck für die von außen, doch etwas zu unternehmen.«

»Aber wenn keiner kommt? Dann schmoren wir hier langsam gar, irgendwann wird's dem TNT zu warm, und Feierabend. Und stell dir vor, wir sitzen auf dem falschen Pferd. Stell dir vor, es ist kein Sprengstoff im Spiel. Dann wandern wir beide in den Bau, weil wir eines der modernen Weltwunder angesengt haben.«

»Also kein Feuer.«

Aber das Feuer brachte Tom auf die Idee, in den Hof zu gehen und die Reste vom Fest zu inspizieren. Der Bär verspürte schon wieder Hunger, ich begleitete ihn.

Alle Lagerfeuer waren erloschen, aber es war warm, so gnadenlos warm. Ich schaute zum Balkon des Sängersaals hinauf, sah eine Gestalt, winkte: »Kommt runter. Erstes Frühstück.« Die Gestalt verschwand, Tom fand eine Pechfackel, suchte auf dem Boden, grunzte zufrieden, gleich darauf leuchtete die Flamme auf. Tom ließ sich seufzend auf den Boden sinken und stand gleich wieder aufrecht.

»Sehr sportlich«, lobte ich. Er griff in seine Hosentasche, knurrte »Scheißding« und schnippte etwas fort, das neben mir zu Boden fiel. Während ich gierig in den übriggebliebenen Bratenstücken herumwühlte, fragte ich uninteressiert:

»Was war's denn?«

»Der Stein. Der letzte der Steine.«

»Welcher Stein?«

»Na, vom Mosaik.«

»Ach. Ich dachte, du hattest mir alle gegeben.«

»Hatte ich auch gedacht. War aber nicht. Mann, schmeckt das gut.«

Ich tastete auf dem Boden herum, beschrieb erst enge, dann weite und immer weitere Kreise. Dann hatte ich's.

»Und mir wirfst du vor, daß ich alles aufhebe«, sagte Tom kauend. Ich hielt den Stein gegen das Licht, roch an dem Stückchen.

»Danke, sehr lieb«, sagte Tom, als ich ihm den Stein hinhielt, »aber ich bin kein Vogel. Ich brauche keine Steine zur besseren Verdauung. Meine Verdauung ist . . .«

»Riech dran!«

»Riechen? Warum sollte ich . . .?«

»Riech endlich! Was riechst du?«

»Erstmal ist das Ding fettig. Das warst du. Und riechen . . . bißchen angesengt, würde ich sagen. Aber kaum wahrnehmbar.«

»Und jetzt guck dir den Stein an. Geh ans Licht und guck ihn dir an. Was siehst du? Nicht die Vorderseite, die Rückseite.«

»Hell und dunkel. Ist dreckig geworden.«

»Halt den Stein dichter ans Licht.«

»Der Dreck ist bläulich. Und rot auch.«

»Tom, die anderen Steine haben auf der Rückseite auch so ausgesehen. Und alle haben verschmort gerochen. Wie du gesagt hast: Kaum wahrnehmbar. Aber eher ja als nein.«

Wir kauten und starrten uns an.

»Das Kabel, Tom. Das Kabel, das du am ersten Morgen beim Scheißen am Hang gefunden hast. Das war blau und rot.«

Die letzten Worte sagte ich schon im Gehen. Dann sagte ich nichts mehr, weil Tom zu laufen begann und ich es ihm gleichtat. Ich schleuderte meinen Knochen von mir, und mir war, als würde sich vor der Kemenate etwas bewegen: etwas Kleines, ein Raubtier, vielleicht auch ein großer Vogel.

Wir hechelten die Treppen hinauf, wir waren beide zu diesem Zeitpunkt körperlich bereits völlig fertig. Wir rannten an Bea und der Polizistin vorbei, sie folgten uns.

»So!« rief Tom im Thronsaal, orientierte sich am Leuchter und lag auf den Knien. Ich erzählte den Frauen, was sie wissen mußten. »Man sieht nichts, man fühlt nichts«, beklagte sich Tom. »Das Licht ist miserabel. Warum holt keiner Kerzen?«

Bea wollte zur Königswohnung, ich eilte zu den Türen neben der Marmortreppe und fand hinter der linken Staubsauger und Werkzeugkasten. In der königlichen Toilette fand sich nichts, was wir benutzen konnten. Der Werkzeugkasten enthielt einen Hammer und mehrere Schraubenzieher. Tom eilte aus dem Thronsaal und kehrte mit seinem Stemmeisen zurück. Er kam gleichzeitig mit Bea, die den Arm voller Kerzen hatte. Sie verteilte sie an den Rändern des Mosaiks und entzündete sie. Tom schlug sofort zu.

»Vorsicht, Mensch!« rief ich entsetzt. Tom erstarrte in der Bewegung, eine Parodie auf das Wandbild gleich um die Ecke. »Regin schmiedet Sigurd das Schwert Gram«.

Das Eisen hämmerte aufs Mosaik. Die Steine zersprangen, aber sie platzten nicht ab oder stellten sich hoch, so daß wir mit kleinerem Gerät hätten nachfassen können.

»Noch mal!« kommandierte ich. Das Eisen sauste, Stefan eilte herbei. Er sah aus, als hätte er bis eben in einer stillen Ecke geschlafen. Tom schlug ein drittes Mal zu, dann war ich mit dem Schraubenzieher zur Stelle und hebelte die ersten Steine heraus. Tom prüfte jede einzelne Rückseite. Das sechste oder siebte Steinchen war's.

»Hier!« Tom präsentierte den anderen die Rückseite, als ich das Kabel im Boden entdeckte. Ich kratzte mit dem Schraubenzieher weiter und legte eine Öffnung von vielleicht 15 mal 15 Zentimetern frei. Wir hatten den Kontakt. Er sah aus wie das kleine Mikrophon, das bei mir zu Hause auf dem Telefonhörer klebte, wenn ich Gespräche aufnehmen wollte. Der Kontakt war kreisrund, besaß einen Durchmesser von drei Zentimetern und war mit dem Kabel verbunden. Wir knieten alle um die kleine Wunde im Boden, und Bea sagte:

»Also doch.« Ich brach ein Steinchen heraus, roch an ihm. Dann beugte ich mich tief zum Kontakt hinunter. Es roch verschmort.

»Das ist der Schrittzähler«, sagte Tom zufrieden. Er blickte zum Leuchter empor: »Hab Dank, du Ungetüm. Was wären wir ohne dich?«

Das war der Dammbruch. Wir schüttelten uns die Hände, schlugen uns auf die Schultern, und Tom boxte mir rücksichtslos gegen die Rippen. Bea hielt ich etwas länger im Arm, als es nötig gewesen wäre. Aber bei ihr hatte ich es mir immer am wenigsten vorstellen können.

»Wahnsinn!« jubelte Marie Schott. Ich rannte auf den Balkon hinaus, trat vor den Thron und sagte:

»Gerettet.« Mehr sagte ich nicht, stürmte zurück in den Thronsaal. Von irgendwoher waren Gläser und Flaschen aufgetaucht, Tom schenkte ein, und wir nötigten Stefan, das erste Glas Champagner seines jungen Lebens zu trinken. Als er nach dem Initiationsschluck sein Gesicht verzog, brachen wir alle in Jubel aus.

»Nicht schlecht, Herr Specht!« rief Tom und boxte mir erneut gegen die Rippen.

»Kleine Ursache, große Wirkung«, rief ich und wies auf den Kontakt. Die Erleichterung brauchte ein Ventil, ich betrat lachend zum ersten Mal das Königsklo.

»Na? Hat es dir was gebracht?« empfing mich Tom bei der Rückkehr.

»Ich habe klein angefangen«, antwortete ich, und wieder brach alberner Jubel aus. Zwischendurch sagte Stefan in seiner leisen Art:

»Aber wir haben die Anlage doch noch gar nicht abgestellt.« Ich überhörte die lästige Wahrheit so lange, wie es möglich war.

»Gestatten, mein Name ist Schloßretter«, sagte ich nekkisch und hakte mich bei Marie Schott ein. Sie vollführte einen tiefen, höfischen Diener mit weit ausholender Bewegung des freien Arms. Dann sagte sie:

»Frau und Herr Schloßretter und ihre Zwerge geben sich die Ehre.«

Das mit den Zwergen gefiel mir besser als Tom, besonders als dann noch Bea mit Blick auf Tom sagte:

»Aus dem könnten wir zwei Zwerge backen. Oder drei.«

»Tanzt nicht so viel rum«, quengelte Stefan. »Das ist immer ein Schritt näher zum Ende.«

»Hat dir schon mal einer gesagt, daß du ein Spielverderber bist?« knurrte ich den Jungen an.

»Er hat recht«, sagte die Musikerin. »Laßt uns den Kontakt herausreißen.«

»Woher wißt ihr, daß das der einzige Kontakt ist?« fragte Stefan. Er hatte schon regelrecht Angst, seine Fragen zu stellen. »Wir müssen das Zählwerk finden«, flüsterte er. Ich griff zum Eisen und schlug die Steine parallel zum Kabel locker.

Schnell hatte ich auf zwei Meter Länge alle Steine zerstört, und gerade als Bea sagte: »Schlaf nicht ein dabei«, kam das Ende. Sie hatten das Kabel unterbrochen. Es war nicht abgerissen oder vermodert, es war säuberlich und absichtsvoll unterbrochen worden. Der da tätig gewesen war, hatte es sich nicht nehmen lassen, die Enden mit Isolierband zu umwickeln. Ich ließ das Stemmeisen fallen.

»Alles klar«, murmelte ich. »Genauso war's ja auch damals vor dem Schloß. Kuno hat ja nicht nur von dem Zählwerk geredet. Er hat noch mehr gesagt. Daß das Zählwerk gerade ausgewechselt worden ist. Oder erneuert. In der Richtung jedenfalls.«

Ich blickte alle der Reihe nach an. »Wehe, einer von euch stinkt mich jetzt an.«

»Stimmt«, sagte Tom nachdenklich. »Ich glaube, mich erinnern zu können, daß du was in der Richtung gesagt hast. Und wenn wir dann noch darüber hinwegsehen, daß natürlich nicht das Zählwerk ausgewechselt worden ist, sondern nur der Kontakt, also das, was das Zählen auslöst, und nicht das, was die Kontakte zusammenzählt, dann sind wir da, wo wir jetzt sind.«

»Am Rand vom Grab«, sagte Marie Schott.

»Sie haben also zweierlei gemacht«, murmelte ich. »Erstens haben sie irgendwo einen neuen Kontakt angebracht und den mit dem Zählwerk verbunden. Zweitens haben sie den alten Kontakt unterbrochen. Wunderbar. Das ist ein Heimspiel für die.« Ich blickte Stefan an, daß ihm angst und bange wurde. »Woher wußte Kuno das?« fragte ich in die Runde. »Ihr wußtet das doch nicht, oder?«

Bea schüttelte den Kopf. »Woher denn? Ich wußte nur, daß es immer wieder hieß: ›Wenn wir gehen, hinterlassen wir alles aufgeräumt.‹ «

»Was also wissen wir?« Ich sah, wie mutlos alle geworden waren. »Wir wissen, daß wir recht hatten mit unserer Vermutung. Es wird etwas gezählt. Nämlich Schritte. Und wir wissen, daß wir einen toten Zähler entdeckt haben.«

»Also praktisch nichts«, murmelte Bea. »Wir sind da, wo wir vor drei Stunden waren.«

»Wir wissen noch nicht einmal, ob jetzt immer noch Schritte gezählt werden«, murmelte die Musikerin. »Vielleicht zählt der aktive Apparat ja was ganz anderes.«

»Nämlich was?« Keiner antwortete. Es war auch nicht notwendig. Der Absturz in die Depression machte uns maulfaul und noch müder. Wir hatten recht behalten, aber es hatte uns keinen Schritt weitergebracht. Die niederschmetterndste Art, Recht zu kriegen.

»Okay«, sagte Tom, »das war's dann erstmal.«

»Wo willst du hin?« fragte ich scharf, als er sich zum Ausgang wandte.

»Ich hau mich ein halbes Stündchen aufs Ohr.«

»Aber du kannst doch jetzt nicht . . .« Ich blickte die anderen an und hielt die Klappe.

»Guck dich doch an«, sagte Tom. »Du siehst aus, als wäre dein Mindesthaltbarkeitsdatum seit zwei Jahren überschritten.« Mit schweren Schritten verließ er den Thronsaal. Die Frauen folgten ihm, Stefan bekam das nicht gleich mit, aber als er erkannte, daß er mit mir allein zurückbleiben würde, rannte er ihnen hinterher.

Ich hätte stundenlang so stehenbleiben können: leicht

schwankend, ohne zu sprechen, ohne mich auf einen anderen Menschen konzentrieren zu müssen. Wir hatten recht gehabt, wir waren verloren. Von wegen Schloßretter. Ich nieste.

13

Neuschwanstein schwebte, mal stand es über dem Felssockel in der Luft, mal hoch über dem Hopfensee. Dann war es um 180 Grad gedreht. Ricarda war Gott, sie besaß die Macht, mit dem Schloß zu tun, was sie wollte. Ricardas Bilder, es waren ihre Bilder von der Marienbrücke. Ich erkannte das glasklar, ich träumte da schon nicht mehr. Der Rahmen, die Bilder, Ricarda, meine, unsere Ricarda. Privatvorführungen im kleinen Theater, die überheizte Garderobe mit dem schwitzenden Koloß, oh, es ging über Stock und über Stein mit mir, dabei war es doch ein leichtes, raus zu kommen, Schluß zu machen, Augen auf und Ende, Augen auf und Ende, Augen auf Videokamera und En... und Augen auf, Videokamera, Augen offen. Sie hing unter der Decke und erfaßte den Sängersaal auf ganzer Länge. Neben mir die fremde Frau, die leidenschaftliche Schläferin. Drüben Tom, Fleischberg in Ruhe. Woher hatten wir die Decken und Mäntel organisiert, die die Härte des Parketts abfederten?

»Tom.« Ich kroch zu ihm, kniff ihn ins Bauchfett. Draußen Dämmerung. »Tom!« Ich ging über meine Schmerzgrenze, um ihn wach zu bekommen. Ich kniff und kniff und blickte in seine offenen Augen. »Bist du da? Hallo, alles in Ordnung?«

»Du tust mir weh.«

»Die Kameras, Tom.«

»Kameras? Laufen im Aufenthaltsraum der Führer zusammen. Da haben wir gleich am Anfang fotografiert, und du hast dort . . .« Er brach ab, wir starrten uns an.

»Noch ein Kabel«, sagte ich. »Das Kabel bei deiner

Pflaumenscheißerei und das Kabel über dem Leuchter im Sängersaal.«

»Das außer dir niemand gesehen hat«, stellte Tom klar und gähnte.

»Aber es war dasselbe Kabel wie . . .«

»Junge, bleib ruhig. Kabel sehen sich nun mal verdammt ähnlich. Willst du das bestreiten?«

»Was ist, wenn sie über die Kameras zählen?«

»Wie stellst du dir das vor? Soll sich einer vor die Monitore setzen und die Leutchen numerieren? Der wird doch rammdösig dabei. Und die Kameras gibt's auch erst seit zehn Jahren. Oder 15.«

»Wir gehen jetzt runter und zerstören die Monitore.«

Tom grinste mich an. »Hat dir gut gefallen auf dem Bahnhof, was?«

»War nicht schlecht. Aber ich werde das dumme Gefühl nicht los, daß jetzt zehn Leute vor den Monitoren sitzen und sich freuen, wie hilflos wir sind.«

»Meinst du?« fragte Tom und blickte zum ersten Mal neugierig auf die Kameras. Im nächsten Moment stand er auf, hatte die Hosen unten und hielt der Kamera seinen nackten Hintern entgegen. Erst der einen, dann der anderen.

»Ist ja gut«, bremste ich ihn, »das werden sie auch noch überleben.«

Er zog die Hose hoch, knöpfte zu und sagte:

»Mich entschlackt das. Gar nicht erst was aufstauen. Gleich rauslassen.«

Er hockte sich vor die schlafende Frau, klapste ihr auf die Wangen und murmelte:

»Sagenhaft, so ein Schlaf.«

»Ob der Verwalter auch zu ihnen gehört?«

»Wenn nicht aufgrund seiner Vorfahren, dann aus Überzeugung. Wenn sie den nicht mitnehmen, tut er sich was an. Oder ihnen.«

»Es wird ihm das Herz zerreißen, wenn sein geliebtes Neuschwanstein in die Luft fliegt.«

»Stimmt«, sagte Tom. »Und er wird an das neue Neuschwanstein denken und überlegen, wie viele Führer er dort benötigen wird.« Wir lagen nebeneinander auf dem alten Mantel und lachten.

»Die Kemenate«, sagte Tom wie nebenbei. »Die Verwaltungsräume haben wir bisher überhaupt nicht beachtet.«

»Wir waren auch erst einmal in diesem Torbau. Wir waren noch gar nicht in den Treppentürmen. Wir haben doch überhaupt keine Chance.«

»Komm, Alterchen«, sagte Tom und tätschelte mir den Arm. »Wir sehen uns das an.«

Vier Minuten später standen wir vor der Monitorwand, das Aufbrechen der Tür hatte nur Sekunden gedauert. Alle Bildschirme waren blind. Ich schaltete die Anlage an, Tom studierte den Schaltschrank.

»Da staunt der Laie, und der Fachmann wundert sich. Das ist doch nicht nur Videoüberwachung hier.«

Die Bildschirme bekamen Inhalt. Friedlich lagen die Räume des Schlosses vor mir. Am interessantesten waren Schlafzimmer und Wohnzimmer von Ludwig. Hier lagen im Bett und auf dem Sofa Marie Schott, Bea und Stefan.

»Hast du eine Ahnung, warum Bea und der Kleine das Bett abgekriegt haben?« fragte ich. Tom war sofort bei mir.

»Ach, die schlafen doch nur«, sagte er enttäuscht und kehrte zum Schaltschrank zurück. Er begann Knöpfe zu drücken, spielte *trial and error*. Ich zoomte mich währenddessen durch die Räume und fing die drei Männer ein, denen ich schon einmal begegnet war: vor Stunden auf einer der Treppen. Sie steckten die Köpfe zusammen, wiesen nach draußen oder nach unten. Dann eilten zwei treppauf, einer blieb zurück. Ich vergrößerte den Blickwinkel, andere Männer stiegen die Treppe hinauf, würdige Vollbärte vorneweg, ein alter und ein jüngerer, Uniformierte – Polizisten wohl oder Soldaten – und andere Männer mit Kitteln oder Schürzen. Sie erreichten den einsamen Diener, der gestikulierte, die Sache eskalierte schnell, schon hatte der Lakai seine Hände am Hals des alten Vollbarts, daß dem der Kneifer herunterfiel. Erstarrung, Gerangel, der Diener am Boden, sie würgten an ihm herum, die Spitze des Trupps eilte weiter, und der letzte Uniformierte trat dem am Boden Liegenden so lange in die Seite, bis der sich drehte und die großen Stufen hinabstürzte.

»Schau dir das an«, murmelte ich.

Ich wollte über Ankleide- und Speisezimmer hinaus auf den Vorplatz, aber das Ankleidezimmer verläßt niemand, solange ein König vor dem Spiegel steht und sich mit dem Kamm durch die Haare fährt. Er wirkte versonnen, vielleicht schläfrig. Korrekt der Anzug, aufgeschwemmt der Körper. Stand vor dem Spiegel, legte den Kamm auf den Waschtisch. Jetzt erkannte ich, warum er so schräg stand. Es war kein Spiegel im Rahmen, nur noch eine Scherbe.

Der König betrat dann das Schlafzimmer, wandte sich zum Oratorium, dem winzigen Andachtsraum. Der König vor dem Altar, den Kopf gesenkt auf gefalteten Händen. So kniete er, und es war mir nicht recht, daß ich ihn dabei sah. Aber ich hatte ja die Wahl, ich sah den Trupp vor der Wohnung, ein Diener trat ihnen entgegen, gemäßigter diesmal das Gespräch, nicht gleich mit Hauen und Würgen, der König hob den Kopf. Es fiel ihm schwer, sich zu erheben, er verließ das Schlafzimmer, trat auf den Vorplatz hinaus, der ältere Vollbart trat ihm entgegen. Ich sah, wie sich die Kittelträger seitlich verteilten. Wo waren die Uniformierten geblieben? Der König sprach, der Vollbart erwiderte, es ging zweimal hin und zweimal her, dann brachen sie aus der Tür hinter dem König hervor, am rechten und linken Arm je ein Uniformierter, sie zogen den König nieder, benahmen sich, als gelte es, einen Tobenden zu bändigen. Unwürdiges Gerangel, die Uniformierten waren wie toll, sie traten dem König die Beine fort, wollten ihn auf die Knie zwingen. Und dann die Schatten. Nach vorn gestreckt die Krallen, eine Spannweite von halber Breite des Raums. Die Krallen schlugen in die Köpfe der Uniformierten, ich sah ihre Münder schreien, Schock bei allen anderen, die weit zurückwichen, und die Adler hackten zu. Ich wandte mich ab, niemand konnte von mir verlangen, daß ich mir dies ... ich schaute hin. Wer sollte der Welt berichten, wie sie in die Augenhöhlen hackten, Augäpfel aus den Höhlen zogen und immer weiter in die Augen hackten? Ich hatte nicht gewußt, wie stark Adler waren. Kaninchen hatte ich ihnen zugetraut, junge Tiere, schwache Tiere, Aas. Diese beiden Adler töteten Menschen. Vielleicht waren die Körper noch nicht tot. Doch mit solchen Gesichtern wäre der Tod eine Gnade gewesen. Der König zappelte sich aus dem Gewirr der uniformierten Arme, Beine und Rümpfe frei. Die Adler hackten und hackten. Aus Köpfen wurden Blutballones, Ludwig streckte einen Arm aus, ich sah, wie sich sein Mund bewegte, Schwingen, die schlugen, Adler, die flogen, alle blickten ihnen hinterher, wie sie das Schloß verließen. Und nun stürmten Diener heran, sie drangen aus der königlichen Wohnung, sahen die schaurigen Körper und lachten. Einer schlug einem anderen auf die Schulter. Einer schlug mir auf die Schulter und sagte:

»Ich rufe auch gern zum zwanzigsten Mal, wenn's dir Freude bringt.« Ich starrte ins Gesicht des Dieners. Er sah aus wie Tom, und ich entgegnete: »Ich habe nichts ... es ist alles so ...«

Tom wies auf die Schaltkästen, wies auf Wände und Decke. »Hier läuft alles zusammen. Die Alarmanlage, die Brandmelder und die Videoüberwachung. Hier müssen wir suchen, wenn wir das Zählwerk finden wollen.«

»Hier ist das Zählwerk nicht«, behauptete ich. »Zu wenig symbolisch hier.«

»Was soll das heißen?«

»Sie haben es mit Symbolen. Alles, was sie denken, hat seinen Ursprung bei Ludwig, geht von ihm aus und führt zu ihm hin.«

»Rhabarber, Rhabarber«, muffelte Tom. »Da spricht der Schöngeist.«

Ich entdeckte das Mikrophon. Es war auf dem Holztisch von der wuchernden Grünpflanze verdeckt worden. Ich schaltete die Anlage an, drückte auf dem Zifferntableau die Nummer des Schlafraums:

»Und der Herr spricht: Ihr seid kleine Schweineigel und

werdet für den Rest eures Lebens jedesmal niesen müssen, wenn ihr die Hosen zu sündhaftem Tun fallen laßt.« Bea und Stefan durchlitten den Schreck ihres blutjungen Lebens. Ich lachte und normalisierte meine bis dahin raunende Stimme: »Treffpunkt Kemenate. Wir sehen uns in fünf Minuten.«

Zu fünft durchsuchten wir die Kemenate. Ich konzentrierte mich auf das Büro des Verwalters. Er bewahrte viel mehr Reliquien auf, als wir am ersten Tag entdeckt hatten. Ich fand eine Totenmaske des Königs und den Abguß der königlichen Hand. Der Verwalter führte einen kolossalen Schriftwechsel. Alle Kioske waren Pachtbetriebe, die Pferdedroschken und die Gastwirtschaften. Zum Schloß gehörten Wälder und Seen, um die Fischereirechte bewarben sich hundertmal so viele Angler, als am Ende den Zuschlag bekommen konnten. Ich zog den Ordner mit der schönsten Rückenaufschrift aus dem Rollschrank: »Verrückte«. Der Verwalter korrespondierte europaweit mit durchgeknallten Ludwig-Liebhabern vom Schlage unseres Adam. Er tat dies mit großem Takt, machte sich nicht lustig, fand den richtigen Ton. Die Durchgeknallten fühlten sich verstanden und dankten ihm dafür.

»Es wird hell.« Tom stand am Fenster, ich stellte mich dazu. Der Blick in die Pöllatschlucht war fantastisch.

»Das wäre die Lösung«, murmelte ich, »wenn es nie mehr hell werden würde. Dann kommen keine Touristen, dann gibt's nichts zu zählen, dann ist es fünf Minuten vor zwölf und es bleibt zwölf vor zwölf.«

»Fünf vor zwölf? Warum soll es nicht eine Minute vor zwölf sein oder fünf Sekunden vor zwölf?«

»Wir hauen ab. Wenn das hier alles nichts wird, gehen wir so weit wir kommen. Jedenfalls raus aus dem Schloß. Ich will nicht den Heldentod sterben.«

»Es ist schön, wenn es hell wird«, sagte Tom. »Das ist mein Licht. Ungefähr um diese Zeit waren wir bei den Kühen. Weißt du noch?«

»Wie lang ist das her? Zwei Jahre? Drei?«

»Vier Tage oder fünf.«

Ein Baum stürzte ab, wir wurden Augenzeugen.

»So einfach ist das Sterben«, murmelte ich. »Du läßt dich nach vorn sinken, weiter und immer weiter. Den Rest erledigt die Physik.«

»Sieh dir das an.« Sie kamen von Osten und flogen über die Pöllatschlucht hinweg. Lautlos schlugen die Flügel, und weil sie groß waren, fand ich es erstaunlich. Es waren 20 Schwäne oder mehr.

»Die fliegen zum Baden«, behauptete Tom. Wir sahen ihnen hinterher, bis sie verschwanden. »Mein Gott, ist das schön hier. Wenn ich jetzt noch eine Dusche nehmen könnte . . .«

Nach und nach kehrten unsere Mitstreiter zurück. Niemand hatte etwas gefunden, was wie ein Zählwerk ausschaute. Und nach einem Gerät, das Schritte registrierte, mußten wir in diesem Gebäude, das nicht für die Öffentlichkeit zugänglich war, nicht ernsthaft suchen.

»Sauber schauen wir aus«, sagte ich und bot ein Lächeln an. Keiner stieg darauf ein.

»Wenn alles nichts hilft, müssen wir morgen eben die Besucher vom Schloß fernhalten«, sagte Bea.

»Morgen ist gut«, entgegnete Marie Schott. »In zwei Stunden stehen die ersten vor dem Tor. Die Frage ist doch, ob sie uns erlauben werden, die Besucher zu warnen.« Damit war die Stimmung endgültig im Keller. Ich traute der Gegenseite alles zu. Rasani und seine Leute hatten mich so weit konditioniert, daß mich selbst die Tatsache ihres Nichteingreifens deprimierte, denn sie war der Beweis, daß wir uns nicht in gefährlicher Nähe des Geheimnisses bewegten.

»10000«, sagte ich. »An guten Tagen kommen 10000 Menschen. Wenn alles nichts hilft, sollten wir uns betrinken. Dann spürt man nicht soviel.«

»Wovon?« Toms Frage kam scharf und fordernd. »Rede, Kerl. Wovon merken wir nicht soviel?«

»Möglich, daß hier etwas puff macht. Oder paff. Möglich, daß der, der danebensteht, anschließend heiße Füße hat.«

»Alles wird explodieren«, hauchte Stefan.

»Logisch«, sagte Tom und schlug ihm auf die Schultern, daß er nach vorn geschleudert wurde. »Explosion. Viel puff und paff und Feuerwerk. Haben wir doch alle gern.« Dann sagte er »Scheiße« und ließ uns im Büro des Verwalters zurück.

Immer wenn die Anspannung nachließ, folgte ein steiler Absturz. Mein Körper schrie nach Schlaf. Ich schleppte mich neben ein Lagerfeuer der letzten Nacht. Ich sah den silbernen Wohnwagen, trat einmal gegen den Unterboden. Er klang hohl. Sie hatten das Geld weggeschafft.

»Wir hätten nicht sinnlos herumlaufen sollen«, murmelte ich, »wir hätten die Millionen klauen sollen. Dann hätten sie mit uns verhandeln müssen.«

Die Erkenntnis meiner Dummheit zog mich zu Boden. Möglicherweise lag ich auf einer Fahne, jedenfalls war viel Weiß und Blau auf dem Tuch, in das ich mich einwickelte. Aus dem Wachbereich war ich in Sekundenschnelle heraus, aber Schlaf wurde nicht daraus. Ich blieb zwischen Hier und Dort stecken. Und es war nicht kühl geworden. Ich schätzte die Temperatur immer noch auf wenigstens 25 Grad. Die Wärme hatte den schöngewachsenen Baum neben der Kemenate über Nacht rostig gefärbt. Die Blätter fielen ab, ohne daß auch nur ein Hauch von Wind am Werk war. Auf dem Hof von Neuschwanstein hörte ich meinem Herzen zu. Es schlug stark und ruhig, ich war in guten Händen. Ich vermißte Ricarda, sie sollte jetzt da sein, nur um da zu sein – wie zwei, drei Frauen, die ich in meinem Leben geliebt hatte. Ich hatte sie selig angeglotzt und mein Sozialleben auf Null reduziert. Wenige Wochen später waren sie auf und davon gegangen. Aber mein Herz war mir geblieben, mein starkes, zuverlässiges Herz. Mein Herz hielt es schon 38 Jahre mit mir aus. Das wollte ich ihm lohnen, das würde ich ihm nie verges...

VI

1

Ich erwachte von einem schweren Geräusch. Jemand öffnete das Haupttor. Daran erkannte ich, daß es im Verlauf der Nacht geschlossen worden sein mußte. Ich wickelte mich aus der Fahne, legte sie mir um die Schulter und ging zur Mauer, die den oberen vom unteren Hof trennte. Ich hatte angenommen, daß morgens nur vereinzelte Besucher auf Einlaß warten würden. Es waren Dutzende, insgesamt bestimmt schon zwei- oder dreihundert. Aloysius Mordelli stand am Torbau und sah zu, wie die Touristen Richtung Kasse zogen. Einige fielen in Laufschritt, um nicht in der Warteschlange wertvolle Urlaubszeit zu verlieren. Man grüßte Mordelli, er grüßte zurück. Dabei entdeckte er mich. Mordelli stutzte, winkte dann. Ich winkte zurück. Diese Gesten bemerkten einige Besucher. Man wies sich untereinander auf die Gestalt mit dem weißblauen Tuch hin, sofort klackten Fotoapparte. Ich eilte die Treppe hinunter, das Absperrgitter stand immer noch offen.

»Warten Sie doch!« rief ich Mordelli hinterher, denn er war im Begriff, den Torbau zu betreten. »Wie haben Sie die Nacht überstanden?« Die Besucher musterten mich mit ungehemmter Neugier, ich schloß das Tuch vor meiner nackten, schmutzigen Brust.

»Man muß feiern können«, sagte Mordelli. Ich wechselte noch diesen und jenen Satz mit dem Schloßführer, dann erst begriff ich, was heute an ihm anders war als an den Vortagen.

»Haben Sie dienstfrei?«

»Einmal ist auch der Fleißigste dran mit Ausspannen.«

Ein ruhiges Gespräch war nicht möglich angesichts der nachströmenden Besucher. Außerdem mußte ich dringend aus dem Bereich der Fotoapparate heraus. Ich mußte mir etwas anderes überziehen. Mordelli befand sich sichtlich auf dem Sprung, wir trennten uns freundlich, ich blickte ihm hinterher, denn so schnell hatte er sich in meiner Gegenwart noch nie bewegt. Ich verschwand wieder auf den oberen Hof, betrat von dort das Schloß und stieg ins dritte Geschoß hinauf.

Sie lagen säuberlich verteilt in der Wohnung des Königs, Bea und Stefan im Königsbett, Tom hing verdreht in einem der Prachtsessel.

»Aufstehen! Die Touristen kommen!« Ich blieb so lange vor dem Bett stehen, bis sich nach der nackten Bea auch der verschämte Stefan hervorwagte. Er trug seine Nacktheit dermaßen rührend zur Schau, daß ich mich meiner Aufdringlichkeit zu schämen begann. Tom hatte sich etwas im Rücken verrenkt, die von irgendwo auftauchende Marie Schott bestand darauf, ihm die Behinderung auszutreiben, indem sie ihm mit einem Fuß auf die Wirbelsäule trat und seine Arme nach hinten auf den Rücken zog. Ich protestierte gegen diese Tortur, aber Tom legte sich sofort gehorsam auf den Bauch, und die Schott vollführte ihr grausiges Tun. Es knackte fürchterlich, und Tom bezeichnete sich in den folgenden Minuten so oft als geheilt, bis es keiner mehr hören mochte. Wir standen im Schlafzimmer und redeten so lange dummes Zeug, bis Bea ihre immer stärker werdende Nervosität in den Satz kleidete:

»Wo bleiben sie denn? Wenn um halb neun geöffnet wird, schicken sie zehn Minuten später die erste Führung auf die Reise.« Aber es war ruhig im dritten Geschoß. Bea wollte nachschauen, ich ging mit.

»Zieh dir was Ordentliches an«, forderte Tom. Als er meine Absicht erkannte, wehrte er sich nur schwach. Wir tauschten Flagge gegen Hemd. Ich roch daran, und Tom sagte: »Nur Tote schwitzen nicht.« Ich zog das Hemd trotzdem an.

Hinter dem Absperrgitter wirkten sie wie freizeithungrige Bestien vor dem Sprung. Sie sahen uns, ein Pfeifkonzert begann, gefolgt von Händeklatschen.

»Guten Morgen«, rief eine Frau in der ersten Reihe.

»Lassen Sie sich Zeit. Es sind ja höchstens 500 Leute, die wegen Ihnen warten müssen.« Ich schaute in den Raum der Führer, er war leer. Bea drückte sich hinter mir herein und schloß die Tür. Sofort brauste draußen Protest los, der im langen Gang schaurig hallte.

»Sie sind alle weg«, sagte Bea hastig.

»Was willst du damit sagen?«

»Keiner wird kommen. Kein einziger Führer. Sie wissen alle Bescheid.«

»Ach Quatsch«, sagte ich und wußte da schon, daß sie recht hatte. Draußen schwoll der Unmut immer weiter an. Ich ging raus, da waren sie ruhig, als hätte ihnen einer die Stimmbänder durchgeschnitten.

»Kleine Panne«, rief ich und erntete höhnisches Gelächter. »Unsere Freunde, die Salmonellen, haben leider die Frühschicht aus dem Verkehr gezogen.«

Das war nicht schlecht gelogen, denn zwar pfiffen noch einige, doch setzten sich jetzt Neugier und Mitleid durch. Ob die Erkrankungen lebensgefährlich seien, fragten bestimmt zehn Leute. Weil ich schon einmal am Lügen war, konnte ich die Sache auch auf die Spitze treiben. Ich tat es, indem ich schweigend den Kopf senkte und still bis vier zählte. Dann hatte der erste den Braten gerochen und rief betroffen:

»Es sind Leute gestorben.«

Damit hatte ich die vorderen 100 Leute im Sack. Hinten wurde gedrängelt und gefragt, und ich rief:

»Ich bitte sehr herzlich um fünf Minuten Geduld. Der Verwalter tüftelt bereits am Notplan. Den gehen wir jetzt holen. Danach erhalten Sie zur Belohnung für Ihre Geduld unsere große Sonderführung. Und zwar gratis.« Beifall, nur eine vereinzelte Männerstimme rief:

»Was ist das denn, eine Sonderführung?«

»Sie werden Sachen von Ludwig sehen, die Sie immer schon sehen wollten, aber nie zu erfragen wagten.« Man pfiff anerkennend, ich schnappte mir Bea, sie flüsterte:

»Igitt, bist du eklig.«

»Aber sie haben's geschluckt. Merk dir das für dein späteres Leben, Mädchen. Menschen in der Masse sind so dumm wie ein Haufen Scheiße. Nur riechen sie schlechter.«

Wir verließen das Schloß über die Hoftreppe, eilten über den Hof. Die Massen zogen von den Parkplätzen herauf. Es war noch keine 9 Uhr, und die Warteschlange reichte bereits bis ins Freie.

»Geil«, hörte ich im Vorbeilaufen eine Stimme. »Zehn Mark zahlen oder nicht zahlen sind schon 20 Mark.«

»Halt«, rief ich, »was haben Sie da eben gesagt?«

Der junge Mann tippte überflüssigerweise auf seine Brust und fragte: »Meinen Sie mich?« Ich nickte, und er sagte: »Zehn Mark zahlen oder nicht . . .«

»Was meinen Sie damit?«

»Was ich damit . . .«

»Himmelherrgott, ja!«

»Na, nichts weiter. Nur daß das toll ist, daß Sie einen Gratistag spendieren.«

»Wer spendiert einen Gratistag?«

»Na, die vom Schloß«, antwortete der Mann, wandte sich an die durch den Torbau Nachströmenden und rief ihnen frohgemut zu:

»Hereinspaziert! Heute kostet's keinen Eintritt.«

Man klatschte Beifall und beschleunigte die Schritte – bis man das Ende der Schlange sah und sich ihr mürrisch näherte.

»Halt!« rief ich dem Mann hinterher. »Hat Ihnen das die Frau an der Kasse gesagt, oder woher wissen Sie das?«

»Welche Frau an welcher Kasse?« rief ein anderer Mann. »Die Kassen sind zu.«

»Keine Kassiererin?« fragte ich alarmiert.

Sie schüttelten die Köpfe, lachten und winkten fröhlich ihren Lieben zu. Ich packte Bea am Arm und stürmte los.

»Hör auf, ständig an mir herumzureißen!« Dann lief sie schneller als ich. Toms Hemd roch ungeheuer.

Wir stürmten in den Torbau. Bea eilte die Treppe hinauf und hatte bereits geklingelt, als ich die Tür erreichte.

»Was hältst du vom Verwalter?« Sie klingelte erneut,

kaute angespannt auf der Unterlippe. »Meinst du, er gehört zu denen?« Sie klingelte, ich klingelte, und Bea sagte:

»Das gibt's nicht.«

»Was gibt's nicht?«

»Er muß da sein. Er ist nie weg.«

»Gestern abend hat er auch schon gefehlt.«

Natürlich ließ sich die Tür nicht öffnen. Wir schlugen mit Fäusten dagegen, versuchten es auch bei den beiden anderen.

»Wer wohnt eigentlich in der dritten Wohnung?« erkundigte ich mich.

»Hier wohnen Mordelli, der Verwalter und Fusseneg-ger.«

»Ist das auch ein Führer? Den Namen habe ich noch nie gehört.«

»Er ist ein Führer, seine Frau auch. Bei denen hat ... hat ...« Sie gab sich eine Ruck: »Hans hat bei ihnen zur Untermiete gewohnt. Hans Pückler.«

Der Gedanke an das Opfer aus der Steilwand machte aus der kaltschnäuzigen 18jährigen ein zitterndes Kind. Zitternd gefiel sie mir besser. Aber ich brauchte sie stark.

»Was hast du denn da?« fragte Bea. Ein Streifzug durch Toms Hemdtaschen war immer eine lohnende Expedition.

»Voilà ...«, sagte ich mit großer Geste und steckte das Taschenmesser wieder ein. Der Flur war leer, in der Küche stand ein Kühlschrank mit geöffneter Tür. In seinen Fächern eine Flasche Mineralwasser und vier Tupper-Töpfe. Das Wohnzimmer war leer, absolut leer. Auf dem Fensterbrett stand eine weißblaue Untertasse mit den Resten von zwei Zigarren. Neben dem Wohnzimmer ein kleinerer Raum, der nicht vom Flur zu betreten war. Am Fenster, das zum Innenhof ging, stand der Tisch. Er besaß, was ein Tisch haben sollte: Beine und eine Platte, mehr nicht. Er war die Inkarnation von Nüchternheit. Das Gerät auf dem Tisch hielt ich spontan für einen Verstärker, für das Kraftwerk einer Stereoanlage. Der Gedanke starb schnell, denn warum sollten sie alles mitnehmen und die halbe Stereoanlage zurücklassen? Die Farbe des Geräts Gold, mattes, schmutziges Gold. Ein Gehäuse fehlte, das Innenleben bildeten Röhren, dicke große und dünne kleine Röhren. Das sprach nun wieder für einen Verstärker, einen teuren, ein Liebhaberstück für supersensible Ohren, die darauf bestehen, daß von Röhren verstärkte Schallwellen sich in Reinheit und Wohlklang von allen anderen Verstärkertechniken unterscheiden. Die Frontpartie bestand aus zehn Segmenten, jedes Segment war ausgefüllt durch eine Ziffer. Die Ziffernfolge lautete

1 082 051 842.

Während ich unerwartet Beas eiskalte Finger in meiner Hand spürte, sprang die Ziffernfolge weiter. Nicht um eine oder wenige Ziffern, statt dessen rasselten Segmente vor unseren Augen, und am Ende lautete die Ziffernfolge:

1 082 054 993.

»Das Zählwerk«, sagte ich, damit es endlich jemand aussprach.

Ich spürte Beas Absicht, bevor sie auch nur einen Schritt getan hatte. Ihre Hand in meiner Hand zuckte, dann packte sie das Gerät, und in einer für die Zierlichkeit ihres Körpers absurd erscheinenden Anstrengung hob sie das Zählwerk in die Höhe, wollte es durch das geschlossene Fenster auf den Innenhof werfen. Ich fiel ihr hart in den Arm, Bea knickte ein, ich bekam das Zählwerk zu packen, stabilisierte es, und stellte es wieder – mit dem Körper die anrennende Frau abwehrend – auf den Tisch.

»Weg damit«, keuchte Bea. »Wir müssen es . . .«

»Halt endlich die Schnauze, du dummes Gör.« Ich packte sie an beiden Oberarmen, war mir bewußt, daß ich sie rüde, gewalttätig schüttelte.

»Wir dürfen keinen Fehler machen. Wir dürfen keinen Fehler machen. Kapierst du das? Wir müssen das alles erst verstehen. Wir müssen vom Ende zum Anfang denken.«

»Mann, du hast sie doch nicht mehr alle. Guck dir die Zahl an. Weißt du, was das bedeutet?«

Natürlich wußte ich, was die Zahl bedeutete. Das war ja die Katastrophe.

»Wir haben noch Zeit.« Bea lachte mich aus, sie wurde von einem regelrechten Lachkrampf geschüttelt. Ich konnte sie loslassen, dem Zählwerk drohte einstweilen keine Gefahr. Sie fing sich schnell und stieß hervor:

»So seid ihr.«

»Wer?«

»Na ihr. Eure Generation.«

»Red nicht so einen Scheiß. Wir sind fast gleich alt.«

Ich sah sie an, und ich glaube, daß dieser Moment mein endgültiger Abschied von der Vorstellung war, zum jüngeren Teil der Bevölkerung dieses Staates zu gehören.

»Ihr könnt doch bis zum Hals in der Scheiße stecken«, keuchte Bea, »und ihr macht euer schlaues Gesicht und wollt uns erklären, wie rum die Welt sich dreht. Ihr seid verloren, Mann. Ihr verhindert gar nichts.«

»Gut, gut«, versuchte ich sie zu beruhigen, bevor sie sich in diese extrem nervigen Rundumverdammungen von seiten junger Leute hineinsteigern konnte. »Das diskutieren wir später, okay? Jetzt versuchen wir's zur Abwechslung mal mit Denken, okay? Können wir uns darauf einigen?« Ich schüttelte Bea.

»Beruhige dich«, murmelte sie. »Ich tu' deinem guten Stück nichts. Meine Oma sagt, ich soll nett sein zu alten Leuten. Also bin ich nett zu dir. Kotzen kann ich hinterher immer noch.«

»Das Zählwerk kaputt zu machen hilft uns gar nichts.«

»Wieso denn nicht?« protestierte sie leidenschaftlich. »Wenn das Ding kaputt ist, ist alles kaputt.«

»Und wieso, bitte schön?« fragte ich und kam mir unendlich altklug vor.

»Weil, weil ...«, sagte Bea, und viel leiser: »Weil die Explosion mit dem Zählwerk verbunden ist.«

»Kann sein, Bea. Kann sein. Ist sogar wahrscheinlich. Aber wir wissen es nicht. Begreif das bitte. Wir wissen es nicht. Vielleicht wird an einer ganz anderen Stelle gezündet. Ich halte es für wahrscheinlicher, daß an der Stelle, die zählt, gezündet wird. Nicht an der Stelle, die das Gezählte nur abbildet. Das hier ist doch in gewisser Weise nur die Abstraktion des Ganzen, falls du weißt, was ich meine.«

»Stell dir vor, ich kapiere, was du sagst, obwohl es doch so unglaublich klug ist, du Arsch. Guck dir das Zählwerk an.«

Das Zählwerk arbeitete sich vorwärts. Es stand jetzt bei

1 082 814 012.

»Bea, wir müssen das Ding beobachten. Vielleicht kriegen wir dadurch Hinweise auf das, was eigentlich gezählt wird. Und vor allem: wo.«

»Ja, ja, ja. Und wenn das alles nichts hilft, was ist dann?« Sie war so herrlich jung und so herrlich verzweifelt. Sie war nicht so ein Schleimscheißer wie ich. Sie tat nicht wunder wie schlau, wenn es ihr schlechtging.

»Es dauert ja noch ein paar tausend Kontakte bis zur zehnten Eins.«

Der Anblick von Beas entsetztem Gesicht gab mir den Rest. Wie dankbar war ich Tom, daß er in dieser Sekunde im Raum stand und mit einem stummen Blick auf das Zählwerk erkannte, was erkannt werden mußte.

»Scheiße«, sagte er. Das war die Sprache, die Bea hören wollte. Sie war weg von mir, dicht bei ihm und lauschte hingebungsvoll Toms nächsten Worten: »Also los. Worauf warten wir noch?«

Tom verfolgte die Kabel und entdeckte auch nicht mehr, als ich entdeckt hatte. Vom Zählwerk liefen zwei Stränge in die Wand unterhalb des Fensters. Es war die Wand zum Schloß hin. Tom öffnete das Fenster, beugte sich hinaus, ich hörte das Gemurmel der Touristen. Es war schon wieder erbarmungslos sonnig, es war der 3. Oktober.

»O Gott. Heute ist der Tag der Einheit.«

Tom schloß das Fenster: »Sehr gut. Gemeinschaftskunde Eins. Setzen.«

»Aber das ist doch . . .«

» . . . nichts ist das. Sonntag ist. Tolles Wetter ist. Ist

doch scheißegal, ob gleichzeitig Weihnachten ist oder sonst ein Karneval. Stier mich nicht so waidwund an.«

»Das hat er bei mir auch gemacht«, lästerte Bea. »Das ist wahrscheinlich der Blick, mit dem er immer bei den Frauen . . .«

Tom stimmte dann Gott sei Dank zu, daß eine Zerstörung des Zählwerks voreilig sei.

»Wir wissen ja, wann das Ende kommt«, sagt er. »Zehn Einsen sind die Zahl, die wir verhindern müssen. Also reicht es, wenn wir kurz vorher mit dem Hammer draufschlagen.«

»Aber warum denn?« rief Bea verzweifelt. »Der da hat gesagt . . .«

»Wir werfen uns jetzt ins Zeug. Wenn alles nichts hilft, können wir das Ding zu Klump hauen. Wenn wir Glück haben, ist damit die Verbindung zu den Feuerwerkskörpern unterbrochen. Wenn nicht . . . c'est la vie, wie der Italiener sagt. Los jetzt.«

»Gern«, sagte ich. »Aber was? Und wie? Und wo? Wir müßten den gesamten Hof aufhacken, um zu sehen, wie die Kabel laufen.«

»Dann tun wir das«, sagte Tom.

»Aber wir können doch nicht . . .«

»Warum können wir nicht?« Ich ließ ihm die Sekunden, die er brauchte, um den Unsinn seiner Worte zu erkennen. Ich fand uns bemerkenswert gefaßt. Wir hatten das Zählwerk entdeckt und waren immer noch nicht losgesprintet. Richtung Norden, Osten, Süden, Westen, nur weg von hier. Meter um Meter würde die Chance wachsen, die Explosion zu überleben.

»Wie das Scheißding rennt«, sagte Tom und betrachtete das Zählwerk mit haßerfülltem Blick.

1 083 054 168

»Paß auf«, sagte er dann. »Jetzt haben wir die Chance, herauszufinden, ob die Zählerei tatsächlich mit den Besuchern zusammenhängt.«

»Mit was denn sonst?« fragte Bea.

»Wir werden zählen«, sagte Tom und wehrte aufkommenden Protest ab. »Einer von uns hängt sich ans Fenster und macht für jeden Besucher einen Strich. Dann guckt er auf das Zählwerk. Danach sind wir schlauer.«

»Aber Tom . . .«

Er blickte mich an, ich hätte ihn in die Arme nehmen mögen für diesen Blick.

»Wir machen das«, sagte Tom. »Danach sehen wir weiter.«

»Stefan zählt«, bestimmte ich. »Er kann am besten mit Zahlen.«

»Pfui«, sagte Bea. »Nur weil er mit mir geschlafen hat und nicht du, willst du ihn jetzt zum Neger machen.«

»Red nicht solchen Scheiß«, wies Tom sie zurecht. »Wir sind Erwachsene, du bist ein Kind. Wir geben uns nur mit Frauen ab.«

Jetzt hatte auch Tom bei ihr verschissen, kniehoch.

»Begreif das doch«, sagte ich zu Bea. »Jeder hat eine wichtige Aufgabe. Wir können es uns gar nicht leisten, jemanden auszugrenzen.«

»Aber auch nur deshalb, weil wir so wenige sind . . .«, rief Bea. Ich hatte genug. Das Zählwerk lief und lief, und wir stritten uns.

»Nach der Führung ziehen wir Stefan ab«, kündigte Tom an.

»Nach was für einer Führung?« fragte ich verdutzt. »Sag bloß, der Kerl nimmt an einer Führung teil, während hier alles . . .«

»Nicht ganz«, unterbrach mich Tom. »Er nimmt nicht teil, er macht die Führung.«

2

Wir eilten ins dritte Geschoß. Auf dem Vorplatz zwischen Thronsaal und Königswohnung drängte sich eine Besuchergruppe. Marie Schott hatte die Leute um sich versammelt, sprach über die Wandmalereien und über Hyazinth

Holland, der seinerzeit dem König die Maler besorgt hatte. Sie sprach kundig und sicher und ließ sich durch unsere anfeuernden Armbewegungen nicht aus dem Konzept bringen. Dafür zogen wir mit unserem schmutzigen Aussehen die Aufmerksamkeit einiger Besucher von der Rednerin ab. Wir trollten uns, und ich sagte zu Tom:

»Wer vorn steht, ist der Führer. Dem glauben sie.«

»Wie schön, daß du das so siehst. Du wirst nämlich eine der nächsten Führungen übernehmen.«

Wir stritten, bis wir das Absperrgitter erreicht hatten. Aber Tom ließ sich nicht von dem Entschluß abbringen, den sie angeblich angesichts der nachdrängenden und zunehmend aggressiver werdenden Besucher getroffen hatten. »Was soll denn das?« rief ich. »Warum pinnen wir nicht ein Schild an die Tür: ›Heute geschlossen‹?« Tom lachte.

»Du wirst bewaffnete Truppen brauchen, um die Leute zurückzuhalten. Die reisen von weit her an. Aus ganz Europa. Glaubst du, die sind Argumenten zugänglich? Wie naiv bist du eigentlich?«

»Ziemlich, möglicherweise. Aber ich bin nicht blöd. Wenn wir denen ordentlich Angst machen, glauben die uns.«

»Beulenpest, was?«

»Warum nicht Beulenpest?«

»Weil du mit Beulenpest die Hälfte abschreckst, vielleicht auch drei Viertel. Aber ein paar Irre sind immer dabei, die müssen sich oder ihrer Liebsten beweisen, was für toughe Kerle sie sind. Und ob das 20 sind oder 100, das sind immer noch zuviel, wir befürchten hier nämlich nach wie vor eine Katastrophe. Du erinnerst dich?«

Wir hatten das Absperrgitter erreicht, dahinter der Gang voller Menschen, alle erwartungsvoll. Eine Männerstimme rief:

»Da kommen die Führer. Frisch vom Saufen.«

Im nächsten Moment hatte ich den Kerl durch das Gitter am Hemd gepackt:

»Du! Du weißt doch gar nichts. Du hast doch keine Ahnung. Hier fliegt gleich alles in die Luft. Wenn du schlau bist, drehst du dich jetzt um, nimmst Mutti an die Hand und dann im Laufschritt zum Parkplatz. Du stehst ja immer noch hier.« Der Mann war erstarrt. Alle hielten jetzt die Klappe, ich sah die Chance und wollte sie nutzen: »Im Schloß ist eine Bombe versteckt. Kapiert ihr das? Eine Bombe.«

»Terroristen?« kam es zögernd aus der Menge.

»Genau«, entgegnete ich eifrig. »Terroristen. Fanatische Monarchisten. Sie wollen den König wiederhaben, und damit das jeder erfährt, wollen sie das Schloß in die Luft jagen. Die Bombe geht jeden Moment los. Haut ab, und sagt hinterher nicht, euch hätte keiner gewarnt.«

Alle waren schön still und aufmerksam, ich war auf dem richtigen Weg.

»Seid so lieb und geht nach Hause. Es gibt so viele Schlösser, die ihr besichtigen könnt.«

Und dann der Ruf: »Aber sie können doch nicht Neuschwanstein in die Luft sprengen!« Im Bruchteil einer Sekunde war der Bann gebrochen. »Neuschwanstein« war die Parole, die alle wie die Idioten wiederholten. Sie hatten Angst um ihr Neuschwanstein, keiner sollte ihrem geliebten Neuschwanstein Böses tun. Und dann gar in die Luft sprengen! So böse konnte kein Mensch sein, nicht einmal ein Terrorist. Politiker ermorden, Polizisten, prominente Zeitgenossen, schön und gut, dafür gab es Terroristen, die das taten und Ordnungskräfte, die es verhinderten. Aber doch nicht Neuschwanstein.

»Mein liebes, liebes Neuschwanstein«, sagte die Begleiterin des Burschen, den ich am Schlafittchen gehalten hatte.

»Sie machen aber auch Sachen«, sagte er immer noch irritiert: »Wie können Sie uns so einen Schreck einjagen.« Und von ganz hinten rief einer:

»Wir dürfen alle umsonst rein! Fangt mit den Führungen an!« Bedrohlich schwappte die Menschenwelle gegen das Absperrgitter.

»Laß sie durch«, flüsterte Tom mir zu. »Kleine Gruppen.

Wir müssen der Sache die Spitze nehmen. Sonst rennen die uns über den Haufen.« Ich starrte ihn an. Wie feige er auf einmal war! Wie windelweich!

»Weiter geht's«, rief Tom und riß die Tür auf. »Englischsprachig. Sechzig Leute maximal, sonst haben Sie nichts davon!«

»Du spinnst doch!« rief ich erregt, dann begann ich mich durch die Wartenden hindurchzuwühlen. Einige wichen verdutzt zurück, andere keineswegs. Mehr als einer versuchte mir ein Bein zu stellen oder schlug mir wütend in den Rücken. Aber ich mußte da jetzt durch, und wenn ich einem dabei auf die Füße trat, diente es einem guten Zweck.

»Weg da!« keifte ich. »Macht, daß ihr . . .« Ein Schlag, ein mörderischer Schlag gegen den Unterkiefer. Der Schläger war schmächtig, höchstens 60 Kilogramm schwer, aber er glühte vor Aggressivität und sagte: »Du kannst gern noch einen haben, du dreckiges Schwein.« Ich eilte weiter, sein triumphierendes »Feigling« prallte an mir ab. Ich erreichte das Treppenhaus, dicht gedrängt standen die Menschen, hörte das denn nie auf? Sie blickten mich erwartungsfroh an und sie waren doch schon so reich beschenkt worden: »Kostet nix heute«, hauchte einer verzückt, und ich begann sie zu hassen. Sie benahmen sich, als würden die ersparten zehn Mark die Wende in ihrem nichtsnutzigen Leben darstellen. Wie wenig doch nötig war, um Menschen glücklich zu machen.

»Hört mir zu!« rief ich auf der Treppe. »Wer das Schloß besichtigt, begibt sich in Lebensgefahr! Habt ihr das kapiert, ihr blöden Hunde? Lebensgefahr!«

»Lebensgefahr?« Die Frau kicherte und blickte ihren Mann an. Der legte einen Arm um ihre Schultern, und die Lebensgefahr war gebannt. Bloß runter von dieser Treppe! Hinaus in die bulligheiße Morgenluft. Die Schlange nahm kein Ende.

»Halt! Kein Durchgang! Gehen Sie nicht weiter! Kehren Sie um! Das Schloß wird geräumt! Begeben Sie sich nicht in Gefahr! Bleiben Sie doch stehen!« Ich hielt die Frau am

Arm fest, erwischte dabei wohl ihre Handtasche, sie riß das gute Stück an sich, und der Ruf »Meine Handtasche« war in der Welt. Überall wurden Taschen und Beutel dichter an den Körper genommen, skeptische Blicke musterten mich. Sie blieben sogar stehen, aber nur, um mich besser mit Blicken verfolgen zu können. Ich eilte in Richtung Bushaltestelle, breitete die Arme aus, hielt das Paar mit den entzückenden Töchtern fest.

»Bleiben Sie bitte stehen. Hören Sie mir zu! Im Schloß ist soeben eine Bombendrohung eingegangen, es wird in fünf Minuten geräumt. Begeben Sie sich aus dem Gefahrenbereich! Tun Sie mir den Gefallen! Bitte!«

Sie drehten um, das Paar und die Töchter drehten um. Ich stieß einen Jubelschrei aus und sprang mit neuem Schwung auf die nächste Familie mit Kleinkind in der Karre zu. Ich brachte sie zum Halten, ich verlängerte ihre Lebenserwartung. Aber während ich mit ihnen redete, strömten 50, 70, 100 Menschen an mir vorbei Richtung Eingang. Und immer häufiger hörte ich Satzfetzen wie »sehr anständig, sonntags keine Parkgebühren zu nehmen« und »hoffentlich hat wenigstens hier oben ein Imbiß geöffnet« sowie »und wo kriege ich jetzt einen Bierkrug mit Ludwig-Kopf her?«

Ich ließ die Kleinfamilie in den Tod rennen und schnappte mir die, die so redeten:

»Was ist unten passiert?«

»Sofort lassen Sie mein Hemd los, Sie sind ja betrunken. Was unten los ist? Nichts ist unten los. Keine Parkplatzgebühren, das finde ich sehr anständig, muß ich schon sagen. Aber daß sie auch gleich alle Cafés und Imbisse zumachen, ist in höchstem Grade unfreundlich. Da kann ich gar nicht drüber lachen. Warum fragen Sie mich das überhaupt? Sie tun ja so, als wären Sie noch nicht unten gewesen. Haben wohl die Nacht im Schloß verbracht, was? Glückspilz. Regina, hast du gehört? Sie nehmen keinen Eintritt im Schloß. Heute ist unser Glückstag. Beeil dich, bevor sie sich das anders überlegen.«

So trieb ich von einem zum anderen, aber es war keine

Kraft mehr dahinter, kein Wille, das Schlimme zu verhindern, und keine Zuversicht, es auch zu schaffen. Sie stürmten das Schloß; und mochten sie auch schimpfen, weil sie die gewohnten Pferdefuhrwerke vermißten, so malte das Doppelspiel der fehlenden Parkgebühren und des freien Eintritts Lachen in alle Gesichter. Und diese Hitze! Die Besucher schien sie zu beflügeln, mir saugte sie den Rest Energie aus dem Leib. Der Wald verschaffte mir die Illusion von Abkühlung, weil er den direkten Sonneneinfall wegfilterte. Aber ich war im Schloß wichtiger.

»Fehlt Ihnen etwas?« ertönte neben mir die warme Stimme einer Frau. Sie war Teil eines silberhaarigen Paares von abgrundtief sympathischem Aussehen.

»Mir fehlt nichts«, knurrte ich. »Aber Ihnen wird bald was fehlen. Ihr Leben.«

Ich ließ die zwei verwirrt und kopfschüttelnd zurück, eilte durch den Stollen zurück ins Schloß. Mir kam die Gruppe entgegen, die Marie Schott oder Stefan betreut hatte. Wenig später stand ich vor dem verschlossenen Kiosk. Davor ballten sich die Leute und waren sauer, daß sie keine Ansichtskarten, Wimpel, Bücher oder Poster abschleppen konnten.

Müde stieg ich die Treppen ins dritte Geschoß hinauf. Ich war auf alles Mögliche gefaßt, aber nicht auf Beifall. Die letzten Meter zum Thronsaal legte ich zügig zurück. Adam stand auf der vierten oder fünften Stufe der Marmortreppe, den rot-goldenen Mantel um die Schultern, und er donnerte:

»Wer das getan hat, wird dafür büßen.« Mit großer Geste wies er auf das Loch im Mosaikboden, die Besucher ließen eine Gasse für Adam, so daß er das Objekt seines Schmerzes während der Rede fortwährend im Auge hatte. »Es gibt Dinge auf der Welt«, fuhr der falsche König fort, »die sind zu zart und zu schön, um auf ihnen herumtrampeln zu können. Benehmt euch entsprechend, oder ich lasse das Schloß räumen. Bin ich verstanden worden?« Mir drehte sich der Magen um, doch bei den Besuchern machte Adams Salbadern Eindruck. »Du da!« donnerte der falsche König und pickte einen jungen Mann aus der ersten Reihe heraus. »Sofort stellst du das Kaugummikauen ein.« Der derart Angesprochene hörte sofort auf zu kauen, und sein gleichaltriger Begleiter fragte scheu:

»Und warum? Ich meine, warum soll er keinen Kaugummi . . .?«

»Mann!« donnerte Adam, »willst du eine Revolution anzetteln?«

»Nein, nein«, erwiderte der junge Mann eifrig. »Das würde ich nie tun. Ich bin Polizist, mein Freund auch.«

Ich verließ den Thronsaal. Sie würden Adam in einigen Minuten verprügeln, ich war ganz sicher. Kein erwachsener Mensch ließ sich 30 Minuten lang ungestraft derart anpflaumen. Auf dem Weg zum Absperrgitter begegnete ich Bea an der Spitze einer Gruppe blutjunger Leute. Es waren Studenten aus Frankreich, die kein Wort Deutsch sprachen. Auf diese Weise erfuhr ich, daß Bea sehr gut Französisch beherrschte.

»Du also auch«, sagte ich fassungslos. Ich konnte mir Bea einfach nicht vorstellen, wie sie einer Bande von Ignoranten kluge Vorträge über zweigeschossige Säulenarkaden und Kachelöfen mit gotischem Maßwerk hielt. Vor allem konnte ich mir nicht vorstellen, daß sie für diese Dinge die französischen Fachausdrücke kannte. Und wieder begann ich zu laufen, rannte über die Freitreppe auf den Innenhof, über den Innenhof durch die Warteschlange hinein in den Torbau und knackte nacheinander die Wohnungstüren von Mordelli und des dritten Schloßführers, dessen Namen mir Bea genannt, den ich aber wieder vergessen hatte. Beide Wohnungen waren leer. Mir wurde bewußt, daß ich ihr Verschwinden als »Flucht« bezeichnete. Aber das war falsch, ich würde sie mit Sicherheit in Füssen in der Nähe des Bahnhofs finden.

Dann stand ich in Mordellis Wohnung am Fenster, vielleicht war es auch eine andere Wohnung, was wußte ich? Es war ja auch nicht mehr von Interesse. Gänsehaut überzog meinen Körper. Ich fror nicht, das nun am allerwenigsten. Ich spürte auch keine Angst, dazu hatte ich viel zuviele Streßhormone im Blut. Unter mir drängten immer neue Besucher auf den Schloßhof. Sie erfuhren sofort durch Zurufe vom Wunder des freien Eintritts, und ich bekam mit, daß einige Neuankömmlinge darüber bereits informiert waren. Ich verließ die Wohnung und stand im Treppenhaus vier jungen Leuten, zwei Paaren, gegenüber.

»Was wollt ihr hier?« blaffte ich sie an. Sie wirkten ertappt, aber zumindest die Frauen waren dreist und hatten eine patzige Antwort auf der Zunge. »Los, raus hier«, ich drängte sie die Treppe hinunter. »Das ist Privatbereich. Reicht euch das Schloß nicht?«

»Man wird doch wohl mal gucken dürfen«, entgegnete eine Frau. Ich baute mich vor ihr auf und schrie:

»Nein! Kann man nicht! Wir haben 10 000 Besucher am Tag! Was glaubt ihr wohl, wenn . . .«

» . . . wenn das jeder machen würde«, sagte die andere Frau lachend. »Kenn' ich, so reden meine alten Herrschaften auch immer.«

»Also bitte«, sagte ich und wedelte sie fort.

»Ihr solltet euch lieber um die Frau oben im Sängersaal kümmern«, sagte einer der Männer. »Die sieht nicht besonders frisch aus.«

»Eins nach dem anderen«, sagte ich und schämte mich ein wenig, weil wir einfach nicht dazu kamen, die alte Zecherin wachzurütteln. Die vier gingen dann ohne weiteren Aufstand, ich erkannte, daß ich mich ungewöhnlich aufgeregt hatte.

Die schmächtige Gestalt stand zwar bewegungslos am Fenster. Aber sie wirkte selbst so noch eifrig.

»Wie sieht's aus, Junior?«

Ohne sich umzudrehen, antwortete Stefan:

»Es ist unglaublich.« Das Zählwerk zeigte 1 085 059 823. »Seitdem ich hier stehe, sind 450 Leute gekommen. Aber das Zählwerk ist um über 400 000 weitergegangen. Um über vierhunderttausend.«

»Und was schließen wir daraus?«

»Ich weiß es nicht«, kam es verzweifelt. »Was macht jeder Besucher denn tausendfach? Das können doch nicht Schritte sein. Dann müßten die doch auf der Stelle tanzen. Das ist idiotisch.«

»Weitermachen«, forderte ich ihn auf und wandte mich zum Gehen.

»Glauben Sie denn, das nützt was, wenn ich hier stehe und zähle?«

»Ich weiß es nicht, Stefan. Keiner von uns weiß es. Mach's noch eine halbe Stunde, okay? Dann halten wir Kriegsrat.«

Weil wartende Besucher sich auf die Stufen gesetzt hatten, kam ich nicht aus dem Torbau heraus. Ich wurde gleich wieder wütend, als sie nur zögernd Platz machten, und eine Frau, die so aussah, als ob sie sich professionell in die Probleme fremder Leute einmischen würde, riet mir:

»Seien Sie doch nicht so unfreundlich! Das Wetter ist so schön heute.«

»Wissen Sie, wie schön das Wetter erst in der Hölle ist?« Eine Entgegnung auf diesen Satz hatte sie wohl nicht auf einem ihrer 2000 Wochenendseminare gelernt.

»Warum geht das denn da vorn nicht weiter?« riefen die vom Ende der Warteschlange. Im Innenhof lastete brütende Hitze. Ich drängte mich durch die Wartenden, nahm Stöße und Rempler hin und arbeitete mich mit dem regelmäßig ausgebrachten »Führer im Anmarsch« über die Treppen nach vorn durch. »Das kann jeder sagen«, konterte ein Schlagfertiger, andere gaben politische Anzüglichkeiten über »Führer« und Hitler und den dringend notwendigen Kampf gegen ausländische Sozialhilfeparasiten zum besten.

Die Lage war hoffnungslos. Egal ob ich mich zu einer deutschen oder englischen Führung entschloß, es war der Tropfen auf den heißen Stein, auch wenn sich von der anderen Seite im Laufschritt Marie Schott dem Absperrgitter näherte, um 70 deutschsprachige Besucher durchzuwinken. Und immer noch und immer wieder kindische Freude über zehn gesparte Mark. Sekundenlang erwog ich, mich an die Kasse zu setzen, um das infantile Volk abzuzocken. Es gelang mir, Marie Schott vor ihrem Abmarsch zu fragen: »Habt ihr was? Irgendeine Spur?« Ihr Gesicht war Antwort genug.

Ich paßte nicht auf, oder vielleicht war es mir auch gleichgültig. Jedenfalls zog ich mit 100 Leuten los. In den relativ kleinen Räumen der Königswohnung war nicht Platz genug für 100 Menschen. Es begann damit, daß ich nicht wußte, in welcher Reihenfolge sinnvollerweise die Räume aufgesucht werden sollten. Ich wußte schon nicht, über welche Treppen wir ins dritte Geschoß kamen; und sollte ich es gewußt haben, so verschaffte mir die Aufregung einen lupenreinen Tunnelblick, der das Naheliegende abschneidet und die Erkenntnisfähigkeit auf Null reduziert. Mein Pech war, daß sich in meiner Gruppe eine Handvoll Ludwig- Experten befand: alle Altersstufen und Geschlechter, aber geeint durch Belesenheit und die Bereitschaft, alles besserwisserisch in die Runde zu werfen – lautstark und am liebsten dreistimmig. Ihre Quasselei trieb meinen Blutdruck hoch, ich begann, stark zu schwitzen, leider auch im Gesicht, was mir sehr unangenehm war. Doch gab es gegen nasse Stirnen das Mittel des Abwischens, gegen die Klugscheißerei hätte nur Reizgas oder eine Affekttat etwas ausgerichtet. Dazu kam, daß der ältere Mann eine gewisse Ähnlichkeit mit Heimatforscher Unruh besaß und ich immer wieder von der sinnlosen Überlegung abgelenkt wurde, ob er mit dem alten Lehrer verwandt war. Ich hatte keine Chance, schon vor den Gemälden auf dem Vorplatz des dritten Geschosses wiesen sie mir zwei kapitale und mehrere Flüchtigkeitsfehler nach. Die Masse reagierte anfangs verdutzt, dann sauer.

»Unerhört«, murmelte man und »Ein Personal ist das heutzutage«. Ein Preisbewußter trat an meine Seite, indem er murmelte: »Für umsonst darf man keine Wunder verlangen.« Weil die Fakten nicht meine starke Seite waren, versuchte ich es auf einem Gebiet, auf dem ich den Klugscheißern überlegen war: pure Spinnerei. Ich enthüllte bisher unenthüllte Geheimnisse aus Ludwigs Jugend, wie ein Talent zum Skispringen, und beförderte ihn zum Miterfinder der Glühfadenlampe. Das verblüffte die Klugscheißer, einer wollte sofort wissen: »Wo steht das? Woher haben Sie das? Warum weiß ich das nicht?« Das sich an diese Frage anschließende wissende Lächeln gelang mir nicht übel, und ich hatte Ruhe, bis ich die Könige in der Thronnische im Thronsaal nicht ordnungsgemäß herbeten konnte. Ich war die Sache leid und landete meinen besten Coup, indem ich den Oberklugscheißer zu mir nach vorne, bat und ihm unter dem Beifall der Masse die Ehrenwürde des »Schloßführers h. c.« verlieh. Dann reihte ich mich klatschend in die Masse ein. Der Oberklugscheißer nestelte verlegen an seinem handlichen Taschenschirm und murmelte:

»Ja, ich weiß nicht. Ich weiß nicht.« Mit einigen Aufmunterungen brachte ich ihn ans Reden, und nachdem wir gemeinsam die ersten Minuten durchlitten hatten, wurde er sicherer und beendete auch schon mal einen Satz so, wie es der Beginn grammatikalisch erforderte. Fünf weitere Minuten später war er richtig gut. Die Masse gewöhnte sich schnell an die neue Spielregel, und ich ignorierte die Blicke, die man mir zuwarf. Sie waren ja gekommen, um das Schloß zu sehen, und nicht, um in die Details innerbetrieblicher Organisation eingeweiht zu werden. Ich achtete darauf, auf welche Stellen sich die Leute in welchen Räumen konzentrierten. Meine Hauptthese ging schon während der ersten zwei Zimmer den Bach hinunter. Man stand im Verlauf der Führungen still und lief nicht herum. Neun von zehn scharten sich um den Führer, folgten mit den Köpfen seinen Armbewegungen. In den hinteren Reihen war man mobiler, ignorierte den Führer und schaute sich auf eigene Faust um. Da aber bis auf Sängersaal und Thronsaal die Räume stets überfüllt waren, beschränkte sich das Herumlaufen auf wenige Schritte. Nirgendwo fand ich einen Anhaltspunkt, der Stefans mysteriösen Multiplikationsfaktor von tausend erklären konnte. Ich hielt die Gruppe für typisch: Die Führungen, die wir in den letzten Tagen mitgemacht hatten, waren nicht anders verlaufen –

wenn ich davon absah, daß da der Führer, der die Führung begonnen, sie auch beendet hatte. Einige Sekunden gönnte ich mir die wahnhafte Vorstellung, daß das unbekannte Zählwerk die Schönheit der Menschen messen würde und ihnen je nach Attraktivität einen Wert zwischen plus zehn und minus zehn zuordnete. Aber unter diesen Umständen hätte vor der Zählwerkzahl ein Minuszeichen stehen müssen. Ich sagte mir den Text des Theaterstücks auf. »Die Schlösser sind des Königs und sollen's ewig bleiben. Wenn der König nicht von dieser Erde ist, sollen ihm seine Schlösser folgen.« Und weiter hinten hatte Ludwig gesagt: »Nehmt die Schlösser von der Erde, wenn das Zählwerk zehnmal die Eins anzeigt.« Neben mir fragte eine Frau mit leisen Worten ihren Partner. Er blickte auf die Uhr und hielt dann den Arm so, daß sie die Uhrzeit ablesen konnte. »Genau«, flüsterte ich, und der Klugscheißer vorn freute sich, daß er von mir Szenenapplaus erhielt. Aber ich meinte die Zeit. Vielleicht ging es nicht um Schritte, sondern um Zeit, um Tage, Minuten, Sekunden. Ich hatte das Zählwerk laufen sehen, seine Schritte dauerten viel länger als eine Sekunde und weniger als eine Minute. Wo lag der Sinn? Was wir im Thronsaal gefunden hatten, war kein Zeitmesser gewesen. Aber der Engel! Der Engel mit der Armbanduhr. Wenn eine Verbindung zwischen dem Engel und dem nur wenige Meter darunter befindlichen Schrittzähler bestand? Dann würde es jetzt vielleicht eine ebensolche Verbindung zwischen dem neuen Standort des Schritt-oder-was-auch-immer-Zählers und einem Engel oder der Entsprechung eines Engels geben.

»Okay!« Ich sagte das laut und entschlossen, und der monologisierende Klugscheißer fragte beflissen:

»Wollen Sie mich wieder ablösen?«

»Ich bitte Sie! Sie haben soeben das Anrecht erworben, einen ganzen Tag lang Führungen durch Neuschwanstein zu machen. Na, ist das eine Überraschung?«

Der Klugscheißer wurde verlegen, aber gleichzeitig schien er zehn Zentimeter in der Länge zugelegt zu haben. Seine Begleiter waren sauer, er war in der Gruppe offenbar der einzige mit Führerschein. Darauf konnte ich keine Rücksicht nehmen. Ich trat vor den Klugscheißer, schüttelte ihm die Hand und sagte mit fester Stimme: »Geben Sie Ihr Bestes. Unser König hat es verdient.«

»Das hat er«, stammelte der Klugscheißer. »Das hat er ganz gewiß. Ich will versuchen, mich der großen Ehre würdig zu erweisen.« Er wollte noch mehr sagen, aber ich wollte nicht noch mehr hören. Ich lud mir den Klotz bis zum Absperrgitter ans Bein und wies ihn dort mit Brimborium in seine Pflicht ein. Fremdsprachen waren leider nicht seine Stärke, das Erlernen des Klugscheißens hatte in der Jugend wohl seine ganze Kraft erfordert. Doch die deutsche Warteschlange war ja auch mit Abstand die längste. Tom stieß zu uns und berichtete Anekdoten aus seiner englischsprachigen Führung.

»Mensch, mir fehlen doch alle Wörter im architektonischen Bereich. Das wurde zum Schluß das lustige Begrifferaten. Aber sie haben alle mitgemacht. Sage mir keiner ein Wort gegen die Amerikaner.«

»Apropos Amerikaner. Die Garmisch-Tour.«

»Was ist damit?«

»Heute war noch keine da. Woher wissen die Bescheid, oder kommen die sonntags nie?«

»Da unser gemeinsamer Freund Rustimo mit denen intim ist, dürften die Querverbindungen wohl klar sein.«

Tom hatte recht. Es wurde hohe Zeit, daß ich auch mal wieder recht bekam. Trotz wütenden Protestgeschreis zogen wir uns ins Führerzimmer zurück.

»Was tun wir, Tom?«

»Ich finde nichts. Keinen Hinweis. Und ich habe zwei Führungen gemacht. Wenn die Lage nicht so ernst wäre, würde ich sagen: Ich habe mich selten im Leben so amüsiert.«

»Also das Zählwerk.«

»Das Zählwerk.«

Stefan blickte uns entgegen, als würde er Angst vor einer Strafpredigt haben.

»Ist ja gut«, sagte ich und tätschelte ihn, worüber er erschrak. Das Zählwerk war bei 1 086 744 002 angelangt.

»Cool«, murmelte ich. »Wir sind die Coolsten der Coolen.«

»Machen wir's jetzt endlich kaputt?« fragte Stefan. »Es sind wieder so viele Menschen gekommen, und das Zählwerk ist wieder zehnmal so schnell weitergesprungen. Ich habe ausgerechnet, wann es bei zehn Einsen ist, wenn es so weitermacht.«

»Das müssen wir jetzt nicht vertiefen«, sagte ich und nahm das Gerät in beide Hände. »Willst du?« fragte Tom.

»Ich drängele mich nicht vor. A votre plaisir.«

Stefan fragte ich nicht. Er war zu jung, um die Welt zu retten. Alle Fenster, die zum Hof gingen, standen offen. Häufig waren Rufe zu hören und Gelächter. Ich stellte das Zählwerk auf den Tisch zurück.

»Jammerschade. Jetzt werden wir nicht erfahren, was das Ding eigentlich gezählt hat.«

»Wieso nicht? Wir fragen die Eingeweihten.«

»Die sind auf dem Sprung. Und irgendwann heute springen sie.«

»Auch wenn das Schloß nicht explodiert?«

»Meinst du die Frage ernst? Die neue Heimat wartet. Es gibt kein Zurück. Den Bumms hier gönnen die sich als Abschiedsgeschenk.«

»Die meisten wissen doch von nichts.« Stefan sagte das, wie es seine Art war: verzweifelt.

»Genau«, stimmte ich zu. »Deshalb Hut ab, und Hand aufs Herz. Ich verderbe ihnen jetzt einen lautstarken Spaß.«

»Und rettest schätzungsweise 2000 Leben«, sagte Tom. »Oder wie viele sind gleichzeitig im Schloß?« Ich griff nach dem Zählwerk, hielt es in die Höhe, holte aus, zögerte. Ich stellte es auf den Tisch zurück, griff nach dem aus der Wand kommenden Kabel, sagte: »Bloß keine Verschwendung kostbarer Energien.« Und dann riß ich das Kabel aus dem Zählwerk.

Es war ein Augenblick existentieller Bewegung. Deshalb war mir nicht nach lautem Jubel zumute. Ich hielt das lose Kabelende in der Hand, hob es erst Richtung Tom, dann in Stefans Richtung, und dann stieß ich den Schrei aus. Er kam nicht bloß aus den Lungen; mir war, als würde ich die Erleichterung aus Därmen und Lenden emporholen.

»Wir haben es!« rief ich. »Und jetzt Feuer frei für Schreibmaschine und Fotoapparat, und die Reportage des Jahres runtergefetzt. Ich nehme den Pulitzer-Preis. Welchen hättest du gern?«

»Egal«, sagte Tom mit still saftender Befriedigung. »Hauptsache, viele Nullen hinten, eine willige Frau und zwei, drei neue Kameras. Vielleicht schlafe ich in Zukunft nicht mehr auf dem Fußboden. Man muß wissen, wann Epochen zu Ende sind.«

Wir umarmten uns mit stummer Inbrunst. Wir hatten gut zusammengearbeitet, selbst in Ricarda. Wir waren Freunde fürs Leben, immer gewesen, aber jetzt waren wir fest aneinandergeschmiedet. Ich drehte mich zu Stefan um. Er sollte teilhaben an unserem Glück. Er war doch das ärmste Schwein. Er hatte seinen Bruder verloren, aber er hatte sich trotz seines Unglücks so tapfer gehalten, wie ich es im selben Alter keine fünf Minuten fertiggekriegt hätte.

»Komm her, Sohn«, sagte ich und wollte ihn zu einer Umarmung zu dritt an uns ziehen. Stefan, der vor dem Zählwerk stand, hatte meine Absicht wohl nicht mitbekommen.

»Das Zählwerk«, sagte er mit einer Stimme, aus der jede Farbe herausgefiltert war.

»Was ist damit, Sohn?«

»Das Zählwerk läuft weiter.«

Ich hörte Tom lachen, aber es war verdammt kein gutes Lachen. Das Zählwerk stand auf 1 087 562 441; und nach wenigen Augenblicken sprang es auf 1 087 562 497.

»Das sind die letzten Zuckungen«, hörte ich eine Stimme behaupten, bei der es sich nach Lage der Dinge nur um meine handeln konnte. »Das ist, wie wenn du einem Huhn den Kopf abhackst. Es flattert dann noch, das kann Minuten dauern. Aber es ist eigentlich schon tot.« Ich sah die beiden an. Sie hätten sich eine Geste abringen können, daß sie mein Geschwätz für möglich hielten. Ich hatte Ermunterung so nötig wie nie. Aber sie starrten nur dieses Zählwerk an, wie es auf 1 087 562 616 sprang und nach einer Minute weiter und weiter und immer weiter.

»Warum?« Mehr sagte Stefan nicht. Aber wahrscheinlich war es ihm gelungen, alle unsere Probleme optimal in ein Wort zu bündeln.

»Das geht nicht«, behauptete ich. »Das Kabel ist raus aus dem Gerät. Es ist hinüber. Es will uns bluffen. Das lasse ich nicht ...« Tom versuchte noch, mir in den Arm zu fallen, und es gelang ihm immerhin, mir beinahe den Arm zu brechen. Aber so gut er alles machte, er machte es mit dem falschen Arm, denn ich schlug mit der anderen Faust in die provozierend grinsenden Röhren. Es splitterte und knisterte, sprühte Funken wie ein Tischfeuerwerk, dann war Ruhe.

»Du Idiot«, rief Tom, »du riesengroßer Idiot. Du stinkendes Dusseltier. Du Kaputtmacher. Willst du uns alle in den Tod treiben?« Ich hatte beide Arme am Körper, die meisten seiner Schläge prallten auf meiner Deckung ab. Leider war Tom im Moment nicht nach Fairneß zumute, sonst hätte er mir nicht in den Magen geboxt. Ich lag auf dem Boden und bekam keine Luft mehr.

»Hört auf!« rief Stefan entsetzt und floh aus dem Raum.

Tom sah mir beim Herumwälzen auf dem Boden zu und sagte ohne Mitgefühl:

»Tut mir leid.«

»Dann ist ja alles gut.«

» ›Stinkendes Dusseltier‹ nehme ich zurück, weil du mein Hemd anhast. Der Rest bleibt gültig.«

»Aber warum? Wenn es doch weiterläuft? Wenn wir es doch kaputt machen müssen? Wenn wir ...«

»Willst du noch eine Ladung? Kapierst du gar nichts? Wenn das Zählwerk ohne konventionelle Verbindung weiterläuft, heißt das, daß es seine Impulse eben nicht durch dieses Scheißkabel kriegt.«

»Sondern?«

»Sondern durch die Luft. Über Funk.«

»So ein Quatsch. Was soll denn dann das Kabel?«

Tom schwieg. Ich freute mich, daß ich ihm sein neunmalkluges Mundwerk gestopft hatte. Er half mir dann auf die Beine, und ich war kurz davor, ihm zur Revanche mit dem Knie in eine garantiert schmerzempfindliche Region zu stoßen. Aber ich kam nicht dazu, denn Tom stand am Fenster und rief:

»Das glaube ich einfach nicht. Das glaube ich einfach nicht.« Und draußen war er. Ich blickte aus dem Fenster, über den Innenhof kamen zwei Männer von höchstens zwanzig, sie trugen zu zweit einen Kerzenleuchter. Ich blieb am Fenster und sah zu, wie Tom den Dieben entgegenwetzte. Der Dialog war einseitig und wurde von drohenden Armbewegungen begleitet. Dann entwand Tom den Dieben den Kerzenleuchter, rief ihnen Unfreundlichkeiten hinterher und hatte die Besucher aus der benachbarten Warteschlange auf seiner Seite. In diesem Moment wurde im Ritterhaus ein Fenster aufgerissen. Bea beugte sich heraus, verschwand, war wieder da. Es sah aus, als würde sie von innen daran gehindert, das Fenster zu erreichen. Aber dann war sie da, winkte mit beiden Armen in unsere Richtung, und sie rief etwas. Ich verstand über die weite Entfernung kein Wort, aber Bea war so offensichtlich in der Bredouille, daß ich Sekunden später die Wohnung des Verwalters verließ.

Mein Sprint über den Hof wurde von aufmunternden Rufen der wartenden Besucher begleitet. Ich rannte die Treppe zum oberen Hof hinauf und erstarrte. Hier trieben sich Menschen herum, niemand von uns, Fremde. Ein Dutzend, eher mehr. Mein plötzliches Erscheinen machte die Hälfte von ihnen verlegen. Einige traten, bevor ich ein Wort sagen konnte, den Weg Richtung Hofausgang an. Aber die andere Hälfte wankte und wich nicht. Ihre Gesichter waren keck, herausfordernd, aggressiv. Ich trat erregt auf einen Mann zu, aber die Art, in der er sich hinstellte, ließ mich stutzen. Ich kam nicht dazu, ein zweites Mal defensiv zu reagieren, denn die Eindringlinge spürten mein Zögern. Sie strafften sich, ihre Körper wurden größer, siegesgewiß, ich eilte zwischen ihnen hindurch die Treppe empor, und es war mir nicht recht, daß ich ihnen damit den Weg ins Schloß zeigte. An der schweren Tür blieb ich stehen, griff in meine Tasche, fand den Schlüssel und schloß von innen ab. Ich war keine fünf Meter von der Tür entfernt, als von draußen Faustschläge oder Tritte oder beides gegen die Tür erfolgten. Ich schlug mich zum Absperrgitter durch. Doch ich bedurfte keiner Information durch Bea mehr. Die Bescherung kam mir entgegen. Menschen trieben sich in den Gängen des Schlosses herum, und sie hatten keinen Führer dabei.

»Sie!« fuhr ich eine Frau an, die sich von mir abwendete. »Was haben Sie da eben in Ihre Tasche gesteckt? Ich möchte das sofort sehen!« Sie wollte fortlaufen, aber ich hatte sie nach wenigen Metern eingeholt und riß sie heftig am Oberarm. Um uns herum zögerten die Besucher, auf wessen Seite sie sich schlagen sollten. Die Frau hielt die Tasche zu, aber das war kein Problem. Ich entwand ihr die Tasche, öffnete sie und rief:

»Das darf ja wohl nicht wahr sein!« Anklagend hielt ich das Kruzifix in die Höhe, hinter mir rief eine Männerstimme:

»Bitte einen Moment so bleiben!« Ich drehte mich um und sah einen Camcorder auf mich gerichtet. Mit der freien Hand dirigierte mich der Mann dichter zu sich heran. Das konnte er haben, ich näherte mich gehorsam der Kamera, die Gattin des Filmers freute sich über meine Kooperationsbereitschaft. Aber das warme Gefühl war vorbei, als ich dem Gatten die dumme Kamera aus der Hand riß und gegen die Wand schleuderte. Vielleicht hatte die Kamera den Aufprall sogar heil überstanden. Jedenfalls veränderte diese Tat die Chemie der Umstehenden. Solange ich eine Diebin gestellt hatte, waren sie bereit gewesen, sich meiner Autorität zu unterwerfen. Aber jetzt war das vorbei. Fünf, sechs Männer kamen auf mich zu, riefen »Unerhört« und »Das zahlt doch keine Versicherung«. Ich stürzte davon, erreichte das Absperrgitter, es war offen, die Tür hing merkwürdig schief. Menschen drängten herein und verteilten sich im Schloß. Längst nicht alle schritten durch das Gitter, es war immer noch die Mehrheit, die davor wartete und, als ich auftauchte, erleichtert rief:

»Endlich! Da ist wieder ein Führer.«

»Sekunde noch«, sagte ich und drückte mich in den Aufenthaltsraum. Augenblicklich ließen die drei Jungen von Bea ab. Bea stand in der Ecke unter der Gipsbüste des Königs, in der Hand hielt sie den abgeschlagenen Bierkrug. Damit hatte sie die drei auf Distanz gehalten, die nun, als ich im Raum stand, wie aus einem Mund »Wir haben nur Spaß gemacht« riefen. Ich hielt die Tür auf, sie verkrümelten sich. Dem letzten trat ich in den Hintern, daß er seinem Vordermann ins Kreuz flog. Dann warf ich die Tür zu. Bea war blaß und hielt immer noch den gezackten Krug in der Hand. Ich trat auf sie zu, der Krug zuckte in die Höhe. Erst als ich sie ansprach, brach das den Bann. Bea legte die Waffe auf den Tisch, entspannte sich, als wäre nichts gewesen und sagte leichthin: »Irgendwann hat einer gemerkt, daß die Gittertür nicht verschlossen ist. Erst haben sie gerangelt und herumgealbert, dann waren sie drin. Wie sieht's denn hinten aus?«

»Die Mutigsten fangen an zu klauen. Aber wenn du energisch auftrittst, ziehen sie den Schwanz ein.«

Ich merkte, daß ich schon seit einiger Zeit das Telefon anstarrte. Das Telefon, über das wir keine Hilfe von außerhalb herbeiholen konnten. Mir wurde bewußt, wie ich rot anlief. Ich hatte seit Tagen keinen Telefonhörer mehr in der Hand gehabt. Ludwigs Leute hatten etwas behauptet, und wir hatten ihnen geglaubt. Tom und ich bildeten uns immer noch wunder was auf unsere Intelligenz ein und doch waren bereits perfekt domestiziert. Ich nahm den Hörer ab und hörte das Freizeichen. Vor Schreck setzte ich mich auf den Stuhl.

Das Telefon funktionierte. Es hatte also auch gestern

und vorgestern und an den Tagen davor funktioniert. Wir hatten ständig die Option auf Außenwelt gehabt und sie nicht genutzt.

Ich wählte zweimal die Eins, dann die Null. Ich räusperte mich, spürte, wie Bea mich anblickte.

»Sie enttäuschen uns«, sagte eine weibliche Stimme.

»Ist dort die Polizei? Dies ist ein Notruf. Sie müssen sofort kommen. Neuschwanstein, das Schloß.«

Die Frauenstimme lachte leise, aber es klang nicht besonders fröhlich. Dann wurde aufgelegt. Im nächsten Moment erklang vor der Tür stürmischer Beifall. Wir gingen uns das ansehen. Adam raffte gerade seinen meterlangen Mantel vor der Lehrerbrust zusammen und winkte huldvoll:

»Gemach, Untertanen. Ihr wollt doch euern König nicht in schlechte Stimmung versetzen.« Sie bestätigten ihm juxend, daß sie das natürlich nicht vorhätten. Adam schien unter dem dicken Stoff nicht zu schwitzen. Er spielte seine Rolle ohne Zeichen von Erschöpfung, und es gelang ihm spielend, weitere hundert Besucher mit sich auf einen neuen Rundgang zu lotsen. »Mit dem isses am geilsten«, hörte ich eine Besucherin zu einer Bekannten sagen, und andere Besucher riefen Adam hinterher:

»Laß dir Zeit, König. Dein Volk wartet gern.«

Adam produzierte eine dieser kuriosen Armbewegungen zwischen Karneval und Papstaudienz. Dann zog er mit der Hundertschaft im Schlepptau ab. Das letzte, was ich von ihm hörte, waren die in strengem Ton gesprochenen Worte:

»Faß das nicht an, sonst trifft dich mein Zorn, Untertan.«

Ich erkannte jetzt, warum mir die Gittertür vorher so schief vorgekommen war. Sie hatten sie aus der Halterung geschlagen.

»Was ist jetzt?« blaffte mich die Frau in der ersten Reihe an. »Macht ihr eine Führung, oder sollen wir das selbst in die Hand nehmen?«

»Paß auf, daß ich dir nicht gleich eine in die Schnauze

haue, Mädchen.« Sofort war der Begleiter der Frau zur Stelle, schob sie zur Seite, blies sich auf und tönte:

»Sag das noch mal, du Scheißhaufen.«

Im nächsten Moment stand der Möchtegernschläger mit dem Rücken an der Wand und atmete nur noch ganz flach. Der scharfe Rand des abgeschlagenen Bierkrugs drückte gegen seinen Adamsapfel. Ich mußte nur eine Winzigkeit stärker drücken, dann hätte die Blafferin eine intime Stelle an ihrem Galan kennengelernt, die sie noch nie zuvor nackt gesehen hatte: seinen Adamsapfel ohne Halshaut drumherum.

»Tun Sie Rico nicht weh«, bat sie mich mit leiser Stimme. Ihre Stimme war das Lauteste in dem bis eben noch so fidelen Wartegang.

»Ich hätte aber verdammt viel Lust, Ihrem Rico weh zu tun«, knurrte ich. »Er hat mich nämlich eben furchtbar beleidigt.«

»Das hat Rico nicht so gemeint. Das meint Rico nie so. Nicht wahr, Rico? Ist doch so. Warum nickst du nicht, Rico?«

Ich hätte ihr sagen können, warum Rico sich ein bestätigendes Nicken verkniff: Er hatte Angst um seinen Kehlkopf.

»Seht euch das an, Leute«, rief ich, griff Rico in die schönen Haare und drehte sein Gesicht der Menge zu, ohne den Krug von seinem Hals zu nehmen. »Rico möchte euch alle auffordern, mit der Schreierei und Klauerei aufzuhören. Sag den Leuten, daß du das willst, Rico!«

Weil Rico nicht gleich nicken wollte, nickte ich mit Ricos Kopf. Immer runter und rauf und rauf und runter und . . .

». . . er blutet!« rief Ricos Frauchen, und ich sagte:

»Rico will den Pakt zwischen den Besuchern und König Ludwig mit einem wertvollen Saft unterzeichnen. Mit seinem Blut. Wollen wir jetzt alle Rico beweisen, daß er nicht umsonst geblutet hat? Was meint ihr, Leute? Wollen wir?« Ich drückte zu, das Blut lief stärker. Ich hatte nie gewußt, wie einfach es ist, einen Menschen zum Bluten zu bringen. Wenn man den Widerstand der Haut überwunden hatte, ging es ganz leicht.

»Wir versprechen«, ertönte es aus der beeindruckten Menge. »Aber lassen Sie den Mann los. Wir haben uns hinreißen lassen. Wird nicht wieder vorkommen.«

»Was meinst du, Rico?« fragte ich. »Wollen wir alle fünf gerade sein lassen?« Ich erneuerte den Griff in seine Haare und nickte mit Ricos Kopf. Der Junge war so fertig. Ich verspürte solchen Ingrimm, und er wurde nicht weniger, er wurde nicht weniger, und ich traute mich immer noch nicht, Bea zu sagen, daß wir es nicht geschafft hatten, das Zählwerk zu zerstören. Ich ließ Ricos Haare los, er rutschte mit dem Rücken an der Wand entlang, bis er mit dem Hintern auf seinen Hacken saß.

3

Beim Abgang hatte ich keine Probleme. Man wich vor mir zurück. Grimmig genoß ich diese noch nie gespielte Rolle. Je länger ich Richtung Haupteingang unterwegs war, desto drängender wurde der Wunsch, sich zu bewegen.

Ich verließ das Schloßgelände durch den Torbau und hörte, wie eine Frau zu ihrem Mann mit Sommerhut sagte: »Sie haben hinterher keinen Ton gesagt, wie das Schloß in die Sendung gekommen ist. Ich habe bis zum Schluß darauf gewartet.« Ich machte kehrt, bat sie, stehenzubleiben, und fragte nach.

»Haben Sie es auch gesehen?« rief die Frau freudig. »Mein Mann will mir einfach nicht glauben, nur weil er auf dem Topf war.« Der Mann lächelte mich entschuldigend an. »Also, das war ganz klar das Schloß.«

»Welches Schloß?«

»Na, Neuschwanstein. Davon rede ich doch die ganze Zeit. Und sie haben bis zum Schluß nicht verraten, was das sollte.« Eine alleinstehende Wanderin im Popelinelook hörte im Vorübergehen wohl das Stichwort und mischte sich ein. Sie hatte gestern abend ebenfalls in der TV-Show 15 oder 20 Sekunden Neuschwanstein auf ihrem Bildschirm gehabt. Und auch ihr hatte das Fernsehen keine Begründung dafür geliefert. Während wir sprachen, eilten mehrere Jugendliche an uns vorbei. Sie kamen aus dem Schloß und wurden, als sie mich unerwartet hier stehen sahen, doppelt so schnell.

»Was rennen die so?« fragte der Mann. »Als hätten sie das Tafelsilber geklaut.«

»Genau das dürften sie getan haben«, knurrte ich und ließ das Trio stehen. Es mochte 11 Uhr sein, die Sonne brannte mörderisch. Plötzlich die ersten Pkw. Sie kamen gleich im Dreierpack zum Schloß hoch und bahnten sich einen Weg durch die Menge der Fußgänger. Ich stellte mich vor die erste Kühlerschnauze.

»Wie sind Sie hier hochgekommen?« Ich sah den Schalk im Auge der Fahrerin. »Bitte, fahren Sie sofort zurück!« forderte ich sie auf. »Die Straße ist für Autos gesperrt.«

»Och, wo wir nun schon oben sind . . .«

»Nun mal los!« rief ich. Die drei stellten sich demonstrativ dumm an. Ich kürzte die Sache ab, indem ich mich an die Fußgänger wandte:

»Die Dame hier im ersten Wagen hat sich gerade in unerhörter Weise über Sie, meine Damen und Herren, lustig gemacht. Sie hat gesagt: Wer dumm ist, geht zu Fuß. Ich schlage vor, wir geben den Schlaumeiern die gebührende Antwort. Was halten Sie davon?« Es knallte viermal, fünfmal, und vier oder fünf Wanderstöcke hatten vier oder fünf Dellen in Kühlerschnauzen und Wagendächer geschlagen. Sofort sprangen streitlustige Kavaliere aus den Wagen, aber sie waren absolut chancenlos, denn pro Wagen faßte ein Dutzend Männer an, in Null Komma nichts hatten wir sie um 180 Grad gedreht. Davon wurde der Lenker des nunmehr ersten Pkw dermaßen wütend, daß er zu schnell anfuhr. Eine betagte Dame konnte sich nur durch einen schnellen Sprung retten. Der Fahrer lehnte sich aus dem Fenster und rief:

»Troll dich, Oma.« Keine halbe Minute später war der Pkw im Grunde zwar noch unversehrt, allerdings lag er jetzt auf dem Dach. Feixend umstanden ankommende und abwandernde Besucher den Wagen. Ich bekam im Gedränge nicht mit, welche Komplikationen es um die beiden anderen Pkw gab. Jedenfalls klirrte Glas, Frauen kreischten, Männer röhrten, ein Schreckensschrei, und der auf dem Dach liegende Wagen ging in Flammen auf.

»Feuerwehr!« wurde gerufen und »Wasser! Wo ist Wasser?«. Ich eilte zum Platz vor unserem Stammkiosk der letzten Tage und bestieg einen der beiden dort abgestellten kleinen Bagger. Den Schlüssel fand ich in der Werkzeugbox neben dem Sitz. Der Bagger sprang gehorsam an. Ich war auf unkultiviertes, nagelndes Dieselgeräusch gefaßt gewesen. Statt dessen summte ein Elektromotor, ich kam mir vor wie in einem Jahrmarkts-Autoscooter, machte mich mit der Technik vertraut und lenkte das Kraftpaket dann Richtung Schloß. Der erste, den ich beinahe auf die Schaufel genommen hätte, war Tom. Er stand wie aus dem Boden gewachsen vor mir, drohte aufgebracht mit der Faust und rief:

»Warum sagst du denn nichts?«

»Du hast mich in den Bauch geboxt.«

»Aber doch nur, weil ich dich so gern habe.«

Er rannte dorthin, wo ich hergekommen war. Ich rangierte den Bagger an den drei Autowracks vorbei. Sie standen günstig, weil sie nachfolgenden Wagen den Weg versperrten. Deren Fahrer parkten vor dem Schloß und strebten dem Haupteingang zu. »Das bringt viel mehr Laune, wenn man direkt ranfahren kann«, sagte ein Mann zu einer Frau, und die Frau entgegnete: »Ach, der Spaziergang war doch immer schön. Wir haben beide zuwenig Bewegung.«

Der Weg zum Haupteingang war gepflastert, es dauerte einige Minuten, bis die ersten Steine herausgegraben waren. Ich mußte mit der Spitzhacke, die neben Schaufel und Stemmeisen hinter dem Sitz steckte, eine Bresche in die eng verlegten Steine schlagen. Tom wartete derweil im zweiten Bagger und setzte ungeduldig vor und zurück. Wir arbeiteten uns vom linken Rand der Zufahrt die vielleicht acht Meter zum Schloßsockel vor. Anfangs wunderten sich die Besucher nur, und wir störten ja auch noch nicht entscheidend.

Aber nach einer halben Stunde machten wir ihnen schon zu schaffen. Die ersten schimpften, besonders ältere Besucher zögerten. Und unter den Ausländern sah ich einige, die sofort eingeschüchtert den Rückweg einschlugen. »Am Sonntag werden die Faulen fleißig« und »Diese Deutschen rabotten selbst noch am Tag des Herrn«. Sie kamen nur noch auf einem Streifen von zwei Metern zwischen uns und der Schloßwand Richtung Haupteingang voran. Und wir baggerten beide wie die Wilden. Die Steinschicht war abgetragen, Tom begann Erdreich auszuheben. Ich arbeitete mich von der Seite vor. Es tat mir in der Seele wohl, eine Arbeit zu verrichten, die erkennbare Fortschritte machte.

Den ersten Schlag sah ich nicht kommen. Es war mehr eine Ohrfeige, die mir der Junge im Vorbeigehen verpaßte. Er blickte mich an, noch nicht einmal für Haß langte es bei ihm. Immer mehr Besucher blieben stehen und beschwerten sich über die Unbequemlichkeit. Ein Elternpaar hob den Kinderwagen über den Graben, und der Mann versprach uns, gleich am Abend einen Brief an die Behörde zu schreiben, die für Neuschwanstein zuständig sei. Dafür kippte ich ihm eine Ladung Erdreich vor die Sandalen.

»Aber was soll das bloß?« fragte jemand.

»Wir heben einen Graben aus. Wir schütten einen Damm auf.«

»Gegen die Ausländerflut?«

»Genau. Ins Schloß dürfen in Zukunft nur noch Ausländer hinein. Was sagen Sie nun?« Er war platt und beeilte sich, um noch einmal alles besichtigen zu dürfen.

»Immer so weiter«, rief Tom. »Wir verderben ihnen einfach ihr Vergnügen.«

Plötzlich stand unser falscher König neben uns. Er hatte

sich in der Zwischenzeit eine Korona von Bewunderern zugelegt und setzte die Deppen sofort zum Arbeitsdienst an Schaufel und Spaten ein. In einer Viertelstunde hatten wir den Zugang zum Schloß auf eine Weise verlegt, daß es bereits einer gehörigen Kletterei bedurfte, um über den Graben und den anschließenden Damm hinwegzugelangen.

»Wir brauchen Wasser«, rief ich Tom zu. »Schön Modder machen. Das ist Gift für ihre Sonntagskleidchen und dünnen Schuhchen.« Tom fand die Idee köstlich. Adam schickte einen Untertan los, er sollte Bea auftreiben, die von uns allen am besten über die Infrastruktur des Schlosses informiert war. Bea sollte einen Schlauch organisieren. Und einen Wasseranschluß.

»Hau ran«, rief Tom, »das Zählwerk läuft.« Ein erstes Paar machte vor dem Graben kehrt. Eine komplette Busladung älterer Menschen, fast alle gehbehindert, wandte sich mit Grausen, meine Stimmung wurde immer besser.

»Denen allen haben wir das Leben gerettet!« rief ich Tom zu. Dann überredeten wir den falschen König, eine Probe seiner Macht abzuliefern, indem er sich den Massen entgegenstellte und sie zur Umkehr aufforderte. Adam zögerte, ich provozierte ihn, das ließ er sich nicht bieten. Und während aus dem Schloß Bea mit Hilfe von Gleichaltrigen Wasserschläuche herbeischaffte, baute sich Adam vor dem Damm auf, bändigte seinen Parademantel und rief mit falschem Pathos, daß es mir den Magen umdrehte: »Untertanen! Haltet ein auf euerm Weg und hört mir zu!«

Natürlich schaffte eine Gestalt mit diesem Aussehen es spielend, die Hälfte der Menschen zu stoppen. Wir verlegten hinter seinem Rücken die Schläuche, und vorn rief Adam: »Das Leben eures Königs ist so reich und so vielfältig! Warum stürmt ihr alle in dieses mein Schloß? Warum ignoriert ihr Linderhof, das feine?«

»Da kommen wir doch gerade her!« ertönte es aus der Menge, und in dem Moment, in dem ich das Schlauchende in den Graben legte und es mit Pflastersteinen fixierte, rief eine andere Stimme:

»Da ist es heute genauso preiswert.«

»Wasser marsch!« kommandierte ich, »Wasser marsch« wurde Richtung Schloß weitergegeben, der Schlauch schwoll an und ergoß sich in den Graben.

»Modder!« rief Tom begeistert. Er kam von dem Wort »Modder« nicht los. Wasser und Erdreich verbanden sich zu Schlamm, der schnell über die Ufer trat und in züngelnden Rinnsalen über die Zufahrt zum Schloß mäanderte. Adams Parademantel wurde von der Dreckbrühe umspielt. Noch merkte der eifrige Monarch nicht, daß die herrliche Insignie seiner eingebildeten Macht böse in Mitleidenschaft gezogen wurde. Er donnerte fortgesetzt seine Untertanen an, und ich wurde das Gefühl nicht los, daß kein Wort von dem, was wir ihm erzählt hatten, zu ihm durchgedrungen war. Wir boten ihm lediglich Gelegenheit zu weiteren Auftritten. Die Schlammbrühe nötigte zahlreiche Besucher zum Rückzug.

»Achtung, Modder!« rief Tom frohgemut, viele Sommerschuhe wurden aus der Gefahrenlinie genommen. Wir schreckten die Hälfte der Besucher ab, mehr als die Hälfte, deutlich mehr. Aber wir schreckten nicht alle ab. Auch das verbrannte Auto trieb sie nicht in die Flucht. Selbst die wieselflink einen zweiten Graben aushebenden Vasallen des falschen Königs brachten den Besucherstrom nicht völlig zum Versiegen.

»Wir schaffen Autos neben das brennende Auto!« rief Tom. Unsere Bagger hatten wir an Nachfolger übergeben.

»Wo sollen wir Autos herkriegen?« fragte ich verdutzt. Als ich Toms Augen sah, wußte ich Bescheid. Er hatte den Respekt vor fremder Leute Eigentum verloren, und wenn jemand nur ausreichend wichtig auftrat, fand er sofort zehn Leute, die ihm zur Hand gingen. In weniger als fünf Minuten hatten wir ein halbes Dutzend geparkter Autos in zwei Dreierreihen quer über die Zufahrt gestellt. Tom sorgte mit einer Karte von Süddeutschland, die er am brennenden Wrack entzündete, für das Überspringen der Flammen. Die Feuerwand war gewaltig und wirkte auf der Zufahrt unüberwindlich. Minutenlang kam kein einziger Besucher an der Feuerwand vorbei. Wir auf der Schloßseite des Feuers mußten vor der Hitze zurückweichen. Dann die erste Explosion, und erst in diesem Augenblick, keine Sekunde vorher, wurde mir bewußt, was für eine Bombe wir dort gezündet hatten.

»Tom!« rief ich. Er lachte mich an, wies auf die Feuerwalze und rief: »Geil, was?« Er wirkte wie durchgedreht.

»Tom, das ist zu riskant! Wir müssen das ausmachen!«

»Was müssen wir ausmachen? Das Feuer? Spinnst du? Was soll ich denn dann fotografieren?«

»Aber du willst doch jetzt nicht ...?« Doch, er wollte jetzt fotografieren, und tat es sofort. Als ich unseren falschen König Adam mit dem Parademantel sah, schlammverschmiert vor der Flammenmauer das längst geflohene Publikum anpredigend, fand ich Toms Idee nicht mehr so abwegig. Ein zweiter Wagen explodierte und trieb die Kühnen, die sich zu dicht am Feuerdamm aufhielten, endgültig in den Wald zurück.

»Und wie kommen wir jetzt nach Hause?« fragten sich hinter mir die ersten der vom Rückweg abgeschnittenen Besucher.

»Wir warten. Ich habe schon mal einen Wagen brennen sehen. In zehn Minuten ist das vorbei.«

Der Mann hatte leider recht. Nach einigen hell auflodernden Minuten, in denen es aussah, als würden die Wagen stundenlang brennen, brach der schöne Feuerschein schnell zusammen. Die Flammen kamen nicht mehr in die Höhe, und sofort waren einige drahtige Besucher dabei, sich auf der Schloßseite an den Wracks vorbeizuarbeiten – vom Schloß fort und zum Schloß hin. Wir hätten unverzüglich die nächsten Wagen auf den Grill legen müssen, es war aussichtslos. Ich packte Tom am Arm, wir eilten davon.

Stefan berichtete, während das Zählwerk von 1 088 298 822 auf 1 088 298 997 weitersprang.

»Es ist langsamer gegangen. Das war toll, als es langsamer ging.«

»Wieso nur langsamer?« fragte ich sauer. »Es hätte stillstehen müssen.«

»Denk an die, die sich im Schloß aufgehalten haben«, sagte Tom. Es war deprimierend, von Rechthabern umringt zu sein.

Wir starrten auf das Zählwerk und hörten währenddessen zu, wie unter uns im Hof das Gemurmel der herbeiströmenden Besucher wieder anschwoll.

»Sie lassen sich nicht aufhalten«, murmelte Tom. »Nicht durch Wasser, nicht durch Feuer. Nicht einmal durch Modder.« Tom blickte mich forschend an, und ich sagte:

»Es wird Zeit, daß wir verschwinden.«

»Wohin?«

»Weg. Egal wohin, nur weg. Wenn wir alle in verschiedene Richtungen losstarten, wird einer durchkommen. Und ich glaube einfach nicht, daß sie sich dicht ans Schloß wagen, wenn sie wissen, was hier droht.«

»Darauf könnte ich so viel sagen«, sagte Tom. »Erstens: Die, die uns bewachen, müssen nicht zwangsläufig wissen, was hier droht. Zweitens: Solange ich nicht weiß, daß ich derjenige bin, der durchkommen wird, habe ich keine Neigung zu solchen Spielchen. Erinnert mich fatal an die zehn kleinen Negerlein. Und wir sind noch nicht mal zehn.«

Tom brach ab, vielleicht hatte er Stefans Gesichtsausdruck mitbekommen.

»Wenn sie sich nicht helfen lassen wollen . . .«, flüsterte der Junge, »ich meine, dann müssen sie uns doch freisprechen. Oder?« Jetzt war es an uns, ihn anzustarren.

»Dir macht doch niemand einen Vorwurf«, sagte Tom vorsichtig. Dann standen wir am Fenster und verfolgten, wie zwei Männer einen Gegenstand, den sie mit einer Sommerjacke bedeckt hatten, über den Hof trugen.

»Das ist dann also das Ende der Ordnung«, sagte Tom. »Als nächstes werden sie anfangen, die Scheiben zu zerschlagen. Vielleicht finden ja auch ein, zwei Orgien statt. Widerlich.«

Plötzlich stand Bea hinter uns. »Seht euch das an«, sagte sie eifrig und hielt uns eine Videokassette entgegen.

»Was ist das?« fragte Tom. »Ein Neuschwanstein-Werbevideo? Bewahre es gut auf, es wird bald historischen Wert haben. Überhaupt sollte ich viel mehr fotogra . . .«

Stefan sprang auf Bea zu, entriß ihr die Kassette, drückte sie an sich wie einen Schatz: »Das ist Kunos Schrift.«

»Ich habe die Kassette in der Kiste gefunden«, erklärte Bea. »In der Kiste von . . . also von . . .«

»Pückler«, sagte ich, Bea nickte.

»Hinter dem Aufenthaltsraum für die Führer liegen ja die Toiletten. Dahinter ist noch eine kleine Abseite, so ein Gerümpelraum für Staubsauger und Wassereimer. Jedenfalls gibt es da auch dieses Versteck.«

»Was für ein Versteck?«

»Das, von dem mir Hans erzählt hat. Er hat doch so gern fotografiert, und sie haben sich immer alle über ihn lustig gemacht. Dem wollte Hans wohl aus dem Weg gehen. Na ja, jedenfalls . . .«

»Seine Schrift«, sagte Stefan beklommen und streichelte die Kassette.

»Wieso Kuno?« fragte ich. Dann erinnerte ich mich. »Kuno hat doch ein Faible fürs Fotografieren gehabt. Wer hat uns das noch mal erzählt?«

»Die Mutter«, antwortete Tom. »Deine Mutter, Stefan. Weißt du noch? Als wir bei euch waren? Sie hat gesagt, daß dein Bruder in der Gegend herumgejobbt hat und daß ihm alles nicht zugesagt hat. Bis er dann ans Filmen kam. Auf Veranlassung oder Vermittlung von Kay, meinem sauberen Kollegen aus Füssen.«

»Kuno ist mit der Firma rumgereist«, sagte Stefan eifrig. »Die Firma, die die Werbeaufnahmen von den Schlössern gemacht hat.«

»Allen Schlössern?«

»Klar«, sagte Stefan eifrig. »Kuno ist mit denen rumgefahren.«

Schlagartig stand der Junge im Mittelpunkt, aber davon bekam er Angst, und wir waren gezwungen, unsere Ungeduld mühsam zu bändigen. Jede Sekunde Rücksichtnahme ging von der Zeit ab. Und wir hatten von keinem

Gut so wenig Vorrat wie von Zeit. Es war Bea, die Stefan zum Reden brachte. Und auch bei ihr stellte der Knabe nicht gerade neue Geschwindigkeitsrekorde auf.

»Die Firma hat gesagt, sie will die Schlösser abfilmen, und in zehn Jahren wollen sie's noch einmal machen. Und in 20 Jahren wieder. Damit wir sehen können, was sich verändert hat.«

»Idiotisch«, sagte Tom. »In den Schlössern verändert sich gar nichts. Da verändern sich höchstens die Gesichter der Führer.«

»Und Werbung wollten sie machen aus dem, was sie alles abgefilmt haben. Deshalb wollten sie auch alles so genau abfilmen. Ich weiß noch, daß Kuno sich da rüber gewundert hat: daß sie auch noch den kleinsten Kerzenständer abgefilmt haben. Ich meine, was ist schon wichtig an einem kleinen Kerzenstän...?«

»Weiter, weiter.«

»Weiter ist nichts. Da war Kuno mit dabei. Und er hat Lust gekriegt, zu fotografieren und zu filmen. Und er hätte bestimmt damit angefangen, wenn sie ihn nicht... wenn sie ihn nicht...«

Dann war erst einmal Schluß mit Reden, und ich flüsterte Tom zu:

»Wo kriegen wir einen Videorecorder her?«

Tom verließ die Wohnung, der Zähler stand auf 1089118004. Die erste Begegnung mit dem Gerät hatte mich aufgewühlt, die zweite hatte mich aktiv gemacht. Jetzt strömte der Kasten etwas ungemein Beruhigendes aus. Es ging voran, zwar dem Abgrund entgegen, aber voran. Kein quälender Stillstand, keine sinnlose Hektik im Laufrad. Es ging voran, und wenn das Ziel erreicht war, würde es keiner früher wissen als ich. Der Traum jedes Reporters: Erster zu sein.

»Was lächelst du so?« fragte Bea.

»Wie lächle ich denn?«

»Als wenn du krebskrank wärst.«

Im Flur des Torhauses erklangen Männerstimmen: eifrig, eilig, neugierig. Tom bog mit einem männlichen Paar um die Ecke: Schwule in der Phase, wo sie mit 50 Accessoires permanent beweisen müssen, daß sie sich nicht verstecken wollen. Sie waren in den Dreißigern, möglicherweise sympathisch. Aber mich interessierte an ihnen nur eine Eigenschaft: Sie waren Amateurfilmer und schleppten nicht nur einen erstklassigen Camcorder, sondern auch eine komplette Abspielstation mit sich. Befragt nach dem Grund für diese Überausrüstung, gaben sie zur Antwort, daß ihnen in der jüngeren Vergangenheit mehrere Aufnahmen mißlungen seien und sie jetzt die filmische Beute gleich an Ort und Stelle überprüfen wollten, um sich Enttäuschungen zu ersparen. Sie brauchten wie Stefan viel zu lange für ihre Erklärungen. Immerhin bauten sie zügig auf, schon lag die Kassette im Schacht.

»Ihr Kollege hat gesagt, es geht um eine journalistische Recherche«, flüsterte mir der mit den größeren Steinen in den Ohren zu. Er glühte vor naiver Begeisterung über den spannenden Beruf des Reporters. Ich ließ ihm die Freude, und wir unternahmen gemeinsam einen Marsch durch die Schlösser Herrenchiemsee, Linderhof und Neuschwanstein. Am Ende folgte nach einigen Sekunden Schwarzband noch Architektur, die Bea als das Forsthaus auf dem Schachen erkannte. Die Bilder gehorchten keiner Dramaturgie, weder Dokumentarbedürfnissen noch Spielfilmlogik. Es handelte sich um Rohmaterial, schmucklos hintereinander weg, wie es gefilmt worden war. Im Rahmen der Schlösser ging es von drinnen nach draußen und zurück. Die Kamera sprang über mehrere Geschosse, rückte dicht an Kunstgegenstände heran, schweifte über Räume, und zwischendurch liefen Menschen durchs Bild. Gleich am Anfang rief Stefan »Kuno!« und legte seinen Kopf weinend an Beas Schulter. Die Amateurfilmer schwiegen, aber sie hatten sich eine journalistische Recherche sicherlich aufregender vorgestellt.

»Guck dir das an«, sagte Tom, als die Kamera einen Tafelaufsatz in epischer Ausführlichkeit umkreiste. Immer wieder wurden Maßstäbe neben oder Raster unter die Gegenstände gelegt.

»Das kann mir doch keiner erzählen, daß so die Rohaufnahmen für eine fetzige Werbekampagne aussehen. Das ist nicht für die Öffentlichkeit gedacht, das ist für Fachleute und ausschließlich für Fachleute.«

»Aber warum machen sie das auch bei den anderen Schlössern, wenn sie nur Neuschwanstein ...?« Tom blickte in die Gesichter der nach Informationen gierenden Amateurfilmer und hielt den Mund. Während auf dem Monitor die Kamera den Spiegelsaal von Linderhof abküßte, sagte ich leise zu Tom:

»Das ist wie bei unseren Heimatvertriebenen nach 1945. Die konsumieren doch auch wahllos alles, was sie an ihre alte Heimat erinnert.«

»Ach, so denkst du dir das? Die bauen alle Schlösser nach und filmen *hinterher* die ersten und echten ab, falls die Sehnsucht zu groß wird?«

»Warum nicht? Die erste Freundin bleibt auch bis zur Bahre immer was Besonderes.«

»Das ist nicht falsch«, gestand Tom und blickte mich aus verklärten Augen an. Die Geschichte seiner ersten Liebe kannte ich natürlich seit Jahren, das mußten wir nicht ausgerechnet jetzt vertiefen.

»Das Original bleibt immer das Original«, fuhr Tom fort. »Also ich kann das verstehen, daß sie am Ende sentimental geworden sind.« Wir waren mittlerweile in Herrenchiemsee angekommen, umkreisten das marmorne Standbild des Königs, wollten uns gar nicht wieder trennen, und ich murmelte:

»Die kenn' ich. Die kenn' ich von irgendwoher.«

»Das ist keine ›Die‹, sondern ein ›Der‹.«

»Ich meine nicht den Reiter, sondern ...«

»... sondern das Pferd«, sagte Tom lachend, und ich kam einfach nicht darauf, woher ich diese Frau kannte. Es folgte Schwarzbild, danach befanden wir uns in Ludwigs Schlafzimmer in Herrenchiemsee. Es war so absurd groß und so unerhört prächtig, und wohin der Kameramann auch ging, immer stand dieser unpassende Kamerakoffer aus Aluminium im Bild. Es handelte sich offensichtlich um allererste Probeaufnahmen, während das Team noch mit dem Aufbau des Lichts beschäftigt war.

»Zwei Welten«, murmelte ich und starrte auf den Koffer, den silbernen Koffer. Dann sprang ich auf. Die heftige Bewegung jagte allen einen Schreck ein.

»Der Wohnwagen!« rief ich. »Die Bombe ist im Wohnwagen. Wir haben immer angenommen, daß der Sprengstoff seit 100 Jahren im Schloß versteckt ist. Wir sind so dumm.« Ich rannte los, aber ich rannte Tom nicht davon. Er rumpelte hinter und neben mir über Treppenstufen und Innenhof. Wir stießen die Besucher zur Seite. Mehr als einer stürzte und schrie dann, oder ein Begleiter rief uns Verwünschungen hinterher. Aber wir waren so schnell und rücksichtslos, uns konnte keiner. Auf der Treppe zum oberen Hof waren Menschen unterwegs, nicht nur Vereinzelte, Scheue, die man mit einer herrischen Handbewegung in den öffentlichen Bereich zurückschicken konnte. Die hier waren alle frech. Ein Zeitpunkt war überschritten, und wir hatten ihn verpaßt. Zwischen der Außentreppe des oberen Hofs und dem Eingang zum Schloß verlief eine Ameisenstraße der Besucher. Viele standen auch vor der Kemenate, ich hatte jetzt keine Zeit, mich dafür zu interessieren, wie viele sich wohl im Innern aufhalten mochten, hatte keine Zeit, den Mundräubern die kalten Fleischstücke aus der Hand zu schlagen. Sie plünderten die Reste vom Fest, sie hatten keine Hemmungen mehr.

»Weg da!« brüllte ich. Die, die den Wohnwagen bestaunten, drehten sich überrascht um. »Hier wird abgesperrt!« rief ich, und als einer mit der Hand über die Wohnwagenhaut fuhr, ergriff ich sein Handgelenk und schleuderte den Arm zurück. »Hören Sie schlecht?« Er war nur verdutzt, obwohl er den Körper eines Mannes besaß, der sich nichts gefallen zu lassen brauchte. »Sie müssen sofort vom Hof verschwinden!« rief ich und stellte mich mit dem Rücken an die Wagentür.

»Wir müssen gar nichts.« – »Hört ihn euch an.« – »Erzähl noch einen.« Die Menge wich nicht, ich hatte die Aufmerksamkeit der gesamten Hofbevölkerung, und auf der Treppe blieben sie nicht nur stehen, zwei oder drei machten kehrt und kamen auf uns zu.

»Es ist eine Bombendrohung eingegangen! Wir haben Grund zur Annahme, daß die Bombe sich in diesem Wohnwagen befindet.« Ich schaute in die Gesichter und faßte es nicht. Sie lachten. Lachten oder lächelten, juxten sich, waren amüsiert. Ich suchte Hilfe bei Tom, aber Tom schaute in das Fenster neben mir. Als ich mich umdrehte, geschah es gerade so rechtzeitig, um erkennen zu können, wie mir der halbwüchsige Junge im Wohnwagen eine Grimasse schnitt.

»Ganz ruhig«, sagte Tom und hielt mich am Arm fest.

»Wie spät ist es?« fragte Tom unsere Zuhörer, es wurden immer mehr.

»Komm her«, rief eine Stimme im Hintergrund. »Hier gibt's noch was.«

»Wie spät?« fragte die Frau erstaunt, und eine eifrige Stimme rief:

»Gleich zwölf.«

»O Gott«, sagte Tom und schlug ein Kreuz. Er drehte sich zu dem Jungen im Wagen um und sagte: »Adieu. Wie sinnlos der Tod sein kann.« Ich war starr vor Überraschung, die einzige Bewegung kam von dem Jungen im Wagen, der immer entsetzlichere Grimassen schnitt. Die Zuschauermenge wurde von Nachdrängenden noch weiter aufgefüllt, aber die letzten gerieten in den Abmarsch der vorn Stehenden. Kein Scherzwort mehr, keine herausfordernde Körperhaltung. Ich erlebte eine zügige, doch beherrschte Flucht. Dann die Frauenstimme:

»Andreas! Wir können doch Andreas nicht hierlassen!«

Der Mann neben der Frau vollführte zwei Schritte in Richtung Wohnwagen. Er blickte Tom an, blieb stehen, kehrte um, ergriff seine Frau am Arm und zog sie mit sich.

»Andreas! Mein Andy«, rief sie, aber sie wurde mit dem Strom davongeschwemmt.

»Nicht ins Schloß!« rief Tom den Fliehenden hinterher. »Bleiben Sie unbedingt im Freien.« Er lieferte keine Begründung für sein Ansinnen, aber sie gehorchten ihm aufs Wort. Der Hof leerte sich im Laufschritt. Wir standen nebeneinander am Wohnwagen, und Tom zischte:

»Wehe, du lachst.«

Ich lachte nicht. Selbst der Fratzenschneider im Wagen lachte nicht mehr, nur noch verdutzt war sein Gesicht, seitdem er den Verlust der Eltern begriffen hatte. Plötzlich war Tamenaga da. Ich mochte keine Schleicher, ich hatte es lieber, wenn ich das Näherkommen hörte. Aber Tamenaga war jetzt Gold wert. Wir schickten Tom als den bewiesenermaßen besten Bluffer zur Treppe, um dort dichtzumachen. Ich teilte Tamenaga mit, was er wissen mußte, und stellte ihm frei zu gehen. Ich erwartete aber, daß er bleiben würde, und er blieb. Dann öffnete ich die Tür des Wohnwagens. Der Junge stand gleich hinter der Tür, die Mimik verzagt, der Körper unterwürfig. Er schien auf eine Ohrfeige zu warten, ich wollte ihn nicht enttäuschen und verpaßte ihm ein Ding, das ihn von den dünnen Beinen holte. Er kroch rückwärts aus meiner Reichweite, rappelte sich hoch und floh.

Zu zweit durchsuchten wir den Wohnwagen. Obwohl ich wußte, wie der Zugang zum Unterboden freizulegen war, hatte ich große Probleme mit dem Mechanismus. Aber ich schaffte es, natürlich genoß ich Tamenagas stummes Staunen und lag gleich auf dem Bauch. Der Anblick der Plastikbehälter deprimierte mich. Ich war davon ausgegangen, daß sie den Sprengstoff ohne Verhüllung angebracht hatten. Der Anblick der vielen Kästen, die gestern noch Millionen Mark und Franken enthalten hatten, reizte mich so sehr, daß ich mich nicht lange mit Theorien über die Stoßempfindlichkeit von Sprengstoff aufhielt. Nacheinander holte ich alle Kästen aus dem Keller und öffnete sie. Ich spürte es schon am Gewicht, aber ich öffnete alle bis zum letzten Kasten. Sie waren leer. Zu diesem Zeitpunkt saß ich längst im Unterteil des Wohnwagens und kroch auf allen vieren in alle Ecken, weil ich wußte, daß moderner Sprengstoff mehr Ähnlichkeit mit ausgerolltem Kuchenteig als mit altmodischen Dynamitstangen besaß.

Hier unten war nichts. Ich kroch aus dem Loch und startete eine wütende Durchsuchung. Es war mehr ein Umreißen der Möbel, aber das brauchte ich jetzt, und Tamenaga, der sich erst erstaunt an die Wand gedrückt hatte, ließ sich von meinem Rasen mitreißen und ging ähnlich rüde vor. Stühle kippten, Betten wurden von der Wand geklappt, Matratzen umgedreht. Die verspiegelte Bar landete auf dem Rücken, und am schlimmsten hausten wir in der Küche.

»Such, Tamenaga, such. Diesen verdammten Wasserhahn kann man garantiert aus der Halterung reißen. Such!« Ich spürte seine klugen Augen auf der Haut, ich wollte ihm so gern etwas anderes bieten als Aktionismus. Wir dürsteten alle nach einem Erfolgserlebnis. Das Zählwerk lief.

»Was ist da draußen?« fragte ich gereizt und kantete mit Hilfe des größten Küchenmessers das Becken der Duschwanne in die Höhe.

»Sie laufen«, berichtete Tamenaga von der Tür, »sie fliehen.«

Ich war sofort bei ihm, aber erst als wir an der Steinbrüstung zum unteren Hof standen, wurde mein Herz weit. Sie flohen in Scharen. Hunderte von Besuchern ergossen sich aus allen Zugängen zum Schloß. Keiner ging oder schlenderte. Es war Zug in der Gemeinde, und es zog sie fort vom Schloß. Nichts war mehr zu spüren von der dreisten Herausforderung, die uns in den letzten Viertelstunden immer wieder und immer stärker begegnet war. Vielleicht hätten sie nur noch 20 Minuten gebraucht, um endgültig über das Schloß herzufallen, vielleicht nur noch fünf Minuten.

»Ja, jetzt habt ihr es eilig«, murmelte ich zufrieden. Tamenaga wies nach vorn. Aus einem Fenster im Torbau lehnte Tom. Er hatte die Arme ausgebreitet, als wollte er die Fliehenden segnen, wollte und rief mit einem Organ, das den ohnehin nicht leisen Geräuschpegel spielend übertönte:

»So bleibt doch! Es gibt eine Chance! Vielleicht sterben

nicht alle.« Das verlieh der Flucht zusätzlichen Schwung. Die Masse drückte sich durch das Nadelöhr Torbau. Menschen gerieten ins Straucheln, wurden rücksichtslos gerempelt, hielten sich mühsam auf den Beinen. Es war noch keine Panik, aber es war kurz davor. Wir konnten zusehen, wie bei denen da unten die Angst um die eigene Unversehrtheit Vorrang vor antrainierter Höflichkeit gewann. Kräftige Körper verschafften sich Raum, schmächtige Körper ruderten um ihr Gleichgewicht. Und aus dem Fenster lehnte Tom und segnete die Menge.

»Der Mann ist gut«, murmelte Tamenaga. »Ludwig würde ihn gemocht haben.«

Ich eilte zum Wohnwagen zurück. Aus der Kemenate stürzten letzte Flüchtlinge, erkannten, wie dicht sie dem Wohnwagen waren, erstarrten, dann Flucht. Mir war schleierhaft, wie sich die Kunde von der Bombe im Wohnwagen so schnell herumgesprochen hatte. Immerhin waren im Schloß große Distanzen und mehrere Stockwerke zu überwinden.

»Wir sollten jetzt auch fliehen«, sagte eine Stimme hinter mir. Ich klemmte in der Toilette, hebelte immer noch an der Duschwanne herum.

»Was redest du denn da? Hast du Angst?«

»Haben Sie keine Angst?« fragte Tamenaga.

»Nein. Natürlich nicht.«

»Warum nicht? Wann haben Sie Angst?«

»Hinterher.«

»Hinter was?«

»Hinter ... wenn wir gewonnen haben. Ich meine, wenn das Schloß in Sicherheit ist, wenn wir es gerettet haben.«

Vorn im Wagen plötzlich ein Geräusch. Ich griff das Messer fester, es erschien Marie Schott. Sie sah verschwitzt und abgerissen aus, aber sie stand unter Strom. Sie war voller Angst, Angst um mich und zum Teil vielleicht auch um diesen Japaner. Sie war ganz Gegenwart, war pragmatisch und zupackend, und sie kümmerte sich einen Dreck um kluge Grundsatzdebatten. Jetzt ging es nicht um Seele, sondern um Sprengstoff und ein Schloß. Und höchstens zu einem Promille um eine Reportage, die mich unsterblich machen würde.

»Es ist nur ein Verdacht«, behauptete ich.

»Aber danach sollten wir uns in Sicherheit bringen«, entgegnete die Privatpolizistin. »Ich habe übrigens den Kiosk aufgemacht. Sie wollten anfangen zu plündern. Bea hält die Stellung.«

»Kommt es dir auch wahrscheinlich vor, daß sie den Sprengstoff erst gestern abend hergeschafft haben?«

Sie nickte. »Ich finde das naheliegend. Und gefährlich.«

Sie konnte lange warten, bevor ich auf ihr Angebot zum Rückzug eingehen würde.

»Wir könnten den Wagen in die Schlucht stürzen.« So redete sich Tamenaga ins Zentrum der Aufmerksamkeit.

»Wir kriegen den nie im Leben über die Mauer.«

»Wir haben den Kran.« Der Kran stand noch auf dem Innenhof. Ich hatte mich gewundert, daß sie ihn nicht mitgenommen hatten. Aber welchen Wert konnte ein Kran für jemanden besitzen, der 24 Stunden vor dem Umzug auf die andere Seite der Erdkugel steht?

»Die Ketten fehlen.« Ich wußte das nicht, aber ich stellte es versuchsweise in den Raum.

»Die Ketten liegen auf dem Hof«, korrigierte mich Tamenaga.

»Hört auf zu suchen«, bat uns die Schott. »Es ist zu gefährlich.«

»Wir werden doch in der Lage sein, in einem Wohnwagen etwas zu finden, das ja wohl etwas größer als eine Schachtel Streichhölzer ist.«

»Bitte.«

»Ich suche weiter. Der Japaner kann gehen, wenn er will.« Die Schott war nicht Ricarda, gegen diese Frau hier hatte ich die Chance, mich durchzusetzen. Ich spürte, wie sie in meinem Rücken Blicke wechselten. Sie waren dann immerhin so einfühlsam, ohne weitere Reden zu verschwinden. Sollten sie doch gehen, ich würde diesen Wagen umkrempeln wie eine Socke. In der Küche stieß ich auf Reys Werkzeugkasten, hervorragend sortiert. Für meine Zwecke am besten geeignet war ein kapitaler Schraubenzieher, man hätte mit ihm einen Elefanten erstechen können. Ich untersuchte die Küchengeräte und nahm mir dann die Wandverkleidungen vor. Zu diesem Zeitpunkt befand ich mich in einem Stadium zwischen Klarsichtigkeit und Euphorie. Endlich stand ich einem Gegner gegenüber, endlich war die Zeit des Herumlaufens Vergangenheit. Unsere Gegner waren hochintelligent und meinetwegen genial. Aber sie hatten unsere Scharfsichtigkeit nicht auf der Rechnung gehabt. Tom und ich waren Kerle, mit denen man nicht rechnete. Wir hatten immer noch einen Stein mehr auf der Schleuder. Uns konnte man nur erschlagen, aber nicht besiegen. O, wie ich den Widerstand der Wandverkleidung genoß. Sie wehrte sich, wollte nicht weichen, haftete auf der Wohnwagenwand wie mit tausend Nieten verschraubt. Tief trieb ich den Schraubenzieher zwischen Wand und Verkleidung, setzte den gesamten Oberkörper ein, um endlich diese verdammte Verkleidung von der Unterlage zu sprengen. Am Rande wunderte ich mich, daß die Geräusche der Flüchtenden nicht bis zu mir durchdrangen. Immerhin war ich keine 30 Meter von ihnen entfernt.

Sie hatten sich alles fein ausgedacht, ich war voller Bewunderung für die Größe des Unternehmens: das Schlafkirchengeheimnis im Falkenstein, die letzten Lebensjahre des Königs, der Bau von drei kompletten Schlössern. Sie waren Genies in der Kunst der Geheimhaltung, sie hatten jeden Geheimdienst blamiert, jede Regierung, jeden Industriekonzern. Bei diesen Organisationen drang früher oder später etwas an die Öffentlichkeit. Ich lebte in einer enthüllten Welt. 80 Prozent aller Erkenntnisse, die unsere Geheimdienste in ihre Rapports schrieben, hatten sie am Kiosk gekauft, acht von zehn Informationen stammten aus Quellen, die frei zugänglich waren. 19 Prozent des Rests recherchierte unsere sympathische vierte Gewalt: Nachrichtenmagazine, Tageszeitungen, selten Rundfunksender und fast nie das Fernsehen. Wer in meinem Staat etwas herauskriegen wollte, bekam es im Verlauf von Wochen heraus. Die drei oder vier mysteriösen Todesfälle und mysteriösen Bestechungsfälle waren nicht wegen ihrer Tatsache von Belang, sondern wegen ihrer kleinen Zahl. Bei uns war alles entmystifiziert, der Adel seit Jahrzehnten eine Lachnummer, die Macht der Kirche nur noch auf winzigen Parzellen in Kraft. Geheimnis war ein Begriff, der in meinem Staat nur noch in der Werbung vorkam, wenn Parfümproduzenten so taten, als ob die Männer nicht längst alle Tricks der Frauen kannten, und vice versa. Ich lebte in einer prosaischen Welt, nicht nur Diana bekämpfte leidenschaftlich die letzten liebevoll über die Generationen geretteten Rituale mit der deprimierend hellen Flamme der Vernunft. Geheimnisse waren in meiner Welt eine aussterbende Spezies, und seit 20 Jahren war es meine Profession, an dieser grandiosen Enthüllerei mitzuwirken. So – und dann gab es meine freundlichen Ludwig-Liebhaber, ein harter Kern von fünf oder zehn, und drum herum ein Fruchtfleisch von 1000 oder 1500: allesamt Menschen wie eigens gebacken, um Durchschnittlichkeit zu demonstrieren. Alle angesiedelt in einer der öffentlichsten Gegenden nicht nur Deutschlands, sondern der gesamten Erde. Kaum eine Region war touristisch weiter gehend erschlossen. Hier trafen sich Europäer, Asiaten und Afrikaner. Das Voralpenland um Füssen und die Königsschlösser sahen seit Jahrzehnten Jahr für Jahr bis zu zwanzig Millionen Besucher. Wer hier in faschistischer Manier gegen Fremde polemisieren wollte, hatte schneller das Stuhlbein des eigenen Vaters über dem Schädel, als er »papp« sagen konnte. Tom und ich lebten seit sechs Tagen in einer Megalopolis, die nur deshalb nicht Megalopolis hieß, weil dieser Begriff für Stadtlandschaften wie Los Angeles und Tokio reserviert ist. Hier stand kein einziger Wolkenkratzer, kein Großflughafen, hier gab es keine Autobahn und keine Slums; aber hier herrschten Internationalität, Mehrsprachigkeit und die Bereitschaft, beim Verkauf eines Glases Bier 20 fremde Währungen zu akzeptieren. Wer hier morgens um 2 Uhr auf der Suche nach einem Quartier an die Türen klopfte, dem wurde aufgetan, und der Türöffner hatte keinen Karabiner in der Hand, sondern als Gipfel der Militanz bestenfalls eine Währungs-Umrechnungstabelle in Spielkartengröße.

Meine freundlichen Ludwigianer, der Inbegriff des redlichen Steuerzahlers und Wählers staatstragender Parteien; Menschen, die ihre Kinder taufen ließen und hundertmal gemütlich im Wohnzimmer gesessen hatten, während sich nebenan im Gästezimmer eine japanische Hochzeitsnacht ereignete – sie besaßen ein Geheimnis und hatten es mehr als 100 Jahre lang bewahrt. Nie war auch nur ein Gerücht in Kreise außerhalb des Zirkels vorgedrungen, nie hatte eine krude publizistische Quelle darüber berichtet; selbst das charakterlich schwächste Mitglied der 1500, selbst notorische Plaudertaschen hatten dichtgehalten. Tom und ich waren an viel mehr dran als an einem ordinären politischen Skandal. Die Politkaste war berechenbar, ihre moralische Verkommenheit und kriminelle Energie nicht bemerkenswerter als ihre praktische Unfähigkeit zur Lösung von Problemen. Wirtschaftskriminelle, Steuerhinterzieher, Schwarzgeldkönige, Versicherungsbetrüger, Heiratsschwindler – alles ausgereizte und ausgeleuchtete Techniken, tausendfach entlarvt, vermessen, analysiert, archiviert. Dies war kein politischer Skandal, dies war keine neue Religion, die ja seit Jahren auch nur noch als Variante der Kapitalanhäufung auftrat. Dies war kein Modetanz und keine Boom-Sportart; kein Musikstil, der die Hitparaden stürmte, und keine Kunstrichtung, die Auktionen zu Sensationen machte. Wir waren an etwas dran, für das mir kein Ausdruck einfallen wollte. Man konnte darüber eine Reportage schreiben, man konnte es fotografieren – doch es sprengte den Rahmen einer Reportage und den von Fotografien.

Ich kippte nach hinten. Der Schraubenzieher klemmte hinter der Wandverkleidung. Als ich mich aufrappelte, hatte ich einige Mühe, ruhig zu stehen. Dann kniete ich vor meiner Arbeit, griff mit beiden Händen zu und riß die

Verkleidung ab. Draußen sprang ein Motor an. Ein Ruck wollte mich erneut umwerfen, aber ich stand breitbeinig und hielt mich fest. Der Ruck kam kein zweites Mal, aber ein weiches Schaukeln blieb erhalten. Ich führte es auf meinen Kreislauf zurück. Ich schwitzte auch schon wieder und roch streng. Gestern hatte ich meine Ausdünstungen noch für maskulin gehalten, heute war es Gestank.

»He!« Ich klebte am Fenster. Die Schlucht schwankte. Die Explosion! Eine Explosion tief im Berg, lautlos, von der wir nur die Druckwellen spürten. Ich taumelte zum Fenster der anderen Wagenseite.

Das Schloß schwankte.

Es war soweit. Es war nicht soweit, denn ich kannte Neuschwanstein mittlerweile gut genug, um zu erkennen, daß ich mich auf gleicher Höhe mit dem ersten oder zweiten Obergeschoß befand. Und das Schaukeln hörte nicht auf. Vereinzelt Gesichter in einem Fenster, alles wackelte, der Wagen wackelte und ich im Wagen. Ein Schlag mit dem Ellenbogen, das Glas sprang heraus.

»Tom!« Hinterher erzählte mir Tom, daß er meinen Ruf als rührend empfunden habe. Der Kran, an dem der Wagen und ich im Wagen hingen, erreichte in dieser Sekunde die Mauer, die den Hof von der Schlucht trennt.

»Tom!« Niemand half, und ich sah – instinktiv am Fensterrahmen festgeklammert –, wie mich der Kran vom Hof über die Schlucht schwenkte. Einen Moment sah ich noch die Kemenate, denn neben ihr stand ja der Kran am Rand der Schlucht. Dann blickte ich nur noch hinab, wie festgefressen klebte mein Blick an der Unendlichkeit unter mir. Der Wohnwagen kreiselte schwach, und es gelang mir nicht, den Fahrer des Kranwagens zu erkennen. Weiter und weiter fuhr der Kran aus, gleichzeitig senkte sich der Ausleger. Ich hatte den Granit des Felsens vor Augen, eine Wand aus Stein, unerreichbar fern, von der sich der kreisende Wagen jetzt abwandte. Die andere Seite der Pöllatschlucht war Kilometer entfernt. Ich hatte die Schlucht oft genug von der Marienbrücke gesehen. Ich ahnte, wie ich nach dem Absturz in diesem Wohnwagen aussehen würde. Es waren so viele Meter, keine Chance zu überleben, selbst wenn der Wagen mit 50 Matratzen ausgestopft gewesen wäre. Aber ich sah nur die eine elende Matratze des Doppelbetts, das ich von der Wand geklappt hatte, sie war genauso hart, wie es bei zwei rückenbewußten Sechzigern zu befürchten war. Und das Kreisen des Wagens hörte einfach nicht auf. Ich schwenkte an der Schloßseite vorbei, ich winkte, im Hof kaum ein Mensch, aus den Fenstern winkten zwei zurück.

»Holt mich hier raus, verdammt noch mal!« Dann stürzte der Wagen ab. Mein Herzschlag setzte aus, und ich wurde von einem ungeheuren Grauen erfüllt. Zu wissen, daß das Ende noch Sekunden dauern wird! Die Aussicht auf die letzten Sekunden meines Lebens. Dann der Aufschlag! Ich stürzte zu Boden, keine Koordination der Gliedmaßen mehr, totale Auflösung, zerschmettert, aus und vorbei. Danach Rufe. Umgestürzte Sessel und verstreute Töpfe aus der Küche. Ich lag zusammengekrümmt auf dem Boden und betrachtete interessiert meine Hose. Wo kam der dunkle Fleck her? Rufe draußen, Chaos drinnen, ich hatte mich vollgepißt. Mühsam wie ein alter Mann zog ich mich an der Fensteröffnung empor, zog mich über den unteren Rand – und starrte in aufgebrachte Augen über aufgebrachtem Bart. Tom hatte einen Jüngling am Wickel. Er schlug ihn nicht, aber er schüttelte ihn, und dem Jüngling schien das nicht gut zu bekommen. Beide standen neben dem Kran, der Kran stand auf dem Hof, der Wagen hing am Kran und ich spürte wie es warm zwischen meinen Beinen herunterlief.

»Holt mich raus hier!« Ich piepste wie ein Schülerchen in der Weihnachtsaufführung. Tom hörte mich gar nicht, ich sah Stefans Gesicht, und die Dunkle war wahrscheinlich Bea. Der Wagen hing unterhalb des Hofniveaus, sie hatten ihn nicht mehr als drei oder vier Meter abgesenkt. Aber es war so plötzlich geschehen, und ich war so naß zwischen den Beinen. Tom und der Jüngling verschwanden aus meinem Blickfeld. Ich wußte nicht, ob der Jüngling an meinem Schicksal schuld war. Wenn ja, wünschte ich ihm eine vollgepißte Hose nach der anderen. Tom sollte ihm die nassen Lappen um die Ohren schlagen und am Ende ins Maul stopfen. Dann bewegte sich der Kran, diesmal versagten mir nicht die Schließ-, sondern die Beinmuskeln. Marie Schott fand mich in der klassischen Embryohaltung auf der Matratze liegen. Tom war gleich nach ihr drin, zog mich rücksichtslos in die Höhe und behauptete:

»Du gehst jetzt ein paar Schritte hin und her, dann ist alles wieder okay.« Ich war zu schwach, ihm dafür ins Gesicht zu lachen, ließ mich von dem Wilden aus dem Wagen zerren.

»Guck, du Held«, sagte Tom und wies nach vorn. Die Marienbrücke war schwarz vor Menschen. Sie standen grotesk geklumpt über der Schlucht und starrten zu uns herüber.

»Wir müssen ein Feuer machen«, flüsterte ich. »Irgendwas, was nach Explosion aussieht.«

»Das hatten wir schon. Warum noch ein Bumms?«

»Weil sie sonst alle zurückkommen. Sind denn alle weg?«

»Alle«, antwortete Tom hochzufrieden, »alle bis auf die paar, die dich auf den Haken genommen haben.«

»Aber wir wollten doch nur ... wir wollten doch nur ...«, jaulte es hinter uns los. Der Jüngling saß auf dem Hofboden, ein gleichaltriges Paar kümmerte sich um ihn. Ich sah keine Wunden, aber der Jüngling wirkte tief aufgewühlt. Tom trat einen Schritt auf das Trio zu, sofort brachte sich das Paar in Sicherheit, und der Sitzende verbarg sein Gesicht hinter einem Arm. Was immer Tom mit ihnen gemacht haben mochte: er hatte es gründlich gemacht. Hinter mir rasselte es, der Schreck durchzuckte mich bis auf die Knochen. Marie Schott saß im Führerhaus des Krans, der Wohnwagen schwebte schon zwei Meter über dem Hof. Keine Minute später schwebte er über der Schlucht. Der Arm des Krans war auf die maximale Länge ausgefahren. Als ich überlegte, wie sie es eigentlich schaffen wollte, den Wagen vom Haken fallen zu lassen, kletterte die Schott aus dem Führerhaus, und Tom sagte:

»So lassen wir ihn hängen.«

»Warum?« regte sich Bea auf. »Runter mit ihm in die Schlucht.«

»Aber wenn er explodiert!«

»Er ist gestern vom Haken gefallen und auch nicht explodiert.«

Meine Knie gaben nach, aber Tom schien von Beas Einwand nicht beeindruckt zu sein.

»Es geht nicht nur um den Sprengstoff«, sagte er. »Es geht auch um den Zeitpunkt.«

»Aber wenn die Bombe im Wagen ist, wird sie irgendwann hochgehen«, sagte Bea. »Also ab mit ihm in die Schlucht. Egal ob fünf Minuten zu früh oder fünf Stunden zu früh.«

»Überleg doch mal«, forderte Tom sie auf.

»Überleg du für mich. Ich bin zu dumm.«

»Wenn wir den Wagen abstürzen lassen, gibt es zwei Möglichkeiten. Entweder er explodiert, oder er explodiert nicht.«

»Willst du mich verarschen?« fragte Bea verdutzt.

Aber ich verstand Tom: »Wir müssen ihn hängen lassen. Er ist unsere Option.«

»Unsere was?«

»Mensch, Mädchen. Wenn der Wagen explodiert, ist die Gefahr vorüber, und die Bande da drüben auf der Brücke kann ohne Gefahr das Schloß stürmen. Wenn wir ihn aber am Haken hängen lassen, müssen sie weiterhin Angst haben und bleiben vom Schloß weg. Wir wollen doch nicht nur das Gebäude retten, sondern auch das, was drin steht. Kapiert?«

Ich sollte nie erfahren, ob Bea es kapiert hatte. Von der Marienbrücke erscholl ein vielhundertfacher Schrei. Als ich mich umdrehte, schaukelte die Trosse, die den Wohnwagen gehalten hatte, sinnlos in der Luft. Tom warf sich zu Boden, Stefan lag schon, alles war auf dem Weg nach unten, nur ich stand und glotzte zur Marienbrücke hinüber, dann auf die Trosse, und da blieb mein Blick auch. Unter uns schepperte es überraschend billig und metallen.

Ich fand es enttäuschend, daß ein solch schöner Wagen so ein banales Geräusch produzierte.

»Er ist einfach abgestürzt«, murmelte ich, und die Trosse schwang in der heißen Luft über der tiefen Schlucht. Sie lagen alle auf dem Bauch, Tom und der Jüngling keine zwei Meter voneinander entfernt. Die Angst vor der Explosion einte sie.

»Ihr könnt wieder auftauchen«, murmelte ich. Nichts war explodiert, nichts war verpufft, nichts hatte Feuer gefangen. Ich sah den Wagen nicht, aber die Tausend auf der Marienbrücke waren so still. Es war nichts weiter passiert als der Absturz eines schönen silbernen Wohnwagens. Und dann begannen sie zu laufen!

»Scheiße«, sagte Tom und trat neben mich. »Die hältst du auch mit einem Gewehr nicht mehr auf.«

»Haben wir ein Gewehr?«

»Nein. Brauchen wir eins?«

»Käme auf einen Versuch an. Ich schieße einem in den Bauch, und wir sehen, was passiert.«

»Sie lynchen dich. Das wird passieren.«

Dann blickte er mich besorgt an: »Du zitterst.«

»Ach ja? Wie schön. Dann bin ich ja doch noch Mensch – an irgendeinem Ende. Tom, ich habe vorhin diesen Rico . . . ich habe ihn mißhandelt. Gefoltert.«

»Na, na.«

»Gefoltert. Er hat geblutet, ich habe seine Haut durchgeschnitten. Und weißt du, wie ich mich dabei gefühlt habe?« Ich war ihm dankbar, daß er mir unauffällig seinen Arm anbot, so daß ich mich darauf stützen konnte.

»Ich habe mich gut gefühlt. Ich war im Recht, und ich hatte solchen Haß . . .«

»Du und Haß? Bist eigentlich gar nicht der Typ dafür.«

»Es verändert uns, Tom.«

»Was verändert uns?«

»Das hier. Neuschwanstein. Ich mag mich nicht, wie ich hier bin. Das bin nicht ich.«

Tom blickte mich an, und so sagte ich, was er nur dachte:

»Aber wenn ich hier so sein kann, dann habe ich es wohl in mir, meinst du. Glaubst du, wir erleben hier unser Coming-out?«

»Mach dich nicht fertig, Jot We. Im Moment kommt es sehr auf uns an. Ohne uns ...«

Dann stand der Jüngling neben mir und starrte zur Marienbrücke hinüber. »Wir wollten doch nur einen Spaß machen«, stammelte er, und mir war, als würde ich diese dußligste aller dußligen Wortzusammenballungen zum tausendsten Mal in meinem Leben hören.

»Verpißt euch«, knurrte ich und überlegte, wie lange die Marodeure von der Brücke bis zum Schloß benötigen würden.

»Aber wir wollten wirklich nur ...«

»Verschwindet, bevor ich euch weh tue.«

»Du?«

Ich wandte mich dem Jüngling zu. Er stand schon die ganze Zeit so merkwürdig leicht nach vorn geneigt, als ob ihm irgend etwas wehtun würde. Sein Mundwerk war es nicht. Er funkelte mich streitlustig an, ihm war nach einer neuen Runde zumute, und ich sah mir den Kerl an, der den Wagen so nachlässig eingehakt hatte, daß es mich um ein Haar 50 Meter in die Tiefe gerissen hätte.

Mit den Worten »Ist was?« eröffnete der Jüngling die Kampfhandlungen. Ich trat auf ihn zu, dicht, sehr dicht, und es war mir vollkommen gleichgültig, ob Tom hinter mir stand oder nicht. Das hier würde ich allein austragen, so oder so. »Paß auf«, sagte der Jüngling und streckte beide Arme aus. Aber ich stand schon zu dicht vor ihm, er berührte meinen Bauch. Wir sahen uns an, und er behauptete noch: »Mit solchen wie dir werde ich lässig fertig.« Dann nahm er die klassische Box- oder Ringer- oder Karateposition ein. Mir war gleichgültig, was es war, ich riß das Bein hoch, mein Knie fand sein Ziel, und der Jüngling klappte zusammen wie ein Schnappmesser. Sein Mädchen wollte sofort auf mich los, kreischte »Dem kratz' ich die Augen aus«, aber da trat Tom dazwischen, stoppte die Anrennende mit seiner ausgestreckten Hand.

»Es ist genug«, sagte Tom. »Jeder hat seinen Spaß gehabt.«

»Ich noch nicht«, sagte ich, holte aus und trat dem Jüngling so brutal in die Hoden, daß er sich keine Sekunde später erbrach. Das Mädchen und seine Partner wandten erschüttert oder angeekelt den Blick ab.

»So«, sagte ich zufrieden und reckte mich in den Schultern, als würde ich ein Jackett tragen. »Jetzt habe ich meinen Spaß gehabt.«

Tom sah mich an. Es war kein Vorwurf darin, höchstens Überraschung. So hatte er mich noch nicht erlebt. Aber so hatte ich mich selbst noch nicht erlebt.

Dann kamen sie über uns. Viele kannten sich aus – von früheren Besuchen oder seit dem Herumlaufen am Vormittag. Sie ballten sich gar nicht erst im Nadelöhr des regulären Eingangs; ein Teil stürmte das Schloß durch den Ausgangsstollen, ein anderer Teil wählte den Zugang über den oberen Hof und die Freitreppe. Es waren 400 oder 600, viele jung, kräftig, rücksichtslos. Weniger als ein Dutzend machten beim Kran halt, alle anderen stürmten unverzüglich ins Schloß.

»Woher wissen die, daß keine Polizei kommen wird?« fragte ich und schaute zu, wie zwei Frauen einem gestürzten Mann auf die Beine halfen.

»Das spürt der Mensch«, murmelte Tom. Wir standen mit den Frauen am Kran, Stefan hatte sich verkrümelt, ich wußte wohin.

Hinter uns stöhnte der zusammengeklappte Jüngling am Boden und wollte sich nicht von seinen Freunden auf die Beine stellen lassen.

»Dafür zeige ich Sie an«, prophezeite mir die junge Frau. »Sie sind ein Schläger. Dafür werden Sie ins Gefängnis gehen. Wir sind alle Zeugen.«

Ich trat nur auf sie zu, da zog sie sich mit ihrem Begleiter zurück. »Zieh deine Hose aus«, forderte ich den Jüngling auf. Er brabbelte und stöhnte, da machte ich's eben selbst. Er trug eine entzückend altmodische Feinrippunterhose mit seitlichem Eingriff. Tom sah zu, wie ich meine Hose gegen die des Jünglings tauschte. Sie war mir zu groß, aber die Hose war nicht naßgepißt, das allein zählte. Meine Hose warf ich auf den Unterleib des Jünglings.

Die ersten Plünderer mußten mit affenartiger Geschwindigkeit gearbeitet haben. Keine zwei Minuten, nachdem sie ins Schloß gestürmt waren, kamen sie wieder heraus. Sie trugen Kerzenleuchter, eine Tischuhr, zwei Männer schleppten sich mit meterlangem, reich geschnitztem Holz ab. Bea wußte, woher die einzelnen Teile stammten, aber ich wollte jetzt keine klugen Erläuterungen hören und arbeitete mich Richtung Torbau durch. Tom folgte mir. Er nahm sich noch zweimal einen Plünderer zur Brust, aber es war sinnlos; und es war auch nicht ungefährlich, denn die Masse ließ es nicht mehr zu, daß man sich ihr in den Weg stellte.

Plötzlich schlug ich auf meine Hemdentaschen, auf die Hosentaschen. »Zwischen den Beinen«, sagte Tom väterlich, da raste ich schon zu meinem Hosenspender zurück. Er sah mich kommen und schützte sofort seine Hoden. Ich griff meine Hose, zog den Ausweis aus der Tasche, dann knüllte ich die nasse Hose zusammen und warf sie dem Kranführer ins Gesicht.

»Nummer fünf«, sagte Tom, als ich ihn eingeholt hatte. »Nummer fünf und Nummer vier. Die Eintrittskarten haben wir schon. Wir müssen nur noch eintreten.«

Wir standen vor dem Torbau und blickten auf die gegenüberliegende Steilwand, während hinter uns das Verhängnis seinen Lauf nahm. Ich sah nicht ein, warum ich jetzt noch reden sollte. Tom konnte ich nichts Neues mitteilen, und die Deprimiertheit machte meine Zunge schwer. Ich sah die leer schwingende Trosse, hörte den Aufschlag des Wohnwagens. Ich trug die Hose eines Mannes, der mich um ein Haar getötet hätte. In Tom arbeitete es, mehrmals riß ihn der Anblick eines abziehenden Plünderers in allen Körperteilen.

»Guck einfach nicht hin.« Wir ließen uns zu unseren Dämmen treiben. Beas Anhänger arbeiteten unverdrossen unter Einsatz der zwei Bagger an der Vertiefung der Hindernisse. Der Wasserschlauch war prall und rund. Es war ein ungeheures Schlammbad, wer hier durch wollte, sah danach aus wie durchs Moor gezogen. Aber kaum einer ließ sich abhalten. Es war nicht einmal so, daß sie die Baggerfahrer aus dem Gerät zogen, sie zusammenschlugen und im Schlamm liegenließen. Sie kümmerten sich nicht um die Verursacher des Schlamms, sondern sahen nur zu, daß sie so heil wie möglich durchkamen. Das gelang nicht allen gleich gut. Mehr als einen sahen wir in voller Länge in die Soße stürzen.

Mit den Plünderern fielen Schätze in den Schmutz: Polsterstühle, Vasen, Porzellanbüsten, Marmorschwäne. Vor meinen Augen ging ein Teeservice zu Bruch, Teppiche schleiften durch den Sud, und einmal war mir, als wenn sie Teile eines Kachelofens abschleppten. Dazu war es beängstigend still. Einzig die beiden Bagger tuckerten frohgemut durch den See. Die Jugendlichen winkten optimistisch herüber. Eine Aktion hatte sich totgelaufen, aber niemand hatte daran gedacht, den Stecker aus der Dose zu ziehen. So mußten sie immer weiter baggern, sinnlos das Erdreich bewegen und zu dem dritten Graben noch einen vierten aufreißen. Es war ein faszinierender Irrsinn. Wann hatte ich Sinnloseres gesehen? Vor dem Damm, den Tom und ich noch selbst ausgehoben hatten, qualmten Autowracks: sechs Blechbraten, gespickt mit Lackblasen und geplatztem Glas.

»Da! Das ist er!« Die Männerstimme schnappte über. Dann stand er vor uns: glühend vor Zorn und so aufgebracht, daß er Mühe hatte, zusammenhängende Sätze zu formulieren.

»Ich ziehe Sie zur Rechenschaft«, schnaubte er. »Schadensersatz. Ich klage Sie dumm und dämlich. Sofort geben Sie mir Ihre Persona . . .« Tom gab ihm keinen besonders rüden Stoß vor die Brust. Aber wir standen ja alle auf labilem Untergrund, und so hatte der gewesene Autobesitzer keine Chance. Immerhin ruderte er eindrucksvoll mit beiden Armen. Aber der Schlamm war glitschig, und er stürzte klatschend auf den Rücken. An zwei Autos waren sie damit beschäftigt, den Innenraum nach brauchbarem Material durchzuflöhen. Die Karossen waren noch heiß, dementsprechend zögerlich gingen sie vor. Einer warf uns einen Armvoll Schamott vor die Füße.

»Gut, daß dein erster Roman noch nicht veröffentlicht ist«, sagte Tom und schob uninteressiert mit dem Fuß die verkohlten Bücher auseinander.

»Aber da stehe ich drin«, sagte ich und tippte mit dem Fuß auf das Buchbrikett. Es war eines dieser Jahrbücher, in dem die Medien aufgelistet sind: Fernsehsender, Hörfunksender, Illustrierten, Tageszeitungen. Jeweils mit allen Beschäftigten, Redakteuren und Technikern. Ein eigenes Kapitel für freie Journalisten. Ich stand drin, Tom nicht, ich wußte das genau, weil ich jedes dieser Bücher sofort fledderte, wenn es mir irgendwo in die Hände fiel.

»Laß das«, sagte Tom.

»Soviel Zeit muß sein«, behauptete ich und blätterte. Außer dem Einband war nichts angekohlt. Ich fand den Norddeutschen Rundfunk unversehrt vor, schenkte mir das Fernsehen, ging gleich zum Hörfunk. Suchte, suchte.

»Wie kann man nur so eitel sein«, höhnte Tom.

»Beim NDR gibt's keine Pellegrino.«

»Sonst hast du keine Sorgen? Vielleicht jobbt sie in einem der Landesstudios in der norddeutschen Tiefebene.«

»Auch nicht in einem der Landesstudios.«

»Dann ist sie neu da.«

»Kaum. Ich habe hier den aktuellen Jahrgang. Redaktionsschluß war im Juli.« Das Jahrbuch enthielt ein Namensverzeichnis. Beim Suchen nach der Pellegrino kam ich am Buchstaben K vorbei und fand meinen eigenen Namen. Ich hatte ihn nicht eigens gesucht, er sprang mich jedesmal an. Wahrscheinlich freute er sich, mich zu sehen.

»Pellegrino, Sylvia. RTL, Redaktion Aktuelles, Sonderkorrespondentin.«

4

Sie stand mitten im Raum und dampfte vor Zorn.

»Ich beschwere mich!« rief sie. »Vielleicht sehe ich von einer Anzeige ab, aber nur, wenn Sie . . .«

»Schnauze, Mädchen.« Das half, und ich fuhr fort: »Sie sind keine beschauliche Mutti vom Hörfunk, Sie sind eins der schärfsten Pferde des größten deutschen Fernsehsenders.«

»Und bald des größten europäischen Fernsehsenders«, ergänzte sie triumphierend. Tom packte sie am Oberarm, die Frau war wirklich nur Haut und Knochen. Er stellte sie ans Fenster und ließ sie einen Blick in den Hof werfen. Sie sagte: »O Gott«, und ich setzte sicherheitshalber noch hinzu:

»Werden Sie eigentlich gern vergewaltigt?«

Sie blickte erst mich, dann Tom an, und bevor sich zwischen uns kapitale Mißverständnisse aufbauen konnten, fügte ich hinzu:

»Im Schloß ist der Mob unterwegs.«

»Dann rufen Sie gefälligst die Polizei.«

»Eine Polizei gibt es nicht mehr. Telefon übrigens auch nicht. Und das Schloß ist so gut wie kaputt. Sonst noch Fragen?«

Ich hätte wissen müssen, daß dieser Typ von Frau in jeder Lage Fragen stellen konnte. Wir hatten Glück, als direkt unter uns auf dem Hof zwei Männer einen erbitterten Kampf um einen Altarflügel austrugen, wobei der eine dem anderen das spitz zulaufende Stück ins Gesicht stieß und der Getroffene mit einer Wunde, aus der das Blut schoß, in die Knie ging. Die Pellegrino steckte den Anblick ohne Hysterie weg, aber ich sah, daß es in ihr arbeitete. Ich sah auch, daß sie eine professionell denkende und intelligente Person war. Ihr fehlten einfach 40 Pfund Lebendgewicht, um vertrauensbildend wirken zu können, das war alles.

»Gut«, sagte die Pellegrino dann, »ich glaube Ihnen. Es begann ja schon mit der Zugfahrt. Dieser Geisterbahnhof.«

»Also weshalb sind Sie hier?«
»Ich will mich mit einem jungen Mann treffen.«
Ich stöhnte auf, und Tom sagte:
»Willst du uns veralbern, Mädchen? Diese Version hast du uns schon zehnmal angeboten.«
»Der Name des Mannes ist Hans Pückler.«
Dieser Satz veränderte die Chemie zwischen uns. Tom zog Kartons vom hohen Stapel, dann saßen wir auf der Pappe, während unter uns im Hof die gurgelnden Schmerzensschreie des Altaropfers erklangen. Ich schloß das Fenster und fragte: »Warum haben Sie eigentlich nicht durch das Fenster um Hilfe gerufen?«
»Das könnte Ihnen so passen. Ein, zwei Stündchen Gefangenschaft erhöhen die Authentizität ganz ungemein.« Dann berichtete sie: »Pückler hat auf dieser Tarnung mit dem Hörfunk bestanden. Er hat wohl mal ein Kurzhörspiel an einen Sender verkauft, und das wußten seine Kollegen. Deshalb hat er geglaubt, es fällt nicht auf, wenn wir zusammen gesehen werden und er mich als Frau vom Hörspiel verkaufen kann.«
»Ja gut. Aber was wollte Pückler von Ihnen?«
»Also, ich weiß wirklich nicht, ob ich Ihnen . . .«
Gegen diese Hemmung wußten wir ein Gegenmittel. »Sie werden sich mit Pückler nicht treffen.«
»Wieso? Hat er etwa . . .? Sind Sie . . . haben Sie ihm mehr geboten?«
»Pückler ist tot. In 50 Einzelteile zerlegt. Drüben in der Steilwand. Eine Explosion. Reden Sie endlich.«
Wir wirkten wohl überzeugend, denn die Pellegrino wurde nun bis zum Ende nicht mehr pampig. Hans Pückler hatte beim Fernsehen angerufen und sensationelle Aufnahmen angeboten.
»Er hat gesagt, es würden einmalige Bilder sein und keiner dürfte nachfragen, und außerdem wüßte er nicht genau, wann die Bilder gemacht werden könnten.«
»Wußte er wenigstens, wieviel er dafür haben wollte?«
»50 000 Mark.«
»Nicht schlecht.«

»Und eine Ausbildung zum Kameramann.«
Das gefiel mir noch besser.
»Wir haben natürlich Beweise gefordert, daß er eine gute Story anzubieten hat. Da ist er eingeschnappt gewesen und hat gedroht, er könne auch zu einem anderen Sender gehen. Ich habe ihm viel Glück gewünscht und aufgelegt. Eine Woche später war er wieder da. Diesmal äußerst aufgeregt. Jetzt könne es bald soweit sein, in einigen Tagen, spätestens in einem Monat. Ich habe ihm tausend Mark als Zeichen unseres guten Willens geschickt, da wurde er lammfromm, anhänglich geradezu. Das stelle ich immer wieder fest: Gib den Leuten Bargeld, und es ist eine persönliche Beziehung hergestellt. Wir haben uns verabredet. Ich glaube, ich hatte ihn soweit, daß er mir was erzählen wollte. Jedenfalls hätte ich ihn hier so weit gekriegt, wenn ich ihn vor der Flinte gehabt hätte. Ich kann gut mit jungen Männern.« Immerhin lief ihr kein Speichelfaden aus dem Mundwinkel.
»Ich kann Ihnen verraten, was Ihr Informant abfilmen wollte: die Explosion von Neuschwanstein.«
Die Pellegrino war beeindruckt, und sie hatte natürlich recht. Livebilder von der Zerstörung des Traumschlosses ließen sich in alle 200 Staaten der Welt verkaufen, in denen das Fernsehen schon erfunden war.
»Also war es eine Kamera«, sagte Tom zufrieden. »Er hatte eine Kamera in der Wand installiert.«
»Aber woher hat er gewußt . . .«
»Egal. Jedenfalls war es eine Kamera. Kein Raketenwerfer. Die Polizei, dein Freund und Lügner. Da stimmt doch endlich das Weltbild wieder.«
Die Pellegrino gierte nach Informationen. Eine konnten wir ihr gleich an Ort und Stelle geben: Traue niemals einem Kollegen, und wenn er dich noch so vertraulich angrinst. Ehe sie begriff, was geschah, hatten wir die Tür ihres Gefängnisses von der anderen Seite verschlossen.
»Ein Stündchen noch«, rief ich beschwichtigend und hoffte so sehr, daß uns noch ein Stündchen bleiben würde. Gegen ihre zotigen Verwünschungen gab es ein Gegen-

mittel: räumliche Distanz. Wir wandten es unverzüglich an.

»Hörst du das?« fragte Tom.

»Ich höre nichts.«

»Das meine ich. Komm, laß uns die Ruhe noch mal genießen. Ich habe das bestimmte Gefühl, daß wir in der nächsten Zeit nicht mehr dazu kommen werden.«

»Tom, warum halten sie uns immer noch nicht vom Suchen ab?«

»Weil sie sich ungeheuer sicher fühlen.«

»Sind sie sicher, daß wir nichts finden werden, obwohl etwas da ist, was man finden könnte? Oder gibt es nichts zu finden?«

»Das wäre allerdings ein teuflischer Grund, uns nicht beim Suchen zu stören.«

»Sie überlassen uns das Schloß. Wieviel muß ihnen das neue wert sein, wenn ihnen das alte rein gar nichts mehr zu bedeuten scheint?«

»Das ist wie bei den Frauen, Jot We. Kaum liegt der neue Feger bettwarm griffbereit, kommt dir deine Altbeziehung wie aus dem letzten Jahrhundert vor.«

»Nur daß der neue Feger in der Regel nicht in der Südsee wohnt, sondern hinter einer Käsetheke lebt.«

»Oder in einer Försterhütte.«

»Tom, darf ich was fragen?«

»Lieber nicht. Antworten habe ich zur Zeit nicht auf Lager. Egal auf welche Frage.«

»Tom, was hast du eigentlich gegen die Südsee?«

»Sag's schon.«

»Ich meine, die Südsee, danach würden sich doch 95 Prozent der Menschen alle zehn Finger lecken.«

»Von morgens bis abends Sonne.«

»Und ein endloser Sandstrand.«

»An den Bäumen wachsen gebratene Tauben.«

»Und die Nachbarn . . . nicht zu verachten.«

»Vergiß es. Wir haben bei Ricarda keine Chance. Die lebt in einer anderen Welt.«

»Die Südsee ist nicht nur Ricarda. Wir könnten noch einmal ganz neu anfangen.«

»Hast du das nötig?«

»Du nicht? Doch, ich glaube, ich könnte das vertragen.«

»Weglaufen klappt aber nicht, solange du deinen alten Kopf mit dem murmelgroßen Gehirn mitnimmst.«

»Tom, überleg doch mal.«

»Was meinst du, was ich seit Stunden tue?«

Im nächsten Moment hielt ich ihn an seinen schweißnassen Oberarmen gepackt.

»Nicht wahr, du denkst auch darüber nach. So ein Angebot kriegt man nicht oft. Maximal einmal. Rein in den Flieger, raus aus dem Flieger und rein in die Lagune.«

In Tom arbeitete es also genauso wie in mir. Unsere Herzen schlugen doch im gleichen Takt. Die letzten Jahre waren eben doch kein großes Mißverständnis gewesen. Wir trugen beide einen Wunsch in uns, der »Südsee« hieß. »Südsee«, das hätte auch einen kurzfristigen Vorteil gehabt: Wir hätten das gesamte Chaos hinter uns lassen können. Bis zum Bahnhof von Füssen war es kaum mehr als eine Stunde Fußmarsch. Höchstens zwei. Nicht zu viel für ein neues Leben. In mir gärte ein Teig, in Tom ebenso.

Wir blieben noch stehen, obwohl es in diesem Gang nichts zu sehen oder zu untersuchen gab. Aber man konnte sich hier im Bauch des Schlosses so wunderbar vormachen, daß draußen ein lauschiger Herbsttag herrschte, unter dessen mildblauer Himmelskuppe Tausende gutgelaunter Tagestouristen zwischen Mittagessen und Kaffeetrinken ein halbes Stündchen Schloßbesichtigung einschoben, um danach erfüllt von dannen zu ziehen. Am letzten Sonntag war es noch so gewesen. Was würde am nächsten Sonntag sein? Ich war schon unterwegs, da stand Tom immer noch am alten Fleck.

»Wohin?« fragte er.

»Unsterblich werden. Kommst du mit?«

Es waren nur wenige Meter bis zum Torbau, aber mir tat jeder einzelne Schritt weh. Aus den Hunderten von Plünderern hatte sich eine Vorhut herausgeschält, die das Geschäft professionell betrieb. Die Lumpen schleppten ab, was Geld versprach: den herrlich geschnitzten Himmel des Königsbettes, vielleicht war es auch der vom Waschtisch; ein schwerer Sessel, an dem drei Leute trugen; und der Springbrunnen mußte aus dem Wintergarten stammen. Ein biederer Mann eilte mit einer Bohrmaschine an uns vorbei Richtung Schloß:

»Wäre doch gelacht!« rief er frohgemut und hob grüßend die Bohrmaschine.

Dies ging mich alles nichts an. Zwar hörte ich alles, schmeckte alles, sah alles und noch mehr, aber ich war kein Teil davon.

»Stehen Sie nicht im Weg!« blaffte uns eine Frau an. Wir wichen verdutzt aus, ich ärgerte mich sofort darüber.

»Komm«, sagte Tom und zog mich am Arm.

»Und ziehen Sie sich gefälligst ein Hemd über!« rief dieselbe Frau aus sicherer Entfernung Tom zu. »So schön sind Sie auch nicht!«

Als ich vor dem Zählwerk stand, hatte es die Frau nie gegeben. 1 092 987 401 und die Reste von Stefan, der mit dem Rücken an der Wand stand und immer wieder murmelte:

»Es macht so sinnlose Sprünge. So dumme Sprünge.« Er haßte dieses verdammte Zählgerät. Tom sah auch nicht aus, als würde er das Gerät gern adoptieren.

»Was ich schon die ganze Zeit fragen wollte . . .«, erklang hinter mir eine Stimme, die ich nicht mehr erwartet hatte. Einer unserer beiden Amateurfilmer stand im Türrahmen und fragte: »Das Zählwerk da . . . was zählt das eigentlich?«

»Die Sekunden, die uns vom Grab trennen«, antwortete ich dumpf. Er sah mich verdutzt an, wartete auf den zukkenden Muskel in meinem Gesicht, der die Bemerkung als Scherz entlarven würde. Aber bei mir zuckte nichts.

»Einmal müssen wir alle sterben«, bot uns der Filmer an, und Tom sagte:

»So jung kommen wir nie wieder zusammen.«

Stefan war kurz davor zu flüchten, aber er haßte das Zählwerk ja nicht nur, er war ihm auch längst in paradoxer Weise verfallen.

»Kann ich einpacken?« rief von nebenan der zweite Filmer. Ich nickte stumm, ich wollte keine kunstgeschichtlichen Streifzüge mehr sehen. Ich wollte überhaupt nichts mehr sehen. Ich wollte mich mit Schloßplünderern streiten, wollte ihnen einen Heiligen aus Holz aus den Diebesfingern winden, während um uns herum hundert unbehelligte Räuber zentnerweise Diebesgut abschleppten. Dies war meine erste Begegnung mit der Anarchie, und ich hatte in Kolumbien, Mosambik und Kambodscha erfahren, wie es in gesetzlosen Gesellschaften zugeht. Mein Oberkörper wurde immer schmutziger. Toms Hose war bis zu den Knien voll Schlamm. Er trocknete in der Wärme in Minutenschnelle, platzte auf und bröckelte ab.

Als ich mich umblickte, war ich allein mit dem Zählwerk.

1 093 402 628

»Kommst du?« rief Tom von nebenan. Ich schlenderte hinüber, beide Hände tief in fremden Hosentaschen. Auf dem Bildschirm goldiger Glanz. Das war Linderhof, Gold und Blau, Blau und Gold, Gold und Gold. Ich war zu deprimiert, um die Rankenmuster nachzufahren, denen das Kameraauge huldigte. Mit der richtigen Hintergrundmusik und einem geschmalzten Tenorsprecher hätte man Ludwig-Liebhabern das Wasser in die Augen treiben können.

»Musik.«

»Was hast du gesagt?«

»Die Musik.«

»Willst du, daß man dich versteht, oder willst du dich nur wichtig machen?« Es war noch nicht soviel, daß ich zu Worten fand. Aber ich spürte die Blase aufsteigen. Vor allem mußte ich nicht Tom angucken, sondern den Film, die hintereinander geklebten Schnipsel mit dem Schwarzband dazwischen und dem sinnlosen Gespringe von Neuschwanstein nach Linderhof, nach Herrenchiemsee, nach Neuschwanstein . . .

»Die Musik, Tom.«

»Die Musik, ich hab's verstanden. Und was ist damit?«

»Guck dir das an. Da! Da war sie. Halt! Halt an!« Ich faßte dem diensttuenden Filmer auf die Schulter.

»Noch mal die letzte Passage.«

Der Filmer spulte zurück. »Da!« Der wahnsinnige Spiegelsaal in Linderhof, der jeden Gegenstand in die Tiefe der Spiegelwelt hineinsog, ihn hundertfach vervielfältigte und dieses Gefühl zwischen Schwindel und Faszination hervorrief.

»Da!«

»Was denn, verdammt noch mal?«

»Die Frau, die gerade aus dem Bild ... halt! Zurückspulen!« Die Frau ging zurück, fror ein, begann vorwärts zu gehen.

»Das ist doch die Ingenieurin«, sagte Tom. »Die ... die ... wie heißt sie gleich noch mal?«

»Es war irgendwas mit ›mann‹ hinten. Oder auch nicht. Ist ja egal. Die Frau von der CD-Firma. Wir haben sie getroffen. Hier, Tom! Weißt du noch? Und in Linderhof war sie also auch.«

»Die Frau da?« Stefan stand am Bildschirm und drückte den Finger auf das Glas. Der zweite Filmer stöhnte leise auf und hielt sofort ein Ledertuch in der Hand. »Die kenn' ich«, rief Stefan. »Die waren überall. Ich habe Kuno doch ein paarmal besucht. Oder waren sie nicht überall?« Da war er wieder, unser geliebter, verzagter Stefan, der nicht darauf bestand, daß zwei und zwei vier sind, wenn man ihn nur ausreichend tadelnd anblickte.

»Weiter!« rief ich. »Film ab. Kann man das nicht etwas schneller abnudeln?«

»Zeitraffer?«

»Nicht Zeitraffer. Die Mitte zwischen normal und Zeitraffer.«

Ich stand neben Tom und kniff ihn vor Aufregung so lange in seinen Speckgürtel, bis er sich die fortgesetzte Mißhandlung verbat. Kunst, Kunst, Theatermalerei,

Gold Gold Gold, der einmalige Spiegelsaal in Herrenchiemsee, 94 Meter Länge Gelegenheit, sich klein zu fühlen.

»Da!« Da war sie, unsere Ingenieurin.

»Das ist wieder Linderhof«, sagte Tom.

»Die Frau habe ich gesehen«, ließ sich Stefan vernehmen. Bea und Marie Schott betraten den Raum. Ich sah sie nur im Augenwinkel. Sie waren nichts gegen unsere Ingenieurin. Zum zweitenmal war sie auf dem Film, stets im Hintergrund, mal regelte sie an einem elektronischen Gerät herum, beim zweiten Mal rief sie einem Mann, der auf einer Leiter stand und in drei Metern Höhe herumbohrte oder befestigte, etwas zu. Die Ingenieurin war ein Zufallsprodukt, daran konnte kein Zweifel bestehen. Vorn ging es ja um Ludwigs Bett in Linderhof und um die Spiegel, die jeden Gegenstand zigmal klonten, auch unsere Ingenieurin.

»Weiter! Weiter!« kommandierte ich. »Nur noch Herrenchiemsee. Bea, du kennst dich am besten aus. Zeitraffer! Wenn du Herrenchiemsee erkennst, rufst du ›Halt!‹.«

Das Zählwerk sprang auf 1094699413, als Bea »Halt!« rief. Das Toilettenzimmer, eine Huldigung des zweiten Ludwig an den vierzehnten Ludwig. Unsere Ingenieurin mit einer Rolle weißem Kabel über der Schulter. Diesmal sprach sie in die Kamera, lächelte, plauderte mit dem Kameramann oder wer sich sonst noch im Off aufhalten mochte. Dann machte sie einen Kußmund und ging ab.

»Bist du sicher, daß das Herrenchiemsee ist?« fragte ich streng.

»Ich kenne mich natürlich nicht so gut aus wie du ...«, sagte Bea eingeschnappt.

»Also war diese Firma in allen drei Schlössern. Was haben sie gesagt, war angeblich ihre Aufgabe?«

»Eine neue Lautsprecheranlage«, antwortete Tom.

»Nein, sie hat gesagt, sie bringen den Sängersaal auf CD-Qualität, damit in Zukunft die Tonbänder in den Fremdsprachen in besserer Qualität abgespielt werden können.«

»Welche Fremdsprachen?« fragte der zweite Filmer. »Es gibt doch Führer für Englisch und Italienisch . . .«

». . . die selteneren Sprachen«, unterbrach ich ihn. »Chinesisch, Holländisch, Arabisch.«

Ein Schrei hinter uns, wir stürzten in den Nebenraum. Stefan stand vor dem Zählwerk. »Eben . . .«, stammelte er, ». . . eben hat es einen riesigen Sprung nach vorn gemacht.«

Ich wechselte sofort wieder den Raum, der Knabe regte mich auf.

»Okay«, sagte ich und versuchte mich zu konzentrieren. »Wir haben also eine Firma, die vorgibt, die Tonanlagen in Neuschwanstein zu verbessern. Vor nicht mal einer Woche. Jetzt sehen wir, daß sie auch in den anderen Schlössern waren. Stefan, wann sind diese Aufnahmen entstanden? Stefan!« Er schaute um die Ecke. Die Aufnahmen waren acht bis zehn Wochen alt. Mir gefiel das. Die Erde drehte sich weiter, und vor den Fenstern schleppten sie die Preziosen des Schlosses ab. Mir war, als hätte ich wieder diesen Kerl gesehen, der mit der Bohrmaschine arbeiten wollte. Nur trug er diesmal ein Stemmeisen bei sich, aber vielleicht hatte ich mich auch geirrt.

»Fachleute sind im Schloß unterwegs und verlegen Kabel.« Mehr sagte ich nicht. Ich an ihrer Stelle wäre bereits jetzt überzeugt gewesen. Deshalb regten mich diese abwägenden Visagen auch so auf.

»Ist was?« fragte ich gereizt.

»Es wäre eine perfekte Tarnung, um die Verkabelung zu erneuern«, gab Tom immerhin zu. »Aber sie waren auch in den anderen Schlössern. Das spricht dagegen, daß sie die Zerstörung von Neuschwanstein aus vorbereitet haben.« Draußen emsige Schritte und kaum Stimmen, nebenan Stefans leise, gequälte Rufe, mit denen er den Fortgang des Zählwerks verfolgte. Sie waren also in drei Schlössern gewesen. Dazu mußte mir jetzt sehr schnell etwas Erklärendes einfallen. Ich durfte ihnen nicht die erstbeste Erklärung anbieten. Sie hatten eine besonders gute Erklärung verdient. Und während ich in diese Gesichter blickte, in denen sich Erkenntnis zentimeterweise an die Oberfläche vorarbeitete, suchte ich nach einer Erklärung, die plausibel, logisch, einsichtig, nachvollziehbar war.

»O Gott«, sagte Marie Schott. Tamenaga stand in der Tür, er hatte sich geschlagen. Er war nicht so verletzt, daß er behandelt werden mußte, aber er wirkte mitgenommen, Arme und Gesicht zerkratzt, ein Bluterguß über dem Wangenknochen. Er hielt zwei oder drei Finger unnatürlich abgespreizt. Aber er klagte nicht, er sagte nichts. Er war wieder das Schweigen im T-Shirt. Und zwischen uns Eingeweihten die zwei freundlichen Amateurfilmer mit dem Knopf im Ohr, die gar nicht wußten, welche ihrer vielen Fragen sie als erste stellen sollten. Tom und ich blickten uns an, dann stieß nebenan Stefan einen seiner Rufe aus. Das war der Startschuß.

Bis zur Stelle, wo man das Treppenhaus verließ, war ich erster. Dann hatte Tom mit seinen trommelnden Schritten aufgeholt, eingeholt, überholt. Wir schwammen gegen den Strom der Plünderer. Sie kamen uns schwer bepackt entgegen, auf ihren Gesichtern die idiotische Zufriedenheit von Flohmarktbesuchern, die einen wurmstichigen Mist um 20 Mark heruntergehandelt haben und jetzt glücklich nach Hause pilgern. Plötzlich stoppte Tom, und ehe ich reagieren konnte, hatte er einer Frau etwas entwunden, was ich auf den ersten Blick für ein gewöhnliches Holzbrett hielt. Aber es war schwerer. Dielenholz von einem Fußboden oder die Stufe einer Schloßtreppe. Ein Mann kam hinzu, ging Tom sofort ans Leder. Er schlug zu, ohne vorher mehr als einen Satz zu reden. Der Schlag, den Tom ihm daraufhin vor die Brust versetzte, erschreckte mich tief. Alle Augenzeugen erstarrten, so brutal war Toms Angriff. Der Getroffene brach sofort zusammen, hielt sich den Brustkorb oder die Rippen. Sein Gesicht eine Schmerzgrimasse, so kippte er auf die Seite und lag bewegungslos.

»Wer will noch mal«, tönte Tom, »wer hat noch nicht?« Ich zog ihn weiter. »So wird es euch allen ergehen!« rief Tom. »Allen!«

»Bist du wahnsinnig?«

»Klar bin ich wahnsinnig. Warum du nicht?«

Ich blickte ihn alarmiert an. »Das Zählwerk«, hauchte er. »Das Zählwerk bringt mich um. Ich krieg's nicht länger ignoriert, und der nächste, der mir dumm kommt, dem schlage ich das Gesicht auf den Rücken.« Er schulterte das Brett. In Toms Händen war es eine fürchterlichere Waffe als ein Baseballschläger. Tom wählte die Außentreppe ins Schloß. Jeder zweite, der sich plötzlich dem Mann mit dem Brett gegenübersah, schaute sich unverzüglich nach einer Ausweichmöglichkeit um. Die meisten drückten sich an die Seite, einige wenige versuchten, in die Vorhand zu kommen, indem sie riefen:

»Das machen doch alle« oder »Die da vorn hat viel mehr als ich«. Zwei-, dreimal war Tom soweit, daß er stehenblieb und sich einen Plünderer zur Brust nehmen wollte. Er brach die Aktion aber jedesmal selbst ab und eilte weiter. Im Schloß wurde abgerissen, eingepackt und weggeschafft. Aus allen Räumen ertönten Hammerschläge, Bohrmaschinen, Splittern von Holz, Rücken schwerer Möbel. In jedem Raum wimmelte es von Menschen. Wir waren in einen Ameisenstaat eingedrungen. Hier wie dort galt nur ein einziger Daseinszweck. Nur war der hier sozial nicht so wertvoll wie der im Ameisenhaufen: Hier wurde gestohlen und zerstört. Auf den Treppen hektisches Hin und Her. Einige saßen auf den Stufen und vesperten. Ich sah Kühltaschen, Tupper-Töpfe, Schokoladenriegel, Hähnchenknochen. Ich roch Bier und Wein, Säfte und Kaffee.

Das vierte Geschoß. Ich hörte sein bräsiges Organ, bevor ich ihn sah. Unser falscher König predigte einer Besuchergruppe. Der Anblick trieb mir das Wasser in die Augen. König Adam stand in seinem rotgoldenen Prachtmantel vor der ersten Stufe der Laube, den Rücken zur Bühne. Es waren Japaner und Südeuropäer, nicht mehr als 15 oder 18, keine Deutschen darunter. Um sie herum wurde geplündert und marodiert. Sie standen auf hohen Haushaltsleitern und stemmten die Holzverkleidung von den Wänden. Sie packten zu viert oder sechst einen der letzten Kerzenleuchter. Und hinten wurde soeben einer der Deckenleuchter heruntergelassen. Es waren 50 Leute oder mehr, die den Sängersaal zerlegten, aber Adam beschwor mit fester Stimme die Schönheiten des Saals und das Genie seines Schöpfers. Er hatte sich bemerkenswert gut gehalten, ich entdeckte keine Zeichen von Auflösung an ihm. Vielleicht war es die Rüstung des Wahns, der ihn gnädig beschützte und alle Realitätspartikel abprallen ließ. Was immer es war, der falsche Klang war dadurch nicht tonnenschwer geworden, man konnte ihn zur Seite schieben, wenn er beim Betreten der Bühne im Weg stand.

»Heda!« rief er empört, nachdem ich ihn angerempelt hatte. Jetzt kam auch Bea in den Saal gerannt.

»Wo?« rief ich durchdringend. Beim Balkon polterte ein Werkzeug zu Boden.

»Untertan!« dröhnte Adam, und Bea rief:

»Die linke Seite.«

Es war eine kleine, aber feine Anlage. Verstärker, Equalizer zum idealen Aussteuern, CD-Spieler und ein Kassettengerät. Daneben eine Frontfläche ohne erkennbare Funktion. Man konnte die Front herunterklappen, dahinter eine Art Stellpult mit Schaltern, 14 an der Zahl. Unter jedem sauber gestanzt die Sprache: Chinesisch, Schwedisch, Arabisch, Portugiesisch.

»Verguck dich nicht in das Zeug«, sagte Tom. Er riß den Verstärker in dem Moment aus der Verankerung, in dem Bea uns erreichte.

»Untertanen, ihr benehmt euch ungehörig!« donnerte Adam und raffte unter hektischem Zucken des Halses den Mantel vor der Brust zusammen.

»Weiter geht's«, knurrte Tom zufrieden und riß das Stellpult aus der Wand. Ich eilte von der Bühne, Adams Gruppe wich zurück.

»Her damit!« bellte ich und entwand dem verdutzten Plünderer den Hammer. Es war absurd, in diesem feinen Ambiente mit einem Hammer zu hantieren. Zurück zur

Bühne, während Tom den Equalizer mit bloßen Händen zerlegte, zerschlug ich den Verstärker.

»Habt ihr den Strom abgestellt?« fragte Bea.

»Keine Zeit«, knirschte Tom. »Sollen wir jetzt den Sicherungskasten suchen gehen, oder was?« Zum Glück hielt Adam den Mund. Wir strahlten wohl etwas aus, was sich selbst ihm mitteilte. Er führte seine Schar einige Meter in Sicherheit, parkte sie dort, sprach ihnen begütigend zu und kam zu uns.

»Ich tu', was ich kann«, säuselte er im vergeblichen Versuch, leutselig zu klingen.

»Wir tun auch, was wir können«, knurrte Tom. Er raste regelrecht. Alle Geräte waren ohne jeden vernünftigen Zweifel komplett kaputt, so daß jeder weitere Schlag Verschwendung von Energie darstellte. Aber Tom war danach, seine Energie zu verschwenden. Er hatte genug davon, und es war besser, er reagierte sich an nervenlosen Apparaten ab, als wenn er sich einen Plünderer zur Brust genommen hätte. Und dann schrie Tom! Es war ein Schrei aus den tiefsten Tiefen des Leibes. Im Saal kam das Plündern zum Erliegen. Tom trat an den Bühnenrand, hielt in beiden Händen den geschundenen Equalizer. Er hob den Kasten mit beiden Armen über den Kopf, und dann schmetterte er ihn auf den Boden, daß er vielfach in die Höhe sprang. Mit wilden Augen funkelte Tom die ihm am nächsten Stehenden an. Er wollte etwas sagen. Aber es kam nichts heraus. Er warf mir einen Blick zu, ich hatte das Gefühl, erkannt worden zu sein, dann verließ er im Sturmschritt den Sängersaal.

Bea und ich schlossen uns dem Rasenden an. Das letzte, was ich beim Verlassen des Saals hörte, waren die Worte unseres falschen Königs:

»So müßt ihr euch Ludwig vorstellen, wenn ihm ein Diener dumm gekommen ist.«

Am schnellsten durchschwamm man den Strom der Plünderer, wenn man keine Rücksicht nahm. Ich drängte durch die abziehenden Massen. Mehr als einer kam dabei zu Fall, und einer warf mir vor Wut einen Schraubenzieher hinterher.

Auf der Treppe zum Torbau saßen sie wieder. Fünf Sekunden später saßen sie nicht mehr. Ich sah von weitem, wie Tom hindurchpflügte und rannte mit Bea über die kreuz und quer liegenden Körper hinweg.

Wir stürmten in den Raum, Stefan lehnte an Toms Brust und weinte. Die beiden Filmer taten das, was sie wohl am besten konnten: Sie filmten Tom und den Jungen. Das Zählwerk filmte niemand. Dabei war 1 098 915 638 eine attraktive Zahl.

»Er sagt, es steht still«, berichtete Tom und klopfte beruhigend auf Stefans Rücken. Ich fand, daß es kein schlechtes Gefühl war, Bea zu umarmen, und Tom sagte: »Die Schott ist mit dem Japaner ab.«

»Die CD-Anlage«, sagte ich versonnen. »Fluch und Segen der Technik.« Bea wollte knutschen, also knutschte ich. Aber noch lieber wollte ich staatstragendes Zeug von mir geben: »So traditionsverbunden waren sie also doch nicht. Für ihre Zwecke durfte es auch etwas Spitzentechnologie sein. Gehört die Ingenieurin etwa auch zu euch?«

Bea schüttelte den Kopf.

»Aber sie hat doch Bescheid gewußt. Und die anderen aus dieser Firma vielleicht auch. Die müssen zu euch gehören.«

Und dann sagte der Kameramann:

»Och, schade. Jetzt geht es wieder.« Im nächsten Moment hatte Stefan keine Brust mehr, an der er seine Freudentränen abstreifen konnte.

1 098 926 004

»Das geht nicht«, stammelte ich. »Es hat doch aufgehört.«

»Aber nur ein paar Minuten«, heulte Stefan los.

»Ein paar Minuten sind der Beweis, daß wir dran sind«, beharrte ich.

»Da!« sagte Tom vom Fenster. »Der Japaner winkt.«

»Das heißt, er hat die Anlage im Thronsaal zerstört.« Ich starrte Bea an. »Als ihr vorhin los seid, habe ich noch schnell verteilt, wer die beiden anderen Anlagen ausschaltet.«

»Die beiden anderen Anlagen«, sagte ich ohne Betonung, und der Filmer begann, mich filmend zu umkreisen.

»Natürlich«, sagte Bea. »Es gibt doch insgesamt drei. Im Sängersaal, im Thronsaal und in der Wohnung vom König.«

»Wer ist in der Wohnung?« fragte Tom.

»Marie. Sie müßte jeden Moment . . .«

»Es geht nicht mehr«, jubelte Stefan beim Zählwerk. »Es steht.«

»Garantiert nicht mehr als drei Anlagen?« fragte ich. Bea schüttelte den Kopf, ich glaubte ihr. Es war Sonntag, und ich glaubte ihr. Am Tag des Herrn hatten wir gesiegt.

»Champagner«, forderte Tom. »Wo habt ihr gestern euern Champagner kalt gestellt?«

»Da!« rief Stefan vom Fenster. »Da ist Frau Schott, sie winkt zu uns herüber.« Wir waren sofort am Fenster und winkten mit allen Armen.

»Guck dir das an!« sagte ich fassungslos. Unter uns schleppten sie einen Schrank ab. Sie trugen schwer zu fünft daran, und einer von den fünfen war der Mann mit der Bohrmaschine. Ein Schrank aus Ludwigs Wohnung. Plötzlich ein Krachen! Es kam von links. Ich kannte das Geräusch mittlerweile. Ein Baum war abgestürzt, innerlich faul, todkrank, geschafft von dieser Hitze, die uns wie mit warmen Lappen das Gesicht peitschte. Wir hatten für den Sieg geschwitzt. Wir hatten es geschafft zu einem Zeitpunkt, der eigentlich schon in der Nachspielzeit lag. Kein *sudden death* in Neuschwanstein. Zwei Männer gegen einen hundertjährigen Geheimplan, und einer der Männer war ich.

»Fang sofort an zu fotografieren«, forderte ich Tom auf. »Ab jetzt wird gearbeitet. Heute abend ist Redaktionsschluß.« Direkt unter meinem Standort entglitt einem der fünf Träger der monströse Schrank. Das Möbel war zu schwer, um es mit schnellem Umfassen noch zu halten, schwer stieß der Schrank mit einer Ecke auf dem Boden auf.

»Den Fuß soll er euch zerquetschen«, knurrte ich und wandte mich ab. Ich schaute lieber in strahlende Gesichter: »Freunde, es hat einige Liter Schweiß gekostet, aber wir haben es erreicht.«

»Champagner!« rief Tom.

»Erst essen«, sagte ich hochzufrieden und ging betont aus den Hüften heraus. Mein Körper war leicht geworden. Ich fing Toms Blick auf. Er hatte recht, wir mußten uns umgehend in den Besitz des Films setzen, bevor unsere Amateurfilmer die Zusammenhänge durchschauten und das große Geschäft machen wollten. Aber nett mußten wir zu ihnen sein, denn sie waren auch nett zu uns gewesen. Allein wie harmlos und offen mir der Kameramann entgegenschaute, als ich auf ihn zutrat.

»Wir müssen ein paar Takte reden«, sagte ich und nahm beide zur Seite. Schneller wäre es natürlich gegangen, wenn Tom ihnen je einmal mit seinem Brett vor die Stirn geschlagen hätte, aber wir waren ja soeben zu kultivierten Formen des menschlichen Umgangs zurückgekehrt. Jetzt war wieder vieles möglich, was in den letzten Stunden zu kurz gekommen war. Beispielsweise Ehrlichkeit.

»Mensch, ich habe gedacht, ich werde nicht wieder, als ich gesehen habe, daß die in allen drei Schlössern zugange sind«, gestand ich Tom. Den Filmern konnte ich den Film auch noch in fünf Minuten entwenden, zumal sie keine Anstalten machten, uns zu verlassen. Im Gegenteil, sie schienen sich wie zu Hause zu fühlen, einer zog freiwillig ab, um etwas Trinkbares zu organisieren. Ich nahm mir vor, die beiden bald nach ihren Namen zu fragen.

»Verstehe ich gut«, entgegnete Tom. »Man konnte ja beinahe auf den Gedanken kommen, daß sie alle drei Schlösser verkabelt haben.« Er lachte, ich lachte.

»Alle drei Schlösser!« sagte ich lachend. »Das wär's gewesen. Dreimal puff.«

»Und Tausende Tote!« rief Tom lachend. »Dann hätte diese verdammte Zahl endlich gestimmt. Tausende Tote.«

»Ein Jumbo voll. Oder zwei. Oder drei, die in der Luft zusammenstoßen.« In spätestens zehn Minuten würde ich anfangen, in großem Stil Papier mit meinen Notizen zu bedecken, und Tom würde die Motoren seiner Kameras zum Jaulen bringen. Eine Woche waren wir schon hier, jetzt begann die Arbeit. Ich fühlte mich topfit, der Alptraum war ausgeträumt, die Realität hatte uns wieder. In spätestens zwei Wochen würden wir gemachte Leute sein. Ich mußte dringend neue Klamotten kaufen, mit den alten konnte ich mich im Fernsehen nicht sehen lassen. Ich mußte anfangen zu schreiben, vorher nur schnell das ständige Zittern abstellen und dann losschreiben. Ich brauchte einen Laptop, bloß keine Zeit mit der Heimreise verlieren. Ab ins Hotelzimmer, das verdammte Zittern abstellen und losgeschrieben. Ich war so erschöpft, alle Muskeln schrien nach Schlaf. Aber ich konnte jetzt nicht ... und ich zitterte so sehr, und es war so heiß, und in meinem Kopf lief so viel gleichzeitig ab. Ich mußte ruhig werden, ich mußte alles abschütteln und dann und dann. Erst das eine, danach das andere. Systematisch, vernünftig, ruhig. Ich erinnerte mich kaum noch an diese Begriffe.

»Tom!« rief ich, »was meinst du, wie lange du brauchst, um ...« Weiter kam ich nicht, denn jetzt passierte zweierlei gleichzeitig, und im Grunde genommen waren es sogar drei Ereignisse.

Erst die Explosion! Sie war gewaltig, sie war zum Greifen nah und lähmte meine Trommelfelle. Die Druckwelle brachte uns zum Schwanken oder das Schloß zum Schwanken oder alles zum Schwanken. Um mich herum taumelnde Menschen auf der Suche nach Halt. Bea, die der Knall auf dem falschen Fuß erwischt hatte, stürzte zu Boden.

Das zweite war Stefans Schrei. Unartikuliert, Bruchteile von Sekunden vor der Explosion.

1 100 037 931

Das Zählwerk lief wieder.

Das dritte Ereignis waren Menschen. Ricarda und der Verwalter. Sie standen in der Tür, hatten dort vielleicht schon länger gestanden. Aber ich sah sie erst jetzt, und so naheliegend es war, Ricarda anzuschauen, so unwiderstehlich zog der Verwalter meinen Blick auf sich. Der Mann war ein Greis. Ich hatte ihn vor zwei Tagen zum letzten Mal gesehen. Er war der Inbegriff eines umtriebigen, sich nicht nur gesund benehmenden, sondern auch so ausschauenden Mannes gewesen. Der Verwalter war ein mitreißender Zeitgenosse gewesen. Jetzt sah er aus, als hätte er die letzten 48 Stunden am Baum hängend verbracht.

»Was ist los?« Aber meine Frage verpuffte, denn alles andere war jetzt wichtiger als das Aussehen des Verwalters. Draußen auf dem Hof rappelten sich die Menschen hoch. Ich sah kaputte Scheiben, sonst keine Zerstörungen. Die Explosion schien mir von der anderen Seite des Schlosses gekommen zu sein.

»Es läuft wieder«, stammelte Stefan. Ihm war offenbar nicht bewußt, daß er sich an der Augenbraue eine Wunde eingefangen hatte, er blutete stark.

Draußen die Stimme: »Ärzte! Sind Ärzte hier?« Der zweite Filmer wurde weiß wie eine Kerze. »O Gott«, fiel es aus ihm heraus, dann stürzte er aus dem Raum. Bea rappelte sich auf, wir klebten am Zählwerk.

1 101 028 419.

Ich spürte den Verwalter neben mir. Daß ein Mensch so verfallen konnte! Ich hatte einen Onkel und einen Kollegen an Krebs beziehungsweise Aids sterben sehen. Die letzten Monate hatten aus ihnen hagere, am Ende pergamenten scheinende Männer gemacht. Aber sie hatten Monate gebraucht, nicht 48 Stunden. Dies war ein Science-fiction-Film, ich wartete auf den Satz, der alles auflösen würde.

»Ich gehe gucken, ob ich helfen kann«, murmelte Bea. Als sie den Raum verlassen wollte, standen sich die Frauen einen Moment gegenüber. Es war eine Zärtlichkeit im Blick von Bea, wie ich sie bei ihr noch nie gesehen hatte. Ricarda streichelte Bea über die Wange. Dann verschwand Bea.

»Mein Gott, was ist mit Ihnen?«

Tom stand vor dem Verwalter, dem alten Mann mit tausend Falten im Gesicht und eingefallenen Wangen. Wie groß seine Augen wirkten. Es waren die Augen eines Greises, es war das Gesicht eines Toten.

Der Verwalter lächelte, am Lächeln erkannte ich ihn, während des Lächelns war er wieder ganz er selbst. »Sie haben mich hoffentlich vermißt«, sagte er. Seine Stimme war brüchig, von existentieller Schwäche.

Ich hoffte so sehr, daß Ricarda die nötigen Informationen liefern würde. Sie küßte Tom auf die Wange, dann tat sie bei mir das gleiche. Dazu ein Blick, ich hätte mich von ihm ernähren können.

»Warum funktioniert das Zählwerk?« fragte bibbernd hinter uns Stefan. Ricarda legte ihm den Arm um die schmächtigen Schultern.

»Ricarda, warum läuft das Ding?«

»Es sind alle Schlösser«, sagte Tom mit einer Nüchternheit, die mich noch mehr alarmierte als Rundumschläge mit dem Holzbrett. »Es geht nicht nur um Neuschwanstein. Ist es nie gegangen. Herrenchiemsee und Linderhof sind mit im Spiel.« Dafür erhielt er von Ricarda einen Kuß. »Die CD-Techniker waren in allen Schlössern unterwegs. Wo sie waren, wird alles in die Luft fliegen.«

»Wenn ich nicht mehr bin, sollen meine Schlösser nicht mehr sein«, sagte ich. Es waren nicht exakt Ludwigs Worte, aber es war der Sinn seiner Worte. Das Theaterstück hatte es uns erzählt, und das Originalmanuskript hatte die Mogeleien des Theatertextes ausradiert.

»Schlösser. Auch bekannt als Plural von Schloß. Ein Schloß, zwei Schlösser, drei Schlösser, Ende der Vorstellung.« Der Verwalter wankte, wir sprangen an seine Seite.

»Das kommt dabei heraus, wenn man gründlich ausräumt«, sagte er schwach. »Nicht mal ein lausiger Stuhl ist da, wenn man ihn braucht. Ich habe mir eben nie vorstellen können, daß ich jemals einen Stuhl brauchen würde. Ich habe nie Fantasie gehabt. Ich war immer nur fleißig.«

Der Mann ging mir ans Herz.

»Ricarda, rede endlich mit uns!«

Sie blickte den Verwalter an, er lehnte an der Wand. Tom verließ den Raum, es rumorte, jemand ächzte, dann schleppte er den Kühlschrank herein. Der Verwalter weigerte sich, da drückte Tom ihn einfach auf den Kühlschrank nieder. Kaum saß er, entspannte sich sein Gesicht etwas. Wir wußten ihn versorgt, wandten uns Ricarda zu, und sie sagte:

»Ihr habt recht. Es geht um alle Schlösser.«

»Sie sollten alle in die Luft fliegen?« Ricarda nickte. »Und Neuschwanstein haben wir jetzt gerettet?« Ricarda blickte den Verwalter an. »Aber Herrenchiemsee und Linderhof, was passiert da?« Ricarda blickte den Verwalter nicht an.

»Sie gehen hoch«, sagte Tom nüchtern und ausgewogen. »Klare Sache, zack, zack.«

»Also sind das die Impulse aus Herrenchiemsee und Linderhof, die das Zählwerk zählt.« Ricarda nickte. »Es waren immer die drei Schlösser. Das Maximale, was wir jemals erreichen konnten, war, Neuschwanstein abzukoppeln. Das bedeutet aber nur, daß das Zählwerk ein Drittel langsamer geht. Richtig? Richtig. Also haben wir noch eine Stunde ...«

»... weniger!« heulte Stefan auf. »Viel weniger.«

»Was passiert dann, Ricarda? Zählt Neuschwanstein nur oder reiht sich Neuschwanstein beim großen Bums solidarisch ein?«

»Kommt mit«, sagte sie.

»Aber was war das eben?« fragte Tom. »Das war doch nicht die Explosion. Oder? Aber es war eine Explosion. Schießt ihr euch warm, oder was?«

»Das war Ludwigs Spaß«, sagte der Verwalter leise. Er hatte den Oberkörper an die Wand gelehnt, auch den Kopf. Seine Augen waren geschlossen. »Die dummen Menschen haben den Schrank gestohlen. Ludwigs Schrank.«

Da fiel es mir wieder ein: »Im Theaterstück war von einem Schrank die Rede.«

Der Verwalter öffnete die Augen, sah mich an, schloß die Augen. »Gut«, sagte er leise. »Sie sind gut, ich hatte gleich den Eindruck. Wissen Sie, wir hatten hier schon Angehörige der schreibenden Zunft, an denen könnten Sie sich Hände und Füße wärmen.«

»Wir sind die Besten«, behauptete Tom. Ich sah ihn erstaunt an. Für solche Exaltationen war früher immer ich zuständig gewesen.

»Was ist mit Ludwigs Schrank?« Als ich hinaussah, erkannte ich, daß sie dabei waren, den Hof zu einem Krankenlager umzufunktionieren. Verletzte wurden herbeigetragen, aber ich sah, daß die meisten in der Lage waren, auf eigenen Beinen zum Verbandsplatz zu gehen.

»Ludwig und der Schreiner«, sagte der Verwalter leise. »Es war ein enges Verhältnis.«

»Wir wissen, was Sie sagen wollen. Aber man kann auch schwul sein und trotzdem keine Bombe bauen.«

»Zweifellos. Aber wenn einer der beiden Ludwig heißt, wird alles komplizierter.«

»Weiter, schneller. Ricarda, bitte, hilf uns.«

»Er sagt alles, was nötig ist.«

Aber er war schwach und wurde zusehends schwächer.

»Wollen Sie behaupten, daß Millionen von Besuchern 100 Jahre lang an einer Bombe Marke Eigenbau vorbeigezogen sind?«

»Wir waren zuversichtlich, daß der Schrank möglichen unrechtmäßigen Akten widerstehen würde.«

»Sprechen Sie gerade von Plünderungen?«

»Er wiegt neun Zentner, und wir haben ihn zusätzlich im Boden verankert. Kaum zu glauben, daß sie ihn geschafft haben.«

»Sie unterschätzen die kriminelle Energie der Menschen.«

»Das bedrückt mich nicht. In diesem Punkt irre ich gern.«

Ricarda trat auf ihn zu, fühlte seinen Puls, dann trat sie zu uns.

»Er wird sterben«, flüsterte sie.

»Aber was ist mit ihm geschehen? Wie kann ein Mensch so verfallen? So schnell?«

»Es hat uns alle überrascht. Als klar wurde, daß der Zeitpunkt gekommen ist, als klar war, daß alle für den Umzug bereit sind, da ist aus ihm die Luft herausgegangen. Es war, als hätte er seine Knochen verloren.«

»Habt ihr einen Arzt . . .? Das Krankenhaus?«

»Alles, wir haben alles versucht. Das ist kein Fall für den Arzt. Er will nicht mehr leben. Dagegen gibt es kein Kraut.«

Dann sprach der Verwalter: »Ich habe geglaubt, ich habe die Sache im Griff. Ich hatte lange genug Zeit, mich darauf vorzubereiten. Meine Trockenübungen haben stets geklappt. Ich war ganz gelassen, ich war ja gut aufgehoben im Kreis der Freunde. Aber als dann alles getan war, als mir plötzlich klar wurde, daß ich nicht mehr zurück in mein Schloß kann, daß es hier nichts mehr für mich zu tun gibt . . . der Hof hatte so dringend eine Teerung nötig. Ich bin nicht mehr dazu gekommen. Das verzeihe ich mir nicht.«

»Sie sind ja ein Preuße, Mann. Lassen Sie das bloß keinen Ihrer Landsleute hören.«

Er gluckste leise und zufrieden. »Ein Preuße. Ich. Ausgerechnet. Nein, ich bin kein Preuße. Ich lebe nur so gern. Und wenn man sein Leben so einrichten kann, daß es Seite an Seite mit Ludwig geschieht, dann lebt man zwei Leben auf einmal. Ich habe das genossen. Das Schloß und ich, das ging so gut zusammen. Meine geliebte Frau hat mich auch jederzeit unterstützt in allen meinen Anwandlungen. Einmal hat sie sich sogar nachts den Tristan angetan. Im Sängersaal. Sie hat zwar keinen Rotwein getrunken, sondern nur ihren Joghurt gegessen, aber das war ein Liebesbeweis, ich kann Ihnen sagen.« Dann schwieg er, ich hatte das Gefühl, er sei eingeschlafen.

»Der Abschied von seinem Schloß hat ihm das Herz gebrochen«, sagte Ricarda leise. »Es tut mir leid, wenn ihr das nicht für möglich haltet. Ich hatte vorher auch Zweifel. Aber jetzt habe ich es erlebt. Man kann es nicht bezweifeln. Man kann nur dabeistehen und aufpassen, daß es einem nicht das Herz zerreißt.«

»Was ist mit dem Zählwerk, Ricarda? Gibt es nur dieses eine? Oder steht in jedem Schloß eins? Zählt dieses hier alle drei Schlösser? Und was zum Teufel zählt es denn nun eigentlich?«

Sie sah mich an, und wir waren wieder auf dem Dach. Es war beginnende Dämmerung, und ich hatte alle Chancen, weil Ricarda sie mir bot. Auf was hatte ich verzichtet? Wie dumm war ich? Ich war nicht dumm, dafür hatte ich in den letzten Tagen zuviel herausbekommen.

»Nicht wahr, ich bin nicht dumm?« Ricarda und Tom sahen mich verdutzt an, ich ging zur Kamera, die die Filmer zurückgelassen hatten, nahm die Kassette heraus, und weil ich nicht wußte, wohin damit, legte ich sie in den Kühlschrank. Er war der einzige Gegenstand in diesem Raum, der sich als Versteck anbot.

Dann war jemand vor dem Fenster.

»Kommt doch runter«, rief Bea. »Ihr müßt helfen.« Ich war schon an der Tür, als ich innehielt.

»Wo steht es?«

1 102 268 677

5

Wenn das Blut nicht gewesen wäre, hätte es ausgesehen wie ein Flohmarkt. Sie hatten alles im Angebot: klaffende Wunden, fehlende Gliedmaßen, Tod. Hemden und Blusen wurden vor meinen Augen in Streifen gerissen. Kundige oder nur hilfsbereite Hände wickelten Stoff um Arme und Beine und Schädel und Rücken. Ich suchte nach Tom und Ricarda, sah sie gerade noch um die Ecke des Torbaus biegen. Ich folgte ihnen, aber ich fürchtete mich, den Ort der Explosion zu sehen.

»Müssen wir unbedingt in den Wald?« Ricarda und Tom antworteten nicht, ich mußte mit in den Wald. Sie waren mit dem schweren Schrank erstaunlich weit gekommen. Er mußte mitten im Wald explodiert sein. Es roch nicht gut, es roch gar nicht gut, leider wußte ich seit vielen Jahren, wie verbranntes Menschenfleisch riecht. Wo einst der Weg gewesen, klaffte jetzt ein Trichter. Hier gab es keine Verletzten zu bergen. Wer hier lag, war verloren. Ich blickte die Körper nicht an, ich wußte mir nicht anders zu helfen. Ricarda und Tom wollten einfach nicht anhalten.

»Das ist es nicht wert«, rief ich ihnen nach.

»Es ist jeden Preis der Welt wert.« Ricardas Worte kamen hart und rücksichtslos. Erschreckend, zu was diese Frau fähig war. Sie konnte nicht nur Menschenleben retten, sie schaffte es auch, Verluste anzuschauen.

»Sie haben den Schrank immerhin gestohlen«, gab Tom zu bedenken.

»Ach ja? Sie sind selber schuld, ja? Dann hat ja alles seine Ordnung. Strafe muß sein. Warum hast du nicht längst deine Kamera vorm Auge, du Meisterfotograf? Alles Augenfutter hier. Wie schön sich das macht, das dunkle Rot und das Grün.«

»Wo siehst du denn hier Grün?«

Es gab kein Grün mehr, es gab nur noch rostrote, staubtrockene Nadeln. Und die hingen nicht mehr an den Bäumen, sie lagen darunter. Es war schlimmer als die schlimmsten Reviere im Erzgebirge. Und kaputter sah in Europa kein Wald aus. Ludwigs Testament war uns um die Ohren geflogen. Ludwig hatte seinen Spaß gehabt. Seine Anhänger hatten Blut und Gedärm geopfert, aber nicht Tausende, sondern nur eine Handvoll, vielleicht nur die Schrankträger. Fast alle, die in dieser Minute im Schloßhof verarztet wurden, würden überleben, und für den Rest ihres Lebens konnten sie Freunde und Verwandte mit der schaurig-schönen Schilderung des legendären blutigen Nachmittags in Neuschwanstein quälen.

»Wo bleibt die verdammte Feuerwehr? Wo bleiben die Notärzte?«

»Es wird niemand kommen«, sagte Ricarda.

»Ihr könnt sie hier doch nicht liegen lassen!« Vorne blickten sie sich um, wer wohl der Schreier war. Der Schreier war der schmutzige Halbnackte, der aussah, als würde er unter Schock stehen.

»Wir sollten ihnen vielleicht nicht verraten, daß keine Ärzte kommen werden«, schlug Tom vor. »Wir wären nicht die ersten Überbringer schlechter Nachrichten, denen man den Hals umdreht.«

»Aber Neuschwanstein ist gerettet.« Ich war zufrieden. Ein Segen, daß die Bombe im Freien hochgegangen war. Wenn ich mir eine von Adams verrückten Führungen vorstellte, ein kleiner Raum von Ludwigs Wohnung, gesteckt voll mit Menschen, Kinder neben dem Schrank, damit sie etwas sehen konnten . . .

»Wir ziehen jetzt los und schlagen uns zu den anderen Schlössern durch«, sagte ich. Endlich würde ich nicht mehr im Kreis laufen, endlich würde es länger als 50 Meter in eine Richtung gehen.

»Weißt du, wie weit die Schlösser von hier entfernt sind?« fragte Tom.

»Herrenchiemsee ist zu weit. Aber Linderhof schaffen wir. Los, unten stehen genug Autos. Wir haben die freie Wahl. Und ich möchte den sehen, der mich jetzt aufhält.«

»Giftgas!« rief Tom plötzlich. »Giftgas! Die Wolke ist frei.«

Ich hätte ihn stoppen sollen, aber wie sollte man so einen stoppen? Ich hatte keine Helfer. Ich wußte, auf welcher Seite Ricarda stand, und Tom würde zur Not auch Frauen schlagen. »Wir dürfen das nicht geheimhalten!« rief er mit mächtiger Stimme. »Jetzt haben sie noch eine Chance. Wer weiß, was in fünf Minuten ist?« Er lief Richtung Torbau zurück, und ich konnte sein »Giftgas« hören, bis er um die Ecke zum Haupteingang bog. Plötzlich Knirschen überall. Aber sie brauchten lange zum Umstürzen. Ricarda und ich kamen ohne weiteres aus dem Gefahrenbereich heraus. Zwei Bäume, ihre Kronen waren ineinandergewachsen, also stürzten sie gemeinsam und rissen ein halbes Dutzend Stämme mit. Trockenes Holz brach krachend auseinander, weiter hinten im Wald ertönten Rufe des Schreckens oder des Schmerzes. Sie würden es überstehen, ich konnte mir nicht vorstellen, daß diese schlappen Holzstücke zu mehr fähig waren als zur Produktion blauer Flecken auf der Haut. Dann kam der Moment, in dem ich das Gefühl hatte, daß die Menschen sich vom Schloß Richtung Parkplätze orientieren würden. Dann die Berührung an meiner Wange. Ich schmiegte mein Gesicht in Ricardas Hand. Ich mußte jede Sekunde ausnutzen. Das war doch in Wirklichkeit die Uhr, die gegen mich lief. Das Zählwerk war doch bloß lebensgefährlich, der Verlust Ricardas war existentiell.

»Du bist müde«, sagte sie. »Du möchtest schlafen.« Sie lehnte ihre Stirn an meine, an uns vorbei zogen sie zu den Parkplätzen.

»Ich habe ja noch nie im Leben eine Frau im richtigen Moment getroffen, also in dem Moment, der für beide optimal war. Aber wir beide, falscher geht es nicht.« Sie lächelte, meine Worte hatten also einen Sinn gehabt. Sie ergriff meine Hand, und natürlich ging ich mit. Sie führte mich zum Stollen, wir kamen heil über Dämme und Gräben hinweg. Im Stollen waren wir die einzigen, die Richtung Schloß gingen. Kaum jemand von den Entgegenkommenden trug noch Diebesgut bei sich, und alle bewegten sich zügig.

Ricarda führte mich in das vierte Geschoß, ging mit mir durch den Sängersaal auf den Balkon. Im Saal nur noch Hinterbliebene des Wahns, auf dem Balkon nur wir beide. Unter uns auf dem Hof löste sich das Lazarett auf. Die Lahmen und Gebrechlichen humpelten davon, einige wurden gestützt, viele nicht. Zwischen Verwundeten und Helfern sprang wie ein Gummiball Tom herum: »Die Wolke! Die Explosion hat das Gift freigesetzt. Die Wolke wird uns alle zudecken.«

»Hoffentlich ist kein Chemiker dabei«, murmelte ich. »Er wird Tom auslachen, und alle kommen zurück.« Aber ich hatte Hoffnung, eine stille, gelassene Hoffnung, als ich wie aus mehreren Kilometern Entfernung die kollektive Absetzbewegung beobachtete.

»Sei doch froh«, sagte Ricarda. »So wolltest du es.« Unten kniete Bea neben einer Frau, stämmig, schreiende Farben, regungslos. Ich spürte Beas Verzweiflung auf der Haut. Nicht helfen zu können mußte für sie noch schlimmer sein, als nicht recht zu behalten. Ich bewunderte Bea. Wenn einer von uns eine Zukunft hatte, dann sie. Sie war stark und eingebildet, unverschämt und gut. Ricarda wies mit dem Kopf nach links. Tamenaga, blutbespritzt in einem Ausmaß, als hätte er Hose und T-Shirt gefärbt, sprach einem weinenden kleinen Jungen Mut zu. Natürlich verstanden wir seine Worte nicht, aber wir sahen, daß Tamenaga beide Ohren des Kleinen hatte. Neben ihm rappelte sich ein Mann hoch, wohl der Vater des Kindes. Und dazwischen wie übergeschnappt »Gift! Auch Gift ist von dieser Welt! Warum wollt ihr es nicht einmal probieren?« Tom war der einzige Rufer, aber dann tauchte hinten am Fenster des Torbaus der Kopf auf, so zerzaust, daß wir es über die große Entfernung sahen, und die Stimme rief: »Lauft! Lauft weg! Es geht immer schneller. Beeilt euch doch!«

»Falls Stefan das hier überlebt, wird er einen Therapeuten brauchen«, knurrte ich.

»Wir haben nicht mehr viel Zeit«, sagte Ricarda. Sanft strich ihre Stimme über meine Haut. Ich war verrückt nach dieser Frau, und meine Reflexe funktionierten noch. Ich war in der Lage, Frauen an mich zu pressen, sie überall anzufassen, sie zu liebkosen, Hals, Ohren, Wangen, Haare.

»Nicht mehr viel Zeit«, flüsterte Ricarda, und unten auf dem Hof brüllte eine vertraute Stimme:

»Ich reiß mir hier den Arsch auf, und du staubst die Frauen ab.«

Da stand er, beide Arme in die Hüften gestützt, alles an ihm war entflammt: Gesicht und Bart, und er wetzte los.

»Wir haben noch 30 Sekunden für uns«, sagte ich melancholisch. »Laß uns was draus machen. Aber in 30 Sekunden kriegt man kein Kind gezeugt.« So ein Gesicht war noch nie dagewesen, und sie hatte doch schon alles in meiner Gegenwart gemacht: gelacht, geschwiegen, gestöhnt, geliebt, geleuchtet, auch gelogen. Ich starrte in ihr Gesicht, aber ich dachte nur an ihre Aquarelle, auf denen Neuschwanstein schwebte, und ich erkannte, daß fünf Tage nicht ausreichen, um eine neue Heimat zu finden.

Dann schoß Tom auf den Balkon und nahm mir meine Ricarda weg. Er drückte sie nur einmal kräftig an sich, dann hatte er die Ordnung wiederhergestellt und ließ Ricarda los, um zu verschnaufen.

»Du hast sie verjagt«, sagte ich anerkennend.

»Ohne Explosion wäre nichts gegangen. Der Bums war Gold wert.«

Ricarda blickte Tom an, blickte mich an, dann blickte sie zwischen uns hindurch. Als ich mich umdrehte, sah ich dem Tod ins Auge. Er lehnte es ab, sich auf uns zu stützen. Er bestand darauf, an die Brüstung zu treten, obwohl ich befürchtete, er würde vor unseren Augen hinunterstürzen. Endlich hatte Tom eine Kamera vor dem Auge. Als der Verwalter in den Hof schaute, auf das Schloß zur Linken und die Kemenate zur Rechten, da sah er die Menschen nicht, die verwundet und geschockt und verängstigt unter uns aufbrachen. Er sah nur sein Schloß, seine Kemenate, seinen Hof, den er ungeteert verlassen mußte. Der Mann war nur noch Haut und Knochen, ich spürte, daß er allein vom Willen aufrecht gehalten wurde. Aber der Wille war nicht unendlich, sein nächster Zusammenbruch würde der letzte sein. Unten taten Bea und Tamenaga, was sie konnten, und jetzt entdeckte ich auch Marie Schott. Keiner von uns sieben hatte versagt oder sich davongestohlen. Es war die tollste Mannschaft meines Lebens, und ich hatte 15 Jahre pausenlos mit Profis zusammengearbeitet.

Hinter der Kemenate geriet schon wieder Fels in Bewegung, Stein stürzte in die Schlucht, einen Baum mit sich reißend oder selbst vom Sturz eines Baums mitgerissen.

»Wehe, ihr macht aus dem neuen Schloß nicht das allerbeste«, sagte der Verwalter, ohne sich umzudrehen. Ricarda legte ihre Hand auf seine. »Und Sie, meine Herren, Sie haben jetzt zum letzten Mal Gelegenheit, sich zu entscheiden.«

»Wofür oder wogegen?« fragte Tom. Der Verwalter drehte sich zu uns um.

»Ihr wärt in der neuen Heimat gut aufgehoben.«

»Aber wir sind hier verwurzelt«, entgegnete Tom. »Hier haben wir unsere Arbeit, unsere Familie.«

»Was ist Familie?« fragte der Verwalter. »Ist ein Kind Familie?«

»Selbstverständlich«, erwiderten Tom und ich gleichzeitig.

»Na dann, bitte.«

Wir starrten ihn an. Begann er jetzt, irre zu reden? Ich suchte Ricardas Blick, sie wich mir aus.

»Für mich kommt die neue Heimat zu spät«, fuhr der Verwalter fort, während sich unter uns die letzten Invaliden vom Hof schleppten. »Aber Zukunft gehört in die neue Heimat, meine Herren. Und Kinder, die in eine vollständige Familie hineingeboren werden.« Theatertext, ich kannte das Stück nicht, aus dem er zitierte. Aber die Temperatur kannte ich, es waren 30 Grad, eher 34.

»Wir ließen euch in den letzten Stunden gewähren«, sagte der Verwalter ohne Dramatik. »Wir ließen euch alle Freiheiten, weil ihr nichts verhindern konntet. Nichts grundlegend verhindern. Aber wie ihr versucht habt, es zu verhindern, sichert euch den Respekt von uns allen. Ich habe keinen getroffen, den ihr nicht überzeugt habt. Und ich darf euch jetzt doch gestehen, daß am Anfang die skeptischen Mienen in unserem Kreis überwogen haben. Wie ihr es versucht habt, macht euch zu würdigen Vätern unseres jungen Königs.«

Meine Beine begannen zu zittern, leicht, aber vernehmlich und immerhin so stark, daß ich Halt an der Brüstung suchte.

»Ricarda hat sich die Wahl nicht leicht gemacht«, fuhr der Verwalter fort. Mehr als einer von uns war verzweifelt über die viele Zeit, die sie sich ließ. Sie wählte in letzter Sekunde. Es sollte Blut von außerhalb sein, das war die Abmachung.«

»Aber ...«, stammelte Tom, »was ... weshalb Ricarda?«

»Die Urenkelin unseres geliebten Königs soll sich wohl frei entscheiden dürfen.« Jetzt hatten seine Augen wieder Farbe, leuchteten in altem Glanz, hinter dem der alte Verwalter erkennbar wurde.

»Du hast die Marie gespielt«, sagte ich schwächlich. »In dem Theaterstück.«

»Welche Frau würde auf der Bühne nicht mit Freuden ihre Großmutter verkörpern?« fragte der Verwalter vergnügt.

»Ludwig und Marie? Der König und die Tochter einer Försterfamilie ...«

»Der tote König«, korrigierte der Verwalter vergnügt. »Als Toter war er so frei. Es war Liebe, alle Überlieferungen belegen das. Ein Zweifel an der Echtheit seines Gefühls wäre nicht einmal Majestätsbeleidigung. Er wäre nur dumm.«

Wir starrten Ricarda an. Sie hielt die Hände vor dem Bauch gefaltet, den Blick gesenkt. Ich sah ihre Wimpern, ich sah vor allem, daß Ricardas Wangen rot waren, tiefrot.

»Wir haben ...«, sagte Tom und brach ab. Er hustete, räusperte sich, brachte nichts mehr heraus.

»Ihr habt den neuen König gezeugt«, vollendete der Verwalter. »Ich muß das so verschwommen im Plural belassen, weil unsere Ricarda sich beharrlich weigert, ins Detail zu gehen.« Ich brauchte beide Hände, um mich an der Brüstung zu stützen. Im Augenwinkel sah ich eine überdimensionale Fledermaus über den Hof Richtung Schloß eilen.

»Aber das ist unmöglich«, flüsterte ich. »Ich meine, das kann man doch gar nicht wissen, ob ... so schnell ...«

»... wenn man sich untersuchen läßt, kann man das wissen«, sagte Ricarda und hielt den Kopf gesenkt.

»Du bist schwanger?« Ich war Experte für die allerdümmsten Fragen. Mit mir konnte sich keiner messen, ich konnte immer noch eine Dimension dümmer als der Zweitdümmste.

»Ihr seid würdige Väter des neuen Königs«, behauptete der Verwalter. »Mehr können wir euch nicht anbieten als dieses Lob. Es sei denn ... die Einladung steht.«

Ich spürte den Ausweis in der Tasche und wußte, daß Tom seinen ebenfalls bei sich trug. Nummer vier und Nummer fünf. Die 1 war Ludwig, die zwei Ricarda, die drei der neue König. Dann die vier, die fünf. Danach die restlichen 1000. Oder 1500 oder 2000. Sie war schwanger, ein Arzt hatte die Schwangerschaft bestätigt. Ich öffnete den Mund, aber da stürmte Adam auf den Balkon und rief außer Atem: »Sie gehen alle weg. Sie weigern sich, meine Führungen anzuhören. Ich werde sie in Acht und Bann tun.«

»Es ist soweit«, sagte Ricarda, mir fiel auf, daß sie diese Uhr am Handgelenk trug. An den früheren Tagen hatte sie nie eine Uhr getragen. Ich griff an ihr Handgelenk und wurde Augenzeuge, wie das Zählwerk auf 1105662483 sprang. Dann war Knattern in der Luft, nach wenigen Sekunden war es ein Hubschraubergeräusch, dann wurde er schon sichtbar, dunkelgrün mit rotem Kreuz auf weißem Grund. Wir sahen zu, wie die kleine Maschine im Innenhof landete. Ricarda ergriff den Arm des Verwalters. Adam verstand die Welt nicht mehr, aber er hatte ja nie etwas begriffen. Tom dagegen und ich ...

»Ricarda, wie viele von diesen Zählwerken gibt es? Es gibt mehr als eins, nicht wahr? Und vor einer Woche hing eins dieser Zählwerke auf dem Leuchter im Thronsaal, stimmt's? Weil ihr das für witzig gehalten habt, oder was weiß ich, und dieses Zählwerk habe ich gesehen, und ich habe es für eine Armbanduhr gehalten, weil ich ein Idiot bin, weil ich ...«

»Bitte, kommt mit!« sagte Ricarda. Wir rührten uns nicht. Sie blickte uns an, Tom, mich, Tom, mich. Ich sah, wie Toms Oberkörper mählich, ganz allmählich nach vorn kippte. Gleich würde er einen Schritt machen müssen, dann den zweiten, und ich würde ihn in den Hubschrauber steigen sehen. Start, höher und höher, eine Ehrenrunde über das Schloß, und weg war er. Für immer verschollen auf der anderen Seite der Erde. Ricardas Augen, wir waren durch unsere Augen verbunden, aber sie zerrte an den Schnüren, sie konnte doch nicht weiter und immer weiter . . . einmal mußten sie reißen und dann . . . dann waren sie gerissen.

Adam wußte nicht, wie gut er daran tat, in diesen Sekunden das Maul zu halten.

Es dauerte mehrere Stunden, dann gingen sie über den Hof auf den Hubschrauber zu. Ricarda stützte den Verwalter, schwer hing er ihr am Arm. Der Pilot winkte uns zu. Poldi war ein Multitalent. Ricarda ließ den Verwalter zuerst einsteigen. Ich wußte schon vorher, daß sie nicht mehr zum Balkon hinaufschauen würde. Der Hubschrauber war ungeheuer wendig, der Start eine Sache von Sekunden. Über die Pöllatschlucht knatterte er davon.

»Ich habe extra nicht gewinkt«, sagte Adam. »Ein König winkt bestenfalls zurück, aber niemals als erster.«

»Schwitzen Sie eigentlich nie?« blaffte ich ihn an.

»Wo denkst du hin? Mir kann doch das Wetter nichts anhaben. Wer war das eben?« fragte er dann überraschend gierig. »Das war doch die Malerin. Was sollte denn das geheimnisvolle Gerede?«

»Ach, gar nichts«, antwortete ich leichthin. »Es ging nur um die Zukunft der Dynastie. Nachkommen, wenn Sie wissen, was ich meine.«

»Das weiß ich selbstredend. Eine sorgfältige Pflege des Erbguts . . .«

»Halt doch die Klappe«, knallte Tom dazwischen. Adam warf eingeschnappt den Kopf in den Nacken, behauptete noch: »Dann sage ich eben nicht, was ich sagen wollte«, und verschwand im Sängersaal. Tom und ich vertrieben uns die Zeit damit, ins Leere zu schauen. Wir waren noch nie Vater geworden. Er hatte es auf zwei Abtreibungen gebracht, ich auf vier.

»Einer von uns muß als erster das Maul aufmachen«, sagte Tom dann, ohne mich anzuschauen.

»Kannst du haben: Glückwunsch, Vati. Falls dir kein Name einfällt, Jot We kommt gut. Und wenn's ein Mädchen wird . . .«

»Hör bloß auf. Warum hast du nichts zur Verhütung unternommen, du Ferkel? Weil du kein Verantwortungsgefühl hast, deshalb.«

»Ich? Und was ist mit dir?«

»Ich war schwerpunktmäßig mit Regionen befaßt, von wo aus eine Befruchtung Spermien mit untergeschnallten Langlaufskiern erfordert, falls du damals im Biologieunterricht gut aufgepaßt hast.«

»Das war nur beim ersten Mal. Später bist du nicht mehr über die Dörfer gegangen. Also selber Ferkel.«

»Jedenfalls bin ich nicht der Vater.«

»Ich schon gar nicht.«

»Wer war's dann? Der Verwalter? Deshalb sieht er so verbraucht aus.«

Wir blickten uns an, Millimeter um Millimeter begann mich ein Gefühl anzukriechen. Es hatte etwas mit Eitelkeit zu tun, es war aber auch viel Stolz dabei. Und Freude. Natürlich war ich der Vater, daran bestand überhaupt kein Zweifel. Bei dieser Frau war ich der Vater. Eine Punktzeugung, wie sie die Welt noch nicht gesehen hatte. Tom hatte bestenfalls Blumen gestreut, nasse Blumen, Wasserrosen.

»Man hat uns benutzt«, sagte Tom schwärmerisch.

»Mit Vorsatz aus der Hose geholt«, stimmte ich selig bei.

»Und ich Dussel zeig dir noch, wie's geht.«

»Von einem Vater die Schönheit, vom anderen den Mutterwitz.«

»Hoffentlich erbt der Zwerg nicht meine Verfressenheit. Wenn doch, würde ich ihm dringend raten, kein Mädchen zu werden.«

»Vorschlag: Wenn's ein Junge wird, bist du der Vater, bei einem Mädchen ich.«

»Einverstanden.«

»Und bei Zwillingen, Drillingen sowie ausgesprochen schönen, charmanten und begabten Kindern bin ich's ja sowieso.«

Er bot mir an, mich vom Balkon zu werfen, ich lehnte dankend ab. Es war heiß, es war menschenleer, in der Balkontür stand ein eingeschnappter falscher König und brannte darauf, seine Neuigkeit loszuwerden. Er wollte so offensichtlich gefragt werden, daß wir es ohne weiteren Aufschub taten.

»Ich habe ihn in Sicherheit gebracht«, lautete Adams Antwort.

»Bitte wen?«

»Na, den König natürlich. Sie hätten ihn sonst garantiert mitgenommen. Aber sie haben ihn nicht gekriegt.« Er bestand darauf, uns seinen Schatz im Thronsaal zu zeigen. Wir durchquerten den Sängersaal, die Plünderer hatten ein Schlachtfeld hinterlassen. Aber die Mauern standen noch, und sie würden auch stehenbleiben – im Unterschied zu denen von Herrenchiemsee und Linderhof. Ich schluckte, aber ich hatte den Verlust akzeptiert. Eine halbe Stunde noch, dann würden die Medien etwas zu berichten haben. Wir mußten sofort mit der Arbeit anfangen, und jetzt hatten wir noch einen Trumpf im Ärmel:

»Clockwork Neuschwanstein – die Königsväter bitten zur Lektüre.«

»Sieh dir das an«, sagte Tom und stieß mich in die Seite. Unsere alte Freundin, die betrunkene Frau lag immer noch unter dem Fenster. Als ich neben ihr kniete, wußte ich, daß sie tot war. So betrunken konnte kein Mensch sein, um neben stundenlangen Abrißarbeiten seinen Rausch auszuschlafen.

»Es ist unglaublich«, zürnte ich. »Die klauen und brandschatzen, und niemandem fällt auf, daß daneben eine tote Frau liegt.«

»Alkoholvergiftung?«

»Wahrscheinlich. Zuviel Alkohol, die Aufregung, ein schwaches Herz und dann die Hitze. Ich habe mich gleich gewundert, wie tadellos die Leute dieses stundenlange Tanzen weggesteckt haben. Das war ja schwerstes Konditionstraining.«

Natürlich fühlte sich ihre Haut nicht kalt an, das war bei

diesem Wetter auch schlecht möglich. Ich kam nicht mehr dazu, mir weitere Gedanken zu machen, denn Adam begann zu quengeln. Wir gingen über den Vorplatz in Richtung Thronsaalgalerie, aber er wollte ein Geschoß tiefer. Selbst die Wandbilder auf den Fluren hatten sie herausgeschnitten.

Im Thronsaal steuerte Adam nicht den Söller an, wie ich zuerst vermutet hatte. Er wandte sich nach rechts, wo aber nichts war – außer der königlichen Toilette, vor der ich den glücklichen Pisser Martell und den alten Heimatforscher getroffen hatte. Adam steuerte die Toilettentür an, vergewisserte sich unserer Aufmerksamkeit und riß dann mit der übertriebenen Art, die sein Markenzeichen war, die Tür auf.

»Unser Scheißer«, sagte Tom wenig zartfühlend. Dabei hatte Ludwig alle Hosen oben.

»Sie haben ihn nicht gekriegt«, sagte Adam triumphierend. »Sie wollten, aber sie haben nicht.«

»Sie haben doch den schweren Thron und den Körper nicht allein vom Söller bis hierher transportiert.«

Adam wurde verlegen. »Etwas Assistenz muß manchmal sein. Es ist eine Ehre, einer Majestät zu helfen. Und dann gar noch zwei Majestäten.«

»Wer war's denn?«

»Sag ich nicht.«

»Dann lassen wir Sie allein.« Das wirkte, er spuckte den Namen aus. Ausgerechnet Ricarda war ihm beim Transport Ludwigs zur Hand gegangen.

»Eine starke Frau«, behauptete Adam mit Kennermiene. »In jeder Hinsicht.« Ich überlegte, ob wir ihm verraten sollten, daß Ricarda ihren Opa aufs Klo gestellt hatte. Aber ich wußte nicht, ob Adam dann nicht endgültig überschnappen würde. »Apropos«, sagte er und schlug sich geziert vor die königliche Stirn. »Sie hat mir ja etwas für euch mitgegeben. Bitte sehr.« Er reichte mir eine Zählwerkuhr von der Art, die Ricarda am Handgelenk getragen hatte.

»Ich verstehe das nicht«, sagte Tom nachdenklich. Er achtete nicht auf das Zählwerk. »Warum lassen sie ihn hier?«

»Sie wollten ihn garantiert mitnehmen. Aber Adam hat ihnen den König ja versteckt. Und dann hatten sie keine Zeit mehr, eine Suchaktion zu starten.«

»Warum denn nicht? Neuschwanstein bleibt doch heil.«

»Das steht doch erst seit ein paar Minuten fest. Die anderen Schlösser werden fliegen. Und fünf Minuten später verläßt der Zug den Füssener Bahnhof.«

»Ich versteh's trotzdem nicht«, murmelte Tom. »Ricarda wußte, wo Ludwig steckt. Warum hat sie es ihren Leuten nicht verraten?«

»Weil bei ihr am Ende doch noch die verwandtschaftlichen Bande durchgeschlagen sind. Urgroßvater bleibt im Schoß des Originals. Das zu entscheiden ist Urenkelinnenrecht.«

»Kann sein. Kann aber auch sein, daß sie offiziell und einstimmig ihre Meinung geändert und freiwillig auf den balsamierten Ludwig verzichtet haben. Wo sie doch jetzt bald einen neuen König haben werden.«

»Was? Was? Was? Was höre ich denn da?« Adam sprang uns vor die Brust mit seiner unanständigen Neugier. An meinen Fingern klebte eine Art Puder. Wahrscheinlich schüttete er sich heimlich mit Desinfektionsmitteln zu.

»Wir lassen ihn am besten hier sitzen«, schlug ich vor.

»Das geht nicht«, protestierte Adam. »Ein König gehört auf den Thron.«

»Er sitzt auf dem Thron.«

»Aber der Thron steht am falschen Ort.« Er nötigte uns, Ludwig auf die ideale Position zu stellen.

»Ist dir klar, daß ich mit ihm in einem Dreivierteljahr verwandt sein werde?« fragte ich schwärmerisch. Toms Antwort entfiel, denn Stefan stürmte in den Saal. »Gleich ist es soweit!« rief er. Der Junge flog am ganzen Körper. Wir redeten auf ihn ein, aber er war keinen Argumenten mehr zugänglich. Plötzlich standen auch Bea, Marie Schott und Tamenaga im Thronsaal. Alle drei waren bettreif und blutbesudelt. Selbst die Gegenwart Ludwigs regte sie nicht mehr auf. Das tat sehr viel wirksamer das Handgelenkzählwerk.

1107002948

»Warum seid ihr nicht zu den anderen Schlössern gefahren?« heulte Stefan.

»Junge, beruhige dich. Wir wissen erst seit einer halben Stunde, daß es um mehr als Neuschwanstein geht. Wir würden auf jeden Fall zu spät kommen.«

»Linderhof ist nur 20 Kilometer weg.«

»Es sind Berge dazwischen«, stellte Bea klar. »Und außerdem kannst du da nicht reinmarschieren und auf einen Knopf drücken. Die ganze Sucherei würde doch wieder von vorn losgehen.«

»Tröstet es dich gar nicht, daß du ein Schloß gerettet hast?« fragte Marie Schott und legte einen Arm um Stefans Schulter. Nein, es tröstete ihn nicht. Er traute dem Frieden nicht, und er hatte seine Fantasie nicht unter Kontrolle. Das brachte ihn um, er war nicht zu trösten. Also ließen wir es. Dann standen wir uns gegenüber, das Zählwerk hing an Toms Handgelenk.

»Es heißt Abschied nehmen«, sagte ich und schlug im Bemühen, locker zu erscheinen, die Hände zusammen. »Ihr müßt euch sputen, in einer halben Stunde geht es los. Und ihr seid wirklich sicher, daß ihr mitwollt? Nach all dem, was passiert ist?«

»Ist was passiert?« fragte Bea. Die Schott verbarg ihre Rührung unter neutralem Gehabe, aber Bea schlug gleich wieder ins andere Extrem. Sie wirkte mürrisch, streitlustig, und nur widerwillig gab sie zu:

»War ganz nett mit euch. Am Anfang habe ich euch jedenfalls für noch bescheuerter gehalten als am Ende.« Wir wußten nicht recht, wie wir das Adieu zelebrieren sollten. Und der falsche König rief vom echten Thron:

»Was heißt Abschied nehmen? Wer hier Abschied nimmt, bestimme immer noch ich.« Wir umarmten uns, und Tom durfte die Frauen fotografieren. Sie standen dabei neben Ludwig, ich lenkte solange Adam ab. Es war ein viel herzlicherer Abschied als von Ricarda, verkehrte Welt. Stefan wollte kein Wort über die Möglichkeit sagen, die Frauen zu begleiten. Angeblich hatte es sich auch seine Mutter anders überlegt. Ich glaubte ihm das nicht, aber ich konnte ihm die Lüge nicht nachweisen.

»Grüßt die Gräfin«, bat ich. »Aber auch Unruh und seine Frau. Grüßt Rustimo und seine niedliche Tochter. Grüßt Hyppo-Grypho und Doktor Martell und paßt auf, daß er vor lauter Glück nicht überschnappt.« Wir trugen ihnen auch Grüße an unseren Freund aus der Schweiz mit dem vielen Geld und den Pralinen auf. Beim Stichwort Geld fiel mir Ludwigs Geldbote Holnstein ein, und irgendwann war mir ein Holstein über den Weg gelaufen.

Ich war so ein lausiger Abschiednehmer, immer gewesen, und ich war froh, daß ich in der Hosentasche Zeugs fand, das ich in der Hand drehen und wenden konnte. Es war eine Streichholzschachtel der Holsten-Brauerei. Ich starrte auf Holsten, und wie ich in meiner kapitalen Drekkigkeit im Thronsaal stand, Holnstein, Holstein und Holsten im Kopf, dazu den Lebensgefährten unseres Bankiers, den überkorrekten Exoffizier Osten, da verbanden sich Holnstein, Holstein und Holsten leicht wie eine Feder zu Osten. Zwischen Holsten und Osten fehlte nur noch eine Station. Ich strich das H, vielleicht hatte es auch das L in »Holsten« getroffen, aber man kam auf beiden Wegen zu Osten.

»Wieder eine Linie«, murmelte ich. Die Frauen verließen den Thronsaal, und Stefan ging mit ihnen.

6

»Noch würden wir den Zug erreichen«, sagte ich und ging im Thronsaal hin und her.

1 107 998 527

Adam fiel das Zählwerk an Toms Handgelenk auf, er bettelte, aber er durfte es nicht umbinden. Ich wartete jetzt nur noch darauf, daß die Zeit verging. Das Bewußtsein, eines der modernen Weltwunder gerettet zu haben, lähmte meine Bewegungen.

»Es waren die Bagger«, sagte ich. »Sie haben mit den kleinen Baggern die Kabel zwischen den Schlössern verlegt.«

»Vor 100 Jahren gab's noch keine Bagger.«

»Aber sie haben in den letzten Wochen daran gearbeitet. Denk an den Bagger bei Ricardas Hütte.«

»Die steht meilenweit von einem Schloß entfernt.«

»Aber man sieht daran, daß überall dieselbe Organisation am Werk war.«

»Ja, ja«, gestand Tom unwillig zu. »Mich regt das so auf. Offensichtlich standen hundert Beweisstücke in der Gegend herum, aber wir haben nicht begriffen, woran man Beweisstücke erkennt.«

»Tom, warum stirbt die Natur?«

Er blickte mich an, wanderte nun auch. »Werd bloß nicht philosophisch zum Schluß. Das hat nichts mit Ludwig zu tun.«

»Auch nichts mit Ludwigsland?«

»Auch nichts mit Ludwigsland.«

»Und wenn wir Ricarda nie mehr wiedersehen?«

»Kannst du zur Abwechslung mal was Aufbauendes sagen?«

»Ich habe Hunger.«

»Das höre ich gern. Freunde sollen ähnliche Hobbys pflegen.«

»Tom?«

»Was ist jetzt wieder?«

»Warum haben wir nicht versucht zu fliehen?«

»Hast du das nicht? Ich habe es. Immer und immer wieder.«

»Aber du warst nie weg.«

»Daran kannst du sehen, wie raffiniert ich meine Fluchten eingefädelt habe.«

Ich stellte mich so, daß ich allen den Rücken zuwandte, und sagte:

»Wir sind gescheitert.«

»Nach großem Kampf.«

»Aber haben wir etwas erreicht? Wirklich etwas erreicht?«

»Aus eigener Kraft, meinst du?«

»Sie haben uns an Fäden geführt, Tom. Irgend jemand hat hier mit einer sensationellen Fernbedienung gearbeitet. Ich bin in den letzten Tagen soviel gelaufen wie in den zwei Jahren davor zusammengenommen nicht. Aber wofür? Was wäre anders gelaufen, wenn ich vor einer Woche den Neuschwanstein-Job wegen Grippe abgesagt hätte?«

»Mach dich nicht so klein.«

»Sagte der Elefant zur Amöbe.«

Ein vertrauter Arm berührte mich an der Schulter.

»He, was machen wir hier? Weinen wir ein bißchen?«

»Schon möglich. Ich dachte mir, es würde vielleicht einen guten Eindruck . . .«

Dann war es mit meiner Fassung vorbei. Ich legte meinen Kopf an Toms Schulter und ließ fließen, was fließen wollte. Das Gefühl der Hilflosigkeit brachte mich um. Ich hatte alles gegeben, was ich draufhatte. Ich war gelaufen und hatte nachgedacht. Ich hatte aus winzigen Spuren richtige Schlüsse gezogen, und in meinen Armen war ein Mensch gestorben, ein halbes Kind, das noch gar nicht richtig gelebt hatte, das doch gerade erst anfangen wollte zu . . .

»Laß laufen, Kumpel«, sagte Tom und hielt mir seine Schulter hin. Im Hintergrund räusperte sich jemand. Ich wischte zweimal übers Gesicht, drehte mich und vermied es, Tom anzusehen.

Adam schlenderte um den König herum. Mir leuchtete es immer noch nicht ein, daß sie ihn nicht mitgenommen hatten. Zwar fand ich es sympathisch, daß sie nicht auf einer Reliquie bestanden. Einen niedlichen Säugling anzuhimmeln, war allein schon ästhetisch befriedigender, als mit verdrehten Augen vor einer haltbar gemachten Leiche zu stehen. Das wäre es selbst dann gewesen, falls ich wider Erwarten nicht der Vater des Säuglings gewesen wäre. Plötzlich war sie da, stand mitten im Thronsaal, keiner hatte sie kommen hören, aber vielleicht verursachten dermaßen kleine Füße noch keine Geräusche. Sie war niedlich wie bei unserer ersten Begegnung, und die Haut kam mir nicht mehr so dunkel vor. Die Augen waren riesig, die Haare ein liebenswürdiges Chaos, das knalltürkise Sommerkleidchen paßte ihr wie angewachsen. Aber das schlimmste waren natürlich die Augen, mit denen sie mich sofort zu pulverisieren begann.

»Hey, was soll das denn?« rief Tom und stapfte auf sie zu. Sie rührte sich nicht von der Stelle, nur der Kopf fiel weit nach hinten, als sie dem vor ihr stehenden Riesen ins Gesicht schaute. Tom knickte ein, hockte auf gleicher Augenhöhe vor ihr. »Haben sie dich vergessen? Bist du verlorengegangen? Heh, Leute, wir haben ein Kind bekommen.«

»Das ist Rustimos Tochter.«

»Ist wahr?« rief Adam und schoß heran, heilfroh, daß er nicht länger die Folter des Eingeschnapptseins aufrechterhalten mußte. Das Kind überstand den Anblick Adams ohne Schreikrampf.

»Dein Vati ist auf Dienstreise«, behauptete Tom. »Wir haben ihn gestern im Fernsehen gesehen. Jedenfalls gehört. Hast du die Sendung auch gesehen? Wo warst du denn? Ich war oben auf dem Balkon. Warst du unten im Hof?«

Er plapperte pausenlos, schwatzte die Befangenheit des Mädchens fort. Sie redete immer noch nicht, aber ich hatte das Gefühl, als würde sie jetzt nicht mehr so starr stehen. Ich drehte mir Toms Handgelenk zurecht.

1 108 429 018

»Rustimo? Habt ihr Rustimo gesagt?« wollte Adam wissen.

»Rustimo«, sagte das Mädchen satt und zufrieden.

»Das ist ein Ding«, sagte Adam. »Das ist ein Ding.«

»Vielleicht könnten Majestät so nett sein, den Wissensstand der dummen Untertanen zu vergrößern?«

»Was? Ja natürlich. Ihr sollt auch nicht leben wie ein Hund. Bildung ist ein hohes Gut. Jedes Volk ist nur so klug wie der Herrscher. Maximal, denn im Normalfall ist es ja so, daß . . .«

»Rustimo, Majestät!«

»Ja natürlich, Rustimo. Rustimo war doch der Mohr.«

Ich räusperte mich, um rassistische Anwandlungen im Keim zu ersticken. Aber Adam hatte nicht nur Mohr gesagt, er hatte auch Mohr gemeint.

»So hieß das früher!« rief er. »Ludwig hat es so genannt, und Ludwig liebte die Menschen. Was kann daran schlecht sein, wenn ein gekröntes . . .«

»Rustimo!«

Man mußte den Kerl anbrüllen, dann drang man durch.

»Rustimo war der Mohr, den Sissi vom Schah gekriegt hat. Gratis, wie sich das gehört. Allerdings war er verkrüppelt, der Mohr. Das ist ja, wie wenn man eine Vase verschenkt, bei der eine Ecke fehlt. Was guckt ihr mich so an? Bleibt mir vom Leibe! Untertanen, ich befehle euch auf der Stelle . . .! Fort, fort mit euch! Hilfe! Wache! Wache!«

Wir taten ihm nichts, wir normalisierten ihn nur. Und dann bekamen wir heraus, daß Sissi, die österreichische Kaiserin Elisabeth, offenbar tatsächlich vom Schah von Persien einen Mohren verehrt bekommen hatte. Rustimo war sein Name, er war der einzige Zeuge gewesen, als Ludwig und Elisabeth, die eine Cousine zweiten Grades war, im Jahre 1881 auf dem Starnberger See ein lyrisches Treffen hatten. Der Mohr soll bei der Gelegenheit einige Lieder zum besten gegeben haben und erhielt dafür von Ludwig, der für seine Geschenke berühmt war, einen Ring vermacht.

»Rustimo«, sagte das Mädchen. Ich begriff erst nicht, warum sie mir auf einmal ihren Arm entgegenstreckte. Tom war schlauer, ergriff mit großer Geste die zarten Finger und präsentierte uns den Ring am Finger des Mädchens.

»Ist er das?« fragte ich und hockte mich auch zu ihr. »Hat diesen Ring der König deinem ... äh ... sagen wir mal Opa oder Uropa geschenkt?«

Sie strahlte, und Tom sagte:

»Dann weiß ich auch, wie du heißt. Du heißt Elisabeth.« Sie wurde verlegen. Treffer. Nun mußten wir nur noch herauskriegen, warum sie beim Abmarsch der Massen übriggeblieben war. Ich hatte nicht damit gerechnet, daß sich heute noch Angehörige der Ludwig-Reisegruppe in der Nähe des Schlosses sehen lassen würden. Aber ich konnte mir andererseits auch vorstellen, daß es den einen oder die andere ein letztes Mal nach Neuschwanstein zog. Ich hatte mein Leben lang nur schwer Abschied nehmen können, und der komplette Wechsel der Heimat, der Austausch des Kulturkreises kam in meiner Biographie nicht vor.

1108982281

Tom und ich blickten uns an.

»Ich möchte keinen Vorwurf hören«, sagte Tom. »Ich habe getan, was mir möglich war. Und ich schwöre jeden Meineid, daß du dich auch nicht geschont hast.«

»Misthaufen.«

Er lachte und sagte: »Doppelstecker.« Aber ich wollte nicht an Ricarda denken, nicht jetzt, jetzt nicht und am liebsten niemals wieder. Dabei wußte ich schon in dieser Minute, daß Ricarda die Lieblingserinnerung meiner Zukunft sein würde. In meinen Träumen existierte ein Traummodul, das sich seit bestimmt zwei Jahrzehnten in jedem dritten oder vierten Traum ereignete, an den ich mich später erinnerte. Ich war in der Lage, die Zeit anzuhalten oder kämpfte um den Erwerb dieser Fähigkeit. Ich hatte es im Lauf der Jahre auf Dutzende von Rahmenhandlungen gebracht, die mich jetzt alle nicht interessierten. Wichtig war nur die Macht über die Zeit. Man mußte ihr zeigen, daß sie mit uns nicht machen konnte, was sie wohl für ihr angestammtes Recht hielt: fortzuschreiten, nie Ruhe zu geben, immer noch eine Sekunde in der Hinterhand zu haben. Der Zeit in den Arm zu fallen, das war eine Leistung, die noch kein einziges Mal seriös vollbracht worden war. Wir hatten nur Tricks erfunden, uns das Erreichen des Ziels vorzugaukeln. Alle diese Tricks hingen mit Drogen, Religionen oder anderen Ideologien zusammen. Gemeinsam war diesen Scheinlösungen das Moment von Täuschung. Das Wachleben kannte kein Erbarmen. Mochten wir auch unser Bewußtsein und damit unser Zeitempfinden zeitweise ausknipsen, indem wir es narkotisierten, die Zeit kümmerte sich nicht um den Einzelfall. Sie ging in der Zwischenzeit unverdrossen weiter und konnte darauf bauen, daß sich der Kandidat nach Absolvierung seiner Mutprobe sputen würde, um ja nicht den Anschluß zu verpassen. Ich hatte mit der Zeit meinen Frieden gemacht, indem ich vor ihr kapituliert hatte. Aber sie hatte mir nicht meine Träume nehmen können. In diesen Momenten hatte ich die Zeit bisweilen am Wikkel gehabt, hatte sie gebogen, hingedreht, für meine Zwecke nutzbar gemacht. Stets nur im Traum, nie im richtigen Leben. Aber das, was ich in den letzten sechs Tagen erlebt hatte, wäre mir vor sieben Tagen als Teil des richtigen Lebens nicht möglich erschienen. Deshalb meine winzige Hoffnung, meine niemandem eingestandene Hoffnung, daß mir ausgerechnet heute die Perforation des Traumrandes gelingen möge. Das verdammte Zählwerk bei 1 109 224 634 einzufrieren, dafür hätte ich viel gegeben. Nicht Ricarda. Ricarda und Tom nicht. Aber sonst hätte sich die Instanz, die für die Einkassierung der Schweigegelder zuständig war, bedienen können.

»Komm mit«, forderte mich Tom auf. Es war mir nicht recht, daß er meinen Söller benutzte. Er hatte in den letzten Tagen nicht zu erkennen gegeben, daß ihm dieser Standort etwas bedeutete. Ich kam auf dem Söller ganz zu mir. Ich verschob meine Grenzen, der Söller verschaffte mir mehr Bewegungsfreiheit, als ich je gewohnt gewesen war. Das Mischungsverhältnis aus Natur und Zivilisation, Realität und Imagination, touristischer Erschließung und unorganisierbarer Empathie ergriff mich hier jedesmal aufs neue, klopfte mir in Sekundenfrist den Kulturfirnis vom Leib und füllte mich mit einem Nektar von Unberührtheit ab, der mich verwandelte. Mir wurden auf diesem Söller Erlebnisse zuteil, deren Eintretenswahrscheinlichkeit ich vor zehn Jahren für den Rest meines Erdenlebens auf null geschätzt hatte. Ich war nicht in seelischer Katastrophenstimmung nach Neuschwanstein aufgebrochen. Ich hatte in den letzten Wochen weder beruflich noch privat außergewöhnliche Vorkommnisse verzeichnet. Möglicherweise war dies die deprimierendste Zwischenbilanz, die ein Enddreißiger ziehen konnte. Aber ich wußte, daß ich nicht hierhergefahren war, um mich erlösen zu lassen. Ich war nicht bedürftig, um mich mußte man sich keine Sorgen machen. Ich hatte im Griff, was im Griff zu haben möglich war. Es gab demnach keinen Hinweis, daß mich der Ausblick vom Söller so weichkochen würde, wie es seit einer Woche geschah.

Tom hatte sich nach rechts verzogen und schaute auf das flache Vorland, das weit im Norden den Horizont küßte.

»Wehe, du sagst jetzt wieder, daß wir gemacht haben, was möglich war.« Er schaute mich an, schaute weg. Er machte einfach keinen schwerwiegenden Fehler, so sehr ich im Augenblick auch danach gierte.

»Wir müssen anfangen zu arbeiten, Tom. Dienstag druckt der ›Stern‹ an. Glaubst du, wir können den Termin halten?«

»Wir haben ein Schloß gerettet«, sagte Tom, ohne das flache Land aus den Augen zu lassen. Ich verstand nicht, warum es draußen schon dämmrig wurde. Es konnte unmöglich so spät sein. Es war warm, es war heiß, es konnte unmöglich so heiß sein im Oktober. Dies war Mitteleuropa, nicht Süditalien.

»Wir haben ein Schloß gerettet«, sagte Tom. Vielleicht hatte er vor, den Satz so lange zu wiederholen, bis ich etwas dazu sagte. Aber mir fiel dazu nichts ein. Ich hatte ein Schloß gerettet. Na und? Ich hatte auch schon Hunde vor dem Ertränktwerden gerettet, und die kleinen Kerle hatten mir danach das Gesicht abgeschlabbert. Ich erwartete von Neuschwanstein keine Dankbarkeit. Das Schloß war Zement und Granit, es war ohne mein Zutun 100 Jahre alt geworden und würde ohne mein Zutun weitere 100 Jahre absolvieren. Dies hier war eine Anekdote, in fünf Jahren würde die Legendenbildung abgeschlossen sein, und sie würden in allen Rückblicken meinen Namen hartnäckig falsch schreiben.

»Jot We, sind Sie sich darüber im klaren, daß wir in spätestens 48 Stunden Figuren der Weltgeschichte sein werden?«

»Du meinst, wir werden berühmt sein?«

»Weltberühmt, wenigstens. Wann rettet schon mal einer ein Weltwunder? Eineinhalb Millionen Besucher pro Jahr werden deiner in Ehrfurcht gedenken, denn sie wissen auch in Zukunft, wohin sie an diesen verfickten kleinbürgerlichen Wochenenden ihren verfickten Mittelklassewagen steuern sollen, damit sie durch ein Weltwunder stolpern können und zwei Stunden nicht darüber nachdenken müssen, warum sie auf der Welt sind.«

Zwischen uns stand ein König. Er war nicht echt, er hieß Adam, stammte aus Hannover und war ein Lehrer, der zweimal im Jahr verrückt wurde. Was würde er tun, wenn er begriffen hatte, daß es für ihn in Zukunft keinen Verwalter mehr geben würde? Der Nachfolger dieses idealen Beamten konnte nur schlechter ausfallen, er würde ihn erst auslachen und dann die Polizei holen, wenn Adam mit seiner Königsgarderobe und dem Bestechungsrotwein vor dem Schloßtor auftauchte. Mir tat Adam leid.

»Wie geht's der Kleinen?« fragte ich.

»Oh, gut. Ich habe mit ihr gespielt. Sie sagt, ich bin ein guter König.«

»Sie untertreiben.«

»Das stimmt. Sie sagt, ich sei der tollste König, den sie jemals kennengelernt hat.«

»Und sie ist bestimmt schon fünf Jahre alt. Wow, Adam.«

Er lächelte. Jetzt wollte man ihn am liebsten in die Arme nehmen. »Es ist ruhig da unten«, sagte Adam und wies in Richtung See aufs Schloßdorf.

»Kein Wunder«, murmelte ich. »Alle Kartons sind gepackt, wahrscheinlich sitzen in dieser Minute 2000 Leute im Zug.« Tom streifte das Zählwerk ab. Am Gesicht des verdutzten Adam vorbei flog es in meine Hände, ich streifte es mir um.

1110267093

Die Zeit anhalten, das wär's gewesen. Ihr lächelnd auf der Rennbahn entgegentreten, den Arm nach vorn gestreckt, und dann Augenzeuge der Vollbremsung werden, Aug in Aug mit dem Lenker des Zeitwagens. Und ich würde sein Gesicht sehen.

»Da unten spinnen sie.« Wir blickten Adam an, und in diesem Moment trat Elisabeth zu uns auf den Balkon. Sie hatte diesen heiligen Ernst im Gesicht, ihre nackten Füße steckten in Plastiksandalen, sie streckte mir ihre dünnen Ärmchen entgegen, ich griff das bißchen Körper und setzte Elisabeth auf die breite Brüstung des Söllers. Die Sandalen baumelten über dem Abgrund, aber ich hielt das Kind mit beiden Händen fest. Nie war ich wertvoller gewesen als in diesen Minuten.

»Rustimo«, rief Elisabeth, klopfte mit den Hacken an die Söllerbrüstung. Ich tupfte eine Art Kuß auf ihre Haare und fragte mich, wer sie abholen würde. Und wann.

»Einige Bürger haben sich an mich gewandt«, behauptete Adam. »Sie suchten eine Person, der sie ihr Vertrauen schenken konnten. Sie sind an die richtige Adresse geraten. Die spinnen da unten.«

»Nun sagen Sie schon, warum.«

»Sie haben alle Hotels geschlossen.«

»Wissen wir. Weiter, Mann.«

»Und die Restaurants auch.«

»Sieh mal an.«

»Selbst die Andenkenläden sollen sie zugemacht haben. Heute. Am Sonntag!«

»Und warum, glauben Sie, spinnen die?«

»Na, deshalb«, sagte Adam. Er hatte drei Schüsse abgefeuert und war dreimal abgeprallt wie der Samenfaden am Kondom. Deshalb klang es kaum noch königlich-arrogant, als er hinzusetzte: »Und nach Benzin stinkt's.«

Ich legte Elisabeth eine Hand auf ihr vieles Haar, und als sie nicht schreiend dagegen protestierte, fuhr ich mit der Hand über ihr Haar. Sie war wirklich sensationell klein und zierlich.

»Hat ein Auto nicht dichthalten können?« fragte Tom. Er war nicht eigentlich interessiert, das Vorland beanspruchte seine ungeteilte Aufmerksamkeit.

»Ach was«, sagte Adam, »sie haben eine Tankstelle geplündert oder eine Ölheizung leergepumpt, oder was weiß ich. Jedenfalls riecht es im ganzen Dorf nach Benzin. Oder Diesel.«

»Das war alles zu Ihrer Zeit noch gar nicht erfunden«, sagte Tom nebenbei. Adam unterstützte mich beim Streicheln von Elisabeths Kopf. Es war ungeheuer warm, und weil die Sonne nicht mehr schien, kam mir die Hitze doppelt widersinnig vor.

»Ich wiederhole nur, was mir die Untertanen berichtet haben«, sagte Adam. Ich griff in Elisabeths Tasche. Sie hatte vorn rechts so eine aufgenähte Winzigkeit, in der vielleicht ein Stück Schokolade Platz gehabt hätte. Die Tasche war leer. Irgendwo brach Stein, stürzte Baum, stürzte Stein, aber es waren keine Menschen mehr im Dorf, denn wir konnten vom Söller ja hinabsehen auf die Häuser am See, die Häuser am See. Waren das fünf Tage oder sechs, die ich auf dem Söller verbracht hatte? Es mußte wohl mehr sein, ich hatte mein halbes Leben hier verbracht.

»Wir müssen anfangen zu arbeiten«, murmelte ich in Elisabeths Haare. In 24 Stunden mußte ich mit dem Text fertig sein.

»Die Ruhe macht mich nervös«, sagte Tom von rechts.

»Einmal hat es ja schon geknallt heute.«

»Eine Bombe im Schrank zu verstecken. Auf so was Banales muß man erst mal kommen.«

»Glaubst du, das Schloß wäre in die Knie gegangen, wenn der Schrank in Ludwigs Wohnung hochgegangen wäre?«

»Weiß nicht. Es hätte ja auch gebrannt.«

Neben dem regulären Standort des Schranks lag der Thronsaal und darüber der Sängersaal. Der Schrank hatte sehr zentral gestanden. Aber in Neuschwanstein war fast jeder Standort ein zentraler Ort.

»Tom?«

»Sag's schon.«

»Warum haben wir nicht versucht, die anderen Schlösser zu retten?«

»Haben wir nicht?«

»Wir sind hier und nicht dort.«

»Weil wir klug sind. Weil wir wissen, was geht und was nicht. Die Aufgabe war zu groß für vier Beine. Die anderen hatten 100 Jahre, wir hatten eine Woche. Die anderen sind so viele, wir sind weniger.«

»Aber wir haben einen König dabei«, tönte Adam. »Ein König wiegt hundert auf.« Elisabeth blickte den König an, blickte mich an.

»Es soll nicht mehr so warm sein«, sagte ich flehentlich. Vor einer Woche hatten wir vom Söller auf kräftiges Grün geblickt. Jetzt sahen die Bäume aus wie koloriert: rostig, gelb, hinfällig, nicht mehr zu retten. Nicht mehr zu retten.

Hinter mir eine Bewegung, Tamenaga stand auf dem Söller. Sofort begann Adam, sich zu spreizen und zu posieren. Er war nicht Herr seiner Reaktionen, es geschah einfach mit ihm. Ich weiß nicht mehr, wer von uns am Ende das Zählwerk auf die Brüstung legte. Dann lag es jedenfalls da, bescheiden, unauffällig, es sah nicht einmal teuer aus. Es hatte nichts an sich, nur in sich. Die Hitze machte ihm nichts aus. Es galoppierte voran, stand still, wirkte wie tot, empfing dann neue Impulse. Ab 1110683827 wendete ich nicht mehr den Blick. Kaum behielt man das Zählwerk im Auge, tat es wunder wie, machte sich wichtig, schritt nicht einfach seriös voran, sondern hoppelte und zappelte, hielt den Atem an und raste die nächste Etappe. Der Stein der Brüstung war warm, Elisabeths Körper, den ich festhielt, war warm.

»So geht es Schritt für Schritt dem Ziel entgegen.« Tom klang, als hätte er keine Lust mehr auf das Spiel. Dann standen vorn vier Einsen, und mich befiel eine Müdigkeit wie noch nie. Ich wollte den Rest verschlafen.

Dann standen vorn fünf Einsen, Aufruhr auf den billigen Plätzen, wo die Zehner und Hunderter das Sagen hatten. Elisabeth ließ sich nach hinten sinken, fand Halt an meiner Brust. Tamenaga stand da, wie es seine Art war: schweigend, regungslos, blutverschmiert. Adam probierte, ob sein Ego ausreichte, um ein Reich von der Grundfläche eines Schloßsöllers mit Charisma zu füllen. Er war ein Idiot, ich beneidete ihn so. Alle hatten etwas, um das ich sie rasend beneidete: Adam seinen Wahn, Elisabeth ihre Zukunft, Tamenaga eine Heimat auf der anderen Seite der Erde. Nur Tom war wie ich, deshalb konnte er mir jetzt keinen Trost geben.

Sechs Einsen, sieben Einsen, Steine polterten in die Schlucht, Holz begleitete sie, Gelb das Feld der toten Wälder. Was wollten die Seen hier noch? Sie konnten mit dem Austrocknen beginnen, sie hatten nichts verhindert, waren dumm wie Wasser. Die achte Eins und dann der schnelle Rest. Ich schloß die Augen, hielt Elisabeth so fest, daß sie ein leises Geräusch ausstieß. Etwas explodierte, ich hörte es nicht mit den Ohren, ich hörte es mit dem Magen, es war weit weg. 20 Kilometer bis Linderhof, eine Sekunde bis zur Hölle. Ich hielt die Augen geschlossen. Alle Gelenke schmerzten wie bei einem Rheumaanfall, meine Augenlider waren schwer, als wären sie aus Stein. Wie sollte ich in diesem Zustand schreiben? Jemals wieder schreiben? Nicht nur der Körper wollte Schlaf. Aber was war ich mehr als Fleisch und Knochen?

»Gute Reise«, sagte neben mir leise Tom. Ich hielt die Augen geschlossen. Tom würde mich nachher an mein Nachtlager führen, heute brauchte ich keine Augen mehr.

Keine Ricarda, keine Augen. Brauchte keine Augen, um zu erkennen, was da rauschte in der Luft. Erst war es still gewesen, jetzt rauschte es, danach würde es wieder still sein. So kannte ich das, so war es immer gewesen, so würde es immer sein. Mein Körper schrie nach Ruhe, und in der Luft ein Rauschen.

Dann der Rempler, brutal, ohne Vorwarnung, neuer Schmerz, alles Schmerz, alles Stein. Elisabeth quiekte. Tamenaga rief etwas in seiner Sprache, ich öffnete die Augen. Der Schwarm war ungeheuer groß und kompakt. Er flog so dicht gestaffelt, daß er wie eine einzige, gewaltige Federkugel wirkte. Die Kugel kam von draußen, war verschwunden, und von drinnen riefen Adam und Tom, riefen alarmiert, aber noch mehr ungläubig. Ich sah, daß es Elisabeth gut ging. Wer so große Augen hatte, würde allein klarkommen. Ich kroch auf allen vieren in den Thronsaal, aber nicht weit. Nur ein Wahnsinniger wäre weitergekrochen. Wer anders also als König Adam hätte unter dem Leuchter stehen sollen, die Arme hoch erhoben und umflattert von einer so unglaublichen Menge Vögel, daß sie ihn zeitweise verdeckte. Es waren kleine Vögel, große Vögel, winzige Vögel, und meine Adler waren dabei.

»Um Himmels willen, was ist das?« Ich saß neben Tom und Tamenaga an der Wand, Elisabeth wollte auf die Vögel los, ich bekam noch ein Bein zu packen, sicherte das Kind zwischen Tom und mir. Der Thronsaal wimmelte von Vögeln. Adam mit den erhobenen Händen, Adam, den sie immer wieder streiften, auch wenn ich nie das Gefühl hatte, daß sie ihn attackieren würden.

»Hau ab da!« brüllte Tom, aber das Flügelschlagen war so dominierend.

»Wer hat die Kerzen angezündet, verdammt noch mal?« Ludwig auf seinem Thron war umgeben von brennenden Kerzen. Sie standen auf dem Boden, und alle brannten.

»Der König hat sie in allen Räumen angezündet«, rief Tamenaga.

»Was wollen die hier drin?« fragte ich, immer noch eher verdutzt als verängstigt.

»Sieh dir das an!« rief Tom. Sie griffen den Leuchter an, nicht alle, aber die größeren, sie pickten und hackten wütend auf die Engel ein, auf die Kerzen, auf jeden Teil des Leuchters.

»Es sind die Glassteine!« rief ich. »Die funkeln, das reizt sie.«

Tom stürmte los, der Schwarm schluckte ihn. Dann rannte Tamenaga los, und ich bekam erneut Elisabeth zu packen, sonst wäre sie auch weg gewesen. Tom zog, schob, zerrte den falschen König aus dem Zentrum des Schwarms, Tamenaga kam nicht zurück.

»Der Japaner ist raus!« rief Tom und schleuderte Adam rüde neben mir zu Boden. Der König wirkte mitgenommen. Was ich an Kratzern sah, waren nicht die Folgen von Schnabelhieben. Ihn hatten die Flügel getroffen, Federn beim Schlagen.

»Durchgedreht!« rief ich, aber ich wußte da schon, daß die Vögel nicht durchgedreht waren. Keine Viruskrankheit, keine Hungerpanik, und immer wieder gingen die Adler auf den Leuchter los. Vögel verließen den Saal, neue schossen herein. Ich kannte ihre Namen nicht, ich kannte Schwäne und Strauße und Hühner und Adler. Und das da waren Eulen jetzt, die in den Saal segelten, auf der Empore landeten und von oben betrachteten, was wir von unten nicht begriffen. Keiner der Vögel schrie oder rief. Es war kein anderes Geräusch als vielhundertfaches Flattern. Der Thronsaal war davon auf eine Weise ausgefüllt, als würde das Geräusch einen Körper besitzen. Der Angriff auf den Leuchter dauerte eine Minute oder zwei. Dann brachen am Rand des attackierenden Schwarms Teile ab, flogen ins Freie, und sofort hörten auch die anderen auf. Wir verbargen unsere Gesichter, deckten mit unseren Körpern Elisabeth zu. Das Sausen wurde dünner und dünner, Nachzügler segelten zentimeterdicht an uns vorbei nach draußen. Dann war der Thronsaal leer, aber auf der Empore entdeckte ich die Eulen. Ludwig saß auf seinem

Thron, vor ihm brannten die Kerzen. Dann der Schrei: hell, grell, entsetzlich.

»Sie greifen Tamenaga an«, rief ich, war auf den Beinen und draußen. Tamenaga kam uns schon auf dem Vorplatz entgegen.

»Der Sängersaal«, brüllte er. Er war außer sich, aber er kam mir auch begeistert vor. Er lief voraus, wir stürzten die Treppen hinauf, fegten durch den Tribünengang in den Sängersaal. Dicht an der Längswand blieben wir stehen. Die beiden Schwäne schossen durch die geöffneten Balkontüren in den Saal hinein, segelten ohne Flügelschlag Richtung Laube, dann rief Tom etwas oder Tamenaga, und wir hörten ein dumpfes, ungutes Geräusch. Die schweren Vögel waren gegen die Rückwand der Laube geprallt, rappelten sich auf, starteten, indem sie die Flügel ausbreitend Richtung Balkontür liefen, mühsam gewannen sie Höhe und segelten über den Balkon hinaus ins Freie. Augenblicklich schwebte ein zweites Geschwader ein. Wieder zwei, und wieder prallten sie gegen die Laube. Diesmal kam nur ein Schwan wieder hoch. Der zweite brach ständig nach rechts weg, den Flügel sichtbar abgewinkelt. Elisabeth war auf dem Weg, ehe wir sie stoppen konnten, und in diesem Moment schwebten die nächsten herein. Kleinere diesmal, dunkel, Dohlen oder Amseln oder Krähen, leichter, eleganter, und elegant schwebten sie mit einer Linkskurve aus dem offenen Fenster auf Höhe der Laube wieder hinaus. Elisabeth war beim Schwan. Er hackte nach ihr, aber sie ließ sich nicht abschrecken. Dabei war das Tier, wenn es sich aufrichtete, höher als das Kind. Tamenaga eilte zu ihr, und Tom stieß mich in die Seite.

Der Anblick war widerlich, ich wollte das nicht sehen. Der Körper der toten Frau war bedeckt mit kleinen Vögeln. Die kannte ich, es waren Sperlinge, und alle pickten auf den Körper ein.

»Fenster zu!« rief ich und eilte zu der Leiche hinüber. Wir mußten verhindern, daß immer neue Vögel nachkamen. Die Spatzen blieben sitzen, pickten unverdrossen weiter, auch als ich längst neben der Frau stand. Ich wischte sie mit einer Bewegung auseinander. Sie flatterten auf, entfernten sich keinen Meter weiter als notwendig und flogen sofort wieder an. Mir reichte das, ich griff einen Vogel und schmetterte ihn gegen die Wand. Die anderen Spatzen hockten in der Wunde und pickten und pickten. Das hätten sie nicht tun sollen, sie bezahlten mit ihrem Spatzenleben dafür. Neunmal holte ich aus, am Ende lagen neun Spatzenleichen zwischen Frau und Wand. Mir hatte jedes einzelne Ausholen in der Seele gutgetan. Natürlich erwartete ich nicht mehr, Blut zu sehen, fließendes Blut. Ich wollte gar nichts sehen, ich wollte nur den Körper der Frau retten:

»Adam, komm her! Wir legen deinen Mantel über die Frau.« Ich sah, wie er sich vor Empörung über das Ansinnen aufpumpte, ich sah Tamenaga bei dem Kind und dem Schwan, ich sah Tom, der Fenster und Türen zuschlug. Dann sah ich nur noch die Frau. Tom stand schon lange neben mir, da starrte ich auf Bauch und Brust der Toten und auf die Wunde, die die Spatzen gepickt hatten.

»Aber hallo«, sagte Tom und griff in die Bauchhöhle hinein. Adam tauchte neben uns auf, sah, was Tom tat, wandte sich ab, eilte ans Fenster.

»Das Fenster bleibt zu!« herrschte ich ihn an. Majestät waren so außer sich, daß er dem Befehl eines Bürgerlichen gehorchte.

»Erinnert mich spontan an den Stabilobaukasten, den ich als Kind hatte«, sagte Tom und zog die Hand aus der Bauchhöhle heraus.

»Tom, wie dumm sind wir eigentlich?«

»Wie dumm? Oh, sehr dumm. Schätze, wir würden bei der nationalen Vorausscheidung leicht einen der ersten drei Plätze belegen.«

Dann stand Tamenaga bei uns, und ich sagte:

»So sehen die Toten in diesem Land normalerweise nicht von innen aus.«

»Aber was ist das?« fragte der kluge Japaner.

»Das ist das, was zählt«, antwortete Tom und tastete im

Bauch der Frau herum. »Das sind die Kontakte, die jeder auslöst, der daran vorbeigeht.«

»Aber ...«

»Genau, Tamenaga. Unsere Schnapsleiche ist ein Automat.«

»Ich glaube das nicht. Die Frau liegt hier seit gestern oder vorgestern. Was hat vorher gezählt?«

Tom blickte mich an. »Im Thronsaal der Leuchter.«

»Wieso das denn?«

»Weil du am ersten Tag doch richtig beobachtet hast. Zu dem Zeitpunkt saßen die Kontakte noch auf dem Leuchter; erst als Beas Oppositionelle das Ding zum Absturz brachten, haben sie schleunigst einen anderen Ort für ihre Zwecke ausgesucht.«

»Aber Bea wußte doch nichts von dem Zählwerk!«

»Eben. Sie haben den Leuchter nicht abstürzen lassen, um das Zählwerk zu zerstören, sondern um ein Zeichen zu setzen, um Skandal zu machen.«

»Also haben sie das richtige Stück angegriffen, sie haben es nur nicht gewußt.«

»100 Punkte, Kandidat«, sagte Tom anerkennend. Er griff die Haare der Frau, und ehe ich auch nur Gelegenheit hatte, einen warnenden Ruf auszustoßen, hatte er die Haut nach unten gerissen. Tom hielt das Gesicht in der Hand. Eine elastische Masse, etwas Form- und Modellierbares, darunter war der Kopf ein Rohling aus Porzellan oder Plastik. Aus den Höhlen starrten uns Glasaugen an, hinter den abgerissenen Lippen war kein Mund, nur eine mundspaltenähnliche Vertiefung im Porzellan oder Plastik.

»Also haben sie doch Menschen gezählt«, sagte Tom und wirkte höchst zufrieden. »Vorübergehende Menschen. Im Thronsaal zeitweise vom Leuchter aus und zeitweise von dem Mosaikboden aus; im Sängersaal von sonstwo, und das Fest hat dieser Automat hier festgehalten.«

»Ach, Blödsinn! Das haben wir doch ausgerechnet, daß das nie und nimmer hinkommen kann.«

»Da sind wir auch von einem Schloß ausgegangen und nicht von dreien.«

»Aber die Differenzen waren so riesig, das kommt auch bei drei Schlössern nicht auf über eine Milliarde.«

»Und wenn die verdammten Zählwerke – sagen wir mal – defekt waren? Wenn Ludwig sie selbst gebastelt hat, und die Eingeweihten waren zu pietätvoll, um das Machwerk auszumustern?«

Diese Möglichkeit erschien mir nicht so unwahrscheinlich, wie ich es gern gehabt hätte.

»Es sind die Spiegel«, sagte Tamenaga. Ich hielt seinen Satz spontan für eine Art Wortspiel, wie es Japaner lernen müssen, wenn ihnen Deutsch beigebracht wird. Dann blickte ich Tom an und las in seinem Gesicht die Lösung ab.

»Ein Zählwerk sitzt in der Nähe von Spiegeln«, sagte Tom. »Denk an die Spiegel in Linderhof.«

Das tat ich längst. Ich hatte ja vor wenigen Jahren davorgestanden, hatte mich darüber gefreut, wie meine Gestalt von den Spiegeln unendlich vervielfacht worden war. Ein Jot We hatte in die Spiegel hineingeschaut, und zig Jot Wes hatten daraus hervorgeschaut.

»So kommt das hin«, murmelte ich und merkte jetzt erst, daß Elisabeth und der Schwan neben uns standen. Sie hatte beschützend einen Arm um den Leib des Vogels gelegt, und er ließ sich das gefallen.

»Ich habe den Flügel mit Spucke heil gemacht«, erklärte Elisabeth, und ich sagte:

»So kommt das hin. Wenn sich an einer Zählstelle ein Spiegel befindet oder nachträglich dort hingestellt wurde, dann zählt der Zähler bei einer Figur, die an ihm vorbeimarschiert, mal eben eine Hundertschaft. Oder hundertmal eine Hundertschaft.«

»Aber wo?« fragte Tom. Hinter uns knallte es. Als wir herumfuhren, sahen wir nichts.

»Ein Vogel ist gegen das Glas geflogen«, behauptete Tamenaga. Plötzlich blickten wir alle den Schwan an, er blickte kiebig zurück. Er zog seinen Flügel nicht mehr nach, schien ganz stabil auf seinen schwarzen Beinen zu stehen.

»Sie können es nicht wissen«, sagte Tom laut und bestimmt. »Sie können es nicht wissen, basta. Ich möchte das Thema nicht länger behandeln.«

»Sie wissen es«, sagte Tamenaga. So offensiv hatte er noch nie seine Meinung geäußert. Und nun blickten sie alle mich an. Eine Stimme pro, eine Stimme contra. Sollte ich den Ausschlag geben? Ich blickte auf die toten Sperlinge, blickte den Schwan an, dann versank mein Blick im Bauch der Frau. Sie hatten die Puppe mit Elektronik vollgestopft und waren dabei ein hohes Risiko eingegangen. Was wäre gewesen, wenn wir die Puppennatur der Frau zwölf Stunden früher entdeckt hätten? Hätte das etwas verändert? Aber wie konnte man auf den Gedanken kommen, daß sie uns einen künstlichen Menschen ...?

Von den Füßen aus kroch es eisig an mir in die Höhe. Alles war möglich, und wir rechneten immer noch nur mit dem Eintritt des Wahrscheinlichen. Zur Not auch des kaum Wahrscheinlichen. Wie weltfremd. Alles war möglich. Die Gegenseite ließ nichts aus. Ihre Fantasie war unerschöpflich. Wir durften uns keine Sekunde sicher fühlen. Die Gegenseite beherrschte Maschinen und Menschen, und manchmal waren Menschen Maschinen und Maschinen ...

»Ludwig!«

Ich stand, sie hockten noch beim Schwan und blickten mich treuherzig von unten an.

»Ludwig!« Das erste Wort hatte ich gerufen, das zweite geflüstert, und nun ging ich mit steifen Schritten aus dem Sängersaal, wurde schneller und raste endlich.

»Jot We!« brüllte Tom mir hinterher. »Das gibt's nicht! Die Tiere erfüllen Ludwigs Willen! Das ist doch Wahnsinn! Jot We, wo willst du hin?«

Vielleicht hätte ich mich noch einmal umdrehen sollen, aber ich hatte es zu eilig, die Stufen hinunter ins dritte Geschoß waren zu weit entfernt. Und als ich mich auf der Treppe befand, waren es zu viele Stufen.

Der König war umgeben von brennenden Kerzen. Adam hatte nicht gegeizt. Bestimmt 30 oder mehr, zweifellos war es ein schöner Anblick, aber ich mußte zum Söller laufen, um die Türen zu schließen. Als ich zur Empore hinaufschaute, saßen da die Eulen.

Tom prustete heran, ich hatte gewußt, daß er mir folgen würde.

»Was hast du vor?«

»Ich mache den König alle. Ich nehme ihn auseinander. Und wenn Adam davon einen Herzanfall kriegt, ist mir das auch egal.«

Als erstes zerstörte ich die Frisur des Königs. Ich tat es in dem Moment, in dem Adam mit wehendem Mantel in den Thronsaal geeilt kam. Er sah mich und stürzte sofort herbei, zweifellos hatte er vor, mich körperlich anzugreifen. Ich trat vor Ludwig hin, schob keine neunmalklugen Reden zwischen mich und das Unausweichliche. Adam wollte es haben, und er sollte es kriegen. Ich spürte seine Hände an meinen Armen, als es im Hintergrund knallte. An die Verteilung der Personen im Raum erinnere ich mich mit fotografischer Genauigkeit. Adam und ich standen neben Ludwigs Thron. Tom stand an der Söllertür, links oben blickte Tamenaga von der Empore zu uns hinunter, er bückte sich, im nächsten Augenblick saß Elisabeth auf seinen Schultern. Es knallte erneut, Adams Hände ließen los, es knallte ein drittes Mal, und erst da sah ich, was es war: Die Vögel griffen den Thronsaal an. Sie prallten gegen die Glasscheiben, ich sah die verletzten Körper abstürzen. Sofort schossen die nächsten Schatten heran. Es war dämmrig draußen, aber ich sah die Körper heranschießen, mit ungeheurer Wucht stießen sie auf das Glas, ein Aufprall, den sie unmöglich überleben konnten. Aber sie gaben nicht auf. Wie von einer Wurfmaschine ausgespuckt, griffen sie in Sekundenabstand die Scheiben an. Nun knallte es auch auf der Empore. Die ersten Vögel waren gegen die oberen Fenster geflogen. Und es knallte nebenan. Sie wollten auch durch die Fenster des Vorplatzes eindringen.

»Wir müssen mit ihnen reden«, sagte Adam neben mir. »Sie werden das verstehen. Ein gräßliches Mißverständnis alles. Ich werde gehen und ...«

Ich stellte ihm ein Bein, er stürzte drei Marmorstufen hinunter. Links ein Splittern.

Tom rannte los und rief: »Der erste ist durch.«

Tom war keine fünf Sekunden draußen, als es passierte: Das rechte Fenster wurde von einer Masse ausgefüllt, die Masse prallte auf das Glas, und mit einer unheimlichen zeitlichen Verzögerung fiel zusammen mit dem splitternden Glas der zerschnittene Schwan in den Saal.

Er blutete wie kleingehackt, sein Hals hing nur noch lokker auf dem Rumpf. Der Schwan war auf dem Mosaikboden noch nicht verendet, als die Truppen den Saal füllten: Kleine Vögel schossen herein, und ich war so sicher, daß sie wie beim ersten Mal den Leuchter attackieren würden, daß ich entscheidende Sekunden verlieren würde. Ich roch das Benzin bereits, sah das erste Geschoß bereits auf mich und Adam zufliegen und dachte selbst noch in diesem Moment, daß ich mit banalem Ausweichen das Schlimmste verhindern könnte. Ich warf mich zu Boden, aber Adam, der sich eben erst aufgerappelt hatte, wurde von der Vogelbombe voll gegen die Brust getroffen. Er knickte von der Wucht des Aufpralls ein, stand dabei keinen Meter von den ersten Kerzen entfernt. Der Vogel fiel in die Kerzen, der Vogel stand in Flammen und explodierte. Ich hörte Adam schreien, Adam stand in Flammen, ich sprang auf, riß ihm den Mantel von den Schultern, da brannten nur noch Adams Haare: lichterloh und halbmeterhoch. Ich warf den Mantel über Adam, aber der dumme Mann wehrte sich gegen mich, wähnte eine Attacke gegen sein Leben. Dabei wollte ich ihn retten, den Wahnsinnigen, der vor Schmerz schrie, und der zweite Vogel schoß heran. Ohne uns berührt zu haben, stürzte er in die Kerzen. Ich hatte das Gefühl, daß er die Kerzen angepeilt hatte, ich roch das Benzin, der Vogel stand in Flammen und explodierte, und im ganzen Thronsaal wimmelte es von Vögeln. Einer flog mir gegen die Hand, er war naß und schwer, und es war kein Wasser oder Blut. Ich roch an meiner Hand, es war Benzin.

»Raus hier!« brüllte ich Adam an, zerrte ihn mit mir, daß er wieder stürzte, und den aufjaulenden Mann hinter mir herzerrend, versuchte ich, bis zum Ausgang des Thronsaals zu gelangen. Es ging langsam, so quälend langsam, ich zog ihn mit beiden Händen, und er brannte immer noch. Aber er schrie nicht mehr so laut, das war gut, das war sehr gut. Ich hatte ihn draußen auf dem Vorplatz, Vögel um uns, Benzingeruch in der Luft, und im Hintergrund brannte es. Ich ließ Adam liegen und stürzte hinauf zum Sängersaal. Die Treppe war frei von Vögeln, der Vorplatz im vierten Geschoß friedlich. Aber im Saal! Die Decke brannte, und es wimmelte von Vögeln wie in einer Voliere. Tom stand mit Tamenaga Rücken an Rücken und bekämpfte die angreifenden Vögel. An vier oder fünf Stellen hatten die Angreifer das Glas zerschlagen. Der Boden war übersät mit Kadavern. Die Glasbrecher mußten Schwäne gewesen sein, ich sah auch eine Gans, und ich sah den Adler, bevor Tamenaga ihn sah.

»Vorsicht!« rief ich und schlug, weil zu nichts anderem mehr Zeit blieb, mit der nackten Faust in die Flugbahn des angreifenden Raubvogels. Ich erwischte ihn voll, der Adler taumelte und stürzte schwer zu Boden. Er lebte noch, aber er flog nicht mehr, und ich konnte weiter auf Jagd gehen. Wir mußten alle abfangen, bevor sie tiefer ins Schloß eindringen konnten. Wenn sie Feuer legten, an drei Stellen, sechs, 20, und wenn es in mehr als einem Geschoß zu brennen begann, hatten wir verloren. Aber auch erst dann.

»Wo steckt Elisabeth?«

»Sie hat sich losgerissen!« brüllte Tom.

»Wir müssen sie suchen!«

»Quatsch. Wir müssen ... warte ...« Ich sah, wie Tom einem Vogel den Kopf vom Hals drehte. Er und der Japaner waren blutbesudelt, und wir rochen alle nach Benzin, oder die Luft roch nach Benzin, und ich sah die brennenden Kerzen, und ich hatte plötzlich solche Angst, und ich wußte, daß wir keine Chance hatten, und dann rief Tom:

»Die Pellegrino. Scheiße!« Er rannte los. Ich hatte die Reporterin vergessen. Ich folgte Tom nicht, denn ich war hier wichtiger. Tamenaga kämpfte wie ein Held, aber wir hatten keine Chance, keine Chance. Ich nahm unser Scheitern gedanklich vorweg, während wir noch dabei waren, die Vögel abzuwehren.

»Warum riechen alle nach Benzin?« rief Tamenaga.

»Weil sie sich damit vollgesogen haben.«

»Aber warum?«

»Weil sie Ludwigs Willen erfüllen wollen.«

Tamenagas Aufmerksamkeit ließ für zwei Sekunden nach, zwei Sekunden, in denen er mich anschaute. Ein Vogel traf ihn am Hinterkopf, und Tamenaga taumelte exakt in die Flugbahn einer Brandbombe. Es gelang mir, ihn zu Boden zu werfen und das Feuer mit den Händen auszuschlagen. Aber die Feuerbomben fielen jetzt Stück auf Stück auf Stück auf Stück, und ich hatte nichts, hatte nicht mal mehr ein Hemd an. Aber das war jetzt mein Vorteil. An mir war nicht viel, das Feuer fangen konnte. Meine Haare waren kurz, mein Körper schwamm in Schweiß. Ich war unverletzlich, ich mußte nur auf den Beinen bleiben, und sie durften nicht meine Augen treffen. Es knallte immer noch gegen die Scheiben, aber zweimal splitterte es auch, und zwei Schwäne ließen auf dem Holzboden, der vor Blut schwamm, ihr Leben. Plötzlich lief Elisabeth durch den Saal: Auf flinken Beinen war sie unterwegs. Ich hatte sie nicht kommen sehen und konnte ihr nicht folgen. Aber sie brannte nicht, und sie schrie nicht, und sie war schnell.

»Wir schaffen es nicht!« rief ich. »Wir lassen ihnen den Saal!«

»Aber sie kommen durch alle Fenster!« rief Tamenaga. »Wir sind nur zu viert. Ein Mann pro Stockwerk, das ist Wahnsinn.«

»Tom holt die Fernsehreporterin, dann sind wir fünf.«

»Herr!« rief Tamenaga. Es war der Gipfel seiner Verzweiflung, und er hatte ja recht. Die Vögel suchten das Feuer. Ich mußte erst den vierten oder fünften in die Kerzen fliegen sehen, bevor ich begriff und die Kerzen austrat. Aber es waren schon zu viele Feuer aktiv. Die Decke brannte immer stärker, und andere Feuer züngelten an den Wänden empor. Die übriggebliebenen Gemälde brannten, die Automatenfrau mit dem zerhackten Bauch brannte, es brannte auf der Bühne, und auf einmal spürte ich die andere Bewegung in der Luft. Im Saal herrschte Durchzug, er fachte die Feuer an, und ich sah mehr als eine Brandbombe in den Tribünengang und von dort ins Schloßinnere fliegen.

»Raus hier!« rief ich Tamenaga zu. Erst da erkannte ich, daß er beide Hände vors Gesicht geschlagen hatte. Ich zog ihn mit mir, zum Glück machte er keine Zicken und ließ sich von mir führen, obwohl er nichts sah. Ich ahnte, wie seine Augen aussehen würden und war ihm dankbar, daß er die Hände nicht vom Gesicht nahm.

Der Vorplatz brannte, dicht an der Wand entlang zog ich uns zur Türöffnung, die auf die Empore des Thronsaals führte. Vögel schossen durch Breschen im Glas der Vorplatzfenster herein und haarscharf an uns vorbei. Aber wir schafften es bis auf die Empore. Unten lief Elisabeth im Kreis. Sie war in Panik oder blind oder beides, und sie lief in einem Pulk von Vögeln, die ihren Schritten auswichen und nach ihren nackten Beinen pickten, wieder und immer wieder. Plötzlich der Schrei einer Frau! Die Pellegrino stand hinter mir, schlug beide Hände vor den Mund, an ihrer Seite keuchend Tom.

»Das Kind!« rief die Reporterin. »Wir müssen das Kind . . .«

»In Arbeit!« rief Tom und sprintete los. Es lag nur daran, daß er einen Schritt näher zum Vorplatz stand und damit die besseren Startbedingungen hatte. Hätte er einen Schritt anders gestanden, wäre ich losgelaufen. Ich war ja schon in der Bewegung und blieb nur stehen, weil mir die Pellegrino im Weg stand, und sie konnte ja nichts dafür, sie war doch starr vor Schreck, aber sie nahm mir Tamenaga ab, zwang ihn, sich hinzusetzen, um sein Gesicht anzusehen, und unter uns pickten die Vögel auf Elisabeth ein, und Elisabeth schrie, und die Vögel schrien, und der Thronsaal brannte, und immer neue Bomben segelten in den Saal hinein. Und plötzlich schrie unter mir ein Mensch, und mit einem grotesken Sprung war Adam mitten im Saal. Sein Seidenhemd brannte, sein Gesicht war schwarz, und mit dem riesigen Krönungsmantel sprang er auf Elisabeth zu. Er wollte das Kind retten, aber er trat auf den Mantel und schlug der Länge nach hin, im nächsten Moment deckten Feuerbälle ihn zu: drei, vier, zu viele. Die Vögel pickten nach Elisabeths Beinen, und Elisabeth schrie, die Vögel schrien, und ein Vogel hing in Elisabeths Haaren. Sie griff in ihre Haare, da klebte ein Vogel an ihrer Wange, und Tom raste in den Saal hinein. Er stürzte fast über Adam, rannte zu Elisabeth, riß den Vogel von ihrer Wange, aber er hielt nur den Leib in der Hand, die Beine des Vogels blieben in Elisabeths Wange stecken. Dann raste und trat Tom gegen die Vögel auf dem Boden, und immer neue flogen in den Saal, neben mir jammerte die Pellegrino, und als ich hinschaute, wiegte sie Tamenaga in ihren Armen, und Tamenaga war nicht mehr bei Bewußtsein oder tot, ich wollte das nicht sehen und blickte Tom an, der die Vögel zertrat und Elisabeth rettete, die vor den Vögeln flüchtete und vor den Kadavern, sie geriet in Ludwigs Nähe, Kerzen fielen um, und plötzlich wurde Ludwigs Gesicht flüssig. Die Nase zog Fäden, die Wangen zogen Fäden, Ludwigs Gesicht tropfte zu Boden, darunter sah ich Plastik oder Porzellan, und wo der Mund war, war nur ein Strich im Porzellan oder Plastik, und ich rief: »Tom! Es gibt noch eine Bombe! Ludwig ist die Bombe!«, und Tom raste zu Elisabeth, denn sie stand so dicht beim Ludwig-Thron, Tom riß das Kind herum, Elisabeth zappelte, Tom preßte das Kind gegen sich und wich der anfliegenden Feuerbombe aus. Der Vogel streifte Toms Schulter, wurde weggeschleudert wie eine Billardkugel, traf Ludwig in der Herzregion und dann passierte es, und ich werde es mir nie verzeihen, denn ich hätte es wissen müssen, und ich glaube keinem, denn sie sagen alle, daß ich keine Schuld habe, aber sie wissen es nicht, weil sie nicht dabeiwaren, und wären sie dabeigewesen, hätten sie nichts begriffen, weil sie an den Tagen vorher nicht dabeigewesen waren, und wären sie an den Tagen vorher dabeigewesen, hätten sie nichts begriffen, weil nur Tom und ich, Tom und ich, Tom, mein Freund, mein bester Freund, der so schnell war, der losgerannt war, obwohl ich schon losrennen wollte, und es lag nur an der Pellegrino, die so stand, aber sie konnte nichts dafür, denn sie wollte Tamenaga helfen, und sie hatte keine Angst, wie keiner von uns Angst hatte, und wir waren ein tolles Team, das tollste Team meines Lebens, Bea, Stefan, Marie Schott, Tamenaga, Adam, der falsche König. Und Tom, mein Tom, und es lag nur an seiner Geschwindigkeit, wäre er auf dem Weg zur Pellegrino ein einziges Mal gestolpert, aber Tom mußte ja immer alles perfekt machen, und er dachte, es käme auf jede Sekunde an, und er hatte recht, aber er hätte sich Zeit lassen sollen, müssen, müssen, aber er nahm sich keine Zeit, und nun hat er soviel Zeit, und ich sah seinen Kopf, sah seinen Kopf und er war nicht da, wo Tom war, denn Tom beschützte das Kind, sein Körper war der Schutzschild, sein Körper war undurchdringlich und schenkte Leben, und Elisabeth sagte keinen Ton, und Toms Körper war bei ihr, und Toms Kopf war dort, wo die Vögel waren, und ein Vogel war bei Toms Kopf, und was der Vogel tat, was der Vogel tat, und ich schrie und schrie und schrie und werde niemals aufhören zu schreien. Aber das merkt keiner, denn ich täusche sie alle. Sie halten sich für klug, aber ich habe sie im Sack. Ich tue nur so, als ob, in Wirklichkeit ... aber das hätten Sie gern, daß ich mich verrate. Ich mache keinen Fehler mehr. Ich habe Zeit, das macht mich allen überlegen. Niemand hetzt mich, denn ich tue allen leid. Das ist mein Trick. Ich habe Zeit. Es kommt der Tag, es kommt der Tag. Bis dahin erzähle ich euch, was ihr wissen müßt, damit sie euch nicht belügen können. Ich bin kein Träumer, ich bin kein Träumer. Fragt Ludwig. Ludwig ist mein Zeuge.

Epilog

Aus gegebenem Anlaß weise ich an dieser Stelle darauf hin, daß das Haus Wittelsbach der Veröffentlichung dieses fiktionalen Werks unter ausdrücklicher Berufung auf das hohe Gut der Freiheit der Kunst zugestimmt hat. Eine diesbezügliche schriftliche, notariell beglaubigte Erklärung liegt vor und kann jederzeit eingesehen werden. Nachdem mein lieber Ehemann auf Grund seiner schweren Verletzungen nicht mehr in der Lage ist, rechtlich bindende Geschäfte abzuschließen, ist es der einhellige Wunsch unserer Familie, daß ich als seine Ehefrau die Vertretung seiner Interessen wahrnehme. Diese Vertretung gilt ohne zeitliche Beschränkung. Anfragen sind ausschließlich an meine Anschrift zu richten, die über den Verlag erfragt werden kann. Ich weise noch einmal ausdrücklich darauf hin, daß mein lieber Ehemann für jedwede Kontakte mit Massenmedien nicht zur Verfügung steht. Er leidet an zeitweiligen Bewußtseinseintrübungen, und seine von den Verletzungen nachgebliebene Konzentrationsschwäche macht es ihm unmöglich, sich länger als fünf Minuten auf ein Thema zu konzentrieren. Mein Mann ist seit dem tragischen Unglücksfall überdies sehr schreckhaft und erträgt den Kontakt mit Fremden nur in meiner Anwesenheit. Jedoch bringt es meine zeitliche Beanspruchung immer häufiger mit sich, daß ich meine pflegerische Aufgabe, der ich mit Demut immer gern nachgekommen bin, in die Hände eines erfahrenen Pflegers legen muß.

Laut Auskunft des Hauses Wittelsbach findet der erste Spatenstich für den König-Ludwig-Erlebnispark 2000 vielleicht doch noch in diesem Jahr statt. Wie mir Prinz Luitpold, der die kaufmännischen und publizistischen Interessen des Hauses wahrnimmt, mitteilt, konnte die Finanzierung schneller gesichert werden, als es selbst für

Optimisten vorauszusehen war. Außerdem haben die geologischen Untersuchungen des Felsens ergeben, daß von statischer Seite keine Bedenken gegen eine erneute Bebauung bestehen. Durch die Medien geisterten ja wochenlang abenteuerliche Hypothesen. So sollte die tragische Gasexplosion angeblich nicht nur Gebäude und Fundament, sondern auch den Felskegel in Mitleidenschaft gezogen haben. Auch das alternativ eingeholte Gutachten verweist diese Hypothesen in den Bereich der Fabel.

Spätestens Ende des Jahres muß demnach die Westfassade abgetragen beziehungsweise gesprengt werden. Die Ruine Neuschwanstein ist meinem lieben Mann zur zweiten Heimat geworden. Tag für Tag und bei jedem Wetter läßt er sich auf den Thronsaalsöller rollen, um von dort den herrlichen Ausblick zu genießen und die Touristen unten am See winkend zu grüßen. Nach der flächendekkenden Abholzung der Wälder zwischen dem Standort des ehemaligen Schlosses und den umliegenden Seen wird noch im Frühjahr mit der Wiederaufforstung begonnen werden, so daß in wenigen Jahren der Anblick so schön und gefällig sein wird wie früher. Die Überdachung des Alpsees als Teil des neuen Freizeitparks wird nun mit einer Plexiglaskonstruktion geschehen und mit schnell wachsendem Pflanzenwerk berankt werden, so daß sich das Bauwerk harmonisch in die Natur einfügen wird. Damit dürften alle Einwände der Umweltschutzverbände berücksichtigt sein. Vor den Gerichten bleiben danach nur noch weniger als 30 Verfahren anhängig, so daß wir zuversichtlich mit einer Erledigung in absehbarer Zeit rechnen.

Solange die Pläne des Freizeitparks nicht endgültig abgesegnet sind, kann leider auch die Gedenkplatte keinen Platz finden, die mein lieber Mann für seinen Freund Tom entworfen hat. Ein ortsansässiger Künstler hat die Vorlage, die mein Mann mit Kreide auf seine Schiefertafel gezeichnet hat, in einfühlsamer Weise künstlerisch verdichtet. In Teilen der Öffentlichkeit sind in diesem Zusammenhang Vorwürfe gegen meine Person erhoben worden.

Angeblich täte es einem geistig verwirrten Mann nicht gut, wenn man ihm helfen würde, seine Wahnwelt weiter so dinglich faßbar zu machen. Dazu möchte ich abschließend sagen, daß Wohl und Glück meines Mannes die oberste Richtschnur meines Denkens und Handelns sind. Diese Einschätzung ist auch mit dem Hause Wittelsbach abgesprochen, und Prinz Luitpold, der mich in der schweren Zeit nach dem tragischen Unglück so einfühlsam unterstützt hat, bestärkt mich in dieser meiner Überzeugung.

Zwar sind die Verantwortlichen für die tragische Gasexplosion gefaßt worden, der Prozeß wird in Kürze beginnen und zweifellos mit ihrer Verurteilung enden. Dennoch bleibt für uns alle unvergessen, welche weltweite Wirkung in den ersten verwirrenden Tagen nach dem tragischen Anschlag von den Äußerungen meines Mannes ausgegangen ist. Leider haben seinerzeit sowohl das Personal der Intensivstation als auch sogenannte Berufskollegen meines Mannes in eklatanter Weise gegen das Gebot der ärztlichen Schweigepflicht und der journalistischen Sorgfaltspflicht verstoßen, indem sie unhaltbare Gerüchte in die Welt setzen, die von einer nach Sensationen dürstenden Öffentlichkeit begierig aufgesogen wurden. Selbstverständlich handelte es sich bei den seinerzeit umlaufenden Gerüchten um nichts weiter als die Ausflüsse eines verwirrten Geistes. Dies sollten endlich gewisse Fernsehsender einsehen, mögen sie auch den Verlust prominenter Kolleginnen zu beklagen haben. Mein Mann hat immer gern gesponnen, noch zu Beginn unserer Bekanntschaft galt er im Freundeskreis als kreatives Talent und fand erst unter Kämpfen zu einer verantwortungsbewußten Einstellung gegenüber seinem Beruf und seiner Familie. Würde mein Mann noch in der Lage sein, sich vernunftbetont zu äußern, würde es sein Wunsch sein, daß sein Manuskript, das er im Laufe der Wochen verschiedenen Pflegekräften diktiert hat, der Welt vom Talent meines Mannes zum Fabulieren kündet. Es würde sein Wunsch sein, die Tantiemen, die das Buch zur Folge hat, als Altersversorgung für seine Familie verwendet zu wissen.

In diesem Sinne betrachte ich den Erwerb des vordem einem Dr. Martell gehörenden Hauses als verantwortungsbewußten und inflationssicheren Umgang mit den nun so unerwartet und reichlich auf mich niederprasselnden Einkünften. Auf diese Weise ist es mir möglich, meinem lieben Mann das Gefühl zu geben, daß er in seinem Pflegeheim in der Nähe von Füssen nicht allein ist. Ich kann in weniger als 20 Minuten bei ihm sein. Prinz Luitpold brauchte für die Strecke letzthin sogar nur 14 Minuten, aber er fährt ja auch wie der Teufel, der Tausendsassa. In der kommenden Woche fliegen wir für drei Wochen auf eine touristisch bislang vollkommen unerschlossene Karibikinsel. Luitpold meint, ich sei etwas blaß um die Nase herum. Ich möchte betonen, daß ich meinen lieben Mann nicht leichtfertig drei Wochen in der Obhut der Pfleger lasse. Aber als wir ihn vorgestern auf seinem Söller besuchten, den man seit Errichtung des Lifts viel kräftesparender erreicht, und als Luitpold und ich hinter meinem Mann standen und Luitpold beschützend seinen Arm um mich legte und mich stumm auf meinen Mann hinwies, wie er wieder versuchte, mit dem Diktiergerät klarzukommen, das wir ihm unbrauchbar gemacht haben, denn meinem Mann ist es ja nur wichtig, seine Motorik zu trainieren; als wir auf die Seen und die Berge schauten und uns vorstellten, wie schön wir die Landschaft in wenigen Jahren umgewandelt haben werden, da durchzog mich ein ganz sicheres Gefühl, daß es meinem Mann nach Lage der Dinge gutgeht. Wenn wir das Flugzeug in München erreichen wollen, werden wir die Ruine von Neuschwanstein kurz nach sechs verlassen.

Diana K.